हिन्दी पत्रकारिता का
बृहद् इतिहास

हिन्दी पत्रकारिता का बृहद् इतिहास

डॉ. अर्जुन तिवारी

वाणी प्रकाशन

प्रकाशन के उत्कृष्टतम 61 वर्ष

vaniprakashan.com

सजिल्द पहला संस्करण : 1997
सजिल्द दूसरा संस्करण : 2007
सजिल्द तीसरा संस्करण : 2013
सजिल्द चौथा संस्करण : 2022
सजिल्द पाँचवाँ संस्करण : 2024

वाणी प्रकाशन

4695, 21-ए, दरियागंज, नयी दिल्ली-110 002

फ़ोन : + 91 11 23273167, 23275710

शाखाएँ

अशोक राजपथ, पटना-800 004, बिहार

कॉफ़ी हाउस कैम्पस, महात्मा गांधी मार्ग, प्रयागराज-211 001, उत्तर प्रदेश

महात्मा गांधी अन्तरराष्ट्रीय हिन्दी विश्वविद्यालय, वर्धा-442 001, महाराष्ट्र

36/ए, शेक्सपियर सरणी, रानी बिरला गर्ल्स कॉलेज के पास, कोलकाता-700 017, प. बंगाल

sales@vaniprakashan.in
vaniprakashan@gmail.com

Hindi Patrakarita ka Brahad Itihas
by Dr. Arjun Tiwari

ISBN : 978-81-7055-513-1

Journalism

मूल्य : ₹ 750

आर.टेक. ऑफ़सेट, दिल्ली-110 032 में मुद्रित

वाणी प्रकाशन का लोगो मक़बूल फ़िदा हुसेन की कूची से

प्राक्कथन

इतिहास मानव-जीवन के संघर्षों और उपलब्धियों का अभिलेख है जो विगत को प्रकट करता है तथा उसकी लोकहित में व्याख्या करता है। यह राजनीति की पाठशाला और समाजनीति का साधन है। पूर्व गौरव को अक्षुण्ण रखने के निमित्त इतिहास का अवलोकन अत्यन्त उपादेय है। पत्रकारिता संस्कृति, सभ्यता ओर स्वतन्त्रता की वाणी है। जन-भावना की अभिव्यक्ति, सद्भावों की उद्भूति और नैतिकता की पीठिका को ही पत्रकारिता कहा जाता है जिसके द्वारा ज्ञान-विज्ञान को जानकर हम अपने बन्द मस्तिष्क खोलते हैं। जीवन एवं जगत सम्बन्धी सत्य का अन्वेषण तथा समय की सहज अभिव्यक्ति पत्रकारिता और इतिहास दोनों का अमीष्ट होता है। समय के साथ समाज़ के सतर्क विवेचन-विश्लेषण वाले पत्र-जगत की विविध प्रवृत्तियों के विकास का क्रमिक अभिलेख ही पत्रकारिता का इतिहास है। विश्व वाणी हिन्दी की पत्रकारिता के इतिहास के अभाव में भारत का राजनीतिक-सामाजिक इतिहास बौना, आर्थिक-वैज्ञानिक इतिहास लंगड़ा एवं सांस्कृतिक धार्मिक इतिहास मूक हो जाएगा। स्वतन्त्रता, स्वराष्ट्रोन्नति एवं सर्वजनहिताय की त्रिवेणी पर समादृत हिन्दी पत्रकारिता युग-विशेष के इतिहास से संश्लिष्ट है। समाज की गतिविधियों और पत्र-जगत की प्रवृत्तियों के बीच सामञ्जस्य स्थापित कर राष्ट्रोत्थान के वैचारिक यज्ञ की उज्ज्वल यशोगाथा का निरूपण ही प्रस्तुत ग्रन्थ का लक्ष्य है।

हिन्दी पत्रकारिता का इतिहास पत्र-प्रकाशन-तिथि, प्रसार संख्या, मुद्रित सामग्रियों का विश्लेषण ही नहीं अपितु पत्र-जगत् की चेतना का क्रमिक विवेचन है। राष्ट्रीय परम्पराओं, सामाजिक-सांस्कृतिक-आर्थिक परिवेश, युगबोध के आधार पर ही हिन्दी पत्रकारिता के काल-विभाजन तथा नामकरण की सार्थकता है। हिन्दी के प्रथम पत्र 'उदन्त मार्तण्ड' के प्रकाशन वर्ष 1826 से अधावधि 170 वर्ष के काल-खण्ड को निम्नलिखित रूप में प्रस्तुत किया गया है–

1. उद्भव काल या उद्बोधन काल (1826 से 1884 ई.)
2. विकास काल (क) स्वातन्त्र्य पूर्व–I जागरण काल (1885-1919)
   II क्रान्ति काल (1920-1947)
   (ख) स्वातन्त्र्योत्तर–नवनिर्माण काल (1947-1974)
3. वर्तमान काल या बहु उद्देशीय काल–1975 ई. से...

सन् 1826 से 1884 ई. तक के उद्भव काल को प्रवृत्ति की दृष्टि से उद्बोधन काल कहा गया है। उद्बोधन काल राष्ट्र की आत्मा की चैतन्यावस्था है। शिक्षण संस्थानों की स्थापना, अंग्रेजी शिक्षा के प्रसार, ब्रह्मसमाज, प्रार्थना समाज एवं आर्य समाज के सामाजिक सुधार आन्दोलन, ईसाई धर्म की श्रेष्ठता की उद्घोषणा, प्रेस-स्थापना, फिरंगी शासकों की शोषण-वृत्ति के कारण निद्रित, निश्चेष्ट भारतवासी उद्बुद्ध हुए। उद्भ्रान्त नागरिक सचेष्ट हुए। उद्बोधन काल के 'उदन्तमार्तण्ड', 'समाचार सुधावर्षण', 'बंगदत', 'बनारस अखबार', 'सुधाकर', 'पयामें आजादी', 'कविवचन सुधा', 'श्रीहरिश्चन्द्र चन्द्रिका', 'बालाबोधिनी', 'बिहारबन्धु', 'हिन्दी प्रदीप', 'भारत मित्र', 'उचितवक्ता', 'क्षत्रियपत्रिका', 'ब्राह्मण' सदृश पत्रों ने भारत के निवासियों में नव जीवन शक्ति का संचार किया जिससे वे प्रबुद्ध होकर कर्त्तव्य-पथ पर अग्रसरित हुए। 'सब धन लिहै जात अंगरेज, हम केवल लेक्चर में तेज' पं. प्रतापनारायण मिश्र के इस कचोट पर भारतेन्दु हरिश्चन्द्र ने लिखा "भाइयो ! अब तो सन्नद्ध हो जाओ और ताल ठोंक के इनके सामने खड़े हो जाओ। देखो, भारतवर्ष का धन देश से बाहर न जाने पाए, वह उपाय करो।"

सन् 1885 से 1919 ई. तक की अवधि जागरण काल है। 'उत्तिष्ठत जाग्रत प्राप्यवरान्निबोधत' के अनुरूप भारतेन्दु की प्रेरणा से 'डूबत भारत नाथ वेगि जागो अब जागो' द्वारा भारत की युवा पीढ़ी इस समय जाग्रतावस्था में आई। जागरण की प्रक्रिया बहुमुखी, बहुआयामी और सर्वव्यापी होती है। कांग्रेस की स्थापना, बंग-भंग आन्दोलन, मार्ले-मिन्टो सुधार, दिल्ली दरबार, प्रथम विश्व युद्ध तथा जालियाँवाला बाग हत्याकाण्ड ने स्वराष्ट्र-भक्ति को सुपुष्ट किया। आत्म गौरव और आत्म विश्वास के जागरण के साथ ही भारतीयों में राष्ट्र-प्रेम का स्फुरण हुआ। 'हिन्दोस्तान', 'भारत भ्राता', 'हिन्दी बंगवासी', 'नागरी नीरद', 'जासूस', 'सरस्वती', 'राजशक्ति', 'स्वदेश', 'भारतमित्र', 'भविष्य', 'अभ्युदय', 'प्रताप', 'विजय', 'भारतबन्धु', आदि पत्रों ने राष्ट्रीय अवधारणा को सर्वग्राह्य बनाया। उद्बुद्ध राष्ट्र को स्वतन्त्रता की प्राप्ति हेतु जागरूक बनाने का पावन कार्य पत्रकारिता द्वारा सम्भव हुआ। महामना मालवीय, बाल गंगाधर तिलक, बालमुकुन्द गुप्त, गणेशशंकर विद्यार्थी जैसे तेजस्वी पत्रकारों ने 'भारत के हम और हमारा भारत प्यारा, स्वतन्त्रता है जन्मसिद्ध अधिकार हमारा' के मन्त्र को जन-जन में प्रचारित किया।

सन् 1920 से 1947 ई. के मध्य महात्मा गाँधी के सक्षम नेतृत्व में भारतीय स्वतन्त्रता का संघर्ष तीव्र हुआ जिसमें हिन्दी पत्र-पत्रिकाओं की भूमिका अविस्मरणीय है। 'आज', 'भविष्य', 'प्रताप', 'प्रभा', 'वर्तमान', 'चाँद', 'माधुरी', 'सैनिक', 'समय', 'हँस', 'सुधा' आदि अनेक पत्रों ने सोहनलाल द्विवेदी के स्वर को सार्थक किया :

मैं महाक्रान्तिकारी कराल।
मैं क्रुद्ध रंगा हूँ एक रंग
मैं रुद्ध करुँगा नियम भंग
X X X X
मैं अग्निशिखा हूँ लाल-लाल।

क्रान्ति काल की हिन्दी पत्रकारिता को अग्निवर्षी पत्रकारिता का भी नाम दिया गया है। असहयोग आन्दोलन, चौरी चौरा काण्ड, साइमन कमीशन, सविनय अवज्ञा आन्दोलन तथा भारत छोड़ो आन्दोलन जैसी क्रान्तिकारी प्रवृत्ति के मूल में गाँधी जी थे जिनको राष्ट्रोद्धार का अग्रदूत माना गया है। स्वाधीनता संग्राम को दैनिक, साप्ताहिक, मासिक पत्रों ने गति दी तथा विभिन्न परचे, बुकलेट, एवं अनियतकालीन प्रकाशनों ने फिरंगियों को ललकारा। केवल उत्तर प्रदेश अभिलेखागार की पुलिस फाइलों से ज्ञात हुआ कि 1920-22 में 121 प्रकाशनों पर प्रतिबन्ध लगा। 'पंजाब का खून', 'वन्दे मातरम्', 'फिरंगिया', 'भारत-दुर्दशा-दर्शन', 'गाँधी- प्रताप', 'वीर भारत', 'महात्मा गाँधी की जय', 'सुदर्शन-चक्र', 'स्वदेश-राग तरंगिणी', 'स्वराज्य की डंका' आदि प्रकाशनों ने स्वतन्त्रता संग्राम को गति दी। ब्रिटिश साम्राज्यवाद के दमन-चक्र को चुनौती देने में 'रणभेरी', 'शंखनाद', 'बवण्डर', 'खंडका', 'गदर', 'बगावत', 'बदमाश अंग्रेज सरकार' जैसे भूमिगत प्रकाशन उल्लेख्य हैं।

क्रान्तिकाल के पत्रकारों की लेखनी का यही गौरव और सौष्ठव है कि गुलामी के दिनों में यही स्वर गूँजता रहाः–

ऐ मादरे हिन्द न हो गमगीं दिन अच्छे आने वाले हैं।
आजादी का पैगाम तुझे हम जल्द सुनाने वाले हैं।
माँ तुझको जिन जल्लादों ने दी है तकलीफ जईफी में।
मायूस न हो, मगरूरों को हम जल्द हटाने वाले हैं।।

'गदर' के प्रथमांक में छपे क्रान्तिकारी करतार सिंह की कविता ने उत्सर्ग का तराना लहरायाः–

जो पूछे कि कौन हो तुम, तो कह दो बागी है नाम अपना।
जुल्म मिटाना हमारा पेशा, गदर करना है काम अपना।

फलतः गोरी सरकार को भारत से जाना पड़ा। सन् सैंतालिस में कुत्सित

नीतियों के कारण अपनी धरती रक्त रंजित हुई, शहर जलाए गए, लूट-खसोट का ताण्डव मच गया। इस विकट स्थिति में पत्रकारों ने आजादी की खुशी नहीं मनाई, उन्होंने राष्ट्र में व्याप्त रुदन, हाहाकार के मर्म को वाणी दी।

आजादी के बाद हिन्दी पत्रकारिता व्यक्ति, समाज और राष्ट्र के नव निर्माण के प्रति प्रतिबद्ध हुई। उद्बोधन, जागरण, क्रान्ति के पश्चात् पत्र पाठकों को नए व्यक्तित्व-निर्माण की प्रेरणा देना उनकी रुचि संस्कारित करना, आर्थिक वैज्ञानिक और प्रौद्योगिकी के विकास के साथ जन-जन को जोड़ने के सभी कार्य हिन्दी पत्रकारिता द्वारा सम्पादित हुए। राष्ट्र के नव निर्माण हेतु तेजपुन्ज पत्रकारों की परम्परा ने राजनेताओं का पथ प्रदर्शन किया। युगपुरुष नेहरू ने करोड़ों निरन्न निर्वस्त्र निर्वाक नागरिकों के उद्धार की बात कही और गाँधी के स्वप्न के अनुरूप आर्थिक स्वतन्त्रता-प्राप्ति हेतु उन्होंने ठोस सृजनात्मक योजनाएँ चलायीं।

सन् 1948 से 1974 ई. तक की अवधि को नव निर्माण काल की संज्ञा से अभिहित किया गया है। 'आज जीत की रात पहरुए सावधान' द्वारा गिरिजाकुमार माथुर ने हमें दायित्व बोध से परिचित काराया तो वहीं 'गाँव-गाँव पँतर-पँतर को हम भू-स्वर्ग बनाएँगे' की प्रतिज्ञा नागार्जुन ने दोहरायी। राष्ट्रकवि माखनलाल चतुर्वेदी ने 'मस्तक में दायित्व, हृदय में बज्र, दृगों में ज्वाला' का आह्वान किया ताकि भारत पुनः अपने पूर्व गौरव को प्राप्त कर सके। नया आत्मबोध, नई चिन्तनधारा, नूतन रचनात्मक तत्त्वों के व्यापक प्रचार-प्रसार द्वारा इस काल की पत्रकारिता ने गतानुगतिकता से आबद्ध संकीर्ण मनोभूमि में बौद्धिक क्रान्ति का शंखनाद किया। जन-मन की जड़ता टूटी तथा इस नवीनीकरण प्रक्रिया के सक्षम माध्यम के रूप में हिन्दी पत्रकारिता को प्रतिष्ठित किया गया। नव निर्माण काल की पत्रकारिता अपनी व्यापक गहनता, परिवेश के संघर्ष-संघात की अभिव्यक्ति, संचार साधनों की बहुलता, साहित्यिक वैविध्य एवं कलात्मक परिपक्वता के कारण स्वर्ण सदृश मनोरम और मूल्यवान हुई इसीलिए इस काल-खण्ड को हिन्दी पत्रकारिता का 'स्वर्ण काल' कहा जाए तो उत्तम है।

तृतीय अध्याय में सन् 1975 ई. से लेकर अब तक की पत्र-जगत की चर्चा है। वर्तमान काल को बहुउद्देशीय काल कहा गया है क्योंकि बहुविध रस-गन्ध वाली पत्रकारिता विषय-वस्तु, शिल्प, दृष्टिबोध के कारण बहुउद्देशीय हो चली है। भावुकता के स्थान पर व्यावसायिक बुद्धि, व्यापारिक अनुभव और व्यावहारिक चातुर्य से पूर्ण अब पत्रकारिता उद्यम हो चली है। मानवीय मूल्य और आदर्श तो प्रौद्योगिकी के शिकार हैं। सर्वत्र बाजार लगा है, चीजें खरीदी-बेंची जा रही हैं। पत्रकारिता भी उपभोक्ता बाजार की वस्तु है जो पूँजी लगाता है वह मुनाफा चाहेगा ही फलतः सेक्स, हत्या, डकैती, बलात्कार सम्पृक्त सनसनी बेंचना उसकी बाध्यता है। आश्चर्य, भय, आतंक, घृणा उत्पन्न करने वाले समाचार पत्र अपने वैचारिक

खोखलेपन और व्यावसायिकता के चलते अपनी अस्मिता पर प्रश्न चिह्न लगा रहे हैं। कस्बों, छोटे नगरों से प्रकाशित पत्र साधन में लघु तो होते ही हैं उनकी मनोवृत्ति भी लघु होती है। पत्र स्थानीय संघर्ष में शामिल होकर पक्षधर बन जाते हैं। अराजकता, मूल्यहीनता और भौतिकता की आँधी ने सामाजिक दायित्व बोध की हत्या कर दी है। पत्रकारिता द्वारा 'युग-चर्वण' का कार्य हो रहा है, पीत, शीत, मीत, नवनीत, क्रीत पत्रकारिता का प्रचलन बढ़ रहा है। पत्र-जगत में संयम की जगह प्रलोभन और विज्ञापन का बोलबाला है फलतः पत्रकारिता सूचना और मनोरंजन का उद्योग है।

जिस हिन्दी पत्रकारिता ने चेतना का संचार किया वहीं कुछ अंशों में चेतना-हनन का निर्द्वन्द्व माध्यम बन चुकी है। 'मिशन' के स्थान पर अब वह 'मशीन' बन गई है। 'प्रोफेशन' से आगे बढ़कर हिन्दी पत्रकारिता 'सेन्सेसन' की ओर भागी जा रही है। जीवन और जगत के अन्तर्सूत्रों को जोड़ने के बजाए पत्रों द्वारा उन्हें तोड़ने का कार्य हो रहा है।

सम्प्रति पत्रकारिता के नाम पर हजारों बेजान, नीरस हास्यास्पद और उबाऊ पत्रों की ढेरी लगी है। उन पत्रों में विज्ञापन के अतिरिक्त सभी सामग्री बासी ही होती है। मात्र पत्रों का नाम ही लिखा जाए तो इसके लिए स्वतन्त्र बृहद् काय ग्रन्थ प्रकाशित करना होगा। ऐसी स्थिति में भी कुछ इने-गिने पत्र हैं जो विश्व की गतिविधियों से सम्बद्ध हैं। नई प्रेरणा, नए बोध, नए तेवर, नए कलेवर में नए-नए स्तम्भ, अछूते विचार वाले ऐसे पत्र हिन्दी पाठकों हेतु कंठहार बने हुए हैं। आकर्षक मुद्रण एवं साज सज्जा में ये सभी पत्र विविध विषयों पर अधिक व्यापक, गहन और अन्तर्भेदी सामग्री दे रहे हैं बदलते वक्त की सही पहचान हेतु ऐसे पत्रों का अवगाहन अपरिहार्य हो जाता है। आज के हिन्दी के पत्र महत्त्वपूर्ण समाचार और विचार के दर्पण हैं पाठकों हेतु प्रेरक हैं। वे अपनी धरती से जुड़े हैं। हर आयु, वर्ग और स्तर के पाठकों की आवश्यकताओं और आकांक्षाओं को पूरी करते हैं। उनमें समाचार, विचार, अर्थ, राजनीति, विज्ञान, कृषि, उद्योग, कला, नाटक, फिल्म, फैशन, स्वास्थ्य सम्बन्धी उपयोगी सामग्री का खजाना भरा रहता है।

वर्तमान की हिन्दी पत्रकारिता को नित नए आयाम की तलाश रहती है। दुर्गम से दुर्गम क्षेत्र से खबर खोजकर लाना, खबर की तह में बैठकर सत्य का उद्घाटन करना उसकी प्रवृत्ति है। संवेदनशील, जीवन्त, प्रभावकारी खोजी पत्रकारिता जासूसी तेवर वाली है जो अपनी महाचेतना की सामर्थ्य पर दूरगामी परिणाम देती है। इसके विपरीत मीडिया का मन्तव्य सरसनी फैलाना भी हो गया है। विकट हालात में भी मीडिया आन्तरिक जीवन में झाँककर 'गासिप' तलाश ले रहा है। सभी बुक स्टाल नारी की कामुक मुद्रा से सजे हैं। काले-पीले का

रोजगार खूब फल-फूल रहा है। नारी न तो माँ है, न सहचरी अपितु वह सेक्स का धमाका है। संस्कृति के खुलापन ओर नव चेतना के उद्घोषक तो रंगीन, उत्तेजना के प्रसार पर बल दे रहे हैं जो चिन्तनीय है।

हिन्दी पत्र-जगत को अपने जन्म से ही झंझावातों और खतरों से जूझना पड़ा है। पराधीन भारत के पत्र विविध एक्ट, आर्डिनेन्स, बिल एवं राजदण्ड के प्रहार से कुण्ठित हुए परन्तु इसकी धार क्रमशः पैनी होती गई। वर्तमान में पत्रों के आर्थिक पक्ष को निशाना बनाया गया है। व्यापारिक कुटिलता, अखबारी कागत के मूल्यों में बेतहाशा वृद्धि के चलते समाचारपत्रों के बन्द होने का खतरा बढ़ गया हैं पत्रों का मूल्य बढ़ जाने 'सूचना पाने का अधिकार' भी नागरिकों के हाथ से निकलता जा रहा है। समाचारपत्रों का मूल्य एक से डेढ़, पुनः अढ़ाई और तीन रुपए तक बढ़ाया गया। प्रेस की आजादी के समक्ष मंहगाई का दैत्य खड़ा है। अपने यहाँ प्रेस आजाद है, इसकी घोषणा बार बार होती है किन्तु स्मरणीय तथ्य तो यह है कि पत्र उद्योग को सूचना-प्रसारण, श्रम, वित्त, उद्योग, दूरसंचार इन पाँच मन्त्रालयों के अंकुश में रहना पड़ता हैं लोकतन्त्र के चौथे स्तम्भ के कल्याण हेतु लोकप्रिय शासन को उदार होना पड़ेगा। समाज-कल्याण से सन्दर्भित सैकड़ों योजनाओं पर यदि लाभ-हानि के बजाय 'लोक कल्याण' की दृष्टि से अरबों का बजट बनाया जा सकता है तो अभिव्यक्ति की स्वतन्त्रता के लिए 'प्रेस' को शासन का संरक्षण और सहयोग अवश्य प्राप्त होना चाहिए।

सम्पादक पत्र के प्राण तत्त्व होते हैं जो सत्य के उद्गाता, स्वतन्त्रता के अनुष्ठाता तथा कर्त्तव्य पथ के अनवरत पथिक हैं। परतन्त्र भारत में स्वतन्त्रता के विधायक पत्रकारों और उनकी लेखनी ने राष्ट्र को दासता से मुक्त किया। प्रताड़ना, जेल-यातना से जूझकर पत्रकारों ने हिन्दी पत्रकारिता की पुष्ट आधारशिला रखी जिनकी कीर्ति-गाथा अध्याय में है। मेरी मान्यता है कि पत्रकारिता के अध्येता अपने तेजोदीप्त पूर्वजों से प्रेरणा ग्रहण कर अपना जीवन उज्ज्वल बना सकते हैं।

जन-हित के प्रहरी पत्रकार शासक को झकझोरते हैं, उन्हें नाराज करते हैं, उनकी नींद हराम होती है फलतः पत्रकारों का एक वर्ग संत्रस्त है। कहीं-कहीं पत्रकारों की हैसियत एक बन्धुआ मजदूरों की तरह है, वे किसी की कठपुतली हैं। पत्र मालिकों के नुकसान की चिन्ता तथा अन्धविश्वासों में जनता की अनुरक्ति के कारण पत्रकारों की स्वतन्त्रता बाधित होती है। 'जागते रहो' का मन्त्रदाता आज स्वयं किंकर्त्तव्यविमूढ़ है कि अपनी ही बिरादरी के बहुरुपिए गिराहे से कैसे निपटा जाए ? स्कूटर, टैक्सी के आगे 'प्रेस' की तख्तियाँ लटकाए, जमीन-ए-जायदाद हथियाते-बिकवाते, शासकों को घुड़काते उनकी चिरौरी करते यह वर्ग पत्रकारोचित सुविधाओं का लाभ उठा रहा है। पत्र-प्रकाशन उनके लिए सत्ता पाने की सनक है। 'जो हमसे टकराएगा, खबर नहीं बन पाएगा' की धारणा वाले पत्रकार अपनी

महत्वाकांक्षा में हाँफता, हिनहिनाता, गाज फेंकता अपने लक्ष्य की ओर निरन्तर भागो जा रहा है। ऐसी स्थिति में लोकपाल, प्रेस परिषद द्वारा खबरों के तोड़ने, मरोड़ने, दबाने, गढ़ने और उछालने पर अंकुश लगाना उपयुक्त है। आज के पत्रकारों को समझना चाहिए कि पत्रकारिता एक पावन अनुष्ठान है जिसमें समाज के प्रति शुभेच्छु सहृदय की भूमिका ही वरेण्य होती है। कर्म के नैतिक आधारों की अनुपस्थिति में पत्रकार सम्मानित नहीं होता। आत्म निरीक्षण आत्मनियंत्रण और आत्म गौरव के विकास से ही पत्रकार पूज्य होगा और उसकी पत्रकारिता गौरव दीप्त होगी। मूल्यों पर निर्मम प्रहार से मुक्त हो हिन्दी पत्रकारों को अपनी उज्ज्वल परम्परा से जुड़ना होगा और लोकनायक की भूमिका निभानी होगी।

सम्प्रति भारतीय भाषाओं के पत्रों की पैठ जितनी की गहरी और पैनी है अंग्रेजी पत्रों की नहीं है फिर भी अपने यहाँ अंग्रेजी पत्रकारिता 'मुख्य धारा' की पत्रकारिता के रूप में समलंकृत है। आँकड़े बतलाते हैं कि पत्र-पाठकों का मात्र तीन प्रतिशत ही अंग्रेजी के पाठक हैं और शेष अन्य भाषा के पाठक हैं। संवेदना के धरातल पर भाषायी पत्र समाज और राष्ट्र से जुड़े हैं परन्तु हम उन्हें मुख्य धारा में नहीं गिनते। अंग्रेजी की प्रमुखता के पीछे दो सौ वर्षों की ब्रिटिश दासता वाली मनोवृत्ति है। परतन्त्र भारत में अंग्रेजी शासकों की भाषा थी, स्वतन्त्रता के बाद वह नौकरशाहों की भाषा बन बैठी। अंग्रेजी का पाठक शहरी है जो नब्बे करोड़ पर निर्णय लेने और उसे थोपने के लिए स्वतन्त्र हैं। विचारणीय तथ्य है कि स्वतन्त्र राष्ट्र में अपनी राष्ट्रवाणी हिन्दी की पत्रकारिता क्षेत्रीय पत्रकारिता के रूप में ही कब तक गिनी जाएगी ? वस्तुतः हिन्दी पत्र-जगत ही प्रमुख है, यही मुख्य धारा का प्राण तत्त्व है। जीवन, जगत और जिज्ञासा के अन्तर्सूत्रों को जोड़ने वाली यही हिन्दी पत्रकारिता है जो अपने अद्यतन प्रयोगों, अध्ययनों, विश्लेषणों के कारण अभिव्यक्ति का सम्पूर्ण विज्ञान बन चुकी है। मेरी दृष्टि में वह दिन दूर नहीं है जब पत्रकारिता (Journalism) के स्थान पर पत्रकारिता विज्ञान (Journology) शब्द का प्रयोग होगा।

हम 21वीं शती के द्वार पर हैं। राष्ट्र का विराट पुरुष जाग उठा है। नई सुबह को नए मानव गढ़ने में हिन्दी पत्रकारिता पुरस्सर है। भले ही हमारी पत्रकारिता कुछ लोगों की दृष्टि में तमिस्रगामी दृष्टिगत हो रही हो परन्तु वह प्रकाशोन्मुखी है। यह सारस्वत यज्ञ है जिसमें अधिकांशतः पत्रकार परिवेश की चिन्ता कर रहे हैं तथा अपने चिन्तन से पाठकों के मानस का उन्नयन कर रहे हैं। भारत की अखण्डता, सर्वधर्म समभाव, विश्वबन्धुत्व की भावना को पुष्ट करने के लिए हिन्दी पत्रकारिता असत्य, आशिव, असुन्दर पर 'सत्यं शिवं सुन्दरम्' का शंखनाद कर रही है जो शुभद और सुखद है।

–**अर्जुन तिवारी** (पत्रकार)

शिव-सदन
भाटपार रानी (देवरिया)

विषय-क्रम

प्रथम अध्याय

विषय-प्रवेश

हिन्दी : सद्भाव और स्वतंत्रता की अमरवाणी

भाषा एक दैवी शक्ति है जो मानव को मानवता प्रदान करती है। भावों को प्रकट करने, विचारों को बोधगम्य बनाने तथा परस्पर व्यवहार बढ़ाने का यही एक विश्वव्यापी और सशक्त माध्यम है। वास्तव में भाषा के अभाव में मूक प्राणी निरीह बना रहता है, विचार बहरे हो जाते हैं और व्यवहार लंगड़े बनकर रह जाते हैं। भाषा के कारण ही मानव सुसंस्कृत होता है, सम्मान और यश का भागी बनता है। विश्व में बोलचाल के लिए लगभग 3500 भाषाओं और बोलियों का प्रयोग होता है। लिखित रूप में भावों के आदान-प्रदान हेतु 500 से अधिक भाषाओं या बोलियों का व्यवहार नहीं होता। मौखिक और लिखित संचार-साधनों में अरबी, अँग्रेजी, इतालवी, उर्दू, चीनी परिवार की भाषाएँ, जर्मन, जापानी, तमिल, तेलगू, पुर्तगाली, फ्रांसीसी, बंगला, मलय-बहासा (भाषा), रूसी, स्पेनी तथा हिन्दी ये 16 प्रमुख भाषाएँ हैं। गौरव की बात तो यह है कि इनमें सम्मिलित 5 भाषाएँ अपने भारत राष्ट्र की हैं। चीनी और अँग्रेजी भाषा के बाद हिन्दी ही विश्व की प्रमुख भाषा है, जो स्वतंत्रता तथा सम्प्रभुता की अमरवाणी है।

भारत के विस्तृत भू-भाग में बोली और समझी जानेवाली भाषा हिन्दी में ही भारतवासियों की आत्मा मुखरित है। अमीर खुसरो ने इसके व्यापक रूप का साक्षात्कार कराया :

> शर्मो हया दर हिन्दी लाज,
> हासिल कहिए बाज खिराज।

मलिक मुहम्मद जायसी ने प्रेम-मार्ग को प्रदर्शित करनेवाली भाषाओं को वरेण्य माना है, जिनमें हिन्दी खरी उतरती है।

अरबी, तुरकी, हिन्दुई, भाषा जेति आहि,
जेहि मँह मारग प्रेम का सबै सराहै ताहि।

हिन्दी के लिए कुछ कवियों ने केवल 'भाषा' शब्द का ही प्रयोग किया है तथा इसके गुणों की चर्चा की है :

संस्कीरत है कूप जल, भाषा बहता नीर। –कबीर

आदि अन्त जस गाथा अहै, लिखि भाषा चौपाई कहै। –जायसी
भाषा भनिति मोर मति थोरी।
X X X
का भाषा का संस्कृत, प्रेम चाहिए साँच। –तुलसीदास

हिन्दी मानव के बुद्धि-कौशल, विवेक, चिंतन आचार-व्यवहार तथा संस्कृति की भाषा है। यह ऐसी जीवंत भाषा है जिसमें अन्तर्निहित रचनात्मक शक्ति है, व्यवहारधर्मिता है और गतिमयता है। हिन्दी आर्य संस्कृति की संवाहिका है। इस भाषा का विकास भारतीय लोक-चेतना का विकास है। नवजागरण और मुक्ति की कामना के प्रसार में हिन्दी का योगदान अविस्मरणीय है। राजा राममोहन राय एवं केशवचन्द्र सेन ने हिन्दी को ही भारतवर्ष की एकमात्र मुक्तिदायिनी भाषा के रूप में अंगीकार किया। महर्षि दयानन्द तो हिन्दी के सर्वस्व माने जाते हैं। 'आनन्दमठ' के रचयिता और 'बंदे मातरम्' के अमर गायक श्री बंकिम चन्द्र चटर्जी की निम्नलिखित बात द्रष्टव्य है :

"हिन्दी एक दिन भारत की राष्ट्रभाषा होकर रहेगी, क्योंकि हिन्दी भाषा की सहायता से भारत के विभिन्न प्रदेशों में जो ऐक्य-बंधन स्थापित कर सकेंगे वे ही सच्चे भारतबंधु की संज्ञा पाने योग्य होंगे।"

वस्तुतः स्वतंत्रता की लड़ाई में इस हिन्दी ने तोप का कार्य किया। बंधन-मुक्ति के यज्ञ में बहादुर शाह जफर, तात्या टोपे और कुँवर सिंह ने हिन्दी में ही रणभेरी बजाई। मुहम्मद इकबाल ने 'हिन्दी हैं हम वतन हैं हिन्दोस्ताँ हमारा' का नारा दिया तथा राष्ट्र-हित में सर्वस्व गँवाने का मंत्र प्रदान किया। प्रसिद्ध तत्त्वचिंतक श्री अरविंद, भूदेव मुखर्जी, नवीनचन्द्र राय, रामानन्द चटर्जी, चिन्तामणि घोष, जस्टिस शारदा चरण मैत्रेय आदि भारत-भक्तों ने हिन्दी के उत्थान में उल्लेख्य कार्य किया। डॉ. सुनीति कुमार चटर्जी ने उद्घोषित किया कि हिन्दी एक महान् सम्पर्क-साधक भाषा है। सन् 1875 ई. में बाबू केशवचन्द्र सेन ने लिखा, 'हिन्दी भाषा प्रायः सर्वत्रइ प्रचलित'। बाबू बंकिमचन्द्र चटर्जी ने 1876 ई. में 'बंगदर्शन' में साफ कहा, 'हिन्दी शिक्षा ना करिले, कोनो क्रमेइ चलिबे ना।'

रहीम, रसखान, आलम, शेख और उस्मान सदृश मुस्लिम कवियों ने जिस हिन्दी को अपनी अभिव्यक्ति का साधन बनाया, वह केवल हिन्दुओं की भाषा नहीं है। अमीर खुसरो, सैयद इंशा अल्ला खाँ, सैयद अमीर अली मीर, कासिम

अली साहित्यालंकार, बंदे अली फातमी, जहूरबख्श हिन्दी कोविद, नबीब बख्श 'फलक' आदि कुछ ऐसे नाम हैं जिनसे हिन्दी पल्लवित-पुष्पित हुई। दक्षिण भारत के प्राचीन आचार्यों–बल्लभाचार्य, विट्ठल, रामानुज,रामानन्द आदि ने हिन्दी के माध्यम से अपने सिद्धान्तों का प्रचार-प्रसार किया। अहिन्दी भाषा-भाषी राज्यों के संत साहित्यकारों में असम के शंकररदेव, महाराष्ट्र के नामदेव और ज्ञानेश्वर, गुजरात के नरसी मेहता, बंगाल के चैतन्य महाप्रभु ने इसी हिन्दी को धर्म और साहित्य का माध्यम बनाया। महान् विद्वान् मैक्समूलर, डॉ. विलियम केरी, विलियम याट्स और जे. एच. केलाग जैसे ईसाई महापुरुषों ने हिन्दी को अपनाया तथा इसके 'वसुधैव कुटुम्बकम्' और 'सत्यमेव जयते' की भावना को गुंजायमान किया। वस्तुतः हिन्दी द्वन्द्व, विद्वेष, विघटन से दूर रहकर एकता और प्रेम की शिक्षा देती है :

इक भाषा, इक जीव, इक मति के सब लोग।
तबे बनत है सबन सों, मिटत मूढ़ता सोग।।

'हिन्दी चीनी भाई भाई', 'हिन्दी रूसी भाई भाई' के साथ 'हम सब जग में भाई-भाई' की पवित्र भावना को व्यक्त करनेवाली हिन्दी राष्ट्रीय एकता का सर्वश्रेष्ठ साधन होने के साथ ही विश्व की सम्पर्क भाषा है। राष्ट्रकवि मैथिलीशरण गुप्त की निम्नलिखित पंक्तियाँ सतत ध्यातव्य हैं :

हिन्दी का उद्देश्य यही है, भारत एक रहे अविभाज्य,
यों तो रूस और अमरीका, जितना है उसका जन राज्य।
बिना राष्ट्रभाषा स्वराष्ट्र की, गिरा आप गूँगी असमर्थ,
एक भारती बिना हमारी भारतीयता का क्या अर्थ।

भारतीयता हिन्दी के अभाव में व्यर्थ है क्योंकि–

भारतीय धर्म की है घोषणा घमंडभरी,
हिन्दी नहीं जाने उसे हिन्दी नहीं जानिए।

–नाथू राम शंकर शर्मा

राष्ट्रभाषा का प्रश्न राष्ट्रीय चरित्र का प्रश्न है। यह विकास और क्षमता का दर्पण है। देववाणी 'संस्कृत अपनी माँ है, हिन्दी गृहिणी और अँग्रेजी नौकरानी है' फादर कामिल बुल्के के इस उद्गार से हिन्दी की अपरिहार्यता स्वयंसिद्ध है। स्वच्छ, सुस्पष्ट और सरल भाषा हिन्दी भारत की ही नहीं विश्व की एक वरेण्य भाषा है, जिसकी शब्द-सम्पदा अतुलनीय है।

हिन्दी भारत के विराट व्यक्तित्व का अनमोल स्वर है, समन्वय सूत्र है। यह भारतीय जन-मानस की जाह्नवी, प्रेम की मंदाकिनी है। इसमें देश की एकता सन्निहित है। यही राष्ट्र की केन्द्रीय शक्ति है। जनवाणी हिन्दी में भारत का स्वतंत्रता आंदोलन और उसके उत्कर्ष की गाथा है, हिन्दी की पत्रकारिता उसकी

सशक्त संवाहिका बनी जिसमें समन्वय, समाहार और शांति के चिर-स्पंदित भाव अनुस्यूत हैं। युगीन भावबोध, लोक रुचि का परिष्कार एवं साहित्य-संवर्द्धन में हिन्दी पत्रकारिता का अविस्मरणीय योगदान है।

पत्रकारिता की परिभाषा

समय और समाज के सन्दर्भ में सजग रहकर नागरिकों में दायित्व-बोध कराने की कला को पत्रकारिता कहते हैं। गीता में जगह-जगह पर 'शुभदृष्टि' का प्रयोग है यह 'शुभदृष्टि' ही पत्रकारिता है जिसमें गुणों को परखना तथा मंगलकारी तत्त्वों को प्रकाश में लाना सम्मिलित है। गांधीजी तो इसमें 'समदृष्टि' को महत्त्व देते थे। समाजहित में सम्यक् प्रकाशन को पत्रकारिता कहा जा सकता है। असत्य, अशिव और असुन्दर पर 'सत्यं शिवं सुन्दरम्' की शंखध्वनि ही पत्रकारिता है।

श्री रामकृष्ण रघुनाथ खाडिलकर ने 'पत्रकला' और 'पत्रकार-कला' इन दो शब्दों का प्रयोग किया है। उनके अनुसार "ज्ञान और विचार शब्दों तथा चित्रों के रूप में दूसरे तक पहुँचाना ही पत्रकला है।"[1] पहले पत्रकारिता का तात्पर्य समाचारों का संकलन तथा प्रसारण था परन्तु जैसे-जैसे समाचारपत्रों में समाचार-प्रेषण, मुद्रण और वितरण के साधनों में वैज्ञानिक प्राविधिक और शिल्पगत उन्नति होती गयी पत्रकारिता का क्षेत्र विस्तृत होता गया। "छपनेवाले लेख-समाचार तैयार करना ही पत्रकारी नहीं रह गयी। आकर्षक शीर्षक देना, पृष्ठों का आकर्षक बनाव-ठनाव, जल्दी से जल्दी समाचार देने की होड़, देश-विदेश के प्रमुख उद्योग-धन्धों के विज्ञापन प्राप्त करने की चतुराई, सुन्दर छपाई और पाठक के हाथ में सबसे जल्दी पत्र पहुँचा देने की त्वरा, ये सब पत्रकार कला के अन्तर्गत आ गये।"[2]

पत्रकारिता के लिए अँग्रेजी में 'जर्नलिज्म' शब्द व्यवहृत होता है जो 'जर्नल' से निकला है। इसका शाब्दिक अर्थ 'दैनिक' है। दिन-प्रतिदिन के क्रिया-कलापों सरकारी बैठकों का विवरण 'जर्नल' में रहता था। 17वीं एवं 18वीं शती में पीरियाडिकल के स्थान पर लैटिन शब्द 'डियूरनल' और 'जर्नल' शब्दों के प्रयोग हुए। 20वीं शती में गम्भीर समालोचना और विद्वत्तापूर्ण प्रकाशन को इसके अन्तर्गत माना गया। 'जर्नल' से बना 'जर्नलिज्म' अपेक्षाकृत व्यापक शब्द है। समाचार पत्रों एवं विविधकालिक पत्रिकाओं के सम्पादन एवं लेखन और तत्सम्बन्धी कार्यों को पत्रकारिता के अन्तर्गत रखा गया। इस प्रकार समाचारों का संकलन-प्रसारण, विज्ञापन की कला एवं पत्र का व्यावसायिक संगठन पत्रकारिता है। समसामयिक गतिविधियों के संचार से सम्बद्ध सभी साधन, चाहे वे रेडियो हो या टेलीवीजन इसी के अन्तर्गत समाहित हैं[3] :

चैम्बर और न्यू बेब्स्टर्स डिक्शनरी के अनुरूप प्रकाशन, सम्पादन, लेखन एवं

प्रसारणयुक्त समाचार माध्यम का व्यवसाय ही पत्रकारिता है।[4] पत्रकारिता अभिव्यक्ति की एक मनोरम कला है। इसका कार्य जनता तथा जन-नेताओं के समक्ष लोक-कल्याण सम्बन्धी कार्यों की सूची प्रस्तुत करना है।[5] सम्पादक विखेमस्टीड के अनुसार "मैं समझता हूँ कि पत्रकारिता कला भी है, वृत्ति भी और जनसेवा भी।··· जब तक कोई यह नहीं समझता कि मेरा कर्तव्य अपने पत्र के द्वारा लोगों का ज्ञान बढ़ाना, उनका मार्ग-दर्शन करना है तब तक उसे पत्रकारिता की चाहे जितनी भी ट्रेनिंग दी जाए वह पूर्णरूपेण पत्रकार नहीं बन सकता।··· सच्चे पत्रकार के लिए यह भी आवश्यक है कि वह यह बात भी न भूले कि पत्र की व्यापारिक और व्यावसायिक स्थिति के आधार पर ही उसको अपने कर्तव्य की पूर्ति का बल मिल सकता है।" भारत में पत्रकारिता को पहले मिशन के रूप में अपनाया गया, व्यावसायिक दृष्टि की तो कल्पना भी नहीं थी जिसका उदाहरण हम 'युगान्तर' पत्र के मूल्य से प्राप्त कर सकते हैं :

"युगान्तरेर मूल्य : फिरंगीर कांचा माथा।"

आज की पत्रकारिता ने व्यावसायिकता को ही अपना सर्वस्व मान लिया है।

सी. जी. मुलर के कथनानुसार सामयिक ज्ञान का व्यवसाय ही पत्रकारिता है। इसमें तथ्यों की प्राप्ति, उनका मूल्यांकन एवं ठीक-ठीक प्रस्तुतीकरण होता है।[6]

पत्रों के अतिरिक्त आकाशवाणी एवं दूरदर्शन भी अब पत्रकारिता के क्षेत्र में आ चुके हैं। अतः इसकी व्यापक परिभाषा होनी चाहिए। प्रकाशन, चित्रों द्वारा प्रस्तुतीकरण, तथा प्रसारण हेतु सामयिक और सरस तथ्यों के संग्रह और सम्पादन को पत्रकारिता कहा जा सकता है।

सारांश यही है कि ज्ञान और विचारों को समीक्षात्मक टिप्पणियों के साथ शब्द, ध्वनि तथा चित्रों के माध्यम से जन-जन तक पहुँचाना ही पत्रकारिता है। यह वह विद्या है जिसमें सभी प्रकार के पत्रकारों के कार्यों, कर्तव्यों और लक्ष्यों का विवेचन होता है।

पत्रकारिता के विविध रूप

जीवन की विविधता और नित-नूतन साधनों की प्रचुरता ने पत्रकारिता को बहु-आयामी बना दिया है। आज पत्रकार अपनी रुचि एवं प्रवृत्ति के अनुरूप अपने लिए विशिष्ट क्षेत्रों का चयन कर रहे हैं क्योंकि यह युग ही विशिष्टीकरण का है। संक्षेप में यहाँ पत्रकारिता के विविध स्वरूप प्रस्तुत हैं :

अनुसंधानात्मक पत्रकारिता (Investigative Journalism)

पत्रकारिता जासूसी और वकालत का सशक्त साधन है। 'वाशिंगटन पोस्ट' के दो संवाददाता वर्नस्टाइन और वुडवर्ड ने अपनी प्रतिभा तथा तत्परता के बल पर

गुप्तचर का युगान्तरकारी कार्य किया फलतः 'वाटरगेट कांड' से सत्ता परिवर्तन हुआ। अमेरिका में ऐसी पत्रकारिता को अन्वेषणात्मक पत्रकारिता (Investigative Journalism) के रूप में जाना जाता है। इसके द्वारा सम-सामयिक विषयों, घटनाओं स्थितियों और तथ्यों का क्रमबद्ध सूक्ष्म सर्वेक्षण अध्ययन और अनुसंधान के आधार पर निष्कर्ष निकाला जाता हैं। बाब ग्रीन के अनुसार जिस तथ्य को कोई छिपाना चाहे अथवा जो अनुद्घाटित हो, वैसे समाचार को प्रकाश में लाने का कार्य अनुसंधानात्मक पत्रकारिता का है[7] :

काल्पनिक प्रसंगों, अफवाहों, अप्रमाणित तथ्यों और आधे-अधूरे साक्षात्कारों के प्रकाशन से पत्रकारिता कलुषित हो रही है जिसके निवारणार्थ सत्य पर आधारित अनुसंधानात्मक पत्रकारिता उपयोगी है। यह समयसाध्य, व्ययसाध्य और कष्टसाध्य है जिसे कोई प्रतिभासम्पन्न व्यक्ति वैज्ञानिक साक्षात्कार द्वारा पूरा कर सकता है। समाज में व्याप्त चतुर्दिक् भ्रष्टाचार सम्बन्धी बातों के पुष्ट प्रकाशन द्वारा उन पर नियंत्रण स्थापित हो सकता है फलतः अनुसंधानात्मक पत्रकारिता द्वारा समाज की सही सेवा हो सकती है। प्रसिद्ध पत्रकार अरुण शौरी ने बम्बई का सीमेंट घोटाला, सरकार की लापरवाही और भ्रष्टाचार के कई घपलों पर अन्तर्भेदी दृष्टि डाली और उल्लेख्य कार्य किया।

आर्थिक पत्रकारिता

सम्प्रति जीवन का प्रत्येक क्षेत्र अर्थ से प्रभावित है। 'सर्वे गुणाः काञ्चनमाश्रयन्ति' के अनुसार सभी अर्थोपार्जन के पीछे दीवाने हैं। अर्थ से सम्बद्ध समस्त क्रिया-कलापों को उजागर करने के लिए आर्थिक पत्रकारिता विकसित हो रही है। मुद्रा बाजार, पूँजी बाजार, वस्तु बाजार, पंचवर्षीय योजना, बैंक, ग्रामोद्योग, श्रम, बजट और राष्ट्रीय आय के समाचार अब पाठकों को अधिक आकर्षक प्रतीत हो रहे हैं।[8] 'द इकोनामिक टाइम्स', 'दैनिक अकोला बाजार समाचार', 'व्यापार भारती' और 'फाइनेन्शियल एक्सप्रेस' जैसे महत्त्वपूर्ण पत्रों द्वारा उद्योग-व्यवसाय की जानकारी दी जा रही है। ये आर्थिक पत्रकारिता को पुष्ट करनेवाले हैं। अर्थशास्त्र, वाणिज्य और तकनीकी ज्ञानवाले इस क्षेत्र में सफलता प्राप्त कर सकते हैं।

ग्रामीण पत्रकारिता (Rural Journalism)

अपना देश गाँवों का देश है। अभी भी गाँवों में अभूतपूर्व पिछड़ापन है जिसके मूल में संचार रिक्तता है। सुदूर गाँवों में नयी चेतना और वैज्ञानिक विकास के स्वर को पत्रों द्वारा ही पहुँचाया जा सकता है जिसकी ओर सुप्रतिष्ठित पत्रकार गणेश शंकर विद्यार्थी ने सबका ध्यान आकृष्ट किया :

"राष्ट्र महलों में नहीं रहता, प्रकृत राष्ट्र के निवास-स्थल वे अगणित झोंपड़े

हैं जो गाँवों और पुरवों में फैले हुए खुले आकाश के देदीप्यमान सूर्य और शीतल चन्द्र और तारागण से प्रकृति का सन्देश लेते हैं। इसीलिए राष्ट्र का मंगल और उसकी जड़ उस समय तक मजबूत नहीं हो सकती जब तक कि अगणित लहलहाते पौदों की जड़ों में जीवन का जल नहीं सींचा जाता।"

परम्परागत लोक-कला, लोक-संस्कृति के प्रचार, कुटीर उद्योग, ग्रामीण स्वास्थ्य, हरित और श्वेत क्रान्ति द्वारा गाँव के समग्र विकास हेतु समर्पित पत्रकारिता को ग्रामीण पत्रकारिता कहना समीचीन है। कुछ लोगों ने 'कृषि पत्रकारिता' की चर्चा की है। शब्दों के विवाद को श्री प्रवीण दीक्षित ने अपनी पुस्तक 'जनमाध्यम और पत्रकारिता' में इस प्रकार हतप्रभ किया है :

"हमारी अपनी मान्यता के अनुसार जो पत्रकार नियमित रूप से ग्रामीण समाज की सम-सामाजिक आवश्यकता के अनुसार नियमित रूप से समाचार पत्र-पत्रिकाओं या रेडियो-टेलीविजन आदि जन-माध्यमों में अपना योगदान करते हैं, उन्हें हम ग्रामीण पत्रकार (Rural Journalist) और उनके ऐसे कृतित्व की साकारता या सक्रियता को ग्रामीण पत्रकारिता (Rural Journalism) की संज्ञा से अभिहित कर सकते हैं। जो ग्रामीण समाज की आवश्यकताओं के अनुरूप न होकर केवल कृषकों के हितों तथा लाभों तक सीमित होती है उसे हम केवल कृषि पत्रकारिता (Agricultural Journalism) कह सकते हैं।"

कृषि पत्रकारिता के अन्तर्गत मृदा कृषि रसायन, कृषि अर्थशास्त्र, कीट नाशक औषधि, कृषि-प्रसार, पशु-पालन, पादप क्रिया, शारीरिकी और शस्त्र विज्ञान का अध्ययन होता है।

व्याख्यात्मक पत्रकारिता (Interpretative Journalism)

पहले वही सफल संवाददाता माना जाता था जो महर्षि नारद की तरह घुमक्कड़ होता, दौड़-धूप के बाद तथ्य एकत्र करता और सुनाता था। समय अब बदल गया है। विज्ञान के वरदानस्वरूप समाचार एजेंसियाँ कार्यरत हैं जो पलक मारते ही समाचार पहुँचाने का कार्य कर रही हैं। आज तो समाचार के विश्लेषण, उसकी पृष्ठभूमि तथा उसके भावी परिणाम को दिङ्निर्देशित करने की समस्या है जिसे व्याख्यात्मक पत्रकारिता द्वारा हल किया जा रहा है। समाचारों के यथार्थ परिवेश में उनका मूल्यांकन करना ही ऐसी पत्रकारिता का लक्ष्य है। द्रुतगामी संचार-साधनों से प्राप्त समाचार के विस्तार और स्पष्टीकरण हेतु व्याख्यात्मक पत्रकारिता वरेण्य हो रही है।[9]

विकास पत्रकारिता (Development Journalism)

पहले लोगों की धारणा बन चुकी थी कि पत्रकारिता का सम्बन्ध तो मात्र राजनीति

से है। उसे विभिन्न योजनाओं, विकास-कार्यक्रमों, तकनीकी अभिवृद्धि से क्या लेना-देना ? अब यह भ्रम दूर हो जाना चाहिए। सामाजिक, आर्थिक, वैज्ञानिक और प्राविधिकी सम्बन्धी समग्र विकास के पहलुओं पर प्रकाश डालनेवाली विकास पत्रकारिता है जिसमें कभी-कभी सनसनीखेज और उत्तेजनात्मक तथ्य आ जाते हैं। राजस्थान में नहर-निर्माण की सूचना आकर्षक है पुनः ठीकेदारों एवं अभियन्ताओं द्वारा योजना में भारी गोलमाल का प्रश्न भी कम उत्तेजक नहीं है। विकास पत्रकारिता में भ्रष्टाचार तथा गबन के रोचक मामले प्रकाश में आते हैं क्योंकि–

The more money is made available for development, the more corruption there seems to be

विकास पत्रकारिता का ध्यान विकास पर केन्द्रित होता है चाहे वह औषधि, उद्योग, विज्ञान, प्राविधिकी अथवा अन्य किसी भी क्षेत्र में हो, यहाँ तक कि पत्रकारिता जगत् के द्रुतगति विकास को भी यही इंगित करती है। प्रान्तीय सरकारें अपने विकास कार्यक्रमों को जनता तक पहुँचाने के लिए पत्र निकालती हैं। 'योजना' केन्द्रीय सरकार की ऐसी ही पत्रिका है।

संदर्भ पत्रकारिता

संदर्भ पत्रकारिता में कार्यरत व्यक्ति, सम्पादकों, स्तम्भ लेखकों, संवाददाताओं और प्रशासनिक अधिकारियों को उनकी आवश्यकताओं के अनुसार संदर्भों की आपूर्ति द्वारा उन्हें सक्षमता प्रदान करता है। पत्रकारिता और पुस्तकालय विज्ञान में प्रशिक्षित ये पत्रकार प्रतिष्ठान के 'विश्वकोश' होते हैं जो सभी की सहायता पुरानी कतरनों, लेखों, संदर्भ ग्रंथों, फोटो की प्रस्तुति द्वारा करते हैं।

संसदीय पत्रकारिता

संसद के दोनों सदनों, प्रादेशिक विधान सभाओं, परिषदों की कार्यवाही की रिपोर्टिंग में बड़ी सावधानी बरती जाती है ताकि अवमानना सम्बन्धी कोई प्रश्न न उठे। 'संसद कार्यवाही प्रकाशन संरक्षण अधिनियम 1956' को अच्छी तरह समझ-बूझकर अनुभवी पत्रकार अपने पत्र की आवश्यकतानुसार सामग्री तैयार करते हैं। संसद की पत्रकार दीर्घा में सुप्रतिष्ठित पत्रकार राष्ट्र की चौथी सत्ता के रूप में जाना जाता है।

खेल पत्रकारिता

आजकल सभी पत्रों में विविध खेलों से सम्बद्ध समाचार छपते हैं। खेल के सम्बन्ध में अग्रिम (Advance) और चल (Running) दो प्रकार के संवाद लिखे जाते हैं। शामिल होनेवाली टीमें, खिलाड़ियों के नाम, क्रीड़ा-व्यवस्था एवं खेल-विशेष की

पृष्ठभूमि के सहारे अग्रिम संवाद की रचना होती है। चल संवाद में खेल का निष्पक्ष समीक्षात्मक विश्लेषण दिया जाता है। सुयोग्य खेल-संवाद लेखक तथ्यों, टिप्पणियों, आलंकारिक उक्तियों, मानवीय अभिरुचियों और प्रतियोगिताओं के पूर्व इतिहास की झाँकी को आकर्षक शैली में प्रस्तुत कर अपने समाचार को प्रभावकारी बनाता है।

'खेल-खिलाड़ी', 'क्रिकेट सम्राट', 'स्पोर्ट्स वीक', 'खेल युग' आदि अनेक पत्रिकाओं ने खेल पत्रकारिता को आगे बढ़ाया है।

वृत्तान्त पत्रकारिता (Commentary Journalism)

दृश्य-श्रव्य के माध्यमों से एक स्थान पर आयोजित समारोह, मेला, प्रतियोगिता के संवाद का प्रसारण पत्रकारिता की एक विधा है। सजीव प्रसारण में लगे वृत्तान्तकार (कमेंटेटर) विशिष्ट पत्रकार हैं जिनमें आवाज की गुणवत्ता, निष्पक्षता, भाषा पर अप्रतिम अधिकार, घटना-ज्ञान एवं उत्तरदायित्व-बोध होता है। 'आँखों देखा हाल' जो रेडियो, टी. वी. से सम्प्रेषित होता है, वह वृत्तान्त पत्रकारिता का एक भाग है जिसमें सामाजिकता का प्रधान गुण सन्निहित है।

रेडियो पत्रकारिता

समाचार बुलेटिन, समाचार-दर्शन, सामयिक समीक्षा, व्याख्यात्मक सामग्री, ध्वनि-सम्पादन, समाचार-वाचन एवं विविध प्रकार की प्राविधिक जानकारी को रेडियो पत्रकारिता के अन्तर्गत समाहित किया गया है।

टेलीविजन पत्रकारिता

ध्वनि और चित्र के प्राविधिक ज्ञान, लेखन एवं वाचन की क्षमता तथा इलेक्ट्रानिकी जानकारी की सम्प्राप्ति द्वारा टेलीविजन पत्रकारिता में सफलता पायी जा सकती है।

फोटो पत्रकारिता

सचित्र विवरण युग की माँग है। फोटो-पत्रकार समाचारों से संबंधित चित्र लेते हैं। वैज्ञानिक उपकरणों, पशुओं, ऐतिहासिक भवनों, प्राकृतिक दृश्यों एवं समारोहों के स्थल इनके क्षेत्र हैं। चित्रों की प्रिंटिंग, एनलार्जिंग, फोटो फिनिशिंग एवं रासायनिक क्रियाओं के ज्ञान के साथ, चित्रों हेतु उपयुक्त शीर्षक लिखने की कला फोटो पत्रकारिता के लिए आवश्यक है। एक चीनी लोकोक्ति के अनुसार दस हजार शब्दोंवाले विशालकाय विवरणों से अधिक प्रभावकारी और आकर्षक एक चित्र होता है। शीर्षकयुक्त चित्र में दृश्य और श्रव्य दोनों प्रकार के गुण हैं। अतः फोटो

पत्रकारिता महत्त्वपूर्ण है। न्यूजरीलमेन, टेलीविजन न्यूज कैमरामेन फोटो जर्नलिस्ट हैं जो रचनात्मक कलाकार हैं।

सर्वोदय पत्रकारिता

श्री भवानीप्रसाद मिश्र ने पूज्य बापू और विनोबा की पत्रकारिता को सर्वोदय पत्रकारिता का नाम दिया है। उनके अनुसार कोई भी स्वस्थ पत्रकारिता सर्वोदय पत्रकारिता है। ऐसी पत्रकारिता में रत बुद्धिजीवी समझते हैं कि–

शब्द का सही उपयोग योग है
और कल्याणकारी है योग की तरह।
शब्द का गलत उपयोग भोग है
और विनाशकारी है भोग की तरह।

सर्वोदयी पत्रकार खबर प्रकाशित करने में सबर का सहारा लेते हैं और खबर पर अपने खयाल, विचार पेश करते समय मन में मलाल नहीं रखते जैसा कि विल्हैम स्टीड का मत है। गांधीजी ने पत्र प्रकाशन के औचित्य पर अपना विचार प्रकट किया कि–"मेरा खयाल है कि ऐसी कोई भी लड़ाई जिसका आधार आत्मबल, हो, अखबार की सहायता के बिना नहीं चलाई जा सकती। अगर मैंने अखबार निकाल कर दक्षिण अफ्रीका में बसी हुई भारतीय जमात को उसकी स्थिति न समझाई होती और सारी दुनिया में फैले हुए भारतीयों को दक्षिण अफ्रीका में क्या हो रहा है, इससे 'इण्डियन ओपिनियन' के सहारे अवगत न रखा होता तो मैं अपने उद्देश्य में सफल नहीं हो सकता था। इस तरह मेरा भरोसा हो गया है कि अहिंसक उपायों से सत्य की विजय के लिए अखबार एक बहुत ही महत्त्वपूर्ण और अनिवार्य साधन है।"[10]

'यंग इण्डिया', 'नवजीवन', 'हिन्दी नवजीवन' तथा बाद के 'हरिजन' पत्र को सर्वोदय पत्रकारिता का उदाहरण समझना चाहिए। गीताप्रेस एवं विभिन्न धर्म संस्थाओं द्वारा विकसित धार्मिक और आध्यात्मिक पत्रकारिता को सर्वोदय पत्रकारिता का अंग मानना चाहिए।

पत्रकारिता और साहित्य

पत्रकारिता तात्कालिकता के माध्यम से शाश्वत की साधना है। शाश्वत की साधना साहित्यकार और पत्रकार दोनों का अभीष्ट है। नाम दो हैं पर सूक्ष्म निरीक्षण किया जाय तो पत्रकार एवं साहित्यकार में कोई अन्तर नहीं है। प्रसिद्ध साहित्य-सेवी श्री बालकृष्ण राव ने सुस्पष्ट किया है कि :

"समसामयिक परिवेश से किसी न किसी रूप में प्रत्येक लेखक प्रेरणा ग्रहण करता है, चाहे वह साहित्यकार हो या पत्रकार। दोनों ही लेखक हैं, दोनों ही

सर्जनाकार हैं, दोनों के कार्य किन्हीं ऐसे गुणों की अपेक्षा करते हैं जो दोनों के लिए अपरिहार्य हैं–अनाविल दृष्टि, चिन्तन-लेखन में प्रेषणीयता की शक्ति। दोनों देश और काल के आयामों पर अपनी-अपनी विशिष्ट परम्पराओं के अतिरिक्त उस संश्लिष्ट सांस्कृतिक परम्परा, उस सामाजिक चेतना-प्रवाह से भी सम्बद्ध हैं जिससे उन्हें अपनी बात औरों के प्रति निवेदित करने की प्रेरणा और शक्ति मिलती है। प्रत्येक पत्रकार अंशतः साहित्यकार भी है, प्रत्येक साहित्यकार अनिवार्यतः पत्रकार भी।"[11]

अनाविल दृष्टि, चिन्तन-मनन और लेखन में प्रेषणीयता की शक्ति से परिपूर्ण होकर पत्रकार और साहित्यकार दोनों 'सत्यं शिवं सुन्दरम्' की उपासना करते हैं।

मानवता की सेवा पवित्र भाव से दोनों ही करते हैं। सत्य एवं न्याय की स्थापना, अनाचार, शोषण तथा दासता को दूर करने के लिए और समाज को सन्मार्ग पर लाने के लिए दोनों कटिबद्ध दिखाई पड़ते हैं।

स्थूल तथा सूक्ष्म के अवलोकन एवं विवेचन में साहित्यकार सफल होता है परन्तु पत्रकार भी उससे पीछे नहीं रहता। "पत्रकार जगत् का सूक्ष्मद्रष्टा होने के सिवा दूसरा है ही क्या ? लौकिक और अलौकिक जगत् मानव जीवन को जिस प्रकार प्रभावित करते रहते हैं और जिस प्रकार मानव उन्हें प्रभावित करता रहता है उनका साक्षात्कार और चित्रण करना पत्रकार का मुख्य कार्य होता है। जीवन और जगत् का यह पारस्परिक घात-प्रतिघात और दोनों का वास्तविक रूप उसके अन्तस्तल में जिन अनुभूतियों, कल्पनाओं, विचारों और भावनाओं तथा आदर्शों का सर्जन करते हैं उन्हें वह अभिव्यक्त कर देता है और अभिव्यक्ति की वह धारा ही पत्रों के स्तम्भों में प्रवाहित होती रहती है। पत्र वे दर्पण हैं, जिनमें पत्रकार जगत् के स्वरूप को प्रतिबिम्बित कर देता है; पत्र वे पट हैं जिन पर अपनी लेखनी के द्वारा वह संसार को चित्रित कर देता है।"[12]

पत्रकार साहित्यकार की भाँति ही हर व्यक्ति के स्वर की गहराई, उसके अन्तर्द्वन्द्व, उसकी रामत्व और रावणत्व शक्तियों को उचित रूप से नापने-परखने में समर्थ रहता है। अपनी कल्पनाशीलता, भावप्रवणता; अनुभूति, विवेक, बुद्धि, तर्क तथा विश्लेषण-क्षमता के कारण पत्रकार और साहित्यकार दूरबीन का काम करते हैं। अत्यधिक संवेदनशीलता और कल्पनाशीलता के कारण कभी-कभी साहित्यकार का पैर धरातल पर नहीं पड़ता परन्तु पत्रकार तो यथार्थ की दुनिया का यथार्थ अवलोकन एवं अंकन करता है। भावुकता साहित्यकार का अपना गुण होता है लेकिन पत्रकार तो तात्कालिक यथार्थ को परखता है तथा भविष्य की सम्भावनाओं को सूचित करता है। पत्रकार भविष्यवक्ता होता है जैसा कि 'लन्दन टाइम्स' के प्रसिद्ध सम्पादक श्री डेलान सम्बन्धी एक घटना से स्पष्ट होता है। सायंकाल श्री डेलान अपने क्लब में बैठे हुए थे। वहीं एक डाक्टर चले आये।

वार्ता के दौरान डाक्टर ने बतलाया कि "मैं अभी लार्ड नार्थब्रुक के यहाँ से आ रहा हूँ। उनके एक प्रश्न के उत्तर में मैंने जवाब देते हुए उनसे यही कहा है कि गरम देशों की जलवायु दुर्बल स्वास्थ्यवाली युवतियों के लिए लाभकारी होती है।" वार्ता यहीं तक चली। दूसरे दिन 'टाइम्स' में यह समाचार प्रकाशित हुआ कि लार्ड नार्थब्रुक लार्ड मेयो के उत्तराधिकारी होकर भारत के वाइसराय पद पर नियुक्त हुए हैं। इस समाचार ने सभी को स्तब्ध कर दिया। अत्यन्त रहस्यपूर्ण तथ्य को कल्पना एवं चेतना के बल पर श्री डेलान जान गये। इस प्रकार की ठोस सूझ पत्रकार और साहित्यकार के वश की बात है।

कुछ लोगों की धारणा है कि पत्रकारिता में सार्वकालिक बातें नहीं मिलती हैं। जो साहित्य की अपनी विशेषता है। मैथ्यू आर्नल्ड द्वारा पत्रकारिता को शीघ्रता में लिखा जानेवाला साहित्य कहा गया है। 'Journalism is the literature in hurry.' हो सकता है कि क्षेत्र विशेष की कुछ घटनाएँ साहित्य की सीमा में नहीं आवें परन्तु पत्र के विविध स्तम्भों से शाश्वत साहित्य की बातें उपलब्ध होती हैं। भारतेन्दु बाबू हरिश्चन्द्र, पण्डित महावीरप्रसाद द्विवेदी, बालकृष्ण भट्ट, प्रतापनारायण मिश्र, बाबूराव विष्णु पराड़कर, शिवपूजन सहाय, प्रेमचंद, निराला, श्रीकृष्णदेव प्रसाद गौड़ 'बेढब बनारसी' द्वारा लिखित स्तम्भ साहित्य हो चुके हैं जिनका सार्वकालिक महत्त्व है। पुस्तक के रूप में बहुत-सी ऐसी पाठ्य-सामग्रियाँ मिलेंगी जो कभी पत्र-पत्रिकाओं में बिखरी हुई थीं। यूरोप और अमेरिका में पत्र-पत्रिकाओं की सामग्रियों को संकलित करके पुस्तक का रूप दे दिया जाता है। अभी भारतवर्ष इस क्षेत्र में पीछे है। पत्र-पत्रिकाओं में प्रकाशित सामग्रियाँ स्थायी मूल्य रखती हैं। यदि ऐसा नहीं होता तो शोध-छात्र पुरानी पत्रिकाओं की फाइलें उलटने में व्यस्त क्यों दिखलायी पड़ते ?

पत्रकारिता और साहित्य में उतना ही अन्तर मानना चाहिए जितना कि सुगम संगीत एवं शास्त्रीय संगीत में है। संगीत तो दोनों ही हैं पर एक को जाने बिना दूसरे के प्रति औत्सुक्य और आत्मीयता की भावना नहीं जागरित होती। हल्के-फुल्के सुगम एवं सिनेमा के गीत जब कोई गुनगुनाता है, तो वह स्वतः संगीत की गहराई में पहुँचना चाहता है, परिणामस्वरूप योगी बनकर शास्त्रीय संगीत में निष्णात होने का प्रयास करता है। पत्रकारिता का साहित्यिक महत्त्व न मानने वालों को लक्ष्य करके आचार्य शिवपूजन सहाय ने लिखा है कि "हिन्दी दैनिकों ने जहाँ देश को उद्बुद्ध करने में अथक प्रयास किया है वहाँ जनता में साहित्यिक चेतना जगाने का श्रेय भी पाया है।" युगीन भावबोध के साथ ही भाषा-आंदोलन पत्रकारिता से ही मुखरित हुआ। भाषा का आदर्श रूप स्थिर करने, लोकरुचि का परिष्कार करने तथा साहित्य के अभावों को दूर करने में पत्रों का महत्त्वपूर्ण अवदान है। आचार्य रामचन्द्र शुक्ल के शब्दों में "जिस प्यारी हिन्दी को देश ने अपनी विभूति

समझा, जिसको जनता ने उत्कण्ठापूर्वक दौड़कर अपनाया, उसका दर्शन 'हरिश्चन्द्र चंद्रिका' में हुआ।"

पत्र-पत्रिकाएँ साहित्य की विधाओं की जन्मदात्री रही हैं। राष्ट्र की आकांक्षाओं, विचारों और प्रेरणाओं की वाहिका के रूप में पत्रों ने ही हिन्दी को राष्ट्रवाणी का रूप दिया। हिन्दी सम्बन्धी सभी आंदोलन पत्रों द्वारा सशक्त हुए।

छायावादी युग की देन गद्य-गीत सर्वश्री रायकृष्णदास, माखनलाल चतुर्वेदी, दिनेशनन्दिनी डालमिया तथा डॉ. रघुवीर सिंह जैसे पत्रकारों से परिपुष्ट हुई। स्मरण के आधार पर किसी व्यक्ति अथवा विषय के सम्बन्ध में लिखित संस्मरण पं. बनारसीदास चतुर्वेदी, श्रीनारायण चतुर्वेदी, पं. श्रीराम शर्मा, कन्हैयालाल मिश्र, डॉ. रामविलास शर्मा आदि पत्रकारों की देन है। 'माधुरी', 'सुधा', 'विशाल भारत', 'सरस्वती', 'हंस', 'धर्मयुग' और 'कादम्बिनी' में महत्त्वपूर्ण संस्मरण बिखरे पड़े हैं।

अपनी बिम्ब-विधायिनी शक्ति के साथ कथा और संस्मरण का रस मिलाकर लेखक शाब्दिक रेखाओं से चरित्र का उद्‌घाटन करता है। पं. पद्‌मसिंह शर्मा, महादेवी वर्मा, बनारसीदास चतुर्वेदी, श्रीराम शर्मा, कन्हैयालाल मिश्र 'प्रभाकर' के रेखा-चित्र साहित्य की अनमोल निधि है।

इण्टरव्यू के लेखन में पद्‌मसिंह शर्मा एवं राजेन्द्र यादव, यात्रा-वृत्त-लेखन में महापण्डित राहुल सांकृत्यायन, शिवप्रसाद गुप्त, भगवतशरण उपाध्याय, सेठ गोविन्ददास और रामेश्वर टाँटिया के नाम मुख्य हैं। आत्मकथा, पत्र, रिपोर्ताज जैसी विधाएँ आज पत्रों द्वारा पल्लवित पुष्पित हो रही हैं। नयी कहानी, नयी कविता, अकविता और अकहानी लेखन का दौर पत्रों से ही चला।

इस प्रकार हिन्दी गद्य-काल के निबंध, जीवनी, आत्मकथा, यात्रा-वृत्त, गद्य-गीत, संस्मरण, रेखाचित्र, रिपोर्ताज़, डायरी, आलोचना, समालोचना, समीक्षा, भेंटवार्ता, पत्र-साहित्य आदि विधाओं को पल्लवित-पुष्पित किया है। यह निर्विवाद है कि हिन्दी के उन्नायक प्रथमतः पत्रकार थे, बाद में वे उत्कृष्ट साहित्यकार हुए। पण्डित महावीरप्रसाद द्विवेदी ने भारतीय जनता की विचाराभिव्यक्ति, बौद्धिक विकास एवं चेतना हेतु सुदृढ़, व्यवस्थित तथा परिमार्जित भाषा का निर्माण और सत्साहित्य का सृजन किया। 'सरस्वती' ने हिन्दी-जगत् की जो सेवा की, वह स्वर्णाक्षरों में उल्लेखनीय है। द्विवेदी सदृश पत्रकार न होता तो पण्डित रामनरेश त्रिपाठी, नाथूराम शंकर शर्मा, मैथिलीशरण गुप्त, गोपालशरण सिंह, मुकुटधर पाण्डेय और वृन्दावन लाल वर्मा जैसे सैकड़ों साहित्यकार हिन्दी जगत् को न मिलते। वास्तव में साहित्य की समस्त विधाओं को गतिशील बनाने का उत्तरदायित्व पत्रकार को ही निभाना पड़ता है।

श्री हेरम्ब मिश्र के अनुसार उच्चकोटि के साहित्यकारों और पत्रकारों ने यही कहा है कि "सर्वोत्तम पत्रकारिता साहित्य है और सर्वोत्तम साहित्य पत्रकारिता है।"

एच. डब्ल्यू. मर्सिंघम को श्रद्धांजलि अर्पित करते हुए बर्नार्ड शा ने कहा कि "कुशल पत्रकार साहित्यकार से भिन्न नहीं है। अगर साहित्य का काम संसार को ठीक-ठीक देखना और परखना है तो पत्रकारिता का भी पहला काम यही है।"

समाज के विचारों और साहित्य की संवाहिका का ही नाम पत्रकारिता है जो समाज और साहित्य के इतिहास में अपना एक स्थान तो बना ही लेती है, उसका निर्माण भी करती है। ग्रंथों में समाहित साहित्य से जो सम्भव नहीं है वह पत्र-पत्रिकाओं के साहित्य ने कर दिखलाया। स्वातन्त्र्य पूर्व के पत्र धर्मयुद्ध के अस्त्र-शस्त्र थे। आंग्ल शासकों के कोप का भाजन बनकर पत्रों ने समाज को एक दिशा दी। 'यंग इण्डिया', 'हरिजन', 'आज', 'स्वदेश', 'कर्मभूमि', 'प्रताप', 'रणभेरी' और 'सेनापति' जैसे असंख्य पत्रों ने भारतीय जनता को प्रभावित किया। भारत के नागरिकों ने पत्र-पत्रिकाओं से यही सीखा कि–

'लेकर पूर्ण स्वराज्य सत्व अपना पहचानें।
आजादी या मौत यही प्रण मन में ठानें।'

पत्रकारिता को साहित्यकार की पहली सीढ़ी कहा गया है। प्रारम्भ में साहित्यकार पत्रकारिता में लगा रहता है, अपनी फुटकर रचनाएँ पत्रों में प्रकाशित करवाता है। आलोचना, समालोचना एवं पुरस्कार-प्राप्ति से उसका मनोबल बढ़ता है तथा वह साहित्य-सृजन में रम जाता है। दैनिक पत्रों के साप्ताहिक अंक साहित्य की श्री वृद्धि करते हैं और हर पत्र के साहित्य सम्पादक पत्रकारिता को साहित्य से संश्लिष्ट रखते हैं।

पत्रकारिता और साहित्य में कहीं अन्तर है, तो वह शैली का। पत्रकार समास शैली का अभ्यस्त होता है जबकि साहित्यकार व्यास शैली अपनाता है। एक अलंकृत शैली से अपने को दूर रखता है तो दूसरा इसी शैली को आत्मसात् करता है। श्री श्यामाप्रसाद 'प्रदीप' ने 'इति' और 'अथ' के लेखन के संदर्भ में साहित्य और पत्रकारिता में एक विभाजन रेखा प्रस्तुत की है :

"... साहित्य शैली में चरमावस्था या क्लाइमेक्स अन्त में होता है और पत्रकारिता की इस शैली के आरम्भ में। इस पर एक साहित्यकार ने व्यंग्य किया है : 'पहले प्रतियोगिता यह थी कि किसकी 'इति' अच्छी होती है और अब प्रतियोगिता यह है कि किसका 'अथ' अच्छा होता है।' लेकिन यह अन्तर बहुत पुराना नहीं है। प्रथम युद्ध के बाद उद्भूत व्याख्यात्मक रिपोर्टिंग को भारत पहुँचने में करीब 35 वर्ष लगे, लेकिन यह उलटे पिरामिड की शैली बहुत जल्दी विलायत से यहाँ पहुँच गयी। इसकी क्रान्तिकारी परिणति का श्रेय प्रसिद्ध पत्रकार, पत्र-संचालक और प्रथम विश्वयुद्ध के समय ब्रिटेन के सूचना मन्त्री लार्ड नार्थक्लिफ को है। उन्होंने अनुभव किया कि आज के व्यस्त युग में पाठक को इतनी फुरसत नहीं है कि वह 'क्लाइमेक्स' तक पहुँचने का धैर्य रख सके। समाचार जानने की

उत्कण्ठा जिस सीमा तक बढ़ चुकी थी उसमें पाठक को देर तक दौड़ाने के बाद लक्ष्य पर पहुँचाना उस पर भारी बोझ लादना था। अतः समाचार की शुरुआत ही 'क्लाइमेक्स' से होने लगी। अर्थात् साहित्य नीचे से मंजिल तय करके चोटी पर पहुँचता था तो पत्रकारिता चोटी से मंजिल तय करती हुई नदी की धारा की तरह कलकल करती हुई नीचे की ओर बह निकली। साहित्य और पत्रकारिता का यह भेद दर्शन की आगम और निगमन प्रणाली जैसा हो गया।"

उपर्युक्त अन्तर मात्र शैली का अन्तर है। वास्तव में सत्य के संचयन, विवेचन और प्रकाशन में पत्रकार तथा साहित्यकार एक समान हैं। साहित्य-सृजन एवं सूक्ष्म रस-बोध की दिशा में दोनों एक हैं, दोनों एक दूसरे के पूरक हैं। इसीलिए तो बर्नार्ड शा ने ठीक ही कहा है कि शाश्वत साहित्य के लिए पत्रकारिता अवरोध नहीं बल्कि सहायक आधार है।

समाचार पत्र

तीन मुख्य उद्देश्य

समाचार पत्र का पहला उद्देश्य जनता की इच्छाओं, विचारों को समझना और उन्हें व्यक्त करना है। दूसरा उद्देश्य जनता में वांछनीय भावनाओं को जाग्रत करना है। तीसरा उद्देश्य सार्वजनिक दोषों को निर्भयतापूर्वक प्रकट करना है।

—महात्मा गांधी 1908 ई.

X X X

···the newspaper is the moving force of current history.

—Cutlip and Center

X X X

A newspaper must have courage and fairness, and a sense of duty to the reader and community. Its primary office is the gathering of news at the peril of its soul, it must see that the supply is not tainted.

—C. P. Scott

X X X

It is as white as innocence, as black as sin and as transient as lover's tryst, but as punctual as a new suitor and as constant as a virtuous wife—the newspaper. —Manfred Barthel

समाचार पत्र दैनिक जीवन के अनिवार्य अंग हैं। यह प्रबुद्ध पाठकों के लिए एक ऐसा दर्पण है जिसकी सहायता से वे विश्व की गतिविधि, स्वराष्ट्र के उत्थान-पतन तथा क्षेत्र-विशेष की ज्वलंत समस्याओं से सुपरिचित होते हैं। समाज का वास्तविक थर्मामीटर तो समाचार पत्र ही है जिसमें सामाजिक वातावरण का तापमान परिलक्षित होता है। पत्रों को दूरबीन कहा जाय तो अतिशयोक्ति नहीं

होगी क्योंकि वे भविष्य में होनेवाली बहुत दूर-दूर की घटनाओं का आभास दे देते हैं। यही कारण है कि शेख साहब कुरानशरीफ के पाठ के पूर्व समाचार पत्र पढ़ते हैं जैसा कि अकबर इलाहाबादी ने कहा था :

नहीं शेख साहिब की वह आदत
वजू[13] की ओर मुनाजाते सहर[14] की।
मगर वो चाय पीकर हस्बे दस्तूर[15]
तिलावत[16] करते हैं वह पायनियर की।।

पण्डित विष्णुदत्त शुक्ल ने 'आधुनिक पत्रकार कला' में समाचार पत्र के क्रमिक रूप को स्पष्ट किया है :

"पहिले-पहिल समाचार पत्रों का जन्म विशेष कर्मचारियों या संवाददाताओं द्वारा अधिकारियों के पास भेजी जानेवाली चिट्ठियों से हुआ। ये चिट्ठियाँ एक साथ जिल्द बाँध कर सार्वजनिक मिसल (Public Record) की भाँति रखी जाती थीं। इसलिए पहिले नाम 'न्यूज बुक' या समाचार-ग्रंथ रखा गया। फिर जब एक संवाददाता अनेक अधिकारियों के पास समाचार चिट्ठियाँ भेजने लगा, तब इसका नाम 'न्यूजलेटर (समाचार चिट्ठी) तथा कुछ आगे चलकर 'न्यूज शीट' (समाचार कागज) पड़ा। इसके बाद धीरे-धीरे समाचार पत्रों की विशेष उन्नति हुई और इनका नाम 'न्यूजपेपर' (समाचार पत्र) पड़ा। हिन्दी ने इसी नाम को अपना लिया।"

मुद्रण-कला के विकास के साथ ही समाचार पत्र का क्षेत्र व्यापक हुआ। आज तो वह सर्वजन सुलभ ज्ञान-विज्ञान का संवाहक बन चुका है। इंग्लैंड के 'न्यूजपेपर लायबल रजिस्ट्रेशन एक्ट' के अनुसार "कोई भी पर्चा समाचार पत्र कहा जायेगा, बशर्ते कि उसमें सार्वजनिक समाचार, सूचनाएँ या घटनाएँ छपी हों, अथवा इन समाचारों के सम्बन्ध में कोई टीका-टिप्पणी हो और वह एक निश्चित अवधि के बाद, जो 27 दिन से अधिक भी न हो, बिक्री के लिए प्रकाशित होता हो।"[17]

भारतीय प्रेस एक्ट के अनुरूप समाचार पत्र ऐसे नियतकालिक पत्र को कहते हैं जिसमें सार्वजनिक समाचार होते हैं या उनसे सम्बन्धित टिप्पणी प्राप्त होती है।[18]

श्री अम्बिकाप्रसाद वाजपेयी ने ब्रिटिश पार्लियामेंट द्वारा परिभाषित तथ्य के अनुसार लिखा है कि :

"जिस कागज में सब लोगों के समाचार, जानकारियाँ, घटनाएँ हों और जो बिक्री के लिए नियत स्थान पर छापा जाता हो; वह समाचार पत्र कहलाता है। इस परिभाषा के अन्तर्गत दैनिक ही नहीं, साप्ताहिक, पाक्षिक, मासिक सभी प्रकार के प्रकाशन आ सकते हैं किन्तु समाचार दैनिक या साप्ताहिक पत्र के अर्थ में रूढ़ हो गया है।"

सन् 1566 ई. में यूरोप के शहरों में युद्ध एवं व्यापार से सन्दर्भित हस्तलिखित पत्र जब श्रोतागण सुनते थे तो उसके लिए उन्हें एक 'गजेटा' (छोटा सिक्का) देना

पड़ता था। इसी 'गजेटा' के नाम पर समाचारपत्रों को 'गजेटा' कहा जाने लगा। सम्प्रति 'गजट' तो सूचना-पत्र तथा समाचार-पत्र का पर्याय हो चुका है।

मुगलकाल में 'फरमान', 'दस्तक', 'परवाना', 'महजार', 'एकाउन्टपेपर' तथा 'बिक्रीनामा' पत्र के विभिन्न रूप प्रचलित थे। फारसी के 'खबर' का बहुवचन 'अखबार' है।

बंगला में अखबार को 'संवाद पत्र' और 'वार्त्तावह' कहा जाता था। मराठी में 'वृत्त' या 'वृत्तपत्र' कहने की प्रथा है। 'वर्त्तमान' और 'वर्त्तमान पत्र' का भी प्रयोग समाचारपत्र के रूप में हुआ है। बम्बई में सन्ध्या को प्रकाशित होनेवाला गुजराती का एक पत्र 'सांजवर्त्तमान' है।

'एनसाइक्लोपीडिया ब्रिटानिका' ने समाचार पत्र और नियतकालिक पत्रिकाओं के अन्तर को सुस्पष्ट किया है :

"समाचार पत्र एक अजिल्द धारावाही प्रकाशन है, जो नियमित समय के अन्तर से प्रकाशित होता है और जिसमें समाचारों को प्रमुखता दी जाती है। अधिकांश समाचार पत्र दैनिक या साप्ताहिक होते हैं। कुछ अर्ध साप्ताहिक भी होते हैं। पाक्षिक और मासिक समाचार पत्रों के उदाहरण शायद ही कभी मिले हों। समाचार पत्र और पत्रिका का अन्तर भी रोचक है, विशेष रूप से साप्ताहिक प्रकाशनों के बीच। यदि प्रकाशन सजिल्द है, तो उसे पत्रिका कहा जाता है। समाचार पत्रों के लिए पृष्ठ संख्या और आकार का निर्धारण कभी नहीं किया गया।"[19]

उपर्युक्त परिभाषाओं से सुस्पष्ट है कि सार्वजनिक समाचारों और उन पर टिप्पणियों से युक्त नियमित तौर पर प्रकाशित पर्चा ही समाचार पत्र कहा जा सकता है जो पैसा देने पर सबको सुलभ हो। पत्र जन-हितकारिणी क्रिया-कलाप को बताता है तथा जनता के समक्ष उसे प्रस्तुत कर समाज में सौन्दर्य एवं शिवत्व का प्रसार करता है।

समाचार पत्रों की विशेषताएँ

एडविन एमरी द्वारा लिखित 'दी प्रेस एण्ड अमरीका' में समाचार पत्रों की सात विशेषताएँ वर्णित हैं :

1. It must be published at least once a week.

2. It must be produced by mechanical means (to distinguish it from the hand written 'news letters')

3. It must be available to any one willing to pay the price regardless of class or special interests.

4. It must print anything of interest to a general public, as contrasted with some of the religious and business publications.

5. It must have an appeal to a public of ordinary skill.

6. It must be timely or at least relatively so, in the light of technical development.

7. It must have stability, as contrasted to the fly by night publications of more primitive times.

तात्पर्य यही कि

1. समाचार पत्र सप्ताह में कम से कम एक बार प्रकाशित हो।

2. हस्तलिखित पत्रों से भिन्न रूप में यांत्रिक माध्यम से इसका मुद्रण हो।

3. वर्ग अथवा रुचि-विशेष का ध्यान न रखकर यह उन सभी को सुलभ कराया जाय जो मूल्य देने के लिए तत्पर हों।

4. समाचार पत्र धार्मिक एवं व्यापारिक प्रकाशनों की अपेक्षा आम जनता की रुचि के अनुरूप तथ्यों से पूर्ण हो।

5. साधारण तौर पर साक्षर व्यक्तियों की रुचि को प्रभावित करने में पत्र सक्षम हो।

6. तकनीकी विकास के परिप्रेक्ष्य में इसका प्रकाशन नियत समय पर हो।

7. पत्रों के प्रकाशन में स्थायित्व हो, पूर्व कालिक पत्रों की भाँति अल्पजीवी न हो।

अमरीकी दृष्टि से सप्ताह में एक बार प्रकाशित पत्र समाचार पत्रों की श्रेणी में आ जाते हैं परन्तु भारत में "समाचार पत्रों में दैनिक, साप्ताहिक, पाक्षिक, मासिक एवं त्रैमासिक पत्र-पत्रिकाएँ आती हैं। ऐसे भी पत्र हैं जो आयुर्वेद, आदिवासी-कल्याण ज्योतिष से लेकर जीवन रहस्य तक पर सामग्री छापते हैं।"[20]

आज समाचार पत्रों की प्रभुता स्वंयं सिद्ध है। वेण्डेल फिलिप्स का कथन इसके महत्त्व को स्पष्ट करता है :

"आज का समाचार पत्र एक बारगी जन वर्ग का माता-पिता, स्कूल-कालेज, शिक्षक, थियेटर, आदर्श और उदाहरण, परामर्शदाता और साथी हो गया है। मुझे समाचार पत्र निकालने दो; फिर इस बात की मैं परवाह नहीं करता कि कौन धर्म का नियामक है और कौन कानून का निर्माता।"

समाचार पत्र सामयिक सूचनाओं का ही वाहक नहीं है, अपितु यह भावनाओं और विचारों की अभिव्यक्ति का साधन है जैसा कवि फैज ने कहा है :

'मेरे दर्द को जो जुबाँ मिले,
मुझे मेरा नामो निशाँ मिले।'

वास्तव में सबके सुख-दुःख को स्वर देनेवाला समाचार पत्र ही है।

पत्रों के प्रकार

(क) प्रकाशन अवधि की दृष्टि से–दैनिक, द्वि-दैनिक, अर्ध साप्ताहिक, साप्ताहिक,

पाक्षिक, मासिक, द्वि-मासिक, त्रैमासिक, अर्धवार्षिक आदि अनेक पत्र प्रकाशित होते हैं। दैनिक पत्रों में 24 घण्टे की घटनाएँ लिखी जाती हैं जब कि किसी में दो दिनों की तो किसी में तीन दिन अथवा एक सप्ताह की बातें मुद्रित होती हैं। दैनिक पत्रों का प्रभाव सर्वाधिक होता है क्योंकि इनमें अधिकांशतः समाचार और उन पर टिप्पणियाँ ही छपती हैं जिससे पूरा राष्ट्र प्रभावित होता है। सम सामयिकता और समाचार-प्रधान रचनाओं के परिमाण की दृष्टि से दैनिक पत्रों के बाद साप्ताहिक पत्रों की गणना होती है, तत्पश्चात् पाक्षिक पत्र। नियतकालिकता की अवधि ज्यों-ज्यों बढ़ती जाती है, समाचारों का स्वर उतना ही मंद पड़ता जाता है और विचारों का परिणाम उसी अनुपात में बढ़ता जाता है। दैनिक पत्रों में सपाटबयानी होती है जबकि साप्ताहिक और पाक्षिक पत्रों में भाषा की चुस्ती चुटीलापन, और विषय का विशद विश्लेषण प्राप्त होता है।

मासिक पत्रों में लेख, गल्प, उपन्यास की प्रधानता होती है। त्रैमासिक, अर्द्धवार्षिक पत्रों में आलोचना, अनुसंधान एवं अन्य साहित्यिक विधाओं से सम्बन्धित सामग्रियाँ सुलभ होती हैं। नियत समय पर प्रकाशित होनेवाली विद्यालय, जाति-विशेष, और बाजार भाव देनेवाली पत्रिकाएँ अत्यन्त सीमित उद्देश्य रखती हैं तथा व्यापक सामाजिक परिप्रेक्ष्य से दूर रहती हैं फलतः इन्हें सच्चे अर्थों में पत्रिका नहीं कह सकते।

(ख) विक्रय संख्या की दृष्टि से–प्रतियों की विक्रय संख्या के आधार पर पत्रों के तीन प्रकार निम्नलिखित हैं :

1. बड़ा दैनिक समाचार पत्र : 50,000 से अधिक प्रतियाँ।
2. मध्यम श्रेणी का दैनिक समाचार पत्र : 15,000 से 50,000 तक।
3. छोटा दैनिक पत्र : 15,000 तक की बिक्रीवाला पत्र छोटा दैनिक पत्र माना गया है।

लघु समाचार पत्र

लघु, मध्यम और बड़े समाचार पत्रों का वर्गीकरण विक्रय संख्या, साधन एवं आकार के आधार पर होता है। इनमें लघु समाचार पत्र के सम्बन्ध में जानकारी प्राप्त कर लेने पर उसी अनुपात में अन्य पत्रों का अनुमान लगाया जा सकता है।

लघु समाचार पत्र वे हैं जिनके साधन सीमित हैं तथा जो कम संख्या में कम पृष्ठों में प्रकाशित होते हैं और अधिकांशतः स्थानीय समस्याओं-खबरों को महत्त्व देते हैं। राष्ट्रीय तथा अन्तर्राष्ट्रीय खबरें भी उसमें छपती हैं तथा विद्वानों के लेखादि भी यदाकदा प्रकाशित होते रहते हैं। 'ब्लिट्ज' और 'धर्मयुग' की गणना लघु पत्रों में नहीं की जा सकती।

यदि हमें लोकतन्त्र को मजबूत बनाना है तो स्थानीय समस्याओं-प्रश्नों को हल करने, उनको प्रस्तुत करनेवाले लघु समाचार पत्रों की उपादेयता स्वयं सिद्ध

है। छोटे समाचार पत्र सीमित साधन होते हुए भी साहस, दूरदर्शिता तथा लोकहित को ध्यान में रखकर अधिक लोकप्रिय हो जाते हैं। जनहित में लिखने के कारण कभी-कभी मुकदमेबाजी में फँसकर पत्रों को आर्थिक क्षति उठानी पड़ती है।

महात्मा गांधी द्वारा सम्पादित प्रकाशित 'हरिजन' को लघु समाचार पत्र कहा जा सकता है। उसने जन-जागृति एवं आदर्श समाज-रचना सम्बन्धी जो कार्य किया वह आज भी अनुकरणीय है।

समाचार पत्रों के कर्तव्य

समाचार पत्रों की विविध व्याख्याओं द्वारा उनके कर्तव्यों का बोध हो जाता है। उज्ज्वल सामाजिक चेतना के निर्माण की दिशा पत्रों से प्राप्त होती है साथ ही अन्याय को मिटाने, आदर्शों को फैलाने और व्यक्तिगत जीवन को सुखमय बनाने का मंत्र समाचार पत्र देते हैं। राष्ट्र की उन्नति अथवा अवनति इनके ऊपर ही निर्भर है। आस्कर वाइल्ड का कथन द्रष्टव्य है जिसके अनुसार अमेरिका का राष्ट्रपति तो चार वर्षों तक शासन करता है, किन्तु वहाँ के पत्र तो सदैव शासन करते हैं। वास्तव में समाचार पत्रों के निम्नलिखित कार्य हैं :

1. प्रतिदिन की नूतनतम घटनाओं का सही-सही सुबोध ढंग से विवरण प्रकाशित करना।
2. विचारों के आदान-प्रदान का सफल माध्यम बनना।
3. अग्रलेखों, समाचार समीक्षाओं, स्तम्भों एवं विशिष्ट लेखों द्वारा स्वस्थ जनमत का निर्माण करना।
4. समाजोपयोगी एवं स्वस्थ मनोरंजन के साधन उपलब्ध कराना।
5. आर्थिक, औद्योगिक और सांस्कृतिक विकास हेतु दिशा-निर्देश करना।
6. राष्ट्र की सुरक्षा के प्रति सतर्क रहना और राष्ट्रीय एकता को प्रोत्साहन देना।

पहले समाचार और रहस्यपूर्ण तथ्य कुछ सुविधा सम्पन्न व्यक्तियों की ही थाती मानी जाती थी परन्तु समाचार पत्रों ने इनका सामान्यीकरण कर दिया, प्रत्येक संवाद को बिना किसी पंक्तिभेद के जन-जन तक पहुँचा दिया जैसा कि जे. टी. डेलान का अभिमत है।[21]

भारतीय आर्ष ग्रंथों में ईश्वर को सच्चिदानन्द कहा गया है। 'सत्' (यथार्थ), 'चित्' (सत् को जानने की प्रवृत्ति) जहाँ होती है वहीं संतोष और आनन्द है। समाचार जगत् में 'सत्' वस्तु स्थिति और 'चित्' पाठकों की जिज्ञासा का द्योतक है। पाठकों की जिज्ञासा के अनुरूप वस्तुस्थिति का विवरण देकर उन्हें संतोष और आनन्द दिया जा सकता है जिसे समाचार पत्र प्रतिदिन पूरा कर रहे हैं।

पत्रों के आदर्श

भारत के भूतपूर्व मुख्य न्यायाधीश श्री के. सुब्बाराव ने समाचार पत्रों के कर्तव्यों का विश्लेषण करते हुए उनसे यही अपेक्षा की कि वे :

1. शासन और शक्तिमान पूँजीपतियों के हाथ की कठपुतली न बनें।

2. तथ्यों को सही-सही प्रकाशित करें और विचार प्रकट करते समय पक्षपात न करें।

3. वे सर्वसाधारण को वैधानिक, राजनीतिक, आर्थिक और सामाजिक समस्याओं के विषय में प्रबुद्ध करने के लिए ईमानदारी से प्रयास करें और इस प्रकार प्रभावकारी लोकमत तैयार करें।

4. वे न्यायालयों का व्यक्तित्व प्रतिबिम्बित करने का प्रयास करें, क्योंकि अन्ततः न्यायालय ही विधि-व्यवस्था के संरक्षक हैं। विधि-व्यवस्था अथवा कानून बनाये रखने में शासन और प्रेस, ये दोनों एक दूसरे के लिए कार्य करते हैं। प्रेस की स्वतंत्रता की रक्षा कानून करता है, बदले में कानून की मर्यादा प्रेस कायम रखता है।[22]

सारांश यही कि समाज के विकारों का परिष्कार, सार्वजनिक अधिकारों की रक्षा, स्वस्थ जनमत का निर्माण एवं सन्मार्गों पर सतत् चलते रहने की प्रेरणा देना समाचार-पत्रों का लक्ष्य होना चाहिए।

पत्रकारिता की महत्ता

The objective of journalism is service.

—M.K. Gandhi.

X X X

Journalism is The TIMES and the GUARDIAM, the DAILY. MIRROR and the SUN.

X X X

The Press is one of the vital organs of modern life especially in a democracy. The Press has tremendous powers and responsibilities. The Press must be respected. —J. L. Nehru.

पत्रकारिता जन-भावना की अभिव्यक्ति, सद्भावों की उद्भूति और नैतिकता की पीठिका है। संस्कृति और स्वतंत्रता की वाणी होने के साथ ही पत्रकारिता जीवन में अभूतपूर्व क्रान्ति की अग्रदूतिका है। आज सभी नैपोलियन के कथन से सहमत हैं कि पत्रकारिता के क्षेत्र में काम करनेवाले शिकायतखोर, टीकाकार, सलाहकार, बादशाहों के प्रतिनिधि और राष्ट्र के शिक्षक होते हैं। चार विरोधी पत्र चार हजार संगीनों से अधिक खतरनाक होते हैं जैसा कि बहुश्रुत है :

खींचो न कमानों को न तलवार निकालो।
जब तोप मुकाबिल हो तो अखबार निकालो।

('अकबर' इलाहाबादी)

असहायों को सम्बल, पीड़ितों को सुख, अज्ञानियों को ज्योति एवं मदोन्मत्त शासक को सद्‌बुद्धि देनेवाली पत्रकारिता है जो समाज-सेवा और विश्व-बन्धुत्व की स्थापना में सक्षम है। इसीलिए तो जेम्स मैकडोनल्ड ने इसे एक वरेण्य जीवन-दर्शन स्वीकार किया :

"पत्रकारिता को मैं रणभूमि से भी अधिक बड़ी चीज समझता हूँ, यह कोई पेशा नहीं, बल्कि पेशे से कोई ऊँची चीज है। यह एक जीवन है, जिसे मैंने अपने को स्वेच्छापूर्वक समर्पित किया।"

लोकतांत्रिक प्रशासन का एक अविभाज्य अंग पत्रकारिता है। लार्ड्स (सामंत) टेम्पोरल (पादरी) तथा कामन्स (जनता) ये लोकतन्त्र के महत्त्वपूर्ण अवयव हैं। बर्क ने प्रेस को चतुर्थ राज्य की संज्ञा दी। प्रेस तो निरन्तर गतिमान संसद है। संसद और प्रेस ही लोकप्रिय सरकारों के मुख्य अंग हैं।

पत्रकारिता की महत्ता का अनुमान समर्थ साहित्यकार एडिसन की निम्नलिखित उक्ति से लगाया जा सकता है :

"मेरी पत्रकार होने की चिर-इच्छा पूर्ण होने से रह ही गयी। पत्रकार-कला से अधिक मनोरंजक, अधिक विमोहक, अधिक रसमयी तथा अधिक सर्वतोमुखी कोई दूसरी बात मुझे नहीं दिखाई देती। एक स्थान पर बैठकर प्रतिदिन सहस्रों नर-नारियों तक पहुँचना, उनसे अपने मन की बात कहना, उन्हें सलाह देना, वे क्या करें और क्या न करें इस सम्बन्ध में परामर्श देना, उनका शिक्षण और मनोरंजन करना तथा आवश्यक हो तो उन्हें चिढ़ा भी देना कैसा आश्चर्यजनक होता होगा यह सोचकर ही मैं स्पन्दित हो उठता हूँ।"

वास्तव में प्रतिक्षण परिवर्तनशील जगत् का दर्शन पत्रकारिता द्वारा ही सम्भव है जो सबके आकर्षण का केन्द्रबिन्दु है।

पत्रकारिता और स्वतंत्रता

सुना जाता है कि पण्डितराज जगन्नाथ 'गंगालहरी' के एक-एक श्लोक पढ़ते जाते थे और गंगा का जल एक-एक सीढ़ी ऊपर चढ़ता जाता था। प्रचण्ड बुद्धिवादी पाठक इसे अविश्वसनीय मान सकते हैं परंतु इससे नाद, शब्द और काव्य-महिमा का प्रभाव सुस्पष्ट होता है। ऐसे ही देखा जाय तो ज्ञात होगा कि भारतीय पत्रकारिता ने जनता की भाव-लहरियों पर अप्रतिम प्रभाव दिखलाया। आजादी-पूर्व पत्रकारिता में प्रवेश करने का तात्पर्य आंग्ल सत्ता के फौलादी पंजे से मुकाबला करना था, आर्थिक संकट से जूझना तथा सदैव कंटकाकीर्ण पथ का अनुगामी बनना

था। पत्रों ने स्वतंत्रता आंदोलन को गत्वरता दी। उनका प्रणव मंत्र था :

'ज्वलुक ज्वलुक विप्लववह्नि नगरे-नगरे
भस्म होक् राक्षसेर स्वर्णलंकापुरी।'

'पयामे आजादी' पत्र द्वारा राष्ट्रभक्ति के प्रेरणास्रोत सम्राट बहादुर शाह 'जफर' ने ऐतिहासिक संदेश दिया :

"हिन्दुस्तान के हिन्दुओ और मुसलमानो ! उठो, भाइयो उठो, खुदा ने इन्सान को जितनी बरकतें अता की हैं, उनमें सबसे कीमती बरकत आजादी है।"

इसी लक्ष्य की प्राप्ति हेतु 'दैनिक वर्तमान' ने ललकारा :

'भारत के हम और हमारा भारत प्यारा।
स्वतंत्रता है जन्मसिद्ध अधिकार हमारा।।'

अंग्रेजों का दमन जितना ही बढ़ता गया, पत्र उतने ही अधिक जुझारू सिद्ध होते गये। हिन्दी पत्रों के सम्पादकों की अपील ध्यातव्य है :

'हम घर जारा आपना, लिया मुराड़ा हाथ।
अब घर जारूँ तासुका, जो चले हमारे साथ।।'

पत्रकारों की जीवंतता तथा प्रबल प्रतिरोध की क्षमता को सुस्पष्ट करने के लिए श्री रामचन्द्र शर्मा के 'महारथी पत्र' की पंक्तियाँ उद्धृत हैं :

'चढ़ रहा है हर जुबाँ पर अब जुनूने लाजपत,
क्या कोई तूफान लाएगा ये खूने लाजपत ?
हो रहे हैं ज़र्द चेहरे आज क्यों हुक्काम के
सुर्ख होने चाहिए थे पीके खूने लाजपत।'

स्वतंत्रता के पूर्व की पत्रकारिता तेजस्विनी, ओजस्विनी, निर्भय, परम न्यायपरायणा तथा सर्वतः पुण्यसंचारिणी रही है। इसीलिए तो महर्षि अरविंद, भूपेन्द्रनाथ दत्त, डॉ. एनी बेसेण्ट, गोपाल कृष्ण गोखले, बाल गंगाधर तिलक, लाला लाजपतराय, विपिनचन्द्र पाल, चितरंजन दास, सुरेन्द्रनाथ बनर्जी, महात्मा गांधी, जवाहरलाल नेहरू, डॉ. राजेन्द प्रसाद आदि वरेण्य नेताओं ने राष्ट्र-सेवा हेतु पत्रों से अपना घनिष्ठ सम्बन्ध रखा। साहित्यानुरागी भारतेन्दु हरिश्चन्द्र, लाल खड्ग बहादुर मल्ल, अम्बिकादत्त व्यास, गणेशशंकर विद्यार्थी, बाबूराव विष्णु पराड़कर, माखनलाल चतुर्वेदी, लक्ष्मणनारायण गर्दे, बालकृष्ण शर्मा 'नवीन' तथा श्रीकृष्णदत्त पालीवाल ने पत्रकारिता को राष्ट्रीय जागरण का एक साधन स्वीकार किया तथा 'मिशन' के रूप में इसको त्यागशील संघर्षमयी परम्परा का नियामक माना।

नया परिवेश

स्वतन्त्रता-प्राप्ति के बाद भारत में लोकतंत्र की स्थापना हुई। नये रचनात्मक क्रिया-कलापों और राष्ट्रहित में कर्तव्यों के परिपालन में पत्र ठोस भूमिका का

निर्वहन कर रहे हैं। बढ़ती हुई जनसंख्या, आर्थिक और औद्योगिक आयाम, संचार की सुविधा, एवं साक्षरता की वृद्धि के कारण पत्रों के पाठकों का महासागर उमड़ रहा है। अब पत्र स्वतः 'निर्वाक् की वाणी' सिद्ध हो रहे हैं। पहले पराधीन भारत की पत्रकारिता का चरित्र प्रतिरोध का था, वह जोखिम भरी थी जो इस पर चलते वे झुकते नहीं थे भले ही टूट जाते। पत्रकार 'भावुक' था परन्तु अब नये परिवेश में उसे 'चतुर' होना पड़ेगा। भ्रष्टाचार, पक्षपात, लालफीताशाही, सत्ता के दुरुपयोग, और अव्यवस्था के खुले विरोध द्वारा पत्रों को जन-सामान्य के हितों को सुरक्षित रखना है। विधायक और कल्याणकारी दृष्टि द्वारा लोकरुचि के परिष्कार का महान् कार्य पत्रकारिता द्वारा ही सम्भव है। नवीनतम आविष्कारों के चलते संवाद-प्रेषण, मुद्रण एवं पत्र-प्रसारण में क्रान्तिकारी परिवर्तन हुए हैं तदनुकूल पत्र-उत्पादन की प्रक्रिया जटिल हुई है। अब पत्रों के उपभोक्ता (ग्राहक और पाठक) वर्ग की आवश्यकताएँ, आकांक्षाएँ एवं अपेक्षाएँ बाध्य करती हैं कि पत्र आधुनिकता के परिवेश में समीचीन हो। यही कारण है कि पत्र-जगत् में युगान्तरकारी परिवर्तन परिलक्षित है।

पत्रकारिता का प्रशिक्षण

पहले की यह मान्यता थी कि कोई ठोक-पीट कर पत्रकार नहीं बनाया जा सकता। पत्रकारिता का गुण तो जन्मजात प्राप्त होता है। आज की विकसित मुंद्रण प्रणाली एवं समाचार-संग्रह के वैज्ञानिक संसाधनों ने पत्रकारिता के लिए प्रशिक्षण को अपरिहार्य बना दिया है। विश्व भर में बेतार के तार की सेवाओं का जाल बिछ चुका है, विडियोटेप, माइक्रोवेव ट्रान्समिशन तथा इलैक्ट्रानिक न्यूज गैदरिंग (विद्युतीय समाचार संकलन) पद्धति ने जब चाँद पर पद-संचरण के संवाद को सुलभ बना दिया तो बिना सम्यक् प्रशिक्षण प्राप्त किए ही कोई अब सफल पत्रकार कैसे हो सकता है ? मुद्रण, प्रसारण, सम्प्रेषण के क्षेत्र में नित-नूतन शोध उपग्रहों (Satellite), बहुसरणीय समुद्री तारों (Multichannel under Sea Cable) लेसर किरणों, कम्प्यूटर बैंकों, अन्तर्महाद्वीपीय प्रतिकृति (Fascimile) आदि प्राविधिक सुविधाएँ पत्र-जगत् में तभी सार्थक सिद्ध होंगी जब पत्रकार उच्चस्तरीय प्रशिक्षण प्राप्त करे। तकनीकी बातों के अतिरिक्त समाचार सूँघने, परखने और लिखने के लिए सुशिक्षित करने की आवश्यकता है जैसा कि जूलियन एडम्स और केनेथ स्ट्रेटन का मत है।[23] उच्चशिक्षा, नैतिक मूल्य, शोधपरक वृत्ति एवं प्रशिक्षण के कारण सक्षम पत्रकार बनकर समाज-सेवा की जा सकती है।

पत्रकारिता : एक प्रकृष्ट पेशा

पत्रकारिता को पब्लिक ट्रस्ट और पत्रकारों को ट्रस्टी माना जाता है। राष्ट्रपति

से लेकर एक सामान्य राहगीर के चरम सुख और चरम दुःख से सम्बद्ध पत्रकारिता सार्वजनिक दायित्व से परिपूर्ण एक प्रकृष्ट कला है जैसा कि कार्लाइल ने स्पष्ट किया है कि :

"महान् है पत्रकारिता, लोकमानस को प्रभावित करनेवाला होने के कारण पत्रकार क्या विश्व का शासक नहीं ? वास्तव में रोचक एवं चुनौतीपूर्ण इस पेशे में वही सक्षम सिद्ध होगा जिसमें कवि की कल्पना शक्ति, कलाकार की सृजनात्मक योग्यता, न्यायाधीश की विषय-निष्ठता, वैज्ञानिक की सुस्पष्टता और कम्प्यूटर मशीन की गति हो। ऐसे प्रतिभासम्पन्न पत्रकार को ढेर सारे के विषय में थोड़ा-सा और थोड़ा-सा के विषय में ढेर सा जानना चाहिए।"

भारत सरकार द्वारा गठित प्रथम प्रेस आयोग ने 1954 ई. में पत्रकारों के प्रशिक्षण पर जोर दिया। कलकत्ता, मद्रास, मैसूर, उसमानियाँ, बंगलौर, केरल विश्वविद्यालयों में मास्टर डिग्री का पाठ्यक्रम है। पुणे, पंजाब, कालीकट, बरहमपुर और बनारस हिन्दू विश्वविद्यालय में एक वर्षीय बैचलर आफ जर्नलिज्म का अध्यापन हो रहा है। सम्प्रति समाचार पत्रों की वितरण संख्या 5 करोड़ तक पहुँच चुकी है। भारतीय भाषाओं में दक्ष पत्रकारों की आवश्यकता है। द्वितीय प्रेस आयोग ने देश में स्वस्थ एवं आदर्श पत्रकारिता के समुन्नयन हेतु राष्ट्रीय पत्रकारिता प्रशिक्षण परिषद् तथा समाचार पत्र विकास आयोग की स्थापना की अनुशंसा की है। लगभग दो सौ वर्षों के बाद पत्र-जगत् असुविधाओं, आँधियों और अनेक कष्टों को झेलता हुआ उज्ज्वल भविष्य की ओर द्रुतगति से बढ़ रहा है और 18,140 पत्र-पत्रिकाएँ जन-मानस को प्रबुद्ध बना रही हैं।

जन-सेवा, वृत्ति और कला के समन्वित रूप पत्रकारिता के प्रशिक्षण की उचित व्यवस्था होने पर नवयुवकों हेतु रोजगार के नये अवसर प्राप्त हो सकते हैं। पत्रकार-प्रवर श्री बनारसीदास चतुर्वेदी ने लेखक को बतलाया कि विदेशों में सर्वत्र पत्रकारिता के विद्यालय हैं जहाँ से प्रशिक्षित होकर व्यक्ति विविध कार्यों को कुशलता के साथ पूरा करते हैं। अमेरिका में 275 विद्यालय हैं परन्तु अपने देश में ऐसे विद्यालयों की संख्या नगण्य है। मेरे सुझाव पर एक बार कानपुर विश्वविद्यालय के भू. पू. कुलपति श्री भक्तदर्शन ने 'गणेश शंकर विद्यार्थी पत्रकारिता संस्थान' की स्थापना के लिए विश्वविद्यालय अनुदान आयोग को लिखा। सुना गया कि आयोग ने यह लिखकर प्रस्ताव अमान्य ठहरा दिया कि प्रशिक्षित व्यक्तियों को खपाया कहाँ जाएगा ? कितने पत्र इन प्रशिक्षितों को कहाँ रोजगार के अवसर देंगे ? श्री चतुर्वेदी ने आयोग के अधिकारियों के इस अदूरदर्शितापूर्ण निर्णय को पत्रकारिता-जगत् के लिए अशुभ माना।

पत्रकारिता में प्रशिक्षण प्राप्त करने का तात्पर्य यह नहीं कि किस पत्र का सम्पादक अथवा उपसम्पादक बनाया जाय। प्रशिक्षितों के कार्य का क्षेत्र अब मात्र

समाचार पत्र ही नहीं रहे। आकाशवाणी, दूरदर्शन, सरकारी प्रचार एवं सूचना-सेवा, गैर सरकारी पब्लिसिटी अभिकरण, सार्वजनिक विभाग की योजनाएँ, प्रकाशन संस्थाएँ एवं पत्र-व्यवस्था विभाग में रोजगार के अनेक अवसर हैं। ऐसे व्यक्तिगत रूप में भी सुप्रशिक्षित पत्रकार संवाददाता, कापी राइटर, वार्ताकार, समीक्षक, कार्टूनिस्ट, स्तम्भलेखक तथा लोक-सम्पर्ककर्त्ता का कार्य कर सकता है। विज्ञान एवं प्राविधिकी ने अब अंतरिक्ष का द्वार खोल दिया है। वस्तुतः पत्रकारिता अब बहुआयामी हो गयी है।

प्रगति-पथ पर अग्रसर अपने राष्ट्र में शिक्षा, कृषि, ग्राम्य-विकास, परिवार-नियोजन, प्राकृतिक आपदाओं से मुक्ति के कार्यक्रम, सामाजिक कुरीतियों के उन्मूलन, साम्प्रदायिक सौमनस्य, पिछड़े वर्गों के उत्थान, स्वास्थ्य-रक्षा एवं मानव-जीवन के विविध क्षेत्रों की समस्याओं का हल आज पत्रकारों को ढूँढ़ना है। आज मानव-हित-साधक समस्त शास्त्र पत्रकारिता के क्षेत्र में समाहित हैं। सारा राष्ट्र पत्रकार का स्वाध्यायपीठ है और उसके निवासी ही पाठ्यक्रम हैं जिसे अनवरत चलते रहना है।

इतिहास : मानव-विकास का एक दिव्य आसव

मानव-जीवन में परिवर्तन और विकास की प्रक्रिया को परखने में इतिहास सर्वाधिक महत्त्व रखता है। ज्ञान के विस्तार में इसकी अनुपम भूमिका है। अतीत को वर्तमान से जोड़कर मानव को प्रबुद्ध बनाने का शुभ कार्य इतिहास द्वारा ही सम्पन्न होता है। यह घटित घटनाओं और सम्बन्धित व्यक्तियों का कालक्रमानुसार वर्णन है। डॉ. राजेन्द्रप्रसाद के अनुसार 'वह घटनाओं की कोरी नीरस कहानी न होकर ऐसा शास्त्र है जो हमें मानवीय समाजों और संस्थाओं के जन्म और विकास का पूरा-पूरा ज्ञान कराता है।'

इतिहास मात्र घटना-वर्णन नहीं अपितु विगत संघर्षों की स्मृति द्वारा मनुष्य को जिजीविषा-शक्ति प्रदान करता है। यह विकास-प्रक्रिया और सामाजिक प्रगति का अभिलेख है। यह जीव-जगत् की मनोवृत्तियों का अक्षय संग्रहालय है।

इतिहास और अनुसंधान

हिरोदोतस ने सर्वप्रथम 'हिस्ट्री' का प्रयोग किया जिससे उनका तात्पर्य शोध और अनुसंधान था। अदम्य ज्ञान-पिपासा ही 'हिस्ट्री' का पर्याय है। विद्वान् हिरोदोतस ने कहा कि इतिहास एक वैज्ञानिक विद्या है जिसकी पद्धति आलोचनात्मक है। यह एक मानवीय विद्या है जिसका लक्ष्य मानव-कार्य-कलाप का अध्ययन करना है। यह एक शिक्षाप्रद विद्या है जिसका मुख्य उद्देश्य अतीत के आलोक में भविष्य की खोज करना है और मनुष्य को मार्ग दिखलाना है। किंवदन्तियों, कथानकों

गीतों में समन्वय, व्यवस्था और एकता का वातावरण मिलता है जो ज्ञान-विज्ञान के नूतन क्षितिज को उद्घाटित करते हैं।

हेगल के अनुसार घटनाओं का अन्वेषण और संकलन ही इतिहास नहीं है वरन् उनमें अन्तर्निहित कार्य-कारण प्रक्रिया की गवेषणा है। बायरन के अनुसार यह बर्बरता से सभ्यता तक के विकास का कथानक है, मानवता की प्रगति का वृतांत है।[24] विचारक कान्त के अनुसार अज्ञान, स्वार्थ तथा वासना पर आधारित तामसिक वृत्ति की क्रीड़ा का परिणाम इतिहास है। इसी अधम प्रवृत्ति को परखकर मानव वर्तमान समस्याओं के गुण-दोष की विवेचना करता है तथा भविष्य के लिए मंगलमय पथ को खोजता है।

इतिहास और स्वतंत्र चिंतन

इतिहास की मूल प्रवृत्ति बौद्धिकता और नैतिकता का विकास है। विश्व-इतिहास के अध्ययन से सुस्पष्ट होता है कि मानव प्रारम्भ से ही स्वतंत्रता का आकांक्षी रहा है। स्वतंत्रता का तात्पर्य नैतिक बुद्धि का प्रसार है। मानव-स्वतंत्रता का अर्थ स्वतंत्रता की चेतना है और स्वतंत्रता विकास उसकी चेतना का विकास है। बेनडेटो क्रोचे ने इतिहास को मानव-आत्मा का इतिहास कहा है और यही मानव-आत्मा का इतिहास विश्व का इतिहास है।[25] इस प्रकार स्वतंत्र रूप से तत्त्व-चिंतन का सार रूप ही इतिहास है।

भारत के तत्त्वदर्शियों ने इतिवृत्तात्मकता को स्वीकार किया परन्तु उसके द्वारा शाश्वत मूल्यों की स्थापना पर बल दिया। सामयिक वृत्त के निरूपण की अपेक्षा पुरुषार्थ चतुष्ट्य की प्राप्ति हेतु इतिहास को हमारे मनीषियों ने वरेण्य माना।[26] मुनियों, महर्षियों एवं महापुरुषों के उज्ज्वल चरित गान, जिससे धर्म एवं सद्विचार का प्रसार हो, उसे ही इतिहास कहा गया। पाश्चात्य चिन्तक कार्लायल तथा एमर्सन ने इसी तथ्य को स्वीकार किया है।[27] धर्म, अभ्युदय और परमार्थ की सिद्धि का साधन यही है। धर्म की शक्ति ही जीवन की शक्ति है और इसी जीवनी-शक्ति का निरूपण इतिहास में प्राप्त होता है।

इस प्रकार हम देखते हैं कि समाज, राष्ट्र एवं महापुरुषों के रहस्यों को प्रकट करने के लिए इतिहास सर्वाधिक सशक्त साधन है। अतीत के गौरव की गाथा द्वारा सभी में संजीवनी शक्ति का संचार होता है। जिस शक्ति से लोक प्रबुद्ध होता है, वही इतिहास है। पत्रकारिता का लक्ष्य भी लोक को चैतन्य करना है। व्यापक दृष्टि से विचार किया जाय तो ज्ञात होगा कि पत्रकार और इतिहासकार में अंतर नहीं है। वर्तमान घटनाओं समस्याओं पर दोनों की दृष्टि रहती है। दोनों समस्याओं को सामने रखकर भविष्य के लिए पथ प्रदर्शित करते हैं। पत्रकारिता जन-जन की प्रवृत्तियों की दैनन्दिनी है। यह राष्ट्रीय संस्कृति की

दैनन्दिनी है। इसी भाँति इतिहास भी राष्ट्रीय उत्कर्ष और अपकर्ष का अभिलेख है। पत्र-पत्रिकाओं के रूप में समाज की भावना का विकास सामाजिक प्रगति और राष्ट्रीय गतिविधि का इतिहास स्वतः ही क्रमबद्ध होता जाता है। समाचार पत्र भाषा, साहित्य और भावना के दर्पण होते हैं जिसमें उनकी छाया स्वतः अभिव्यक्त होती है।

भूतकाल की बातें इतिहास में समादृत होती हैं। विचार कीजिए तो स्पष्ट होगा कि हम प्रतिपल अपना इतिहास बना रहे हैं। समय बीतने के साथ हमारा इतिहास स्वतः बनता जा रहा है। सभी बुद्धिजीवियों की दैनिक जीवन-चर्या इतिहास है और इसी को पत्रकारिता भी कह सकते हैं। जैसा कि लाला हरदयाल और डैविड बेनराइट की मान्यता है।[28]

माना जाता है कि घटनाओं से सम्बद्ध तथ्य स्वतः बोलते हैं परन्तु बात ऐसी नहीं है। तथ्य तभी मुखर होते हैं जब पत्रकार और इतिहासकार उन्हें पुकारते हैं। पत्रकार और इतिहास लेखक यह निश्चित करते हैं कि किस घटना या तथ्य को बोलने का अवसर दिया जाय, किस क्रम में तथा किस रूप में दिया जाय ? इस प्रकार इतिहास और पत्रकारिता दोनों परस्पर संश्लिष्ट हैं।

लोक-रुचि के परिवर्तन के साथ इतिहास और पत्रकारिता दोनों बदलते रहते हैं। समाज और देश में ज्यों-ज्यों परिवर्तन होता रहता है त्यों-त्यों पत्रकारिता अपने स्वरूप को बदलती रहती है जिसका अनुशीलन आवश्यक है। राजनीतिक, सामाजिक और सांस्कृतिक गतिविधियों के परिप्रेक्ष्य में लोकमंगल, लोक-रुचि, प्रवृत्ति, प्रेरणा एवं कामना से सम्पृक्त पत्रकारिता में हुए परिवर्तन तथा विकास-क्रम की प्रस्तुति ही हिन्दी पत्रकारिता का इतिहास है। हिन्दी पत्रकारिता का इतिहास भारत की स्वाधीनता, स्वराष्ट्रोन्नति और सर्वोदय-भावना का विकास है। यह स्वतंत्रता संग्राम-सेनानियों के वैचारिक यज्ञ की यशोगाथा का प्रामाणिक अभिलेख है। अदम्य राजनीतिक चेतना, गौरवशाली सांस्कृतिक तथा साहित्यिक परम्परा एवं उच्च शैक्षणिक पर्यावरण के बीच हिन्दी की जीवन्त पत्रकारिता पनपी है। वास्तव में हिन्दी पत्रकारिता का जन्म स्वाभिमान के संचार, स्वदेश-प्रेम के उदय एवं आंग्ल शासन के प्रबल प्रतिरोध हेतु हुआ। पत्र-पत्रिकाओं के सामयिक लेख, विचारोत्तेजक तर्क तथा प्रेरक नारों ने देशवासियों का मार्ग-दर्शन किया। पत्र और पत्रकार स्वतंत्रता-आंदोलन के सक्षम सेनानी सिद्ध हुए हैं। अन्याय, अज्ञान, प्रपीड़न और प्रवंचना के संहारक समाचार पत्र ही हुए जिनके द्वारा सबल, सरस, सृजनात्मक समन्वयवादी और सुसंस्कारी राष्ट्रभाषा हिन्दी का पोषण हुआ। इस प्रकार हिन्दी पत्रकारिता का इतिहास भारतीय राजनीति और साहित्य-संवर्द्धन का क्रमिक विकास है जिसका अध्ययन बुद्धिजीवियों को चतुर्दिक जागरण का मंत्र देता है।

पत्रकारिता शीघ्रता में लिखा जानेवाला एक समसामयिक इतिहास है। अपने समय का लिखित इतिहास ही पत्रकारिता का आवश्यक अंग है। वर्तमान की

घटनाओं के विश्लेषण सम्बन्धी ज्ञान का कार्य पत्रकारिता है और इसी प्रकार का कार्य इतिहास का भी है। सारांश यह है कि समय और समाज के सतर्क विवेचन का क्रमिक अभिलेख ही हिन्दी पत्रकारिता का इतिहास है।

हिन्दी पत्रकारिता के इतिहास-लेखन के विभिन्न प्रयास

सर्वप्रथम भारतेन्दु हरिश्चन्द्र के फुफेरे भाई बाबू राधाकृष्णदास ने हिन्दी समाचार पत्रों का इतिहास लिखा। 'हिन्दी भाषा के सामयिक पत्रों का इतिहास' उनकी विवरण प्रधान पुस्तक है जो सन् 1894 ई. में प्रकाशित हुई। इसमें सूचनाएँ एक स्थान पर संकलित हैं, जिनमें कुछ बातें भ्रामक हैं।

'भारत मित्र' के माध्यम से बाबू बालमुकुन्द गुप्त ने हिन्दी समाचार पत्रों का इतिहास लिखा, जिसमें 'बनारस अखबार' को हिन्दी का पहला पत्र माना गया। पं. विष्णुदत्त शुक्ल ने 'हिन्दी पत्रकार कला का इतिहास' लिखने का प्रयास 'विशाल भारत' द्वारा किया। परन्तु वे किसी ठोस स्वरूप का निर्धारण नहीं कर सके।

हिन्दी साहित्य के यशस्वी इतिहासकार आचार्य रामचन्द्र शुक्ल ने अपनी पुस्तक में पत्रकारिता के क्रमिक विकास का उल्लेख किया है, जिसमें बाबू राधाकृष्णदास के तथ्यों को आधार माना गया है। पत्रकारिता सम्बन्धी प्रामाणिक अभिलेख का इस पुस्तक में अभाव है क्योंकि "शुक्ल जी ने अपने इस इतिहास में साहित्य की विविध धाराओं का गम्भीर अनुशीलन प्रस्तुत किया है। पत्रकारिता के माध्यम से भाषा और साहित्य को विकास-बल मिला है। इसलिए साहित्यिक इतिहास-निर्माण के समय पत्रकारिता के विकास-क्रम तथा उसके साहित्य के इतिहास की अन्य विकास-भूमियों पर दृष्टिपात करना आवश्यक था। शुक्ल जी ने उधर दृष्टि तो डाली किन्तु प्रामाणिक यथार्थ की उपलब्धि इसलिए नहीं हो सकी क्योंकि उस दिशा में शुक्ल जी की शोध-वृत्ति दब-सी गई थी। यह स्वाभाविक भी था, क्योंकि शुक्लजी के अनुशीलन की दिशा दूसरी थी, उद्देश्य दूसरा था।[29]

आचार्य शुक्ल द्वारा पत्रकारिता के क्षेत्र में अपेक्षित उपलब्धि इसलिए न हो सकी क्योंकि इस दिशा में शोध को पर्याप्त अवसर देने का अवकाश उनको नहीं था।

'हिन्दी पत्रकारिता का उद्भव और विकास' नामक पहला शोध प्रबंध डॉ. रामरतन भटनागर का है। उसका एक विशिष्ट महत्त्व है। उसके 768 पृष्ठों में हिन्दी पत्रकारिता (1826 से 1945 तक) का सांगोपांग विवेचन किया गया है। अँग्रेजी में लिखे-छपे इस प्रबंध में पत्रकारिता की भाषा-विषयक और साहित्यिक उपलब्धि की सामान्य चर्चा है। वास्तव में पत्रकारिता के इतिहास-लेखन की दिशा में यह पहली ठोस कृति है।

हिन्दी समाचार पत्र संग्रहालय हैदराबाद द्वारा प्रकाशित 'हिन्दी समाचार पत्र

सूची' (भाग 1 और 2) ने पत्रकारिता के इतिहास को आधार-भूमि प्रदान की। बंकटलाल ओझा ने अथक परिश्रम के द्वारा समाचार पत्रों की प्रामाणिक सूची प्रस्तुत कर इतिहास लेखकों के लिए सीढ़ी बना दी। उनके इस कार्य से हिन्दी-जगत् को उन पत्रों का नाम ज्ञात हो गया जो बहुत वर्ष पहले अपनी अस्मिता खो बैठे थे। डॉ. सम्पूर्णानन्द के अनुसार "जब कभी पिछले पचास-साठ वर्षों का इतिहास विस्तार के साथ लिखने का आयोजन होगा उस समय उपयुक्त सामग्री प्रस्तुत करने में इस प्रकार के संग्रहालयों का महत्त्वपूर्ण स्थान होगा। हिन्दी साहित्य के विकास को समझाने के लिए भी समाचार पत्रों के जन्म, अभ्युदय और निधन के इतिहास को जानना सहायक होगा।"[30]

सम्पादकाचार्य अम्बिकाप्रसाद वाजपेयी ने 'समाचार पत्रों का इतिहास' इस भूमिका के साथ लिखा है : "परमेश्वर की कृपा से हिन्दी समाचार पत्रों का सौ वर्ष का यह इतिहास जैसा कुछ भी बन पड़ा, पूरा हो गया। 'जैसा कुछ भी' इसलिए कि यह काम जितना श्रम, शक्ति और अर्थसाध्य है, उसका उस लेखक में अत्यंत अभाव था और इस अभाव में जो कसर थी, वह रुग्णता ने पूरी कर दी।··· अपनी असमर्थता का ज्ञान रहने पर भी अनधिकार चेष्टा इसलिए की गयी कि लेखक को गत 48-49 वर्षों की पत्रकारिता का जो अनुभव था और पुराने सम्पादकों के सत्संग से जो जानकारी प्राप्त हुई थी, उसका अन्त उसके साथ ही हो जाना न लेखक को अभीष्ट था और न उसके मित्रों को, जो यह कार्य पूरा कर लेने का निरंतर आग्रह कर रहे थे।"[31] वाजपेयी जी की इस पुस्तक में समाचार पत्रों का प्रारम्भ तथा हिन्दी समाचार पत्रों के इतिहास को कई चरणों में प्रस्तुत किया गया है। हिन्दी समिति लखनऊ ने वाजपेयी जी की दूसरी पुस्तक 'समाचार पत्र कला' का प्रकाशन किया है, जिसके परिशिष्ट में अनेक प्रांतों के समाचार पत्रों के प्रसार तथा प्रकाशन सम्बन्धी विवरण दिए गए हैं।

पं. कमलापति त्रिपाठी और पी. डी. टंडन ने 'पत्र और पत्रकार' में पत्रकारिता पर विशद प्रकाश डाला है। 'भारतीय पत्रकारी के विकास' नामक अध्याय में पत्रकारिता के इतिहास की चर्चा है, जो अपर्याप्त है।

पत्रकारिता के इतिहास पर प्रामाणिक शोध प्रबंध डॉ. कृष्ण बिहारी मिश्र द्वारा लिखा गया है। भारतीय ज्ञानपीठ द्वारा प्रकाशित उनकी पुस्तक में 'हिन्दी पत्रकारिता में जातीय चेतना और खड़ी बोली साहित्य की निर्माण भूमि' की विस्तृत चर्चा है। "मूल विषय और मूल नाम था 'कलकत्ता की हिन्दी पत्रकारिता : उद्भव और विकास'। उद्देश्य था कलकत्ता की हिन्दी पत्रकारिता का अनुशीलन। प्रबंध पूरा हो जाने पर यह तथ्य सामने आया कि कलकत्ता की हिन्दी पत्रकारिता को केन्द्र में रखकर हिन्दी पत्रकारिता के अनुशीलन के माध्यम से सम्पूर्ण जातीय चेतना और खड़ी बोली साहित्य की निर्माण-भूमि का अध्ययन यह प्रबंध प्रस्तुत करता

है।"[32] डॉ. मिश्र ने अपना ध्यान प्रमुखतः कलकत्ते की हिन्दी पत्रकारिता पर केन्द्रित किया परन्तु बाद में हिन्दी प्रदेश के पत्रों की प्रासंगिक चर्चा कर दी तथा एक व्यापक नाम रख दिया।

डॉ. मधुकर भट्ट ने 'वाराणसी और प्रयाग की पत्रकारिता' (सन् 1850 से 1950) तथा डॉ. हरिहरनाथ यती ने 'हिन्दी पत्रकारिता के विकास में काशी का योग' पर शोधकार्य किया है। इन दोनों ने अपने अध्ययन को स्थान-विशेष की पत्रकारिता तक ही सीमित रखा है।

'हिन्दी साहित्य का वृहत् इतिहास' (त्रयोदश भाग) राजस्थान विश्वविद्यालय के पत्राचार अध्ययन संस्थान द्वारा प्रकाशित पत्रकारिता के पाठ, 'राजस्थान में हिन्दी पत्रकारिता' (डॉ. मनोहर प्रभाकर), 'हिस्ट्री आफ प्रेस इन इंडिया' (जे. नटराजन), 'मध्य प्रदेश में पत्रकारिता का इतिहास' (सम्पादक विजयदत्त श्रीधर), 'मध्यप्रदेश में हिन्दी पत्रकारिता : एक शताब्दी' (डॉ. कैलाश नारद) और 'हिन्दी पत्रकारिता : राष्ट्रीय नव उद्‌बोधन' (डॉ. श्रीपाल शर्मा) कुछ ऐसी पुस्तकें हैं जिनके द्वारा हिन्दी पत्रकारिता के विकास पर प्रकाश डाला गया है।

'हिन्दी पत्रकारिता : विविध आयाम' (सं. डॉ. वेदप्रताप वैदिक) एक विशिष्ट ग्रंथ है जो हिन्दी के मूर्धन्य पत्रकार श्री अक्षयकुमार जैन को उनकी षष्टि-पूर्ति के अवसर पर समर्पित है। ग्रंथ के द्वितीय अध्याय 'इतिहास-विकास' के अन्तर्गत बंगाल, उत्तर प्रदेश, मध्यप्रदेश, राजस्थान, बिहार, दिल्ली एवं अन्य स्थानों की पत्रकारिता के उद्‌भव और विकास की यात्रा-कथा संकलित है। अंतिम अध्याय में 'पत्रकार-परिचय' प्राप्त होता है। इस वृहद् ग्रंथ में यद्यपि एकसूत्रता का अभाव है तथापि इसके द्वारा अगणित शोधकार्यों का मार्ग प्रशस्त हो गया है। सर्वप्रथम इस ग्रंथ के द्वारा भारतवर्ष के सभी प्रान्तों की हिन्दी पत्रकारिता पर भरपूर सामग्री दी गयी है।

'स्वतंत्रता आंदोलन और हिन्दी पत्रकारिता' (डॉ. अर्जुन तिवारी) द्वारा पूर्वांचलीय पत्रकारिता के उद्‌भव और विकास का प्रामाणिक अभिलेख प्रस्तुत किया गया है। विगत डेढ़ सौ वर्षों की राजनीतिक सांस्कृतिक और साहित्यिक परिप्रेक्ष्य में 114 क्रान्तिकारी पत्रों के विशद विवेचन द्वारा भारतीय स्वाधीनता संग्राम के गतिप्रदायी तत्त्वों पर प्रकाश डाला गया है।

अज्ञात और अल्पज्ञात पत्रों, विस्मृत पत्रकारों की कीर्ति-रक्षा तथा साम्प्रतिक पत्र-पत्रिकाओं के सम्यक् विश्लेषण की प्राप्ति हेतु हिन्दी पत्रकारिता के इतिहास का अनुशीलन युग की एक अनिवार्यता है। विशाल हिन्दी-जगत् के पत्रों के समुज्ज्वल अतीत और वर्तमान की दिव्य झाँकी को उपस्थापित करने हेतु हिन्दी पत्रकारिता के उद्‌भव और विकास का समग्र इतिहास प्रस्तुत है जो भविष्य में बुद्धिजीवियों का आलोक स्तम्भ होगा।

काल-विभाजन और नामकरण

काल-विभाजन, पृष्ठभूमि निर्देश, प्रकृति-निरूपण एवं मूल्यांकन सम्बन्धी महत्त्वपूर्ण कार्यों के संदर्भ में ही इतिहास प्रस्तुत किया जा सकता है। हिन्दी पत्रकारिता के इतिहास को लिखते समय विद्वान् लेखकों ने विविध आधार और मान्यता के परिप्रेक्ष्य में अनेक प्रकार से काल-विभाजन और नामकरण का प्रयास किया है किन्तु अभी तक कोई सर्वमान्य स्वरूप उपस्थित नहीं हो पाया है।

बाबू बालमुकुन्द गुप्त ने 'गुप्त निबंधावली' में निम्नलिखित चरणों का उल्लेख किया है :

प्रथम चरण– 1845 से 1877 ई.

द्वितीय चरण–1877 से 1890 ई.

तृतीय चरण–1890 से के बाद...

डॉ. रामरतन भटनागर ने पत्रकारिता के इतिहास को 6 काल खण्डों में विभाजित किया है :

आरम्भिक युग (1826-1867 ई.)

उत्थान तथा अभिवृद्धि युग : (क) प्रथम चरण (1867-1883)
(ख) द्वितीय चरण (1883-1900)

विकास युग– प्रथम चरण (1900-1921)
द्वितीय चरण (1921-1935)

आधुनिक युग (1935-1945)

अम्बिकाप्रसाद वाजपेयी ने प्रारम्भकाल के हिन्दी के पत्र, दूसरे दौर के पत्र, तीसरे दौर के पत्र, नये युग की झलक तथा दैनिक पत्रों का युग के रूप में हिन्दी समाचार पत्रों के इतिहास को लिखा है।

काशी नागरी प्रचारिणी सभा द्वारा प्रकाशित 'हिन्दी साहित्य का वृहत् इतिहास' के त्रयोदश भाग में प्रथम उत्थान (1826-1867), द्वितीय उत्थान (1867-1920) और आधुनिक काल (1920 के बाद) के रूप में काल-खंड का विभाजन हुआ है।

डॉ. कृष्ण बिहारी मिश्र ने हिन्दी पत्रकारिता के इतिहास को राष्ट्रीय आन्दोलन के साथ जोड़कर निम्नलिखित खंडों में विभाजित किया है :

1. भारतींय नवजागरण और हिन्दी पत्रकारिता का उदय (1826-1867 ई.)

2. राष्ट्रीयता का विकास और हिन्दी पत्रकारिता का दूसरा दौर (1867-1900 ई.)

3. बीसवीं शताब्दी का आरम्भ और हिन्दी पत्रकारिता का तीसरा दौर :

(क) हिन्दी पत्रकारिता का तिलक युग (1900-1920 ई.)

(ख) हिन्दी पत्रकारिता का गांधी युग (1920-1947 ई.)

4. साम्प्रतिक पत्रकारिता–आदर्शों में विघटन और मनोबल का ह्रास।

श्री बांके बिहारी भटनागर ने हिन्दी पत्रकारिता के इतिहास को प्रथम चरण (1826-1857), द्वितीय चरण (भारतेन्दु युग, 1857-1890), तीसरा चरण (1890-1918) और चौथा चरण या गांधी युग (1918 से स्वतंत्रता पूर्व तक) के रूप में प्रस्तुत किया है।

डॉ. रमेश कुमार जैन ने हिन्दी पत्रकारिता के उद्भव एवं विकास को निम्नलिखित युगों में उपस्थापित किया है :

प्रारम्भिक युग (1826-1867 ई.)

भारतेन्दु युग (1867-1900 ई.)

द्विवेदी युग (1900-1920 ई.)

गांधी युग (1920-1947 ई.)

स्वातन्त्र्योत्तर युग (1947 से अब तक)।

'स्वतंत्रता आंदोलन और हिन्दी पत्रकारिता' में इस पुस्तक के लेखक ने पत्रकारिता के व्यक्तित्व के विकास का उल्लेख किया है। हिन्दी पत्रकारिता का व्यक्तित्व राष्ट्रीय चेतना और क्रान्ति के मणि-कांचन संयोग से बना है जिसका स्वर विद्रोही का स्वर है। यह सर्वमान्य तथ्य है कि हिन्दी का पहला पत्र 'उदन्तमार्तण्ड' 1826 ई. में निकला जो 'हिन्दुस्तानियों के हित हेतु' था। पत्रों द्वारा जागरण और स्वतंत्रता-प्राप्ति के लिए क्रान्तिकारी मंत्र फूंके गए फलतः 1947 ई. में भारत को स्वराज्य मिला। इस 121 वर्ष के अन्तराल में राष्ट्रीय चेतना से संश्लिष्ट हिन्दी पत्रकारिता रूपी वट-वृक्ष का बीज-वपन, अंकुरण, पल्लवन और फलन हुआ जिसका काल-विभाजन निम्नवत् है :

1. बीज-वपन काल (1826-1867 ई.)
2. अंकुरण काल (1867-1905 ई.)
3. पल्लवन काल (1905-1929 ई.)
4. फलन काल (1929-1947 ई.)

हिन्दी पत्रकारिता के इतिहास-लेखन सम्बन्धी उपर्युक्त प्रयासों पर विचार करने पर स्पष्ट होता है कि काल-विभाजन और नामकरण के संदर्भ में किए गए सभी कार्यों का न तो कोई पुष्ट आधार है और न तो वे विभिन्न प्रवृत्तियों का सर्वांगीण रूप ही प्रस्तुत कर रहे हैं। सभी इतिहासकारों के समक्ष एक विशेष लक्ष्य था जिन्होंने अवधि-विशेष के पत्रों और पत्रकारों का विवरण दे दिया। अन्तरंग स्थिति के अन्वेषण, प्रवृत्ति-निरूपण, सामाजिक और सांस्कृतिक चेतना को उद्घाटित कर एक वैज्ञानिक और सुसंगत काल-विभाजन के अभाव में पत्रकारिता के इतिहास का अनुशीलन उपयुक्त नहीं होगा।

कहीं-कहीं तो शासकों के नाम पर वर्गीकरण का कार्य हुआ है। अँग्रेजी साहित्य में एलिजाबेथ और विक्टोरिया के नाम पर नामकरण किया गया है। कभी महान् लेखकों और युगद्रष्टा पत्रकारों के आधार पर युग-विभाजन किया गया है। देखा जाय तो स्पष्ट है कि भारतेन्दु हरिश्चन्द्र, पं. महावीर प्रसाद द्विवेदी, महात्मा गांधी जैसे युग पुरुष हो चुके हैं जिन्होंने पूरे युग का प्रतिनिधित्व किया। इन महापुरुषों से प्रेरित पत्रकारों की मण्डली ने हिन्दी पत्रकारिता को समृद्ध किया। ऐसे पत्रकारों के नाम पर युग-विभाजन उचित तो है परन्तु इसमें एकरूपता का अभाव है। पूज्य भारतेन्दु, द्विवेदी और बापू ने विविध युगों का प्रतिनिधित्व किया लेकिन कुछ ऐसे युग हैं जिनमें सर्वमान्य कोई एक युग-पुरुष निश्चित नहीं हो सकता। उदाहरणार्थ स्वातन्त्र्योत्तर काल की पत्रकारिता को ही देखें। क्या कोई एक नाम सभी की जिह्वा पर आ सकता है। जो भारतेन्दु, द्विवेदी एवं बापू के समकक्ष हो ? इस प्रश्न का उत्तर निश्चित ही 'नहीं' होगा। इतिहास के लेखन में कुछ काल-खंड पत्रकारों के नाम पर हों और कुछ समय-विशेष के प्रतीक हों, यह असंगत विभाजन उत्तम प्रतीत नहीं होता।

जगत् प्रतिपल परिवर्तित होता रहता है। राजनीतिक परिस्थितियों से समाज प्रभावित होता है। समाज में जनरुचि के अनुरूप पत्रकारिता प्रभावित होती है और पत्रकारिता से समाज प्रभावित होता है। पत्रकारिता के रूप-परिवर्तन और दिशा-परिवर्तन का अध्ययन समीचीन तभी होगा जबकि समान प्रकृति एवं प्रवृत्ति के आधार पर काल-विभाजन और नामकरण हो। निर्दिष्ट अवधि के समस्त पत्रों में अंगीभूत अन्तर्वृत्ति, बोध या स्थिति को परखकर ही नामकरण करना सार्थक होता है। इसीलिए मानवीय चेतना के क्रमिक विकास, प्रवृत्ति-बोध, प्रेरक तत्त्वों की जानकारी और अनुकूल-प्रतिकूल परिस्थितियों के परिप्रेक्ष्य में मैंने हिन्दी पत्रकारिता की यात्रा-कथा का काल-विभाजन और नामकरण का प्रयास किया है जो निश्चित ही सुसंगत और तर्क सम्मत सिद्ध होगा।

एक सुसंगत प्रयास

30 मई सन् 1826 ई. को हिन्दी के प्रथम साप्ताहिक 'उदन्त मार्तण्ड' का प्रकाशन हुआ जो 'पहले पहल हिन्दुस्तानियों के हित हेतु' था। अपनी भाषा में 'नाना देश के सत्य समाचार पढ़कर हिन्दुस्तानी लोग आनन्द विह्वल होंगे', ऐसी धारणा इस पत्र की थी। इसी 'उदन्त मार्तण्ड' से हिन्दी पत्रकारिता का प्रादुर्भाव हुआ। पत्र द्वारा आलोक-विकिरण से विविध संस्थाएँ दीप्त हुईं एवं अनेक पत्रों ने अंकुरित होकर भारतवासियों का नयनोन्मेष किया, उन्हें होश में लाने, बुद्धि-विवेक से काम करने एवं स्वाभिमान की रक्षा हेतु सतत सावधान रहने का मंत्र दिया। 'उदन्त मार्तण्ड' से प्रेरणा प्राप्त कर 'बंगदूत' (1829), 'बनारस अखबार' (1845), 'सुधाकर'

(1850), 'बुद्धिप्रकाश' (1852), 'मजहरुल सरूर (1852), 'पयामे आजादी', (1857), 'कविवचन सुधा' (1867), 'हरिश्चन्द्र मैगजीन' (1873), 'बाल बोधिनी पत्रिका' (1874), 'हिन्दी प्रदीप' (1877), 'भारतमित्र' (1878), 'सारसुधानिधि' (1879), 'उचितवक्ता' (1880), 'क्षत्रिय पत्रिका' (1881), 'भारत जीवन' (1884) आदि पत्र प्रकाशित हुए जिनके द्वारा 'तोड़ो गुलामी की जंजीरें, बरसाओ अंगारा', और 'सत्व निज भारत गहे' का उद्‌घोष किया गया। वस्तुतः राष्ट्रीय चेतना के सम्पोषण तथा समाज के दिग्दर्शन के शुभ लक्ष्य से प्रेरित होकर हिन्दी पत्रकारिता का उद्‌भव हुआ।

भारतीय नवचेतना के अग्रदूत भारतेन्दु बाबू हरिश्चन्द्र ने 'कविता वर्दिनी सभा', 'पैनी रीडिंग क्लब', 'तदीयसमाज', 'यंग मैन एसोसिएशन' तथा 'डिबेटिंग क्लब' की स्थापना द्वारा अलसाये भारतीयों को उनकी अस्मिता का ज्ञान कराया, उन्हें जीवनी-शक्ति, चेतना और बलिदान का शुभ संदेश सुनाया। ब्रह्मसमाज, प्रार्थना समाज, आर्यसमाज, रामकृष्ण मिशन आदि संस्थाओं द्वारा चतुर्दिक चेतना के प्रसार के साथ पत्रों का प्रकाशन प्रारम्भ हुआ। हिन्दी पत्रों के उद्‌भव के मूल में युगुल किशोर सुकुल और राजा राममोहन राय की साधना है जिसको सफल बनाने में भारतेन्दु-मंडल का महत्त्वपूर्ण योगदान है। सन् 1826 से लेकर 1884 ई. तक की अवधि हिन्दी पत्रकारिता का उद्‌भव काल है जिसने भावी पत्रकारिता को जागरण और क्रान्ति के स्वर से सम्पृक्त कर राष्ट्र के नव-निर्माण का मार्ग प्रशस्त किया। पत्रों द्वारा प्रसारित मंत्र 'उत्तिष्ठत जाग्रत प्राप्यवरान्निबोधत' से पाठक उद्‌बुद्ध हुए, उन्हें अपने कर्तव्य का बोध हुआ। प्रेरक, बलसम्वर्द्धक और उत्तेजक पत्रों ने जन-मानस को चैतन्य किया। सुषुप्त भारतीय जब 'कोई नृप होंहि हमें का हानि' की रट लगा रहे थे, उसी समय स्वतंत्रता और समानता की प्राप्ति के लिए पत्रकारों ने राष्ट्र का आह्वान किया। नूतन ज्ञान-विज्ञान से उद्दीप्त कर पत्र-पत्रकारों ने जन-सामान्य को अपने अधिकार तथा कर्तव्य के सम्पादन हेतु आहूत किया। राष्ट्रोन्नति के लिए सर्वस्व आहुति देने हेतु पत्रों द्वारा बुद्धिजीवियों को उत्प्रेरित किया गया। पत्रकारों का दृढ़ मत था कि राष्ट्र-रोग की एकमात्र औषधि महाशक्ति का उद्‌बोधन है। अतः उद्‌भव काल में प्रकाशित पत्रों की आह्वानमयी प्रवृत्ति को परखते हुए इसे 'उद्‌बोधन काल' के नाम से पुकारना उपयुक्त होगा।

उद्‌बोधन, प्रेरणा के पश्चात् व्यक्ति कर्मक्षेत्र में उतर पड़ता है। वह आलस्य छोड़कर परिस्थितियों से जूझता है, लक्ष्य की ओर तेजी से अग्रसर होता है। उद्‌बोधन काल के पत्रों ने राष्ट्रीय चेतना का अंकुरण किया जो स्वतः विकसित होकर पल्लवित होने लगी। राष्ट्रीयता के गर्भ में हिन्दी की पत्रकारिता उद्‌भूत हुई जो सन् 1885 ई. से जागरण के गान निनादित करने लगी। 1885 का वर्ष भारत के लिए ही नहीं अपितु विश्व-इतिहास में अपना एक विशिष्ट स्थान रखता है। इस वर्ष ही कांग्रेस की स्थापना के साथ भारत में राष्ट्रीयता का स्वर्ण विहान देखा

गया। कांग्रेस ने समग्र भारत का प्रतिनिधित्व किया। कांग्रेस का इतिहास भारत के गौरव का इतिहास है, राष्ट्रीय जागरण के विकास का इतिहास है। हिन्दी पत्रकारिता के इतिहास में भी यह वर्ष उल्लेख्य है। जागरण के मंत्र को फूँकने के लिए राष्ट्रभाषा हिन्दी में 'हिन्दोस्थान' का प्रकाशन छोटे से राज्य कालाकांकर के यशस्वी राजा रामपाल सिंह द्वारा हुआ। 'भारतोदय', (दैनिक, कानपुर), 'भारत चन्द्रोदय' (बिठूर), 'भारत प्रकाश' (मुरादाबाद), 'भारतोद्धारक' (अजमेर) जैसे अनेक पत्र इसी वर्ष निकले जिनके द्वारा चतुर्दिक जागरण का संदेश प्रसारित हुआ। पत्रों के नाम से सुस्पष्ट है कि भारत के उद्धार, उदय और इसे प्रकाशमान करने के लिए पत्रकारों का एक समूह उठ खड़ा हुआ।

बाल गंगाधर तिलक, लाला लाजपत राय, लाला हरदयाल, वीरांगना भीकाजी कामा, मास्टर अमीरचंद, अवध बिहारी जैसे समर्पित भारतभक्तों ने जागरण की शंखध्वनि से कर्मठता एवं तत्परता का पाठ पढ़ाया। सन् 1885 से 1919 ई. तक की अवधि के पत्रों ने 'स्वराज्य हमारा जन्मसिद्ध अधिकार है', इस नारे को सार्थक करने के लिए जन-जन में जागरण का संचार किया। एक ओर भारत के 'अभ्युदय' हेतु 'हिन्दी केसरी' 'स्वराज्य' का मंत्र फूँकता था तो दूसरी ओर भावात्मक एकता के लिए 'देवनागर' सबसे एक सूत्र में बँध जाने की अपील करता था जैसा कि स्वतंत्रता के अक्षय स्रोत वीर सावरकर का लक्ष्य था :

"एक देव, एक देश, एक भाषा
एक जाति, एक जीव, एक आशा।"

स्वातंत्र्य पूर्व हिन्दी पत्रकारिता के विकास के प्रथम चरण में देशप्रेमियों में तीव्र असंतोष, जन-आंदोलन, स्वदेशानुराग और राजनीतिक अशांति थी। ऐसी स्थिति में पत्र और पत्रकारों ने आर्यावर्त्त के निवासियों को समझाया :

"लोग कहते हैं, बदलता है जमाना लेकिन
मर्द वो हैं जो जमाने को बदल देते हैं।"

इस प्रकार पाठकों को सजग, सतर्क, खबरदार, सक्रिय और जागरूक बनाने के कारण विकास की इस अवधि की पत्रकारिता को 'जागरण काल' के रूप में सुप्रतिष्ठित करना सुसंगत होगा।

सन् 1920 ई. में महात्मा गांधी जैसे युग पुरुष का उदय हुआ। उनके कारण इस वर्ष से ही कांग्रेस के कार्य युग का प्रारंभ माना जाता है। असहयोग आंदोलन, चौरी-चौरा काण्ड, साइमन कमीशन, सविनय अवज्ञा आंदोलन, करो या मरो, भारत छोड़ो आंदोलन जितना प्रखर होता गया उतना ही शासकों का दमन-चक्र प्रबल हो गया। गांधीजी के नेतृत्व में पत्रकारों ने देशभक्तों को ललकारा :

"हो उथल-पुथल अब देश बीच औ खौले खून जवानों का।
बलिवेदी पर बलि चढ़ने को अब चले झुंड मर्दानों का।"

क्रान्तिकारी पत्रकार पराड़कर जी ने 1930 ई. में 'रणभेरी' में लिखा :

"ऐसा कोई बड़ा शहर नहीं रह गया है, जहाँ से एक भी 'रणभेरी' जैसा परचा न निकलता हो। अकेले बम्बई में इस समय ऐसे कई एक दर्जन परचे निकल रहे हैं। शुरू में वहाँ सिर्फ 'कांग्रेस बुलेटिन' निकलती थी। नये परचों के नाम समयानुकूल हैं। जैसे 'रिवोल्ट', 'रिवोल्यूशन' (विप्लव), 'बलवो', 'फितूर' (द्रोह), 'गदर', 'बगावत', 'बदमाश अंग्रेज सरकार' आदि।··· दमन से द्रोह बढ़ता है, इसका यह अच्छा सबूत है। पर नौकरशाही के गोबर भरे गन्दे दिमाग में इतनी समझ कहाँ ? वह तो शासन का एक ही शस्त्र जानती है–'बंदूक'।[33]

शहीदे आज़म एवं पत्रकार भगत सिंह ने अदालत में कहा, "क्रान्ति बम और पिस्तौल की संस्कृति नहीं है। क्रान्ति से हमारा प्रयोजन यह है कि अन्याय पर आधारित वर्तमान व्यवस्था में परिवर्तन होना चाहिए··· क्रान्ति मानव का जन्मसिद्ध अधिकार है। स्वतंत्रता सभी मनुष्यों का जन्मसिद्ध एक ऐसा अधिकार है जिसे किसी भी स्थिति में छीना नहीं जा सकता।" ऐसे ही विचारों पर सान चढ़ाने का कार्य चन्द्रशेखर आजाद, 'बिस्मिल', राजगुरु, सुखदेव जैसे क्रान्तिकारियों द्वारा पूरा हुआ।

असहयोग आंदोलन, सविनय अवज्ञा आंदोलन, और भारत छोड़ो आंदोलन को गत्वरता प्रदान करने के लिए हिन्दी के पत्रों ने 'स्वदेश' के साथ हुंकार भरी :

"क्रान्ति की उषा से होगा, रक्त भारतीय व्योम,
ताप भरा नेह का तरणि तमके ही गा।
कायरो ! क्यों लेते हो कलंक को अकारथ ही
भारत के भाग्य का सितारा चमके ही गा।।"

'आज', 'सेनापति', 'स्वतंत्र', 'प्रताप', 'अर्जुन', 'नवीन राजस्थान', 'कर्मवीर', 'भविष्य', 'हंस', 'जागरण' ने गुलामी की जंजीर को तोड़ने का मंत्र दिया। प्रेस आर्डिनेंस द्वारा पत्रों पर घातक प्रहार हुआ। क्रान्तिकारी पत्रकारों ने 'रणभेरी', 'शंखनाद', 'चिनगारी', 'बवण्डर', 'रणडंका', 'चंडिका' और 'तूफान' नामधारी पत्रों का गुप्त प्रकाशन किया फलतः विप्लव मचा, शासकों के दाँत खट्टे हो गये, फिरंगी-शासन का अंत हुआ। भारतीय क्षितिज पर अरुण मुस्कान छा गयी। हम सभी अपने भाग्य-निर्माता बन गये जिसके मूल में हिन्दी पत्रकारिता की अविस्मरणीय भूमिका है।

सन् 1920 से 1947 ई. तक संघर्षों, अभावों, अभिशापों और प्रताड़नाओं के बीच दबे रहकर भी पत्र-पत्रिकाओं ने शोलों से भरी उत्तेजक वार्ता सुनाई। ऐसी पत्रकारिता के प्रति गौरांगशाही अत्यंत क्रूर रही, अग्नि परीक्षाओं के दौर से गुजर कर पत्रकारिता ने प्रखर, उज्ज्वल चरित्र का निर्माण किया। उनका चरित्र आक्रमण का सशक्त साधन तो था ही, आत्मरक्षा का अद्भुत कवच भी बन गया।

पत्रकारों की हुंकारमयी वाणी ने देशवासियों को झकझोर दिया :

"नौजवानो ! वक्त है मिट जाओ कौमी आन पर।
देखना बट्टा न लग जाए वतन की शान पर।"

उपर्युक्त प्रेरक पंक्तियों तथा धारदार अग्रलेखों द्वारा पत्रकारों ने उथल-पुथल मचाने के लिए बुद्धिजीवियों को उद्यत किया। राष्ट्र की स्वतंत्रता हेतु भारी परिवर्तन, उलट-फेर की प्रवृत्ति से परिपूर्ण आक्रामक पत्रकारिता की इस अवधि को 'क्रान्ति काल' कहना अत्यंत सार्थक होगा।

विविध तथ्यों से सुस्पष्ट है कि हिन्दी पत्रकारिता के विकास काल में सामान्यतः दो ही प्रवृत्तियाँ दिखाई पड़ती हैं। स्वातन्त्र्यपूर्व के सभी पत्रों के सम्पादक एक पैर जेल में रखकर अपनी सशक्त लेखनी द्वारा जन-जागरण के पावन कार्य को पूरा करते थे। पराधीनता की समाप्ति हेतु आंग्ल शासन के प्रति वे आग उगलते, 'आजादी या मौत यही प्रण मन में ठानें' के लिए भारत के कोने-कोने में क्रान्ति का बीज बोते। अतः इस अवधि की पत्रकारिता को निम्नलिखित चरणों में प्रस्तुत करना ठीक होगा :

स्वातंत्र्यपूर्व काल की हिन्दी पत्रकारिता

जागरण काल	क्रान्ति काल
(1885-1919 ई.)	(1920-1947 ई.)

क्रान्तिकारी पत्रकारिता द्वारा भातीयों में अदम्य और अपरम्पार शक्ति पुंजीभूत होकर सामने आयी जिसको आंग्ल शासकों के शस्त्र, कूटनीति और प्रताड़ना के आतंक हतप्रभ नहीं कर पाए। देश ने 15 अगस्त 1947 को चिर प्रतीक्षित आजादी प्राप्त की। हम स्वतंत्र हुए लेकिन हमारी अस्मिता पर अनेक प्रश्न चिह्न लगे। विलायती विचारक प्रो. कूपलैंड ने कहा कि भारत 600 छोटी-मोटी रियासतों को अपने हृदय-स्थल में पालकर जीवित नहीं रह सकेगा। विश्व-कवि रवीन्द्रनाथ टैगोर की व्यथा थी :

"भाग्यचक्र एक दिन अंग्रेजों को अपना भारतीय साम्राज्य छोड़ने के लिए विवश करेगा परन्तु वह कैसा भारत होगा जिसे वे पीछे छोड़ेंगे कैसी दरिद्रता और करुणा होगी ? जब उनकी सदियों पुरानी शासनधारा सूख जाएगी, तब कितना कर्दम और कितनी गन्दगी वे अपने पीछे छोड़ जायेंगे ?"[34]

ऐसी स्थिति में युगद्रष्टा पत्रकारों ने आश्वस्त किया कि अपने राष्ट्र में अपार जनशक्ति है, हमारे साधन अनन्त हैं। जनता के प्रतिनिधि जनता के लिए जनता के शासन की बागडोर अपने हाथ में लेंगे तथा युद्ध स्तर पर चतुर्दिक प्रगति का मार्ग प्रशस्त होगा। पत्रों ने घोषणा की :

नवीन कंठ दो कि मैं नवीन गान गा सकूँ
स्वतंत्र देश की नवीन आरती सजा सकूँ।

नये समाज के लिए नवीन नींव पड़ चुकी।
नये मकान के लिए नवीन ईंट गड़ चुकी।
सभी कुटुम्ब एक, कौन पास कौन दूर है,
नये समाज का हरेक व्यक्ति एक नूर है।
कुलीन जो उसे नहीं गुमान या गरूर है
समर्थ शक्तिपूर्ण जो किसान या मजूर है।
X X X
प्रवेश-पर्व है स्वदेश का नवीन वेश में
मनुष्य बन मनुष्य से गले मिले मिले चलो
नवीन भाव दो कि मैं नवीन गान गा सकूँ
नवीन देश की नवीन अर्चना सुना सकूँ।

कलक्टर सिंह 'केसरी' की आकांक्षा को पत्रों और पत्रकारों ने पूरा करने का मंत्र दिया।

नवयुग में प्रवेश

"भारत आज स्वतंत्र हो रहा है, यह अत्यंत आनन्द और प्रसन्नता का विषय है। ...स्वतंत्र होने के साथ-साथ हमारे कंधों पर जितना भारी उत्तरदायित्व आ गया है, उसे हमें न भूलना चाहिए।... अंग्रेज भारत त्यागकर अवश्य जा रहे हैं किन्तु वे हमें दुर्बल और अशक्त बनाकर जा रहे हैं।... अन्न, वस्त्र और सुरक्षा की समस्या, मूल्य-वृद्धि तथा भ्रष्टाचार अन्त करने की समस्या, साम्प्रदायिक सद्भाव बढ़ाने की समस्या, देशहित विरोधी शक्तियों के नियंत्रण की समस्या आदि न जाने कितनी समस्याएँ आज विकट रूप में हमारे सम्मुख उपस्थित हैं उनका हल करना तत्काल आवश्यक है। हमें इस बात का दृढ़ विश्वास है कि हमारे नेता अत्यन्त योग्यतापूर्वक इन सब समस्याओं को हल कर डालेंगे और उनके प्रयत्न से वह दिन दूर नहीं जब भारत विश्व का अत्यन्त सुखी, सम्पन्न और समृद्ध राष्ट्र बन जायगा।"[35]

मुक्ति के पश्चात् का भारत आदर्शों से मंडित भविष्य द्रष्टा के रूप में अवतरित तथा विश्व में शान्ति और अभ्युदय के मंच के रूप में उदित हुआ। हिन्दी पत्रकारिता ने देश को अभिनव राष्ट्र के रूप में प्रतिष्ठित करने के लिए संकल्पबद्ध हो अनुष्ठान करना प्रारम्भ किया। संविधान का निर्माण, राष्ट्रध्वज, राष्ट्र-चिह्न और राष्ट्र भाषा का निर्धारण देशी रियासतों का एक राष्ट्र के रूप में विलयन, गांधीवाद की प्रतिष्ठापना, पंचवर्षीय योजनाओं का कार्यान्वयन, लोकतंत्र की स्थापना हेतु आम चुनाव, राज्यों का पुनर्गठन, पंचशील द्वारा शांति का प्रसारण, सर्वोदय का उद्घोष, विविध आक्रमणों से भारत की सुरक्षा, जमींदारी प्रथा का उन्मूलन, विभिन्न आयोगों के निर्देशानुसार पिछड़े क्षेत्रों का विकास, बैंकों के

राष्ट्रीयकरण आदि सभी रचनात्मक कार्यों को सुसम्पादित कराने में हिन्दी के पत्र और पत्रकारों ने अविस्मरणीय भूमिका का निर्वहन किया।

साम्राज्यवादी, व्यक्तिवादी और शोषणपरक मूल्यों तथा मान्यताओं के विरुद्ध पत्रों को संघर्ष करना पड़ा। सन् 1948 से 1974 तक के राजनीतिक, सामाजिक, सांस्कृतिक परिप्रेक्ष्य में हिन्दी पत्रकारिता स्वदेश के अभिनव निर्माण में सर्वाधिक समर्पण भाव से कार्यरत थी। पत्र और पत्रकार समीचीन पथ के निर्माता बने, उनकी निर्भीक स्थापनाओं ने राष्ट्र को विपुल शक्ति प्रदान की। इस प्रकार भारत को सम्हालने, सँवारने और परिपुष्ट बनाने का गौरवपूर्ण कार्य पत्रकारिता द्वारा सम्भव हुआ अतः स्वातन्त्र्योत्तर काल की हिन्दी पत्रकारिता को 'नवनिर्माण काल' कहना सार्थक होगा। वस्तुतः क्रान्ति के बाद नवनिर्माण होता है। त्याग और तपस्या वाले मंगलपूत भारत के पत्रकारों ने इसी अवधि में राष्ट्र-निर्माण का मंगलकारी कार्य पूरा किया तथा पत्रकारिता को सुविकसित किया।

त्वरित संचार साधनों एवं नव्य मुद्रण संयंत्रों से सम्पन्न पत्रों ने राष्ट्र-निर्माण किया। श्री जगन्नाथ प्रसाद 'मिलिन्द' जैसे पत्रकार ने कहा :

नई जिंदगी, नया वतन अब, नए विचारों की है धारा
हैं स्वतंत्र सब भारतवासी, भारतवर्ष स्वतंत्र हमारा।

जैसे स्वर्ण घर्षण, छेदन, ताप-ताडन की परिस्थितियों से गुजर कर अपने को निखारता है, ठीक उसी प्रकार उद्बोधन, जागरण और क्रान्ति की परिस्थितियों की चुनौती सहकर स्वर्ण सदृश दीप्तिमान होनेवाली हिन्दी पत्रकारिता है। स्वतंत्रता संग्राम के योद्धा पत्रकारों ने स्वातन्त्र्योत्तर भारत के स्वर्णिम निर्माण हेतु पाठकों में आस्था के भाव भरे। जन-जन में नव उल्लास, उमंग और उत्साह भरनेवाली पत्रकारिता ने राजनीति, समाज, संस्कृति, कृषि, विज्ञान, तकनीक, फिल्म, खेल-कूद, बाल और महिला जगत् जैसे अपने विशाल और बहुआयामी कलेवर में राष्ट्रोत्थान के स्थूल तथा सूक्ष्म सभी संदर्भों को समेट लिया। अतः इस काल को हिन्दी पत्रकारिता का स्वर्णकाल माना जा सकता है। साहित्यिक-सांस्कृतिक अभिरुचि के निर्माण, हिन्दी भाषा के परिष्कार, शैली के मनोरम स्वरूप, शिल्प के उत्कर्ष के साथ जन-जागरण और समाज-सुधार की दिशा में तपःपूत पत्रकारों की उपलब्धियों को स्वर्णकाल के अन्तर्गत मूल्यांकन की प्रक्रिया पुरानी पीढ़ी के प्रति कृतज्ञता ज्ञापन ही है। 'हिन्दुस्तान', 'नवभारत टाइम्स', 'आर्यावर्त', 'प्रदीप', 'आज', 'स्वतंत्रभारत', 'जागरण', 'नवजीवन', 'पंजाब केसरी', 'वीर अर्जुन', 'नई दुनिया', 'विश्वमित्र', 'दैनिक भास्कर', 'जलते दीप', 'दैनिक नवज्योति', 'सन्मार्ग', 'देशबंधु' जैसे सैकड़ों दैनिकों ने स्वस्थ, मौलिक और प्रखर चिंतन की नींव डालकर हिन्दी पत्रकारिता को स्वर्णिम स्वरूप प्रदान किया। हिन्दी पत्रकारिता के इतिहास में नव-निर्माणकाल को पत्रकारिता का स्वर्णयुग माना जा सकता है। वस्तुतः तपःपूत

पत्रकारों की परम्परा ने उदात्त भूमिका में रमकर, समाज-सागर का मंथन कर सृजनात्मक भावों का नवनीत प्रदान किया जो हिन्दी पत्रकारिता की शाश्वत स्वर्णिम विभूति है।

हिन्दी साहित्य के इतिहास में भक्ति काल (स्वर्णयुग) के बाद रीतिकाल का प्रादुर्भाव हुआ, जिसमें भाव पक्ष दुर्बल पड़ गया और कला पक्ष प्रबल हो गया। 'लोगन कवित्त कीबो खेल करि जानो है' के क्रम में वर्तमान काल की पत्रकारिता भी कुछ इसी प्रकार की हो रही है। पत्र निकालना अब काले को सफ़ेद करने, सफेद को काला करने, एवं राजनीति में पैर रखने का एक सुगम सोपान बन गया है। शिक्षितों के लिए पत्रकारिता नौकरी बन गयी है तथा नौकर-मालिक सम्बन्धी जितनी बुराइयाँ हो सकती हैं, सभी का प्रवेश पत्रकारिता में हो चुका है। सन् 1975-76 में आपात्काल के दौर में पत्रकारिता का भाव पक्ष, विचार-वैभव श्रीहत् हो गया, मुद्रण कला में नूतन आविष्कारों के कारण पत्रों के स्वरूप में कलात्मक निखार आया। सेंसर के चलते कुछ समय तक पत्र-पत्रकारों की आवाज दब गयी परंतु उनमें आकुलता-व्याकुलता थी। आपात्काल की समाप्ति के पश्चात् पत्रकारिता के विविध रूप सामने आये। नियंत्रण का बाँध जब टूटा तो स्वच्छन्दता का पानी चारों तरफ बिखर गया। उसे बाँधने, बहाने का अपने-अपने ढंग से प्रयास हुआ। किसी का घर बह गया तो किसी ने अपना तालाब भरकर मछलियों का धंधा प्रारम्भ कर दिया। अब स्वार्थ सिद्धि के लिए पत्रकारिता का उपयोग हो रहा है। स्पर्धा-संघर्ष के वर्तमान युग में अर्थ सम्पन्न बुद्धिजीवियों द्वारा अनेक प्रकाशन-गृह स्थापित हुए जहाँ से लोक रुचि के अनुरूप पत्रों का बेतहाशा प्रकाशन हो रहा है। पत्र-प्रकाशन एक सम्मानप्रद लाभकारी व्यवसाय हो चला है। पत्रकारिता में अब 'मिशन' के स्थान पर 'प्रोफेसन' शब्द समादृत हो गया है। शुद्ध सेवा-भावना का लोप होते ही अर्थ-लाभ की प्रबल लिप्सा ने पत्रकारिता को अपना शिकार बना लिया। धन की प्रधानता तो समाज को उलट-पलट देती है। जो लोग पत्र-प्रकाशन में पूँजी लगाते हैं, वे उस धन से धन की उगाही में अहर्निश नये-नये उपक्रम रचते रहते हैं। पत्रों के अधिक प्रसार से अधिक विज्ञापन मिलता है अतः अधिक प्रसार हेतु पाठकों की दमित इच्छाओं की पूर्ति हेतु चुटीले, चटकीले, रसीले, गरबीले, नशीले मामले सचित्र छापने में होड़ लगी हुई है। इसी से उनका व्यवसाय दिनानुदिन समृद्ध होता जा रहा है। वस्तुतः साम्प्रतिक पत्रकारिता व्यवसायोन्मुखी हो चली है। व्यवसायी पत्रकारों के लिए सुमेरु पहाड़ की चोटी भी बहुत ऊँची नहीं है, उसके लिए रसातल भी अधिक नीचे नहीं है, वह उद्यमी हर क्षेत्र में हर सम्भव कार्य को पूरा कर सकता है।

वर्तमान युग में धन की प्रधानता है। धन के कारण निन्दनीय भी वंदनीय हो रहा है। धन से ही सभी धर्म साध्य हो रहे हैं। धन भाग्य की गठरी है अतः

सभी धन के पीछे दीवाने हो चले हैं। इसी धन की प्राप्ति के लिए पत्रकार भी व्यवसायी बन रहा है। व्यवसायपरक शिक्षा के लिए आंदोलन चलाया जा रहा है, पत्रकारिता युगानुरूप अर्थोपार्जन में लग रही है। पत्रकारिता और प्रकाशन-माध्यम घोर व्यावसायिक प्रतिष्ठानों के अधीन हैं। पत्र-व्यवस्था का केन्द्र पैसा है। पत्रकारिता की मूलभूत आधारशिला समाचार समितियाँ हैं जो उद्योग के रूप में प्रतिष्ठित हो रही हैं। पत्रकारिता में पहले भावुकता का प्राबल्य था, लक्ष्य-विशेष से प्रेरित होकर पत्रकार त्याग, तपस्या और आत्म-बलि हेतु सदैव तत्पर रहता था। नित-नूतन यंत्रों के आविष्कार तथा अत्याधुनिक संचार साधनों के विस्तार से पत्र-प्रकाशन व्यवसाय हो चला है। पत्र-जगत् में योजना-चातुर्य और संगठन-कौशल की अपरिहार्यता आयी। सम्पादक की अपेक्षा प्रबंध सम्पादक का महत्त्व बढ़ गया। सम्प्रति पत्रकारिता में व्यावसायिकता की प्रधानता सुस्पष्ट है।

निर्माण के बाद बहुमुखी विकास होता है। सन् 1975 से आज तक की अवधि जिसे वर्तमान काल के नाम से अभिहित किया गया है, पत्रकारिता के बहुआयामी विकास का काल है। मनोरम मुद्रण, विशिष्ट साज-सज्जा तथा ताजे समाचारों को पाठकों तक पहुँचाने के लिए पत्रों में प्रतिद्वंद्विता ठन गयी है। पत्रों के आकार बड़े हो गये हैं, उनमें विविधता आ गयी है। विषय-वस्तु, दृष्टि और प्रकाशन-शैली की अनेकरूपता के कारण पत्रों में वैविध्य है। आज के पत्रकारों की दृष्टि विकसित हुई है, उनकी चेतना परिवेश में अधिक पैठी है और उसी गहनता के साथ मुखरित भी हुई है। वर्तमान के संत्रास, आतंक, भय, घुटन, जिजीविषा, और कुंठा के साथ समाज में व्याप्त विवाद, अपवाद, प्रवाद और अवसाद की अभिव्यक्ति में पत्रकारों ने सफलता प्राप्त की है। आम आदमी की तरह पत्रकार संघर्ष करते हैं, अंचल के जीवन यथार्थ को चित्रित करते हैं। कहीं काल्पनिक ऊहापोह का सहारा लिया जाता है तो कहीं नग्न सत्य के उद्घाटन की होड़ है।

आजकल पत्र-जगत् असीम है, उसमें फैलाव है, व्यापकता है। पत्रों के तेवर और कलेवर भिन्न रूपात्मक हैं। कहीं-कहीं पत्र 'दुम दबाऊ' और 'हिज मास्टर्स वायस' (जी-हुजूर) के प्रतीक हैं तो कहीं अटूट आदर्शवादी हैं। कहीं पत्रकारों का ढीला पड़ता दायित्व-बोध है तो कहीं दायित्व के प्रति समर्पित भावना है। एक ओर गपशपवाली, सनसनीखेज, चटखारेदार, रहस्य-रोमांच की धूम मची है तो दूसरी ओर विश्लेषणात्मक, गम्भीर, चिन्तनपरक पत्रकारिता समृद्ध हो रही है। अनुवाद की उच्छिष्ट पत्रकारिता से संस्कृति प्रभावित हो रही है तो धर्म सम्पृक्त पत्र-पत्रिकाओं से जन-मानस का उन्नयन हो रहा है। खोजी पत्रकारिता के नाम पर यौन, बलात्कार, राजनीतिक दाँव-पेंच का उद्घाटन हो रहा है तो इसके साथ ही गम्भीर विषयों से सम्बद्ध गरिमापूर्ण सामग्री भी प्रकाशित हो रही है। कहीं-कहीं

पूँजीवादी अभिजात वर्ग की जन-विमुख पत्रकारिता सिर उठा रही है तो वहीं जनवादी प्रगतिशील पत्रकारों द्वारा मानवता को सुप्रतिष्ठित किया जा रहा है। आज की हिन्दी पत्रकारिता पहले की अपेक्षा अधिक वैविध्यपूर्ण, अधिक व्यापक और अधिक जीवन-सापेक्ष हो गयी है।

देखा जाता है कि आजकल की हिन्दी पत्रकारिता समाचार एवं सामयिक संदर्भ, धर्म-दर्शन, साहित्य-संस्कृति, स्वास्थ्य-चिकित्सा, विज्ञान-तकनीक, खेल-कूद, उद्योग-व्यवसाय, चलचित्र, आकाशवाणी-दूरदर्शन, बाल-जगत्, कृषि-जगत् एवं मानव-जीवन के प्रत्येक क्षेत्र से सम्बद्ध है। राजनीति और समाज में सुधार, साहित्यिक-सांस्कृतिक अभिरुचि के विकास, भाषा-शिल्प के उन्नयन, जन-जागरण, नवोन्मेष एवं स्वस्थ मनोविनोद के पावन उद्देश्य को पूर्ण करने में पत्रकारिता अभूतपूर्व ढंग से कार्य कर रही है। अतः बहुआश्रयी, बहुआयामी पत्र-जगत् के विविध स्वर का आकलन करते हुए वर्तमान हिन्दी पत्रकारिता युग को प्रवृत्ति की दृष्टि से 'बहु उद्देशीय काल' कहना उपयुक्त होगा।

हिन्दी पत्रकारिता के इतिहास-लेखन के संदर्भ में सन् 1826, 1885, 1920, 1948 और 1975 का वर्ष अत्यन्त महत्त्वपूर्ण सिद्ध होता है। सन् 1826 ई. में हिन्दी के पहले पत्र 'उदन्त मार्तण्ड' का उद्‌भव हुआ जिसने पत्रकारिता जगत् को उद्दीप्त किया। भारतेन्दु-मंडल ने भारतवासियों का उद्‌बोधन किया तथा भावी हिन्दी पत्रों के प्रकाशन का मार्ग प्रशस्त किया। सन् 1885 ई. में भारतीय राष्ट्रीय कांग्रेस का जन्म हुआ एवं 'हिन्दोस्थान' के साथ अनेक भारतभक्त पत्रों ने सर्वत्र जागरण का मंत्र उद्‌घोषित किया। महामना मदनमोहन मालवीय तथा लोकमान्य बालगंगाधर तिलक ने स्वराष्ट्रोत्थान हेतु सभी को जगाया। कहा जाता है कि 'जानाति इच्छति यतते ततः करोति', भाव यह है कि व्यक्ति पहले जानता है, इच्छा प्रकट करता है, जागता है तब उद्देश्य-प्राप्ति के लिए सक्रियता दिखलाता है, क्रान्ति करता है। सन् 1920 ई. में असहयोग आंदोलन प्रारम्भ हुआ, अंग्रेजों का दमन-चक्र बढ़ता गया। 'आज', 'स्वतंत्र', 'वर्तमान' जैसे राष्ट्रीय पत्रों ने इसी वर्ष से क्रान्ति का शंखनाद आरम्भ किया। अन्ततः हम पूज्य बापू जैसे दूरदर्शी पत्रकार के कारण स्वतंत्र हुए। सन् 1948 ई. में दमनकारी विधानों की समाप्ति हुई। तपःपूत पत्रकारों ने भारत के नव-निर्माण सम्बन्धी मंगलकारी कार्यों को सम्पन्न कराने में ऐतिहासिक भूमिका निभायी। हर दृष्टि से हिन्दी पत्रकारिता का उत्कर्ष हुआ। 1975 ई. में आपात्काल और प्रेस सेंसर लागू हुआ। कुछ समय के लिए पत्रकारिता कुंठित हुई। सन् 1977 में स्वच्छन्दता आयी। प्रेस-जगत वैविध्यपूर्ण हो गये। मानव-जीवन के प्रत्येक क्षेत्र को स्पर्श करनेवाली बहु उद्देशीय पत्रकारिता प्रगति के पथ पर अग्रसर हो रही है। इस प्रकार सुस्पष्ट है कि उद्‌भव, विकास और वर्तमान में प्रकाशित हिन्दी पत्रों ने उद्‌बोधन, जागरण, क्रान्ति, नव-निर्माण द्वारा भारत में

राष्ट्रीय और सामाजिक परिवर्तनों को स्वस्थ दिशा देने में उल्लेख्य कार्य किया है। प्रारम्भ से लेकर आज तक की हिन्दी पत्रकारिता के इतिहास को निम्नलिखित काल-खण्डों में प्रदर्शित किया जा सकता है :

1. उद्भव काल (उद्बोधन काल)–1826 से 1884 ई.
2. विकास काल : (क) स्वातंत्र्यपूर्व काल : I. जागरणकाल (1885-1919 ई.)
   II. क्रान्ति काल (1920-1947 ई.)
   (ख) स्वातंत्र्योत्तर काल : नव निर्माण काल (1948-1974 ई.)
3. वर्तमान काल (बहुउद्देशीय काल)–1975 से···

वस्तुतः अपनी उपलब्धियों से हिन्दी पत्रकारिता ने प्रमाणित कर दिया है कि वह भूतकाल की संरक्षिका, वर्तमान की विश्लेषिका और भविष्य की नियामिका है जिसका अनुशीलन सतत अपेक्षित है।

संदर्भ

1. श्री रा. र. खाडिलकर : आधुनिक पत्रकार कला, पृ. 2
2. वही।
3. Journal, a word which came in to English from late Latin DIURNALIS, through French journal with the original meaning of 'daily'··· Later and current meanings are derived from the idea of daily entries; journal as official record of meeting...Diurnal and journal were both used for periodical in the 17th and 18th centuries. In the 20th century journal is more frequently applied to reviews and learned publications. Journalism includes the writing and editing of news-papers and periodicals. Although this is the basic definition various tasks and processes intimately connected with the production of serial publications are commonly classified as journalistic. Thus, the gathering and transmission of news, business management of journals and advertising in all its phases are often thought of as coming within the field of journalism and following the advent of radio and television, there was a trend toward including all communication dealing with current affairs in the term.
   –Encyclopaedia Britannica
4. Journalism : The occupation of conduction a news medium, including publishing, editing, writing or broadcasting. –New Webster's Dictionary
   Journalism : the profession of conducting or writing for public journals.
   –Chambers Dictionary
5. Journalism is communication. It is the events of the day distilled into a few words, sounds or pictures, processed by the mechanics of communication to satisfy the human curiosity of a world that is always eager to know what's new.
   –David Wainwright

6. Journalism is the business of timely knowledge—the business of obtaining the necessary facts, of evaluating them carefully and of presenting them fully and of acting on them wisely.
7. The first investigative reporting is the publishing of significant material that someone is trying to hidden, second, the findings are reporter's own work product not leaked material.
8. We want more stories on new products and interesting personalities. There are many good stories in small business and industries.
9. It is no longer enough to report the fact truthfully, it is now necessary to report the whole truth about the fact.

—Commission on Freedom of the Press (U.S.A.)

10. महात्मा गांधी : 'दक्षिण अफ्रीका में सत्याग्रह'
11. श्री बालकृष्ण राव : माध्यम वर्ष 1, अंक 1
12. पण्डित कमलापति शास्त्री, पुरुषोत्तम दास टंडन : पत्र और पत्रकार
13. वज़ू—नमाज पढ़ने के पूर्व हाथ धोना
14. मुनाजाते सहर—प्रातःकाल की प्रार्थना
15. हस्बे दस्तूर—रिवाज, आदत
16. तिलावत—पाठ कुरान शरीफ का
17. Any paper containing public news, intelligence or occurances or any remark of observations therein printed for sale and published periodically or in parts or numbers at intervals not exceding 27 days.
18. Newspaper means any periodical work containing public news or comments on public news.
19. A newspaper is an unbound serial publication issued at frequent intervals and devoted primarily to news. Most newspaper are issued daily or weekly. Some are published semi-weekly, and there have been rare examples of fortnightly and monthly newspapers . The distinction between the newspaper and the magazine is sometimes a nice one, especially among weeklies, in general, the publication is called magazine, if it is bound within covers Neither a page size nor a number of pages has even been fixed for the newspaper.

—Encyclopaedia Britannica

20. श्री के. वी. नारायणन् : सम्पादन-कला, पृ. 4
21. The first duty of the press is to obtain the earliest and most correct intelligence of the events of the time and instantly by disclosing them to make them the common property of the nation. —J. T. Delane
22. श्री नन्दकिशोर त्रिखा : समाचार संकलन और लेखन
23. A good newspaperman is made, not born. Natural talent for using language and a 'nose for news' are not enough. News must he weighed, sorted, written and then rewritten. —Press Time

24. "There is the moral of all human tales;
'Tis but the same rehearsal of the past,
First Freedom, and then Glory-when that fails,
Wealth, vice, corruption-barbarism at last.''

25. "Our history is the history of our soul and history of the human soul is the history of the world."

26. धर्मार्थकाममोक्षाणामुपदेशसमन्वितम्
पूर्ववृत्तकथायुक्तमितिहासं प्रचक्षते ।।–महाभारत

27. History is "a mighty drama, whose author is god.'' —Carlyle
"History is a most sublime revelation of God, and is full of religious significance."
—Keshub Chunder Sen

28. "You make History every minute and every second of your life. Your daily life is History : What else is it ?'' —Lala Har Dayal
"Journalism is the day-to-day operation of gathering and transmitting news.''
—David Wainwright

29. डॉ. कृष्णबिहारी मिश्र : हिन्दी पत्रकारिता, पृ. 8
30. डॉ. सम्पूर्णानन्द : हिन्दी समाचारपत्र सूची-शुभकामना
31. पं. अम्बिकाप्रसाद वाजपेयी : समाचारपत्रों का इतिहास, पृ. 4
32. डॉ. कृष्णबिहारी मिश्र : हिन्दी पत्रकारिता : आभार पृष्ठ 11
33. बाबूराव विष्णु पराड़कर : 'रणभेरी', 25 अगस्त 1930 ई.
34. 'आज', सम्पादकीय लेख : 19 अप्रैल 1941 ई.
35. 'आज' : 15 अगस्त 1947 ई.

द्वितीय अध्याय

प्रेस और प्रारम्भिक पत्रकारिता

पत्रकारिता का मूल

मानव जो कुछ भी देखता है उसे अन्य व्यक्तियों को बतलाना चाहता है साथ ही सबकी बातों को जानना चाहता है। किसी घटना को परखना और उसका वर्णन करना मानव-आत्मा की एक सहज प्रवृत्ति है। इसी भावाभिव्यक्ति की प्रवृत्ति के कारण जन-माध्यम का आविष्कार हुआ। संवेदनाओं और अनुभूतियों के पारस्परिक आदान-प्रदान के लिए संचार-साधनों का उपयोग होता है। संकेत में जब हाव-भाव व्यक्त होते हैं तब संचार की वह सूक्ष्म स्थिति और जब भाषा का प्रयोग होता है तो स्थूल स्थिति होती है। सूचना, विचार और अभिवृत्ति को एक व्यक्ति से दूसरे व्यक्ति तक सम्प्रेषित करने की मानव-लालसा बहुत पुरानी है। जिस प्रकार ज्ञान-प्राप्ति की उत्कण्ठा, चिन्तन एवं अभिव्यक्ति की आकांक्षा ने भाषा को जन्म दिया ठीक उसी प्रकार समाज में एक-दूसरे के कुशल-क्षेम वहन करने की कामना ने पत्रों के प्रकाशन को बढ़ावा दिया। पहले ज्ञान रूपी दिव्य शक्ति जो कुछ सुविधा-सम्पन्न मुट्ठीभर लोगों की थाती थी उसे पत्रकारिता द्वारा सर्वसुलभ कराया गया। परिस्थितियों के अध्ययन, चिन्तन-मनन और आत्माभिव्यक्ति की प्रवृत्ति तथा 'सब जन हिताय सब जन सुखाय' के प्रति व्यग्रता ने पत्रकारिता को जन्म दिया।

जिज्ञासा की सहज वृत्ति से उद्वेलित हो मानव-मन सूचनाओं और संदेशों के पीछे पड़ा रहा। पारस्परिक मिलन और विचारों का आदान-प्रदान, सार्वजनिक सूचना पट्ट एवं पत्र-व्यवहार द्वारा जिज्ञासा की पूर्ति होती थी। प्रारम्भ में संत, फकीर, सूत, मागध, भाट और चारण समाचारों के प्रसार में सहायक होते थे। प्रेस की स्थापना के पूर्व काव्यमय समाचार तथा सूचनाएँ प्रसारित की जाती थीं।

पौराणिक पत्रकार

महर्षि नारद पत्रकारों के आदिपुरुष माने जाते हैं। स्थल-मार्ग और आकाश-मार्ग से जगह-जगह पर भ्रमण करना, एक स्थान का समाचार दूसरे स्थान पर पहुँचाना, लोक-मंगल के लिए कभी-कभी नमक-मिर्च लगाकर संवादों को रोचक बनाना तथा आवश्यकतानुसार सम्बद्ध व्यक्तियों को सुनाना उनका दिन-प्रतिदिन का रचनात्मक लक्ष्य था। महाभारत के युद्ध में संजय की रिपोर्टिंग किस पत्रकार से कम महत्त्व की है ? आजकल की दूरदर्शन विधा का प्रारम्भिक रूप संजय में प्राप्त था जैसा कि स्पष्ट है :

धर्मक्षेत्रे कुरुक्षेत्रे समवेता युयुत्सवः।
मामकाः पाण्डवाश्चैव किं कुर्वत सञ्जयः।

कुछ विद्वानों ने बुद्धिमतांवरिष्ठम् पवन सुत हनुमान को पत्रकारों का अग्रज माना है। संत, कवि, चारण, भाट को पत्रकारों की श्रेणी में रखा जा सकता है। जब मुद्रण-कला सुलभ न थी, उस समय छन्दबद्ध समाचारों के आदान-प्रदान होते थे जो शीघ्र ही लोगों को कण्ठस्थ हो जाते थे। इस प्रकार एक मुख से दूसरे मुख तक समाचार पहुँचता रहता था।

ई. पू. की पत्रकारिता

ई. पू. पाँचवीं शताब्दी के पहले रोम में संवाद लेखक होते थे जो राजधानी से दूरस्थ जनता तक समाचार पहुँचाते थे। ई. पू. 60 में रोमन साम्राज्य में जूलियस सीजर ने हस्तलिखित तीन पत्र निकालें। सरकारी घोषणाओं से सम्बद्ध दैनिक समाचार बुलेटिन 'एक्टा डायर्ना', सीनेट की कार्यवाही और भाषणवाले 'एक्टा सिनेट्स' तथा आम जनता से सम्बन्धित सूचनाओं से युक्त 'एक्टा पब्लिका' ये पत्र-पत्रकारिता के आदि रूप को प्रदर्शित करते थे।

पत्रकारिता की पूर्वपीठिका

आजकल राजकीय घोषणाओं को पलक मारते ही समाचारपत्रों द्वारा जन-जन तक पहुँचा दिया जाता है परन्तु मुद्रण-कला के आविष्कार के पूर्व राजकीय घोषणाओं को डुग्गी पीटकर जनता के सामने प्रस्तुत किया जाता था। शिलाखण्डों, स्तम्भों अथवा मन्दिरों में भी घोषणाएँ खुदवाई जाती थीं। अशोक के शिलालेख समाचारपत्रों के प्रारम्भिक रूप हैं। उसने अपने धर्म का प्रचार इन्हीं लेखों और वैयक्तिक सम्पर्क द्वारा किया। देखा जाय तो स्पष्ट होगा कि पुरानी मुद्राएँ (सिक्के) मत-मतान्तरों के गुटके, पत्थरों पर खुदी घोषणाएँ, डोंडीगर और घंटेवाले आज के मुद्रित समाचारपत्रों के पूर्वज हैं। प्राचीन भारत के गौरव राजनीतिज्ञ चाणक्य

ने राजा चन्द्रगुप्त मौर्य को प्रेरित किया था कि वह राज्य में विविध गतिविधियों की सम्यक् जानकारी की प्राप्ति के लिए पटु गुप्तचरों की नियुक्ति करे। शासकों के प्रभाव को बढ़ाने के लिए गुप्तचर विभाग को साधन-सम्पन्न बनाया गया। आईन-ए-अकबरी में अबुल फजल ने लिखा है कि एक न्यूज लेटर संस्था मुगल राजाओं से पूर्व ही भारत में विकसित थी। प्रत्येक जिले में न्यूज़-राइटर होते थे। मुगल साम्राज्य की स्थापना के साथ ही संवाद-सेवाओं के क्षेत्र में विस्तार हुआ। देश भर में सूचनाधिकारियों का जाल बिछाया गया। औरंगजेब ने राज्य व्यवस्था ठीक रखने और सैन्य व्यवस्था की चुस्ती के लिए सूचनाओं और आदेशों को पहुँचाने की सुदृढ़ व्यवस्था की। उस समय 'वाकयानवीस' (संवाद लेखक) 'खुफियानवीस' (गुप्त लेखक) और 'सवानहनवीस' (जीवनी लेखक) राज्य के विभिन्न कार्यों पर कड़ी नजर रखते थे। धावकों, कारवाँ एवं हरकारों द्वारा समाचार-प्रेषण का कार्य होता था। कुछ इतिहासकारों के अनुसार वाकयानवीस द्वारा प्रेषित पत्रों के सारांश दिल्ली के बादशाह को पढ़कर सुनाए जाते थे।

औरंगजेब ने पत्रों को इस सीमा तक छूट दे रखी थी कि वे उसके परिवार के सदस्यों तक की आलोचना कर सकते थे जैसा कि एस. नटराजन ने लिखा है।[1] औरंगजेब के दरबार में वेनिस निवासी निकोला मनूकी नामक एक इतालवी कुछ समय तक था। उसने तत्कालीन संवाद-लेखन और संवाद-प्रेषण के संदर्भ में लिखा है कि मुगलों का यह नियम था कि वाकयानवीस और कैफियतनवीस अर्थात् साम्राज्य सम्बन्धी सार्वजनिक और गुप्त समाचारों का लेखक सप्ताह में एक बार अपनी पुस्तक में यह जरूर दर्ज करता था कि क्या वाकया गुजरा है। इसका अर्थ यह हुआ कि वह एक तरह का गजट अथवा सारांश तैयार करता था जिसमें अत्यंत महत्त्वपूर्ण घटनाओं का उल्लेख होता था। इन समाचारवाले पत्रों को बादशाह के सामने रात्रि को नौ बजे हरम की बेगमें पढ़ती थीं जिससे बादशाह को यह पता रहता था कि उसके राज्य में क्या-क्या हो रहा है ? इसके अतिरिक्त गुप्तचर भी तैनात रहते थे। ये महत्त्वपूर्ण विषयों पर साप्ताहिक ब्यौरा भेजा करते थे। उनके ब्यौरों का मुख्य विषय यह होता था कि शाहजादे क्या कर रहे हैं ? अपना यह कर्तव्य वह लिखित ब्यौरा भेजकर पूरा करते थे। बादशाह आधी रात तक जागकर तन्मयता से उपर्युक्त बातों में व्यस्त रहता था।

बहादुरशाह के कार्यकाल में 'सिराजउल अखबार' हस्तलिखित निकला। कहा जाता है कि अवध के सुल्तान ने 660 अखवारनवीसों की नियुक्ति की थी। पत्रों का प्रकाशन न तो नियमित था, न तो वे सर्वसुलभ थे।

प्रेस और पत्र

प्रेस और पत्र का अन्योन्याश्रय सम्बन्ध है। छापने की कला से ही पत्रकारिता का उद्भव माना जाता है जिसके मूल में सद्धर्म-प्रचार ही है :

"पुरातत्त्व की खोजें मुद्रण के इतिहास को ईसा की दूसरी शती तक ले गयी हैं। चीन में 175 ई. में ठप्पे से मुद्रित ग्रंथ का कुछ भाग आज भी विद्यमान बताया जाता है। 972 ई. में एक लाख तीस हजार पृष्ठों का त्रिपिटक ग्रंथ छपा। परन्तु वर्तमान मुद्रण-पद्धति की कहानी 500 वर्ष से पीछे नहीं जाती। अलग-अलग अक्षरों के धातु का टाइप सर्वप्रथम 1450 ई. में जर्मनी में बना। तत्पश्चात् 1466 में फ्रांस, 1477 में इंग्लैंड और 1544 में पुर्तगाल में इस कला का प्रचार हुआ। पुर्तगाल में इसाई धर्मप्रचारकों द्वारा 1550 में दक्षिण भारत के गोवा शहर में यह कला आयी।"[2]

आधुनिक वैज्ञानिक प्रेस और पत्र से पर्याप्त भिन्न 'एक्टा डिउर्ना' (Acta Diurna) और चीन के 'पीकिंग गजट' से पत्रकारिता का प्रारम्भ माना जाता है। बाइबिल के अधिकाधिक प्रसार की प्रेरणावश गॉटेनबुर्ग नामक इसाई ने जर्मनी में आजकल के मुद्रण कला से साम्य रखनेवाले प्रेस की स्थापना की। समाचारपत्रों का प्रारम्भिक रूप नीदरलैंड के 'न्यूजाइटुंग' (1526 ई.) में मिलता है। सन् 1615 ई. में जर्मनी से 'फ्रैंकफुर्टेर जर्नल', 1631 ई. में फ्ऱांस से 'गजट द फ्ऱांस', 1667 ई. में बेल्जियम से 'गजट बैन गट', 1666 ई. में इंग्लैंड से 'लनुन गजट' और 1690 ई. में संयुक्त राष्ट्र अमेरिका से 'पब्लिक ऑकरेन्सेज' का प्रकाशन हुआ।

भारतवर्ष के गोवा में 1550 ई., बम्बई में 1662 ई., मद्रास में 1772 ई. तथा कलकत्ता में सन् 1779 ई. में प्रेस बैठाए गये। 'हिकीज़ गजट' (1780), 'बंगाल जर्नल' (1784) और 'इंडियन वर्ल्ड' (1791) कलकत्ते से प्रकाशित हुए। सन् 1806 में विलियम केरी के श्रम से नागरी अक्षरों के ढालने का कार्य शुरू हुआ।

भारत में पत्रकारिता की आधारशिला

कलकत्ता के कौंसिल हॉल और अन्य सार्वजनिक स्थानों में सितम्बर 1768 ई. में निम्नलिखित नोटिस चिपकाया गया था :

"आम जनता के लिए इस शहर में छापेखाने के अभाव में मिस्टर बोल्ट को यही एक तरीका जनता को सूचित करने के लिए ठीक लगता है। व्यापार के लिए इसका अभाव खलता है और समाज को सूचनाएँ पहुँचाना जरूरी है, जैसे कि हर ब्रिटिश नागरिक के लिए उनका प्राप्त होते रहना महत्त्वपूर्ण है। बोल्ट किसी भी व्यक्ति या व्यक्ति-समूह को जो छापाखाने का धंधा करना चाहते हैं उन्हें प्रेस लगाने में पूरा सहयोग देने के लिए तैयार हैं। इस बीच वह लिखित रूप से आम लोगों को इस तरह सूचित करता रहेगा, जिसकी कि आवश्यकता प्रत्येक

व्यक्ति अनुभव करता है। कोई भी व्यक्ति जो जिज्ञासु है वह मिस्टर बोल्ट के घर आकर इन सूचना-पत्रों को पढ़ सकता है या वह चाहे तो वहाँ से प्रतियाँ प्राप्त कर सकता है। कृपया वह इतना ध्यान अवश्य रखे कि प्रातः दस बजे से बारह बजे के बीच ही घर पर आये।"

उपर्युक्त घोषणा को आधुनिक भारतीय पत्रकारिता की नींव माना जाय तो अत्युक्ति नहीं होगी। इस नोटिस ने अंग्रेजों की नींद हराम कर दी। गुप्तचरों को इसमें भारी खतरे की आशंका दृष्टिगत हुई। फलतः मिस्टर बोल्ट को आदेश दिया गया कि वह अविलम्ब पहले जहाज से यूरोप चला जाय।[3]

केलकटा जनरल एडवरटाइज़र

29 जनवरी 1780 ई. को जेम्स आगस्टस हिकी ने 'बंगाल गजट' अथवा 'केलकटा जनरल एडवरटाइजर' नामक पत्र द्वारा भारतीय पत्रकारिता की आधारशिला रखी। प्रथमांक में हिकी ने कम्पनी के एक पत्र के प्रथम और अंतिम मुद्रक के रूप में अपना परिचय दिया तथा लिखा कि :

"A weekly political and commercial paper open to all parties but influenced by none.''

हिकीज़ गजट आर्थिक और राजनीतिक विषयों से सम्बद्ध साप्ताहिक था जिसका सम्बंध हर दल से था परन्तु वह किसी से प्रभावित नहीं था। पत्र में हिकी ने आगे लिखा :

"मुझे अखबार छापने का विशेष चाव नहीं है, न मुझमें इसकी योग्यता है। कठिन परिश्रम करना मेरे स्वभाव में नहीं है। तब भी मुझे अपने शरीर को कष्ट देना स्वीकार है ताकि मैं मन और आत्मा की स्वाधीनता प्राप्त कर सकूँ।"

अपनी प्रतिज्ञा के अनुसार हिकी ने कम्पनी के कर्मचारियों तथा गवर्नर जनरल वारेन हेस्टिंग्स की नीतियों की खुलकर आलोचना की। कलकत्ते में रहनेवाले अंग्रेजों के प्रति लोगों में प्रचलित चर्चाओं को छापकर सम्पादक ने महाप्रभुओं का कच्चा चिट्ठा पाठकों के समक्ष प्रस्तुत किया। पत्र के विशेष स्तम्भ 'ए पोयट्स कार्नर' में स्वयं हिकी ने श्रीमती हेस्टिंग्स, कर्नल थोमस, डीन पीयर्स और स्वेडिश मिशनरी के क्रिया-कलापों पर लिखा। परिणामस्वरूप 14 नवम्बर 1780 ई. में गवर्नर जनरल ने 'गजट' को प्रदत्त डाक सुविधा बंद कर दी। कुछ दिन बाद पत्र-प्रकाशन के सभी अधिकार समाप्त कर दिए गए। जून 1781 ई. में जेल के साथ 5000 रुपए का जुर्माना लगाया गया। इतना होने पर भी पत्र-सम्पादक की निर्भीकता को नहीं दबाया जा सका। उसके द्वारा गवर्नर जनरल और मुख्य न्यायाधीश की नीतियों पर आक्रमण जारी रहा फलतः जून 1781 के आदेशानुसार हिकी को पीटा गया, अधिक से अधिक जुर्माना किया गया। इन सभी प्रताड़नाओं ने हिकी को और

अडिग बना दिया। जेल में रहकर उसने पत्र का सम्पादन किया अन्त में उसे बंगाल छोड़ना पड़ा।

12 इंच लम्बे और 8 इंच चौड़े आकार के दो पृष्ठोंवाला यह साधारण पत्र था जिसके एक पृष्ठ पर तीन कालम में छपाई होती थी। अनेक दोषों और अतिरंजित लेखन के रहते हुए भी 'हिकीज गजट' ने भारत में पत्रकारिता का शुभारम्भ किया जो एक ऐतिहासिक तथ्य है। वस्तुतः जेम्स आगस्टस हिकी न तो साहित्यिक थे, न ही पत्रकार लेकिन समाचारों के महत्त्व को समझनेवाले एक सदाशयी मानव थे। सनसनीखेज समाचार, कटु-मधु व्यंग्य, गप्पें तथा मनुष्य के गुप्त व्यापार पर आधारित मनोरंजक कथाओं के प्रकाशन में उन्हें आनन्द मिलता था। वे व्यक्तिगत स्वतंत्रता के प्रबल समर्थक थे। कम्पनी ने उन्हें धन से खरीदने का प्रयास किया परन्तु उन्होंने शारीरिक पीड़ा को सहने का व्रत लिया तथा वे आत्मा की स्वतंत्रता के सदैव अभिलाषी रहे।

पत्रों पर प्रहार

पत्रकारिता और सत्ता का संघर्ष एक ऐतिहासिक तथ्य है। आंग्ल-शासन में पत्रकारिता पर कड़े प्रहार किए गए। पत्रों के प्रसार और प्रभाव को नियंत्रित करने के लिए सर्वप्रथम लार्ड वेलेजली ने 13 मई 1799 ई. में निम्नलिखित नियम लागू किया :

1. प्रत्येक समाचार पत्र के मुद्रक के लिए पत्र के अंत में अपना नाम प्रकाशित करना अनिवार्य होगा।
2. सम्पादक तथा संचालक के लिए आवश्यक होगा कि वे अपने नाम और पते की सूचना सरकार के सचिव को दें।
3. रविवार को कोई पत्र प्रकाशित न हो।
4. जब तक सरकार का सचिव निरीक्षण न कर ले तब तक कोई पत्र प्रकाशित न किया जाय।
5. जो उपर्युक्त नियमों की अवहेलना करेगा उसे तत्काल देश से निष्कासित कर दिया जाएगा।

पत्रों के प्रकाशन से सामान्य जनता में राजनीतिक चेतना का अभ्युदय होता है। वे अपने कर्तव्य और अधिकार के लिए उठ खड़े होने की बात सोचते हैं। लार्ड बेलेजली पत्रों के प्रभाव से काफी चिन्तित रहते थे। अप्रैल 1799 ई. में उन्होंने मद्रास से कलकत्ता के सर अल्फ्रेड क्लार्क को लिखा कि मैं सम्पादकों के आचरण को नियंत्रित करूँगा। शरारतपूर्ण प्रकाशनों को बन्द करना उत्तम है। यदि कोई नहीं मानता तो उसे यूरोप भेज दिया जाय।[4]

लार्ड बेलेजली को जब ज्ञात हुआ कि कुछ सम्पादक जाँच के लिए प्रकाशनार्थ

सामग्री नहीं भेजते हैं तो 22 मई, सन् 1801 को नया आदेश निकाला गया जिसके अनुसार निरीक्षण कार्य अनिवार्य कर दिया गया। इसका परिणाम यह हुआ कि गुप्त रूप से पैम्फ्लेट्स छपने लगे, उनका वितरण होने लगा। लार्ड मिंटो 1807 ई. में गवर्नर जनरल पद पर आसीन हुए। उन्होंने लार्ड बेलेजली के आदेशों एवं उनके द्वारा प्रवर्तित नियमों का कड़ाई के साथ अनुपालन हेतु कदम उठाया।

लार्ड हेस्टिंग्स की उदारता

सन् 1813 ई. में लार्ड हेस्टिंग्स गवर्नर जनरल नियुक्त हुए जो प्रेस के प्रति उदार थे। 'कलकत्ता जर्नल' के सम्पादक डॉ. जेम्स ब्राइस द्वारा प्रेस सेंसर का प्रखर प्रतिरोध हुआ फलतः 1818 ई. में सेन्सरशिप उठा लिया गया लेकिन इंग्लैंड के निदेशकों ने नये आदेश जारी कर दिए : 19 अगस्त 1818 ई. को सरकार के मुख्य सचिव जे. एडम ने निम्नलिखित अनुरोध पत्र निर्गत किया–

"इन नियमों के सावधनी के साथ पालन के लिए सम्पादकों की समझदारी और स्वेच्छा पर भरोसा रखते हुए गवर्नर जनरल इन काउंसिल समाचारपत्रों के प्रकाशन से पूर्व उन्हें सरकारी अफसर के सामने पेश करने की शर्त को सहर्ष समाप्त करते हैं परन्तु इस देश में लागू ब्रिटिश कानून के आम सिद्धान्तों के अन्तर्गत जारी किए गए नियमों का उल्लंघन करते हुए जो सामग्री छापी जाए या उससे जो भिन्न हो उसके लिए स्वयं सम्पादक उत्तरदायी होंगे और उन नियमों के अतिक्रमण के लिए उनके विरुद्ध उस तरीके से कानूनी कार्यवाही की जाएगी जिसे गवर्नर जनरल इन काउंसिल अपराध को देखते हुए ठीक समझें। सम्पादकों को अपने प्रकाशित प्रत्येक समाचार पत्र नियतकालिक पत्रिका अथवा अतिरिक्त पत्रिका की एक-एक प्रति मुख्य सचिव के कार्यालय में भी अवश्य देनी चाहिए।"

नियमों में स्पष्ट किया गया था कि भारत से सम्बन्धित इंग्लैंड द्वारा उठाए गए कदमों की आलोचना न हो तथा सुप्रीम कोर्ट के न्यायाधीशों के आचरण पर अपमानजनक टिप्पणी न प्रकाशित हो। भारतीय जनता की धार्मिक भावना को ठेस पहुँचानेवाली सामग्री भी पत्र में प्रकाशित न हो। नियमों में इस बात पर जोर दिया गया था कि भारत में अंग्रेजों के स्वामित्व पर प्रतिकूल प्रभाव डालने वाले तथ्य न छापे जायें तथा व्यक्तिगत टिप्पणियों से पाठकों को बचाया जाय जिनसे समाज में फूट पैदा हो सकती हो।

इन नियमों के लागू होने तथा सेन्सरशिप के उठ जाने से नये समाचारपत्रों के प्रकाशन में वृद्धि हुई। सन् 1823 ई. में जॉन एडम कार्यवाहक गवर्नर जनरल हुए जिन्होंने प्रेस की स्वतंत्रता को कम्पनी के शासन के लिए खतरा माना। सर्वप्रथम प्रेस अधिनियम जारी करने का श्रेय जॉन एडम को ही है। उन्होंने प्रकाशन के लिए लाइसेंस प्राप्त करना आवश्यक कर दिया। बिना लाइसेंस के समाचारपत्रों

के प्रकाशन पर चार सौ रुपये का जुर्माना तथा चार माह की जेल तक की सजा का प्रावधान किया। प्रिंटिंग प्रेस की स्थापना पर भी जॉन एडम ने नियंत्रण स्थापित किया। सरकार को ऐसे अधिकार मिल गए कि वह कभी भी प्रेस जब्त कर सकती थी और समाचारपत्र के प्रकाशन का लाइसेंस रद्द कर सकती थी। अंग्रेज भारतवासियों को मूढ़ शैतान (half devil-half child) मानते थे। उन्हें वे कभी प्रकाशोन्मुख होने नहीं देना चाहते थे।

अंग्रेज प्रशासक सर टामस मुनरो पत्रों के ऊपर कठोर नियंत्रण के पक्षपाती थे। 1820 ई. में जब वे मद्रास के गवर्नर नियुक्त हुए तो उनकी निम्नलिखित घोषणा हुई जो द्रष्टव्य है :

"A free Press and the dominion of strangere are things which are quite incompatible; and which cannot long exist together. For what is the first duty of a free press ? It is to deliver the country from a foreign yoke, and to sacrifice to this one great object every meaner consideration and if we make the press really free to the natives as well as to Europeans, it must invitably lead to this reault.''[5]

तात्पर्य यही कि भारतीयों को प्रेस की आजादी देना खतरनाक है। विदेशी शासन और समाचारपत्रों की स्वतंत्रता दोनों एक साथ नहीं चल सकते। स्वतंत्र प्रेस का पहला कर्तव्य क्या होगा ? यही न कि देश को विदेशी चंगुल से स्वतंत्र कराया जाए ? इसलिए अगर भारत में प्रेस को स्वतंत्रता दे दी गयी तो इसका जो फल होगा, वह दिखाई दे रहा है। आंग्ल शासक सदैव भारत को अंधकार में रखना चाहते थे। उनकी नीति थी :

"It was our policy in those days to keep the natives of India in the profoundest possible state of barbarism and darkness, and every attempt to diffuse the light of knowledge among the people either of our own or the Independent states, was vehemently opposed and resented.''[6]

भारतीय पत्रकारिता की : 'ऐरियोपैगिटिका'

अभिव्यक्ति की स्वतंत्रता पर कड़े नियंत्रण का डट कर विरोध किया गया। द्वारकानाथ टैगोर, प्रसून कुमार टैगोर और हूरचन्दर घोष के साथ राजा राममोहन राय ने एक याचिका दाखिल की जिसे भारतीय पत्रकारिता की ऐरियोपैगिटिका[7] कहा जा सकता है। यह याचिका जब अस्वीकृत हुई तो राजा राममोहन राय ने सपरिषद राजा से निम्नलिखित अपील की :

"यदि इस देश की विशेष परिस्थितियों से निकाले गए इन निष्कर्षों से यह तर्क उपस्थित किया जाय कि किसी उपनिवेश या दूरवर्ती अधीन प्रदेश को कभी

प्रेस स्वातन्त्र्य नहीं दिया जा सकता तथा इसीलिए बंगाल के निवासियों को उन विशेष अधिकारों के प्रयोग की अनुमति नहीं दी जा सकती जिनका उपयोग वे अब तक कर रहे थे, तो दूसरे शब्दों में, इसका अर्थ उनसे यह कहना होगा कि उन्हें निरन्तर उत्पीड़न एवं अपमान सहन करने का ऐसा शाप दिया गया है जिससे मुक्त होने की वे तब तक आशा नहीं कर सकते जब तक यहाँ ब्रिटिश शासन मौजूद है।

यदि श्रीमान् की राजभक्त प्रजा क्षणभर के लिए यह भी सोचे कि ब्रिटिश राष्ट्र केवल स्वार्थपूर्ण नीति से प्रेरित होकर, भारत को एक मात्र बहुमूल्य सम्पत्ति समझता है तथा उस पर अधिकार जमाए रखने एवं उससे पूरा लाभ उठाने के सर्वोत्तम साधनों के अलावा और किसी चीज़ की परवाह नहीं करता, तब भी उसके नौकरों द्वारा उसकी भली प्रकार देखभाल होनी आवश्यक है। इसीलिए शासक और शासित दोनों के लिए स्वतंत्र प्रेस की सत्ता भी उतनी ही आवश्यक है।"[8]

राजा राममोहन राय की विनम्रतापूर्ण याचिका की सुनवाई तत्कालीन शासक नहीं कर सके फलतः कई पत्रों का प्रकाशन ठप हो गया। जेम्स सिल्क बकिंघम जो 'कलकत्ता जर्नल' के सम्पादक थे, उन्होंने अपनी प्रतिभा से पत्रकारिता में तेजस्विता का संचार किया। उनके अनुसार सम्पादक का कर्तव्य "गवर्नरों को उनके कर्तव्यों के प्रति सावधान करना, उन्हें उनके दोषों के बारे में उग्रता से चेतावनी देना और अप्रिय सत्य प्रकट करना था।"[9] धुन के पक्के श्री बकिंघम को 1823 ई. में देश से निकाल दिया गया क्योंकि वे पत्र को अनुत्तरदायी सरकार पर नियंत्रण रखने का प्रभावकारी माध्यम मानते थे। समाचारपत्र को जनता का दर्पण बनाने तथा प्रेस को नेतृत्व का गुण प्रदान करने की दिशा में बकिंघम का योगदान सतत स्मरणीय है।

समाज-सुधार आंदोलन

राजा राममोहन राय का दृढ़ विश्वास था कि देश-सेवा और राष्ट्रोन्नति के लिए समाज-सुधार के साथ ज्ञान-विज्ञान के अध्ययन और प्रचार की आवश्यकता है। इसीलिए उन्होंने ब्रह्म समाज की स्थापना की। अपने सिद्धान्तों के प्रचार हेतु राजा साहब ने 'तत्त्वबोधिनी पत्रिका' का प्रकाशन किया। महाराष्ट्र के बालशास्त्री जांभेकर तथा गोपाल हरि देशमुख ने समाज में जागरण लाने का प्रयास किया। पत्र 'लोकहितवादी' द्वारा स्वदेशी वस्तुओं का प्रचार एवं विदेशी माल का बहिष्कार किया गया।

भारतीय पत्रकारिता का प्रारम्भ

भारतीय पत्रकारिता को सम्यक् रूप से प्रारम्भ करनेवाले राष्ट्रीय नव-जागरण के

अग्रदूत राजा राममोहन राय थे। सर्वप्रथम उन्होंने ईसाइयों के साम्प्रदायिक षड्यंत्र के प्रति चिन्ता व्यक्त की। भारतीयता को समाप्त कर देनेवाले कुचक्रों को समूल उखाड़ फेंकने के लिए उन्होंने 'ब्रह्मैनिकल मैगजीन' का प्रकाशन प्रारम्भ किया। इस पत्र का पावन संकल्प था कि ईसाइयों की वैचारिक दासता का खुलकर प्रतिरोध हो। 'समाचार-दर्पण' और 'दिग्दर्शन' का उद्देश्य ईसाई धर्म का प्रचार करना था। इन्हीं पत्रों की भ्रान्तियों को दूर करने के लिए 'ब्रह्मैनिकल मैगजीन' में राजा साहब शिव प्रसाद शर्मा के नाम से लिखते थे।

राजा राममोहन राय ने दिसम्बर 1821 ई. में बंगला साप्ताहिक 'सम्वाद कौमुदी' का प्रकाशन प्रारम्भ किया। सती-प्रथा का विरोध और स्त्री-शिक्षा का प्रसार इस पत्र का लक्ष्य था। राजा साहब ने अपने मित्रों हरुचन्द्र राय और गंगा किशोर भट्टाचार्य द्वारा प्रकाशित 'बंगाल ग्याजट' को अपना सम्बल प्रदान किया। अधिक व्यापकता के लिए उन्होंने फारसी में 'मीरात-उल-अखबार' निकाला। यह पत्र अधिक तेजस्वी था फलतः इसे अंग्रेजों का कोपभाजन बनना पड़ा। इसी पत्र में राजा साहब ने पत्रकारिता के लक्ष्यों की ओर संकेत किया :

"मेरा सिर्फ यही उद्देश्य है कि मैं जनता के सामने ऐसे बौद्धिक निबंध उपस्थिति करूँ जो उनके अनुभव को बढ़ायें और सामाजिक प्रगति में सहायक सिद्ध हों। मैं अपनी शक्ति भर शासकों को उनकी प्रजा की परिस्थितियों का सही परिचय देना चाहता हूँ और प्रजा को उनके शासकों द्वारा स्थापित कानून और तौर तरीकों से परिचित कराना चाहता हूँ ताकि शासक जनता को अधिक से अधिक सुविधा देने का अवसर पा सकें और जनता उन उपायों से परिचित हो सके जिनके द्वारा शासकों से सुरक्षा पायी जा सके और उचित माँगें पूरी कराई जा सकें।"[10]

पवित्र लक्ष्य को लेकर निकलने वाले पत्र 'मीरात-उल-अखबार' को आंग्ल शासकों की कुदृष्टि के कारण बंद करना पड़ा। 4 अप्रैल 1823 ई. को राजा साहब ने पत्र के अंतिम संस्करण में लिखा :

"जो परिस्थिति उत्पन्न हो गयी है उसमें पत्र का प्रकाशन रोक देना ही एक मात्र मार्ग रह गया है जो नियम बने हैं उनके अनुसार किसी यूरोपियन सज्जन के लिए, जिनकी पहुँच सरकार के चीफ सेक्रेटरी तक सरलता से हो जाती है, सरकार से लाइसेंस लेकर पत्र निकाल देना आसान है पर भारत के किसी निवासी के लिए जो सरकारी भवन की देहरी लाँघने में भी समर्थ नहीं हो पाता, पत्र-प्रकाशन के लिए सरकारी आज्ञा प्राप्त करना दुस्तर कार्य हो गया है। फिर खुली अदालत में हलफनामा दाखिल करना भी कम अपमानजनक नहीं है। लाइसेंस ले लिए जाने का खतरा भी सदा सिर पर झूला करता है। ऐसी दशा में पत्र का प्रकाशन रोक देना ही उचित है।"

इस प्रकार शासकों की दमनात्मक नीति के कारण उत्साही समाज-सेवियों

का जोश ठंडा पड़ गया, पत्र-प्रकाशन में गतिरोध उत्पन्न हुआ। अशिक्षा, अर्थाभाव, प्राकृतिक आपदाओं के चलते मुद्रण-कला के विकास की ओर अपेक्षित ध्यान नहीं दिया गया। यदि किसी ने पत्रों द्वारा चेतना के उन्नयन हेतु तत्परता दिखाई तो उसे शासकों ने पग-पग पर कुंठित किया।

संदर्भ

1. "Aurangzeb is credited with having allowed considerable freedom to the press because he allowed one writer to criticise his grand son.''—A History of the press in India.
2. कमलापति शास्त्री, पुरुषोत्तमदास टंडन : पत्र और पत्रकार, पृ. 409
3. "...to quit Bengal and proceed to Madras on the first ship that should sail from that presidency in order to take his passage from thence to Europe.''
—The Newspaper in India, p. 11
4. "I shall take an opportunity for transmitting rules for the conduct of the whole tribe of editors. In the mean time if you cannot tranquilize this and other mischievious publications, be so good as to suppress the papers by force and send their persons to Europe.'' —MARGARITA BARNS, The Press in India, p.67
5. Hemendra Prasad Ghose : The Newspaper in India, p. 38
6. वही, पृ. 20
7. "Give me the liberty to know, to utter and to argue freely according to conscience, above all liberties.'' —John Milton's `Areopagitice' 1644
8. सौम्येन्द्रनाथ ठाकुर : राजा राममोहन राय, पृ. 134
9. चलपतिराव—समाचारपत्र, पृ. 27
10. हेमेन्द्रप्रसाद घोष : द न्यूज़ पेपर इन इंडिया, पृ. 25-26

तृतीय अध्याय

उद्भव काल (उद्बोधन काल)

(1826-1884 ई.)

उद्भव का अर्थ प्रादुर्भाव, उत्पत्ति, उपज, प्रसव, जन्म या आरम्भ होता है। प्रेस की स्थापना, विलियम बोल्ट का पोस्टर, और 'हिकीज़ गजट' ने भारतवासियों में चेतना का उन्मेष किया। उनकी आँखें खुलीं, उन्हें स्फुरण हुआ, वे अंधकार से प्रकाश की ओर जाने के लिए व्यग्र हो उठे। इसी व्यग्रता की सहज परिणति थी कि 30 मई सन् 1826 ई. को 'उदन्त मार्तण्ड' के रूप में हिन्दी पत्रकारिता का उद्भव हुआ। हिन्दी पत्रकारिता के मनु पं. युगुल किशोर सुकुल ने कलकत्ता से इस समाचार सूर्य द्वारा सर्वत्र आलोक बिखेरने का सत्कार्य किया। राजा राममोहन राय, केशवचन्द्र सेन, बहादुरशाह जफर, रामकृष्ण परमहंस, स्वामी दयानन्द सरस्वती के नेतृत्व में पत्रकारों का एक दल तैयार हुआ जिसने भारत-दुर्दशा की ओर सबका ध्यान आकृष्ट किया :

सबके पहिले जेहि ईश्वर धन बल दीनो।
सबके पहिले जेहि सभ्य विधाता कीनो।।
सबके पहिले जो रूप रंग रस भीनो।
सबके पहिले विद्याफल निज गहि लीनो।।
अब सबके पीछे सोई परत लखाई
हा हा ! भारत-दुर्दशा न देखी जाई।।

भारतेन्दु हरिश्चन्द्र की उपर्युक्त पंक्तियों के संदर्भ में अजीमुल्ला खाँ ने 'तोड़ो गुलामी की जंजीरें बरसाओ अंगारा' हेतु पाठकों को उद्बुद्ध बनाया। गला-घोंट प्रेस अधिनियम 1857 और गैगिंग प्रेस एक्ट 1878 जैसे काले कानूनों की चिन्ता न करके पत्र और पत्रकारों ने भारतीय जनता को उद्बोधित किया। 'उदन्त मार्तण्ड', 'बंगदूत', 'समाचार सुधावर्षण', 'बनारस अखबार', 'पयामे आजादी' ने देश में राष्ट्रीय चेतना का बीज-वपन किया। ब्रह्म समाज, प्रार्थना समाज, आर्यसमाज

ने स्वदेश भक्ति की भावना को प्रबल बनाया और तेजस्वी पत्रों ने जन-जन में चेतना को अंकुरित किया। भारतेन्दु-मण्डल ने 'हिन्दी, हिन्दू, हिन्दुस्तान' के कल्याण के लिए भारतीयों को प्रबुद्ध बनाने की दिशा में उल्लेख्य कार्य किया। सन् 1826 से 1884 तक की अवधि में प्रकाशित पत्रों ने नूतन ज्ञान-विचार से एक ओर जहाँ पाठकों को उद्दीप्त किया तो दूसरी ओर स्वाभिमान के संचार द्वारा 'आरोह तमसो ज्योतिः' हेतु सभी को प्रेरित किया अतः प्रवृत्ति की दृष्टि से उद्भव काल को 'उद्बोधन काल' कहा जा सकता है। दरबारी संस्कृति और रीतिकालीन साहित्य के प्रति राष्ट्रीय विद्रोह प्रकट करने में इस काल के पत्र अविस्मरणीय हैं। 'सत्त्व निज भारत गहै', तथा 'नारि नर सम होंहि, सब आनन्द लहै' द्वारा उद्बोधन के स्वर को ऐतिहासिक पत्रों ने गुंजायमान किया। सुषुप्त भारतवासियों के नयनोन्मेष द्वारा उन्हें ऊषा की पहली किरण दिखाने का सत्कार्य पत्र-पत्रिकाओं द्वारा सम्पन्न हुआ। उद्भव (उद्बोधन) काल के पत्रों का अध्ययन निम्नलिखित दो चरणों में करना उपयुक्त होगा :

1. प्रथम चरण (1826 से 1866 ई. तक)
2. द्वितीय चरण (1867 से 1884 ई. तक)

प्रथम चरण (1826-1866 ई.)

राजनीतिक परिस्थितियाँ

दिसम्बर 1823 ई. में राजा राममोहन राय ने लार्ड एमहर्स्ट को पत्र लिखकर अँग्रेजी शिक्षा के प्रसार की व्यवस्था हेतु अनुरोध किया :

"कलकत्ता में संस्कृत स्कूल की स्थापना से हम उत्साहित हुए। हमें आशा हुई थी कि यूरोपीय अध्यापक गणित, प्राकृतिक दर्शन, रसायनशास्त्र, शरीर-विज्ञान आदि विषयों का ज्ञान भारतीय छात्रों को कराएँगे परन्तु सरकार जिन स्कूलों का विस्तार कर रही है उनमें हिन्दू पंडितों द्वारा वही शिक्षा दी जा रही है जो दीर्घकाल से प्रचलित है। क्या सरकार भारतीय जनता को अन्धकार में ही रखना चाहती है ? यदि सरकार देश की जनता का सुधार चाहती है तो उसे ऐसी उदार शिक्षा प्रदान की जाए, जिसमें गति, प्राकृतिक दर्शन, रसायनशास्त्र व शरीर-विज्ञान की शिक्षा सम्मिलित हो और उसमें अध्यापन का कार्य उन विद्वानों को सौंपा जाए जिन्होंने यूरोप में शिक्षा पाई हो।"[1]

राजा राममोहन राय की मान्यता थी कि 'लिबर्टी, फ्रेटर्निटी और इक्वलिटी' (स्वतंत्रता, भ्रातृत्व और समानता) की वकालत करनेवाली आंग्ल भाषा को ही अपनाकर भारतवासी विश्व की गतिविधियों को जानेंगे तथा अपनी मुक्ति की कामना करेंगे। लार्ड विलियम बेंटिक (1828-35), लार्ड हार्डिग्ज (1844-48), लार्ड डलहौजी

(1848-56), लार्ड कैनिंग (1856-62) और लार्ड लारेंस (1863-69) के कार्यकाल में एक ओर जहाँ अंग्रेजी सत्ता एवं संस्कृति सुदृढ़ हो रही थी,[2] वहीं दूसरी ओर भारतीय जन-मानस में तत्त्वदर्शियों द्वारा राष्ट्रीय चेतना का बीज बोया गया जो क्रमशः पुष्ट होता गया। लार्ड विलियम बेंटिक ने सती-प्रथा, मानव-बलि-प्रथा, बाल-हत्या-प्रथा की समाप्ति के साथ प्रेस को स्वतंत्रता प्रदान की। अंग्रेजी शिक्षा को प्रोत्साहन देने के लिए ठोस कदम उठाया गया। वास्तव में बेंटिक ने शासन का परम लक्ष्य जन-सामान्य का महत्तम हित माना। प्रेस की आजादी को विलियम बेंटिक ने महत्त्व दिया परन्तु अन्य अंग्रेज महाप्रभु इसे अपने पैर में कुल्हाड़ी मारना समझते थे। सर टामस मुनरो की धारणा द्रष्टव्य है :

"...इनको प्रेस की आजादी देना हमारे लिए खतरनाक है। विदेशी शासन और समाचारपत्रों की स्वतंत्रता दोनों एक साथ नहीं चल सकते। स्वतंत्र प्रेस का पहला कर्तव्य क्या होगा ? यही न, कि देश को विदेशी चंगुल से स्वतंत्र कराया जाए ? इसलिए अगर हिन्दुस्तान में प्रेस को स्वतंत्रता दे दी गयी तो इसका जो परिणाम होगा, वह दिखलाई दे रहा है।"

लार्ड डलहौजी के शासन-काल में अनेक राज्य विजित हुए, प्राचीन राजवंशों का अन्त हुआ एवं आधुनिक भारत का उदय हुआ। उसने साम्राज्य-विस्तार और आन्तरिक सुधार पर बल दिया। सर्वप्रथम सन् 1853 ई. में बम्बई से थाना तक पहली रेल लाइन का निर्माण हुआ। डलहौजी ने तार की लाइनें बनवाईं जिससे कलकत्ता, पेशावर, बम्बई और मद्रास ये सभी नगर एक दूसरे से जुड़ गए। भारत के भौतिक विकास में रेल और तार इन दोनों साधनों का योगदान अत्यंत महत्त्वपूर्ण था।

लार्ड डलहौजी ने स्वतंत्र व्यापार की नीति अपनायी तथा भारत के सभी बन्दरगाहों को उन्मुक्त घोषित किया। सार्वजनिक निर्माण विभाग की स्थापना करके उसने सड़क, पुल, इमारत, नहर बनाने का कार्य इस विभाग को सौंप दिया। डाक-व्यवस्था को संगठित कर महसूल के रूप में टिकट साटने की प्रथा, इसी शासन में प्रारम्भ हुई जिससे जनता को सुविधा हुई। लार्ड डलहौजी के कार्य-काल में शैक्षिक जगत् में पर्याप्त सुधार हुआ। प्रेसीडेन्सी नगरों कलकत्ता, बम्बई, और मद्रास में विश्वविद्यालयों की स्थापना की गयी जिनका कार्य शिक्षा देना और परीक्षा लेना दोनों था। गैर सरकारी शिक्षण संस्थाओं को सरकारी सहायता एवं मान्यता देकर शिक्षा को बढ़ाने का प्रयास किया गया। प्रत्येक प्रान्त में शिक्षा विभाग को निदेशक के अधीन रखने की व्यवस्था हुई एवं स्त्री-शिक्षा पर विशेष बल दिया गया।

विजेता, निर्माता तथा समाज-सुधारक के रूप में ज्ञात लार्ड डलहौजी की नीति सर्वथा दोष-रहित नहीं थी। उसने भारत की परम्परा, रीति-रिवाज तथा

भारतीय राजाओं की कुछ भी परवाह नहीं की। वह अधीनस्थ कर्मचारियों के परामर्श पर ध्यान नहीं देता था। कुछ इतिहासकारों ने सन् 1857 की क्रान्ति के मूल में लार्ड डलहौजी की नीतियों को उत्तरदायी ठहराया है। विद्रोह तो विदेशी शासन के प्रति एक राष्ट्र की स्वाभाविक प्रतिक्रिया है। डलहौजी ने विस्फोट को और प्रबल बनाने की दिशा में परोक्ष रूप में कार्य किया। उसकी नीति और उसके कार्यों से जनता तथा देशी नरेश क्षुब्ध हो उठे। उसने जन-जन में प्रसुप्त स्वातन्त्र्य-भावना को चाबुक मार कर जगाने का काम किया।

भारत की स्वतंत्रता का प्रथम संग्राम

सन् 1857 ई. भारतीय इतिहास में एक रक्तिम पृष्ठ है क्योंकि इसी वर्ष अंग्रेजी शासन के अन्त के लिए जन-विद्रोह उमड़ पड़ा। इसी राष्ट्रीय क्रान्ति के आधार पर आजादी की लड़ाई अनवरत चलती रही। दिल्ली में मुगल बादशाह, कानपुर में नाना साहब, बुंदेलखंड में झाँसी की रानी लक्ष्मीबाई, ग्वालियर में तात्या टोपे और बिहार में कुँवर सिंह ने अंग्रेजों के दाँत खट्टे कर दिए। क्रान्तिकारी मंगल पाण्डेय की कामना को पूर्ण करने में पूरा भारत एकजुट हो गया। यद्यपि 1857 की क्रान्ति सफल नहीं हो पायी फिर भी इसने भावी रण-नीति के स्वरूप निर्धारण में अच्छी भूमिका निभाई।

सन् 1857 की क्रान्ति कोई आकस्मिक घटना नहीं थी, वरन् इसके मूल में विगत एक शताब्दी की घटनाएँ थीं जो कम्पनी के शासन-काल में घटित हुई थीं। मुगल सम्राट और अवध के नवाब के साथ अन्यायपूर्ण कार्रवाई, डलहौजी की अपहरण-नीति, अंग्रेज अधिकारियों का भारतीय जनता के साथ दुर्व्यवहार और उनकी विभेद-नीति के कारण भारतीय जन-मानस असंतुष्ट था। भारतीय कृषि, उद्योग और व्यापार का विनाश, जमींदारों की आर्थिक दशा का दयनीय होना, एवं भारत की सम्पत्ति का इंग्लैंड जाना ये सब कुछ आर्थिक कारण थे जिनसे अंग्रेजों के प्रति सबके मन में विक्षोभ उत्पन्न हुआ। ईसाई धर्म के प्रचार पर बल देना, हिन्दू धर्म के सिद्धान्तों की अवहेलना, सामाजिक प्रथाओं पर प्रतिबंध, सेना में रंग-भेद और चर्बी लगे कारतूस की भयंकर भूल ने असंतोष को विनाशकारी ज्वाला के रूप में प्रकट किया।

देश की अशान्तिमय परिस्थितियों का लाभ उठाकर क्रान्तिकारियों ने सशस्त्र क्रान्ति द्वारा भारत से अंग्रेजों को निकालने की योजना बनायी। नाना साहब और अजीमुल्ला खाँ ने तीर्थ यात्रा के बहाने सम्पूर्ण भारत में भ्रमण किया। सेना में 'कमल' और जनता-जर्नादन के बीच 'रोटी' घुमाकर क्रान्ति का आह्वान किया गया। विप्लव के मुख्य केन्द्र दिल्ली, लखनऊ, बिठूर, झाँसी और कलकत्ता थे तथा निश्चित हुआ कि 31 मई सन् 1857 ई. को क्रान्ति प्रारम्भ होगी।

क्रान्ति का विस्तार

गाय एवं सुअर की चर्बी से बने कारतूसों ने सैनिकों का धैर्य कम कर दिया। सैनिक भड़क उठे। बंगाल की देशी सेना अशांत हो गयी। 29 मार्च 1857 ई. को मंगल पाण्डेय ने क्षुब्ध होकर तीन अंग्रेज अफसरों की हत्या कर दी किन्तु अन्त में स्वतः घायल होकर वह बन्दी हो गया। हत्या के अभियोग के फलस्वरूप 8 अप्रैल को उसे फाँसी पर लटका दिया गया। अब क्या था, क्रान्ति का विस्फोट हुआ। मेरठ से सैनिक दिल्ली की ओर चल पड़े। यूरोपीय अफसरों को मारकर दिल्ली पर कब्जा कर लिया गया। सैनिकों ने बहादुरशाह को भारत का बादशाह घोषित कर दिया। दिल्ली विद्रोह का केन्द्र बन गयी तथा बहादुरशाह क्रान्ति के प्रतीक बने। विद्रोह लखनऊ, बरेली, कानपुर, आगरा, आरा, प्रयाग, बनारस, झाँसी मध्य भारत एवं अन्य प्रमुख केन्द्रों तक फैल गया।

घमासान युद्ध के बाद अंग्रेजों ने सितम्बर 1857 ई. में दिल्ली पर कब्जा जमा लिया। बख्त खाँ 13 मई 1859 को लड़ाई में मारे गए। कानपुर में नाना साहब ने संघर्ष का बागडोर सम्भाला। अजीमउल्ला, बेगम हजरत महल ने अंग्रेजों के दाँत खट्टे कर दिए। वीरांगना झाँसी की रानी लक्ष्मीबाई 17 जून 1858 ई. को मारी गयी। तात्या टोपे की बहादुरी तो स्वर्णाक्षरों में अंकित है।

1857 ई. के विद्रोह के फलस्वरूप भारतीय सेना में राष्ट्र-भक्ति की भावना भर गई। महारानी विक्टोरिया ने 1858 ई. में घोषित किया कि ब्रिटिश सरकार भारतीय रियासतों को अपने राज्य में सम्मिलित नहीं करेगी। नरेशों को दत्तक पुत्र का अधिकार बना रहेगा। यद्यपि सन् 1860 ई. तक विद्रोह दब गया किन्तु उसका प्रभाव भारतीय मानस पर अमिट हो गया। भारतीयों और अंग्रेजों के बीच की खाई चौड़ी हो गई। 1857 की असफल क्रान्ति के बाद भारत सीधे ब्रिटिश पार्लियामेंट के अधीन हो गया। गवर्नर जनरल को अब वायसराय का पद भी मिला तथा उसकी प्रतिष्ठा बहुत बढ़ गई। लार्ड केनिंग कम्पनी द्वारा नियुक्त अन्तिम गवर्नर जनरल और ब्रिटिश सम्राट के अधीन प्रथम वाइसराय था। उसके बाद लार्ड एलगिन (1862-63) तथा सर जान लारेंस (1863-69) भारत के वाइसराय बने। सन् 1861 ई. के भारतीय कौंसिल अधिनियम के अन्तर्गत गवर्नर जनरल की कार्यकारिणी का नया संगठन हुआ तथा विधायी व्यवस्था को चुस्त किया गया।

शिक्षा, कानून और व्यवस्था

सन् 1854 ई. के वुड डिस्पैच के अनुरूप भारत के प्रत्येक प्रान्त में शिक्षा-विभाग संगठित हुआ एवं शिक्षा-संचालक की नियुक्ति हुई। पहली बार भारतीय दंड विधान (Indian Penal Code) बना। दीवानी के कानून लागू हुए तथा मुसलमानी फौजदारी

कानून को हटा दिया गया। प्रत्येक प्रांत में उच्च न्यायालय की स्थापना हुई। सन् 1866 ई. में इलाहाबाद में उच्च न्यायालय स्थापित हुआ। प्रेसिडेंसियों के उच्चतम न्यायालय तथा कम्पनी की सदर अदालतें भंग कर दी गयीं। शांति-व्यवस्था हेतु प्रत्येक प्रान्त में पुलिस विभाग के इंस्पेक्टर जनरल की नियुक्ति हुई। पुलिस का कार्य प्रशासन के साथ सहयोग कर शांति स्थापित करना हो गया। यत्र-तत्र प्रेस की स्थापना हुई। उत्साह सम्पन्न विद्वानों ने पत्र-पत्रिकाओं का प्रकाशन किया जिनसे तत्कालीन परिस्थितियों पर प्रकाश पड़ता है।

हिन्दी का प्रथम पत्र कौन ? 'उदन्त मार्तण्ड' या 'दिग्दर्शन'

बुद्धिजीवियों में आज भी विवाद बना रहता है कि हिन्दी का प्रथम पत्र 'दिग्दर्शन' को स्वीकार किया जाय अथवा 'उदन्त मार्तण्ड' को ? 'दिग्दर्शन' को प्रथम मानने वाले हिन्दी पत्रकारिता के इतिहास को आठ वर्ष पूर्व (1818 ई.) से स्वीकार करते हैं। 'दिग्दर्शन' श्रीरामपुर मिशन के संरक्षण में नेटिव स्कूलों के विकास के लिए बनी संस्था का पत्र था। संस्था का नाम 'दि इंस्टिट्यूशन फार दि इनकरेजमेंट आफ नेटिव स्कूल्स' था। संस्था की ओर से 'दिग्दर्शन' (बंगला) की छपाई शुरू हुई। कुछ दिनों पश्चात् जब इसके हिन्दी संस्करण की माँग उठी तो कैप्टन गोवन द्वारा अधिकृत दो विद्वानों के सहयोग से 'दिग्दर्शन' हिन्दी मासिक पत्रिका का संस्करण निकलने लगा। 1818 ई. में प्रकाशित 'दिग्दर्शन' की डेढ़ सौ प्रतियाँ छपीं जिन्हें दिल्ली और राजपूताना के विद्यालय अधिकारियों को सुलभ कराया गया। वस्तुतः यह पत्र सामान्य पाठकों के लिए नहीं था। इसकी रूपरेखा विद्यालयीय पत्रिका के समान थी। समाचार नाम मात्र के छपते थे। पत्रिका के प्रथम तीन अंकों की विषय सूची द्रष्टव्य है :

प्रथमांक–

1. अमेरिका की खोज का विवरण।
2. हिन्दुस्तान की भौगोलिक सीमाएँ।
3. हिन्दुस्तान में रुई, मील इत्यादि का व्यापार।
4. मि. सैंडलर की डाल्विन से होलीहेड की हवाई यात्रा।
5. राजा कृष्णचन्द्र राय का अदालती मामला।

द्वितीयांक–

1. आशा अंतरीप से होकर भारत आनेवाले मार्ग की खोज।
2. बंगाल में प्राप्त पेड़-पौधे जो ब्रिटेन में नहीं पाये जाते।
3. हर रायल हाईनेस राजकुमारी कारलोट की मृत्यु।
4. वाष्प-नौकाओं का आख्यान।
5. कोमिल्ला जिले के नेटिव स्कूलों के निमित्त चन्दा देनेवाले।

6. 'ईश्वर एक है' की स्थापना देनेवाले सुप्रसिद्ध पं. मोहन वाचस्पति का देहावसान।

तृतीयांक–

1. जल-प्लावन एवं पाश्चात्य विश्व से लेकर ईसा के जन्म तक का इतिहास।

2. हाथी की स्वभाव-कथा।

3. गौड़ के प्राचीन नगर का वर्णन।

'दिग्दर्शन' के हिन्दी संस्करण के सम्बंध में 'दि इन्स्टिटच्यूट फार दि इनकरेजमेंट आफ नेटिव स्कूल्स' की दूसरी रपट अवलोकनीय है :

(3) इसव की चुनी हुई कहानियाँ, जो बंगला में मुद्रित हैं, हिन्दी में भी अनूदित एवं देवनागरी लिपि में मुद्रित कर ली गई हैं। आशा है, बंगला के नवयुवकों की तरह ही हिन्दुस्तान के नवयुवक इन्हें पसन्द करेंगे।

(4) इसी विचार से 'दिग्दर्शन' अथवा तथ्यों एवं सत्यों का संकलन जो बंगला स्कूलों के लिए तैयार किया गया था हिन्दी में रूपान्तरित करके देवनागरी लिपि में मुद्रित कर लिया गया है।

(5) और प्रणाली की भूमिका को भी हिन्दी में अनूदित करके हिन्दुस्तान के नवयुवकों के निमित्त देवनागरी में छापा गया है।

(6) 'दिग्दर्शन' मासिक के आरम्भिक तीन अंक भी इस भाषा में प्रकाशित हैं। उनका मुद्रण देवनागरी लिपि में हुआ है। इसके अन्य अंक भी आगे सम्भाव्य हैं। ये सभी हिन्दुस्तान के उन सभी भागों में भेज दिए गए हैं जहाँ स्कूल स्थापित हो चुके हैं। वे (कमिटि के सदस्य) इस दिशा में कैप्टन गोवन के विशेष ऋणी हैं कि उन्होंने अपने क्षेत्र में इस दिशा में कई स्कूलों की स्थापना करके विशेष कार्य किया है तथा इस कार्य (हिन्दी पुस्तकों एवं दिग्दर्शन मासिक) को पूर्ण करने के लिए दिल्ली से दो पंडितों को भेजा है। उन दोनों पंडितों एवं मिशन के भारतीय पंडितों के योग-सहयोग से समिति ने हिन्दी के इन कार्यों को पूरा किया है। अब ये सज्जन दिल्ली लौट गए हैं। आशा है वहाँ के स्कूलों के लिए इनका योग सराहनीय होगा।"[3]

उपर्युक्त तथ्यों के आधार पर सहज ही निष्कर्ष निकलता है कि 'दिग्दर्शन' विद्यालयीय छात्रों के हित हेतु टेक्स्ट बुक मासिक सीरीज़ के रूप में निकलता था। यह शिक्षा-जगत् के विस्तार हेतु समर्पित था। शिक्षार्थियों और शिक्षकों के लिए ज्ञान-विज्ञान, मनोरंजन की सामग्री प्रस्तुत करनेवाली इस पत्रिका के अंक अप्राप्त हैं। डॉ. महादेव शाहा तथा पण्डित बनारसी दास चतुर्वेदी ने 'दिग्दर्शन' पत्रिका के प्रकाशन की सूचना द्वारा हिन्दी की प्रथम पत्रिका सम्बन्धी बहुमूल्य जानकारी दी। वस्तुतः बंगला भाषा के साथ हिन्दी में छपनेवाली यह पत्रिका हिन्दी पत्रकारिता की दिशा में क़दम रखने का प्रयास प्रदर्शित करती है। पत्रकारिता के

मानदण्डों के अनुरूप आम जनता की रुचि के संवर्द्धन हेतु 'दिग्दर्शन' नहीं निकला था और न तो समग्र हिन्दुस्तानियों के हित हेतु ही था। पत्र तो उसे ही कहा जाता है जो वर्ग-विशेष का ध्यान न रखकर उन सभी को सुलभ कराया जाय जो मूल्य देने के लिए तत्पर हों। 'दिग्दर्शन' तो विद्यालय अधिकारियों तक ही प्रसारित होता था। इन सभी तथ्यों के विपरीत 'उदन्त मार्तण्ड' सरकार से अनुमति प्राप्त करने के बाद सभी के लिए प्रकाशित हुआ जो सबको मूल्य देने पर सुलभ था। क्षेत्रीय, राष्ट्रीय समाचार टिप्पणी के साथ उसमें छपते थे। सभी दृष्टियों से 'उदन्त मार्तण्ड' को ही हिन्दी का प्रथम पत्र मानना समीचीन है।

इस प्रथम साप्ताहिक पत्र के प्रकाशन के पूर्व 9 फरवरी 1826 ई. को तत्कालीन सरकार के मुख्य सचिव श्री सी. लगसिंगटन् के पास अनुरोध किया गया :

महाशय,

हिन्दी भाषा और देवनागरी लिपि में एक साप्ताहिक समाचारपत्र 'उदंत मार्तण्ड' के प्रकाशन का आकांक्षी होकर मैं आपकी अनुमति से मजिस्ट्रेट के सम्मुख अपने और मुन्नु ठाकुर द्वारा परिपुष्ट अपेक्षित 'शपथ-पत्र' प्रेषित करता हूँ एवं उसके लिए सरकारी स्वीकृति का अनुरोध करता हूँ।

हस्ताक्षर युगुलकिशोर

इस आवेदन पत्र का उत्तर 16 फरवरी 1826 को मिला :

...सपरिषद गवर्नर-जनरल शपथ-पत्र में उल्लिखित भवन तथा स्थान 37, अगरतल्ला लेन, कलकत्ता से, अन्य किसी स्थान से नहीं, मुन्नु ठाकुर को एक समाचार पत्र 'उदन्त मार्तण्ड' के मुद्रित एवं प्रकाशित करने का अधिकार प्रदान करते हैं। किसी भी दशा में उस मुन्नु ठाकुर के अतिरिक्त और कोई व्यक्ति या व्यक्ति-समूह प्रकाशक नहीं हो सकता और न युगुलकिशोर सुकुल के अतिरिक्त कोई अन्य व्यक्ति या व्यक्ति-समूह संचालक ही हो सकता है।

आदेशानुसार

सपरिषद महा-महिम गवर्नर-जनरल

16 February 1826.[4]

'समाचार-दर्पण' के 17 जून 1826 के अंक में छपा है :

"नागरी का समाचार पत्र। हाल में इस कलकत्ता नगर से 'उदन्त मार्तण्ड' नामक एक नागरी का नूतन समाचार पत्र प्रकाशित हुआ है, इससे हमारे अहल्लाद की सीमा नहीं है।[5]

इन बातों से सुस्पष्ट है कि 'उदन्त मार्तण्ड' को ही हिन्दी के प्रथम पत्र होने का गौरव प्राप्त है।

'उदन्त मार्तण्ड' : समाचार-जगत् का सूर्य

हिन्दी पत्रकारिता के मनु श्री युगुलकिशोर सुकुल ने 30 मई सन् 1826 ई. को 'उदन्त मार्तण्ड' साप्ताहिक का प्रकाशन कलकत्ते के कोलू टोला (आमडातल्ला गली) से किया जिसका लक्ष्य हिन्दी और हिन्दवासियों का हित साधन था। 'इस कागज के प्रकाशक का इश्तिहार' में प्रकाशित विज्ञप्ति से सम्पादक की हिन्दी-निष्ठा सुस्पष्ट होती है :

"यह उदन्त मार्तण्ड अब पहले पहल हिन्दुस्तानियों के हित के हेत जो आज तक किसी ने नहीं चलाया पर अंग्रेजी ओ पारसी ओ बंगले में जो समाचार का कागज छपता है उसका सुख उन बोलियों के जान्ने ओ पढ़नेवालों को ही होता है और सब लोग पराये सुख सुखी होते हैं जैसे पराये धन धनी होना ओ अपनी रहते पराई आँख देखना वैसे ही जिस गुण में जिस की पैठ न हो उसको उसके रस का मिलना कठिन ही है और हिन्दुस्तानियों में बहुतेरे ऐसे हैं कि पराई चाल देख कर अपनी यहाँ तक भुले हैं कि परायों में जो बुद्धिमन्त हैं वे अपनी तो बनाई है पर पराई पर भले बुरे का बराव करने का बाना बान्धते हैं ऐसी को धन कहा चाहिये जो इसमें वे बड़े कायर हैं जो इतने पर भी भाग टटोलते हैं बाँह जो आँखों से सहज में देख सकेंगे उसको धोखे भी न देखकर आँखों को व्यर्थ माथे चढ़ावते हैं ऐसी ऐसी बातों के विचार से नाना देश के सत्य समाचार हिन्दुस्तानी लोग देखकर आप पढ़ ओ समझ लेंय ओ पराई अपेक्षा ओ अपने भाषे के उपज न छोड़ें इसलिये···"

ऊँचे आदर्श और सदिच्छा से प्रेरित हो सम्पादक ने पत्र प्रकाशित किया जिसका प्रमाण निम्नलिखित पंक्तियों से प्राप्त होता है :

'दिनकर कर प्रगटत दिनहिं यह प्रकाश अठयाम।
ऐसो रवि अब उग्यो महि जेहि-जेहि सुख को धाम।
उत कमलनि विकसित करत बढ़त चाव चित वाम
लेत नाम या पत्र को होत हर्ष अरु काम।।

प्रति मंगलवार को छपनेवाले फुलस्केप साइज के पत्र के शीर्षक के नीचे मुद्रित संस्कृत की पंक्तियाँ द्रष्टव्य हैं :

दिवाकान्त कान्ति विनाध्वान्तमन्तं
न चाप्नोति तद्वज्जगत्यज्ञ लोकः।
समाचार सेवामृतेज्ञत्वमाप्तं
न शक्नोति तस्मात्करोमीति यत्नं।।

लगभग डेढ़ वर्ष तक चलनेवाले इस साप्ताहिक ने 4 दिसम्बर 1827 ई. को अपना दम तोड़ दिया जैसा कि स्पष्ट है कि–

"आज दिवस लौं उग चुक्यौ मार्तण्ड उदन्त।
अस्ताचल को जात है दिनकर दिन अब अन्त।।"

हिन्दी के इस पत्र को माँगने पर भी सरकार से कोई सहायता न मिली जबकि हरिहरदत्त द्वारा प्रकाशित फारसी के पत्र 'जामे जहांनुमा' को सरकार मदद देती थी, इसकी प्रतियाँ स्वतः खरीदती थी।

'उदन्त मार्तण्ड' में देश-विदेश, गाँव शहर, हाट-बाजार सम्बन्धी अनेक समाचार एवं सूचनाएँ प्रकाशित होती थीं। पत्र में गद्य की कई शैलियों का प्रयोग किया गया। सूचनात्मक शैली, वर्णनात्मक शैली और हास्य-व्यंग्य शैली और पत्र-शैली को महत्त्व दिया गया है। पत्र के तीसरे अंक में प्रकाशित पत्र की कुछ पंक्तियाँ द्रष्टव्य हैं :

"उदन्तमार्तण्डोदयकार पाश्चात्य ज्ञानोपदेशकेषु

हम सभों को ऐसी रीत से उपदेश करने हारा विद्या के विषय सेवाय तुम्हारे कौन भया इससे तुमको लाख-लाख बेर धन्य कहा चाहिए जो हमारे ऐसे विद्यांधो के अन्तर पर खुलने परक हम सभों में किसि का दूसरा ओ किसि का तीसरा वा चौथा पण है ओ जन्म भर कोई सराफी कोई बजाजी कोई केराने का धंधा करते हैं ओ ऐसे ऐसे काम-काजियों के वास्ते तुमने जो अपने मार्तण्ड अर्धवती छापते हो पर अर्धवती सब नहीं उतरती ओ खबर में भी कसर होती है इसलिए अब हम लोगों की विनती यह है कि अर्धवती सब बाने को मिले औ महसूस ओ कच्ची पक्की तौल का ठिकाना··· तुमने इतना कमर बाँधी है तो इतनी और भी हम लोगों की सुनके इस चिट्ठी को अपने मार्तण्ड के ज्योति से प्रकाश करो···।"

पत्र का उत्तर निम्नलिखित है :

"उदन्त मार्तण्ड प्रकाशकस्य उत्तर

व्यापारियों की चिट्ठी पाई समाचार जाना भाई जी हमारी भी बड़ी इच्छा थी के इस कागज पढ़ने वालों को अर्धवती के अधिकार से समाचार कम मिलते हैं···पर अब आप लोगों की चिट्ठी पाय करके मन को बड़ा संतोष भया। अब भाईजी अर्धवती जुदी छापने में खरच बड़ा पड़ेगा पर आप लोगों का उपकार जिसमें होय ओ वह बात हमसे हो सके तो करना ही पड़ेगा इसलिए और थोरे बहुत लोग सही करें तो सहज में हो सकता है।

अर्धवती शुक्रवार···भोर को आप लोगों को मिला करेगी इसका खर्च अब जो हमारे खबर का कागज लेते हैं उनको एक रुपया महीना लगेगा और जो केवल अर्धवती लेवगे उन्हें दो रुपये का हर माहा लगेगा।"

पत्रकारिता के अनुरूप अनाचार, अनैतिकता और अर्थ-लिप्सा पर प्रहार करने का उत्तम उदाहरण 'उदन्त मार्तण्ड' ने दिया। हास्य व्यंग्य की अनूठी शैली में वकीलों द्वारा निरीह मुवक्किलों के शोषण का नमूना माननीय है :

"ठट्ठे की बात

एक यशी वकील वकालत का काम करते बुड्ढा होकर अपने दामाद को वह काम सौंप के आप सुचित हुआ। दामाद कई दिन वह काम करके एक दिन आया ओ प्रसन्न होकर बोला हे महाराज ! आपने जो फलाने का पुराना ओ संगीन मोकद्दमा हमें सौंपा था सो आज फैसला हुआ यह सुनकर वकील पछता के बोला कि तुमने सत्यानाश किया उस मोकद्दमे से हमारे बाप बड़े थे तिस पीछे हमारे बाप मरती समय हमैं हाथ उठा के दे गए ओ हमने भी उसको बना रक्खा ओ अब तक भली भाँति अपना दिन काटा ओ वही मोकद्दमा तुमको सौंप करके समझा था कि तुम भी अपने बेटे पोते परोतों तक पलोगे पर तुम थोड़े से दिनों में उसको खो बैठे।"[6]

'उदन्त मार्तण्ड' की भाषा विचित्र है। कहीं भी एकरूपता नहीं है। सरकारी विज्ञप्तियों, पब्लिक इस्तहारों, जहाज की समय-सारिणी, कलकत्ते के बाजारभाव सम्बन्धी विवरणों में मिले-जुले शब्दों का जमघट है। अवधी, ब्रजभाषा, अंग्रेजी, उर्दू के साथ बंगला से प्रभावित हिन्दी का रूप देखते ही बनता है। मुहावरों के प्रयोग से भाषा गतिशील हो गयी है। गद्य की प्रारम्भिक स्थितिवाले पत्र की क्रिया-पदावली भी ऊटपट है। ग्राहकों की कमी के कारण पत्र आर्थिक संकटों से घिर गया जैसाकि सम्पादकीय लेख से स्पष्ट है–

"शूद्र चाकरी आदि नीच काम करते हैं, उन्हें पढ़ाई-लिखाई आदि से मतलब नहीं। कायस्थ फारसी-उर्दू पढ़ा करते हैं और वैश्य अक्षर-समूह सीखकर बही-खाता करते हैं, खत्री बजाजी आदि करते हैं पढ़ते-लिखते नहीं। ब्राह्मणों ने तो कलियुगी ब्राह्मण बनकर पठन-पाठन को तिलांजलि दे रखी है फिर हिन्दी का समाचार पत्र कौन पढ़े और खरीदे ?" वस्तुतः 'उदन्त मार्तण्ड' के अक्षय आलोक में हिन्दी पत्रकारों की पीढ़ी तैयार हुई जिसने जन-जन को प्रबुद्ध बनाया।

बंगदूत

अंग्रेजी, बंगला, फारसी और हिन्दी में एक साथ प्रकाशित होनेवाले पत्र के हिन्दी अंश के ऊपर मुद्रित छन्द निम्नलिखित था :

"दूतनि की यह रीति बहुत थोरे में भाषैं।
लोगनि को बहुलाभ होय याही ते लाखैं।
बंगाला को दूत दूत यहि वायु को जानौ।।
होय विदित सब देश क्लेश को लेश न मानौ।।"

राष्ट्रीय चेतना के अनिवार्य तत्त्व श्रुति-स्मृति की महत्ता को 'बंगदूत' ने बतलाया :

"जो सब ब्राह्मण सांगवेद अध्ययन नहीं करते सो सब व्रात्य हैं यह प्रमाण करने की इच्छा करके ब्राह्मण धर्म परायण श्रीसुब्रह्मण्य शास्त्री ने जो (प्रश्न ?) सांगवेदाध्ययनहीन अनेक इस देश के ब्राह्मणों के समीप उठाया (पठाया ?) है, उसमें देखा जो उन्होंने लिखा है–वेदाध्ययनहीन मनुष्यों के स्वर्ग और मोक्ष होने शक्ता नहीं।"

सन् 1820-21 में फारसी में 'मीरात-उल-अखबार' निकालनेवाले भारतीयता के उन्नायक राजा राममोहन राय ने 'बंगदूत' द्वारा जनता को जगाने का प्रयास किया। 10 मई सन् 1829 ई. में 'द बेंगाल हेराल्ड' के साप्ताहिक संस्करण 'बंगदूत' के प्रकाशन द्वारा राजा राममोहन राय ने अपने चिन्तन को हिन्दी के माध्यम से व्यक्त किया। 7 बाँसतल्ला लेन से प्रकाशित पत्र का लक्ष्य था :

"...बंगदूत नाम का कागज एशिया संज्ञा पृथ्वी के इस प्रसिद्ध खण्ड में जो कुछ बीते औ होय लिपि की रीति से लिखैं इसलिये इस सम्बंध के प्रयोजन के उपयोगी समाचार जो कोई भेजेंगे वह बड़ा उपकार मान करके लिया जायेगा।"

बंगला से प्रभावित इस पत्र के विषय में डॉ. कृष्ण बिहारी मिश्र की उक्ति निम्नलिखित है :

"यह पत्र मूलतः बंगला का था और आवश्यकता महसूस होने पर फारसी और हिन्दी में छपता था। चूँकि फारसी कचहरी की भाषा थी और शिक्षित तथा अभिजात वर्ग की भी इसमें रुचि थी, इसलिए उस युग में इस भाषा का महत्त्व असंदिग्ध था। कदाचित् यही कारण है कि बंगला के साथ फारसी को इस पत्र में सदैव स्थान मिलता था। उस समय भी हिन्दी को जानने-समझनेवालों की बड़ी संख्या कलकत्ते में थी, इसीलिए इस पत्र में हिन्दी को भी स्थान देना आवश्यक प्रतीत हुआ था, किन्तु बंगला और फारसीवाली दृष्टि हिन्दी के प्रति नहीं थी और इसीलिए कभी-कभी ही हिन्दी को इस पत्र में स्थान देने की आवश्यकता महसूस की जाती थी जबकि फारसी बंगला के साथ-साथ बराबर रहती थी।"[7]

प्रजामित्र

श्री ब्रजेन्द्रनाथ वन्द्योपाध्याय ने जून 1834 ई. में प्रकाशित 'प्रजामित्र' का उल्लेख किया है जिसके सम्बंध में बंगला पत्र 'समाचार दर्पण' के 21 जून 1834 का अंक द्रष्टव्य है :

"नवीन समाचारपत्र अन्यान्य संवादों के द्वारा ज्ञात हुआ है कि 'प्रजामित्र' नामधारी संवादपत्र अंग्रेजी और हिन्दुस्तानी में अतिशीघ्र प्रकाशित होगा। उसका मूल्य 2 रुपये मासिक तथा 20 रुपये वार्षिक है, एवं वह सप्ताह में एक बार प्रकाशित होगा।"

पत्र की कोई प्रति उपलब्ध नहीं है। यह निश्चित नहीं है कि पत्र प्रकाशित

हुआ अथवा नहीं। सन् 1844 ई. में ग्वालियर शासन द्वारा 'ग्वालियर अखबार' (साप्ताहिक) का प्रकाशन हुआ।

वाराणसी से प्रकाशित प्रथम पत्र 'बनारस-अखबार'

राजा शिवप्रसाद 'सितारेहिन्द' के प्रकाशकत्व और गोविन्द रघुनाथ थत्ते के सम्पादकत्व में सन् 1845 ई. को 'बनारस अखबार' निकला जिसकी उद्घोषणा थी :

> सुबनारस अखबार यह शिवप्रसाद आधार
> बुधि विवेक जन निपुनि को चित हित बारम्बार।
> गिरजापति नगरी जहाँ गंग अमल जलधार
> नेत शुभाशुभ मुकुट को लखौं विचार-विचार।।

हिन्दी-उर्दू मिश्रित भाषा का एक उदाहरण द्रष्टव्य है :

"यहाँ जो पाठशाला कई साल से जनाब कप्तान किट साहब बहादुर के इहतिमाम और धर्मात्माओं के मदद से बनता है उसका हाल कई दफा जाहिर हो चुका है। अब वो मकान एक आलीशान बन्ने का निशान तय्यार हर चेहार तरफ से हो गया बल्कि इसके नक्शे का बयान पहिले मुंदर्ज है सो परमेश्वर की दया से साहब बहादुर ने बड़ी तन्देही मुस्तैदी से बहुत बेहतर और माकूल बनवाया है। देखकर लोग उस पाठशाला के किले के मकानों की खूबियाँ अक्सर बयान करते हैं और उसके बनने से खर्च का तजबीज करते हैं कि जमा से जियादा लगा होगा और हर तरह से लायक तारीफ के है सो यह सब दानाई साहब मसदूह की है खर्च से दूना लगावट में वह मालूम होता है।"

वर्तमान सम्पूर्णानन्द संस्कृत विश्वविद्यालय के प्राचीनतम भवन-निर्माण से सम्बद्ध समाचार की भाषा पर मुंशी सीतल सिंह ने लिखा :

> बनारस में इक जो बनारस गजट है
> इबारत सब उसकी अजब ऊटपट है
> मुहर्रिर बेचारा तो है बा–सलीका
> वले क्या करे तहरीर भट है।

बनारस अखबार प्रेस वाराणसी से देवनागरी लिपि में निकलनेवाले पत्र की भाषा न तो शुद्ध उर्दू ही थी न हिन्दी। जन-सामान्य हेतु इसकी भाषा दुरूह थी। संस्कृत पुस्तकों के अनुवाद, स्थानीय समाचारवाले इस पत्र को हिन्दुओं से 21 रुपए तथा योरापीय ग्राहकों से 23 रुपए प्रति माह की आमदनी होती थी।[8]

'शिमला अखबार'

शिमला से 1848 ई. में शेख अब्दुल्ला ने 'शिमला अखबार' (साप्ताहिक) का प्रकाशन

प्रारम्भ किया। नागरी लिपि में यह पत्र लिथोग्राफ हुआ करता था। पत्र का लक्ष्य पहाड़ी राजाओं और पहाड़ी जनता को अपनी ओर आकर्षित करना था। सुना जाता है कि 'शिमला अखबार' का सम्पादन सुरुचिपूर्ण होता था। इसकी कुल पचास प्रतियाँ छपती थीं जिनमें 22 प्रतियाँ हिन्दू तथा 8 अंग्रेज खरीदते थे और बाकी 20 प्रतियाँ निःशुल्क बाँटी जाती थीं। पत्र-प्रकाशन से 30 रुपए की आय होती थी और 40 रुपए खर्च होते थे। इस घाटे के कारण पत्र 1849 ई. में बंद हो गया।

1850 ई. में 'शिमला अखबार' फिर से द्वैमासिक के रूप में प्रकाशित हुआ। जो कुछ अंकों के पश्चात् बन्द हो गया।

'मालवा अखबार'

'मालवा अखबार' 1 जनवरी 1848 ई. में इन्दौर से पं. प्रेमनारायण के सम्पादकत्व में प्रकाशित हुआ। यह द्विभाषी साप्ताहिक अखबार था जिसमें हिन्दी और उर्दू में समाचार छपते थे। इन्दौर दरबार की गतिविधियों तक यह पत्र सीमित था। 11" x 8" के आकारवाले पत्र का वार्षिक मूल्य 12 रुपए था। पत्र के बायीं तरफ देवनागरी और दाहिनी तरफ उर्दू में समाचार छपते थे। 'मालवा अखबार' की छपाई लीथो पर होती थी। यह लीथो मध्यभारत का प्रथम मुद्रणालय माना जाता है। अखबार में प्रकाशित समाचार का एक अंश प्रस्तुत है :

"थोड़े दिन हुए कि देपालपुर के करीब बीमा जो कि इन्दौर से जाता था, माल करीब 40 हजार रुपए का लूट गया था, दो रोज हुए कि तमाम माल लूटने वालों समेत इंदौर में पकड़ा गया, हाल मुफसल दूसरे परचे में लिखा जायेगा।"

ता. 25 जनवरी 1853 ई.

मध्य प्रदेश में हिन्दी पत्रकारिता को प्रारम्भ करने का श्रेय 'मालवा अखबार' को ही है। यह पत्र 1873 ई. तक निकला बाद में 'मालवा अखबार' मराठी में निकलने लगा। प्रारम्भ में पत्र के सम्पादक प्रेमनारायण और वासुदेव गुरु थे।

'मार्तण्ड' और 'जगद्दीपक भास्कर'

सन् 1846 और 1849 में 'मार्तण्ड' 'ज्ञानदीपक' और 'जगद्दीपक भास्कर' नामक पत्रों के प्रकाशन की चर्चा पं. अम्बिकाप्रसाद वाजपेयी ने की है। 'मार्तण्ड' के सम्पादक एम. नसीरुद्दीन थे। दोनों पत्र बहुभाषी थे। वाजपेयी जी के शब्दों में—

"11जून 1846 को कलकत्ते के इण्डियनसन प्रेस से 'मार्तण्ड' नामक साप्ताहिक पत्र पाँच भाषाओं में प्रकाशित हुआ था। इण्डियनसन प्रेस पुराना मद्रसा 101 नं. बैठकखाना स्ट्रीट में था। यह पाँच भाषाओं में 10 पृष्ठों पर निकलता था। प्रत्येक पृष्ठ पर 5 कालम (स्तम्भ) होते थे। बीच में अँग्रेजी, बायीं ओर हिन्दी

और फारसी तथा दाहिनी ओर बंगला और उर्दू रहती थी अर्थात् चार लिपियों में यह पत्र प्रकाशित होता था क्योंकि उर्दू और फारसी की लिपि एक ही है।

इसी प्रकार 1849 में कलकत्ते से बंगला-हिन्दी में एक पत्र 'जगद्दीपक भास्कर' नाम से प्रकाशित हुआ था। बहुधा किसी बंगाली सज्जन ने ही इसे प्रकाशित किया था, परन्तु इस विषय में विशेष कुछ भी नहीं मालूम है।"[9]

'साम्यदन्त मार्तण्ड'

हिन्दी पत्रकारिता के मनु पं. युगुलकिशोर सुकुल ने सन् 1850 ई. में 'साम्यदन्त मार्तण्ड' (साप्ताहिक) का प्रकाशन किया जो कुछ ही अंकों तक सीमित रहा।

'सुधाकर' (साप्ताहिक)

1850 ई. में बाबू तारा मोहन मैत्रेय (मित्र) ने कई सज्जनों के सहयोग से 'सुधाकर' नामक साप्ताहिक पत्र प्रकाशित किया। पत्र-प्रकाशन के साथ विश्ववंद्य ज्योतिर्विद श्री सुधाकर जी द्विवेदी का नामकरण जुड़ा हुआ है। जिस समय डाक द्वारा 'सुधाकर' का प्रथमांक उनके चाचा के हाथ में पड़ा ठीक उसी समय घर के अन्दर से दाई ने सूचना दी कि उनको भतीजा हुआ है। उन्होंने तत्काल नवजात् शिशु का नाम 'सुधाकर' रख दिया। पत्र 'सुधाकर' बंगला एवं हिन्दी दोनों में छपता था। सन् 1853 ई. से यह पत्र केवल हिन्दी में ही छपने लगा। कुछ विद्वानों ने इस पत्र को ही हिन्दी प्रदेश का प्रथम पत्र घोषित किया है।

'सुधाकर' के मुद्रक पण्डित रत्नेश्वर तिवारी थे। इसकी प्रसार संख्या 74 थी। ग्राहकों में 5 हिन्दू, 22 योरोपियन तथा 2 मुसलमान थे जिनसे 74 रुपए मासिक आय होती थी। पत्र के मुद्रण में 50 रुपए हर माह व्यय हो जाते थे। हिन्दी में ज्ञान और मनोरंजन की बातें 'सुधाकर' में पाई जाती थीं। 'सुधाकर' वास्तव में हिन्दी पत्रकारिता के शुद्ध भाषायी स्वरूप को प्रारम्भ करनेवाला पत्र था।

सन् 1850 में आर्य्यमित्र साप्ताहिक का प्रकाशन आगरा से हुआ जिसके सम्पादक ब्रह्मचारी धर्मेन्द्रनाथ और हरिशंकर शर्मा 'कविरत्न' थे।

'मजहरुल सरूर'

इस पत्र को राजस्थान का प्रथम पत्र होने का गौरव प्राप्त है। सन् 1852 ई. में भरतपुर राज्य की ओर से इस द्विभाषी मासिक का प्रकाशन हुआ। यह दो कालम का पत्र था तथा हिन्दी उर्दू दोनों ही भाषाएँ एक-एक कालम में समादृत थीं।

बुद्धि प्रकाश (साप्ताहिक)

सन् 1852 ई. में आगरा से मुंशी सदासुखलाल मुहतमिम के प्रबंध और सम्पादन

में 'बुद्धि प्रकाश' साप्ताहिक निकला जो कई वर्षों तक चलता रहा। 12" x 7" के आकार के पत्र की भाषा शुद्ध हिन्दी थी जिसका उदाहरण द्रष्टव्य है :

स्त्रियों की शिक्षा के विषय

"स्त्रियों में संतोष और नम्रता और प्रीत यह सब गुण कर्ता ने उत्पन्न किए हैं, केवल विद्या की न्यूनता है, जो यह भी हो तो स्त्रियाँ अपने सारे ऋण से चुक सकती हैं और लड़कों को सिखाना पढ़ाना जैसा उनसे बन सकता है वैसा दूसरों से नहीं। यह काम उन्हीं का है कि शिक्षा के कारण बाल्यावस्था में लड़कों को भूलचूक से बचावें और सरल सरल विद्या उन्हें सिखावें।"

भाषा और शैली के विकास में 'बुद्धि प्रकाश' का विशेष महत्त्व है। प्रेस सम्बन्धी सरकारी रिपोर्ट द्वारा ज्ञात होता है कि पत्र के प्रसार में व्यापकता नहीं थी जिसके पीछे तीन कारण थे। प्रथमतः पत्र को आठ प्रतियोगियों की स्पर्धा का सामना करना पड़ता था। दूसरे, साधारण पाठकों की रुचि के समाचार पत्र में अवश्य रहते थे किंतु पत्रों का मुख्य उद्देश्य विद्यालयों में महत्त्वपूर्ण सूचनाएँ पहुँचाना था। सरकार पत्र की जो दो सौ प्रतियाँ खरीदती थी, उनका वितरण मुख्यतः तहसीलों तथा जिला के विद्यालयों में किया जाता था। तीसरे, डाक दर की वृद्धि से हिन्दी पत्रों के प्रसार पर काफी प्रतिकूल असर पड़ता था और प्रदेश के विभिन्न स्थानों की अपेक्षा उनका प्रचार-प्रसार स्थानीय क्षेत्र में ही सीमित रहता था। सन् 1852 में इंदौर से 'दिल्ली अखबार' निकला जिसमें इंदौर नगर के समाचार ही मुख्यतः छपते थे।

बुद्धि प्रकाश (लखनऊ)

नवाब वाजिदअली शाह के कार्य-काल में लखनऊ से 'बुद्धि प्रकाश' नामक पत्र निकला। 17 अगस्त सन् 1853 ई. के अंक में प्रकाशित लेख की निम्नलिखित पंक्तियों से तत्कालीन पत्रकारिता सम्बन्धी बातें स्पष्ट होती हैं :

"पहले महीने के पिछले दिनों में अवध के बादशाह ने बड़ी जिवनार की, नगर के निवासियों को केवल इसलिए बुलाया था कि श्रीयुत् बादशाह सलामत कहते हैं कि आज देखें लोग जोगिये भेष में कैसे दृष्टि आते हैं। सो आज्ञा हुई कि जितने सेवक इस दरबार के हैं सब गेरुए रंग के कपड़े पहनकर आएँ उनके अनुसार लोग वही भेष बनाकर इकट्ठे हुए और यह जमाव परस्तान बाग में हुआ तीन दिवस तक खान-पान नाच-रंग होता रहा और प्रत्येक दिन एक लक्ष से अधिक मनुष्य इकट्ठे होते रहे। क्यों न हों, राजा के योग्य यही बातें हैं आशय यह है कि जब यह धूम-धाम हो चुकी साहिब रेजीडेंस बहादुर को साथ ले बादशाह दरबार में सिधारे तब निश्चय होता है कि इस मूर्खता के विषय में कुछ कहते गए होंगे।"

उपर्युक्त पंक्तियों में विराम चिह्नों का प्रयोग नहीं मिलता। नवाबी की झलक के साथ सम्पादक की निर्भीकता द्रष्टव्य है। उस समय बादशाह के काम को मूर्खतापूर्ण बतलाने की हिम्मत पत्रकारों में ही थी।

समाचार सुधावर्षण : प्रथम दैनिक समाचार पत्र

श्यामसुन्दर सेन के सम्पादकत्व में 'समाचार सुधावर्षण' हिन्दी दैनिक का प्रकाशन 1854 ई. में हुआ जिसमें जातीय स्वाभिमान को जगाने का भरपूर प्रयास परिलक्षित होता है। आश्विन बदी 2 सं. 1912 ई. के अंक की सम्पादकीय टिप्पणी प्रमाणस्वरूप प्रस्तुत है :

"दिल्ली

दिल्ली शहर में एक हलालखोरिन ने हलाली की रोटी छोड़के हरामी के रोटी पर उतारू होकर कसवी का पेशा उठाय लिया और वह थी रूपवती इसलिए एक गोरे चमड़ेवाला साहेब उस हलालखोरिन पर आशक होकर उसको अपने घर में डाल लिया बदनामियों का टोकरा सिर पर उठाके दिल लगाना जो है सो झक मारना और गू का खाना है।"

1868 ई. तक प्रकाशित इस प्रथम हिन्दी दैनिक ने पीड़ितों के स्वर को मुखरित करने का सत्कार्य पूरा किया। यह पत्र द्विभाषी था। प्रथम दो पृष्ठ हिन्दी में और बाद के दो बंगला भाषा में छपते थे। इस प्रथम दैनिक ने **पत्रों के आलोचकों** को परामर्श दिया :

"... काहे से कि अज्ञानी पाषण्डी अहंकारी लोग अपने में कहते हैं कि समाचार पत्रिकावाले अपने मन से झूठी-झूठी बातें कल्पना करके बैठे-बैठे मनुष्यों का मन भुलाने के लिए लिखते हैं ऐसा समझकर आलसी के समान चुपचाप जो लोग बैठे रहते हैं औ समाचार पत्रों के समाचार पर विश्वास नहीं रखते हैं अनन्तर वे लोग मन की काकुलात मन ही में रखकर अछताय पछताय के नाना प्रकार के कष्ट सब भोग करते हैं अगर सावधानता के साथ समाचार पत्र पर विश्वास करके अच्छे उपाय की आलोचना करेंगे तो कभी भी क्लेश नहीं होगा।"[10]

बंगला से प्रभावित होने पर भी पत्र की भाषा परिमार्जित थी जिसमें उर्दू, ब्रज भाषा का समन्वय था।

सन् 1855 ई. में आगरे से 'सर्वहितकारक' का प्रकाशन शिवनारायण जी ने किया। पत्र में हिन्दी उर्दू दोनों भाषाएँ रहती थीं। नाम से तो यही अनुमान लगता है कि पत्र में हिन्दी की ही प्रधानता होगी। इसी वर्ष आगरा से ही 'प्रजा हितैषी' पत्र का प्रकाशन हुआ। राजा लक्ष्मण सिंह ही पत्र के सर्वस्व थे। तासी के अनुसार 'प्रजा हितैषी' के जन्मदाता राजा लक्ष्मण सिंह थे जिन्होंने 1855 ई. में पत्र निकाला

और सन् 1857 के युद्ध के कारण बन्द हो गया। पुनः यह पत्र 1861 ई. में निकला।

सन् 1861 में 'ग्वालियर गजट' (साप्ताहिक) का प्रकाशन ग्वालियर से हुआ जिसके सम्पादक मुंशी लछमनदास भटनागर थे। हिन्दी उर्दू दोनों भाषाओं में छपने वाले पत्र का प्रबंध ग्वालियर सरकार के हाथ में था।

राजस्थान में पत्रकारिता का उन्मेष लोक-शिक्षण के निमित्त हुआ। 1 अक्टूबर 1856 को 'रोजतुल तालीम' अथवा 'राजपूताना अखबार' का प्रकाशन प्रारम्भ हुआ जिसके हर पृष्ठ के एक तरफ 'उर्दू जुबान' और दूसरी तरफ 'नागरी ब्रजभाषा' में सामग्री छपती थी। सम्पादक श्री कन्हैयालाल ने प्रवेशांक में पत्र प्रकाशन के संदर्भ में लिखा :

"...ऐसे अवसर को पाय मेरे चित्त में भी हुलास उत्पन्न हुआ, ज्यों एक अखबार जिसमें राजपूताने देश के उत्तम नगरों का वृत्तान्त लिखा जावे, पाठशाला के छापे खाने से छपकरि जारी हुआ करे, क्योंकि इन देशों की खबरें अन्य अखबारों में नहीं छपती हैं। इस हेतु इस अखबार का नाम राजपूताना अखबार स्थापन किया है। तो यह अखबार प्रथम तारीख, अक्टूबर महीने से जारी होगा।"

पत्र का परिचय मुखपृष्ठ पर छपे दोहे से मिलता है :

"राजपूत वर देश की खबरें पाराकार।
पान करऊ बुध विवुध मति भयो अमिय अखबार।"

'रोजतुल तालीम' की सामग्री वैविध्यपूर्ण थी। राजस्थान की पत्रकारिता के उन्नयन में पत्र का महत्त्वपूर्ण अवदान है।

'पयामे आजादी' और क्रान्ति का सिंहनाद

स्वतंत्रता आंदोलन के मूर्धन्य नेता अजीमुल्ला खाँ ने 1857 ई. में 'पयामे आजादी' का प्रकाशन किया। "यह एक ऐसा शोला था जिसने अपनी प्रखर एवं तेजस्वी वाणी से जनता में स्वतंत्रता का प्रदीप्त स्वर फूँका। अल्प समय तक निकलनेवाले उस पत्र ने तत्कालीन वातावरण में ऐसी जलन पैदा कर दी जिससे ब्रिटिश सरकार घबड़ा उठी तथा उसने पत्र को बंद कराने के लिए कोई कोर कसर नहीं छोड़ी। जिस व्यक्ति के पास भी इस पत्र की कोई प्रति मिल जाती तो उसे अनेक यातनाएँ दी जातीं। इसकी सारी प्रतियों को जब्त करने का विशेष अभियान तत्कालीन सरकार ने चलाया, फिर भी इस पत्र ने जन-जागृति के क्षेत्र में सराहनीय योगदान दिया।"[11]

आंदोलन की विफलता के कारण यद्यपि यह पत्र बन्द हो गया, परन्तु पत्र में प्रकाशित निम्नलिखित पंक्तियों द्वारा जन-मानस उद्वेलित हो उठा :

हम हैं इसके मालिक, हिन्दुस्तान हमारा।
पाक वतन है कौम का, जन्नत से भी प्यारा।

ये है हमारी मिल्कियत, हिन्दुस्तान हमारा।
इसकी सहामियत से, रौशन है जग सारा।
कितना कदीम, कितना नईम, सब दुनिया से न्यारा।
करती हैं जरखेज जिसे, गंगो जमन की धारा।
ऊपर बर्फीली पर्वत, पहरेदार हमारा।
नीचे साहिल पर बजता, सागर का नक्कारा;
इसकी खानें उगल रहीं, सोना, हीरा, पारा,
इसकी शानो शौकत का दुनिया में जयनारा।
आया फिरंगी दूर से ऐसा मंतर मारा
लूटा दोनों हाथों से प्यारा वतन हमारा।
आज शहीदों ने तुमको अहले वतन ललकारा
तोड़ो गुलामी की जंजीरें बरसाओ अंगारा।
हिन्दू, मुसलमां सिख हमारा भाई-भाई प्यारा,
ये है आजादी का झंडा, इसे सलाम हमारा।

'पयामे आजादी' हिन्दी का पहला पत्र था जिसने क्रान्ति का विगुल बजाया। इसकी भाषा आग उगलती थी, इसके विचारों में तूफान था। यही कारण था कि यदि इसकी प्रति हिन्दुओं के पास मिलती तो बिना अदालत में लाए उसे जबर्दस्ती गोमांस खिलाया जाता, उसे सीधे गोली से उड़ा दिया जाता था। मुसलमान के पास बरामद होने पर उसे सुअर का गोश्त खिलाया जाता, गोली से भून दिया जाता था। अंग्रेज पत्र की एक चिंदी भी नहीं देखना चाहते थे। ऐसे ही पत्र के सम्पादकीय लेख की कुछ पंक्तियाँ प्रस्तुत हैं :

"... भाइयो ! दिल्ली में फिरंगियों के साथ आजादी की जंग हो रही है। खुदा की दुआ से हमने उन्हें पहली शिकस्त दी है। उससे वे इतना घबड़ा गए हैं जितना की पहले ऐसी दस शिकस्तों से भी न घबराते। बेशुमार हिन्दुस्तानी बहादुरी के साथ दिल्ली में आकर जमा हो रहे हैं ऐसे मौके पर आपका आना लाजिमी है आप अगर वहाँ खाना खा रहे हों तो हाथ यहाँ आकर धोइए। हमारा बादशाह आपका इश्तकबाल करेगा। हमारे कान इस तरह आपकी ओर लगे हैं जिस तरह रोजेदारों के कान मुआज्जिन के अजान की तरफ लगे रहते हैं। हमारी आँखें आपके दीदार की प्यासी हैं।"

हिन्दुस्तानी रईसों, रजवाड़ों को एकजुट हो जाने की अपील पत्र ने की। भारतवासियों में उत्साह और उत्सर्ग का तराना लहरानेवाला यह पत्र अविस्मरणीय है।

सन् सत्तावन का गलाघोंटू कानून

प्रथम स्वतंत्रता संग्राम के समय प्रेस पर टिप्पणी करते हुए लांग लिखते हैं :

"उस (विद्रोह) काल में भारतीय समाचारपत्रों के बारे में बहुत कुछ लिखा और कहा गया और उनके बारे में बिना सोच-विचार के अनेक टीका-टिप्पणियाँ की गयीं। कुछ लोगों ने कहा कि ये समाचार पत्र इतने भ्रष्ट हैं कि इन्हें समाप्त कर देना चाहिए··· कुछ अरसे से कुछ अधिकारी इस गुत्थी को हल करने की बात कहने लगे हैं और उनका विचार है कि या तो भारतीय समाचारपत्रों का दमन किया जाय या उन पर कड़ा सेंसर बिठा दिया जाए। हमारा विश्वास है कि इस रिपोर्ट को देखने से पता चलेगा कि योग्य प्रशासन और उपयुक्त शिक्षा प्रसार के हित में इस तरह का कदम कितना आत्मघाती होगा।"[12]

सन् 1857 ई. के विद्रोह के समय पत्र जनता की भावनाओं को प्रतिबिम्बित कर रहे थे। उनका चरित्र राष्ट्रीय स्वरूप ग्रहण कर चुका था। प्रेस पर नियंत्रण स्थापित करने के लिए 13 जून 1857 ई. को बिना पूर्व अनुमति के प्रिंटिंग प्रेस की स्थापना पर कड़ा नियंत्रण लगा दिया गया। लाइसेंस रद्द कर देने की बात भी उसमें सम्मिलित थी। लार्ड कैनिंग के ये नियम गैगिंग एक्ट (गलाघोंटू कानून) के रूप में जाने गए। इस कानून के संदर्भ में लार्ड कैनिंग ने कहा :

"··· तथ्यों को तोड़-मरोड़कर पेश करने के अलावा सरकार को लगातार बदनाम किया जा रहा है, अपने उद्देश्य के बारे में झूठमूठ ऊँचे-ऊँचे दावे पेश किए जा रहे हैं और सरकार तथा उसके प्रजाजनों के बीच असंतोष और नफरत के बीज बोए जा रहे हैं··· जो टिप्पणी इस समय मैं भारतीय समाचार पत्रों के बारे में कर रहा हूँ, वह यूरोपियन समाचारपत्रों पर लागू नहीं होती।"[13]

इस काले कानून के चलते देवेन्द्रनाथ टैगोर के पत्र 'बंगाल हरकारा' का प्रकाशन कुछ समय के लिए स्थगित हो गया। 'फ्रेन्ड आफ इंडिया' को चेतावनी मिली। पत्रकारों का मनोबल टूट गया और पत्र-प्रकाशन की गति मंद पड़ गयी।

धर्म प्रकाश, ज्ञान प्रकाश तथा ज्ञान प्रदायिनी पत्रिका

सन् 1859 ई. में मनसुख राम के सम्पादकत्व में 'धर्म प्रकाश' (मासिक) अहमदाबाद से प्रकाशित हुआ। पत्र के प्रकाशन का भार सनातन धर्म सभा पर था जिसका लक्ष्य धर्म का प्रचार-प्रसार था। सन् 1861 ई. में 'ज्ञान प्रकाश' आगरा से निकला। इसी वर्ष गणेशीलाल के सम्पादन में 'सूरज प्रकाश' निकला। आगरा से निकलने वाले इस पत्र का आधा भाग उर्दू में था।

सन् 1863 ई. में सिकन्दरा से 'लोकमत' का प्रकाशन किया गया। इस मासिक पत्र में बाइबिल का अनुवाद भी मुद्रित होता था। पत्र के सम्पादक हिन्दू थे जो

ईसाई बन चुके थे। सिकन्दरा से ही सन् 1866 ई. में 'ज्ञान दीपक पत्रिका' प्रकाशित हुई।

ब्रह्म समाज के सिद्धान्तों को प्रचारित करने के लिए बरेली से 'तत्त्वबोधिनी पत्रिका' (1865) तथा लाहौर से 'ज्ञानप्रदायिनी पत्रिका' (1866) का प्रकाशन हुआ। इसी वर्ष राजस्थान के जोधपुर से 'मारवाड़ गजट' प्रकाशित हुआ जो हिन्दी उर्दू दोनों भाषाओं में छपता था।

जगहितकारक

अजमेर से हर शनिवार को प्रकाशित होनेवाला 'जगहितकारक' लीथो पर ही छपा करता था। दास प्रथा पर सम्पादक की टिप्पणी लोकधर्मी पत्रकारिता का प्रतीक है :

"यहाँ एक ठाकुर पर गुलाम मोल लेने के दोष में पाँच सै रुपए का जुर्माना हुआ। ठाकुर साहब के कामदार के लिए भी कि जो इस सौदे में शामिल था उचित दण्ड विचारा गया। कदाचित् हिन्दुस्थानी सरदार इसको कठिन दण्ड समझें परन्तु अंग्रेजी कानून के अनुसार दंड यह कुछ भी कठिन नहीं है अर्थात् अंग्रेज गुलामी की रीति बन्द करने के लिए अपने प्राण भी देते हैं। इसका कारण यह है कि अंग्रेज साहिब जानते हैं कि मनुष्य मनुष्य का दास नहीं है वरन् केवल ईश्वर का ही दास है परन्तु ईश्वर ने भी मनुष्य को स्वतंत्र पैदा किया है तो इस दशा में मनुष्य, मनुष्य को अपना दास कैसे बना सकता है।"

'जगतहितकारक' का प्रकाशन-काल लगभग 1861 ई. है। उपर्युक्त समाचार और उस पर प्रकाशित टिप्पणी द्वारा अप्रत्यक्ष रूप में स्वतंत्रता के प्रति पत्र का अनुराग स्पष्ट होता है।

सन् 1861 ई. में आगरे से शिवनारायण के सम्पादन में 'सर्वोपकारक' निकला। जोधपुर सरकार द्वारा 'जोधपुर गवर्नमेण्ट गजट' 1864 में निकला तथा बम्बई से साप्ताहिक 'सत्यदीपक' 1866 में प्रकाशित हुआ।

द्वितीय चरण (1867-1884 ई.)

उषा का अर्थ भोर, तड़का, या भोर का उजाला होता है। रात्रि का अंधकार एक थैला है जिसमें से स्वर्णिम उषा की किरणें फूटकर निकल पड़ती हैं। उषा के पहले प्रकाश और अंधकार में परस्पर द्वन्द्व होता है अन्ततः प्रकाश विजयी होता है। अंग्रेज गवर्नर जनरल तथा वाइसराय प्रभुओं के तमसाच्छन्न शासन से ऊबकर भारतीयजन आलोक के लिए व्यग्र थे। नवजागरण के अग्रदूत भारतेन्दु बाबू हरिश्चन्द्र ने अपनी मित्र-मंडली के साथ पत्रकारिता जगत् को प्रदीप्त किया।

भारतेन्दु मंडल के सर्वश्री बालकृष्ण भट्ट, प्रतापनारायण मिश्र, प्रेमघन, अम्बिकादत्त व्यास आदि वरिष्ठ पत्रकारों के कारण हिन्दी पत्र-जगत् ने उषा काल का दर्शन किया। विदेशी शासन ने सर्वत्र अंधकार फैलाने का कुचक्र रचा। देश की दुर्दशा का मार्मिक चित्रण 'भारत दुर्दशा' नामक नाटक में प्राप्त होता है :

रोवहु सब मिलि के आवहु भारत भाई।
हा, हा, भारत दुर्दशा न देखी जाई।।
X X X
अंग्रेज राज सुख साज सजे सब भारी।
पै धन विदेश चालि जात इहै अति ख्वारी।।

राष्ट्रीय नवचेतना से परिपूर्ण रचनाओं ने जागरण का स्वर बुलंद किया फलस्वरूप जन सामान्य उज्ज्वल भविष्य के प्रति आशान्वित हुआ। सन् 1867 ई. में हरिद्वार में कुम्भ पर्व के अवसर पर पाखंड खंडिनी पताका फहराकर स्वामी दयानन्द सरस्वती ने हिन्दू धर्म के अंधविश्वासों को समाप्त करने का अभियान चलाया। इसी वर्ष युग प्रवर्त्तक पत्रकार भारतेन्दु जी द्वारा 'कविवचन सुधा' (मासिक) का प्रकाशन हुआ जिसने 'अपधर्म छूटै, सत्त्व निज भारत गहै' द्वारा भारत में आलोक-विकिरण किया। आधुनिक हिन्दी के जन्मदाता भारतेन्दु हरिश्चन्द्र ने सर्वात्मना हिन्दी पत्रकारिता को विकसित किया। अंग्रेजी, फारसी, बंगला पत्रों से स्पर्द्धा लेकर हिन्दी पत्रकारिता को संघर्ष, त्याग, बलिदान और निर्भीकता के पथ पर अग्रसरित करने का एकमात्र श्रेय भारतेन्दु बाबू को है। वे सिद्ध वाणी के अत्यंत सरस कवि एवं दूरदर्शी पत्रकार थे। स्वदेशाभिमान, स्वजाति-प्रेम, समाज-सुधार सम्बन्धी उद्दीप्त भावनाओं के प्रवाह के लिए उन्होंने हिन्दी को चुना तथा इसे राष्ट्रभाषा के पद पर प्रतिष्ठापित होने योग्य बनाया।

सर जान लारेंस (1863-1869), लार्ड मेयो (1869-1872) तथा लार्ड नार्थ ब्रुक (1872-1876) जैसे उदार, सुधारवादी वाइसरायों ने तटस्थता की नीति अपनायी तथा भारतीयों के कार्यों में हस्तक्षेप नहीं किया। लार्ड लिटन (1876-80) उग्रवादी शासक था जिसके शासनकाल में भारत में भयंकर अकाल पड़ा। दो वर्षों तक अकाल के भीषण प्रकोप ने मद्रास, बम्बई, हैदराबाद तथा मैसूर के लगभग 50 लाख व्यक्तियों को अपना शिकार बनाया। मुक्त व्यापार को प्रोत्साहन देने के साथ लार्ड लिटन ने कृषि का विकास किया। इसके साथ ही वर्नाक्युलर प्रेस ऐक्ट लागू हुआ जिसकी सर्वत्र भर्त्सना हुई। लार्ड रिपन (1880-1884) शांतिपूर्ण विचारोंवाला शासक था। वह भारतीयों का प्रबल हितैषी था तथा इस मत का समर्थक था कि भारतवासियों को राजनीतिक क्षेत्र में भाग लेने का अवसर मिलना चाहिए। समाचार पत्रों की स्वतंत्रता को बहाल करने के साथ उसने जनगणना कराई। इसी के सद् प्रयास से भारतीय राष्ट्रीय कांग्रेस की कल्पना हुई जो लार्ड

डफरिन (1884-1888) के कार्य काल में फलीभूत हुई।

वर्नाक्युलर प्रेस एक्ट

1878 ई. का भारतीय भाषा छापाखाना अधिनियम मुँह बंद करनेवाला अधिनियम था जिससे लार्ड लिटन ने भारतीय समाचारपत्रों की बढ़ती हुई हिंसा-भावना को दबाना चाहा। इस अधिनियम के द्वारा मजिस्ट्रेट को अधिकार दिया गया कि वह प्रान्तीय सरकार की पूर्व स्वीकृति के आधार पर मुद्रक और प्रकाशक को जमानत जमा करने की आज्ञा दे तथा प्रतिज्ञा-पत्र प्राप्त कर ले कि वह ऐसी बातों का प्रकाशन नहीं करेगा जिससे सरकार के प्रति घृणा उत्पन्न हो या समाज में वैमनस्य फैले। अवांछनीय सामग्री को जब्त करने का भी अधिकार दिया गया जिसकी भारतीयों ने तीव्र भर्त्सना की। सबसे कष्ट की बात तो यह थी कि इस अधिनियम से अंग्रेजी समाचारपत्रों को मुक्त रखा गया। सर अर्सकिन पेरी के शब्दों में "कोई भी साम्राज्यवादी विधान-निर्माता प्रेस पर नियंत्रण के लिए इससे अधिक विषैला शस्त्र नहीं बना सकता। वास्तव में यह अधिनियम भारत के प्रेस के भविष्य के लिए घातक है।"

इस गला घोंट कानून ने प्रबुद्ध नागरिकों को उत्तेजित कर दिया। कलकत्ता के टाउनहाल में एक बड़ी सभा हुई जिसमें लगभग 5,000 व्यक्ति उपस्थित हुए। यह सभा ब्रिटिश इंडियन एसोसिएशन के तत्त्वावधान में आयोजित हुई। पूना सार्वजनिक सभा ने इस प्रेस एक्ट के विरुद्ध प्रस्ताव पारित किया।[14] ईस्ट इंडिया एसोसिएशन की बम्बई शाखा और वर्नाक्युलर प्रेस एक्ट कमेटी ने कानून को समाप्त करने हेतु आंदोलन चलाया। लार्ड रिपन ने इस कानून को विलुप्त किया फलतः भारतीय प्रेस ने राहत की साँस ली।

सामाजिक और आर्थिक परिस्थिति

सन् 1867 से लेकर 1884 तक भारतवर्ष में सर्वत्र सामाजिक अव्यवस्था, परस्पर विद्वेष तथा अशांति का वातावरण व्याप्त था। सन् 1873 और 1877 में भीषण अकाल पड़े। लगभग दो लाख वर्गमील भूमि वीरान हो गई। उड़ीसा, मद्रास, मैसूर, बम्बई में हाहाकार मच उठा। असंख्य किसानों के साथ उनकी खेती के सभी साधन गाय-बैल भी अकाल के शिकार हुए। जमींदारों और पूँजीपतियों की बन आई। किसान कर और कर्ज के असह्य बोझ से त्रस्त थे। वे अपनी जमीनें बेचकर मजदूरी करने के लिए विवश थे। व्यवस्थित और शक्तिशाली अंग्रेजी साम्राज्य से जन-मानस कुंठित हो चला था।

विषम परिस्थितियों और आर्थिक संकट के दिन दूने रात चौगुने बढ़ने से समाज में अशांति छा गई। ग्राम-ग्राम में नये जमींदारों के प्रति किसानों का असंतोष

बढ़ता गया। नगरों में नये-नये पूँजीपति उभरने लगे जिन्होंने अपने उद्योग-धंधों की उन्नति के लिए शासकों की जी-हुजूरी करना प्रारम्भ किया। ग्रामोद्योग तो चौपट हो ही चुके थे, भारी टैक्सों के कारण किसानों का जीवन दूभर हो चला। किसानों ने जगह-जगह विद्रोह किया जिसे बेरहमी से कुचल दिया गया। पूरा भारत तो तबाही के कगार पर था परन्तु उत्तरी भारत में असंतोष की तीव्र आग सुलगने लगी।

इस प्रकार अंग्रेजों की अनीति, भारतीय हितों के प्रति उनका उपेक्षा-भाव, भारतीय प्रेस को पंगु बनाने के गर्हित प्रयासों के कारण भारतवासियों और अंग्रेजों के बीच वैमनस्य की गहरी खाई उत्पन्न हुई।

धार्मिक आंदोलन और राष्ट्रीय चेतना

ब्रह्म समाज, आर्य समाज, रामकृष्ण मिशन और थियोसोफिकल सोसाइटी ने भारत के धार्मिक पुनर्जागरण में महत्त्वपूर्ण भूमिका निभायी। राजा राममोहन राय द्वारा संस्थापित ब्रह्म समाज ने वेदान्त के मौलिक सिद्धान्तों के अनुरूप बिना भेद-भाव के ईश-आराधना पर बल दिया। बम्बई में सन् 1867 में प्रार्थना समाज स्थापित हुआ जिसने समाज-सुधार पर व्यापक रूप से ध्यान दिया।

'यतेमहि स्वराज्ये', 'फिर से वेदों की ओर' 'भारत भारतीयों के लिए', 'कृण्वन्तो विश्वमार्यम्' इन प्रेरक नारों के साथ स्वामी दयानन्द द्वारा संस्थापित आर्य समाज ने स्वदेश प्रेम, स्वदेशी, हिन्दी, वैदिक सभ्यता एवं संस्कृति के पुनरुत्थान हेतु विशेष कार्य किया। आर्य समाज ने एक ओर प्रचलित कुप्रथाओं, रूढ़ियों, मूर्ति पूजा का विरोध किया तो दूसरी ओर पाश्चात्य सभ्यता के प्रभाव से भारतीयों को दूर रखा।

स्वामी विवेकानन्द द्वारा अपने गुरु रामकृष्ण परमहंस की स्मृति में स्थापित रामकृष्ण मिशन तीसरा महत्त्वपूर्ण आंदोलन था जिसने राष्ट्रीय चेतना को उद्बुद्ध किया। उन्होंने युवा पीढ़ी में भारत के अतीत के लिए गर्व की भावना, भारत के भविष्य में विश्वास और स्वाभिमान की भावना को भरा। स्वामी रामतीर्थ ने सांस्कृतिक पुनर्जागरण की दिशा में उल्लेखनीय कार्य किया। उनके निम्नलिखित वाक्य भारतीय नवयुवकों के लिए सतत् ध्यातव्य हैं :

"मैं सशरीर भारत हूँ। सारा भारत मेरा शरीर है। कुमारी अन्तरीप मेरा पैर और हिमालय मेरा सिर है।··· पूर्व और पश्चिम मेरी दोनों बाँहें हैं जिनको फैला कर मैं अपने स्वदेश बन्धुओं को गले लगाता हूँ। मैं मूर्तिमान भारत हूँ।··· उनके लिए तो सच्ची ईश्वर-भक्ति देश सेवा थी और सच्चे भगवान् दरिद्र नारायण थे। एक बार अपने भाषण में उन्होंने कहा था, भारत में प्रायः प्रत्येक नगर, नदी, पहाड़ी, पत्थर या पशु की कल्पित मूर्ति बनाकर उसकी प्रतिष्ठा की जाती है। क्या अभी

वह समय नहीं आया कि समस्त मातृ-भूमि देवी रूप समझी जाये··· इसे पूजो, देश के इन भूखे दरिद्र नारायणों और परिश्रम करनेवाले इन काले विष्णुओं को पूजो।''

थियोसोफिकल सोसाइटी की स्थापना न्यूयार्क में सन् 1875 में रूसी महिला ब्लेवेत्सकी और अमरीकी कर्नल अल्काट ने की थी। स्वामी दयानन्द के निमंत्रण पर वे दोनों भारत आए। एक भाषण में अल्काट ने कहा था कि राष्ट्र को पतन के गर्त से उबारने में उसके नेता ही सफल होते हैं। मद्रास में इसका प्रधान कार्यालय खुला। दक्षिण भारत में थियोसोफिकल सोसाइटी ने ईसाइयत के प्रभाव को उसी तरह अवरुद्ध किया जैसे उत्तर भारत में आर्य समाज ने।

आगरा में श्री शिवदयाल जी द्वारा संस्थापित राधास्वामी सत्संग ने जाति की जटिलता का बहिष्कार किया और शिक्षा के प्रसार द्वारा जागरण का अभियान छेड़ा। मुस्लिम समाज में सुधार लाने के लिए बहाबी आन्दोलन, अलीगढ़ आन्दोलन तथा अहमदिया आंदोलन चलाए गए।

इस प्रकार सुस्पष्ट है कि धार्मिक आंदोलनों ने राष्ट्रीय चेतना के विकास में महत्त्वपूर्ण कार्य किया। ब्रह्म समाज ने सुषुप्त भारत को जगाया तथा आर्य समाज ने भारतीय संस्कृति के अनुरूप स्वराज्य-प्राप्ति के लिए मंत्र फूँका। रामकृष्ण मिशन और थियोसोफिकल सोसाइटी ने एकता, राष्ट्रप्रेम, देशाभिमान के भावों को जगाकर राष्ट्रीय निष्ठा को सुपुष्ट किया। इसीलिए सर वेलेन्टाइन शिरोल ने हिन्दू धर्म के पुनर्जागरण में राष्ट्रीयता की उत्पत्ति को देखा। राष्ट्रीय एवं मानवीय मूल्यों से सन्दर्भित हिन्दी पत्रकारिता ने देशवासियों की नस-नस में स्वतंत्रता, समानता और विश्व बंधुत्व की भावना का संचार किया। उद्‌बोधन काल के विविध पत्रों ने गौरवशाली सांस्कृतिक परम्परा और राजनीतिक चेतना का उन्नयन किया जिसकी पुष्टि हेतु विशिष्ट पत्रों के कुछ अंश प्रस्तुत हैं।

कविवचनसुधा

श्रीयुत् बाबू हरिश्चन्द्र जी की आज्ञा के अनुसार 15 अगस्त 1867 भादों शुद्ध 15 सं. 1924 को 'कविवचनसुधा' का प्रथम अंक प्रकाशित हुआ। लाइट छापेखाने से श्री गोपीनाथ पाठक ने इसे मुद्रित किया। पत्र के अंतिम आवरण पृष्ठ पर छपे विज्ञापन से पत्रिका सम्बन्धी विविध सूचनाएँ प्राप्त होती हैं जो द्रष्टव्य है :

इश्तहार : विदित हो कि जिन सुरसिकों को और गुणग्राहकों को कविवचनसुधा अर्थात् जो की हर महीने में एक बार प्राचीन कवियों के रचित काव्य 16 पृष्ठ छापे जायंगे उसको खरीदना मंजूर हो कृपा करके खत बनाम बाबू हरिश्चन्द्र महल्ला चौखम्भा बनारस में भेजें या बनाम गोपीनाथ पाठक मोहतिम लाइट प्रेस महल्ला दसाश्वमेध में भेजें दाम पहिले पृष्ठ में लिखा है और पहिले

पहिल जिस महात्मा के यहाँ यह भेजा जाय यदि उनको लेना हो इत्तिला दें नहीं उसी समय फेर दें और न फेरेंगे तो यह समझा जायगा कि उन्हें लेना मंजूर है फिर बराबर भेजा जायगा और जो लेगा इस्की मदद करेंगे उनके नाम भी प्रकाश किए जायेंगे।। इति।।

'कविवचनसुधा' के मुखपृष्ठ पर मूल्य अंकित है–

दाम पेशगी साल

महसूल सहित साल ··· दो रुपए चार आना

बिना महसूल ··· एक रुपया आठ आना

दाम बाद साल

महसूल सहित ··· दो रुपए बारह आना

बिना महसूल ··· दो रुपये

पत्र का उद्देश्य : 'कविवचनसुधा' का उद्देश्य निम्नलिखित था :

खल गन सों सज्जन दुखी मति होंहि, हरिपद मति रहै।
अपधर्म छूटै, सत्व निज भारत गहै, कर दुःख बहै।
बुध तजहिं मत्सर, नारि नर सम होहिं, जग आनन्द लहै।
तजि ग्राम कविता, सुकविजन की अमृतवानी सब कहै।।

भारतेन्दु एक क्रान्तिदर्शी पत्रकार थे। उन्होंने 1857 की विफल क्रान्ति के 10 वर्षों पश्चात् खल-गन से दुखी सज्जनों को ढाढस बँधाया कि सभी अपने सत्व को पहचानें, कर के बोझ से मुक्ति पाने के लिए संघर्ष करें, स्त्री-पुरुष में समानता लावें, तथा उनके द्वारा सुकवियों की अमृतवाणी का ही अध्ययन मनन हो। पत्र के प्रथमांक में देव कवि का 'अष्टयाम', दीनदयाल गिरि का 'अनुराग राग', चन्द का 'रासो', जायसी का 'पद्मावत', कबीर की 'साखी', बिहारी के 'दोहे', गिरिधरदास का 'नहुष' नाटक तथा 'गुलिश्तां' का हिन्दी अनुवाद प्रकाशित हुआ था।

भारतेन्दु बाबू ने पत्रकारों को सच्ची बातों का प्रकाशक और जन-सामान्य का अधिवक्ता बतलाया। सर्वप्रथम उन्होंने ही अंग्रेजी शिक्षा प्रणाली और कानून को दोषपूर्ण बतलाया :

"जो कानून और शिक्षा प्रणाली हिन्दुस्तान में प्रचलित है वह हमारी समझ में यथार्थ न्याय के विरुद्ध है, क्योंकि जो मुकद्दमे कचहरी में जाते हैं, जो उनका दावा सच भी हो तो भी दो चार झूठ बात मिलाए बिना डिग्री नहीं मिलती। अब कहिए न्यायागार में भी झूठ हाय तो हो।"[15]

'कविवचन सुधा' मासिक से पाक्षिक हो गयी और उसमें पद्य के साथ गद्य का भी समावेश हो गया। 1875 ई. में यह पत्रिका साप्ताहिक हुई। पाक्षिक 'कविवचनसुधा' में स्वाधीनतापरक राजनीतिक लेख छपते थे। सर्वश्री राधाचरण गोस्वामी, गदाधर सिंह, काशीनाथ खत्री, श्रीनिवासदास, अम्बिकादत्त व्यास, तोता

राम वर्मा आदि ने इस पत्रिका को गौरवान्वित किया। फ्रांस के प्रसिद्ध विद्वान् गासा द तासी ने पत्र के संदर्भ में लिखा कि 'बाबू हरिश्चन्द्र' जिन्हें हिन्दी साहित्य के उत्थान की पक्की धुन है, 'कविवचनसुधा' में अपना हिन्दी कार्य बराबर प्रकाशित करते रहते हैं।

'कविवचनसुधा' की भाषा साधारण बोलचाल की हिन्दी भाषा थी जिसमें भावप्रवणता के साथ सहज प्रवाह था। निम्नलिखित समाचार से पत्र की भाषा को स्पष्ट समझा जा सकता है :

"गत बुढ़वा मंगल में एक बात ऐसी अपूर्व हुई थी, सर्वदा स्मरण रहै, वह यह कि शुक्र के दिन वायु इस वेग से बहती थी कि उसने सब मेला इधर-उधर कर दिया और रामनगर के नीचे नावों का पहुँचना असम्भव हो गया। वरन श्री महाराज विजयनगर के कच्छे इसी पार रह गए। परन्तु श्री महाराज काशीराज ने जब देखा कि कच्छे आगे नहीं हटते तब अपने हाथियों को बुलवा भेजा। आज्ञा होते ही बड़े-बड़े मतंग नंग धड़ंग झूमते हुए एक संग गंगाजी में हल गए। कोई तो अपने दाँतों से दबाता था और कोई सिर से ठोकर देता था और कोई पुट्ठे का बल लगाता था और कोई अपने दाँतों से कच्छों की कोर पकड़कर खींचता था। निदान यह कौतुक और शोभा देखने के ही योग्य थी, लिखी नहीं जा सकती।"

'समाचारावली' के अन्तर्गत काव्यमय भाषा के स्थान पर सपाटबयानी का आश्रय लिया गया :

लाहोर–में धरणी कम्प हुआ था।

बंगाल–प्रान्त में इस वर्ष भली भाँति परिजन्य नहीं हुआ।

बंगाल–प्रान्त में देश भाषा में 38 समाचार पत्र मुद्रित होते हैं।

स्टेट सेक्रेटरी ने सेप्टेम्बर के अन्त तक हिन्दुस्तान के ऊपर 5403190 रुपयों की हुंडिया की इसमें इस देश को 510036 रुपयों की हानि हुई।[16]

उद्‌बोधन काल के पत्र 'कविवचनसुधा' ने बहुमुखी सुधार के लिए पाठकों को जागरूक किया :

"हे देशवासियो ! इस निद्रा से चौंको ! इनके (अंग्रेजों के) न्याय के भरोसे मत फूले रहो, ये विद्या (अंग्रेजी शिक्षा) कुछ काम न आवेगी। यदि तुम हाथ व्यापार सीखोगे तो तुम्हें कभी दैन्य न होगा, नहीं तो अन्त में यहाँ का सब धन विलायत चला जायेगा और तुम मुँह बाये रह जाओगे।"[17]

व्यंग्यात्मक शैली में अँग्रेजी राज्य के कर भार पर भारतेन्दु बाबू ने लिखा :

"चुंगी और टैक्स की निष्ठुरता को भी आपकी क्रूरता मात करती है। हम ऐसे कंगालों पर तुम इतना जोर जुल्म प्रकट करते हो पर अमीरों और साहेब लोगों के थरम्यन्टीडोट और खस की टट्टियों से तुम्हारा वश नहीं चलता।"[18]

अपने विविध लेखों द्वारा इस पत्र ने भारतवासियों को कर्तव्य-पथ पर आरूढ़

होने के लिए प्रेरित किया।

हरिश्चन्द्र मैगज़ीन

बनारस से 'हरिश्चन्द्र मैगजीन' का प्रकाशन 15 अक्टूबर 1873 को हुआ। जून 1874 में पत्र का नाम 'हरिश्चन्द्र चन्द्रिका' हो गया जिसका सिद्धान्त-वाक्य मननीय है :

विद्वन्कुलामलस्वान्त्वकुमुदामोददायिका।
आर्याज्ञानतमोहन्त्री श्री हरिश्चन्द्रचन्द्रिका।।
कविजन कुमुदगन हिय विकास चकोर रसिकन सुख भरै
प्रेमिन सुधा सों सींचि भारतभूमि आलस तम हरै,
उद्यम सुऔषधि पोषि बिरहिन दाहि खल चोरन दरै
हरिश्चन्द्र की यह चन्द्रिका परकासि जग मंगल करै।।

मासिक पत्रिका की भाषा द्रष्टव्य है :

"गाना, बजाना, बताना और नाचना इसके समुच्चय को संगीत कहते हैं। प्राचीन काल में भरत, हनुमान, कलनाथ और सोमेश्वर यह चार मत संगीत के थे। कोई-कोई शारदा शिव स्वर, राग, ताल, नृत्य, भाव, कोक और हस्त सम्यक् प्रकार से जो गाया जाय, उसे संगीत कहते हैं। धातु और मातु संयुक्त सब गीत होते हैं।"

इस पत्रिका का प्रकाशन जब अनियमित हो गया तो पण्डित मोहनलाल विष्णुलाल पण्ड्या ने इसे अपने हाथ में ले लिया तथा नाम बदल दिया गया। अब 'मोहन चन्द्रिका' के रूप में सन् 1880 में पत्र का प्रकाशन हुआ जिसमें कुछ पृष्ठ अंग्रेजी में भी छपते थे। पत्र के सम्पादक श्री दामोदर शास्त्री थे। सुना जाता है कि सम्पादक श्रीशास्त्री ने अपने संस्कृत पत्र 'विद्यार्थी' को भी इसी चन्द्रिका में मिला दिया। निम्नलिखित पंक्तियों से पत्रिका के कुछ नियमों का ज्ञान प्राप्त होता है :

षट् मुद्रा पहिले दिये बरस बिताये सात।
साथ चन्द्रिका के लिए दस मै दोउ मिलिजांत।
बरन गये बारह लगत दो के दो महसूल।
अलग चन्द्रिका सात, षट् वचनसुधा समतूल।।
दो आना एक पत्र की टका पोस्टेज साथ।
सारध आना आठ दै लहत चन्द्रिका हाथ।।
प्रति पंगति आना जुगुल जो कोड नोटिस देई।
जो विशेष जानन चहै पूछि सबै कुछ लेइ।।

लगभग चार वर्षों तक संयुक्त रूप में पत्रिका निकलती रही। सन् 1884 ई. में पत्र की स्थिति से दुखित हो बाबू राधाकृष्ण दास के अनुरोध पर 'नवोदित

हरिश्चन्द्र चन्द्रिका' का प्रकाशन स्वयं भारतेन्दु जी ने किया। इसके दो अंक ही निकल पाए कि भारतेन्दु जी काल-कवलित हो गए। उनकी प्रसिद्ध पहेली इसी पत्रिका में छपी थी :

"भीतर-भीतर सब रस चूसै।
बाहर से तन-मन-धन मूसै
जाहिर बातिन में अति तेज,
क्यों सखि, साजन ! नहिं अंगरेज।"

हिन्दी को नये रूप में सँवारने का कार्य भारतेन्दु की पत्र-पत्रिकाओं ने किया।

'बाला बोधिनी' द्वारा नारी चेतना का आह्वान

'स्त्री जनों की प्यारी' मासिक पत्रिका 'बाला बोधिनी' भारतेन्दु हरिश्चन्द्र के सम्पादन में 1 जनवरी 1874 ई. में निकली। पत्रिका का सिद्धांत वाक्य था :

जो हरि सोई राधिका, जो शिव सोई शक्ति,
नारी जो सोई पुरुष, यामैं कछु न विभक्ति।
सीता अनसूया सती, अरुन्धती अनुहारि,
शील लज्जा विद्यादि गुण, लहौ सकल जग नारि।
पितु पति सुत कर तल कमल, लालित ललना लोग।
पढ़ै गुनै सीखै सुनै, नासैं सब जग सोग।
वीर प्रसविनी बुध बधू होई हीनता खोय,
नारि नर अरधंग की सोचहि स्वामिनि होय।।

पत्रिका के प्रथमांक के प्रथम पृष्ठ पर प्रकाशित निम्नलिखित पंक्तियों से सम्पादक के नारी-जागरण की भावना और हिन्दी की अभिव्यक्ति-क्षमता का ज्ञान प्राप्त होता है :

"मेरी प्यारी बहनो ! मैं एक तुम्हारी नई बहन 'बाला बोधिनी' आज तुम लोगों से मिलने आयी हूँ और मेरी यही इच्छा है कि तुम लोगों से सब महीनों में एक बेर मिलूँ, देखो मैं तुम लोगों से अवस्था में कितनी छोटी हूँ क्योंकि तुम सब बड़ी हो चुकी हो और मैं अभी जन्मी हूँ और इस नाते से मैं तुम सब की छोटी बहिन हूँ पर मैं तुम लोगों में हिल-मिलकर सहेलियों और संगिनों की भाँति रहना चाहती हूँ, इससे मैं तुम लोगों से हाथ जोड़कर और आंचल खोलकर यही माँगती हूँ कि मैं जो कभी कोई भली-बुरी, कड़ी-नरम, कहनी··· अनकहनी कहूँ उसे मुझे अपनी समझकर क्षमा करना क्योंकि मैं जो कुछ कहूँगी सो तुम्हारे हित की कहूँगी।"

महिलोपयोगी पत्रिका ने नारियों के चतुर्दिक जागरण का प्रयास किया।

'अल्मोड़ा अखबार'

पं. बुद्धिवल्लभ पंत के सम्पादन में अप्रैल 1871 ई. में प्रकाशित 'अल्मोड़ा अखबार' साप्ताहिक पर्वतीय जनता की वाणी को प्रखर बनानेवाला विशिष्ट पत्र था। पत्र का मुख्य विषय कुली प्रथा, बेगार प्रथा, जंगल बंदोबस्त, बाल-शिक्षा, मद्य-निषेध और स्त्री-शिक्षा था। आंचलिक समस्याएँ पत्र में स्थान पाती थीं। पंत जी के पश्चात् मुंशी इम्तियाज अली, पं. लीलानन्द जोशी, पं. सदानन्द सनवाल, बद्रीदत्त पांडेय, पं. विष्णुदत्त जोशी 'अल्मोड़ा अखबार' के सम्पादक हुए। पर्वतीय आंचल की साहित्यिक गतिविधियों को समुन्नत बनाने में पत्र का महत्त्वपूर्ण योगदान था। अपनी सम्पादकीय टिप्पणियों द्वारा जब 'अल्मोड़ा अखबार' ने अंग्रेज शासकों पर कड़े प्रहार करना प्रारंभ किया तो अधिकारियों ने प्रेस को जब्त किया और एक हजार रुपए की जमानत माँगी फलतः पत्र को बन्द करना पड़ा। एंग्लो भारतीय अधिकारी को अधिक वेतन देने से प्रशासन कीमती हो गया जिसके संदर्भ में पत्र ने लिखा :

"... जो यूरोपियन अधिकारी अपने देश में 5,000 से 6,000 रुपये प्रतिवर्ष कमाते थे, वे भारत में 3,000 से 4,000 रुपये प्रतिमास प्राप्त करते हैं। अतः इस प्रकार के बहुमूल्य प्रशासन में भारत की उन्नति सम्भव नहीं।"[19]

'नागरी प्रकाश'

मेरठ के पण्डित गौरीदत्त ने सन् 1874 ई. में 'नागरी प्रकाश' के सम्पादन द्वारा हिन्दी गद्य को साहित्यिक रूप देने का अभियान चलाया। 'देवनागरी गजट' और 'देवनागरी प्रचारक' पत्रों के माध्यम से साहित्यिक पत्रकारिता को पुष्ट बनाने में पं. गौरीदत्त अविस्मरणीय हैं।

'बिहार बन्धु'

बिहारवासियों की दुःस्थिति से व्यग्र हो, जनता की भावनाओं को मुखरित करने के निमित्त कलकत्ता नगरी से 'बिहार-बन्धु' साप्ताहिक प्रकाशित करने की योजना मदनमोहन भट्ट ने बनायी तथा पत्र के संचालन-सम्पादन का भार श्री केशवराम भट्ट पर सौंपा। प्रारम्भ में यह पत्र 79, मनिकतल्ला स्ट्रीट के पूरन प्रकाश प्रेस से छपता था। मुद्रक का नाम श्री गोपालचन्द्र डे था। 6 मार्च 1874 अंक के प्रिंट लाइन के ऊपर 'चिट्ठी भेज़ने का पता' छपता था–

पटना, बांकीपुर चौहट्टा कालिज के पास मुन्शी हसन अली, कलकत्ता घड़ी बाजार नं. 147, तूला पट्टी मदनमोहन भट्ट के पास।

पत्र के सम्बंध में अंग्रेजी में छपी सूचना भी द्रष्टव्य है :

"All remittances, letters regarding subscription advertisements are to be addressed to the Manager Babu Rajendra Nath Mukharji and literary communications to the Editor Munshi Hasan Ali .

Behar Bandhu Office
No. 79, Maniktalla Street
Calcutta.

1 मार्च 1874 के अंक में 'प्रार्थना' शीर्षक सम्पादकीय से सुस्पष्ट है कि 'बिहार-बन्धु' 1873 में आविर्भूत हुआ जिसने पाठकों की सेवा नेकनीयती से की :

"हे सारे जहाँ के मालिक ! छोटे को बड़ा करनेवाले ! कम अकल को अकल देनेवाले ! सब बातों को जाननेवाले ! तुमसे हमारी यही प्रार्थना है कि जिस तरह से हम तेरी कृपा की लाठी को थेगते हुए बराबर एक वर्ष तक चले आये वैसे ही आगे भी चलें। अपने काम को नेकनियती के साथ करें और अपने पढ़नेवालों के काम आवें।"

नवम्बर, सन् 1882 ई. में सम्पादक श्री केशवराम भट्ट के निम्नलिखित शब्दों से भट्ट परिवार की हिन्दी के प्रति अनन्य निष्ठा तथा राष्ट्र-भक्ति की भावना सुस्पष्ट होती है :

"आज हम 'बिहार-बन्धु' के पढ़नेवालों को एक बहुत दुखद समाचार सुनाते हैं अर्थात् अब इसका अन्त काल अत्यंत ही निकट आ पहुँचा। इस साल का अन्त होते-होते इसका प्राणान्त होनेवाला है। बात तो यह बड़े दुख की है पर अब इसमें चारा क्या है ?

हाय ! बाल्यावस्था में ही उसे यह पृथ्वी छोड़नी पड़ी। यह काल की बड़ी मुश्किल गति है। कुछ ऐसे ही संयोग आ गये हैं कि अब हम इस समाचार पत्र को नहीं चला सकते। इस देश में कोई ऐसा दिखायी नहीं देता जो इसके चलाने का भार उठा ले निदान मरने के सिवाय इसके जीते रहने का और कौन भरोसा है ? 'बिहार-बन्धु' आप तो मरता ही है पर अपने सैकड़ों मित्रों को एक शोक की मोटरी भेंट दिए जाता है। 'बिहार-बन्धु' का भी मरते समय केवल शोक ही साथी हुआ। इसकी कोई मनोकामना पूरी न हो पायी। इसने अपने देश की जैसी उन्नति चाही थी वैसी उन्नति बिना देखे इसे मरना पड़ा। यह अपनी बहुतेरी बहनों को मूर्ख ही छोड़कर मरता है। हाय, इसने जो जो बातें ठानी थीं सब बिना पूरा किये भूमण्डल से विदा होता है। किसी ने सच कहा है, 'अपनी चेती होत नहिं हरि चेती तत्काल।' यह कौन जानता था कि 'बिहार-बन्धु' अपना दसवाँ वर्ष पूरा कर चल बसेगा। पर हाँ मरते समय केवल एक बात का इसे आनन्द है और यह आनन्द ऐसा है कि इसके सामने सब दुख तुच्छ है। इसने जन्म लेते समय प्रतिज्ञा की थी कि बिहार की कचहरियों में हिन्दी जारी करायेंगे सो धन्य है वह ईश्वर जिसने इसकी यह प्रतिज्ञा पूरी की।

स्वर्गीय बाबू बालमुकुन्द गुप्त जी ने हिन्दी के पुराने जीवित अख़बारों में 'बिहार-बन्धु' का दूसरा नम्बर रखा था। 'बिहार-बन्धु' की जन्मतिथि का पता नहीं लगता है। सन् 1874 की फाइल देखने से इतना तो अवश्य ही ज्ञात होता है कि 'बिहार-बन्धु' का जन्म सन् 1872-73 में हुआ होगा, क्योंकि उक्त फाइल के अंकों पर दूसरी जिल्द लिखा हुआ है। सन् 1874 से पूर्व की 'बिहार-बन्धु' की फाइल नहीं मिलती है। 'बिहार-बन्धु' का जन्म बांकीपुर में नहीं कलकत्ते में हुआ था। 'बिहार-बन्धु' के जन्मदाता स्वर्गीय मदनमोहन भट्ट जी थे। वह बिहार के रहनेवाले थे। अतएव उन्होंने बिहार प्रान्त की व्यथा को दूर करने तथा बिहारियों को अपने कर्तव्य सुझाने के लिए यह पत्र निकाला था। पण्डित मदनमोहन भट्ट जी के समान बिहार के दक्षिणी ब्राह्मणों में उनके जोड़ का दूसरा व्यक्ति नहीं है। उन्होंने ही प्रथम हिन्दी में महाभारत प्रकाशित किया था।

एक साल तक कलकत्ते से प्रकाशित होने के बाद सन् 1874 में 'बिहार-बन्धु' ने अपना प्रेस खरीद लिया और बांकीपुर, चौहट्टा से ही यह छपकर निकलने लगा। छापाखाने के मैनेजर और 'बिहार-बन्धु' के सम्पादन का भार श्री केशवराम भट्ट के कन्धों पर आ गया। वर्तमान पटना कालेज के पास जो मठिया है, उसी के पास बहुत बड़े अहाते में उसका प्रेस और कार्यालय था। बाद में इस स्थान को पटना कालेज के विस्तार के लिए अर्जित कर लिया गया।

इसकी पहली संख्या में लिखा गया था कि इस दफे हिन्दी जारी करना 'बिहार-बन्धु' के जन्म का मुख्य उद्देश्य है, सो ईश्वर की कृपा से इसका मुख्य उद्देश्य अच्छी तरह पूरा हुआ। निस्संदेह यह एक बड़े हर्ष का विषय है कि 'बिहार-बन्धु' ने जिस बात के वास्ते जन्म ग्रहण किया, उसको पूरे तौर से अंजाम दिया। फिर दो बरस तक उसके जारी रहने का सुख अपनी आँखों देख लिया। अन्त में अब इसने अपने लेफ्टिनेंट गवर्नर रिबर्स टौम्सन के मुँह से इसके प्रचार का करार कराकर इस असार-संसार के छोड़ने का विचार किया।"

—केशवराम भट्ट

'वेद की उन्नति की सीढ़ी आज टूट गयी'

'बिहार-बन्धु' सनातनधर्मावलम्बियों का पत्र था परन्तु आर्य समाज के संस्थापक स्वामी दयानन्द के देहावसान पर छपे प्रथम पृष्ठ का निम्नलिखित समाचार उसकी सदाशयता को उद्घोषित करता है–

"आर्य समाज और वेद की उन्नति की सीढ़ी आज टूट गयी। अजमेर आर्य समाज से तार में खबर आयी है कि स्वामी दयानन्द सरस्वती ने तारीख तीसवीं ओक्टोबर 6 बजे सन्ध्या में परलोक यात्रा की। बहुत अफसोस की जगह है कि स्वामी दयानन्द के मरने से बेशक यहाँ के लिए चन्द तरह से बुरा हुआ। चाहे

स्वामी जी मूर्ति पूजा के विरुद्ध थे या पक्ष में यह दूसरी बात है पर वाजिब कहना है कि आर्य धर्म के प्रचार और वेद पाठ की वृद्धि के लिए दयानन्द जी किस तरह मुस्तैद थे। सच्चे दिल और नेकनीयती के साथ भारतवर्ष की भलाई को चाहनेवाला दयानन्द के समान दूसरा कौन है ? पर मौत के सामने सब बराबर है।"

'बिहार-बन्धु' के सम्पादकों में सर्वश्री मुंशी हसनअली, केशवराम भट्ट, साधोराम भट्ट, नन्दकुमार देव शर्मा, पं. दामोदर शास्त्री सप्रे, गोपालराम गहमरी, शिवनन्दन त्रिपाठी, गोवर्धनलाल गोस्वामी, कमला प्रसाद वर्मा और पाठक प्रमोद शरन शर्मा जैसे महत्त्वपूर्ण नाम हैं। अनेक बाधाओं को सहते हुए यह पत्र सन् 1923 ई. तक प्रकाशित होता रहा यद्यपि बीच-बीच में कई बार इसे बन्द होना पड़ा। देवनागरी लिपि में हिन्दी के प्रचार में इसका अन्यतम स्थान है। सर्वश्री दामोदर शास्त्री सप्रे, महेशनारायण, श्याम बिहारी मिश्र, गिरिजा कुमार घोष, बालमुकुन्द गुप्त, अम्बिकादत्त व्यास, रघुवीर नारायण, पारसनाथ त्रिपाठी, और विश्वेश्वरदत्त मिश्र जैसे अनेक साहित्यकारों को अपनी प्रतिभा दिखलाने हेतु सुअवसर देनेवाला यही 'बिहार-बन्धु' था। बिहार की हिन्दी पत्रकारिता के बीज-वपन के साथ ही इस पत्र ने राष्ट्रीय चेतना का मंत्र मुखरित किया जो अविस्मरणीय है।

हिन्दी प्रदीप

प्रयाग की 'हिन्दी प्रवर्धनी सभा' द्वारा मासिक 'हिन्दी प्रदीप' का प्रकाशन सितम्बर 1877 ई. में हुआ जिसका उद्घाटन भारतेन्दु हरिश्चन्द्र ने किया। इन्होंने ही पत्र का 'सिद्धान्त-वाक्य' लिखा :

शुभ सरस देश सनेह पूरित, प्रकट है आनँद भरै।
बचि दुसह दुर्जन वायु सौं मणिदीप सम थिर नहिं टरै।
सूझे विवेक विचार उन्नति कुमति सब यामें जरै।
'हिन्दी प्रदीप' प्रकाशि मूरखतादि भारत तम हरै।

सम्पादक पं. बालकृष्ण भट्ट ने हिन्दी के संदर्भ में निर्भीकता दिखलायी। पत्र के प्रथमांक के प्रथम पृष्ठ का यह अंश स्मरणीय है :

"...18 जुलाई के छपे हुए हुकम गवर्नमेंट नम्बर 1494 के देखने से जाना गया कि वे ही हिन्दुस्तानी सरकारी नौकरी पावेंगे जो अंग्रेजी के साथ फारसी या उर्दू की परीक्षा में पूरे उतरेंगे। हम सब प्रजा इसका यही मतलब समझते हैं कि अंग्रेजी के साथ जो लोग हिन्दी या संस्कृत पढ़ते हैं उनको सरकारी नौकरी नहीं मिलेगी, जो हम काशी पत्रिका के समान उर्दू हिन्दी को एक ही समझें तो हो ही नहीं सकता..."

'प्रेस एक्ट' पर अपनी तीखी प्रतिक्रिया व्यक्त करते हुए भट्ट जी ने मई 1878 के 'हिन्दी प्रदीप' में लिखा :

"अखबारवालों की बड़ी हानि की बात इसमें यह है कि जब इस एक्ट के विरुद्ध कोई बात पत्र में छपेगी तो जिले का मजिस्ट्रेट उस अखबार के पब्लिशर या प्रिंटर को लोकल गवर्नमेंट की आज्ञा लेकर तलब करेगा और धमकी दे देवाय उससे एक मुचलका लिखवा लेगा कि फिर ऐसी बात इसमें न छापे। वाह, क्या न्याय है, जो मजिस्ट्रेट प्रिंटर के लेख को बुरा समझे वही मुंसिफ बन उससे मुचलका भी लिखवा लेगा। भला ऐसा भी कभी सुनने में आया है कि जो किसी को दोष लगावे वही उसका न्याय भी करे।"

प्रारम्भ में पत्र विक्टोरिया प्रेस प्रयाग से मुद्रित होता था पर वर्नाक्युलर प्रेस एक्ट के कारण संकटों का सामना करना पड़ा। बाद में बनारस के लाइट प्रेस से यह छपने लगा। 'हिन्दी प्रदीप' का स्वर राष्ट्रीय था जिस पर सरकार की कड़ी नजर रहती थी। सर्वश्री अम्बिकादत्त व्यास, काशी प्रसाद जायसवाल, मदनमोहन मालवीय, लाला भगवानदीन, पं. महावीर प्रसाद द्विवेदी पत्र के नियमित लेखक थे। विद्या नाटक, इतिहास, परिहास, समाचार तथा राजनैतिक जागरण सम्बन्धी लेखों से पत्र भरा रहता था। हिन्दी पुस्तकों की समीक्षाओं को सर्वप्रथम इसी पत्र ने प्रकाशित किया। निबंध और आलोचना द्वारा हिन्दी साहित्य को समृद्ध बनाने में पं. बालकृष्ण भट्ट और उनका पत्र 'हिन्दी प्रदीप' सतत उल्लेखनीय हैं।

भारतमित्र

'जयोऽस्तु सत्यनिष्ठानां येषां सर्वे मनोरथाः' के उद्देश्य को लेकर प्रबंधक पं. दुर्गाप्रसाद मिश्र और सम्पादक पं. छोटूलाल मिश्र ने 17 मई 1878 से 'भारतमित्र' का प्रकाशन प्रारम्भ किया। पहले यह पत्र पाक्षिक था बाद में साप्ताहिक हो गया। 15वें अंक में निम्नलिखित शीर्षवाक्य प्रकाशित हुआ :

सगुण खनित्र विचित्र अति खोले सबके चित्र।
शोधे नर चारित्र यह भारत मित्र पवित्र।।

प्रथमांक में समाचारपत्र के महत्त्व पर सम्पादक की टिप्पणी द्रष्टव्य है :

"समाचार पत्रों से जो उपकार होता है, वो बम्बई और बंगाले को देखने से साफ जान पड़ेगा; इसलिए इस विषय में बहोत लिखने का कुछ प्रयोजन नहीं है। क्योंकि जहाँ तक जिस देश में जिस भाषा में और जिस समाज में समाचार-पत्र का चलन नहीं है तब तक उसकी उन्नति की आशा भी दुराशामात्र है, कारण ये वो चीज है कि जिसे घर में कोठड़ी भीतर बैठके सारी दुनिया को हथेली पर देख लो अर्थात् भूमण्डल में जहाँ जो कुछ विशेष बात होती है वो इसी के द्वारा प्रकाश होती है और अपना दुःख सुख प्रधान राज्याधिकारों को सुनाने और प्रार्थना

करने का ये ही मुख्य उपाय है यदि समाचार पत्र नहीं होय तो राजा को अपने प्रजा का कुछ हाल नहीं मालुम हो सके ऐसी दशा में राज्य शासन भी अच्छी तरह से नहीं हो सक्ता। इसीलिए सुसभ्य प्रजाहितैषी राजा लोग समाचारपत्रों को स्वाधीनता दे के उत्साहित करते हैं।··· हम इस भारतमित्र को सर्वसाधारण के पास प्रेरणा कर्ते हैं (और जिसमें सब आदमी इसको ले सकें इसलिए इसका मूल्य केवल दो पैसा है) अब सबसे हमारी यह प्रार्थना है कि इस भारतमित्र को अपना देशी समझकर ग्रहण करें।"

वर्नाक्युलर प्रेस एक्ट जारी होने पर पत्र की स्वाधीनता की वकालत करने वाला 'भारतमित्र' हिन्दी का पक्का समर्थक था। पहली बार हिन्दी भाषा में कार्रवाई होने पर पत्र ने 1 जुलाई 1878 को एक 'क्रोडपत्र' प्रकाशित किया जिसकी निम्नलिखित पंक्तियाँ द्रष्टव्य हैं :

"19 जून बुधवार को यहाँ पर टाउनहाल में लाइसेंस टाक्स उठा देने के लिए महाजनों और रुजगार करनेवालों की एक सभा हुई थी··· बाबू हरखचंद ने सभापति का आसन ग्रहण किया था। प्रायः दो घण्टे तक और बाबू मदनमोहन भट्ट और बाबू केशोराम भट्ट ने हिन्दी बोली में और बाबू श्यामा शारदा चरण मित्र ने बंगला में अच्छी वक्तृता की पहली बार हिन्दी भाषा में इसकी कार्रवाई की।"

पं. छोटूलाल मिश्र के सम्पादन और पं. दुर्गाप्रसाद मिश्र के संयोजन में प्रकाशित इस पत्र द्वारा सर्वश्री पं. हरमुकुन्द शास्त्री, जगन्नाथ चतुर्वेदी, अमृतलाल चक्रवर्ती, पं. राधाकृष्ण चतुर्वेदी, बाबू रामदास वर्मा, डॉ. एस. के. वर्मन, पं. रुद्रदत्त शर्मा, बाबू बालमुकुन्द गुप्त, शिवनारायण सिंह, पं. अम्बिका प्रसाद वाजपेयी, पं. बाबूराव विष्णु पराड़कर, पं. लक्ष्मणनारायण गर्दे को अपनी प्रतिभा को तेजोद्दीप्त करने का अवसर मिला।

आर्य दर्पण

आर्य समाज के सिद्धान्तों के प्रचार-प्रसार हेतु अनेक पत्र निकले। 'आर्य पत्रिका' (1875, मिर्जापुर), 'आर्यभूषण' (1876) 'आर्यवृक' (1878, पटना), 'आर्य पत्र' (1884, बरेली) और 'आर्य दर्पण' (1876, शाहजहाँपुर) ऐसे पत्र हैं जिनके द्वारा स्वदेश-प्रेम का पाठ पढ़ाया गया। शिवनारायण और बख्तावर सिंह इस दिशा में जीवनभर सक्रिय थे। 'आर्य दर्पण' मासिक में वेद शास्त्र की बातों का उल्लेख रहता था। स्वामी दयानन्द की आकांक्षा के अनुरूप आर्य समाज सम्बन्धी पत्रों ने भारतीयों में नव चेतना की लहर जगाई।

साप्ताहिक 'सारसुधानिधि' पत्र

तेजस्वी पत्र 'सारसुधानिधि' 1879 से प्रकाशित होकर जन-मानस को उन्मथित करता रहा। सर्वश्री सदानन्द मिश्र, दुर्गाप्रसाद मिश्र, गोविन्दनारायण और शम्भुनाथ जी के सम्बल पर यह पत्र आर्थिक हानि सहते हुए भी जन-सेवा में लगा रहा। 13 जनवरी 1879 के प्रथमांक में पत्र का प्रयोजन छपा है जिसका कुछ अंश उद्धृत किया जा रहा है :

··· जब तक देश की भाषा उन्नत नहीं होती, तब तक तो सम्पूर्ण उन्नति को कौन पूछता है क्रमोन्नती भी नहीं होती। हिन्दुस्तान की प्रधान हिन्दी भाषा की ये दशा है कि बहुत तो जानते ही नहीं हैं कि हिन्दी किसे कहते हैं।··· इसलिए यथार्थ हिन्दी भाषा का प्रचार करना और हिन्दी लिखनेवालों की संख्या वृद्धि करना सारसुधानिधि का दूसरा प्रयोजन है।

देश-देशान्तर की प्राचीन और नवीन, सामयिक घटना प्रकाश करके स्वदेशियों को बहुदर्शन कराना तीसरा प्रयोजन है।

भारतवासियों की मानसिक तथा शारीरिक शक्ति नितांत हीन और एकान्त जीर्ण हो गई है इसकी यथोचित औषधी द्वारा मनस्विता तेजस्विता और ओजस्विता आदि गुणों का संचार करना चौथा प्रयोजन है।

इस देश के लोग वाणिज्य व्यापार करते हैं तथापि लाभ नहीं होने के कारण और ईश्वर दुर्विपाक से अतिवृष्टि-अनावृष्टि जनित घड़ी-घड़ी दुर्भिक्षादिकों से महँगी के कारण प्रायः सभी क्रम से निर्धन होते जाते हैं इसलिए इनका प्रतिविधान करना, एका स्थापन, सामयिक व्यवहार, और सत्परामर्श देना आदि सारसुधानिधि का पंचम प्रयोजन है।

प्रतिज्ञा

उपयुक्त विषयों से पूर्ण 'सारसुधानिधि' प्रति सप्ताह में प्रकाशित होयगा। 'सारसुधानिधि' यथासाध्य देश प्रतिनिधि स्वरूप होकर सत्परामर्शदान द्वारा कर्तव्य साधन में नियुक्त रहेगा। विचारकाल में पक्षपातशून्य विचार, और ग्रंथादिकों की समालोचना करी जायगी। परन्तु ग्लानी और निन्दा सूचक शब्दों से ग्रन्थकार किसी प्रकार अपमानित नहीं होयगे।

उपर्युक्त प्रयोजन की सार्थकता पत्र के निम्नलिखित मोटो से सुस्पष्ट है :

कुमुद रसिक मनमोदकर हरि दुख तम सरवत्र।
जगपथ दरसावें अचल सारसुधानिधि पत्र।।
काव्य रसायन यत्र तत्र सुदर्शन नृप चरित।
सार सुधानिधि-पत्र दोष व्यसन ज्वर विषमहर।।

राष्ट्रोन्नति का मूलाधार होता है राष्ट्र के नागरिकों का राजनीतिक संस्कार। 'सारसुधानिधि' ने द्वितीय वर्ष के 16वें अंक के सम्पादकीय 'हिन्दुस्तानियों का राजनैतिक संस्कार' में लिखा है :

"··· प्रथम तो मुसलमानों का अत्याचार। दूसरे वर्तमान शासनकर्त्ताओं के चित्त में जो नेताभाव का अहंकार दृढ़ अधिकार करे हुआ है। तीसरे वर्तमान शासन प्रणाली जो कि अभी भी कई अंशों में काले गोरे के भेद से कलुषित हो रही है। चौथे उच्च शिक्षा का अभाव। पाँचवें मातृभाषा की अवनति। छठे समाचारपत्रों की न्यूनता। ये ही छः कारणमूल और मुख्य जान पड़ते हैं।

···यदि विचार करके देखो तो ऊपर कहे हुए कारणों के सुधारने का एक वही छठा कारण है।··· आपाततः उसका उपाय एक आप ही सब समाचार पत्र हो, अतएव हम पुनः अनुरोध करते हैं कि कदापि किसी के कहने से शिथिल प्रयत्न न होगा। जो आपको विपरीत सुझाते हैं वह उसी भ्रष्ट संस्कार के वशवर्ती हैं। यह निश्चय है कि जो कुछ भारतवर्ष का हित होना है वह समाचारपत्रों से ही होना है।"

सजग समाचारपत्र की प्रतिष्ठा वैशिष्ट्य को समझनेवाला 'सारसुधानिधि' पत्र सरकार से यही अपील करता था कि :

"··· अतएव एक तो देशी समाचारपत्रों को पूरी स्वाधीनता देकर उन सबों का पूरा अनुवाद कराना चाहिए। दूसरे हम भारतवासियों से अब जो राजपुरुषों से घृणा उत्पन्न हुई है उसको दूर करना चाहिए। तब कहीं राजपुरुषों को हमलोगों की अवस्था जान पड़ेगी।"

राजनीतिक विषयों की प्रधानतावाले पत्र में कितनी चेतना है, इसके लिए दूसरे वर्ष के चौथे अंक की सम्पादकीय टिप्पणी का यह अंश ध्यातव्य है :

"राजप्रतिनिधि लर्ड लिटन साहिब का वियोग दुख

··· भारतवासियों को अब यह सूझने लगा कि उन्नति का मूल एक राजनीति की चर्चा ही है। राजनीति की चर्चा जितनी अधिक होयगी, उतनी ही भावी उन्नति भी हाथ जोड़कर सम्मुख उपस्थिति होयगी।"

सारसुधानिधि के वर्ष 2, अंक 25 में भारतवासियों से अनुरोध किया गया है :

"भारत के दुर्भाग्य

··· हे प्रिय भारतवासियो ! यह न समझो कि भारत के दुर्भाग्य हमको क्या हमारा एक प्रकार निर्वाह होता है। यह तो हम निश्चय कहेंगे कि इस समझ से तो कदापि सुधरना नहीं है अतएव भारत के दुर्भाग्य को अपना दुर्भाग्य और भारत के सौभाग्य को अपना सौभाग्य समझो। नहीं तो भारत का दुर्भाग्य कदापि दूर नहीं होयगा।"

'सामाजिक दशा और परिवर्तनप्रियता' शीर्षक सम्पादकीय लेख में आर्ष ग्रंथों और महर्षियों की उपलब्धियों को वरेण्य माना गया है :

"···· प्रिय पाठक ! विचारने का स्थान है कि जिनको इन प्रत्यक्ष दूषित चाल चलन के दोष दिखायी नहीं देते हैं, उनको भला इन गुरुतर विषयों के दोष गुण कब सूझने लगे हैं। क्या हमारे प्राचीन आर्य्यों ने इसी विज्ञता और विद्या बुद्धि से समाज परिचालित किया था ? कदापि नहीं, उनके जिस नियमों को देखिये कैसे महोपकारी प्रतिपन्न होते हैं, जिनकी दूरदर्शिता देख के शरीर आनन्द से पुलकित हो जाता है। जिनकी प्रगाढ़ चिन्ता, देशहितैषिता, स्वजनप्रियता और समदर्शिता को देख आश्चर्य हो जाना पड़ता है। जिस भारतभूमि में इन महात्माओं ने जन्म ग्रहण किया था, जिस भारतीय समाज के ये लोग परिचालक थे। आक्षेप का विषय है कि आधुनिक स्वेच्छाचारी शिक्षितों के मुँह से उन्हीं दूरदर्शी तत्त्वज्ञ महात्माओं की निन्दा सुनायी देती है।"

3 मार्च सन् 1879 को प्रकाशित 'सारसुधानिधि' के 8वें अंक में भारत की दशा का चित्र द्रष्टव्य है :

"जहाँ लखी वहाँ होरी

··· और भारतवर्ष की दशा क्या है ? होली। पतझार हो गई, लोगों के मुँहपर सरसों फूली है। खास आम सब बौराए हैं, काफिर हब्शी इत्यादि गालियों की पुकार है, गुलाल के बादल धूल उड़ रही है, वसन्त बने हैं, लाज सब छोड़ दी है, धन बल विद्या सब होली में जला दिया है, बस धुरहड़ी और जमघंट मना रहे हैं, होली है।

और भला भारतवर्ष की अब क्या दशा होगी ? होली। अब क्या आशा है जो कुछ होनी थी होली।"

श्री राधाचरण गोस्वामी रचित होली-गीत इसी अंक में छपी है जिसकी कुछ पंक्तियाँ प्रस्तुत हैं :

"होली
है दुर्दशा न थोरी, कहा खेलें हम होरी ?
रह्यो न राज हमारो तिलभर करत चाकरी कोरी।
पराधीनता में सुख मानत, तानत लम्बी चोरी।
बात पुरखन की बोरी। 1।
X X X
इत अकाल उत टिकस लगायो कर सब पै बरजोरी।
तेज अनाज ठीक कहुँ नाहीं मरत प्रजा सब ठोरी।
भीख माँगत लै झोरी। 3।
X X X

कर उत्साह राह में आओ भै भ्रम सब बिसरोरी।
स्वाधीनता करो सम्पादन भारत जै उचरोरी।।
राधिका चरन चहोरी।।

पत्र के प्रथम वर्ष के 36वें अंक में श्रीराधाचरण गोस्वामी के निबंध 'यमलोक की यात्रा' में भारतीयों की आकांक्षा की अभिव्यक्ति हुई है जिसका अवलोकन प्रेरणाप्रद होगा :

"... हाय ! अमी मर गए ! कुछ भी तो जिन्दगी का मजा न देखा। ऊनविंशति शताब्दी में केवल 25 वर्ष ही जिए। हाँ ! न सारे हिन्दुस्तान में नागरी का दफ्तर और हिन्दी भाषा का प्रचार देखा। न विधवा विवाह प्रचलित हुआ। न विलायत जाने की रोक उठी। न जाति-पाति का झगड़ा मिटा। न सिविल सर्विस में भर्ती होकर हिन्दुस्तानियों को उच्च पद मिले। न हमारे जीते प्रेस एक्ट उठा। न लाइसेन्स टेक्स का काला मूँ हुआ। न लिबरलों की दयादृष्टि देखी। और हाय ! न काबुल की लड़ाई का शुभाशुभ परिणाम मालूम हुआ।"

राष्ट्रोन्नति में राष्ट्रभाषा की भूमिका को स्पष्ट करते हुए 'सारसुधानिधि' के वर्ष 1 अंक 14 में लिखा गया है कि :

"हिन्दी भाषा

हम लोगों को मुनासब है कि जिसमें देश की उन्नति होय और निष्कपट और निर्दोष सभ्यता की वृद्धी होय, ऐसे उद्यम उपाय और यत्न करें। इसलिए जब हम सोचते हैं तो प्रथम दृष्टी हमारी भाषा पर पड़ती है, क्योंकि जब तक निष्कपट विशुद्ध भाषा की उन्नति नहीं होयगी तब तक निष्कपट सभ्यता और देश की उन्नति भी नहीं होयगी।"

पत्र के विषय में बाबू बालमुकुन्द गुप्त की समीक्षा उल्लेख्य है :

"सारसुधानिधि रायल शीट के आठ पन्नों पर छपता था। उसका कागद अच्छा और चिकना होता था। अक्षर और सफाई के हिसाब से उस समय के पत्रों में वह लासानी था। भाषा संस्कृत मिश्रित हिन्दी। कुछ कठिन होती थी। लेख बहुत अच्छे और गम्भीर होते थे। राजनीति पर बहुत कुछ लिखा जाता था। दूसरे विषयों पर भी वह खाली आलोचना करता था। कितने ही लेख उसमें बहुत लम्बे होते थे। खबरों की ओर ध्यान कम था। हिन्दी पत्रों में वह उस समय ख़बरों का नहीं लेखों का काग़ज़ था।"[20] अपनी निर्भीकता एवं तेजस्विता के कारण साप्ताहिक 'सारसुधानिधि' पत्र ने हिन्दी पत्रकारिता को गौरवान्वित किया।

'सज्जन कीर्ति सुधाकर'

मेवाड़ के महाराणा सज्जन सिंह के नाम पर यह पत्र निकला। देशी राज्यों से निकलनेवाला यह पत्र पहला पत्र था जो हिन्दी में निकला। उर्दू की अपेक्षा हिन्दी

की ही प्रधानता इस पत्र में थी। पं. बंशीधर वाजपेयी के सम्पादन में सन् 1879 ई. में 'सज्जन कीर्ति सुधाकर' साप्ताहिक पत्र का प्रकाशन हुआ।

'आर्य समाचार'

मेरठ से सन् 1878 ई. में इस पत्र का प्रकाशन हुआ। द्विभाषी पत्र में आर्य समाज से सम्बन्धित विविध तथ्यों पर प्रकाश डाला जाता था।

सन् 1880 से आर्य समाज की अनेक शाखाएँ राजस्थान में कार्य करने लगीं। राजनीतिक चेतना के उन्मेष हेतु संस्था ने धर्म और समाज सुधार पर बल दिया। वेद सम्मत धर्म कर्म, स्वदेशी वस्तुओं का उपयोग तथा राष्ट्र भाषा हिन्दी के उत्थान में आर्य समाज ने महत्त्वपूर्ण कार्य किया।

सन् 1881 ई. में उदयपुर से प्रकाशित 'विद्यार्थी सम्मिलित हरिश्चन्द्रचन्द्रिका मोहनचन्द्रिका' ने अपने लेख में स्वतंत्रता को राष्ट्र का अपरिहार्य तत्त्व घोषित किया :

"··· आजकल के विद्वानों ने तो यह निश्चय कर सिद्ध किया है कि जिस देश राज और प्रान्त में स्वतंत्रता भवानी नहीं है, उसमें अंधेरा ही रहता है और सर्वगुण सम्पन्नता वहाँ से दूर ही निवास करती है।··· इस पर भी अपनी स्वदेशोन्नति करने को अपने अधीशों से लड़-लड़ कर और झगड़-झगड़ कर वहाँ के समाचारपत्र विशेष स्वतंत्रता माँगते हैं और आशा है कि कुछ न कुछ मिली होगी।"

वस्तुतः आर्य समाज से उत्प्रेरित पत्रों ने जन-जन को जगाया।

आनन्द कादम्बिनी और अन्य साहित्यिक पत्र

साहित्यिक पत्रकारिता के पल्लवन में 'आनन्द कादम्बिनी' मासिक पत्रिका का उल्लेख्य योगदान है। जुलाई 1881 ई. से मीरजापुर से बदरीनारायण चौधरी 'प्रेमघन' द्वारा सम्पादित इस पत्रिका ने सर्वप्रथम पुस्तक समीक्षा स्तम्भ का प्रकाशन प्रारम्भ किया।

सन् 1882 ई. में 'प्रयाग समाचार' (सं. देवकी नन्दन त्रिपाठी), 'बाल दर्पण' (प्रयाग), 'भारतेन्दु' (ज्वाला प्रसाद गोस्वामी) तथा 'बनारस समाचार' (काशी) प्रकाशित हुए। हिन्दी और संस्कृत के विद्वान् श्री अम्बिकादत्त व्यास ने इसी वर्ष भागलपुर से 'वैष्णव पत्रिका' का प्रकाशन किया। 'पीयूष पत्रिका' को अम्बिकादत्त व्यास ने ही 1884 ई. में निकाला। अपने समय की यह सम्मानित पत्रिका थी। हास्य रस की सामग्री से भरपूर 'पीयूष पत्रिका' का सम्पादन व्यास जी के बाद श्री कालीशंकर व्यास ने किया। 1884 ई. में श्रीकृष्ण प्रसन्न सेन ने 'धर्म प्रचारक' (मासिक) का प्रकाशन किया।

साहित्यिक पत्रिकाओं में दिल्ली से प्रकाशित 'सदादर्श' का नाम उल्लेख्य

है। इस साप्ताहिक पत्रिका को लाला श्री निवास दास निकालते थे। 1874 से 1876 तक पत्र ने आदर्श रचना से जन-मानस का उन्नयन किया। 1874 ई. में 'भारत बंधु' (अलीगढ़, सीताराम वर्मा) तथा 1875 ई. में आनन्द लहरी (काशी, धीरज शास्त्री) ने हिन्दी साहित्य को सम्पन्न बनाने का प्रयास किया।

स्वधर्म का उद्घोषक 'देश हितैषी'

स्वधर्म, स्वराज्य, स्वभाषा और स्वदेशी के मंत्र को आर्यसमाज ने भारत के कोने-कोने में फैलाया। राजस्थान के 'देश-हितैषी' ने महर्षि दयानन्द की राष्ट्रोद्धारक विचारधारा को ग्राह्य बनाने हेतु पाठकों से अनुरोध किया :

अप्रीति रीति कुरीति छोड़ो आर्य्यपन में चित्त धरो।
बहुत दिवस सोये मत्त हो, अब सभ्यता में रुचि करो।
यह देश-हितैषी है चली, तुम देश-हितैषी जन रहो।
पर प्रीति उन्नति देश चाहो, देश-हितैषी कर गहो।।

सन् 1878 ई. में अभिव्यक्ति-स्वातंत्र्य पर रोक लगी जो लार्ड रिपन के आते ही समाप्त हो गयी जिसके संदर्भ में 'देश-हितैषी' की प्रतिक्रिया ध्यातव्य है :

"लार्ड रिपन की जै ! लार्ड रिपन की जै

हे महामान्यवर आपकी सदा जै होय। आपने इस भारतभूमि में पदार्पण कर सदा के लिए कीर्ति स्तम्भ खड़ा कर दिया। महाशय आपकी जिह्वा इस दुष्ट प्रेस एक्ट की प्राबल्यता से ऐसी सूखकर लक्ड़ा गई थी कि 'ए' के स्थान पर 'डा' ही उच्चारण होता था और देही भी क्षीण होने लगी थी कि इसी अवसर पर आपने हम लोगों को ऐसा अमृत-पान कराया कि अब पुनः हरे-भरे हो जावें। परन्तु महाशय विचारणीय है कि जो बहुत काल की चाह लगी हुई होती है, उसका तत्काल ही अच्छा होना दुर्लभ है, यावत् उसको कोई गुणकारी परीक्षित औषधि प्राप्त होय।"

आषाढ़ संवत् 1939, अंक 3 के 'देश-हितैषी' की उपर्युक्त पंक्तियों से जन-जीवन की समस्याओं के प्रति पत्र के उत्तरदायित्व का बोध होता है।

उदयपुर गजट (1868) एवं जयपुर गजट (1878) द्वारा राजस्थान के जन-मानस को मुखरित किया गया।

उचितवक्ता

7 अगस्त 1880 ई. को 'हितं मनोहारि च दुर्लभं वचः' के साथ 'उचितवक्ता' का शुभागमन हुआ। प्रथम सम्पादकीय में पं. दुर्गाप्रसाद मिश्र ने लिखा :

"... पहिली उन्नति और अब की उन्नति में अन्तर इतना ही है कि वह स्वाधीन भारत की उन्नति थी, उस उन्नति में उन्नतिमना स्वाधीनताप्रिय भारत सन्तानों का गौरव था, और यह पराधीन भारत की उन्नति हो रही है इस उन्नति

में पदानत निर्वीर्य्य हम भारत कुलतिलकों की अगौरव के सहित गर्दन नीची होती जाती है।··· दोष दिखानेवाले को भी उचितवक्ता और समदर्शी होना उचित है अन्यथा झूठे दोष दिखाकर अकारण ही किसी को आक्रमण करने से सिवाय झगड़ा बढ़ाकर गाली खाने के और कुछ फल नहीं होता अतएव ऐसे स्थल में यथार्थ समदर्शी उचित परामर्शदाता उचितवक्ता का अत्यंत ही प्रयोजन है। पाठक ! इस निमित्त आज यह उचितवक्ता आप लोगों के सम्मुखीन है। पूर्वोक्त दोषों का निवारण करना ही इसका एकमात्र उद्देश्य है। अपने यथार्थ दोषों को इसमें अंकित देखकर भी यदि कोई इस पर क्रुद्ध होंगे तो उस विषय में इसका कुछ दोष नहीं कारण 'हितं मनोहारि च दुर्लभं वचः।"

देशी सम्पादकों को सुझाव देते हुए पत्र ने स्पष्ट रूप से प्रेरित किया :

"··· देशीय सम्पादको ! सावधान ! ! कहीं जेल का नाम सुनकर कर्तव्यविमूढ़ मत हो जाना, यदि धर्म की रक्षा करते हुए, यदि गवर्नमेंट को सत्परामर्श देते हुए जेल जाना पड़े तो क्या चिन्ता है। इससे मान हानि नहीं होती है। हाकिमों के जिन अन्याय आचरणों से गवर्नमेंट पर सर्व साधारण की अश्रद्धा हो सकती है उनका यथार्थ प्रतिवाद करने में जैल तो क्या यदि द्वीपांतरित भी होना पड़े तो क्या बड़ी बात है ? क्या इस सामान्य विभीषिका से हम लोग अपना कर्तव्य छोड़ बैठें ?"[21]

अपने सम्पादकीय वक्तव्य के नीचे 'उचितवक्ता' ने 'हिन्दी प्रदीप' में छपे 'नयी-नयी लब्जों के नये-नये माने' को उद्धृत किया है :

प्रत्यक्ष लक्ष्मी– महाराणी विक्टोरिया
लायक होने की पहचान– गोरा चमड़ा
लायक–सभ्यता के आगार बड़े ईमानदार अंगरेज ओहदेदार।
नालायक–हम सब, इसलिए कि हिन्दुस्तानी हैं।
सभ्यता का निचोड़–खड़े होकर मूतना।
बुद्धिमान–अंगरेज या काले कोइला से केरानी या युरेशियन
बेवकूफ करम के फूटे–हिन्दू, हिन्दुओं में भी ब्राह्मण

4 फरवरी 1882 के सम्पादकीय स्तम्भ के अन्तर्गत एक विज्ञप्ति प्रकाशित हुई जो प्रस्तुत है :

'प्रेस एक्ट' के उठ जाने का आनन्द

'प्रेस एक्ट' के उठ जाने से देशीय सम्पादकों को जो कितना आनन्द हुआ वह अकथनीय है इससे आज हम सब लौर्ड रिपन महोदय को आह्लाद के सहित धन्यवाद देते हुए 'उचितवक्ता' का एक नया नियम करते हैं कि स्कूल और लाइब्रेरी समूहों से आधा दाम लिया करेंगे अर्थात् डाक व्यय सहित वार्षिक डेढ़ ही रुपए लिए

जायेंगे।

बाबू भूदेव मुखोपाध्याय सी. आई. ई. की बिहार में हिन्दी-सेवा से आह्लादित हो 'उचितवक्ता' ने लिखा :

"... हम निश्चय कह सकते हैं कि ये महाशय बिहार प्रान्त में न आते तो कदापि हिन्दी का ऐसा प्रचार नहीं होता अब उक्त महाशय अपना पद स्वेच्छा प्रवृत्त हो त्यागा चाहते हैं; इससे जितनी हानि बिहार की होगी इतनी किसी स्थान की न होगी क्योंकि अभी थोड़े ही दिनों से यहाँ हिन्दी का प्रचार हुआ है अर्थात् अभी हिन्दी की शैशवावस्था है।"[22]

10 नवम्बर 1883 ई. के 'उचितवक्ता' की सम्पादकीय टिप्पणी द्वारा हिन्दी सेवा की महत्ता बतलायी गयी है :

"देशी रजवाड़े हिन्दी का प्रचार क्यों नहीं करते ?

... देशी रजवाड़ों से सानुनय विनय पूर्वक यही प्रार्थना करते हैं कि आप लोग शीघ्र ही अपने-अपने राज्यों से उर्दू राक्षसी को विदूरित कर हिन्दी देवी को स्थान दें और कलंक राशि को धोकर विमल यश राशि संचय करें।"

रायल शीट पर छपनेवाले पत्र को केवल एक पैसा में बेचा जाता था फिर भी ग्राहकों, पाठकों द्वारा मूल्य न चुकाने के दर्द को 13 जनवरी 1883 के सम्पादकीय लेख में स्पष्ट किया गया है। 'कौन कहता है कि भारतवासियों में एका नहीं है' शीर्षकवाले लेख के अन्त में लिखा गया है कि किसी बात में चाहे एका न भी हो, पर समाचारपत्र का मूल्य न देने में तो पूरा एका है।

हिन्दू-मुसलमानों को लड़ाने के लिए अंग्रेज गो-हत्या को बढ़ावा देते थे जिस पर पत्र की टिप्पणी थी :

"हिन्दुओं की धार्मिक भावनाओं का जरा भी खयाल न कर हिन्दुओं के मोहल्ले में गौ-मांस की बिक्री की जाती है। कोई भी अपने धर्म पर आघात सहन कैसे कर सकता है ? यदि कोई हिन्दू अंग्रेजों के गिरजे के बगल में देव-मूर्ति स्थापित करके उसकी पूजा के हेतु शंख, घंटा, घड़ियाल, नगाड़ा आदि वाद्योद्यम करें तो क्या खृष्ठ धर्मोपासक गण कभी भी यह सह सकते हैं ? कदापि नहीं।... अतएव हिन्दू लोग यदि इस प्रकार के धर्म विरोधी कार्य को रोकने की चेष्टा करते हैं तो इसमें अन्याय क्या है ?"[23]

सम्पादक पं. दुर्गाप्रसाद मिश्र ने बड़ी निर्भीकता के साथ सामाजिक समस्याओं को प्रस्तुत किया।

क्षत्रिय पत्रिका : एक अविस्मरणीय पत्र

देवरिया के मझौली राज के लाल खड्ग बहादुर मल्ल और बलिया के महाराजकुमार रामदीन सिंह ने बाँकीपुर (पटना) में 'खड्ग विलास छापाखाना' की स्थापना की।

इस प्रेस को समस्त उत्तरभारत की साहित्यिक गतिविधियों का नियामक कहा जाय तो अत्युक्ति नहीं होगी। पूर्वांचल में चतुर्दिक् जागरूकता को लाने में प्रेस का महत्त्वपूर्ण योगदान है। स्वामी दयानन्द, श्रद्धानन्द तथा भारतेन्दु की पुस्तकें यहीं से मुद्रित हुईं।

संवत् 1938 में गंगा दशमी को खड्ग विलास प्रेस से 'क्षत्रिय पत्रिका' का प्रकाशन महाराज रामदीन सिंह के सम्पादकत्व में हुआ। पत्रिका के प्रथम पृष्ठ पर निम्नलिखित पंक्तियाँ छपती थीं :

विकसित 'क्षत्रिय पत्रिका', भारत सरवर माँह।
करहिं कृपा या पर सदा, जो क्षत्रिय नर नाँह।।
तो यह थोरहिं दिवस में, सकै सकल दुखमेटि।
करै एकता प्रबल पुनि, सब क्षत्रीन समेटि।।
अब पढ़ि-पढ़ि यह पत्रिका, करि-करि हिय उत्साह।
बाढ़ो क्षत्रीगण बहुरि, निरखि उन्नति राह।।

सम्पादकीय टिप्पणियाँ : 'क्षत्रिय पत्रिका' के अंकों में सम्पादकीय टिप्पणी या इससे साम्य रखनेवाला कोई स्तम्भ प्राप्त नहीं होता। 'उपक्रम' के अन्तर्गत सम्पादक अपना अभिमत प्रकट करता था, जैसा कि द्रष्टव्य है :

"प्रथमतः यद्यपि इसने क्षत्रिय के घर जन्म लिया है, तथापि ब्राह्मण तो इसके पूज्य ही हैं, क्षत्रिय तो जाति धर्म में ही आये, वैश्य तो सहकारी ही हैं और शूद्रों के बिना इन सबकी उत्तमता प्रगट नहीं होगी। अतएव यह सब वर्णों के हित के लिए सदा यत्नवती रहेगी।"[24]

अपने प्रथमांक में अपनी व्यापकता को पत्रिका ने बड़े ही आत्मीय भाव से स्पष्ट किया है। 'संवाद पत्र, सम्पादक और सरकार' शीर्षक के अन्तर्गत सम्पादक ने पत्रकारों का महत्त्व लिखा है :

"सम्पादक अपने देश, राजा और साधारण का प्रतिनिधि है, इसलिए राजा को चाहिए कि उसका मान अच्छी तरह से करे और सम्पादक का भी यही काम है कि यथार्थ और सत्य-सत्य परामर्श राजा को देवे और ऐसा करने से देशोन्नति भली भाँति हो सकती है जो काम दस-बीस हजार रुपए वेतन पाने वाले मंत्री से चल सकता है वह काम योग्य सम्पादक से होता है।"[25]

सम्पादक के नाम पत्र : 'क्षत्रिय पत्रिका' के प्रकाशन पर आह्लादित होकर श्रीमान् महाराजाधिराज कुमार लाल खड्गबहादुर मल्ल साहब ने पत्रिका के संबंध में लिखा :

"... सन् 1881 ई. में सर्वशक्तिमान जगदीश्वर की अनन्त कृपा और किसी-किसी विद्वान् और सुहृद की ऐक्यता से इस क्षत्रिय वर्ण के मानस क्षेत्र में सुमति का बीज बोया गया है, जिससे इन दिनों इस 'क्षत्रिय पत्रिका' का लहलहाता

हुआ वृक्ष उगा है।"

पत्रिका के द्वितीय अंक में भी लाल साहब की सम्मति छपी :

धर्मनीतिव्यवहारमय, पूरित सत उपदेश।
विकसतु 'क्षत्रिय पत्रिका', शमयतु देश क्लेश।

स्थायी स्तम्भ : 'चंद काम की बातें' और 'समाचारावली' इस पत्रिका के स्थायी स्तम्भ थे। 'चंद काम की बातें' नामक स्तम्भ में बिच्छू काटने की दवा, और साँप काटने की दवा का संक्षिप्त विवरण मिलता था जबकि 'समाचारावली' में विभिन्न जिलों की चिट्ठियाँ छपती थीं। वर्तमान पूर्वोत्तर रेलवे के निर्माण का शुभ संवाद द्रष्टव्य है :

"मझौली की खबरें

एक नई रेलवे लाइन (Railway line) जो बहड़ाईच से गोरखपुर और छपरा होते हुए हरिहर क्षेत्र (सोनपुर) तक जल्द जारी करने की तजबीज है, वह मझौली होते हुए जायगी, बल्कि चिह्न के लिए खूँटे गड़ गये हैं और यहाँ स्टेशन भी अवश्य होगा, जो राजभवन से एक माइल उत्तर पूर्व को होगा, ईश्वर जल्द वह दिन दिखलावें।"[26]

उल्लेखनीय तथ्य : 'क्षत्रिय पत्रिका' में 'विशेन क्षत्री की उत्पत्ति और उसके वंश के राजाओं के कुछ इतिहास' एवं 'क्षात्र धर्म' आदि पर लेख छपे हैं। महाराज लाल खड्गबहादुर मल्ल इस पत्रिका के प्राण थे। पत्रिका का तीन-चौथाई भाग उनकी कृतियों से भरा पड़ा है। उनकी कहीं समस्यापूर्ति तो कहीं शृंगार की कविताएँ छपती थीं। श्री राधाकृष्ण दास ने लाल खड्गबहादुर मल्ल को 'भारत-भूषण' के नाम से सम्बोधित किया। पूर्वांचल की राजनीतिक, सामाजिक और साहित्यिक चेतना को जगाने की दिशा में पत्रिका ने ऐतिहासिक कार्य किया।

ब्राह्मण

'ब्राह्मण' का पहला अंक 15 मार्च 1883 ई. को कानपुर से निकला। इसके मुखपृष्ठ पर बने अर्धचन्द्र में 'शत्रोरपि गुणावाच्या दोषावाच्या गुरोरपि' लिखा रहता था। इस मासिक पत्र का 'सिद्धान्त-वाक्य' मुखपृष्ठ पर अंकित था :

"नीति-निपुण नर धीर बीर सुजस कहो किन।
अथवा निंदा कोटि कहौ दुर्जन छिनही छिन।
सम्पतिहू चलि जाहु रहो अथवा अगणित धन।
अबहि मृत्यु किन होहु, होहु अथवा निश्चल तन।
पर न्यायवृत्ति को तजत नहीं जो विवेक गुण ज्ञान निधि।
यह संग सहायक रहत नित देत लोक परलोक सिधि।।"

पत्र का वार्षिक मूल्य एक रुपया तथा एक अंक का मूल्य मात्र दो आना

था। साढ़े नौ इंच लम्बे और 6 इंच चौड़े आकार के पत्र की पृष्ठ संख्या 12 थी। पत्र के प्रथमांक में छपी पंक्तियाँ सम्पादक श्री प्रतापनारायण मिश्र की सेवा-भावना को बतलाती हैं :

1. "हमारी दक्षिणा भी बहुत न्यून है फिर यदि निर्वाह मात्र भी होता रहेगा तो हम, चाहे जो हो, अपना बचन निबाहे जायेंगे। आश्चर्य जो इतने पर भी कसर मसर करें।"

2. "अरे भाई हमने इस पत्र को अपने लाभ की गरज से नहीं निकाला, लै दै बराबर हो जाये यही गनीमत है।"

तीन अंकों के बाद मोटो में परिवर्तन हुआ 'शत्रोरपि गुणावाच्या' पंक्ति के ऊपर 'प्रेम एव परोधर्मः' छपने लगा तथा भर्तृहरि का मूल श्लोक 'निन्दन्तु नीतिनिपुणा' अंकित होने लगा। प्रथम अंक में 'प्रस्तावना', 'प्रेरित पत्र', 'स्थानीय समाचार' तथा विज्ञापन शीर्षक से मात्र चार स्तम्भ छपे। द्वितीय अंक में बेगारी, विलाप, समालोचना, कानपुर दोहा, औषधि तथा अंतिम पृष्ठ पर विज्ञापन प्रकाशित हुए। पत्र की प्रतियों से ज्ञात होता है कि सम्पादक के विविध लेखों और कानपुर की घटनाओं, तथा समालोचनाओं से पत्र भरा रहता था। सभी स्तम्भों से सुस्पष्ट होता है कि 'ब्राह्मण' पं. प्रतापनारायण मिश्र की साहित्य-साधना का सशक्त माध्यम था।

जनहितकारी एवं मनोरंजक समाचार द्रष्टव्य है जो पत्र के खंड 1, संख्या 6 में प्रकाशित है :

समाचारावली : "22 जून को दोपहर पीछे एक वृद्ध स्त्री रेलवे लाइन पर नाजरा और मुगरा के मध्य में कलकत्ते के पास ही चली जाती थी, स्त्री ने सीटी की आवाज नहीं सुनी और उसके पीछे साउथ ईस्टर्न स्टेट रेलवे गाड़ी चली आती थी, निदान देशी ड्राइवर की पूरी खबरदारी और होशियारी से इंजन ठहराया गया। कहते हैं कि इंजन से 4 फीट आगे बुढ़िया रह गयी थी उस समय इंजन को देखते ही बुढ़िया के होश उड़ गए और कदम न पड़ सका। यह चौथी बार है कि इस देशी ड्राइवर ने मनुष्य की जान बचाई है।"

अर्थाभाव, चन्दा वसूली की कठिनाइयाँ, ग्राहकों की कमी, प्रखर विचारों के प्रकाशन से शत्रुओं की वृद्धि के चलते 'ब्राह्मण' संकट में पड़ा रहता था। कानपुर से इसे बाँकीपुर (पटना) के खड्ग विलास छापाखाना का आश्रय ग्रहण करना पड़ा। सम्पादक श्री मिश्र को पाठकों से याचना करनी पड़ती थी :

आठ मास बीते जजमान। अब तौ करौ दच्छिना दान।।

15 मई 1883 को 'ब्राह्मण' ने लिखा :

"... जो हो सो हो, हम ब्राह्मण हैं, इससे हमारा धर्म नष्ट होता है और हम पतित हुए जाते हैं। जो अत्यंत दीन और असमर्थ देश भाइयों पर अत्याचार

होते सैकड़ों मनुष्यों से सुने और फिर उसे सर्वसाधारण व सरकार पर विदित न करें।" सरल, प्रांजल और प्रवाहपूर्ण गद्य शैली के विकास में 'ब्राह्मण' का विशिष्ट योगदान है।

'हिन्दोस्थान' और 'भारत जीवन'

सन् 1883 में इंग्लैंड से अंग्रेजी और हिन्दी में 'हिन्दोस्थान' का प्रकाशन हुआ। कालाकांकर के शासक राजा रामपाल सिंह पत्र के प्रकाशक थे। पश्चिमी सभ्यता, ज्ञान-विज्ञान के आग्रही राजा साहब भारतीयता, राष्ट्रभाषा हिन्दी, और देवनागरी लिपि के अप्रतिम पोषक थे। इंग्लैंड में रहते हुए भी उन्होंने भारत के पुनर्जागरण अभियान को तेज करने के लिए पत्रकारिता प्रारम्भ की। बाद में यह पत्र छोटे से राज्य कालाकांकर से निकलने लगा जिसको प्रथम समग्र हिन्दी दैनिक बनने का सौभाग्य प्राप्त हुआ। प्रारंभ में पत्र त्रैमासिक था, पुनः मासिक और साप्ताहिक हुआ।

सन् 1884 में श्री रामकृष्ण वर्मा के सम्पादकत्व में काशी से 'भारतजीवन' साप्ताहिक का प्रकाशन हुआ। भारतेन्दु हरिश्चन्द्र को गौरवान्वित करने के लिए पत्र ने 'हरिश्चन्द्राब्द' चलाया। पंडित विजयानन्द द्वारा रचित पत्र का मोटो द्रष्टव्य है :

जयति ईश जाकी कृपा लेश ललित सर्वत्र।
भारत जीवन हित लसत भारत जीवन पत्र।।

'भारतजीवन' ऐसे भारतीयों पर रोता था जो विदेशी वस्तुओं का प्रयोग करते थे। उसकी स्पष्ट धारणा थी कि यदि शिक्षित वर्ग वास्तव में देश की उन्नति चाहता है तो उसे स्वदेशी वस्तुओं के प्रयोग पर अधिक बल देना चाहिए और विदेशी वस्तुओं का बहिष्कार करना चाहिए। इस सम्बंध में राजनैतिक नारे कुछ नहीं कर सकते। प्रायः सभी पत्रकारों ने पं. प्रतापनारायण मिश्र के स्वर में स्वर मिलाया तथा बुद्धिजीवियों पर व्यंग्य किया कि :

पढ़ि कमाय कीन्हो कहा, हरे न देस कलेस।
जैसे कन्ता घर रहे, वैसे रहे बिदेस।।

उद्‌बोधन काल की पत्रकारिता का वैशिष्ट्य-निष्कर्ष

कुछ महत्त्वपूर्ण पत्रों के अनुशीलन से सुस्पष्ट होता है कि उद्‌भव काल (1826-1884) में पूरा राष्ट्र करवट ले रहा था। नवजागरण और नयी चेतना समाज के हर वर्ग पर अपना प्रभुत्व दिखा रही थी। अंग्रेजों के सम्पर्क से, पाश्चात्य शिक्षा प्रणाली द्वारा ज्ञान-विज्ञान के नये आयाम उद्‌घाटित हुए। प्रेस और पत्रों से विचारों के प्रचार-प्रसार में सुविधा हुई। ब्रह्म समाज, प्रार्थना समाज, रामकृष्ण मिशन, आर्य

समाज, थियोसोफिकल सोसाइटी, राधास्वामी सत्संग, वहाबी आंदोलन, अहमदिया आंदोलन और दारुलउलुम जैसी संस्थाओं द्वारा प्रगतिवादी विचारों का संचार हुआ एवं स्वराष्ट्र-प्रेम की भावना का उन्मेष हुआ। इस परिवर्तित परिस्थिति से पत्रकारिता और साहित्य दोनों प्रभावित हुए। विचारों में परिवर्तन, विषय-वस्तु में व्यापकता के साथ साहित्यकारों और पत्रकारों की दृष्टि यथार्थवादी हुई। दरबारी वृत्ति और रसिकता में कमी के साथ ही साहित्य और जीवन का सम्बन्ध जुड़ा, कथ्य और शिल्प बदले। मातृभाषा, मातृभूमि की महिमा का ज्ञान हुआ, स्वदेशी वस्तुओं के प्रयोग की होड़ बढ़ी। पत्रकारों ने देश की दुर्व्यवस्था को मिटाने के लिए जन सामान्य को उद्बोधित किया।

प्रेस की स्थापना हो जाने के बाद अंग्रेजी, बंगला, हिन्दी, फारसी, उर्दू में दैनिक, साप्ताहिक और मासिक पत्र निकलने लगे। 'उदन्त मार्त्तण्ड' (1826, कलकत्ता) 'बंगदूत', (1829, कलकत्ता), 'बनारस अखबार' (1845, बनारस), 'ज्ञानदीपक' (1846, कलकत्ता), 'मालवा अखबार' (1848, मालवा), 'बुद्धि प्रकाश' (1852, आगरा), 'ग्वालियर गजट' (1853, ग्वालियर), प्रजाहितैषी' (1853, आगरा), 'समाचार सुधावर्षण' (1854, कलकत्ता), 'पयामे आजादी' (1857, दिल्ली), 'धर्म प्रकाश' (1859, अहमदाबाद), 'सूरज प्रकाश' (1861, आगरा), 'लोकहित' (1863, आगरा), 'जोधपुर गवर्नमेंट गजट' (1864, जोधपुर), 'ज्ञान प्रदायिनी पत्रिका' (1866, लाहौर), 'मारवाड़ गजट' (1866, जोधपुर) द्वारा हिन्दी पत्र-पत्रिकाओं की पृष्ठभूमि तैयार की गई। सन् 1857 में अंग्रेजों के भयानक अत्याचार से सारे देशवासी परिचित हो गए। अब उन्हें विदेशी शासन की क्रूरता का स्पष्ट रूप दिखाई पड़ने लगा। भारत के गौरवमय अतीत के प्रति प्रेम, वर्तमान दुर्दशा पर अश्रुपात और देश की प्राकृतिक सुषमा के प्रति आस्था के भाव से भारतीयता की पुष्टि हुई। सामाजिक सुधार भी राष्ट्रीय चेतना का एक अंग था क्योंकि भारतवर्षोन्नति हेतु सामाजिक सुधार सामाजिक कुप्रथाओं का परिहार भी आवश्यक था।

उद्भव काल में हिन्दी गद्य प्रवर्तन के साथ ही एक ओर हिन्दी-उर्दू का प्रश्न छिड़ा तो दूसरी ओर हिन्दी के स्वरूप पर वाद-विवाद पैदा हो गया। फ्रेंच विद्वान गार्सां द तासी ने हिन्दी का विरोध निम्नलिखित शब्दों में किया :

"इस वक्त हिन्दी की हैसियत एक बोली सी रह गयी है, जो हर गाँव में अलग-अलग बोली जाती है। हिन्दी में हिन्दू धर्म का आभास है। इसके विपरीत उर्दू इस्लामी संस्कृति और आचार-व्यवहार का संचय है। इस्लाम भी सामी मत है और एकेश्वरवाद उसका मूल सिद्धान्त है।"

सर फ्रेडरिक पिन्काट हिन्दी के कट्टर समर्थक थे। हिन्दी का प्रचार बंगाल से लेकर पंजाब तक होने लगा। पंजाब में श्रद्धाराम फुलौरी ने हिन्दी का प्रचार-प्रसार किया। शिवप्रसाद 'सितारेहिन्द' की फारसी मिश्रित हिन्दी का पक्ष दुर्बल पड़ता

गया तथा राजा लक्ष्मण सिंह की भाषा-नीति सबल हो गई। ऐसी ही संक्रमण स्थिति में भारतेन्दु का उदय हुआ।

बहुमुखी व्यक्तित्ववाले भारतेन्दु परम्परा और प्रगतिशीलता के मध्य समन्वय स्थापित करनेवाले योद्धा थे। आचार्य रामचन्द्र शुक्ल ने लिखा है : "अपनी सर्वतोमुखी प्रतिभा के बल से एक ओर तो वे पद्माकर और द्विजदेव की परम्परा में दिखाई पड़ते थे, दूसरी ओर बंग देश के माइकेल और हेमचन्द्र की श्रेणी में। एक ओर तो राधाकृष्ण की भक्ति में झूमते हुए नयी भक्तमाल गूँथते हुए दिखाई देते, दूसरी ओर मंदिरों के अधिकारियों और टीकाधारी भक्तों के चरित्र की हँसी उड़ाते हुए और स्त्री-शिक्षा, समाज सुधार आदि पर व्याख्यान देते पाये जाते थे। प्राचीन और नवीन का यही सुन्दर सामंजस्य भारतेन्दु की कला का विशेष माधुर्य है।"[27] भारतेन्दु 'नवजागरण' के अग्रदूत थे। देश की पराधीनता से दुःखी होकर वे सामाजिक कुरीतियों के उन्मूलन में सदैव तत्पर रहते थे। हिन्दी गद्य के क्षेत्र में क्रान्तिकारी परिवर्तन के साथ पत्र-पत्रिकाओं के प्रकाशन, सम्पादन में उन्होंने महत्त्वपूर्ण कार्य किया। भारतेन्दु ने 'कविवचन सुधा', 'हरिश्चन्द्र मैगजीन', 'हरिश्चन्द्र चन्द्रिका' और 'बालाबोधिनी' पत्रों को स्वतः निकाला तथा उन्होंने प्रतापनारायण मिश्र, बालकृष्ण भट्ट, चौधरी बदरी नारायण प्रेमघन, अम्बिकादत्त व्यास, लाल खड्ग बहादुर मल्ल, महाराजकुमार ठाकुर रामदीन सिंह, राधाचरण गोस्वामी, राधाकृष्ण दास, मोहनलाल विष्णुलाल पंड्या, तोताराम, श्रीनिवासदास, काशीनाथ खत्री, जगमोहन सिंह, कार्तिक प्रसाद खत्री आदि को विविध पत्रों के प्रकाशन हेतु सत्प्रेरणा दी।

भारतेन्दु की सबसे बड़ी देन है हिन्दी को परिष्कृत रूप प्रदान करना। सन् 1873 की 'हरिश्चन्द्र चन्द्रिका' में उन्होंने स्वतः लिखा, "हिन्दी नयी चाल में ढली"। उनके पहले हिन्दी भाषा का कोई सर्वमान्य प्रामाणिक रूप नहीं था। हिन्दी कई अतिवादों से त्रस्त थी। सर्वप्रथम भारतेन्दु ने ही भाषा में संक्रमण की स्थिति को समाप्त किया, एक मध्यम मार्ग को अपनाया तथा उसे सर्वसम्मत स्वरूप प्रदान किया। अंग्रेजी, बंगला, फारसी, अरबी से संक्रमित कुंठित बोझिल हिन्दी को उबारने के श्रेयस्कर कार्य द्वारा भारतेन्दु हरिश्चन्द्र ने हिन्दी भाषा के भव्य भवन की नींव रखी।

उद्भव काल के प्रारम्भिक पत्रों की भाषा ऊबड़-खाबड़ और अपरिमार्जित थी। व्याकरण की दृष्टि से भाषा न तो शुद्ध थी और न उसमें प्रवाह ही था। 1867 में भारतेन्दु-मण्डल ने हिन्दी गद्य को वही रूप प्रदान किया जो हिन्दी-प्रदेश की जन-भावना के अनुरूप था। व्यावहारिक, सजीव, प्रवाहपूर्ण गद्य से हिन्दी साहित्य को गौरवान्वित करने का श्रेय 'कविवचनसुधा', 'बिहारबंधु', 'हिन्दी प्रदीप', 'भारतमित्र', 'क्षत्रियपत्रिका', 'उचिवक्ता', 'आनन्द कादम्बिनी', 'ब्राह्मण' आदि पत्रों

को है। इन पत्रों में समादृत लेखों में यथा सम्भव लोक प्रचलित शब्दावली का प्रयोग मिलता है। उनके वाक्य छोटे-छोटे व्यंजक हैं। कहावतों, लोकोक्तियों तथा मुहावरों के प्रयोग से भाषा जीवंत एवं स्वाभाविक बनायी गयी। हिन्दी गद्य में पर्याप्त सुधार तो हुआ परन्तु कहीं-कहीं व्याकरण की त्रुटियों की भरमार है। गद्य ब्रजभाषा के प्रयोगों से प्रभावित है। इस प्रकार इस काल में हिन्दी गद्य का स्वरूप स्थिर हुआ, उसका व्यापक प्रसार हुआ तथा उसमें हिन्दी साहित्य के अनेक रूपों का सृजन प्रारम्भ हुआ परन्तु अभी उसके परिमार्जन की आवश्यकता बनी हुई थी जो महामना मालवीय, बालमुकुन्द गुप्त, महावीरप्रसाद द्विवेदी, बाबूराव विष्णु पराड़कर सदृश पत्रकारों द्वारा पूरा हुआ। वास्तव में उद्भव काल में तथ्यों पर आधारित ठोस समाचार के स्थान पर आलंकारिक समाचार छपते थे। उत्साही विद्वानों ने पत्रकारिता सम्बन्धी घाटे का सौदा किया। भारतेन्दु और उनकी पीढ़ी के पत्रकारों को चतुर्मुखी दायित्वों का भार उठना पड़ा। जीवन की गतानुगतिकता, कूपमंडूकता, संकीर्णता और स्वार्थपरायणता के जाल को छिन्न-भिन्न कर उन्हें समानता, स्वतंत्रता, न्याय और सत्य के उदात्त मानवीय मूल्यों को प्रतिष्ठापित करना था। खड़ी बोली हिन्दी को, जिसमें अभी साहित्य के नाम पर मात्र-दो चार साधारण रचनाएँ थीं, उसे राष्ट्रीय चेतना का समर्थ वाहन बनाना एवं हिन्दी गद्य की विविध विधाओं को सुसमृद्ध बनाने का गुरुतर दायित्व इन्हीं पत्रकारों को निभाना पड़ा। उन्हें साहित्य को सर्वसाधारण तक पहुँचाने के विभिन्न साधनों का स्वतः विकास भी करना पड़ा। पूँजी लगानेवाले प्रकाशक नहीं मिलते थे। पत्र-पत्रिकाओं से लाभ की कोई आशा नहीं थी। देश-देशान्तर की घटनाओं के परिप्रेक्ष्य में पाठकों को सजग नागरिक बनाने का कार्य पत्र और पत्रकारों को करना पड़ा। बाल-विवाह, विधवापन, दहेजप्रथा, अस्पृश्यता के विरुद्ध उद्बोधन काल में प्रकाशित पत्रों ने व्यापक सामाजिक चेतना को जगाया। पत्र गम्भीर पाण्डित्य और गहन चिन्तन से बोझिल नहीं थे। लेखकों, पत्रकारों के अपने-अपने व्यक्तित्वों की छाप निबंधों में प्राप्त है। हिन्दी भाषा का सामान्य रूप सुनिश्चित नहीं था। पत्रकारों की भाषा में स्थानीय रंग लक्षित होता था जिसे स्थानीय मुहावरों, लोकोक्तियों और शब्दों ने और भी गाढ़ा बना दिया। इस प्रकार धरती की गंध से अनुप्राणित सहज, सजीव हिन्दी का निर्माण सम्भव हुआ।

सन् 1843 से 1866 तक गद्य साहित्य का आविर्भाव हुआ तत्पश्चात् आधुनिक गद्य साहित्य परम्परा का प्रवर्तन हुआ जिसके मूल में हिन्दी पत्रकारिता है। गद्य साहित्य की अखण्ड परम्परा को प्रारम्भ करनेवाले भारतेन्दु जी ही थे। इनके पूर्व प्रकाशित अधिकांश पत्र बहुभाषी थे। उर्दू का प्राबल्य था। कलकत्ता, काशी, अजमेर, लाहौर आदि प्रमुख स्थानों से प्रकाशित पत्र प्रजाहितैषी और लोकमित्र बने।

2 अक्टूबर सन् 1800 ई. को कलकत्ते मे मार्क्विस बेल्ज़ली ने अपने एक मित्र के नाम पत्र में लिखा : "मैं बादशाहतों के ढेर लगा दूँगा और फतह पर फतह तथा मालगुजारी पर मालगुजारी लाद दूँगा। मैं इतनी शान और धन और इतनी सत्ता इकट्ठी कर दूँगा कि एक बार मेरा महत्त्वाकांक्षी और धन-लोलुप मालिक भी 'त्राहि-त्राहि' चिल्लाने लगेंगे।" इस पत्र से अंग्रेजों की शोषण-प्रवृत्ति को समझा जा सकता है। राजनीतिक दासता, ब्रिटिश शासन की गर्हित शोषणकारी प्रणाली, निर्धन और अमीर की गहरी खाई, सामाजिक कुरीतियों तथा अंधविश्वासों के चक्र में फँसकर भारत का जन-मानस व्यथित था। ऐसी ही संकट की स्थिति में पत्रकारों ने 'पैदल नहीं तो खैर रिसाले निकालिए' के अनुरूप पत्रों का प्रकाशन किया। पत्र-पत्रिकाओं को सरकार की कठोर दमन-नीति का शिकार बनना पड़ा। गला घोंटू प्रेस अधिनियम 1857, इंडियन पेनल कोड, गैगिंग प्रेस एक्ट द्वारा भारतीय भाषा के सम्पादकों को निष्प्राण करने का उपक्रम रचा गया फिर भी वे अपने लक्ष्य से डिगे नहीं, कंटकाकीर्ण पथ पर अग्रसर होते ही रहे। राजा राममोहन राय बंगला, फारसी और अंग्रेजी में पत्र तो प्रकाशित करते ही थे, अधिकतर भारतवासियों को प्रबुद्ध बनाने हेतु 'बंगदूत' हिन्दी में निकालने लगे। उन्होंने बंगाली भाइयों में हिन्दी के प्रति निष्ठा को जगाया। युगुलकिशोर सुकुल, श्याम सुन्दर सेन के साथ अजीमुल्ला खाँ द्वारा सम्पादित 'पयामे आजादी' ने अप्रतिम राष्ट्रभक्त बहादुर शाह 'जफर' के निम्नलिखित संदेश द्वारा भारतवासियों में चेतना का संचार किया :

"हिन्दुस्तान के हिन्दुओ और मुसलमानो ! उठो, भाइयो उठो, खुदा ने इन्सान को जितनी बरकतें अता की हैं, उनमें सबसे कीमती बरकत आजादी है।"

वास्तव में हिन्दी पत्रकारिता की आदि प्रतिज्ञा जन-मानस को उद्‌बोधित करना ही है। हिन्दी पत्रकारिता-जगत् के शलाका पुरुष भारतेन्दु हरिश्चन्द्र और उनकी मित्र मंडली ने पत्र-पाठकों में विशुद्ध राष्ट्रीयता की भावना को भर दिया। भारतेन्दु तो स्वदेशी के आग्रही थे। उनका उद्‌बोधन था :

"जिसमें तुम्हारी भलाई हो वैसी ही किताब पढ़ो, वैसे ही खेल खेलो, वैसी ही बातचीत करो, परदेसी वस्तु और परदेसी भाषा का भरोसा मत रखो। अपने देश में अपनी भाषा में उन्नति करो।"[28]

भारतवर्षोन्नति कैसे हो सकती है ? इस प्रश्न के उत्तर में भारतेन्दु हरिश्चन्द्र और उनकी पत्रकार-मंडली ने भारतवासियों का पथ-प्रदर्शन किया। उनके पत्र भारतहितैषी थे, भारत बंधुओं हेतु बुद्धि वर्द्धक थे एवं सर्वहित के उद्‌बोधक थे। सारांश यह है कि मानव के अभ्युदय से प्रेरित होकर हिन्दी पत्रकारिता अपने उद्‌बोधन काल में राष्ट्रीय चेतना को अधिकाधिक व्यापक तथा मुक्तिगामी बनाने के लिए दृढ़ संकल्प थी।

संदर्भ

1. जमुना नाग : राजा राममोहन राय, पृ. 35-36
2. "So that we shall have a race which will be only Indian in name, but western in thought, outlook and culture.'' Lord Macaulay (1834)
3. डॉ. ईश्वरी प्रसाद तिवारी : 'मणिमय' पत्रकारिता विशेषांक, पृ. 40-41
4. डॉ. शारदा देवी वेदालंकार, 'डेवलपमेंट आफ हिंदी प्रोज़ लिटरेचर, पृष्ठ 171
5. वही, पृ. 177
6. 'उदन्त मार्तण्ड' : आषाढ़बदी 5 सं. 1883
7. डॉ. कृष्ण बिहारी मिश्र : हिन्दी पत्रकारिता, पृ. 46-47
8. सरकार के सहायक सचिव की 'नार्थ वेस्टर्न प्राविंसेज प्रेस रिपोर्ट फार 1848'
9. अम्बिकाप्रसाद वाजपेयी : हिन्दी समाचार पत्रों का इतिहास
10. समाचार सुधावर्षण : अंक श्रावन सुदी 1 संवत् 1912
11. श्री संजीव भानावत : भारतीय स्वाधीनता आंदोलन में समाचारपत्रों का योगदान, पृ. 7
12. एम. चलपति राव : दि प्रेस, पृ. 55-56
13. वही, पृ. 69
14. क्वार्टर्ली जर्नल आफ दी पूना सार्वजनिक सभा, खंड 1, पृ. 1
15. 'कविवचनसुधा' : अंक 4
16. 'कविवचनसुधा' : अंक 5, सं. 7, 13 अक्टूबर 1878
17. 'कविवचनसुधा' : 16 फरवरी 1874 ई.
18. वही, 8 जून 1874 ई.
19. 'अल्मोड़ा अखबार' : 30 अक्टूबर 1882
20. 'गुप्त निबंधावली', पृ. 73
21. 'उचितवक्ता', 12 मई 1883 ई.
22. 'उचितवक्ता', 7 अप्रैल 1883 ई.
23. 'उचितवक्ता', 21 मई 1881 ई.
24. 'क्षत्रिय पत्रिका', उपक्रम पृ. 31
25. 'क्षत्रिय पत्रिका', प्रथम अंक, पृ. 5-6
26. 'क्षत्रिय पत्रिका', अंक 2, पृ. 12-13
27. आचार्य रामचन्द्र शुक्ल, हिन्दी साहित्य का इतिहास, पृ. 423
28. डॉ. रामविलास शर्मा, भारतेन्दु युग, पृ. 51

चतुर्थ अध्याय

विकास काल (स्वातन्त्र्यपूर्व)

जागरण काल (1885-1919 ई.)

भारत में राष्ट्रीय भावना का जागरण उन्नीसवीं शताब्दी में प्रारम्भ हुआ। देश की स्वतंत्रता का प्रथम संग्राम 1857 ई. में हुआ था जिसमें देशवासियों को कुंठित होना पड़ा। कुछ दिनों तक निराश भारतीयों में आशा की ज्योति जगाने के लिए अनेक उपाय किये गये। सामाजिक और धार्मिक सुधार सम्बन्धी आन्दोलनों ने जन-जन में राष्ट्रीय जागरण का संचार किया। देश की दुर्दशा पर बुद्धिजीवियों ने केवल आँसू ही नहीं बहाए अपितु अपने उद्बोधक स्वर में सभी को जगाने का सत्कार्य किया :

जागो जागो रे भाई !
सोअत निसिदिन आयु गँवाई, जागो-जागो रे भाई।
अबहूँ चेति पथरि राखो किन, जो कछु बची बड़ाई।
फिर पछताए कछु नहि है है, रहि जैहौ मुँह बाई।।

भारतेन्दु कालीन आह्वान के फलस्वरूप स्व. छैल बिहारी दीक्षित के स्वर में स्वर भरने की होड़ लगी :

उठ जाग, जाग, सोये सपूत,
बेदी पर फिर से टेर हुई।
पलकें उघार, बाहर निहार,
जीवन बिखरा है देर हुई।।

जागरण-आंदोलन में माताओं का भी उल्लेख्य योगदान था जिसे स्व. कमला चौधरी ने सुनाया :

लोरी गान न गाना जननी, अवसर नहीं सुलाने का,
गान जागरण के माँ गाओ, आया समय जगाने का।

जाग उठे राणा प्रताप सी, भारत की नई जवानी,
विकराल काल सी वीर शिवा की जागे पुनः भवानी।
X X X
देश प्रेम की ज्वाला भड़के, समय खड्ग खड़काने का।
गान जागरण के माँ गाओ, आया समय जगाने का।

राजनैतिक दासता, ब्रिटिश शासन की शोषणकारी नीति, निर्धन और धनवान के मध्य की खाई, सामाजिक कुरीतियों और अंधविश्वासों का कुचक्र, एवं कृषक-मजदूर की विविध समस्याएँ भारतभक्तों के स्वाभिमान को चुनौती दे रही थीं। सन् 1885 से 1919 ई. की अवधि में राष्ट्रीय चेतना के गर्भ में उद्भूत हिन्दी पत्रों ने देशवासियों को जगाने का कार्य किया। विश्व-इतिहास में सुप्रसिद्ध 1885 का वर्ष भारतीय जागरण का वर्ष है। इसी वर्ष भारतीय राष्ट्रीय कांग्रेस की स्थापना हुई जिसने नागरिकों को सावधान किया, बुद्धि-विवेक से काम लेने हेतु मंत्र दिया। सन् 1885 में अप्रतिम हिन्दी भक्त राजा रामपाल सिंह ने 'हिन्दोस्थान' प्रकाशित किया और पूरे राष्ट्र में जागरण का उद्घोष किया। पत्र ने सुस्पष्ट किया कि निद्रा त्यागना और कर्मक्षेत्र में अवतीर्ण होना ही जागरण है। गोपाल कृष्ण गोखले, बालगंगाधर तिलक, लाला हरदयाल, वीर सावरकर, लाला लाजपतराय जैसे प्रखर नेताओं से प्रेरित होकर बालकृष्ण भट्ट, प्रतापनारायण मिश्र, बाल मुकुन्दगुप्त, गणेश शंकर विद्यार्थी, बाबूराव विष्णु पराड़कर आदि पत्रकारों ने देश की आजादी के लिए सतत जागरूक होकर पाठकों को सतर्क रहने की प्रेरणा दी। सन् 1885 से 1919 तक की अवधि के हिन्दी पत्रों ने जन-जन में जागरण का संचार किया अतः प्रवृत्ति को परखते हुए इस कालावधि को 'जागरण काल' कहना सारगर्भित होगा। जागरण की प्रवृत्ति भारतेन्दु युगीन उद्बोधन का सुपरिणाम है। पत्रकारों के आह्वान पर सुषुप्त भारतीयों ने आँखें खोलीं, वे सक्रिय होकर स्वाभिमान-रक्षा और स्वतंत्रता-प्राप्ति की दिशा में अग्रसर हुए।

भारतीय राष्ट्रवाद का उदय

उद्बोधन काल के पत्र और पत्रकारों ने राष्ट्रीय चेतना को अंकुरित किया। अपना भारतवर्ष वसुंधरा का हार है, यह संसार की सभ्यता का आदि भंडार है, विश्व-विश्रुत विचारक मैक्समूलर के कथन की ओर सबका ध्यान आकृष्ट हुआ :

"यदि हम संपूर्ण विश्व की खोज करें; ऐसे देश का पता लगाने के लिए जिसे प्रकृति ने सर्वसम्पन्न, शक्तिशाली और सुन्दर बनाया है, तो मैं भारतवर्ष की ओर संकेत करूँगा।

यदि मुझसे पूछा जाय कि किस आकाश के नीचे मानव-मस्तिष्क ने अपने मुख्यतम गुणों का विकास किया, जीवन की सबसे महत्त्वपूर्ण समस्या पर सबसे

अधिक गहराई के साथ सोच विचार किया और उनमें से कुछ ऐसे समाचार ढूँढ़ निकाले जिनकी ओर उन्हें भी ध्यान देना चाहिए जिन्होंने प्लेटो और कांट का अध्ययन किया है, तो मैं भारतवर्ष की ओर संकेत करूँगा। और यदि मैं अपने आपसे पूछूँ कि किस साहित्य का आश्रय लेकर हम यूरोपीय, जो कि बहुत कुछ केवल यूनानियों, रोमनों और एक सेमेटिक जाति के यानी यहूदियों के विचार के साथ-साथ पले हों, वह सुधारक वस्तु प्राप्त कर सकते हैं, जिसकी कि हमें अपने जीवन को अधिक पूर्ण, अधिक विस्तृत और अधिक व्यापक बनाने के लिए आवश्यकता है, न केवल इस जीवन के लिए अपितु एकदम बदले हुए और अनन्त जीवन के लिए तो मैं फिर भारतवर्ष की ओर संकेत करूँगा।"

यही कारण है जिससें डॉ. इकबाल की निम्नलिखित पंक्तियाँ सार्थकता प्राप्त करती हैं :

सारे जहाँ से अच्छा हिन्दोस्ताँ हमारा।
हम बुलबुले हैं इसकी यह गुलिस्ताँ हमारा।।
मजहब नहीं सिखाता आपस में बैर रखना।
हिन्दी हैं हम, वतन है हिन्दोस्ताँ हमारा।।
कुछ बात है जो हस्ती मिटती नहीं हमारी।
सदियों रहा है दुश्मन दौरे जमाँ हमारा।।

'जननी जन्मभूमिश्च स्वर्गादपि गरीयसी' के महत्त्व का आकलन करने के पश्चात् भारतीयों में उग्र राष्ट्रीयता की भावना घर कर गई। वे राष्ट्र और राष्ट्रीयता शब्दों पर चिन्तन करने लगे। जॉन स्टुअर्ट मिल के अनुसार राष्ट्र मानव समूहों का एक ऐसा अंश है जो उन समान अनुभूतियों से जन्म लेता है जिनको वह विशिष्ट अंश अनुभव करता है, परन्तु जिसे उस समूह के अतिरिक्त बाहर के व्यक्ति अनुभव नहीं करते। यह समान अनुभूतियाँ उस समूहांश में एकता स्थापित करती हैं और परस्पर सहयोग की प्रेरणा देती हैं। वह व्यक्ति समूह ऐसे शासन तंत्र द्वारा शासित होने का भाव प्रकट करता है जिसका निर्माण उसने स्वयं किया है या उसी समूह के एक वर्ग द्वारा बना हो।

विचारक बार्कर के कथनानुसार राष्ट्र ऐसे व्यक्तियों का समूह है जो एक निश्चित स्थल के निवासी हों, जो सामान्यतः विभिन्न जातियों के हों किन्तु सामान्य इतिहास से ग्रहण किए गए विचारों एवं भावनाओं के पोषक हों, जो वर्तमान से अधिक अतीत से सम्बद्ध हों जिनकी भाषा एक हो जिन्होंने अपनी एकता की भावना की अभिव्यक्ति के लिए अपना एक राज्य बना लिया हो अथवा वे अपना राज्य बनाने की इच्छा रखते हों।

उपर्युक्त दोनों परिभाषाओं से प्रगट होता है कि राष्ट्र मनुष्यों के वंश की उद्भव की एकता है तथा उसमें आध्यात्मिक एकता होती है। लार्ड ब्राइस ने राष्ट्र

के राजनीतिक तत्त्वों का उल्लेख किया है। उनके अनुसार राष्ट्र एक ऐसी राजनीतिक इकाई है जो या तो स्वतंत्र हो या स्वतंत्र होने की इच्छा रखता हो। राजनीतिक रूप से संगठित स्वाधीन होने की कामना के उदय से राष्ट्र-निष्ठा जागरित होती है। राष्ट्रीय चेतना के अन्तर्गत मातृभूमि का स्तवन, स्वदेश गौरव-गान, अतीत चिन्तन, वीर प्रशस्ति, स्वदेशी वस्तुओं का प्रचार, विदेशी तत्त्वों के प्रति उपेक्षा भाव आते हैं। इसी सत्प्रेरणा के फलस्वरूप भारत में राष्ट्रवाद का उदय हुआ।

भारतीय राष्ट्रीय कांग्रेस

एलन आक्टेवियन ह्यूम ने 1882 ई. में कृषि विभाग के सचिव पद से त्यागपत्र दिया क्योंकि उन्होंने देखा कि ब्रिटिश शासन में किसान, मजदूर गरीबी और दुर्भिक्ष के शिकार बने हुए हैं। सरकार समस्याओं को सुलझाने में असमर्थ है। ह्यूम साहब ने भारतीयों की दबी हुई बेचैनी और आक्रोश को प्रकट होने देने के लिए कांग्रेस की स्थापना की। उन्होंने 50 युवकों से यह अपेक्षा रखी कि :

"आपके कंधों पर रखा हुआ जुआ तब तक विद्यमान रहेगा, जब तक आप इस ध्रुव सत्य को समझकर उसके अनुसार कार्य करने को उद्यत न होंगे कि आत्मबलिदान और निःस्वार्थ कर्म ही स्थायी सुख और स्वतंत्रता के अचूक पथ-दर्शक हैं।"

इस अपील पर बम्बई और कलकत्ते के नेता जग गए। 'इंडियन नेशनल यूनियन' नाम की संस्था स्थापित हुई जिसका अधिवेशन बम्बई में किया गया। सम्मेलन का सम्बन्ध पूरे देश से था इसलिए इसका नाम 'इंडियन नेशनल कांग्रेस' रखा गया। कांग्रेस के पूर्ववर्ती संगठनों व 'ब्रिटिश इंडियन एसोसिएशन', 'इण्डिया लीग' 'इंडियन एसोसिएशन', 'पूर्व सार्वजनिक सभा', 'बाम्बे प्रेसीडेंसी एसोसिएशन' और 'महाजन सभा' ने पूरे भारत में राजनीतिक चेतना जगायी। एलेन आक्टेवियन ह्यूम कांग्रेस के जन्मदाता थे। 28 दिसम्बर 1885 को दिन के 11 बजे बम्बई के गोकुलदास तेजपाल संस्कृत कालेज के भवन में कांग्रेस का प्रथम अधिवेशन आरम्भ हुआ। ख्यातिलब्ध बैरिस्टर व्योमेश चन्द्र बनर्जी अधिवेशन के अध्यक्ष थे। कांग्रेस का प्रथम अधिवेशन वस्तुतः भारतीय राष्ट्रीयता का स्वर्ण विहान था। इसी अधिवेशन ने पुनर्जागरण की आधारशिला रखी। सभापति श्री बनर्जी ने ऐतिहासिक संस्था के लक्ष्य निर्धारित किये।

कांग्रेस का उद्देश्य

कांग्रेस के महत्त्वपूर्ण तथा प्रतिनिधि-मूलक चरित्र की ओर ध्यान दिलाने के बाद सभापति ने कांग्रेस के उद्देश्यों का स्पष्टीकरण इन चार रूपों में किया :

(1) जो लोग देश के विभिन्न भागों में देश के लिए काम कर रहे हैं, उनमें पारस्परिक प्रीति तथा परिचय उत्पन्न करना।

(2) सब देश-प्रेमियों यानि ऐसे लोगों में जो हमारे देश को प्रेम की दृष्टि से देखते हैं, जाति, धर्म, प्रान्त सम्बन्धी कुसंस्कारों को दूर कर सीधा पारस्परिक प्रेम तथा वैयक्तिक सम्बन्ध स्थापित करना और राष्ट्रीय एकता के उन भावों को दृढ़ करना, जो हमारे श्रद्धेय लार्ड रिपन के चिरस्मरणीय राज्यकाल में उत्पन्न हुए थे।

(3) उस समय के महत्त्वपूर्ण तथा जरूरी प्रश्नों पर भारतीय शिक्षित वर्ग के परिपक्व मत को अच्छी तरह तर्क-वितर्क के बाद पता लगाना, और फिर जब यह मालूम हो जाय, तो उसे अधिकार पूर्ण ढंग से लिपिबद्ध करना।

(4) अगले बारह महीनों में जनता के हित के लिए देश के नेताओं को जो कुछ करना है, उसकी रूप रेखा बनाना।[1]

लार्ड डफरिन (1884-1888), लार्ड लैंसडाउन (1888-94), लार्ड एलगिन द्वितीय (1894-99), और लार्ड कर्जन (1899-1905) के कार्य-काल में देश के नेताओं ने सुधार पर बल दिया।

कांग्रेस का प्रारम्भिक स्वरूप

सन् 1885 से 1904 ई. तक कांग्रेस संगठन पर उदारवादी नेताओं का नियंत्रण था अतः इस अवधि को भारत में उदारवादिता के आरोहण का काल कहा जा सकता है। प्रारम्भिक काल के नेताओं को 'लिबरल' और 'माडरेट' के नामों से पुकारा गया। राजनीतिक, आर्थिक और सामाजिक समस्याओं के प्रति उनकी पहुँच बुद्धिवादी थी। वे नरम (माडरेट) थे, हिंसा और प्रलयकारी सामाजिक परिवर्तनों से घृणा करते थे। अंग्रेजों की न्यायप्रियता में उनका दृढ़ विश्वास था। इस काल के प्रमुख उदारवादी नेताओं में सर्वश्री दादा भाई नौरोजी, व्योमेशचन्द्र बनर्जी, सुरेन्द्रनाथ बनर्जी, फिरोजशाह मेहता, और गोपालकृष्ण गोखले को जाना जा सकता है। कांग्रेस के कार्यकर्त्ताओं और नेताओं में अधिकतर विद्वान् व्यक्ति, वकील, प्राध्यापक और पत्रकार थे जो उच्च मध्यम वर्ग के प्रतिनिधि थे। वे ब्रिटिश जाति और भारतवासी लोगों के सम्बन्ध को दैवी देन मानते थे। ऐसे नेता पाश्चात्य संस्कृति में रंग गए थे। सन् 1902 में कांग्रेस अधिवेशन के अवसर पर अध्यक्षीय भाषण में श्री सुरेन्द्रनाथ बनर्जी ने कहा :

"हमारे मन पश्चिम के साहित्य में डूबे हुए हैं। अंग्रेजी इतिहास के पृष्ठों में वर्णित सार्वजनिक गुणों के महान् आदर्शों से हमारी आत्माओं को बड़ी प्रेरणा मिली है।"[2]

सन् 1888 में कांग्रेस के इलाहाबाद में हुए अधिवेशन पर पं. अयोध्यानाथ ने कहा कि कांग्रेस का अस्तित्व और उसके वार्षिक अधिवेशन ब्रिटिश शासन की श्रेष्ठता के अच्छे प्रमाण हैं। गोपाल कृष्ण गोखले ने 1905 ई. में कहा था कि अच्छा हो या बुरा, हमारा भाग्य अब इंग्लैंडवालों के भाग्य से बँधा हुआ है। कांग्रेस अब यह स्वीकार करती है कि अंग्रेजी साम्राज्य के भीतर ही हमारी प्रगति हो सकती है। इस प्रकार सुस्पष्ट है कि सभी उदारवादी अंग्रेजों के प्रति निष्ठावान थे। वे बर्क, मैकाले, ग्लेडस्टोन मोर्ले और एमर्सन से प्रभावित थे तथा ब्रिटिश शासन को अपनी राष्ट्रीय सरकार समझते थे।

प्रारंभ में कांग्रेस की नीति अनुनय-विनय की थी। सन् 1885 से 1905 तक कांग्रेस द्वारा वैधानिक उपायों का सहारा लिया गया। अंग्रेजों की सद्भावना से कांग्रेस के सभी पदाधिकारी प्रभावित थे अतः पूर्ण रूप से वे राज-भक्त बने रहे। देश के नेता अपनी समस्याओं और शिकायतों को सरकार के सामने रखकर उनको दूर कराना चाहते थे। भारत सरकार की सहानुभूति तथा सहयोग राष्ट्रीय कांग्रेस को प्राप्त था। कांग्रेस के अधिवेशनों में सरकार के पदाधिकारी सम्मिलित हुआ करते थे। अपील करने वाली, प्रार्थना पत्र प्रस्तुत करनेवाली, संस्था जीवंत तब बनी जब 1905 के अधिवेशन में बाल गंगाधर तिलक के नेतृत्व में राष्ट्रवादियों के एक वर्ग ने कांग्रेस की 'राजनीतिक भिक्षावृत्ति' की निन्दा की। लोकमत के विरुद्ध लार्ड कर्जन ने बंगाल को दो भागों में बाँटने का कुचक्र रचा जिसका प्रबल प्रतिवाद हुआ। लोकमान्य तिलक ने संघर्षशील 'उग्रवादी दल' की स्थापना की जो कांग्रेस के अन्दर ही रहकर पृथक् निश्चित कार्यक्रम को पूरा करता रहा। बंग-भंग को देशव्यापी समर्थन मिला। भारतवर्ष का गगन नव जाग्रत राष्ट्र के हुंकार की ध्वनि से गूँज उठा। सर्वत्र जागरण की लहर फैल गयी।

वंदे मातरम् : एक साम्राज्य विरोधी सिंहनाद

राष्ट्रीय गान राष्ट्र की आत्मा को मुखरित करता है। बंकिमचन्द्र के उपन्यास 'आनन्द मठ' (1882) में उल्लिखित 'वन्दे मातरम्' गीत भारतीय जनता का कंठहार हो चुका है। सर्वप्रथम 1896 ई. में इंडियन नेशनल कांग्रेस के अधिवेशन में इस गीत का गायन हुआ जिसकी स्वर-लिपि रवीन्द्रनाथ ठाकुर ने प्रस्तुत की। बंग-भंग आंदोलन के समय 'वन्दे मातरम्' जन-जन का नारा हो गया जिसकी प्रमुख पंक्तियाँ निम्नलिखित हैं :

वन्दे मातरम्
सुजलां सुफलां मलयज शीतलाम्
शस्यश्यामलां मातरम्।
शुभ्र-ज्योत्स्नां-पुलकित यामिनीम्,

फुल्लकुसुमित द्रुमदलशोभिनीम्,
सुहासिनीं सुमधुर भाषिणीम्
सुखदां वरदां मातरम्।

'वन्दे मातरम्' की उत्कृष्ट भावना के संदर्भ में बापू ने लिखा :

"यह चाहे जहाँ से लिया गया हो और चाहे जैसे और जब लिखा गया हो, बंग-भंग (आंदोलन) के दिनों में बंगाल के हिन्दुओं और मुसलमानों के लिए यह संघर्ष का एक बहुत प्रभावपूर्ण नारा बन गया था। यह एक साम्राज्य विरोधी सिंहनाद था।··· जब मैंने पहली बार इसका गायन सुना, तो मैं उस पर मंत्र मुग्ध हो गया। मैं इसे पवित्र राष्ट्रीय भावना का प्रतीक मानता हूँ।··· यह (वन्दे मातरम्) कोटि-कोटि जनों के हृदय में बसा है। इसे सुनकर बंगाल और उसके बाहर लाखों-करोड़ों जनों के हृदय में देश-प्रेम का सागर हिलारें लेने लगता है। बंगाल ने हमें अनेक स्पृहणीय वस्तुएँ दी हैं, उनमें से एक है उसके उत्कृष्ट पद, जो समूचे राष्ट्र के लिए एक देन है।"

वीरांगना भीकाजी कामा का उद्घोष

स्वतंत्रता संग्राम की वीरांगना भीकाजी कामा (1861-1936) वह स्त्री-रत्न हुईं जिसने भारत की आजादी के लिए अपना सर्वस्व समर्पित कर दिया। श्यामजी कृष्ण वर्मा, सरदार सिंह राणा, और वीरेन्द्र चट्टोपाध्याय के साथ विदेशों में स्वतंत्रता-प्राप्ति के लिए सशस्त्र क्रान्ति को सफल बनाने में अहर्निश साधना करने वाली यही भारतीय नारी थीं। बंगाल के क्रान्तिकारी नेताओं और बाल गंगाधर तिलक से प्रभावित होकर वे जुझारू राष्ट्रवाद की ओर अग्रसर हुईं।

1907 ई. में श्रीमती कामा ने 'वंदे मातरम्' पत्र निकाला जिसकी प्रतियाँ कड़े प्रतिबंध के बावजूद पाण्डिचेरी से होकर भारत पहुँचती थीं। पेरिस में उन्होंने भारत के तिरंगे राष्ट्रध्वज को तैयार किया जिसे सर्वप्रथम बर्लिन में आयोजित समाजवादी देशों के सम्मेलन में फहराया गया। यूरोप स्थित क्रान्तिकारियों से सम्बद्ध संस्था 'अभिनव भारत' की तो वे आत्मा थीं। सन् 1910 ई. में पेरिस में आयोजित क्रान्तिकारियों के सम्मेलन में श्रीमती कामा ने कहा :

"बन्धुओ उठो, माता को स्वतंत्र कराओ। भारतवासी सदा से ही शांतिप्रिय रहे हैं परन्तु हमारी शांतिप्रियता का अनुचित लाभ उठाकर अंग्रेजों ने हमको गुलाम बना दिया। भारत की दुर्दशा का कारण उसकी गुलामी है। अतः हमें आजादी के लिए सब कुछ न्यौछावर करना है।"

सम्मेलन में सुश्री पेरिस नौरोजी ने निम्नलिखित पंक्ति को गाकर भारतभक्तों को उद्‌बोधित किया :

'ए मरदानो हिन्दी जवानो, जल्दी लो हथियार'।

लाला हरदयाल और वीर सावरकर को सम्बल प्रदान कर श्रीमती कामा ने फ्रांस, जर्मनी, अमेरिका में भारतीय स्वतंत्रता के लिए जनमत तैयार किया।

सावरकर : स्वतंत्रता के अक्षय स्रोत

"किसी भी देश की धड़कन उसकी स्वतंत्रता होती है और अपने देश की स्वाधीनता ही मेरे रोम-रोम में बसी है। मैंने बचपन से आज तक हर रात इसी के स्वप्न देखे हैं और हर पल इसी का चिन्तन किया है।"

उपर्युक्त पंक्तियाँ उस प्रार्थना पत्र का एक अंश हैं जिसको विनायक दामोदर सावरकर ने शिवा जी छात्रवृत्ति पाने और इंग्लैंड में पढ़ने के लिए श्याम जी कृष्ण वर्मा (संस्थापक भारत भवन लन्दन) के पास लिखी थी। सावरकर को छात्रवृत्ति मिले ऐसी अनुशंसा तिलक ने भी की थी। लंदन में सावरकर ने 'फ्री इंडिया सोसायटी' का गठन किया जो उनके पूना स्थित 'अभिनव मंडल' का ही नवीन रूप था। 'भारत भवन' का कार्य-भार सम्भालते ही सावरकर ने अपने मित्रों से कहा कि अन्य देशों में भारत के स्वाधीनता संघर्ष हेतु जाग्रति उत्पन्न करना और सबकी सहायता तथा सहानुभूति प्राप्त करना ही मेरा लक्ष्य होगा। इस भवन से सम्बद्ध लोगों में भाई परमानन्द, लाला हरदयाल, सेनापति बापट, वीरेन्द्र चट्टोपाध्याय जे. सी. मुखर्जी, ज्ञान चन्द्र वर्मा, मैडम कामा और एम. पी. टी. आचार्य मुख्य थे। सभी हर रात्रि में 'शुभ रात्रि' के रूप में दोहराते थे :

"एक देव, एक देश, एक भाषा
एक जाति, एक जीव, एक आशा।"

पं. परमानन्द के अनुसार गांधी जी जब सावरकर से भारत-भवन में मिलने गए तो भोजन की चर्चा हुई। गांधी की विशुद्ध शाकाहार की बात पर सावरकर ने कहा :

"आह, तब हमारी आपकी कैसे निभेगी ? यह तो एक छोटी-सी मछली है, वह भी निष्प्राण। हमें तो ऐसे व्यक्ति चाहिए जो अंग्रेज मगरमच्छों को कच्चा चबा जाएँ।"

1908 ई. में लन्दन में 1857 की जयंती मनाते हुए सावरकर ने कहा, "10 मई 1857 को जो लड़ाई शुरू हुई थी, वह 10 मई 1908 को अभी समाप्त नहीं हुई है और वह तब तक समाप्त नहीं होगी जब तक ऐसी 10 मई न आ जाये जब हमने भाग्यडोर अपने हाथ में ले ली हो और हमारी मातृभूमि स्वाधीन हो चुकी हो।"[3]

भारतीय स्वाधीनता के लिए सशस्त्र क्रान्ति का मार्ग अपनानेवाले वीर सावरकर ने 1906 से 1911 ई. तक लंदन में भारतीय क्रान्तिकारियों का संगठन बनाया। उनकी पुस्तकें 'मैजिनी की आत्मकथा' तथा 'भारतीय स्वातन्त्र्य समर का

इतिहास' हिन्दुस्तान के आजादी के दीवानों हेतु प्रेरणा स्रोत हो चुका है।

विप्लवकारी नवयुवकों के प्रेरक कार्य

1908 ई. का मुजफ्फरपुर बम कांड खुदीराम बोस और प्रफुल्ल कुमार चाकी के शौर्य और उत्सर्ग का परिचायक था। हार्डिंग बम कांड मास्टर अमीर चंद के संगठन का परिणाम था। 12 दिसम्बर 1911 ई. को तत्कालीन वायसराय लार्ड हार्डिंग पर बम फेंकने के अपराध में अवध बिहारी और बाल मुकुन्द के साथ अमीरचंद को 8 मई 1915 ई. को दिल्ली में फाँसी दे दी गई। बसंत कुमार विश्वास को अम्बाला जेल में फाँसी दी गई। इस प्रकार राष्ट्रभक्त युवकों के रक्त से स्वतंत्रता देवी का अभिषेक हुआ।

युगान्तरेर मूल्य–फिरंगीर कांचा माथा

क्रान्ति का शंखनाद करनेवाला सर्वाधिक प्रभावशाली पत्र 'युगान्तर' था। इस पत्र के संचालक अरविंद घोष के भाई वारीन्द्र कुमार घोष और स्वामी विवेकानन्द के भाई भूपेन्द्रनाथ दत्त थे। बंगला भाषा में बंगालियों की धार्मिक और राष्ट्रीय भावनाओं को उभारने का ऐतिहासिक कार्य इन दो विभूतियों ने किया :

'ज्वलुक ज्वलुक विप्लववह्नि नगरे-नगरे,
भस्म होक् राक्षसेर स्वर्ण लंकापुरी।'

X X X

'युगान्तरेर मूल्य-फिरंगीर कांचा माथा' (युगान्तर का मूल्य फिरंगी का तुरन्त काटा हुआ सिर)

'युगान्तर' के निर्भीक लेखक शक्ति के स्रोत थे। पत्र ने एक अंक में लिखा :

"क्या शक्ति के उपासक बंगवासी रक्त बहाने से घबरा जाएँगे ? इस देश में अंग्रेजों की संख्या डेढ़ लाख से अधिक नहीं और एक ज़िले में उनकी संख्या तो बहुत ही न्यून है। यदि तुम्हारा संकल्प दृढ़ हो तो अंग्रेजी राज्य एक ही दिन में समाप्त हो सकता है। देश की स्वतंत्रता के लिए अपना जीवन अर्पण कर दो परन्तु उससे पूर्व कम से कम एक अंग्रेज का जीवन समाप्त कर दो। देवी की आराधना पूरी न होगी यदि तुम एक और बलिदान दिए बिना देवी के चरणों में अपनी बलि चढ़ा दोगे।"

युवकों ने मात्र लेखनी का ही सहारा नहीं लिया अपितु क्रांतिकारी विचारों को व्यावहारिक बाना भी पहनाया। क्रांतिकारी दल बनने लगे। मतवाले किशोर भारत माँ के चरणों में अपने को अर्पित करने के लिए उतावले हो चले।

मराठी 'केसरी' की गर्जना

भारतीय अस्मिता के प्रतीक तिलक ने अनुनय-विनय और प्रतिवेदन की राजनीति से अपने को अलग रखा। अंग्रेजों के उत्पात को देखकर 'केसरी' ने 16 मार्च सन् 1897 ई. को इन शब्दों में गर्जना की :

"इन दिनों जब नादिरशाही अथवा रैण्डशाही मची हुई है, उसका अधिक दिनों तक टिक सकना कभी संभव नहीं। लोग भले ही गरीब हों, किन्तु हम नहीं समझ सकते कि वे सदा अन्याय सहते रहेंगे इसीलिए लार्ड सैण्डहर्स्ट साहब से हमारी यह प्रार्थना है कि वे लोगों में यह भाव न उत्पन्न होने दें कि वे प्लेग से मरने की अपेक्षा इस संकट को अधिक दुःखदायी समझकर इससे उद्धार पाने के लिए नाजुक उपायों से काम लेने लगें।"

रैण्ड साहब की हत्या पर जब सरकारी दमन चक्र तेज हो गया तो 'केसरी' ने लिखा :

"क्या सरकार का दिमाग ठिकाने पर है ? जिस प्रकार किसी बड़े हाथी के उन्मत्त हो जाने पर वह सर्वत्र त्राहि-त्राहि मचा देता है, लगभग वही दशा सरकार की भी हो रही है। जो खून हत्यारों पर चढ़ना चाहिए था, वह अब सरकार पर चढ़ गया है। इसीलिए उसकी दृष्टि एकदम बदल गयी है।"

13 जुलाई 1897 ई. को 'केसरी' ने लिखा कि 'राज्य करने से मतलब लोगों से बदला चुकाना नहीं।' तिलक की तेजस्विता के कारण मान-हानि के मुकदमे में उनको चार मास की सजा हुई जो भारतीय पत्रकारिता के इतिहास की पहली घटना है।

पत्रों पर प्रहार

लार्ड कर्जन के द्वारा बंगाल-विभाजन की प्रक्रिया पर भारत आंदोलित हो गया। आंग्ल-प्रभुओं के प्रति जनाक्रोश फैल गया। जून 1908 में समाचार पत्र (अपराधों को भड़कानेवाला) अधिनियम बनाया गया जिसका लक्ष्य था :

"उन समाचारपत्रों के अस्तित्व को समाप्त करना था, जिनमें हत्या के लिए किसी प्रकार की प्रेरणा अथवा भावना अथवा 1908 के विस्फोटक सामग्री अधिनियम के अधीन कोई अपराधी अथवा हिंसापूर्ण कार्य के लिए प्रेरणा पाई जाए।"

इस अधिनियम के अन्तर्गत जिला मजिस्ट्रेट को अधिकृत किया गया कि वह हिंसा भड़कानेवाले पत्रों के छापेखाने को जब्त कर सकता है। पत्रों के प्रकाशन को बन्द करवा देने का अधिकार भी मजिस्ट्रेट को प्राप्त था। 1908 के अधिनियम के अन्तर्गत 'युगान्तर' 'सन्ध्या' तथा 'वन्देमातरम्' का प्रकाशन ठप कर दिया गया।

प्रेस को जब्त करने के अधिकार से लेकर 'प्रेस एण्ड रजिस्ट्रेशन आफ बुक्स एक्ट (1867)' और 1898 के अधिनियम सं. 4 की धारा 4 से दण्ड संहिता की धारा 124ए तथा 505 में संशोधन कर दण्ड देने का प्राविधान किया गया। बाल गंगाधर तिलक इस कानून की चपेट में आ गए। 'केसरी' में प्रकाशित एक लेख के आधार पर मुकदमा चलाया गया तथा उन्हें 6 वर्ष के कारावास की सजा हुई। महर्षि अरविंद, ब्रह्मबन्धु उपाध्याय, भूपेन्द्रनाथ दत्त सदृश राष्ट्रवादियों को भी विद्रोहात्मक प्रकाशनों से सम्बद्ध कानून के शिकंजे में जकड़ा गया।

भारतीय मुद्रणालय अधिनियम 1910

हिंसक उपद्रवों से निपटने के लिए 1910 का भारतीय मुद्रणालय अधिनियम (The Indian Press Act, 1910) को लागू किया गया जिसके अन्तर्गत मुद्रक से 1,000 से लेकर 10,000 रु. तक जमानत देने को कहा गया। इस धनराशि को जब्त करने का अधिकार मजिस्ट्रेट को मिला। 1910 के अधिनियम द्वारा स्पष्ट किया गया कि सम्राट की सुरक्षा सेनाओं में कार्यरत व्यक्तियों को विद्रोह के लिए भड़काने का प्रयास आपत्तिजनक होगा। क्रान्तिकारी अपराधियों की खोज अथवा उन्हें दण्ड देने के लिए सहायता न देने का कार्य भी आपत्तिजनक माना जाएगा। विद्रोहात्मक प्रकाशन के अन्तर्गत भारतीय नरेशों, न्यायाधीशों तथा सार्वजनिक कर्मचारियों के विरुद्ध लिखने को भी प्रतिबंधित किया गया। अभिव्यक्ति की स्वतंत्रता पर सीधे आक्रमण से जन-मानस क्षुब्ध हो गया। इस अधिनियम के अन्तर्गत 355 समाचार पत्रों या मुद्रणालयों को चेतावनी दी गई। लगभग 300 पत्रों से 40,000 पौण्ड की राशि जमानत के रूप में वसूल की गई।

पत्रों पर प्रहार होने के बाद भी सामाजिक-राजनीतिक जागरण के फलस्वरूप पत्रकारिता में द्रुत गति से वृद्धि हुई। डॉ. सुशीला अग्रवाल के सर्वेक्षण के अनुसार 1891 में पंजाब से 74 पत्र निकलते थे जबकि 1911 में उनकी संख्या 229 हो गयी। उत्तर प्रदेश में पत्र-पत्रिकाओं के प्रकाशन में प्रगति हुई। 1901 में जहाँ उर्दू के 71 पत्र थे वे एक दशक में ही 122 हो गए। 1911 में हिन्दी की 87 पत्र-पत्रिकाएँ थीं जबकि 1901 में मात्र 26 थीं।

लार्ड हार्डिंग का शासनकाल पत्र-जगत् हेतु अनुदार था। प्रथम विश्व युद्ध के समय पत्रों को सेंसरशिप के अधीन रखा गया। 1914 में 83 और 1915 में 89 पत्रों को चेतावनी दी गई। लार्ड चेम्स फोर्ड ने 1918 में केन्द्रीय प्रचार ब्यूरो की स्थापना की जिसने युद्ध संबंधी समाचारों को पत्रों को देने का कार्य किया।

पत्रों पर प्रहार परोक्ष रूप में भारतीय पत्रकारों की वैचारिक परिपक्वता का आधार बना।

अंग्रेजों की कुत्सित नीति से जन-मानस में क्षोभ

अंग्रेज भारत में व्यापारी बनकर आये। उनकी कुत्सित नीतियों के कारण यहाँ के उद्योग धंधे काल के गाल में समा गये। कांग्रेस के नवें अधिवेशन (1893) में पं. मदन मोहन मालवीय ने कहा :

"आपके जुलाहे कहाँ ? वे लोग कहाँ हैं जिनका निर्वाह भिन्न-भिन्न उद्योग धंधों एवं कारीगरियों से होता था ? और जो माल साल-दर-साल बड़ी-बड़ी तादाद में इंग्लैंड तथा यूरोपीय देशों को भेजे जाते थे; वे कहाँ चले गये ? यह सब भूतकाल की बातें हो गईं। आज तो यहाँ बैठा हुआ प्रत्येक व्यक्ति ब्रिटेन के बने कपड़ों से ढँका हुआ है और जहाँ भी कहीं आप जाएँ, सब जगह विलायती ही विलायती माल आपको दिखाई देगा। लोगों के पास सिवाय इसके कोई चारा नहीं रहा है कि खेती बाड़ी के द्वारा वे अपना गुजारा करें, या जो नाम-मात्र का व्यापार बाकी रहा है, उससे टका-धेला पैदा कर लें। सरकारी नौकरियों और व्यापार में पचास साल पहले हमें जो कुछ मिलता था, अब उसका सौवां हिस्सा भी हमारे देशवासियों को नसीब नहीं होता। ऐसी हालत में भला देश कैसे सुखी हो सकता है ?"[4]

उद्योग धंधों के चौपट होते देखकर भारतवासी निराश थे। अकाल एवं प्लेग ने उनका जीवन दूभर कर दिया 1897-98 के अकाल तथा प्लेग की लपेट में हजारों देशवासी आए परन्तु सरकार हाथ पर हाथ धरे बैठी रही। सरकारी उपेक्षा नीति से जन-मानस क्षुब्ध हुआ और अब जनता विश्वस्त हो गयी कि स्वतंत्रता-प्राप्ति में ही कष्ट निवारण है।

बीसवीं शताब्दी के प्रथम और द्वितीय दशक समस्त भारत के लिए राजनीतिक, सामाजिक, धार्मिक, सांस्कृतिक उथल-पुथल के द्योतक हैं। उन्नीसवीं शती के उत्तरार्द्ध में भारत में चतुर्दिक् चेतना का संचार हुआ, स्वदेश-प्रेम की भावना प्रबल होती गयी तथा आंग्ल-शासन के प्रति तीव्र असंतोष बढ़ता गया।

भारतीयों में तीव्र असंतोष

सन् 1905 से 1919 ई. का काल भारतीय इतिहास में दमन एवं सुधार का काल है। इसी समय अंग्रेजी शासन के विरुद्ध सबल राष्ट्र-प्रेम की भावना का उद्भव हुआ। भारतीयों ने अपने अधिकारों की माँग की और उनके न मिलने पर विदेशी शासन के खिलाफ संगठित रूप से मोर्चा लेने का निश्चय किया। इस निश्चय से अंग्रेजों का दमन-चक्र और तेज हो गया। फलतः असंतोष बढ़ गया और भारतीय राष्ट्रीयता अधिक बलवती हो गई, जिसकी चर्चा श्री बालमुकुन्द गुप्त ने की है :

किया मातरम् बन्दे बन्दं और सभायें रोकीं चंद।।
जोर स्वदेशी का दबवाया। जगह जगह पर लठ चलवाया।।।

X X X

अन्त तलक लड़कों से लड़े। आखिर को उल्टे मुँह पड़े

पकड़ा पूरा एक न साल। आप गये रह गया अकाल।

खूब बचन गुरुवर का पाला। पर आखिर को हुआ दिवाला।।[5]

प्रथम जन-आंदोलन और स्वदेश-प्रेम का जागरण

भारतवर्ष में पहला जन-आंदोलन बंग-भंग के विरोध में हुआ। "बीसवीं सदी के पहले पाँच साल लार्ड कर्जन के दमनपूर्ण शासन के थे। कलकत्ता कारपोरेशन के अधिकारों की कमी, सरकारी गुप्त समितियों का कानून, विश्वविद्यालयों को सरकारी नियंत्रण में लाना, जिससे शिक्षा महँगी हो गयी, भारतीयों के चरित्र को असत्यमय बताना, बारह सुधारों का बजट, तिब्बत आक्रमण (जिसे पीछे तिब्बत मिशन का नाम दिया गया) और अन्त में बंगविच्छेद–सब लार्ड कर्जन के ऐसे कार्य थे, जिनसे राजभक्त भारत की कमर टूट गयी और सारे देश में एक नयी स्पिरिट पैदा हो गयी।"[6]

लार्ड कर्जन के बंगालियों की संघशक्ति को कुचलने के लिए भीषण विरोध के होते हुए भी 19 जुलाई 1905 ई. को बंग-विभाजन की विस्तृत योजना प्रकाशित की। सर सुरेन्द्रनाथ बनर्जी ने लिखा है कि "यह घोषणा एक बम के गोले की भाँति गिरी। हमें ऐसा लगा कि हम अपमानित, उपेक्षित और प्रवंचित किये गये हैं।"[7] 16 अक्तूबर जो विभाजन दिवस था जो बंगाली जनता के लिए शोक-दिवस बन गया। अनशन, वंदे मातरम् का उद्घोष हुआ तथा एक दूसरे के हाथ राखी बाँध कर समस्त बंगाल की एकता बनाये रखने का दृढ़ संकल्प किया गया। तत्कालीन पत्रकारिता ने स्पष्ट किया है :

"देख देश को अपने ख्वार, बंगनिवासी उठे पुकार।

आँगन में दीवार बनाई, अलग किये भाई से भाई।।

भाई से किये भाई दूर, बिना बिचारे बिना कसूर।

आओ एक प्रतिज्ञा करें, एक साथ सब जीवें मरें।

चाहे बंग होय सौ भाग, पर न छुटे अपना अनुराग।

भोग विलास सभी को छोड़, बाबूपन से मुँह लो मोड़।।

X X X

अपनी चीजें आप बनाओ, उनसे अपना अंग सजाओ।

भजो बंग माता का नाम, जिससे भला होय अंजाम।।"[8]

बंग-भंग से अप्रत्यक्ष रूप से भारत का कितना भला हुआ, स्वदेशी-भावना एवं राष्ट्रीय एकता की भावना सुपुष्ट हुई इसका वर्णन 'कर्जनाना' नामक कविता में उपलब्ध है :

"किसने बंग-भूमि को दो टुकड़े करके दिखलाया,

किसने बेरहमी से भाई भाई को बिछड़ाया ?

बोले कर्जन 'इसका कर्ता हूँ मैं' ही अकेला,
हाथ हैं मेरे लोहे के, दिल है पत्थर का ढेला।।
X X X
किसने देशी चीजों में फिर संचय प्राण कराया,
किसने सब तूफान बखेड़ों को यहाँ से भगवाया।
किसने सब बाबू लोगों का नेशन एक बनाया।
'किया तो है पर इच्छा से नहीं' कर्जन ने फरमाया।।"[9]

राजनीतिक अशांति

बीसवीं शताब्दी के प्रथम दो दशक लार्ड कर्जन (1899-1905), लार्ड मिंटो (1905-10), लार्ड हार्डिंज द्वितीय (1910-16) तथा लार्ड चेम्सफोर्ड (1916-21) का कार्यकाल है, जिसमें भारतीयों पर हर प्रकार की दमन-नीति, शोषण-नीति, अपनायी गई। बंग-भंग के कारण देश में असंतोष एवं स्वाभिमान की भावना जगी। देशवासियों ने समझ लिया कि एकजुट हो हम अंग्रेजों से लोहा ले सकते हैं। भारत में संभावित भीषण विस्फोट को शिथिल करने के लिए 1909 ई. में मार्ले-मिंटो सुधार को अंग्रेजों ने कार्यान्वित किया। पृथक्-निर्वाचन प्रणाली तथा परिमित मताधिकार इस सुधार के प्रमुख तत्त्व थे। जनता को प्रशासन-संबंधी प्रश्न पूछने का अधिकार इस सुधार ने दिया परन्तु देश में संतोष के बदले असंतोष ही फैला। मार्ले-मिन्टो सुधार को भारतीयों ने अंग्रेजों की निर्बलता का परिचायक माना। आंदोलन उग्रतर होता गया और नये व़ाइसराय लार्ड हार्डिंज के ऊपर बम फेंका गया। इसके परिणामस्वरूप "सरकार ने दमन नीति का आश्रय लिया और सन् 1911 ई. में गोखले के तीव्र विरोध करने पर भी राजविद्रोह को रोकने के नाम पर 'प्रिवेंशन आफ सिडीशस मीटिंग्स ऐक्ट' को पुनः जीवन-दान दिया और 1913 ई. के 'क्रिमिनल ला एमेण्डमेंट ऐक्ट' को भी। इन दोनों के विद्रोह और षड्यंत्र की बड़ी विस्तृत व्याख्या की और सरकारी नीति की आलोचना करना भी अपराध घोषित कर दिया गया।"[10]

काँग्रेस और जन-जागरण

काँग्रेस ने अपने प्रथम अधिवेशन से ही वैधानिक शासन और पदों के भारतीयकरण की माँग रखी। ज्यों-ज्यों इसकी लोकप्रियता बढ़ती गयी त्यों-त्यों सरकार ने कठोर रुख अपनाया। सर्वश्री दादाभाई नौरोजी, सुरेन्द्रनाथ बनर्जी, फिरोजशाह मेहता, महादेव गोविन्द रानडे, गोपालकृष्ण गोखले, मदनमोहन मालवीय आदि नेताओं ने आंग्ल-शासन के अन्तर्गत भारतवासियों के लिए अधिकाधिक अधिकारों की माँग रखी। 1907 ई. में काँग्रेस के विभाजन से इसकी प्रतिष्ठा गिरी परन्तु 1914 में

लोकमान्य तिलक के निर्वासन अवधि की समाप्ति के बाद भारतीय राजनीति में एक नयी चेतना आई। 1916 में नरम दल और गरम दल के नेताओं में एकता स्थापित हुई। काँग्रेस के विचारवान् नेताओं के कारण सन् 1916 में लखनऊ में काँग्रेस और मुस्लिम लीग का पैक्ट हुआ जो प्रगतिशील शक्तियों की बहुत बड़ी जीत थी। राजनीतिक दृष्टि से जाग्रत भारतीय जनता एक हो गई।

दिल्ली दरबार

जार्ज पंचम सिंहासनारूढ़ होने पर सम्राज्ञी सहित भारत आये जिनके स्वागत में 12 सितम्बर 1912 को दिल्ली में दरबार किया गया। इस अवसर पर भारतीय नरेश सिंहासनारूढ़ होने के समय अंग्रेजी पदाधिकारियों को दिये जानेवाले नजराने से छूट पा गये। पचास लाख रुपया शिक्षा-प्रसार हेतु स्वीकृत हुआ। कलकत्ता से हटाकर दिल्ली को भारतवर्ष की राजधानी बनाया गया। अविभाजित बंगाल एक संपूर्ण प्रान्त घोषित हुआ। बिहार, उड़ीसा और छोटा नागपुर एक प्रान्त में सम्मिलित किया गया जिसकी राजधानी पटना बनायी गई। दिल्ली दरबार समारोह में जिस प्रकार अपव्यय हुआ उससे दुर्भिक्षग्रस्त भारतीय मानस में अंग्रेजों के प्रति और क्षोभ जगा।

प्रथम महायुद्ध और निराशा

प्रथम यूरोपीय महायुद्ध सन् 1914 में आरंभ हुआ। अंग्रेजों ने भारतीय नेताओं से अनुरोध किया कि वे विरोध छोड़ें, हमारा साथ दें, विजयी हो जाने पर हम भारतवासियों को स्वतंत्र घोषित कर देंगे। अँग्रेजों ने इस महायुद्ध को स्वतन्त्रता, जनतंत्र और नागरिक अधिकार रक्षा का प्रतीक बतलाया। भुलावे में आकर भारतीय जवानों ने मिस्र, सूडान, फिलीस्तीन, अदन, चीन और फ्रांस में जाकर अपनी वीरता दिखलायी। महात्मा गांधी तन-मन-धन से सहयोग में जुट गये। विजय-श्री अंग्रेजों को मिली पर उनकी घोषणाएँ असत्य हुईं। फलतः भारतीय कांग्रेस को पुनः स्वतन्त्रता आन्दोलन तेज करना पड़ा।

जलियाँवाला बाग हत्याकाण्ड तथा चतुर्दिक् उग्र क्रान्ति

सन् 1919 ई. में विविध कारणों से भारतवासियों में आंग्ल-शासन के विरुद्ध असन्तोष व क्रान्ति की लहर दौड़ पड़ी। 6 अप्रैल 1919 ई. को सत्याग्रह आन्दोलन चलाने का निश्चय किया गया। अंग्रेजों की दमन-नीति का शान्तिपूर्ण ढंग से विरोध करने के लिए अमृतसर के निवासी जलियाँवाले बाग में एकत्र हुए। जनरल डायर ने सशस्त्र सैनिकों से बाग की घेरेबन्दी करा दी और निर्ममतापूर्वक गोली चलाने

का आदेश दिया। गोली तब तक चलती रही जब तक कि कारतूस खत्म नहीं हुए। इस बर्बर हत्याकाण्ड का समाचार पाकर देशवासियों ने अंग्रेजी शासन के विरुद्ध युद्ध करने का निश्चय कर लिया। कवीन्द्र रवीन्द्र नाथ ठाकुर ने 'सर' की उपाधि त्यागी। चारों ओर असन्तोष, क्षोभ, हिंसा का वातावरण छा गया। 'पल्टन नहीं तो खैर, रिसाले निकालिए' के अनुरूप स्वतन्त्रता सेनानियों ने हिन्दी पत्र-पत्रिकाओं द्वारा उग्र क्रान्ति के लिए भारतीयों को प्रेरित किया। इस सन्दर्भ में **'केसरी'** के मुखपृष्ठ पर प्रकाशित 'ब्रिटेन को चेतावनी' द्रष्टव्य है :

'सावधान, निश्चिंत होकर न विचरना, जब देश की प्रजा नींद से उठ जाएगी, तब तुम्हारी खैर नहीं।'

क्रान्ति के अग्रदूत लोकमान्य तिलक ने अपने पत्र **'केसरी'** द्वारा हिन्दी पत्रकारों को दिशा-निर्देश किया जो तत्कालीन राष्ट्रप्रेमियों के लिए रामबाण सिद्ध हुआ।

"लोगों में जागृति, संघशक्ति और उत्साह उत्पन्न करना यही पत्रकार की दृष्टि से हमारा पहला कर्तव्य है, ऐसा हम मानते हैं। हम जो लेख लिखते हैं, वे राजकर्त्ता के लिए नहीं लिखते, परन्तु अपने मन के सब विचार, सारी उत्साह-शक्ति और सम्पूर्ण आग पाठकों के मन में उतरे, इसी हेतु से लिखते हैं। यदि हमारा निर्धारित किया हुआ परिणाम नहीं हुआ तो हम समझेंगे कि हमारा परिश्रम व्यर्थ गया।

किं कवेः स्वस्थकाव्येन,
किं काण्डेन धनुष्मतः।
परस्य हृदये लग्नम
न घूर्णयति यच्छिरः।।

यह संस्कृत का वाक्य समाचार पत्रों के लिए भी लागू होता है।"

राजनीतिक सक्रियता

"बंग-भंग आन्दोलन, दिल्ली-दरबार, प्रथम महायुद्ध तथा जलियाँवाला बाग हत्याकाण्ड ने पूर्वी उत्तर प्रदेश को झकझोर दिया। शिवप्रसाद गुप्त के सहयोग से चन्द्रशेखर आजाद, रामप्रसाद बिस्मिल, अश्फाकउल्ला खाँ और पंडित परमानन्द ने पूर्वी जनपदों में ही स्वतन्त्रता की लहर जगायी। वाराणसी और गोरखपुर मंडल के निवासियों ने नेताओं की पुकार पर सत्याग्रह और असहयोग आंदोलन में भाग लिया–जलियाँवाला बाग की घटना के बाद असहयोग आंदोलन की लहर जब महात्मा गाँधी के नेतृत्व में सारे देश में फैली तो गोरखपुर भी उससे प्रभावित हुआ। बाबा राघवदास, बाबू रघुपति सहाय आदि जनसेवकों ने इस आंदोलन में प्रमुख भाग लिया।"[11]

आर्थिक एवं सामाजिक परिस्थितियाँ

1900 से लेकर 1920 ई. तक भारतवर्ष में कभी दुर्भिक्ष तो कभी महामारी का जोर था। लार्ड कर्जन के शासन-काल में दुर्भिक्ष आया, जिससे मनुष्य अन्न के बिना और पशु चारे के बिना मरने लगे। सरकार की कर और लगान की उत्पीड़नकारी नीति ने भारतीय कृषकों को निर्धन कर दिया। इस स्थिति को तीखे ढंग से उभारते हुए 'नृसिंह' ने लिखा है। "यदि आज यहाँ स्वराज्य होता, तो लाखों हिन्दुस्तानी दुर्भिक्ष के कारण दाने-दाने को तरस कर प्राण न गँवाते··· स्वराज्य के अभाव से ही प्रतिवर्ष 45 करोड़ रुपये इस दरिद्र देश से इंग्लैण्ड चले जाते हैं और इसके बदले भारत में एक कानी कौड़ी तक नहीं आती, जहाँ पाँच करोड़ मनुष्यों को साल भर में एक समय भी पेट भर भोजन नहीं मिलता, जिनके पास जाड़े में रात को ओढ़ने के लिए कम्बल तक नहीं है, जहाँ के करोड़ों किसान अरहर, उड़द, चना, और मूँग बोते हैं, पर उसके स्वाद से नितान्त अनभिज्ञ रहते हैं, जिन्हें टैक्स देने के लिए बाध्य होकर अन्न बेचना पड़ता है, जहाँ के शासक शासितों से सहानुभूति नहीं रखते, उस देश की विपत्तियों की तुलना किससे हो सकती है।"[12]

बीसवीं शती के प्रारंभ में ही भारत अकाल एवं प्लेग का शिकार हुआ, जिसमें 8 लाख व्यक्ति मरे। सरकार ने टीका का प्रबंध किया परन्तु उसकी अनोखी प्रतिक्रिया हुई। बालगंगाधर तिलक ने अपने 'केसरी' द्वारा अंग्रेजी शासन को रोग से भी अधिक भयंकर बता कर जनता को उत्तेजित किया। टीका लगानेवाले दो कर्मचारियों की हत्या कर दी गई। कृषि-सुधार के लिए कृषि-अन्वेषण संस्था, कृषि बैंक और सहकारी समितियों का गठन हुआ, लेकिन किसानों की स्थिति बदतर होती गई। गोरखपुर और वाराणसी मंडल के किसान बाढ़, सूखा के कारण दाने-दाने को मोहताज बने हुए थे।

बीसवीं शताब्दी के प्रथम दो दशकों में राष्ट्रीय चेतना और स्वदेशी भावना को पुष्ट करने में हिन्दी पत्रों ने अनुकरणीय भूमिका निभायी। 'सरस्वती' के दो उद्धरण द्रष्टव्य हैं :

अपना बोया आप ही खावें।
अपना कपड़ा आप बनावें।।

जुलाई 1903

हे भामिनीओ, कुलकामिनियो,
ये चूड़ियां हैं परदेशियों की।
कलंक भारी पहनो इन्हें जो,
छोड़ो जरातो मन में लजाओ।

नवम्बर 1906

पं. प्रतापनारायण मिश्र ने अपनी अनोखी शैली में 'देशी कपड़ा' की वकालत की है :

"... आखिर कपड़ा पहनोगे ही, एक बेर हमारे कहने से एक दो जोड़ा देशी कपड़ा बनवा डालो। यदि कुछ सुभीता देख पड़े तो मानना, दाम कुछ दूने न लगेंगे, चलेगा तिगुने से अधिक। देशी लक्ष्मी शिल्प के उद्धार का फल सेंत मेंत। यदि अब भी न चेते तो तुमसे ज्यादा भकुआ कौन ?"

स्वदेशी भावना और हिन्दी-प्रेम का बीजारोपण

उन्नीसवीं शती के प्रबुद्ध जन अंग्रेजी से जकड़े हुए थे। श्री लक्ष्मीनारायण सुधांशु ने लिखा है–"...किन्तु बंगाल, महाराष्ट्र और पंजाब के जननेता श्री विपिनचन्द्र पाल, बाल गंगाधर तिलक और लाला लाजपत राय के सम्मिलित उद्योग से स्वदेशी आंदोलन का सूत्रपात 1905 ई. में हुआ। इसकी प्रेरणा से यह भावना हिन्दी भाषियों में ही नहीं, देश के दूसरे भाषा-भाषियों में भी फैली। अखण्ड और अविभाज्य भारत के आदर्श ने देश की अन्य भाषाओं के जननायकों में हिन्दी-प्रेम का बीजारोपण किया। बंग-विभाजन से जिस सशक्त स्वदेशी आंदोलन की उत्तेजना फैली, भारत की एकता के लिए एक भाषा के आधार को उसने बलवान बनाया। देश के दूरदर्शी नेता भारतीय भाषाओं के एकीकरण की प्रयोजनीयता समझने-समझाने लगे।

स्वदेशी आंदोलन का आरंभ होते ही उपेक्षित मातृभाषा का प्रश्न चर्चित होने लगा, विशेषतः बंगाल में जहाँ कि भाषा बंग देश के ऐक्य की अमर प्रतीक थी। परन्तु अब भी हिन्दुस्तानी को उसका उपयुक्त स्थान नहीं मिल सका था। परन्तु बंगाल के राजनीतिक नेताओं में से एक पत्रकार स्वर्गीय कालीप्रसन्न काव्यविशारद ने हिन्दुस्तानी के महत्त्व का सबसे पहले उस समय भी अनुभव किया।"[13] स्वतंत्रता-प्रेमियों का एक भाषा के माध्यम से एकजुट हो जाने का आह्वान हिन्दी के लिए हितकर सिद्ध हुआ।

हिन्दी को मान्यता तथा संस्कृति का पुनरुत्थान

सन् 1900 ई. में हिन्दी को कचहरियों में स्थान मिल गया जिसके पीछे स्वदेश-प्रेमियों का अथक प्रयास था। हिन्दी को मान्यता मिलने के साथ ही हिन्दी प्रेमियों ने हिन्दी प्रचार-प्रसार का अभियान तेज कर दिया। "सन् 1905 ई. में बंग भंग के विरोध में स्वदेशी आंदोलन छिड़ गया... इसने अनोखी जन-जागृति फैलायी। स्वदेशी आंदोलन के स्वरूप अशिक्षित तथा सहकारी पदाधिकारियों का ध्यान भी हिन्दी की ओर आने लगा, जो अपनी भाषा को तुच्छ और उपेक्षा की वस्तु समझते थे। एक और भी बड़ी देन इस आंदोलन की है। साहित्य और भाषा के साथ-साथ

अपनी संस्कृति, अपना शिल्प, अपनी संगीत कला के पुनरुज्जीवन की भावना भी प्रबल हुई। लोग मूर्तिकला, चित्रकला, भवन निर्माण-कला, संगीत कला के पुनरुत्थान की चेष्टा में दत्तचित्त हुए।"[14] हिन्दी को राष्ट्रभाषा बनाने में शारदाचरण मित्र, पं. अमृतलाल चक्रवर्ती, महामना मदनमोहन मालवीय, डॉ. श्यामसुन्दर दास श्री शिवप्रसाद गुप्त, बाबा राघव दास प्रभृति जननेताओं ने जी-तोड़ परिश्रम किया। उत्तर भारत के प्रत्येक जिले में नागरी प्रचारिणी सभा की स्थापना हुई जिसने देवनागरी लिपि तथा हिन्दी को लोकप्रिय बनाने के लिए हर सम्भव कार्य किया।

सन् 1885 से 1919 ई. तक के बीच प्रकाशित पत्रों ने राजनीतिक, साहित्यिक, सांस्कृतिक जागरण के स्वर को गुञ्जायमान किया जिनमें से कुछ महत्त्वपूर्ण पत्रों का विवरण प्रस्तुत है :

जागरण का अग्रदूत 'हिन्दोस्थान'

प्रतापगढ़ के कालाकांकर से 1 नवम्बर 1885 को राजा रामपाल सिंह ने 'हिन्दोस्थान' दैनिक का सम्पादन प्रकाशन किया। 27 वर्षों तक भारत में चेतना का स्वर फूँकने वाले पत्र का सिद्धान्त-वाक्य था :

'सत्यश्रमाभ्यां सकलार्थसिद्धिः'

10 X 13 इंच आकार के 4 कालमवाले पत्र के प्रथम पृष्ठ पर लेखों, समाचारों की सूची छपती थी। सम्पादक पं. मदन मोहन मालवीय को गहमर निवासी पं. शीतलाप्रसाद उपाध्याय, ठाकुर रामप्रसाद सिंह तथा शिवनारायण सिंह का सहयोग प्राप्त था। बालमुकुन्द गुप्त तथा प्रतापनारायण मिश्र को पत्रकार-पटु बनाने में मालवीय जी की दूरदर्शिता उल्लेख्य है जिन्होंने 'हिन्दोस्थान' सम्पादक-मण्डल में इन दो विभूतियों को समादृत किया। हिन्दी भाषा, राष्ट्रीय विचारधारा तथा देश की प्रगति की जानकारी पाठकों को हो, इस दृष्टि से मालवीय जी ने 'हिन्दोस्थान' को बड़ा ही उपयोगी बनाया। कांग्रेस की स्थापना के बाद यह पत्र उसका पक्षधर हो गया तथा राष्ट्रीय-धारा में पाठकों को सम्मिलित करवाने का श्रेयस्कर कार्य किया। पाश्चात्य शिक्षा और संस्कृति के प्रति आस्थावान संचालक राजाराम सिंह ने पत्र द्वारा हिन्दी, हिन्दू, हिन्दुस्तान की अविस्मरणीय सेवा की। प्रारम्भ में 'हिन्दोस्थान' साप्ताहिक पत्र था, जो हिन्दी, उर्दू, और अंग्रेजी भाषा में छपता था। ब्रिटेनवासियों के हृदय में हिन्दी के प्रति निष्ठा उत्पन्न करने का ऐतिहासिक कार्य इस पत्र ने किया।

'हिन्दोस्थान' दैनिक 'रायटर' की समाचार सेवा से लाभान्वित हुआ। महामना मालवीय ने इस पत्र द्वारा ग्रामीण पत्रकारिता को प्रारम्भ किया । वे सप्ताह में एक दिन सुनिश्चित ही ग्रामीण समस्या पर सम्पादकीय लेख लिखते थे। 'कहाँ गये वे गाँव मनोहर···' नामक कविता इसी पत्र में छपी थी।

जागरण का संदेशवाहक : 'क्षत्रिय पत्रिका'

पूर्वांचल में चतुर्दिक् जागरण के पुरस्कर्ता अनेक पत्र थे। देवरिया के मझौली राज के लाल खड्गबहादुर मल्ल की 'क्षत्रिय पत्रिका' के शुभेच्छु ने अभ्युदय-संदेश के प्रसारण हेतु 'विद्या धर्म वर्द्धिनी सभा' की स्थापना की जिसके संदर्भ में पत्रिका ने प्रकाशित किया :

"विद्या धर्म वर्द्धिनी सभा
अर्थात्
'सुरीति संचारिणी' वा 'सर,वार संजीवनी सभा'
हाय ! कालिका रह्यो आज कैसो दिन आयो।
धन, बल, बीरज, सत्य, धर्म मम कहाँ बिलायो।
हा ! भारत बलहीन दीन हा ! आरज भाई।
विद्या बुद्धि विहीन छीन तब द्युति दरसाई।।
हा ! दधीचि हरिचन्द्र, भरत सिवि धर्मधुरंधर।
हा रघु, दसरथ राम, सूर्य-कुल-कमल दिवाकर।।
कृष्ण, भीम हा ! कर्ण, द्रोण हा ! भीष्म युधिष्ठिर।
महानन्द, विक्रम, सुभोजहूँ नाहि रहे थिर।।
भारत जननी गोद सून करि कहाँ सिधारे।
रहिगे कूर, कपूत, आलसी कायर सारे।।
X X X

पूर्वकाल को स्मरण करके वर्तमानावस्था को देखने से कैसा दुःख होता है ? अब से भी अपने कर्म सुधारिये। आँखें खोलिये। और सर, वार की डूबती हुई प्रतिष्ठा को इस मूर्खता के समुद्र से निकालिये। आपको निस्संदेह बड़ा पुण्य होगा।"

ज्येष्ठ कृष्ण 5, सम्वत् 1942 के अंक में प्रकाशित उपर्युक्त पंक्तियों द्वारा जागरण का शुभ मंत्र दिया गया। 'मछरी विलाप' शीर्षक लेख में ब्राह्मण, क्षत्रिय, वैश्य, शूद्र जाति के पतन का चित्र प्रस्तुत किया गया है। इस लेख द्वारा भारतीयों को अप्रत्यक्ष चुनौती दी गयी है जो भारतीय स्वतंत्रता इतिहास का एक प्रेरक पृष्ठ है :

'सा. आ. श्री अम्बिकादत्त व्यास विरचित मछरी विलाप'

"हा ! अरे ब्राह्मण लोगो यदि तुम हमारे ही वध के वाक्य जोड़ने में अपने शास्त्र का बल दिखलाते हो और अपनी पंडिताई झाड़ते हो, तो धिक्कार है तुम्हारी ब्राह्मणता की बगल में पोथी और हाथ में मरा मत्स्य लटकाए फिरते हो। छिः कुछ तो लाज करते। ऐसे कर्म पर भी जगद्गुरु कहाना चाहोगे। धिक् !!! अहो

क्षत्रियगण ! जीते रहो उचित करते हो ! हमीं तुम्हारी शत्रु हैं, हमारा गोरा अंग देखो हमारा शीत स्थान देखो हमीं ने तुमसे लोगों को पराधीन किया है। बस हमारे ही ऊपर वीरता के हाथ साफ करो और स्वतंत्र हो जाओ, क्या बात है अम्बरीष, रघु, दिलीप आदि महात्माओं के कुल में न जनमें हो ? बस ऐसे ही काम करो जिसमें बिना कहै कुल परिचय मिले।

... हाय किसी दिन हमारा दर्शन मांगलिक कहलाता था पर आज बड़े-बड़े श्रोत्रिय, पाठक, ठाकुर, मिश्र, तिवारी, पांडे, चट्टोपाध्याय, मुखोपाध्याय आदि मेरे लिए राक्षस हो रहे हैं।"[15]

वाक् स्वातन्त्र्य के न रहने पर भी साहित्यकारों ने परोक्ष रूप में जिस प्रकार जागरण का संदेश प्रसारित किया, वह इतिहास का स्वर्णिम पृष्ठ हो चुका है। पूर्वी उत्तर प्रदेश के मझौली राज (देवरिया) के लाल खड्गबहादुर मल्ल की मनस्विता के फलस्वरूप 'क्षत्रिय पत्रिका' ने राष्ट्र और राष्ट्रभाषा की अप्रतिम सेवा की। प्रकाशक बाबू साहिब प्रसाद सिंह और सम्पादक बाबू रामदीन सिंह ने पत्रिका द्वारा हिन्दी पत्रकारिता की आधारशिला रखी।

'भारतभ्राता'

मध्यप्रदेश के रीवां के लाल बलदेव सिंह ने हिन्दी के विकास और राजनैतिक पत्रकारिता को पुष्ट करने हेतु 15 जनवरी 1887 ई. से 'भारतभ्राता' पाक्षिक पत्र का प्रकाशन किया। 15 वर्षों तक इस पत्र ने पिछड़े विंध्य क्षेत्र में ही नहीं अपितु सम्पूर्ण हिन्दी क्षेत्र में चेतना की ज्योति जगायी। बाबू बालमुकुन्द गुप्त ने लिखा है कि यद्यपि अब रीवां से वैसा पत्र निकलने की कोई आशा नहीं है। अफसोस रियासती अखबारों की जहाँ-तहाँ ऐसी ही गति है। 5 फरवरी 1892 ई. के अंक में प्रकाशित निम्नलिखित पंक्तियों द्वारा हम 'भारतभ्राता' की पत्रकारिता सुलभ विशिष्टता से अवगत हो सकते हैं :

ब्राह्मण : अनेकानेक गद्य तथा उत्तमोत्तम पद्य लेखों से
विभूषित मासिक पत्र

हिन्दुस्तान तथा इंग्लिस्तान के जितने हिन्दी रसिक सहृदय है तथा हिन्दी के जितने उत्तम पत्र हैं अर्थात् जो श्रेष्ठ हैं वे सब इसकी उत्तमता की साक्षी हैं। आठ वर्ष से यह पत्र मनोविनोद एवं सदुपदेशपूर्ण विषयों के द्वारा देश मात्र नहीं अपितु समाज के कल्याण में भी तत्पर है। इसके सम्पादक पं. प्रतापनारायण मिश्र की लेखनी शक्ति की प्रशंसा श्रीमान् गोलोकविहारी भारतेन्दु बाबू हरिश्चन्द्र महोदय की लेखनी ने स्वयं लिखी है तथा कई एक मासिक पत्रों ने इसे बारम्बार प्रकाशित

किया है कि भारतेन्दु जी के उपरांत उनके लेखों का-सा आनन्द यदि कहीं मिलता है तो पंडितजी के लेखों में ही किंवा हमारे कहने को न मानिए तो भारत अथवा इंग्लैण्ड में जिन्हें आप हिन्दी का सुलेखक अथवा कवि समझते हों तो उनसे पूछ देखिए वा किसी नम्बर का कोई आर्टिकल पढ़कर देखिए, आप स्वयं न्याय कर लेंगे तो आशा नहीं वरन् पूर्ण विश्वास है कि इसे आप अपने ढंग का ही अपूर्व पत्र पाइयेगा। इस वर्ष में कई एक और सुप्रसिद्ध विद्वानों ने भी इस पत्र में लिखना प्रारम्भ किया है अतएव अब सोने में सुगन्ध हो गई है और डाक व्यय समेत वार्षिक मूल्य केवल एक रुपया है यदि इतने पर भी ग्राहक न होइये तो अन्धेर है हिन्दी भाषा, हिन्दू जाति और हिन्दुस्तान का अभाग्य है और क्या कहा जाये।
मिलने का पता

मैनेजर-खड्ग विलास
प्रेस
बांकीपुर

म्लान भारतीयों में उत्साह बढ़ानेवाले इस पत्र के मुखपृष्ठ पर संस्कृत का निम्नलिखित श्लोक छपता था :

स किं सखा साधु न शास्ति यो धिषं हितान्न यः संश्रृणुते स किं प्रभुः।
मदानुकूलेषु हि कुर्वते रति नृपेष्वमात्येषु च सर्वसम्पदः।।

वास्तव में 'भारतभ्राता' भारतीयों का सच्चा भ्राता था।

'दिनकर प्रकाश' द्वारा चेतना का प्रस्फुटन

लखनऊ से प्रकाशित मासिक पत्र 'दिनकर प्रकाश' ने समाज सुधार और राजनीतिक चेतना को प्रस्फुटित किया। सन् 1887 ई. में प्रकाशित निम्नलिखित पंक्तियों से पत्र की दूरदर्शिता का आभास मिलता है :

'पंडित विष्णु नारायण दर के विलायत से वारिस्टरी परीक्षा पास करके यहाँ आने पर उनकी बिरादरी में बड़ा गड़बड़ मचा है। इन दिनों खत्रियों की तरह काश्मीरियों में भी दो समुदाय हो रहे हैं। थोड़े से आदमी उनके मेल में हुए हैं बाकी और लोग उन्हें बिरादरी में नहीं मिलाना चाहते हैं और उनके बिरादरी में शरीक होने में बाधा डाल रहे हैं। कहिये भारतवर्ष की दिन-प्रतिदिन मंद दशा क्यों होती जाती है ? हमारी समझ में ऐसी ही बुद्धि के लोग इसका मूल कारण हैं यह तो नहीं विचारते कि धन्य है पंडित विष्णुनारायण जी के साहस और विद्योत्साह को कि आज तक किसी काश्मीरी भाई को यह साहस नहीं हुआ था कि वह ऐसा करता।··· क्या यह इस जात के लिए एक गौरव और प्रतिष्ठा का कारण नहीं हुआ।··· पर हाय इस देश के बैरियों की बुद्धि में हम अपनी बुद्धि क्यों डाल दें कि उन्हें अपना भला-बुरा तो सूझने लगे।··· यदि विलायत जाकर विद्याध्ययन का

रास्ता बन्द किया जाता है तो बस अब वारिस्टर, सिविल सर्जन, सिविल सर्विस इत्यादि जो बड़े-बड़े काम हैं उनकी आशा छोड़िए जो आपकी किसमत में 20 रु. तथा 25 रु., 50 रु. की गुलामी बदी है, वह कीजिए।'

'दिनकर प्रकाश' श्री रामदास वर्मा के सम्पादकत्व में निकला। जो 1888 तक किसी तरह प्रकाशित होता रहा।

'भारत जीवन'

उन्नीसवीं शताब्दी का महत्त्वपूर्ण पत्र 'भारत जीवन' साप्ताहिक भारतेन्दु हरिश्चन्द्र के कारण प्रारम्भ हुआ। जब भारतेन्दु जी का देहावसान हुआ तो इस पत्र ने उनको गौरवान्वित करने के लिए 'हरिश्चन्द्राब्द' चलाया। पंडित विजयानन्द द्वारा रचित पत्र का मोटो द्रष्टव्य है :

जयति ईश जाकी कृपा लेश ललित सर्वत्र।
भारतजीवन हित लसत भारत जीवन पत्र।।

प्रारम्भिक चार वर्षों तक बाबू रामकृष्ण वर्मा पत्र के सम्पादक थे। 1888 से 1901 तक बाबू कार्तिक प्रसाद खत्री पत्र के सम्पादक हुए। बाबू हरिकृष्ण जौहर, गंगा प्रसाद गुप्त और लक्ष्मीनारायण त्रिपाठी के सम्पादकत्व में पत्र ने लोकप्रियता प्राप्त की। सन् 1914 ई. में कुछ समय के लिए पत्र दैनिक हुआ। वाराणसी के प्रथम दैनिक समाचार पत्र के रूप में 'भारतजीवन' उल्लेख्य है जिससे हिन्दी की सेवा हुई।

स्वाधीनता के प्रति निरपेक्ष भाव रखनेवाले इस पत्र को दब्बू कहा गया। बालमुकुन्द गुप्त ने लिखा :

'भारत जीवन अखबारी हैसियत से चाहे किसी दशा में क्यों न रहा हो, हिन्दी की सेवा उससे हुई है, इसमें सन्देह नहीं।'

'दिल्ली दरबार' में उपस्थित होने के लिए 'हिन्दी बंगवासी' के साथ 'भारतजीवन' के सम्पादक को भी आमंत्रित किया गया जिससे पत्र की गरिमा का ज्ञान प्राप्त होता है।

'खिचड़ी समाचार'

श्री माधवप्रसाद धवन ने 1888 ई. में 'खिचड़ी समाचार' नामक साप्ताहिक पत्र मिर्जापुर से प्रकाशित किया। हिन्दी, उर्दू, अँग्रेजी तीनों भाषाओं के प्रयोग के कारण पत्र का नाम 'खिचड़ी समाचार' था। पत्र का मोटो था :

अन्याय भूख को हरनहार
दे न्याय स्वाद आनन्द डँकार।

स्वातन्त्र्य प्रजा को बल अधार
देवै यह खिचड़ी समाचार।।

'साँच को आँच क्या' के लक्ष्य से निकलनेवाला पत्र 'खिचड़ी समाचार' जहाँ एक ओर राष्ट्रीय था, वहीं हिन्दू-मुस्लिम के पृथक्करण की नीति का घोर विरोधी था। विचारों की दृढ़ता के कारण पत्र सरकार का कोपभाजन बना। सम्पादक धवन को जेल की हवा भी खानी पड़ी। सर्वश्री उमा शंकर द्विवेदी, सीताराम गुप्त, सीताराम द्विवेदी, पत्र के सहयोगी थे। 'खिचड़ी समाचार' से जमानत माँगी गयी जिसके कारण पत्र का प्रकाशन ठप हो गया।

वस्तुतः 'खिचड़ी समाचार' ने युगानुरूप भारत की अविस्मरणीय सेवा की।

'विद्याधर्म दीपिका'

विद्याधर्म दीपिका एक मासिक पत्रिका थी जो गोरखपुर के मझगाँवा बरही से प्रकाशित होती थी। सन् 1888 ई. में निकलनेवाली पत्रिका के सम्पादक चन्द्रशेखर धर मिश्र थे। संख्या 6, 7, 8 के संयुक्तांक (1889) में तत्कालीन पत्रों की दयनीय दशा तथा ग्राहकों की मनोवृत्ति पर प्रकाश डालनेवाली निम्नलिखित पंक्तियाँ मननीय हैं :

समाचारपत्रों का एक सिद्धोषध

"आजकल समाचारपत्रों को जन्म लेते ही राजयक्ष्मा की बीमारी घेरती है। यद्यपि इस रोग के होने के कई कारण हैं तथापि अधिक व्यय होना ही अधिक व्यवसाय है।··· अधिक खर्चे के होने में एक बड़ा भारी कारण यह भी हो गया है कि पत्रों के अधिकांश ग्राहक नादिहन्द निकल जाते हैं। लेखक ने ग्राहकों की चार श्रेणियों को बताया है :

(1) कष्ट उठाकर दाम देनेवाले
(2) सुख से दाम देनेवाले
(3) भरसक न देनेवाले
(4) असमर्थ या नादिहन्द

इनमें कष्ट उठाकर अखबारों के दाम देनेवाले ही समाचारपत्र के पूरे प्रेमी हैं जो सहस्रों झंझट में रहकर भी उचित समय पर पत्रों के उचित दाम भेज देते हैं। ये प्रायः बड़े धनी नहीं होते, पर ये पत्रों के उपकार को समझते हैं और उन्हीं के द्वारा पत्रों की उन्नति भी होती है। इनकी गिनती फ़ी सैकड़े पाँच से भी कम है।···"

शुद्ध हिन्दी भाषा के प्रयोग की दिशा में पत्रिका 'विद्याधर्म दीपिका' ने प्रकाश-स्तम्भ का कार्य किया। प्रथमांक के निम्नलिखित अंश पत्रकारिता जगत्

के लिए स्पृहणीय हैं :

"इस पत्रिका का मुख्योद्देश्य विद्या धर्म प्रकाशनादि साधनों का संस्कार करना और उसे लाभ पहुँचाना है पर ऐसा नहीं है कि राजनीति आदि के विषय इसमें न रहेंगे। हमारे समाज-संस्कार में, राजनीति, धर्म का सुधारना आदि सभी विषय आ सकते हैं, हमारा समाज ठीक नहीं है, तो राजनीति का बर्ताव कौन करेगा वा राजनीति से समाज को हानि पहुँची तो समाज ही कहाँ आनन्द में रह सकता है। हम समाज के लाभार्थ समय-समय पर आरोग्य रक्षा पर भी यथासाध्य लेख लिखेंगे क्योंकि बिना आरोग्य के समाज की हीनतर से हीनतम दशा हो सकती है। हम निन्दा किसी की न करेंगे न किसी का विरोध। चाहे वे जिस सम्प्रदाय, धर्म और जाति के हैं किन्तु अपनी उद्देश्य रक्षा में यदि विघ्न देख लेंगे तो उस समय का लिखा प्रतिज्ञा भंग नहीं कहा जा सकता।"[16]

पूर्वाञ्चल में राजनीतिक चेतना को प्रदीप्त करने में 'विद्याधर्म दीपिका' का विशेष महत्त्व है।

'राजस्थान समाचार'

सन् 1889 ई. में अजमेर से समर्थदान जी ने 'राजस्थान समाचार' का प्रकाशन किया। यह पत्र पहले साप्ताहिक था पुनः अर्द्ध साप्ताहिक और 1912 में दैनिक पत्र के रूप में निकलता था। पत्र में आर्य समाज के सिद्धान्तों की विशद चर्चा रहती थी। रूस-युद्ध, बंग-भंग, बोअर-युद्ध तथा विश्व युद्ध के संदर्भ में 'राजस्थान समाचार' ने उल्लेखनीय तथ्यों को प्रकाशित कर हिन्दी पाठकों का नयनोन्मेष किया। क्षेत्रीय, राष्ट्रीय और अन्तर्राष्ट्रीय समाचारों के साथ पुस्तक समीक्षा का भी प्रकाशन इस पत्र में होता था। जन-जागरण की दिशा में पत्र का अविस्मरणीय योगदान है। पत्र के सर्वस्व मनीषी समर्थदान के सम्बन्ध में पं. चन्द्रधर शर्मा गुलेरी ने 1915 ई. में लिखा :

"मनीषी जी ने पत्र को अपने से पृथक् नहीं समझा सैकड़ों उसमें कमाए और हजारों उसी में होम दिये। पत्र पहले साप्ताहिक था, फिर अर्द्धसाप्ताहिक हुआ। उन दिनों उसमें एक 'अनन्त कहानी' चलाई गई थी, जो जल्दी ही शांत हो गई। रूस-जापान के युद्ध की उमंग में इन्होंने अपने पत्र को दैनिक कर दिया। सच पूछिए तो यही हिन्दी का पहला व्यवसायी दैनिक था। 'भारत मित्र' का पहला दैनिक रूप केवल परीक्षा के लिए था और कालाकांकर का 'हिन्दोस्तान', बड़ौदे की सोने-चाँदी की तोपों की तरह, एक राजा के शौक की चीज थी।··· यही दैनिक पत्र (राजस्थान समाचार) मनीषी जी के लिए श्वेत हस्ती बन गया, अथाह घाटे के कारण बंद करना पड़ा, कुछ दिन साप्ताहिक होकर सिसका, अन्त को बुझ गया।"[17]

'राजस्थान-यंत्रालय' द्वारा मुद्रित यह पत्र राजपूताना का गौरव स्तम्भ था।

'सर्वहित'

'सर्वहित' (पाक्षिक) का प्रकाशन 1890 में बूंदी से हुआ। रामप्रताप शर्मा एवं लज्जाराम शर्मा ने 'सर्वहित' द्वारा नियमित प्रकाशन, मनोरम मुद्रण एवं विषय-वैविध्य के क्षेत्र में मानदण्ड स्थापित किया। सम्पादकीय, लघु टिप्पणियों, देश-विदेश के समाचारों, कविता, धारावाहिक उपन्यास, विज्ञापन, पुस्तक समीक्षा के प्रकाशन से राजस्थान की हिन्दी पत्रकारिता को समृद्ध किया गया। पत्र की भाषा संस्कृतनिष्ठ हिन्दी थी। समसामयिक समस्याओं के सांगोपांग विवेचन के साथ ही 'सर्वहित' ने भारतीय संस्कृति और सभ्यता के उन्नयन हेतु पाठकों का उद्‌बोधन किया। लगभग 14 वर्षों तक यह पत्र अपने प्रान्त की सेवा करता रहा।

'सर्वहित' के प्रकाशक व्यवस्थापक श्री हरिवल्लभ दाधीच थे। भारत की दीन-दशा से खिन्न होकर पत्र ने सम्पादकीय में लिखा :

"यहाँ के लोगों का यश रूपी झंडा आकाश में फहराता था। यहाँ के विद्वान् न्याय, मीमांसा, गणितशास्त्र, भूगोल, खगोल, ज्योतिष आदि विद्याओं में पूर्ण थे और अन्य देशवासी यहाँ तालीम पाने को आते थे। यह वही देश है, जहाँ किसी समय में अनेक आश्चर्योत्पादक काम होते थे। ये सब उद्योग के ही फल थे। ...जब यहाँ के वासी आलस्य के वश में हो गये तो वे कान हिलाने तक को असमर्थ हो गये।... ईश्वर से हमारी यही प्रार्थना है कि वो भारतवासियों पर कृपा करके भूले हुओं को मार्ग पर लगाये।"

1 मई, 1894 ई.

'प्रसिद्ध चित्रावली' मासिक जोधपुर से 1890 से निकलना प्रारम्भ हुआ जिसमें महापुरुषों का सचित्र जीवनवृत्त छपता था। 'सर्वहित' और 'प्रसिद्ध चित्रावली' यद्यपि राज्याश्रित पत्र थे किन्तु ये दोनों जन-चेतना के अग्रदूत के रूप में समादृत हैं।

'हिन्दी बंगवासी'

पं. अमृतलाल चक्रवर्ती के सम्पादन में 'हिन्दी बंगवासी' का प्रकाशन 1890 ई. में प्रारम्भ हुआ। डबल रायल आकार के दो बड़े पन्नों पर छपनेवाले दीर्घजीवी पत्र को पत्रकारों का प्राथमिक विद्यालय कहा जा सकता है जिसमें बालमुकुन्द गुप्त, बाबूराव विष्णु पराड़कर, अम्बिकाप्रसाद वाजपेयी, लक्ष्मणनारायण गर्दे ने सम्पादन का कार्य किया। पं. अम्बिकाप्रसाद वाजपेयी ने लिखा है कि 'हिन्दी बंगवासी' में पत्रकारों का विशेष ज्ञान कोई प्राप्त नहीं कर सकता था, क्योंकि जो प्रधान सम्पादक थे, उन्हीं को विशेष ज्ञान न था। 'स्वयं असिद्धः कथं परान् साधयते

समर्थः' वाली बात थी। फिर भी पत्रकारों का वह प्राथमिक विद्यालय अवश्य था।"[18]

'हिन्दी बंगवासी' प्रारम्भ से ही प्रतिक्रियावादी पत्र था जिसके कारण राष्ट्रवादी पत्रकारों ने पत्र से सम्बन्ध तोड़ लिया। यह वही पत्र था जिसने 'कांग्रेस' का 'कांगरस' लिखकर उपहास किया। इस पत्र द्वारा हिन्दी की सेवा हुई तथा परोक्ष रूप में इसने पत्रकारों में प्रखरता का संचार किया। बाबू बालमुकुंद गुप्त के अनुसार "हिन्दी बंगवासी एक दम नया ढंग का अखबार निकला। हिन्दी में उसके पहले वैसा अखबार कभी न निकला था।··· बहुत-सी बातें उसमें छपने लगीं जो किसी और हिन्दी अखबार में न होती थीं। केवल दोष एक ही था कि उसकी भाषा बंगला ढंग की होती थी।··· थोड़े ही दिनों में उसकी ग्राहक संख्या दो हजार तक हो गई। इतने ग्राहक कभी किसी पत्र के नहीं हुए।··· हिन्दी बंगवासी के निकलने से दो साल के अन्दर कई एक हिन्दी अखबार बंद हो गए, कई एक की कमर टूट गयी।"

पंडित बद्रीनारायण चौधरी ने पत्र को 'भाषा गढ़ने की टकसाल' बतलाया जिसके सिक्के बाबू बालमुकुंद गुप्त की छाप के साथ थे।

'सद्धर्म प्रचारक'

श्री बंकटलाल ओझा की 'हिन्दी समाचारपत्र सूची' भाग-1 के अनुसार दिल्ली से महात्मा मुंशीराम के संयोजकत्व में 1890 से 'सद्धर्म प्रचारक' साप्ताहिक का प्रकाशन प्रारम्भ हुआ। प्रारम्भ में यह पत्र हिन्दी, उर्दू दोनों में छपता था। दिल्ली दरबार के समय यह पत्र दैनिक हो गया। श्री हरिश्चन्द्र विद्यालंकार पत्र-सम्पादक थे। आर्य समाज के प्रति निष्ठावान 'सद्धर्म प्रचारक' राजनीति में सक्रिय रूप से भाग लेता था। सन् 1913 ई. में जब महात्मा गांधी की दक्षिण अफ्रीका में गिरफ्तारी हुई तो पत्र ने गांधी की गिरफ्तारी के चित्र के साथ निम्नलिखित पंक्तियाँ छापीं :

हम दीन हैं किन्तु रखते मान हैं।
कब माँगते किसी से दान हैं।
न्याय से चाहते अपना अधिकार हैं
भव्य भारतवर्ष की सन्तान हैं।।

'सद्धर्म प्रचारक' संवाददाता शब्द का प्रयोग न कर 'वार्ताहर' शब्द का प्रयोग करता था। महात्मा मुंशीराम की दूरदर्शिता से कांगड़ी और दिल्ली में स्वदेश प्रेम की भावना प्रसारित हुई।

'शुभचिन्तक'

पं. रामगुलाम अवस्थी ने जबलपुर से सन् 1887 ई. में साप्ताहिक 'शुभचिन्तक' पत्र निकाला। रायसाहब रघुवर प्रसाद द्विवेदी भी पत्र के सम्पादक थे।

साप्ताहिक 'हितवार्ता'

पं. कालीप्रसन्न काव्य-विशारद ने हिन्दी में 'हितवार्ता' का प्रकाशन 1903 ई. में किया जिसके सम्पादक पं. रुद्रदत्त शर्मा थे। पं. जगन्नाथ प्रसाद चतुर्वेदी तथा बाबूराव विष्णु पराड़कर ने पत्र को राष्ट्रीयता की भावना से सम्पृक्त किया।

'नागरी नीरद'

श्री बदरीनारायण चौधरी 'प्रेमघन' ने 1891 ई. में 'नागरी नीरद' साप्ताहिक समाचारपत्र का प्रकाशन किया। पत्र के मुखपृष्ठ पर अंकित रहता था :

'भरित नेह नवनीर नित, बरसत सुरस अथोर।
जयति अलौकिक घन कोऊ, लखि नाचत मन मोर।।
नवल नागरी लता पै बर विधा बरसाय।
करै प्रफुल्लित नागरी नीरद छवि सों छाय।।'

इन पंक्तियों के नीचे 'शत्रोरपि गुणावाच्या दोषावाच्या गुरोरपि' मुद्रित था जिससे पत्र की भावना का आभास हो सकता है। पत्र में अंग्रेजों की खिल्ली उड़ाने वाले समाचार महत्त्व के साथ प्रकाशित होते थे जिसका एक उदाहरण प्रस्तुत है :

" 'साहिब की मूँछ'

सुनते हैं कि पंजाब के एक असिस्टेंट कमिश्नर की एक ओर की मूँछ किसी सिक्ख ने काट ली जबकि वह अचेत सो रहे थे। सिक्ख जिस समय मूँछ काटकर भागता था, पकड़ा गया। उसके हाथ में कैंची भी थी परन्तु न्यायालय से वह छोड़ दिया गया, क्योंकि भारतीय दण्ड संग्रह में कोई धारा ऐसी नहीं है जिसके अनुसार मूँछ काटनेवाले को दण्ड दिया जाय। तब तो सिक्ख क्यों, उसे गुरु-घंटाल कहना होगा।"[19]

हिन्दी के अनन्य प्रेमी प्रेमघन जी ने 27 सितम्बर 1894 के अंक में लिखा :

"कलकत्ता के बंगाली लोग इस बात की चेष्टा कर रहे हैं कि बंगालदेशीय यूनिवर्सिटी की एफ. ए. और बी. ए. परीक्षा में भी बंगला भाषा का प्रचार हो परन्तु बिचारी हिन्दी को हमारे प्रदेश में प्रवेशिका परीक्षा में भी प्रवेश देने के लिए कोई चूँ तक नहीं करता।"

साहित्य-महारथी प्रेमघन जी ने अपने पत्रों द्वारा राष्ट्र को चैतन्य किया।

लोक-चेतना के प्रारम्भिक पत्र

राजस्थान के प्रथित पत्रकार तथा भूतपूर्व मुख्यमंत्री स्वर्गीय जयनारायण व्यास के कथनानुसार 'राजपूताना हेराल्ड' पहला पत्र था जिसने लोक-चेतना को मुखरित किया। यद्यपि यह पत्र अंग्रेजी भाषा का था, परन्तु राजस्थान के दुःख-दर्द को

प्रकट करने में अपनी गरिमा समझता था। रियासती दमन चक्र से बचने के लिए पत्र का प्रकाशन अजमेर से सन् 1885 में आरम्भ हुआ। श्री हनुमान सिंह पत्र के सम्पादक थे।

'राजपूताना गजट' का प्रकाशन अजमेर से 1885 में हुआ। बालमुकुन्द गुप्त के अनुसार पत्र 12 पृष्ठों का था जिसमें 8 पृष्ठ उर्दू तथा 4 पृष्ठ हिन्दी में छपते थे। पत्र के संचालक सम्पादक मौलवी मुरादअली 'बीमार' थे। एक संघर्षशील पत्रकार के रूप में मौलवी साहब जुल्मों और अत्याचारों के विरुद्ध लिखते रहे। वे हिन्दी भारतीय संस्कृति और गौ माता के कट्टर समर्थक थे।

1885 ई. से प्रकाशित 'राजपूताना मालवा टाइम्स' ने अपने सम्पादकीय में लिखा कि समाज में व्याप्त बुराइयों की ओर बुद्धिजीवियों का ध्यान आकर्षित करना उसका प्रमुख लक्ष्य है। सम्पादक बख्शी लक्ष्मण दास को निर्भीकता के फलस्वरूप कई बार राज-कोप का शिकार होना पड़ा।

'वेद भाष्य' (1889), 'पुष्कर प्रदीप' (अजमेर, 1890) 'अग्रहरि वैश्य बंधु' (फतहपुर, 1891) 'दिनचर्या' (नाथद्वारा, 1894), जैन गजट, (अजमेर, 1895) 'परोपकारी' (अजमेर, 1901), 'अनाथ रक्षक' (अजमेर, 1902), 'आर्य मार्तंड' (अजमेर) ने राजस्थान में जागरण का शुभ संदेश प्रसारित किया।

राजस्थान के कुछ साहित्यिक पत्र

जोधपुर से सन् 1898 में 'भारत मार्तण्ड' निकला जिसके सम्पादक पंडित रामकर्ण श्यामकर्ण शर्मा थे। इनके गुरु पं. गट्टूलाल जी 'भारत मार्तण्ड' उपाधि से विभूषित हुए तो श्रद्धाभिभूत शिष्य वर्ग ने 'भारत मार्तण्ड' (मासिक) का प्रकाशन किया। जो लगभग एक वर्ष तक चलता रहा।

'समालोचक' (मासिक) सन् 1902 से जयपुर से प्रकाशित हुआ जिसको पं. चन्द्रधर शर्मा गुलेरी तथा गोपाल राम गहमरी की कुशल लेखनी का सम्बल प्राप्त हुआ। पत्र-प्रकाशन के मूल में हिन्दी साहित्य की समालोचना के साथ राष्ट्रीय जागरण की भावना को उजागर करना था। बाबू बालमुकुन्द गुप्त की 'स्फुट कविता' की समीक्षा द्रष्टव्य है :

"... कविता के लिए अपने देश की बातें अपने देश का भाव और अपने मन की मौज दरकार है। हम पराधीनों में यह सब बातें कहाँ ? फिर हमारी कविता क्या और उसका गुरुत्व क्या ? इससे इसे तुकबंदी ही कहना ठीक है। पराधीन लोगों की तुकबंदी में कुछ तो अपने दुःख का रोना होता है और कुछ अपनी गिरी दशा पर पराई हँसी होती है, वही दोनों बातें इस तुकबन्दी में हैं।"[20]

'समालोचक' का स्वरूप तेजस्विता से परिपूर्ण था। राजस्थान के साहित्यिक पत्रों में 'भारत सर्वस्व' की गणना होती है जो पं. माधव प्रसाद शास्त्री के सम्पादन

में 1905 से निकला। सन् 1907 में पं. गिरिधर शर्मा चतुर्वेदी ने 'विद्या भास्कर' का सम्पादन किया। 'हिन्दी साहित्य ग्रंथावली' 1910 से पाठकों की सेवा करने लगी।

'भारतमित्र' द्वारा जागरण का संदेश

भारतवर्ष में स्वदेशी आन्दोलन राष्ट्रीय जागरण का मूर्त्त रूप था। कलकत्ता विश्वविद्यालय में लार्ड कर्जन ने पूरब के निवासियों को मिथ्यावादी कहा जिसका प्रतिवाद बाबू बालमुकुन्द गुप्त ने 'भारतमित्र' में किया :

"जिस स्वदेश को श्रीमान् ने आदर्श सत्य का देश कहा और वहाँ के लोगों को सत्यवादी कहा है, उसका आला नमूना क्या श्रीमान् ही हैं ?..."

11 अप्रैल 1903 ई. को 'भारतमित्र' ने 'शिव शंभु के चिट्ठे' की प्रथम किश्त प्रकाशित की जिसमें विक्टोरिया मिमोरियल हॉल और दिल्ली दरबार की सार्थकता पर प्रश्न चिह्न लगाए गये :

"आप बारंबार अपने दो अति तुमतराक से भरे कामों का वर्णन करते हैं। एक विक्टोरिया मिमोरियल हॉल और दूसरा दिल्ली दरबार। पर जरा सोचिए तो यह दोनों काम 'शो' हुए या 'ड्यूटी' ? विक्टोरिया मिमोरियल हॉल चन्द पेट भरे अमीरों के एक दो बार देख आने की चीज होगा। इससे दरिद्रों का कुछ दुःख घट जावेगा या भारतीय प्रजा की कुछ दशा उन्नत हो जावेगी, ऐसा तो आप भी न समझते होंगे..."

21 अक्टूबर 1905 की सम्पादकीय टिप्पणी में 'भारतमित्र' ने लिखा :

"भारतवासियों के जी में यह बात जम गई कि अंग्रेजों से भक्तिभाव करना वृथा है, प्रार्थना करना वृथा है और उनके आगे रोना-गाना वृथा है। दुबले की वह नहीं सुनते।"

'भारतमित्र' ने राजनीति की चर्चा के अतिरिक्त भाषा, व्याकरण, व्यंग्य कविता, संस्मरण, धर्म, पत्रकारिता सम्बन्धी विविध प्रश्नों को उठाया, उनके समाधान की चेष्टा की। हिन्दी और उर्दू अखबारों के इतिहास को प्रकाशित कर इस पत्र ने भावी पीढ़ी को मार्ग दिखलाया।

आर्य समाज का शुभेच्छु 'छत्तीसगढ़ मित्र'

पं. माधवराव सप्रे ने 'छत्तीसगढ़ मित्र' द्वारा चेतना का संचार किया जिसके पहले अंक में प्रकाशित निम्नलिखित पंक्तियाँ द्रष्टव्य हैं :

'शिक्षा विभाग की वार्षिक रिपोर्टों से ज्ञात होता है कि अन्य प्रान्तों की अपेक्षा मध्यप्रदेश के लोग शिक्षा के काम में बहुत पीछे हैं, प्रत्युत मध्यप्रदेश की जब यह दशा है तो तदनन्तर छत्तीसगढ़ विभाग क्योंकर सुदशा का भागी हो सकता है। लोक-शिक्षा के सम्पूर्ण अभाव में छत्तीसगढ़ के समान शोचनीय दशा किसी

दूसरे प्रान्त की नहीं होगी। यहाँ की प्रजा अत्यंत दरिद्र होने के कारण उच्च ज्ञान के लिए सदैव वंचित रहती है। इसलिए विद्योन्नति में जिसका नम्बर सबसे पीछे है, वह मध्यप्रदेश और विशेष कर छत्तीसगढ़ विभाग जो आज केवल बाल्यावस्था में है, हर एक प्रकार की विद्या, कला और कुशलता में प्रवीण होकर उच्च पद को पहुँचे, यही हमारा मुख्य उद्देश्य है। सारांश ऐसे-ऐसे उपायों की योजना करने का हमारा विचार है जिनसे हमारा यह जंगली प्रदेश (छत्तीसगढ़) आत्मोन्नति कर अन्यान्य प्रदेशों की योग्यता को पहुँचे और अपने सम्पूर्ण आर्यसमाज को सुखी कर सके।'

जनवरी 1900 ई.

जनवरी 1902 ई. के अंक में भारतीय शिक्षा व्यवस्था की अधोगति पर प्रकाश डाला गया है :

"ये सब समस्त जन झगड़ालू हैं। परन्तु आश्चर्य यह है कि ये सब इसी देश के हैं। दम्भ, अभिमान और स्वार्थ–इन तीनों मादक पदार्थों को एकत्रित करके इन लोगों ने अपने हृदय में रख लिया है। इसी से ये सब इतने मदोन्मत्त हो गये हैं कि इन्हें यही नहीं सूझ पड़ता कि इस नीच कार्य से हमारी ही अधोगति है। मेरा जी इनके रात-दिन के झगड़ों और आत्मघात के कार्यों से इतना व्यथित हो रहा है कि मैं कुछ नहीं कह सकती। इन्हें सुराह पर लाने का मैंने काफी उद्योग किया पर लाभ कुछ भी नहीं हुआ। अब मैं क्या करूँ ? क्षणभर हार मानकर चुपचाप बैठ रहना ही मुझे उचित जान पड़ता है। जब तक इन आँखों के अन्धों को मैं अपना विलक्षण प्रभाव नहीं दिखाऊँगी तब तक ये माननेवाले नहीं हैं।"

तीन वर्ष की अपनी जीवन-यात्रा के दौरान 'छत्तीसगढ़ मित्र' ने चतुर्दिक् विकास हेतु शुभ संदेश प्रसारित किया।

पर्वतीय क्षेत्र के कुछ पत्र

गढ़वाल में हिन्दी पत्रकारिता के उन्नायक पं. विश्वम्भर दत्त चन्दोला थे। देहरादून में गढ़वाली यूनियन ने 1905 ई. में 'गढ़वाली' साप्ताहिक निकाला जिसके सम्पादक पं. विश्वम्भर दत्त जी थे। कोटद्वार से पं. गिरिजादत्त नैथानी ने 1901 में 'गढ़वाल समाचार' मासिक पत्रिका निकाली जो लोकप्रिय तो हुई परन्तु कुछ ही वर्षों के पश्चात् पत्रिका का प्रकाशन बन्द हो गया। 1907 में पं. गिरिजा दत्त नैथानी ने देहरादून से 'पुरुषार्थ' साप्ताहिक को प्रकाशित किया। अपने समय के प्रखर पत्र की भाषा परिष्कृत थी तथा शीर्षक आकर्षक थे। सम्पादक मंडल में तारादत्त गैरोला भी थे।

पौड़ी में विशालमणि थपलियाल ने 'बद्री केदार' नामक छापाखाना की स्थापना की जहाँ से स्व. पं. सदानन्द कुकरेती द्वारा सम्पादित साप्ताहिक 'विशाल कीर्ति'

1907 में निकली। सम्पादक की मृत्यु के बाद पं. विशालमणि थपलियाल ने कई वर्षों तक 'विशाल कीर्ति' का सम्पादन किया। गढ़वाल मंडल के पत्रों ने पहाड़ के लोगों की समस्याओं को मुखरित किया। बिना मजदूरी दिए सामान ढुलाने की बेगार प्रथा के विरोध में पत्रों ने आवाज उठायी। कुमाऊँ में पं. बद्रीदत्त पाण्डेय और गढ़वाल में बैरिस्टर मुकंदी लाल ने पर्वतीय क्षेत्र के व्यापक हितों को विविधि पत्रों द्वारा उठाया।

हिन्दी साहित्य की सेविका 'सरस्वती'

काशी नागरी प्रचारिणी सभा के अनुमोदन से प्रतिष्ठित सचित्र हिन्दी मासिक पत्रिका 'सरस्वती' का प्रथमांक जनवरी 1900 को प्रकाशित हुआ जिसके सम्पादक मंडल में सर्वश्री बाबू जगन्नाथ दास रत्नाकर, बाबू राधा कृष्ण दास, बाबू श्याम सुन्दरदास, पं. किशोरी लाल गोस्वामी, और बाबू कार्तिक प्रसाद खत्री जैसे सुविख्यात साहित्यकार थे। इंडियन प्रेस, प्रयाग से छपनेवाली पत्रिका का वार्षिक मूल्य तीन रुपए और प्रतिसंख्या मूल्य चार आने था। पत्र-प्रकाशन के पीछे यही लक्ष्य था :

"इसके नवजीवन धारण करने का केवल यही मुख्य उद्देश्य है कि हिन्दी रसिकों के मनोरंजन के साथ ही साथ भाषा के सरस्वती-भण्डार की अंगपुष्टि, वृद्धि और यथाशक्य पूर्ति हो, तथा भाषा सुलेखकों की ललित लेखनी उत्साहित और उत्तेजित होकर विविध भाव भारित ग्रन्थराजि को प्रसव करै।"

गद्य, पद्य, काव्य, नाटक, उपन्यास, चम्पू, इतिहास, जीवनचरित्र, पंच, हास्य, परिहास, कौतुक, पुरावृत्त, विज्ञान, शिल्प, कलाकौशल आदि साहित्य की भारतीय विषयों के यथासम्भव प्रकाशन को महत्त्व देने की बात पहले अंक की भूमिका में की गयी है।

मासिक पत्रिका के प्रकाशन में पग-पग पर असहयोग ही झेलना पड़ता था जैसा कि दिसम्बर 1908 की 'सरस्वती' से स्पष्ट है :

"यहाँ के मासिक पुस्तक-प्रकाशक सदा घाटे का दुखड़ा रोया करते हैं। बेचारों को घर के धान को पयार में मिलाना पड़ता है। बहुतेरों को तो यहाँ तक घाटा होता है कि एक बार पत्र निकालकर फिर निकालने का उन्हें साहस भी नहीं होता। इसके कई कारण हैं। एक तो, यहाँ शिक्षितों की संख्या कम है। दूसरे सामर्थ्यवान और पढ़े-लिखे लोग मासिक पुस्तकें बहुत कम पढ़ते हैं। तीसरे, जो पढ़ते हैं वे गाँठ के पैसे खर्च करके नहीं पढ़ना चाहते, माँग-माँगकर या प्रकाशकों को धोखा देकर अपना काम निकालते हैं इसमें वे अपना अपमान नहीं समझते। कम मूल्य देकर माँगनेवालों की भी कमी नहीं है।"

द्विवेदी जी के समय-समय पर प्रकाशित लेखों द्वारा ज्ञात होता है कि हिन्दी पत्रकारिता के समुन्नयन में उनकी कितनी रुचि थी। 'हिन्दी के समाचार पत्र'

(नवम्बर 1913), 'लेखों की चोरी' (दिसम्बर 1913), 'हजार वर्ष का पुराना समाचार पत्र' (सितम्बर 1914), 'सम्पादकों समालोचकों और लेखकों का कर्तव्य' (1 जुलाई 1915), और 'अमृत बाजार पत्रिका के पूर्वकथा' (अप्रैल 1917) ये सभी लेख पत्रिकारिता सम्बन्धी समस्याओं से सम्बद्ध हैं। परिश्रमी, ज्ञान-पिपासु और सचेष्ट सम्पादक ही पत्र की गरिमा बढ़ा सकते हैं और पत्रकारिता को समृद्ध कर सकते हैं। जैसा कि द्विवेदी जी का कथन है :

"हिन्दी पत्रों में से अधिकांश का सम्पादन योग्यतापूर्वक नहीं होता।··· क्या भाषा के लिहाज से, क्या सामयिक लेखों, नोटों और खबरों के लिहाज से, क्या विषय-बाहुल्य के लिहाज से, क्या पालिसी के लिहाज़ से, बहुत ही कम हिन्दी के पत्र 'आजाद' (कानपुर, उर्दू पत्र 1913) की बराबरी कर सकते हैं। हिन्दी पत्रों की पालिसी का तो यह हाल है कि जिस नीति का आज वे समर्थन करेंगे, कल ही कोई ऐसी बात लिख देंगे जो ठीक उसके प्रतिकूल है।··· जो खबरें अंग्रेजी, उर्दू और मुख्य हिन्दी पत्रों में निकल आती हैं, वही बहुत पुरानी हो जाने पर भी किसी-किसी हिन्दी पत्र में निकलती देख दुःख होता है। कभी-कभी तो छः-छः महीने, वर्ष-वर्ष की पुरानी स्पीचें टुकड़े-टुकड़े करके छापी जाती हैं। अपने नगर और प्रान्त की टटकी खबरें न छापकर सुदूरवर्ती तिनपल्ली और त्रिचनापली की बासी बातें प्रकाशित की जाती हैं। ग्राहकों की रुचि और लाभ का कुछ भी खयाल न करके निःसार और अरुचिकर बातें भर दी जाती हैं। इस दशा में यदि अख़बार बन्द हो जायँ अथवा उनका यथेष्ट प्रचार न हो तो कोई आश्चर्य की बात नहीं।"[21]

'हिन्दुस्तानियों के अँग्रेजी लेख' (सितम्बर 1914) में द्विवेदी जी की अपील द्रष्टव्य है :

"हमारी प्रार्थना है कि अँग्रेजी के विद्वान्, अपने देश और अपने समाज की दशा पर विचार करके, अपनी भाषा में भी उपयोगी लेख लिखने की कृपा करें। लिखना नहीं आती, यह दलील किसी काम की नहीं, सचमुच ही नहीं आती तो सीखिए। अपना कर्तव्य पालन कीजिए।"

देश, प्रान्त और समाज की सर्वांगीण उन्नति के लिए सम्पादक द्विवेदी जी ने हिन्दी भाषा को अपनाने, एवं ग्रंथालय की स्थापना पर बल दिया :

"हमारी भाषा हिंदी है। उसके प्रचार के लिए गवर्नमेंट जो कुछ कर रही है, सो तो कर ही रही है, हमें चाहिए कि हम अपने घरों का अज्ञान तिमिर दूर करने और अपना ज्ञानबल बढ़ाने के लिए इस पुण्यकार्य में लग जायें। यह काम अनेक प्रकार से हो सकता है। समाचार पत्र और सामयिक पुस्तकें निकालकर इस तिमिर का परदा कुछ-कुछ हटाया जा सकता है। अच्छी-अच्छी नई पुस्तकें लिखकर और अन्य भाषाओं के उपयोगी ग्रन्थों का अनुवाद करके सुशिक्षा और ज्ञान की वृद्धि की जा सकती है। स्कूल और पुस्तकालय खोलकर, सभाएँ, सम्मेलन

करके, व्याख्यान और उपदेश देकर भी इस काम की अंशतः पूर्ति की जा सकती है, जो शिक्षित हैं–जिन्होंने ज्ञान सम्पादन किया है–उन्हीं को इस कल्याणकारी काम में आगे बढ़ना चाहिए।··· अपने देश, अपने प्रान्त, अपने जन-समुदाय के सर्वांगीण कल्याण की यही रामवाण औषधि है।"[22]

'सरस्वती' का मूल स्वर साहित्यिक था किन्तु वह राष्ट्रीय चेतना से भी ओतप्रोत थी।

'आनन्द कादम्बिनी'

मिर्जापुर के उपाध्याय पं. बदरीनारायण चौधरी 'प्रेमघन' ने 'आनन्द कादम्बिनी' नामक मासिक पत्र का प्रकाशन सन् 1900 ई. में प्रारम्भ किया। पत्र का उद्देश्य था :

चातक विबुध जन तोषि, रसिक मयूर मन मोहत हरै।
वरषे सुविधा वारि जासों नागरी सरवर भरै।।
हरियाय आरज वंश छिति अरु ताप कुमति को टरै।
आनन्द कादम्बिनी भारत छाय नित मंगल करै।।

सन् 1908 में प्रकाशित 'आनन्द कादम्बिनी' के एक लेख से प्रेमघन जी की निर्भीकता का अनुमान लगाया जा सकता है :

"हाय भारत की रत्नगर्भा वसुंधरा, तेरी यह कैसी दुर्दशा है। 19वीं शताब्दी में जब से अंग्रेजी शासन यहाँ पुष्ट और विस्तृत हुआ, दुष्कालों की संख्या भी क्रमशः बढ़ चली। प्रथम 25 वर्ष में 10 लाख मनुष्य और दूसरे में 5 लाख लोग भूख से मरे। तीसरे भाग में 6 बार अकाल पड़ा और 50 लाख मनुष्य भूख से छटपटा-छटपटा कर मर गए।

उसके चतुर्थ भाग में जिसे अंग्रेजी राज्य की पूर्ण यौवनावस्था कहनी चाहिए, इस देश में 18 बार दुर्भिक्ष की प्रचण्ड अग्नि जली, प्रायः 2,60 लाख मनुष्य स्वाहा हो गए। केवल अंतिम दस वर्षों में 1,90 लाख मनुष्य अन्न के बिना तड़प-तड़पकर मर गए।··· भारतभूमि पूर्ववत् अन्न उगलती ही चली आ रही है, किन्तु हा, वह अन्न अब देश में रहने नहीं पाता। रेल और जहाजों पर लद-लदकर सात समुद्र पार जा पहुँचता है। अवश्य ही भारतभूमि भारतीय प्रजा का ही क्या समस्त संसार का पेट भर सकती है, किन्तु हाय, आज वह विलायती प्रजा की प्रजा है। उसकी इच्छा के विरुद्ध वह दम भी नहीं मार सकती, उसे अपनी रक्षा का भी अधिकार नहीं है।"[23]

'जासूस'

"डरिये मत यह कोई भकौआ नहीं है। धोती सरिया कर भागिये मत यह कोई सरकारी सी. आई. डी. नहीं है।

है क्या ! क्या है ?

है यह 50 पन्ने की सुन्दर सजी सजायी मासिक पुस्तक माहवारी किताब जो हर पहले सप्ताह सब ग्राहकों के पास पहुँचती है। हर एक में बड़े चुटीले, बड़े चटकीले, बड़े रसीले, बड़े गरबीले, बड़े नशीले मामले छपते हैं। हर महीने बड़ी पेचीली, बड़ी चक्करदार, बड़ी दिलचस्प घटनाओं से बड़े फड़कते हुए अच्छी शिक्षा और उपदेश देनेवाले उपन्यास निकलते हैं।

X X X

कहानी की नदी ऐसी हरहराती है, किस्से का झरना ऐसा झर्राता है कि पढ़नेवाले आनन्द के भँवर में डूबने उतराने लगते हैं।" 'जासूस' हिन्दी की दुनिया में क्या कर रहा है ? यह है 'जासूस' के जन्मदाता बाबू गोपालराम गहमरी के शब्दों में 'जासूस' का परिचय। सन् 1900 ई. से ही रंगदार रोचक मुखपृष्ठ के साथ 'जासूस' बनारस से छपता था तथा गहमर (गाजीपुर) से जारी होता था। 'जासूस' के अनेक अंकों में सम्पादक ने लिखा कि यह पत्रिका हिन्दी-जगत् में बिल्कुल नयी चीज है जो हिन्दी में पहले कभी नहीं छपी थी, जिसके बिना हिन्दी संसार एकदम सूना था, उसी जगमगाते हुए 'जासूस' की लोकप्रियता बढ़ रही है। चक्करदार मामिलों के बयान के साथ समकालीन राजनीतिक सामाजिक और आर्थिक घटनाओं को समादृत कर पत्रिका ने जनता में नयी चेतना भर दी। समाज-सुधार के लिए बड़े ही रोचक शैली में 'जासूस' ने शिक्षाप्रद सामग्रियों को प्रस्तुत किया।

'जासूस' में राजनीतिक और सामाजिक चित्रण : दिल्ली दरबार के समय जैसी सजावट हुई उस पर गहमरी जी ने अपने दिल की कचोट को निम्नलिखित शब्दों में व्यक्त किया है :

'होली' "जैसे भारत में अनेक अकाल, महामारी आदि बीमारियों की बिपत रहते हुए भी हमारे होनहार भावी सम्राट युवराज की आँखों तले वही मौज, हरियाली और खुशी के सामान ही नजर आ रहे हैं वैसे ही होली भी भारत भर में अबीर, गुलाल और कुमकुमों की मार देखी गयी किन्तु इनके भीतर का दुःख कौन पूछता है ? कितने भारतवासी कहाँ संकट में पड़े कराहते हैं, कितने अन्न बिना सूख कर सोंठ हुए जाते हैं, कितने पेट का दुःख न सहकर परलोक पधार रहे हैं, उसका लेखा इन लोगों को कौन सुनावेगा ?"[24]

'जासूस' की इन पंक्तियों में समाज का जैसा चित्रण है, राष्ट्रीय भावना जिस तरह हिलोरें ले रही है, ठीक इसी तरह 'फाग' शीर्षक में वर्णित है :

"अब तो चेत करो रे भाई !
सब धन ढोयो जात बिलायत, रह्यो दलिद्दर छाई।
अन्न-बस्त्र कहुँ सब जन तरसैं, होरी कहाँ सुहाई।"[25]

फिलिपाइन टापू में अमेरिकन जनरल ने जो कत्लेआम मचाया उसका चित्रण 'जासूस' यों करता है :

"**बाप रे बाप**–फिलिपाइन टापू में अमेरिकावालों का राज है। हाल में अमेरिकन जनरल ने वहाँ के हजार बाशिन्दों को लड़के-बालों सहित कतल करवा डाला। बार रे बाप ! सभ्यता की ऐसी चलती में प्रजा पर राजा का ऐसा नादिरशाही कतल आम ! हे भगवान् ! वैसे हत्यारों को भारत से समुद्र पार ही रखना।"[26]

'जासूस' और व्यंग्य : 'जासूस' के अंकों में कविताएँ कभी-कभी छपती थीं जिनमें वक्रोक्ति और व्यंग्य ही प्रधान है। 'शेख चिल्ली का ढंग' (निगम पंच लिखित) कविता स्मरणीय है।

दुनिया में अकलें दो हैं नहीं तीसरी का गम।
आधी अक्ल में सब रहें व डेढ़ अक्ल में हम।
X X X
पैसा हो जिसके पास वो है भैंस का पड़वा।
या बोलने में होवे निरा मिर्च सा कड़ुवा।।
दिन रात उसके पास रहे भांड़, व भड़ुवा।
पर शुद्ध सदा तीरथों के पानी का गड़ुवा।।
कुछ दोष नहीं जब कि हो आवाज छमाछम।
आधी अक्ल में सब रहें व डेढ़ अक्ल में हम।।
X X X
करते रहो जरूर ही बच्चों की शादियाँ
ऊपर लदाओ खूब सी खर्चों की लादियाँ
विधवा बनें बनें सही ये शाहजादियाँ
कम उम्र की शादी के बिना नर हैं मादियाँ
इस चाल पुरानी में जरा भी नहीं शरम।
आधी अक्ल में सब रहें व डेढ़ अक्ल में हम।।[27]

'सर्वेगुणाः कांचनमाश्रयन्ते' तथा 'बाल-विवाह' संबंधी सामाजिक चेतना, जिस रूप में 'जासूस' में प्राप्त है वैसी अन्यत्र सुलभ नहीं है।

जासूस के स्तम्भ : यों तो 'जासूस' में कहानी की नदी ही हरहराती है। परन्तु अपनी समकालीन साहित्यिक, राजनीतिक, सामाजिक गतिविधियों पर भी 'जासूस' की पैनी दृष्टि थी। प्रायः प्रत्येक अंक में 'समालोचना', 'साहित्य-संवाद', 'नोट्स', 'न्यूज', 'नये-नये समाचार' नामक स्थायी स्तम्भ हैं।

'जासूस' और विज्ञापन : 'जासूस' के संपादक श्री गोपालराम गहमरी के संबंध में आचार्य रामचन्द्र शुक्ल ने लिखा है कि–"द्वितीय उत्थान के आरंभ में हमें बाबू गोपालराम गहमरी बंगभाषा के गार्हस्थ्य उपन्यासों के अनुवाद में तत्पर

मिलते हैं।··· भाषा उनकी चटपटी और वक्रतापूर्ण है। ये गुण लाने के लिए कहीं-कहीं उन्होंने पूरबी शब्दों और मुहावरों का भी बेधड़क प्रयोग किया है। उनके लिखने का ढंग बहुत ही मनोरंजक है।"[28]

सन् 1907 ई. के दिसम्बर महीने में बाबू बालमुकुन्द गुप्त के स्वर्गवास पर 'जासूस' की टिप्पणी 'समाचार और सम्मति' शीर्षक स्तम्भ में प्रकाशित है :

संपादक का स्वर्गवास : "हिन्दी के सच्चे हितैषी भाषा संपादक शिरोभूषण हमारे परम मित्र कृपालु बाबू बालमुकुन्द का स्वर्गवास हो गया। भारतवर्ष के हिन्दी लेखक, हिन्दी-प्रेमी, हिन्दी पाठक और हिन्दी, बंगला, अंग्रेजी, उर्दू, मराठी समाचार-पत्रों में बाबू बालमुकुन्द की मृत्यु पर महीनों शोक मनाया गया। देश भर के सुविज्ञ महज्जनों ने बाबू साहब की आत्मा की सद्गति और अनेक आत्मीय स्वजनों के प्रबोध के लिए परमात्मा से मंगल प्रार्थना की। आज हिन्दी साहित्य में उनके अभाव की पूर्ति नहीं हो सकती। हम 'भारतमित्र' के मालिक बाबू जगन्नाथ दास को हृदय से धन्यवाद देते हैं कि गुप्त जी के प्रिय पुत्र को आश्रय देकर कृपा की है।"[29]

'जासूस' के विविध अंकों से स्पष्ट होता है कि बीसवीं सदी के प्रारंभिक काल में राजनीतिक और सामाजिक चेतना से सम्पन्न यह पत्र हिन्दी साहित्य की अविस्मरणीय सेवा करता रहा।

'क्षत्रिय' मासिक पत्र

सन् 1907 ई. से अखिल भारतीय चन्द्रवंशीय क्षत्रिय (जरासंध महाराज के वंशज) महासभा के तत्त्वावधान में क्षत्रिय मासिक पत्रिका का प्रकाशन आरंभ हुआ। प्रकाशक श्री मंगरूप्रसाद सिंह थे। इसका मुद्रण श्री शिवकुमार शास्त्री द्वारा संचालित 'ज्ञानशक्ति' प्रेस से होता था। पत्रिका की कुछ प्रतियाँ उपलब्ध हो पायी हैं जिनमें से एक का मुखपृष्ठ इस प्रकार है :

'क्षत्रिय' मासिक पत्र

जाति का उद्धार करना सार है संसार का,
वृथा ही जन्मा है वह जो जीता ही मुर्दा रहा।

मासिक 'वैश्योपकारक'

श्रीराम लाल नेमाणी के संचालन और शिवचन्द्र जी भरतियां के सम्पादन में 1904 ई. में 'वैश्योपकारक' मासिक पत्रिका का प्रकाशन हुआ। पं. माधव प्रसाद मिश्र के कारण पत्रिका को साहित्यिक स्वरूप मिला। प्रथमांक में प्रकाशित 'आत्म परिचय' से पत्र के इतिहास की जानकारी मिलती है :

"अजमेर में जब अग्रवाल सभा का जन्म हुआ तो उसके उद्योग से 'अग्रवाल उपकारक' नाम के एक मासिक पत्र ने भी जन्म लिया था। आरम्भ में वह हिन्दी और उर्दू दोनों भाषाओं में निकलता रहा, परन्तु पीछे खाली हिन्दी की ही उसने शरण ली। इधर 'वैश्यहितकारी' के नाम से एक उर्दू पत्र भी महासभा की ओर से मेरठ से निकला। इसने तो कुछ उन्नति भी की परन्तु आयु के 16 वर्ष व्यतीत कर देने पर भी 'उपकारक' की यथेष्ट उन्नति नहीं हुई। जान पड़ता है यह मातृभाषा हिन्दी में पत्र प्रकाश करने का महाप्रसाद है। न तो उसकी कुछ ग्राहक संख्या ही बढ़ी और न ही जाति-हितैषियों का उसकी ओर कुछ विशेष लक्ष्य ही हुआ। हमारे अजमेर जाने पर उक्त पत्र के सुयोग्य सम्पादक लाला रामचन्द्र जी से इस विषय की चर्चा चली तो कहा कि इस पत्र का नाम और स्थान परिवर्तन कर इसे नये ढंग से सम्पादित किया जाए तो कैसा ? उत्तर मिला कि बहुत उत्तम। इधर कलकत्ता आने पर राम प्रेस के स्वामी श्रीयुत बाबू रामलाल जी नेमाणी से वैश्य जाति के लिए एक सर्वांग सुन्दर मासिक पत्र निकालने के लिए कहा गया तो उन्होंने सहर्ष स्वीकार किया तब निश्चय हुआ कि अजमेर का 'अग्रवाल उपकारक' भी इस पत्र में मिला दिया जाय। लाला रामचन्द्र जी को लिखा गया तो उन्होंने सभी की ओर से उसका सब स्वत्व इस 'वैश्योपकारक' को दे दिया जिसके लिए हम कृतज्ञतापूर्वक उक्त महोदय को धन्यवाद करते हैं।"

समाज-सुधार और स्वदेशी आंदोलन का पुरस्कर्ता 'वैश्योपकारक' हिन्दी-सेवा के लिए स्मरणीय है।

'सारस्वत सर्वस्व' (पं. गोविन्द नारायण मिश्र) और 'मारवाड़ी बंधु' (पं. दुर्गा प्रसाद मिश्र) ने 'वैश्योपकारक' की भाँति समाज-सेवा की।

'हिन्दी ग्रंथमाला'

बीसवीं शताब्दी के पूर्वार्द्ध में राष्ट्रीय चेतना की भावना को जाग्रत करने के उद्देश्य से सत्साहित्य निर्माण सम्बन्धी ग्रंथमाला की योजना चलायी गयी। तिलक के आशीर्वाद से कोल्हापुर के प्रोफेसर बीजापुरकर ने 'मराठी की ग्रंथमाला' तथा पं. माधवराव सप्रे ने नागपुर से 'हिन्दी ग्रन्थमाला' की स्थापना की। मई 1906 ई. में 'हिन्दी ग्रन्थमाला' का प्रथम अंक प्रकाशित हुआ। प्रथम अंक में ही जान स्टुअर्ट मिल के निबंध 'लिबर्टी' का अनुवाद 'स्वाधीनता' समादृत हुआ जिसके अनुवादक पं. महावीर प्रसाद द्विवेदी थे। गोखले के भाषणों का अनुवाद 'स्वराज्य तथा सुराज्य' तथा 'हमारा धन कहाँ जा रहा है,' बाबू गोविन्ददास द्वारा लिखित 'देश की बातें' तथा धारावाहिक रूप में प्रकाशित 'स्वदेशी आन्दोलन और बायकाट' जैसे अग्निवर्षी सामग्रियों द्वारा पाठकों में राष्ट्रभक्ति की भावना भरी गयी। आंग्ल-शासन के प्रति पं. माधवराव सप्रे के निम्नलिखित विचार थे :

"राज्य करनेवाले अंग्रेज क्या दुधमुँहे बच्चे हैं जो वे 'बायकाट', 'बहिष्कार योग', 'विदेशी वस्तु का त्याग' 'राजनैतिक' इत्यादि शब्दों के बदले 'स्वदेशी', 'स्वदेशी वस्तुओं का व्यवहार', 'अपने व्यापार और कारखानों की उन्नति' जैसे शब्दों के प्रयोग से धोखा खा जायें और उनके राजनैतिक अर्थ को न समझें ? अठारहवीं शताब्दी में देश स्वर्णभूमि कहलाता था और अकेले बंगाल से प्रतिवर्ष पन्द्रह करोड़ रुपयों का कपड़ा विदेश को निर्यात होता था। पटना, शाहाबाद, मुर्शिदाबाद इत्यादि स्थानों की स्त्रियाँ चरखे पर सूत कातकर लाखों रुपयों की मुद्रा अर्जित करती थीं। सन् 1757 में जब क्लाइव मुर्शिदाबाद को गया था तब उसने इस शहर को लंदन के बराबर जनाकीर्ण और विस्तृत देखा था। लेकिन तमाम वह दौलत गई कहाँ ? विदेशी सौदागर आया और देश की समृद्धि विलीन होने लगी।··· रेशम लपेटनेवाले अंगूठे कटवा दिये गये और नील की खेती शुरू कर दी गई।"

'भारतेन्दु'

अगस्त सन् 1905 ई. में 'भारतेन्दु' नामक मासिक पत्र का प्रकाशन काशी से हुआ जिसके सम्पादक ब्रजचन्द्र जी थे। अग्रवाल स्पोर्ट्स के तत्त्वावधान में इस पत्र को भारतेन्दु जी की स्मृति में निकाला गया। जो लगभग एक वर्ष तक पाठकों की सेवा करता रहा। भारतेन्दु मासिक पत्र के प्रथमांक के मुखपृष्ठ पर सम्पादक समिति के सदस्यों का नाम मुद्रित है जिसमें सर्वश्री बाबू ब्रजचन्द्र, बाबू शिवप्रसाद गुप्त, बाबू राजाराम, बाबू मुन्नी लाल गर्ग, बाबू गोकुलदास एवं बाबू लक्ष्मण दास के नाम हैं। मुखपृष्ठ पर निम्नलिखित पंक्तियाँ द्रष्टव्य हैं :

कविजन कुमुदगन हिय विकासि चकोर रसिकन सुख भरै।
प्रेमिन सुधा सो सींचि भारतभूमि आलस तम हरै।।
उद्यम सुऔषधि पोखि विरिहिन दाहि खल चोरन दरै।
यह 'भारतेन्दु' प्रकासि अपनी कला जग मंगल करै।

सन् 1908 में 'भारतेन्दु' का पुनः प्रकाशन हुआ। मासिक पत्र नागेश्वर प्रेस से छपता था जिसके सम्पादक लाला भगवानदीन जी थे। हास्य रस प्रधान 'भारतेन्दु' अल्पजीवी था।

सन् 1909 ई. में 'भारतेन्दु' साप्ताहिक का प्रकाशन प्रारंभ हुआ। भारतेन्दु जी के भतीजे श्री कृष्णचन्द्र तथा ब्रजचन्द्र ने भारतेन्दु की स्मृति में भारतेन्दु प्रेस को स्थापित किया तथा वहीं से इस साप्ताहिक का प्रकाशन हुआ।

साप्ताहिक 'भारतेन्दु' के सम्पादकीय स्तम्भ का शीर्षक 'वन्दे मातरम्' था। पत्र में प्रकाशित लेख ओजस्वी, गम्भीर एवं मननीय होते थे। पत्र ने दस अंक के अपने जीवन द्वारा पाठकों में चेतना भरने का प्रयास किया।

'हिन्दी केसरी'

' 'हिन्दी केसरी' निकल आया। अच्छा निकला। पहले पृष्ठ में नाम के ऊपर मातृभूमि का चित्र है। सिर पर मुकुट है। एक सिंह इधर, एक सिंह उधर अपना एक-एक पंजा मुकुट पर रखे हैं। ऊपर 'वंदेमातरम्' छपा है। ब्लाक बहुत अच्छा बना है। भाव से भरा है। आशा है इससे वही काम होगा जो तिलक महाशय के 'केसरी' से हो रहा है। इसके निकालने का पूरा श्रेय पं. माधवराव सप्रे बी. ए. को है। महाराष्ट्री होकर हिन्दी भाषा पर आपके अखण्ड और अकृत्रिम प्रेम को देखकर उन लोगों को लज्जित होना चाहिए जिनकी जन्मभाषा हिन्दी है पर जो हिन्दी में एक सतर लिख नहीं सकते अथवा लिखना नहीं चाहते।'

'सरस्वती' में प्रकाशित आचार्य महावीर प्रसाद द्विवेदी की उपर्युक्त समीक्षा से 'हिन्दी केसरी' का एक बिम्ब पाठकों के मानस पर बन सकता है। लोकमान्य तिलक के संदेशों को जन-जन तक फैलाने के निमित्त पूना से प्रकाशित 'केसरी' के हिन्दी संस्करण को नागपुर से निकालने का भगीरथ प्रयास सप्रे जी ने किया जिसमें उनको सबसे सहयोग मिला तथा वे अपने उद्देश्य में सफल भी हुए। 13 अप्रैल 1907 के प्रथमांक में सम्पादक श्री सप्रे ने लिखा :

'विज्ञापन से विदित हुआ होगा कि हमने वर्तमान समय में युग के एक वीर के राजनीति के अतिरिक्त सामाजिक और तात्विक विचार, जो अब तक केवल मराठी भाषा में प्रकाशित होते थे, हिन्दी में प्रकाशित करने का निश्चय किया है। सत्यसंकल्प का दाता भगवान् है, उसकी कृपा से हमारा मनोरथ पूर्ण होगा। अब केवल उन्हीं बातों का विचार किया जाये कि किन उपायों से सरकार की वर्तमान राजनीति और शासन-पद्धति में हम लोग सुखकारक परिवर्तन ला सकें। हमें यह भी सोचना है कि किन उपायों से प्रजा अपने राजनैतिक हक सरकार से पा सकेगी, किन उपायों से आर्यमाता राजनैतिक दासत्व से मुक्त होकर स्वराज्य का सुखकारी मुकुट अपने मस्तक पर धारण करेगी। बस, इन्हीं बातों की शिक्षा की इस समय दरकार है। यह 'हिन्दी केसरी' यह काम यदि पूरा कर सकेगा तो समझना चाहिए कि उसके जीवन की विराट सफलता हुई।'

मराठी 'केसरी' के विभिन्न अवतरणों एवं लेखों के हिन्दी अनुवाद को छापकर पत्र ने उग्र विचार धारा का पोषण किया। 'सरकार की दमन नीति और भारतमाता' और 'कालापानी' इन दो सम्पादकीय टिप्पणियों तथा 'बाम्ब गोलयाचें रहस्य' एवं 'देशचा दुर्दैव' के हिन्दी अनुवाद के प्रकाशित होते ही 23 अगस्त 1908 ई. को सप्रे एवं नागपुर के 'देशसेवक' के सम्पादक कोल्हटकर को भारतीय दण्ड विधान की धारा 124 के अन्तर्गत गिरफ्तार कर लिया गया। स्वतंत्रता आन्दोलन में चिरन्तन चेतना जगानेवाले पूज्य सप्रे जी हिन्दी पत्रकारिता के इतिहास पुरुष हो

चुके हैं।

काशी के श्री गंगा प्रसाद गुप्त ने 'हिन्दी केसरी' का प्रकाशन 1914 ई. में किया। यह कार्य तब हुआ जब 1909 में राजद्रोह के मुकदमे के कारण नागपुर से प्रकाशित 'हिन्दी केसरी' बन्द हो गया। काशी से प्रकाशित पत्र के सम्पादन में हेरम्ब मिश्र का योगदान स्मरणीय है। श्री माधवराव सप्रे ने 14 मार्च 1908 को 'हिन्दी केसरी' में छापा :

नहीं राज्य अधिकार ज़रा भी, नहीं जगत् में मान।
पराधीनता कीट बने हैं, हिन्दू-मुसलमान।।
X X X
पत्र निकालो सभा बनाओ, करो जो दुःख विचार।
राजद्रोह घसीटे नाहक, पड़ै जेल की मार।।

उपर्युक्त पंक्तियों से तत्कालीन राजनीतिक जागरण का अनुमान सहज ही लगाया जा सकता है।

'आनन्द'

पं. शिवनाथ शर्मा ने 1905 ई. से 'आनन्द' साप्ताहिक पत्र का प्रकाशन लखनऊ से प्रारम्भ किया। पत्र ने 16 अक्टूबर 1908 ई. को कलकत्ते में बंग-भंग के विरोध में निकलनेवाले जुलूस का वर्णन बड़ा ही प्रेरक रूप में किया है :

"16 अक्टूबर को बंगाल भर में बंग-भंग का शोक मनाया गया। हजारों मनुष्यों ने उस दिन उपवास किया। कलकत्ता राजधानी में इस अवसर पर बड़ी धूमधाम की गई। हर तरफ जातीय गान की ध्वनि होने लगी। अनेक लोग घर से नंगे पैर श्री जाह्नवी के स्नान को निकले। बाबू सुरेन्द्रनाथ बनर्जी के ऐसे साहबी स्वभाव के लोग भी कमीज, धोती और चादरा ओढ़कर नंगे पैर भीड़ में हो लिए। इससे मालूम पड़ता है कि बंगाल के सर्वसाधारण में राजनीतिक बातों का खूब प्रचार हो गया है। इस दिन बंगालियों ने परस्पर एक-दूसरे को राखी बाँधकर भातृभाव का परिचय दिया। बाबू सुरेन्द्रनाथ बनर्जी ने उपस्थित लोगों से स्वदेशी की शपथपूर्वक प्रतिज्ञा कराई। सबसे उत्तम बात यह हुई कि किसी प्रकार का दंगा-बखेड़ा नहीं होने पाया।"[30]

22 अक्टूबर 1908 ई. के अंक में प्रकाशित निम्नलिखित समाचार से भारतीयों में अन्याय के प्रतिरोध की शक्ति का ज्ञान होता है :

"गत मंगलवार को हबड़े के डिपुटी मजिस्ट्रेट की अदालत में एक अभियुक्त ने न्यायाधीश को जूता खींच मारा। साहब की बाईं गाल पर बड़े पड़ाके के साथ चोट लगी। अदालत में गड़बड़ मच गई। जब पूछा गया तो अपराधी बहुत क्रोध में भरकर बोला–'मैं जेल जाने को तैयार हूँ, वह निरपराध लोगों को दंड देता

है क्या मैं उसको बिना मारे छोड़ दूँ।' "

कुछ लोगों ने 'आनन्द' को लिबरल कहा लेकिन इस पत्र में प्रकाशित तथ्यों द्वारा ज्ञात होता है कि 'आनन्द' तेजस्वी पत्र था जिसने लिबलिब करनेवालों की कभी सराहना नहीं की। 11 नवम्बर को लार्ड मिंटो के नगर में पधारने की और बंगाल से खौखियाए साहबों की चाटुकारिता में आयोजित राजभक्तों की सभा की चर्चा द्रष्टव्य है :

"लखनऊ नगर निवासियों की ओर से विक्टोरिया पार्क में अनुमानतः 250 मनुष्यों ने एकत्रित होकर विद्रोहकारियों की निन्दा और सरकार के प्रति राजभक्ति प्रकट की और कहा कि दयावती सरकार जो कुछ करेगी अच्छा ही करेगी। सभापति का आसन इंटौजे के राजा साहब ने ग्रहण किया था। जान पड़ता है कि सभा जोड़नेवाले बिल्कुल संन्यासियों के ढंग के संतोषी जीव थे नहीं तो ट्रांसवाल के पीड़ित भाइयों की दशा पर कुछ ध्यान देकर सरकार से गिड़गिड़ाने के ढंग की प्रार्थना 'अवश्य करते।"[31]

'आनन्द' को ही लखनऊ से निकलनेवाले प्रथम दैनिक पत्र होने का गौरव प्राप्त है। पत्र के सम्पादक पं. शिवनाथ जी शर्मा के पुत्र महेशनाथ जी शर्मा थे।

लखनऊ के 'नागरी प्रचारक' (मासिक 1907) और 'श्री राजराजेश्वरी मासिक पत्रिका' ने देवनागरी सभा प्रबोधिनी परिषद, हिन्दू यूनियन क्लब की गतिविधियों को प्रकाशित कर राष्ट्रीय चेतना को प्रस्फुटित किया।

'स्वराज्य' द्वारा स्वतंत्रता के बिहान का आह्वान

इलाहाबाद से 1907 ई. में 'स्वराज्य' नामक पत्र का प्रकाशन प्रारम्भ हुआ जिसके संस्थापक शांति नारायण भटनागर थे। ढाई वर्षों में इस साप्ताहिक पत्र के 75 अंक निकले। आपत्तिजनक सामग्रियों के प्रकाशन के अपराध में सर्वश्री शांतिनारायण भटनागर, रामदास, होतीलाल वर्मा, बाबू राम हरि, मुंशी रामसेवक, नन्दलाल चोपड़ा, लड्ढा राम कपूर, और पं. अमीरचन्द बम्बवाल को न्यायालय द्वारा दण्डित किया गया। पत्र की उग्रता का परिचय इसी तथ्य से प्राप्त होता है कि रौलेट कमीशन के सर रौलेट, सर बासिल स्काट, सी. वी. कुमारस्वामी, बर्नेलोवेट तथा पी. सी. मित्तर ने इस पत्र का उल्लेख कमीशन की रिपोर्ट में किया। सभी अंग्रेज शासकों के हमदर्दों को यह मानना पड़ा कि पत्र का मुँह तभी बन्द हो सका जब 1910 में भारतीय प्रेस अधिनियम लागू हुआ।

गदर पार्टी के प्रसिद्ध क्रांतिकारी पं. परमानन्द ने इस पुस्तक के लेखक को बताया कि 'स्वराज्य' के प्रकाशक सम्पादक शांति नारायण भटनागर पहले अंग्रेज सरकार की चाकरी में थे। एक दिन उन्हें चिन्ताग्रस्त देखकर उनकी पत्नी ने पूछा–"नौकरी तो छोड़ दी, फिर भी चिंता नहीं छोड़ सके, कारण क्या ?"

भटनागर जी बोले, "सोचा था, एक साप्ताहिक पत्र निकालूँगा परन्तु अब देखता हूँ कि बिना धन के वह शुरू हो तो कैसे ?"

"अखबार निकाल कर क्या करेंगे ?" पत्नी के पूछने पर उन्होंने कहा, "बस, स्वराज्य का प्रचार करूँगा। देश जगाऊँगा। ऐसे युवक तैयार करूँगा जो देश को आजादी प्राप्त कराने के लिए जियें-मरें। इसीलिए नौकरी त्यागी है। शेष जीवन इसी एक ध्येय में खपाने का संकल्प है। जो भी मुसीबतें आयें झेलूँगा।" इन बातों को सुनकर पत्नी अन्दर गईं और अपने सभी स्वर्णाभूषण उन्होंने पति के सामने प्रस्तुत कर दिये तथा उन्हें बेचकर अपने कार्य को प्रारम्भ करने का मंत्र बतलाया। इन्हीं आभूषणों को बेचकर साप्ताहिक अखबार 'स्वराज्य' निकाला गया। इसके नौ सम्पादकों को अंग्रेज सरकार के क्रूर दमन का शिकार होना पड़ा। पंजाब के फील्ड मार्शल लड्ढाराम इसी पत्र के सम्पादक थे। 'स्वराज्य' के पूर्व सम्पादक को जब अण्डमान भेजा गया तो लड्ढाराम पंजाब से इलाहाबाद आये, 'स्वराज्य' का सम्पादन किया। उनके तीन सम्पादकीय लेखों के कारण उनको दस, दस, दस, अर्थात् तीस वर्ष काले पानी की सजा दी गयी। वे सजा काटकर सकुशल लौट भी आए। वास्तव में 'स्वराज्य' साप्ताहिक देश-भक्ति की कसौटी था। राष्ट्रीय दृष्टि से यह पत्र निराला था जिसके सम्पादक होने का अर्थ ही था काले पानी की सजा भुगतना। 'स्वराज्य' के सम्पादक-पद पर नियुक्ति हेतु विज्ञापित निम्नलिखित पंक्तियाँ अविस्मरणीय हो चुकी हैं :

"चाहिए स्वराज्य के लिए एक सम्पादक। वेतन दो सूखी रोटियाँ, एक ग्लास ठंडा पानी और हर सम्पादकीय के लिए दस साल जेल।"

'स्वराज्य' ने अपनी सामग्री द्वारा राष्ट्रीय अपमान के अवसान और स्वतंत्रता के बिहान की कामना प्रकट की। स्मरणीय तथ्य यह है कि पत्र का पहला अंक नवम्बर 1907 में निकला जिसका लक्ष्य पंजाब केसरी लाला लाजपतराय, और सरदार भगतसिंह के चाचा सरदार अजीत सिंह का अभिनन्दन करना था।

मासिक 'देवनागर' : एकता का पक्षधर

भारत की उन्नति हेतु भावात्मक एकता आवश्यक है जिसके लिए एक लिपि होनी चाहिए इसी उद्देश्य से प्रेरित हो शारदाचरण मित्र ने 'एक लिपि विस्तार परिषद' की स्थापना की। इस परिषद के तत्त्वावधान में यशोदानन्द अखौरी के सम्पादन में 'देवनागर' का प्रकाशन सं. 1964 में हुआ जिसके मुखपृष्ठ पर लिखा था :

"भारतीय चित्र-विचित्र भाषाओं के लेखों से विभूषित एक अद्वितीय सचित्र मासिक पत्रिका।"

'देवनागर' जिस संस्था का पत्र था उसका दृढ़ मत था कि "पाँच वर्ष में न हो, दस वर्ष में न हो, किन्तु किसी न किसी समय सम्पूर्ण भारतवर्ष में एक

लिपि प्रचलित होगी ही। धीरे-धीरे प्रादेशिक लिपि के भक्त क्षुद्र हृदय लोगों की संख्या घटती जायेगी, भारतमाता के देश-प्रिय सपूत लोगों की संख्या क्रमशः बढ़ती जायेगी एवं थोड़ी ही देर में भिन्न-भिन्न प्रदेशों में एक लिपि व्यवहृत होकर भाषा और साहित्य को एक कर देगी।"[32]

प्रथमांक में प्रकाशित 'आविर्भाव' से पत्र के उदात्तस्वरूप को समझा जा सकता है :

"मनुष्य स्वभाव से ही एकता प्रेमी है। अद्वितीय परमात्मा का अंश होने के कारण चित्र-विचित्र पटावलम्बित संसार को एकता के सूत्र में गूँथने की इच्छा उसे सदा बनी रहती है। वह यह चाहता है कि अपना मण्डल दूर तक फैले, इसी में विविध वस्तुओं का समागम हो, उच्च, नीच, सम तथा बाल, युवा, वृद्ध आदि अपने स्थान पर इसी मण्डल में सुशोभित हों और सब भेदभावों को भूलकर परस्पर के प्रेम से प्रेमानन्द स्वरूप अद्वैत ईश्वर में एक हो जायें। मनुष्य की यही स्वभाव जात अभिलाषा भाषाओं को एक करने के विषय में भी चरितार्थ होती है।

जगद्‌विख्यात भारतवर्ष ऐसे महाप्रदेश में जहाँ जाति, पाँति, रीति, नीति, मत, आदि अनेक भेद दृष्टिगोचर हो रहे हैं, भाव की एकता रहते भी भिन्न-भिन्न भाषाओं के कारण एक प्रान्तवासियों के विचारों से दूसरे प्रान्तवालों का उपकार नहीं होता।

X X X

इस पत्र का मुख्य उद्देश्य है भारत में एक लिपि का प्रचार बढ़ाना और वह एक लिपि देवनागराक्षर है।··· देवनागर का व्यवहार चलाने में किसी प्रान्त के निवासी का अपनी लिपि व भाषा के साथ स्नेह कम नहीं पड़ सकता। हाँ, यह अवश्य है कि अपने परिमित मण्डल को बढ़ाना होगा।"

भाषा, साहित्य, इतिहास, विज्ञान, धर्म, राजनीति गणित प्रायः सभी विषयों से सम्बद्ध लेख प्रकाशित होते थे। भारत में प्रचलित प्रत्येक भाषा के व्याकरण पर प्रकाश डालने के लिए शोधपूर्ण लेख हर अंक में छपते थे। भावात्मक एकता का उन्नायक 'देवनागर' लगभग तीन वर्षों तक प्रकाशित होता रहा। बीच-बीच में प्रकाशन में बाधाएँ उपस्थित होती रहीं। 'एक लिपि विस्तार परिषद' के संस्थापक और 'देवनागर' के संचालक शारदाचरण मित्र ने सुस्पष्ट कहा :

"··· इंगिराजी शिक्षा आमादेर साहित्यिक उन्नतिर व्याघात कारण··· वर्त्तमान हिन्दी अनेक परिमाणेइ आमादेर राष्ट्रभाषा अभाव पूरण करिते पारे, हिन्दी सहजेइ शिक्षा करा जाय, सुतरां सहजेई आर्यावर्तेर राष्ट्रभाषा हइते पारे।"

इस प्रकार हिन्दी भाषा को राष्ट्रभाषा के पद पर सुप्रतिष्ठित करने में बंगाल के शारदाचरण मित्र की ऐतिहासिक भूमिका स्वयंसिद्ध है।

'अभ्युदय'

सन् 1907 ई. के बसंत पञ्चमी से प्रकाशित होनेवाले पत्र 'अभ्युदय' के प्रथम सम्पादकीय लेख में मालवीय जी ने स्पष्ट किया :

"हमारी अभिलाषा मन्द नहीं है। पृथ्वी मंडल पर जितने पर्वत हैं उनमें सबसे ऊँचा पर्वत नगाधिराज हिमालय है। हमारी अभिलाषा है कि हमारे देश का अभ्युदय भी उतना ही ऊँचा हो।"

पत्र का नामकरण पंडित बालकृष्ण भट्ट ने किया था। सर्वश्री पुरुषोत्तमदास टण्डन, पं. कृष्णकांत मालवीय, पं. वेंकटेशनारायण तिवारी, सत्यानन्द जोशी तथा गणेशशंकर विद्यार्थी का सहयोग भी 'अभ्युदय' को मिलता रहा। पंजाब के दैनिक 'पंजाबी' के सम्पादक पर जब मुकदमा हुआ तो मालवीय जी ने 1907 ई. के 'अभ्युदय' के सम्पादकीय में लिखा :

"सम्पादक ने अपना सम्पादकीय लेख लिखकर एक महत्त्वपूर्ण सार्वजनिक मामले के ऊपर सरकार और जनता दोनों का ध्यान दिलाया है। यदि ऐसे मुकदमे में सम्पादक को सजा हुई तो समाचारपत्रों की स्वतंत्रता को बड़ी बाधा पहुँचेगी। संतोष हमें इस बात से है कि 'पंजाबी' के सम्पादक श्री अठवले ने अपने कर्तव्य पालन में हर प्रकार का साहस और दृढ़ता दिखाई है।"

हिन्दी पत्रों में लेखों के लिए पत्र-पुष्प-भेंट (पुरस्कार) देने की प्रथा 'अभ्युदय' ने चलायी। इस साप्ताहिक पत्र को महामना मालवीय जी हिन्दी भाषा का समुन्नत पत्र बनाना चाहते थे। भूल से पत्र में एक हल्का लेख छप गया जिसके लिए 17 जून 1914 ई. को मालवीय जी ने पं. कृष्णकांत को क्षोभ भरा पत्र लिखा कि क्यों नहीं 'अभ्युदय' प्रेस को ही भस्म कर डालते। राजनीतिक चेतना जगाने में पत्र ने ऐतिहासिक कार्य किया।

मासिक 'नृसिंह'

नवम्बर 1907 ई. से 'नृसिंह' नामक मासिक पत्र को अम्बिकाप्रसाद वाजपेयी ने प्रकाशित किया। 'नृसिंह' के अवतरण का उद्देश्य निम्नलिखित था :

"हिन्दी पत्रों की ऐसी विचलित विशृंखल आलोचनाओं की यथाविधि सांगोपांग समालोचना करना और धीर गम्भीर भाव से आलोचित विषयों की गूढ़ गवेषणापूर्वक मीमांसा करना ही 'नृसिंह' का अन्यतम वा प्रधान पुरुषार्थ है।"

पाठकों की प्रवृत्ति को 'नृसिंह' ने भाद्र सं. 1965 की सम्पादकीय टिप्पणी द्वारा स्पष्ट किया :

"हिन्दी पत्रों के पाठकों के मन में पढ़ने-लिखने का चाव बहुत कम रहता है। साधारणतः उन्हें भले-बुरे का ज्ञान नहीं होता, तड़क-भड़क पर ही लोटपोट

हो जाते हैं। चित्रों के प्रेमी और समाचारों के पाठक ही हिन्दी में अधिक हैं। विषय की उत्कृष्टता देखकर बहुत ही कम लोग ग्राहक होते हैं। इसी से साप्ताहिक समाचार पत्रों के ही प्रेमी अधिक मिलते हैं। हिन्दी में अच्छे मासिक के अभाव का यह प्रधान कारण है।"

अधर्म, अन्याय, अनौचित्य के निर्मूलन और स्वराज्य की कामना ही 'नृसिंह' का ध्येय था। पत्र ने अपने चौथे अंक में लिखा :

स्वराज्य की आवश्यकता : "स्वराज्य की आवश्यकता भारतवासियों को इसलिए है कि विदेशी सरकार उनके अभाव-अभियोगों के समझने में असमर्थ है। यदि आज यहाँ स्वराज्य होता, तो लाखों हिन्दुस्तानी दुर्भिक्ष के कारण दाने-दाने को तरस कर प्राण न गँवाते... स्वराज्य के अभाव से ही प्रतिवर्ष 45 करोड़ रुपए इस दरिद्र देश से इंग्लैंड चले जाते हैं। और इसके बदले भारत में एक कानी कौड़ी तक नहीं आती; जहाँ पाँच करोड़ मनुष्यों को सालभर में एक समय भी पेट भरकर भोजन नहीं मिलता, जिसके पास जाड़े में रात को ओढ़ने के लिए कम्बल तक नहीं... जहाँ के शासक शासितों से सहानुभूति नहीं रखते, उस देश की विपत्तियों की तुलना किससे हो सकती है... ऐसी स्थिति में स्वराज्य के बिना भारत की गति ही नहीं है। जिस प्रकार रोगी को औषधि की, भूखे को अन्न की और दरिद्र को धन की आवश्यकता होती है उसी प्रकार भारत को स्वराज्य की आवश्यकता है। भारतवासियों के लिए दो ही मार्ग हैं। चाहे वे स्वराज्य लाभकर अपना मनुष्यत्व बनाये रक्खें अथवा जंगली मनुष्यों की भाँति पशुओं की श्रेणी में सम्मिलित हो जायँ। दोनों बातें भारतवासियों के अधीन हैं।"

सन् 1907 में सूरत अधिवेशन में कांग्रेस गरम दल और नरम दल में बँट गई। 'नृसिंह' गरम दल को 'राष्ट्रीय' और नरम दल को 'धृतराष्ट्रीय' कहता था। अपने तीसरे अंक में उसने घोषित किया :

"संक्षेप में 'धृतराष्ट्रीय' पक्ष का सिद्धान्त यह है कि ये बिनती करने के सिवा कुछ न करेंगे। 'राष्ट्रीय' पक्ष स्वदेशी बहिष्कार द्वारा देश की आर्थिक उन्नति करेगा और सरकार के आँख कान करने के लिए अप्रत्यक्ष वा परोक्ष प्रतिकार का अवलम्बन करेगा, परोक्ष प्रतिकार में गलाघोंटू आईन न मानेगा। स्वावलम्बन दूसरा मूल मंत्र है।"

राजनीतिक पत्र 'नृसिंह' में राष्ट्र-प्रेम सम्बन्धी कविताएँ भी छपती थीं। छबीलदास (मधुर) की प्रकाशित 'जननी की पुकार' अंक 3 में स्मरणीय है :

हा ! हा ! इन्होंने सब खो दिया है।
तो भी न आती इनको हया है।
भिक्षाटनों से निज तृप्त धार।
'दे दानदाता' कहते पुकार।

होंगे जभी ये निज स्वत्वधारी।
होगा तभी दुःख विनाश भारी।।
ये आँसू मेरे तब ही थमेंगे।
मेरे जभी पुत्र 'स्वराज्य' लेंगे।

इस प्रकार अल्पजीवी पत्र 'नृसिंह' स्वतंत्रता के पथ को प्रशस्त करनेवाला सशक्त पत्र सिद्ध हुआ।

'इन्दु'

महाकवि जयशंकर 'प्रसाद' की पत्रिका 'इन्दु' 1909 में प्रारंभ हुई। हिन्दी-काव्य-जगत् में छायावाद का प्रादुर्भाव इसी पत्रिका से माना जाता है। लगभग 8 वर्षों तक हिन्दी साहित्य को नई धारा की कविताओं से पुष्ट करनेवाली पत्रिका को आगामी 10 वर्षों तक बन्द रहना पड़ा। जनवरी 1927 में इसका पुनर्प्रकाशन हुआ जिसकी सम्पादकीय से तत्कालीन पत्र-पत्रिकाओं की जानकारी प्राप्त होती है :

"**आत्मनिवेदन :** गत दस वर्षों में अनेक अच्छी पत्र-पत्रिकाओं के दर्शन हुए हैं। इनमें प्रभा, मर्यादा, माधुरी, साहित्य, नागरी प्रचारिणी पत्रिका, ललिता, मनोरमा, चाँद और साहित्य समालोचना मुख्य हैं। प्रभा और ललिता दो पत्रिकाओं की अपनी खास विशेषताएँ थीं। इन दोनों ने और विशेषतः पहली ने साहित्य का दायरा बढ़ाने में बड़ा काम किया, पर भूमि उपजाऊ न होने के कारण वे पनप न सकीं और असमय ही सूख गईं। मर्यादा नये रूप में निकली थी और अच्छी निकली थी परन्तु खिलने से पहले ही तोड़ ली गई। साहित्य भी अच्छा था, चल न सका। नागरी प्रचारिणी पत्रिका नये ढंग से और गम्भीरता से निकल रही है। खोज-संबंधी पत्रिकाओं में उसकी गणना की जा सकती है। अनेक अस्थिर नीतियों के सा। माधुरी इस समय हिन्दी की सर्वाधिक लोकप्रिय पत्रिका है। सरस्वती बीच में कुछ दिनों तक सबसे अच्छी निकली, फिर कमजोर पड़ गई। समालोचक की समालोचना का क्षेत्र यद्यपि बहुत परिणित है, फिर भी हिन्दी में अपने विषय का प्रतिपादन करने वाला यही एक पत्र है। चाँद ने साहित्य में क्रान्ति की है वह अपने विषय का सर्वश्रेष्ठ भारतीय पत्र है।

मासिक पत्रों के अतिरिक्त दैनिक और साप्ताहिक पत्रों का क्षेत्र भी बढ़ गया है और उसके साथ समाधिक पत्र सम्पादन कला ने भी कुछ उन्नति की है।"[33] 'इन्दु' ने साहित्यिक पत्रकारिता को समृद्ध बनाया।

'कर्मयोगी' और 'मर्यादा'

'कर्मयोगी पब्लिशिंग कम्पनी लिमिटेड' के तत्त्वावधान में पं. सुन्दरलाल के सम्पादन में 'कर्मयोगी' पाक्षिक पत्र का प्रकाशन 1 सितम्बर 1909 ई. को प्रारम्भ हुआ।

क्रान्तिकारी पत्रकार और 'स्वराज्य' (उर्दू) के सम्पादक श्री शांतिनारायण भटनागर की प्रेरणा से पं. सुन्दरलाल ने इस पत्र को निकाला। कुछ ही अंकों के बाद यह साप्ताहिक पत्र हो गया। क्रान्तिकारी आंदोलन को आगे बढ़ानेवाले इस पत्र की 18 हजार प्रतियाँ बिक जाती थीं। अंग्रेज विरोधी नीति होने के कारण 1910 ई. में पत्र से भारी जमानत तलब की गई, सम्पादक की गिरफ्तारी का वारण्ट जारी किया गया फलतः पत्र बंद हो गया। तिलक तथा अरविंद घोष से सम्बद्ध 'कर्मयोगी' को रौलेट कमीशन की रिपोर्ट में सरकार का घोर विरोधी बताया गया।

सन् 1910 ई. में पं. कृष्णकांत मालवीय के सम्पादन में 'मर्यादा' नामक मासिक पत्रिका निकली। जो बाद में ज्ञान मंडल प्रकाशन वाराणसी को सौंप दी गयी। प्रेमचन्द और सम्पूर्णानन्द के सम्पादकत्व में पत्र ने जागरण का संदेश फैलाया। पं. बनारसी दास चतुर्वेदी के सम्पादन में 'मर्यादा' ने ऐतिहासिक 'प्रवासी विशेषांक' निकाला।

प्रवासी क्रान्तिकारियों का पत्र 'गदर'

प्रवासी भारतीयों ने क्रान्ति की चिनगारी को सतत सुलगाए रखा। सानफ्रांसिसको (सं. रा. अमेरिका) से भारतीय क्रान्तिकारियों की संस्था 'गदर पार्टी' ने एक साप्ताहिक अखबार 'गदर' नवम्बर 1913 ई. में निकाला। अंग्रेजों के विरुद्ध प्रचार करना आजादी प्राप्त करना इसका लक्ष्य था। भारत की अंग्रेजी सरकार ने इस पत्र के पहले अंक से ही इसे विधिवाह्य घोषित किया। कई साल तक संघर्ष चला कि इसे हिन्दुस्तान में कैसे पहुँचाया जाय, वहाँ इसका प्रचार कैसे हो ? प्रसिद्ध देशभक्त लाला हरदयाल एम. ए. इसके सम्पादक थे और यह अखबार हिन्दी, उर्दू, पंजाबी, गुजराती, बंगला और पश्तो–6 भारतीय भाषाओं में छपता था। इसका प्रसार 10 लाख तक पहुँच गया। अमेरिका से यह कैनेडा फिर वहाँ से यह पत्र भारत आता था। अंग्रेजी सरकार संयुक्त राज्य अमेरिका से आनेवाली डाक पर कड़ी निगरानी रखती थी फलतः यह रास्ता अपनाया गया। जब कैनेडा का रास्ता बन्द हो गया तो 'गदर' अमेरिका से जापान, पुनः वहाँ से फ्रान्स और फ्रांस से इसे मादाम कामा (भारतीय क्रान्तिकारी महिला) हांगकांग, कलकत्ता, सिंगापुर, बम्बई स्थानों पर पहुँचाती थी।

रूस के क्रान्तिकारी 'गदर' की प्रतियाँ चीन और ईरान के रास्ते भारत में भिजवाते थे। 'गदर' स्पष्ट शब्दों में अंग्रेजों के विरुद्ध हथियार उठाने का नारा लगाता था। 'अंग्रेजों को भारत से भगा देना' ही पत्र का मूल मंत्र था।

"किंग जार्ज का बेड़ा डुबा दो, राष्ट्रपति का झंडा फहराओ, दुनिया भर के सभी राजाओं का अंत कर दो", यही संदेश 'गदर' पत्र द्वारा प्रसारित होता था।

6 जनवरी 1914 के सम्पादकीय में लाला हरदयाल ने लिखा :

"क्रान्ति के साथियो, तैयार हो जाओ। देश और विदेश में अपने प्रचार को संगठित करो। सेवा और बलिदान के नए व्रत लो। मुट्ठी भर अंग्रेजों ने जोर-जबरदस्ती से हमें गुलाम बना रखा है। हमें कुचल देना चाहते हैं। हिन्दुस्तान के नौजवान स्त्री-पुरुषों को उन्हें इसका उत्तर देना चाहिए।"

'गदर' में अग्निवर्षी कविताएँ छपती थीं। निम्नलिखित पंक्तियों से 'गदर' की प्रवृत्ति को समझा जा सकता है :

हमारा हिन्द भी फूले-फलेगा एक दिन लेकिन
मिलेंगे ख़ाक में लाखों हमारे गुलबदन पहले।
हमें दुःख भोगना लेकिन हमारी नस्ल सुख पाए
ये दिल में ठान लो अपने ऐ हिन्दी मर्दो जन पहले।

इस प्रकार देश में रहकर ही नहीं विदेशों की खाक छानकर भी राष्ट्रीय निष्ठा को उद्दीप्त करनेवाले क्रान्तिकारी पत्र और पत्रकार हमारे प्रेरणा-स्रोत बने रहे।

अद्‌भुत पत्र 'प्रताप' : गोरों का संताप

पराधीन भारतमाता की करुण पुकार, स्वदेशाभिमान, अत्याचार के प्रति रोष, राष्ट्र-सेवा के प्रति श्रद्धा की भावना से प्रेरित हो तेजपुञ्ज गणेशशंकर विद्यार्थी ने 'प्रताप' द्वारा अविस्मरणीय कार्य किया जिसका प्रमाण पत्र के प्रथम अंक का सम्पादकीय है :

"आज अपने हृदय में नई-नई आशाओं को धारण करके अपने उद्देश्यों पर पूर्ण विश्वास रखकर 'प्रताप' कर्मक्षेत्र में आता है। समस्त मानव जाति का कल्याण हमारा परमोद्देश्य है और इस उद्देश्य की प्राप्ति का एक बहुत बड़ा और जरूरी साधन हम भारतवर्ष की उन्नति समझते हैं। भारत को उस उन्नतावस्था तक पहुँचाने के लिए असंख्य उद्योगों, कार्यों और क्रियाओं की आवश्यकता है। इनमें से मुख्यतः राष्ट्रीय एकता, सुव्यवस्थित सार्वजनिक व सर्वांगपूर्ण शिक्षा का प्रचार, प्रजा का हित और भला करनेवाली सुप्रबंध और सुशासन की शुद्धनीति का राजकार्यों में प्रयोग, सामाजिक कुरीतियों का निवारण तथा आत्मावलम्बन और आत्मशासन में दृढ़ निष्ठा है। हम इन्हीं सिद्धान्तों और साधनों को अपनी लेखनी का लक्ष्य बनायेंगे। हम अपनी प्राचीन सभ्यता और जातीय गौरव की प्रशंसा करने में किसी से पीछे नहीं रहेंगे और अपने पूजनीय पुरुषों के साहित्य, दर्शन, विज्ञान और धर्मभाव का यश सदैव गायेंगे। किन्तु अपनी जातीय निर्बलताओं और सामाजिक कुसंस्कारों तथा दोषों को प्रकट करने में हम कभी बनावटी जोश से काम न लेंगे। किसी की प्रसन्नता या अप्रसन्नता, किसी की घुड़की या धमकी हमें अपने सुमार्ग

से विचलित न कर सकेगी। साम्प्रदायिक झगड़ों से 'प्रताप' सदा अलग रहने की कोशिश करेगा। उसका मत स्वतन्त्र विचार और उसका धर्म सत्य होगा। हमारा जन्म निर्बलता, पराधीनता और अल्पज्ञता के वायुमंडल में हुआ है। तो भी हमारे हृदय में सत्य की सेवा करने के लिए आगे बढ़ने की इच्छा है और हमें अपने उद्देश्य की सच्चाई तथा अच्छाई का अटल विश्वास है। लेकिन जिस दिन हमारी आत्मा इतनी निर्बल हो जाय कि अपने प्यारे आदर्श से डिग जावें, जानबूझकर असत्य के पक्षपाती बनने की बेशर्मी करें और उदारता, स्वतंत्रता और निष्पक्षता को छोड़ देने की भीरुता दिखावें, वह दिन हमारे जीवन का सबसे अभागा दिन होगा और हम चाहते हैं कि हमारी उस नैतिक मृत्यु के साथ हमारे जीवन का भी अन्त हो जाय।"

कानपुर से प्रकाशित तेजस्वी पत्र 'प्रताप' सन् 1913 से उत्तर भारत में जागरण का सिंहनाद करता रहा। 'प्रताप' को विद्यार्थी जी राणा प्रताप का प्रतीक मानते थे। चिट्ठियों के माध्यम से समाचार और शिकायत छापने का श्रीगणेश 'प्रताप' ने ही किया। 'प्रताप कार्यालय' क्रान्तिकारियों का अड्डा था जहाँ शहीदे-आजम भगतसिंह ने लेखनी द्वारा आग उगलने की दीक्षा प्राप्त की।

'प्रभा'

खण्डवा से 7 अप्रैल 1913 से प्रकाशित 'प्रभा' को पं. माखनलाल चतुर्वेदी का पुरस्कर्त्री कहा जा सकता है। सम्पादक श्री चतुर्वेदी ने पत्र के लक्ष्य को प्रथमांक में स्पष्ट किया जो ध्यातव्य है :

"**प्रभा का प्रादुर्भाव :** अनेक विचारों का सामना कर आज 'प्रभा' का प्रथम अंक पाठकों की सेवा में उपस्थित किया जाता है इससे यह अनुमान हो सकेगा कि 'प्रभा' किस रीति से सेवा किया चाहती है। स्वर्गवासी महात्मा स्टेड ने विलायत को आगे रखकर जो कुछ कार्य किया है 'प्रभा' भी भारत को आगे रखकर उक्त महात्मा की अनुकूल कार्यप्रणाली का महादर्श मानचित्र अपने सामने लटकाकर कार्य किया चाहती है। वह महात्मा अविश्वासपूर्ण, स्वार्थसम्पन्न पश्चिम के होश ठिकाने लगाकर उसे विश्वासी, न्यायी, भेदभाव-रहित तथा परमार्थी होने की शिक्षा दे गया है। आशा है, हम अपने भारतीय बन्धुओं की सेवा इसी प्रकार करने की कामना को अपने बन्धुओं की स्नेहभरी सहानुभूति पाकर पूर्ण कर सकेंगे।"

मई 1915 ई. को प्रकाशित 'प्रभा' के अंक में पं. माखनलाल चतुर्वेदी ने राष्ट्रीय संघर्षों के प्रति जागरूकता पर बल दिया :

"**खुलकर लिखो** ··· लोकमत का काम है कि वह प्रतिवाद के डण्डों से उचित मार्ग में अपने नेता, सुधारक और सम्पादकों के सिर झुकवा ले। जो स्वतंत्रता और स्वत्वरक्षा की ऐसी घटनाओं को नहीं सोचना चाहते, या उनपर कुछ कार्य

नहीं किया चाहते, उन्हें हमारे विचार से, राजनैतिक स्वाधीनता का सपना देखना भी पाप है। हमारा अनुरोध है कि तुम अन्यायों, अत्याचारों और भूलों के सम्बंध में जो कुछ लिखना हो, वह दबकर नहीं, खुलकर लिखो। तुम्हारे पत्रों के सम्पादकों का विद्वत्ता का ज्वर तभी शायद उतरेगा। क्या वे अपनी मूर्खता की औषधि, उसी दिन प्रारम्भ करें।"

1918 ई. में 'प्रभा' का प्रकाशन कानपुर से हुआ जिसमें श्रीगणेशशंकर विद्यार्थी का प्रेरक हाथ था। शिवनारायण मिश्र और कृष्णदत्त पालीवाल ने भी पत्र का सम्पादन किया।

'नवजीवन'

इंदौर से 1915 ई. में 'नवजीवन' मासिक पत्र का प्रकाशन हुआ। 5 वर्ष पूर्व यह पत्र काशी से पं. केशवदेव शास्त्री के सम्पादकत्व में निकलता था। धनाभाव के कारण पत्र का प्रकाशन अनियमित था। पत्र के सम्बंध में इंदौरवासी श्री द्वारका प्रसाद सेवक ने लिखा है कि :

"पूरे दो वर्ष तक उसका सम्पादन, संचालन, प्रकाशन आदि सब कुछ भार मुझ पर ही रहा। जैसी कुछ बन सकी, उसके द्वारा सेवा की उम्मीद बड़ी थी, हौसले ऊँचे थे किन्तु व्यापार कुशल और अपने को नीतिनिपुण समझनेवाले निष्ठुर और हृदयशून्य हाथों में जाकर 'नवजीवन' की अन्त्येष्टि हो गयी। अपने संचालक की कुशलता और निपुणता ने उसका अंत ही कराकर छोड़ा। आर्य समाज के तत्कालीन एकमात्र उच्चकोटि के मासिक पत्र का निर्दयतापूर्वक गला घोंटकर उसे मार डाला गया अवश्य किन्तु जितने दिन वह उनके हाथों में रहा उतने दिन तक वह घाटे में नहीं रहे, कुछ न कुछ लाभ ही उन्होंने कमाया, चाहे वह किसी भी रूप में हो और उधर मेरे सिर पर पूरे 3500 रुपये का घाटा पड़ ही गया।"[34]

श्री शिव अनुराग पटैरिया और राजेश बादल के अनुसार 'नवजीवन' का प्रकाशन काल 1915 है जब कि डॉ. कैलाश नारद के मतानुसार यह पत्र 1908 से 1913 तक मध्यप्रदेश की सेवा करता रहा। श्री द्वारका प्रसाद सेवक ने बार-बार इस तथ्य को उद्‌घाटित किया है कि महात्मा गाँधी ने इसी 'नवजीवन' से प्रभावित हो अपने पत्र का नाम 'नवजीवन' रखा।

ज्ञानशक्ति

'मुनि समाज' के संस्थापक योगेश्वर मुनीश्वर श्री शिवमुनि ने गोरखपुर से सन् 1915 ई. में 'ज्ञानशक्ति' पत्रिका का प्रकाशन प्रारंभ किया। इस पत्रिका के प्रकाशन का लक्ष्य निम्नलिखित है :

"आपके स्वतंत्र विचार संबंधी लेखों और योग, आत्मज्ञान तथा स्वास्थ्य-विषयक

नवीन खोजों और प्रयोगों को उस समय की पत्र-पत्रिकाएँ प्रकाशित करते हुए हिचकती थीं–कभी-कभी कोई निर्भीक संपादक उनके मौलिक विचारों को प्रकाशित करने का साहस करते थे। अतः आपने सन् 1915 में 'ज्ञानशक्ति' पत्रिका और प्रेस का प्रारंभ किया और उसके द्वारा अपने सिद्धांतों का प्रचार करने लगे। उस समय हिन्दी का प्रचार बहुत कम था और उसके पत्र-पत्रिकाओं की दशा बड़ी शोचनीय थी। परन्तु आपने अपनी लगन के बल पर अनेक कठिनाइयों के बीच भी 'ज्ञानशक्ति' का प्रकाशन जारी रखा। कभी साप्ताहिक, कभी पाक्षिक और अन्त में मासिक रूप में 'ज्ञान-शक्ति' बराबर निकलती रही। जब से 'ज्ञान-शक्ति' का प्रकाशन प्रारंभ हुआ हिन्दी की अनेक पत्र-पत्रिकाएँ निकलीं और बंद हो गईं। यह एक गौरव की बात है कि उन्होंने उस पत्रिका के 49 वर्षों तक संपादक होने का यश प्राप्त किया। पत्रिका के 49 वें वर्ष में फरवरी का अंक निकालने के 10 दिनों बाद उन्होंने देह त्याग दिया। मुनिसमाज की स्थापना के बाद आपने 'ज्ञान-शक्ति' को उसकी मुखपत्रिका बना दिया।"[35]

सन् 1915 से 1919 तक 'ज्ञान शक्ति' के अंक वैविध्य से पूर्ण हैं। उनमें राजनीतिक, साहित्यिक, धार्मिक तथा सामाजिक समस्याएँ प्रमुखतः प्रकाशित हैं जिनसे ज्ञात होता है कि गोरखपुर ही नहीं अपितु पूर्वी उत्तर-प्रदेश में एकमात्र 'ज्ञानशक्ति' ही प्रमुख पत्रिका थी।

'ज्ञानशक्ति' प्रारंभ के दो वर्षों तक मासिक पत्रिका के रूप में छपती थी बाद में पाक्षिक हुई तथा कुछ दिनों तक साप्ताहिक पत्रिका के रूप में पाठकों के हाथ में आयी।

'ज्ञानशक्ति' का विषय-क्षेत्र : 'ज्ञानशक्ति' के प्रारंभिक अंकों में सामाजिक, साहित्यिक, राजनीतिक, ऐतिहासिक तथा सांस्कृतिक लेख, कहानी एवं कविताएँ प्रकाशित होती थीं।

इस पत्रिका से ही पूर्वी उत्तर प्रदेश में हिन्दी साहित्यकारों का एक वर्ग उठ खड़ा हुआ जो उर्दू की आँधी को रोक सका था। सम्पादकीय विचारों तथा विविध लेखों द्वारा 'ज्ञानशक्ति' ने हिन्दी का भरपूर प्रचार किया तथा सभी जनपदों में नागरी प्रचारिणी-सभा की स्थापना पर बल दिया। 'ज्ञान-शक्ति' के प्रारम्भिक अंकों में 'अद्भुत बातें और विविध विषय', 'समालोचना' तथा 'स्थानीय समाचार' नामक ये तीन स्थायी स्तम्भ मिलते हैं जो द्रष्टव्य हैं :

अद्भुत बातें और विविध विषय : जैसा कि नाम से ही सुस्पष्ट है इस स्तम्भ में चौंका देनेवाली बातें अलंकारपूर्ण शैली में प्रकाशित होती रही हैं। अक्टूबर 1916 के अंकों में छपा है :

आग उगलनेवाला सर्प : हिन्दुस्तान का एक जिला हिसार है यहाँ पर एक प्रकार का सर्प पाया जाता है जिसे यहाँ के लोग 'अगिन झाड़' कहते हैं। दिन

को इसके शरीर से आग की लपट निकलती हुई देखी गयी है। यह यदि किसी कुएँ में गिर जाय तो उसका पानी खौलने लगता है। इसका काटा हुआ प्राणी दो मिनट से अधिक संसार में नहीं रह सकता।

'मस्ताना योगी'

अक्टूबर 1917 के अंक में गोरखपुर जिले के हरपुर नामक गाँव की एक घटना प्रकाश में आयी है। इसमें लिखा है कि एक बुढ़िया डगरे में चावल रखकर 2 मिनट के लिये कहीं गयी कि दिखाई पड़ा कि डगरे का चावल एक हाथ ऊपर कूदने लगा। चावल के सभी दाने जमीन पर आते ही चार टुकड़े हो जाते थे। इस तमाशा को देखनेवालों की भी भीड़ जमा है।

मार्च 1918 का 'ज्ञानशक्ति' लिखता है कि :

प्रणाम करनेवाला ताड़ : बंगाल के फरीदपुर प्रदेश में ताड़ का एक वृक्ष है। संध्या समय जब मंदिरों में घड़ी-घण्टे बजने लगते हैं तब वह वृक्ष भी पृथ्वी पर सोकर प्रणाम करने लगता है। प्रातःकाल फिर ज्यों का त्यों हो जाता है। सर जगदीश चन्द्र बोस ने भी इसे देखा है। इसका कारण वे प्रकृति की गर्मी-सर्दी बतलाते हैं। उनका कथन है कि सभी वृक्ष गर्मी पाकर झुकते हैं और सर्दी म कुछ उठे रहते हैं।

'ज्ञान शक्ति' और हिन्दी-भाषा : इस पत्रिका के 'संपादकीय विचार' तथा विविध लेखों से सुस्पष्ट है कि हिन्दी की वकालत करनेवाला यदि बीसवीं सदी के दूसरे दशक में पूर्वांचल में कोई पत्र था तो वह 'ज्ञानशक्ति' ही।

हिन्दी-प्रचार और ज्ञानशक्ति : 1917 में गांधी जी ने गुजरात में हिन्दी-प्रचार का कार्य किया, जिसके समर्थन में 'ज्ञानशक्ति' ने 'अद्‌भुत बातें और विविध विषय' नामक स्तंभ में निम्नलिखित टिप्पणी लिखी जो इसके हिन्दी-प्रेम का द्योतक है :

गुजरात में हिन्दी-प्रचार : "बड़े हर्ष का विषय है कि श्रीमान् मोहनदास कर्मचंद गांधी की इच्छा है कि गुजरात प्रान्त में हिन्दी का प्रचार हो। उनके 'सत्याग्रह-आश्रम' में प्रत्येक विद्यार्थी के लिए हिन्दी पढ़ना लाजिमी है। वे यह भी चाहते हैं कि योग्य शिक्षकों के मिलने पर गुजरात के भिन्न-भिन्न स्थानों में हिन्दी पढ़ाने के लिए पाठशालाएँ खोली जायँ–मुझे आशा है आप लोग अपनी बनाई एवं छपवाई हुई पुस्तकों को श्रीमान् मोहनदास कर्मचन्द गांधी सत्याग्रह आश्रम, अहमदाबाद (गुजरात) के पास भेजने की कृपा करेंगे। मुझे पूर्ण विश्वास है कि हिन्दी के प्रेमी हिन्दी की हित-कामना से प्रेरित होकर इस अपील को अवश्य स्वीकार करने की कृपा करेंगे।"[36]

हिन्दी की पत्र-पत्रिकाओं के प्रकाशन पर 'ज्ञानशक्ति' ने सदाशयता का परिचय दिया तथा ग्राहकों, पाठकों व हिन्दी-प्रेमियों को प्रेरित किया कि वे उस पत्र को मँगावें तथा हिन्दी-पत्रों को जीवन प्रदान करें।

डिस्ट्रिक्ट गजट, गोरखपुर : "श्रीमान् मि. सी. ए. सिलवण्ड साहब चेयरमैन डिस्ट्रिक्ट बोर्ड तथा उत्साही मेंबरों की कृपा से गोरखपुर का डिस्ट्रिक्ट गजट अब हिन्दी में निकलने लगा। अब हिन्दी-हितैषियों को चाहिए कि उसके ग्राहक बढ़ा और स्वयम् ग्राहक हो उसकी सहायता करें जिसमें इसका जीवन स्थित रहे।"

पता–सिक्रेटरी डिस्ट्रिक्ट बोर्ड, गोरखपुर

मूल्य–केवल ।)[37]

वैशाख संवत् 1972 के अंक में 'संपादकीय विचार' के अन्तर्गत 'ज्ञानशक्ति' ने उर्दू हिमायती पत्र 'मशरिक' की हिन्दी विरोधी नीति की भर्त्सना की है। मई 1918 में 'हिन्दी पर एक दृष्टि' ले. स्पष्टवक्ता, अगस्त 1918 में श्री कामताप्रसाद गुरु लिखित 'हिन्दी में विराम-चिह्नों का दुरुपयोग' तथा सितम्बर 1918 के अंक में मौलाना अब्दुल हलीम 'शरर' लखनवी द्वारा लिखित 'हिन्दी और हिन्दुओं का उर्दू से सम्बन्ध' नामक लेखों में हिन्दी में विविध पहलुओं पर प्रकाश डाला गया है, जिससे इस पत्र का हिन्दी-प्रेम स्पष्ट होता है।

ज्येष्ठ सं. 1972 ई. के अंक में श्रीयुत बाबू सीताराम वर्मा लिखित एक लेख की कुछ पंक्तियों को इस संदर्भ में उद्धृत किया जा सकता है :

'हम में कमी' : "... हम अपने अपने मजहब और स्वार्थ में पड़कर राष्ट्रभाषा हिन्दी की प्रतिष्ठा और गौरव नहीं जानते, हम नहीं जानते कि मजहब और राष्ट्र में क्या भेद है, मजहबी दुनिया से हमारा सम्बन्ध कहाँ है और राष्ट्र तथा जाति से कहाँ है ? हम अपनी जातीयता और जातीय प्रेम को जैसा कि 'ज्ञानशक्ति' के कई अंकों में लिखा जा चुका है, नहीं जानते। जातीय काव्यों के उपस्थित होने पर–हिन्दी, हिन्दू और हिन्दुस्तान के क्षेत्र में उतरने पर हम विज्ञानी और परमार्थी बन जाते हैं। इसी को समझिए–इसी की हमारे में कमी है।"

श्रीयुत पीर मुहम्मद जी मूनिस 'ज्ञानशक्ति' के प्रमुख लेखक थे। इनके सम्बन्ध में संपादक ने लिखा है कि :

"श्रीयुत पीर मुहम्मद जी मूनिस जि. चम्पारन मु. बेतिया के रहनेवाले हैं। यद्यपि आप मुसलमान हैं, पर हमारे सिद्धान्त के अनुसार स्वदेश-भक्त होने के कारण हिन्दू ही हैं। इनका हिन्दी-प्रेम देखकर हिन्दुओं को शिक्षा लेनी चाहिए।"[38]

हिन्दी की दुर्गति देखकर सम्पादक श्री शिवकुमार शास्त्री ने पूर्वी उत्तरप्रदेश के प्रबुद्ध नागरिकों को हिन्दी अपनाने हेतु प्रेरित किया। 'ज्ञानशक्ति' ने हिन्दी भाषा के परिवर्धन में एक ऐतिहासिक कार्य किया जिसका प्रमाण इस पत्र की पुरानी फाइलें हैं।

'ज्ञानशक्ति' के सम्पादक श्री शिवकुमार शास्त्री भारत की स्वतंत्रता के उत्कट अभिलाषी थे परन्तु असहयोग आन्दोलन के विरोधी थे। वे पराक्रम और शौर्य द्वारा स्वतंत्रता-प्राप्ति को वरेण्य मानते थे जैसा कि उनके संपादकीय विचार से

सुस्पष्ट है।

'ज्ञानशक्ति' के कुछ विशिष्ट लेख : इस पत्रिका के प्रारम्भिक अंकों में कुछ विशिष्ट लेख छपे हैं जिनको मूल रूप में उद्धृत किया जा रहा है–

विचार-प्रवाह : (ले. श्रीयुत मन्नन द्विवेदी गजपुरी) : जो सब विचारों का मूल है, जो सब आशाओं का आधार है, जो सदा मंगलमय है, जिसने जड़ प्रकृति में ज्ञान का संचार किया है, जिसने विश्व में शक्ति का प्रवाह करके अचल को चल बनाया है, वह अखिल, अगोचर, अनंत, अनाम और सर्वात्मा होकर सर्वत्र विचरने वाला परमात्मा संसार का सदा कल्याण करे।

सुधरों को सुधारना क्या ? जो नीचे गिर पड़े हैं उनको उठानेवाले को महात्मा, महर्षि और पैगम्बर कहते हैं। राम ने बंदरों को भक्त बना दिया, कृष्ण ने चोर ग्वालों में माखनचोर बनकर उनको प्रेम के साँचे में ढाला। मसीहा ने वेश्या तक को तपस्विन का रंग दे दिया। शंकर ने साँपों तक पर ऐसा जादू डाला कि माला बनकर गले में लटकते रहे। उस महादेव का शत्रु कौन है ? ऐसे ही प्रेम का प्याला पीनेवाला योगी कालकूट को अमृत बना देता है। भेद-भाव को भूलकर वह डमरू बजा-बजाकर नाचता है और व्याकुल भयभीत संसार तांडव नृत्य देखकर 'हर हर महादेव शंकर-विश्वनाथ' कहता है।

संसार में कौन किसका है ? अगम महासागर में लहरें मँडराती हुई इधर से उधर परस्पर टकराती हैं, अठिलाती हुई फिर कहाँ से कहाँ पहुँच जाती हैं ऐसे ही आगे चलकर, किसी से मिलती हैं, किसी से उलझती हैं और किसी के ऊपर चढ़कर पार निकल जाती हैं। लेकिन उनमें सम्बन्ध क्या है ? यही न है कि वे सब एक ही सागर की तरंगें हैं, एक ही हृदय की उमंगें हैं, एक ही मौजी की मौज हैं।

हरे ! हमारे में मनुष्यता कब आवेगी कि हम विषय-वासनाओं के तूफान के सामने अड़ सकेंगे, अकड़ सकेंगे और उनसे लड़ सकेंगे। सत्य, दम, क्षमा और धैर्य हमारे लिए स्वाभाविक बातें होंगी। उनसे बढ़कर आनन्द का वह दिन कब आवेगा जब सूर्य और चन्द्रमा तारों की मंडली लेकर हमारी अगवानी करेंगे। सृष्टि हाथ जोड़कर टकटकी लगाकर हमारा मुँह देखेगी और हम खिल-खिलाकर हँसते हुए अपनी खुदाई में मस्त रहेंगे।[39]

'ज्ञानशक्ति' के आलोचकों को मुँहतोड़ जवाब की शैली आज की पत्रकारिता के लिए स्पृहणीय है। 'ज्ञानशक्ति' के सम्बन्ध में सम्पादक की निम्नलिखित उक्ति है :

हमारे ग्राहक और सहायक : इसमें सन्देह नहीं कि हमारे बहुत से ग्राहकों और मित्रों ने 'ज्ञानशक्ति' के साथ आशातीत सहानुभूति दिखलाई है, नहीं तो यह कब सम्भव था कि हमारे ऐसा निर्धन मनुष्य इस कार्य्य को अब तक चलाकर

साहित्य-सेवियों की सेवा कर सकता, पर साथ ही स्मरण रहे कि हमारे बहुत से ग्राहक हमें निराश करने से भी बाज न आयें। महीने में डेढ़-डेढ़ सौ-दो-दो सौ वी. पी. पैकेट्स कार्य्यालय से भेजे गये वहीं उन लोगों के पास जिन्होंने स्वयं लेने का वादा किया था और तीन-तीन चार-चार अंक ले भी चुके थे। पर हुआ क्या, कि सैकड़े अस्सी पचासी वी. पी. पैकेट्स लौट आए और लोगों ने अपनी उदारता, देश हितैषिता, सत्यता और साहित्य-सेवा का उत्कृष्ट परिचय दिया जिसकी हमें स्वप्न में भी आशा न थी।

··· इस कमिश्नरी भर से हिन्दी में 'ज्ञानशक्ति' के सिवा और कोई पत्रिका या पत्र नहीं निकलता। अतः इसके निकालने में बड़ी-बड़ी कठिनाई उठानी पड़ी। बड़े-बड़े लोगों ने निराश किया, उत्साह को घटाया और मार्ग के कण्टक हुए।[40]

'ज्ञानशक्ति' के प्रारम्भिक अंकों में सम्पादक द्वारा लिखित 'एकान्त देश में शान्तिदायी विचार' धारावाहिक रूप में प्रकाशित हुआ है जिसमें ईश्वर के प्रति आस्था प्रकट की गयी है। अक्टूबर सन् 1915 ई. के अंक में लिखा गया है कि :

"··· तुम ईश्वर को मानते हो, पर उस पर दृढ़ विश्वास नहीं है। देखो, जिस समय तुम्हारा ईश्वर पर दृढ़ विश्वास होगा–तुम्हारे अन्तःकरण की घबराहट मिट जाएगी, तुम शान्त हो जाओगे और तुम्हारे हृदय में एक ऐसी सुख की लहर उठेगी जिसकी तुलना सांसारिक सुखों के साथ नहीं हो सकती।"

विविध अंकों में प्रकाशित ये 'शान्तिदायी विचार' ही पुस्तक के रूप में प्रकाशित हुए हैं।

स्वदेश-प्रेम और ज्ञानशक्ति : बीसवीं सदी के प्रारम्भिक बीस वर्षों में तिलक, गोखले तथा गांधी जी के नेतृत्व में समस्त भारत स्वदेश-प्रेम से ओत-प्रोत था। तत्कालीन पत्रकारिता का प्रमुख स्वर स्वदेश-प्रेम था। 'ज्ञानशक्ति' ने स्वदेश-प्रेम की भावना का प्रसार पूर्वी उत्तर प्रदेश में किया। इसके प्रत्येक अंक प्रेरणाप्रद राष्ट्रीय गीतों से भरपूर थे जिसका उदाहरण द्रष्टव्य है।

राष्ट्र की पतित अवस्था पर पश्चात्ताप करते हुए 'मूनिस' ने लिखा कि–

कौम की हालत

प्रेषक पीरमुहम्मद जी मूनिस

"ऐ कौम देख तो तेरी हालत को क्या हुआ ?
हैरत में आइना है कि सूरत को क्या हुआ ?
हमको जलील-खस्त व मजबूर देखकर,
'परताप' कह रहा है, हमैयत को क्या हुआ ?
जिसने बड़े बड़ों के थे छक्के छुड़ा दिये,
उस शूर वीर कौम की हिम्मत को क्या हुआ ?"[41]

स्वदेश के लिए क्या किया जाना चाहिए बाबू सीताराम वर्मा ने 'ज्ञानशक्ति' द्वारा सभी को सीख दी है :

वीर-वचन : (ले. श्रीयुत बाबू सीताराम वर्मा)

कार्यक्षेत्र में कर्म्मवीरता दिखलाना है,
जग में भारत विजय-पताका लहराना है,
तीस कोटि मिल तुमुल शब्द से ललकारें हम,
कुटिल काल को पकड़ भूमि पर दे मारें हम।
अथवा ऐसे सुलभ कार्य्य में मरना चाहिए,
कायर बनकर नहीं काल से डरना चाहिए।
इस स्वदेश के लिए हमें कुछ करना चाहिए।।[42]

'हमारा भविष्य' शीर्षक के अन्तर्गत गौरा निवासी श्रीयुत बाबू राम नजर सिंह की निम्नलिखित कविता पाठकों के लिए प्रेरणास्रोत है। इन पंक्तियों से ज्ञात होता है कि सन् 1915 में राष्ट्र-प्रेम की लहर किस तरह फैल रही थी। निराशा छोड़कर सभी आशान्वित थे कि भारत का मंगलमय भविष्य किस प्रकार सँवरने वाला है :

पाठक सकल ! सर्वत्र ही यह है नियम सर्वेश का।
तुम आश को छोड़ो नहीं होगा भला इस देश का।।

X X X

वीर भारत के दुलारे प्रेम से मिल जायँगे।
विश्व भर की बाटिका में पुष्प से खिल जायँगे।।
भारती के भक्त होंगे दुख हरेंगे देश के।
शांति के चिंतक बनेंगे शत्रु होंगे द्वेष के।।

X X X

भाइयो ! लग जाइये अब शीघ्र जाति सुधार में,
देश-हित कटिबद्ध होकर सतत ईश-पुकार में।
पहचानिये निज रूप को कर्तव्य-रत अब होइये,
फूट ईर्ष्या कलह आदिक शत्रु को अब खोइये।।

X X X

जब वानरों के यूथ से पाना विजय सम्भव अहे।
तो क्यों न होगी जय मेरी कारण कोई इसका कहे।।[43]

बाबू रामनजर सिंह के राष्ट्रीय गीत बड़े ही सारगर्भित बन पड़े हैं। 'ज्ञानशक्ति' का प्रत्येक अंक उनकी रचनाओं से भरा पड़ा है।

हिन्दुओं और मुसलमानों के बीच व्याप्त ईर्ष्या-द्वेष को मिटाने तथा सभी को राष्ट्र की दुर्दशा पर चिंतन करने हेतु प्रेरणाप्रद रचनाओं से ज्ञानशक्ति भरी पड़ी है :

प्रभात : (श्रीयुत पं. हरिवंश मिश्र)

करो याद प्राचीन कीरति कथा
हटाओ विपुल देश की दुर्व्यथा।
धरो चित्त में सर्वथा सुप्रथा,
मिलेगी भलाई तुम्हें सर्वथा।
पूरब में देखो उँजेरा हुआ
उठो शीघ्र प्यारे सबेरा हुआ।।[44]

पिंजर-बद्ध कीर : (श्रीयुत बाबू मुकुन्दीलाल श्रीवास्तव)

हाँ, था समय स्वच्छन्द जब तुम सर्वथा स्वाधीन थे।
स्वार्थी न ऐसे दीन तब तुम शकुनि ! शांतिविहीन थे।।
अवसर सरासर मूर्ख ! पा, प्रभु शक्ति में मत भूल तू।
परतंत्रता को भंग कर, बन वन विटप का फूल तू।।[45]

चटकीले चौतुके : (श्रीयुत अयोध्या सिंह उपाध्याय)

देखते हैं आप साहब बन गये
हो गया है ठाट सारा ही नया,
कुछ यहाँ का आपको भाता नहीं,
आपका सिर घूम क्यों इतना गया ?[46]

हिन्दू-मुसलमान के बीच का द्वेष भारत की दुर्दशा का कारण है, जिसे अयोध्या सिंह उपाध्याय ने सर्वप्रथम सितम्बर 1918 में भोजपुरी में लिखकर व्यक्त किया है :

गोरखपुर की बोली में गीत :

मारि डारे भइयवन के अनबन रे।
हमरे करेजवा में घुनवा लगत बाटे
डरल रहेला जिउआ सब छन रे।।

बीसवीं शती के द्वितीय दशक में साहित्यप्रेमियों एवं राष्ट्र-उन्नायकों को आभास हो गया था कि अधिक दिनों तक अब हम गुलामी में नहीं जकड़े रहेंगे। स्वतंत्रता मिलेगी केवल धैर्य धारण करने की थोड़ी आवश्यकता है :

भँवर : (श्रीयुत भवानीचरण श्रीवास्तव)

प्राची दिशि रवि किरण प्रकाशित,
होन चहत भिनुसार।
है स्वतंत्र फिर बेगि मिलोगे,
लालन निज परिवार,
भँवर अब किन धीरज उर धार।।[47]

'ज्ञानशक्ति' ने पूर्वाञ्चल में जागरण-संदेश सुनाया।

'प्रभाकर'

गोरखपुर के जन-नेता पं. गौरीशंकर मिश्र के प्रकाशकत्व एवं संपादकत्व में हिन्दी, हिन्दू तथा हिन्दुस्तान की उन्नति के लिए 'प्रभाकर' मासिक पत्र का प्रकाशन प्रारंभ हुआ, जिसका लक्ष्य, संपादक के अनुसार, निम्नलिखित था :

हमारा वक्तव्य : "... गोरखपुर जैसे विस्तृत प्रान्त से निकलनेवाला यह दूसरा पत्र है। इसकी पहली सहयोगिनी 'ज्ञानशक्ति' का जन्म दीपावली कार्तिक संवत् 1971 में हो चुका है। इतने थोड़े समय में 'ज्ञानशक्ति' ने हिन्दी की जैसी सेवा की है, वह उसके जैसे नवजात पत्रों के लिए कहीं अधिक है। हम परमात्मा से सच्चे हृदय से प्रार्थना करते हैं कि वह 'ज्ञानशक्ति' की दिन दूनी रात चौगुनी उन्नति करे।

यद्यपि यहाँ हिन्दुओं की संख्या अधिक है, यहाँ के निवासी हिन्दू भाई हैं, पर उनकी मातृभाषा हिन्दी की जैसी दुर्दशा है, उसे लिखकर हम आपका दिल दुखाना नहीं चाहते। यहाँ के अधिकांश हिन्दू उर्दू बीबी के भक्त हैं। इसका प्रमाण यही बहुत है कि गोरखपुर नगर से उर्दू में निकलनेवाला साप्ताहिक 'मशरिक' हिन्दुओं का परम प्यारा है। मुट्ठी भर मुसलमान भाई अपना एक साप्ताहिक पत्र उत्तमता के साथ चला रहे हैं पर हिन्दुओं से कुछ भी न हो सका। हाँ, 'ज्ञानशक्ति' के निकलने से गोरखपुर का बाँझपन अलबत्ता मिट गया। यही सौभाग्य है। यहाँ के हिन्दुओं का यह ध्यान नहीं है कि हिन्दी की उन्नति हो, हिन्दी में पत्र-पत्रिकाएँ निकलें और गोरखपुर का मस्तक ऊँचा हो।

...इसे खूब स्मरण रक्खो, हिन्दी की सेवा करने के लिए, देश की सेवा करने के लिए, हिन्दू जाति की भलाई के लिए, 'प्रभाकर' का जन्म हुआ है। हमारे जैसे सामान्य व्यक्ति के लिए यह अभिमान की बात है कि 'प्रभाकर' द्वारा हिन्दू, हिन्दी, हिन्दुस्तान की सेवा करने का सौभाग्य प्राप्त हो, इसी में हम अपना जीवन सफल समझते हैं।

–संपादक।[48]

उपर्युक्त तथ्य से स्पष्ट है कि 'प्रभाकर' ने परतंत्र भारत में ज्ञान-प्रभाकर द्वारा तम को दूर करने का व्रत लिया था।

प्रभाकर का मुखपृष्ठ : प्राकृतिक रेखाचित्रों के बीच वीणापाणिनी सरस्वती का एक लघु चित्र 'प्रभाकर' मासिक पत्र के मुखपृष्ठ पर है। ऊपर के एक कोने में सर्वोपयोगी मासिक पत्र तथा दूसरे कोने में रजिस्टर्ड नं. लिखा हुआ है। चित्र के नीचे चार पंक्तियों की एक कविता छपी रहती है :

प्रभुजी ! शुभ दृष्टि दिखाय विभो सुख-वृष्टि करो इहि सृष्टि में प्यारे।
भारत आरत नाथ पुकारत स्वारथ-साधन हाथ तुम्हारे।

कछु ऐसी सुबुद्धि भरो हमरे चित सिद्धि-समृद्धि रहे नित द्वारे।।
रमि जाहिं जू ज्ञान प्रभाकर की किरणें सबके हिय शरण पुकारे।।

'विजय'

अवनीन्द्र कुमार विद्यालंकार के अनुसार दिल्ली में राजनीतिक जागरण का प्रमाण साप्ताहिक 'विजय' का प्रकाशन था। उन्होंने लिखा है :

"हिन्दी दिल्ली में नया जीवन फूँक रही थी। इसका प्रमाण था–'विजय' साप्ताहिक का प्रकाशित होना। यह विशुद्ध रूप से राजनीतिक पत्र था। इसके सम्पादक थे–श्री हरिश्चन्द्र विद्यालंकार, वीरभद्र विद्यालंकार। यह पत्र एक बड़ी योजना के अन्तर्गत 1919 में निकाला गया था। भारतीय क्रान्ति के समर्थन में लाहौर, दिल्ली, कानपुर आदि नगरों से एक साथ साप्ताहिक पत्र निकालना इसका उद्देश्य था। इस योजना के सूत्रधारों में श्री गणेशशंकर विद्यार्थी भी सम्मिलित थे। 'प्रताप' का प्रकाशन इसी योजना का फल था। पर वह 'विजय' से कुछ मास बाद निकला। 'विजय' के दो अंक ही निकले और उस पर सरकार का घातक प्रहार हुआ। इससे 'प्रताप' सावधान हो गया। उसका स्वर बदल गया। क्रान्तिकारी से 'प्रताप' विधानवादी हो गया। सरकार का मत था–यह पत्र शोले उगलता है। हिन्दी पत्र 'विजय' का अंत हुआ पर वह अपना नाम अमर कर गया। भारतभक्ति का तेज कितना उग्र था और वह ब्रिटिश सरकार के लिए कितना असह्य था, यह उसने प्रकट कर दिया। उसके दोनों अंक का हाथों हाथ बिक जाना भी उसकी मृत्यु का कारण हुआ।"[49]

सुनिश्चित ही 'विजय' उग्र नीति का समर्थक था। 1919 के पूर्व 1914 ई. में भी 'विजय' जुझारू पत्र के रूप में छपता था फलतः दिल्ली के डिप्टी कमिश्नर ने श्री इन्द्र विद्यावाचस्पति को बुलाकर कठोर शब्दों में चेतावनी दी कि या तो नीति को नर्म करो अथवा पत्र बन्द कर दो। इसका परिणाम यह हुआ कि पत्र दो महीने के अन्दर ही बंद हो गया 'विजय' की तेजस्विता' निर्विवाद है परन्तु श्री विद्यालंकार ने गणेशशंकर विद्यार्थी और 'प्रताप' के मूल्यांकन में शीघ्रता कर दी। वस्तुतः विद्यार्थी जी का 'प्रताप' गौरांग प्रभुओं के समक्ष तेवर बदलनेवाला नहीं था। वे तो टूट जाना पसंद करते थे किन्तु झुकते नहीं थे, जिसका प्रमाण 'प्रताप' की पूरी फाइल है।

'विजय' के सम्पादक श्री इन्द्र विद्यावाचस्पति ने लिखा है :

मैंने अग्रलेख के स्तम्भों में निम्नलिखित शेर दिया :

"करीब है यार रोज़े महशर,
छुपेगा कुश्तों का खून कब तक।

जो चुप रहेगी जुबाने खंजर,
लहू पुकारेगा आस्तीं का।"

यह शेर दिल्ली के अधिकारियों की छाती में नश्तर की तरह चुभा। छापा भी गया था बिना सेंसर कराए। फिर क्या था, दिल्ली सरकार का क्रोध सीमाओं को पार कर गया। दिल्ली से बाहर के कई शहरों में 'विजय' के पर्चे जप्त किए जाने लगे। 'सेंसरशिप' और भी कड़ा हो गया।[50] क्रान्तिकारी 'विजय' रौलेट एक्ट विरोधी आंदोलन का पुरस्कर्ता था। स्वामी श्रद्धानन्द की लेखनी से निःसृत 'छाती पर पिस्तौल' शीर्षकवाले अग्रलेख ने 'विजय' पर विपत्ति बरसा दी। अंग्रेजों की प्रताड़ना के बावजूद यह पत्र जन-जागरण का पवित्र कार्य करता रहा।

प्रथम विश्वयुद्ध के समय के पत्र

सन् 1914 ई. में जब विश्वयुद्ध प्रारम्भ हुआ तब कलकत्ता, प्रयाग और बम्बई के प्रमुख साप्ताहिक दैनिक पत्र हो गए। 'भारतमित्र', 'अभ्युदय' और 'श्री बेंकटेश्वर समाचार' की भाँति प्रखर दैनिक निकालने के लिए महात्मा मुंशीराम ललक रहे थे। होमरूल लीग की एक शाखा दिल्ली में स्थापित हुई। 1917 में हवेली हैदर कुली से श्री शिवनारायण द्विवेदी के सम्पादकत्व में 'हिन्दी समाचार' साप्ताहिक पत्र निक़ला। आचार्य चतुरसेन शास्त्री और जैनेन्द्र कुमार जैन पत्र के सहयोग में अपना योगदान करते थे। बाद में यह दैनिक हो गया।

दिल्ली में लोकमान्य तिलक के सभापतित्व में 1918 ई. में कांग्रेस का अधिवेशन हुआ। इसी समय प्रो. इन्द्र ने 'विजय' दैनिक का प्रकाशन किया। स्वामी श्रद्धानन्द के अग्रलेख से 'विजय' ने अपना जुझारू रूप मुखरित किया। साधनहीन होने के कारण 1920 ई. में यह पत्र बन्द हो गया। श्री मुंशीराम ने दरीबा से 1917 में 'वैश्य समाचार' (साप्ताहिक) प्रकाशित किया। कट्टर सनातनी पत्र 'हिन्दू संसार' (दैनिक) श्री झाबरमल शर्मा द्वारा सम्पादित हुआ जिसमें इटावा के भदौरिया जी की सदाशयता उल्लेख्य थी।

बापू की पत्रकारिता

बापू के अनुसार पत्रकारिता स्वराज्य और सुराज्य के लिए चेतना उत्पन्न करने का साधन था। अंग्रेज अधिकारियों द्वारा क्रियान्वित 1910 के समाचार पत्र कानून के विरोध हेतु 24 जून 1916 को इंडियन प्रेस एसोसिएशन के संयोजकत्व में बम्बई में सभा आहूत की गयी। इसी सभा में महात्मा गांधी ने कहा :

"कहा गया था कि इस कानून का उपयोग केवल अपराधी पत्रकारों के विरुद्ध होगा, किन्तु 'न्यू इंडिया' के मामले में अब तक जो घटित हुआ उससे कहा जा सकता है कि यह वचन एक भ्रम था।

श्रीमती एनीबेसेंट पर किए गए आक्रमण से भी यह भ्रम दूर हो गया है। अब इस कानून के अन्तर्गत प्रतिष्ठित पत्रकारों पर जुल्म किया जा रहा है। तब हम कैसे इससे सुरक्षित रह सकते हैं।"

इसके पूर्व महात्मा गांधी ने दक्षिण अफ्रीका से प्रकाशित अपने 'इण्डियन ओपीनियन' में जो हिन्दी लिखी थी और जैसा भाव प्रकट किया था, उसकी कुछ पंक्तियाँ द्रष्टव्य हैं :

"हम ऐसी आशा करते हैं कि जब तक यह लड़त चल रहा है और जब तक टैक्स नहीं छूटे तब तक शोकित कुटुम्बियों और दक्षिण अफ्रीका के कैदखानों में क्लेशित सत्याग्रहियों से सहानुभूति सूचक चिह्न-स्वरूप हिन्दी पुरुष और स्त्रियाँ गहने, सुन्दर पहरावा और विलास त्याग दें। सत्याग्रह एक तरह का तप है। इससे जितना तप करोगे, उतना ही शीघ्र चैन मिलेगा।"[51]

जातियों की एकता पर गांधी जी ने कहा :

"हम इस तरह के विचारों को भुला दें कि 'मैं हिन्दू हूँ, तुम मुसलमान हो या मैं गुजराती हूँ, तुम मद्रासी हो' अपने इस 'मैं' और 'मेरे' को हम समान भारतीय राष्ट्रीयता में तिरोहित कर दें, हम तभी स्वतंत्र हो पाएँगे।"[52]

जातीय एकता को महात्मा गांधी स्वतंत्रता का सोपान मानते थे।

मारिशस और अफ्रीका से प्रकाशित पत्र

गांधी जी की प्रेरणा से 1907 ई. में मारिशस से मणिलाल डॉक्टर ने 'हिन्दुस्तानी' पत्र निकाला। पत्र का मोटो था :

"व्यक्ति की स्वाधीनता, मानव-मैत्री, बंधुत्व और सभी जातियों में समानता"

'हिन्दुस्तानी' के पहले अंक में लिखा गया :

"केवल अपने निजी लाभ के लिए कोई मनुष्य या कोई जाति किसी दूसरे मनुष्य या दूसरी जाति को नैतिक दृष्टि से न तो दास बना सकती है और न अधिकार में रख सकती है और न ही शोषण कर सकती है।"

शर्तबंद भारतीय मजदूरों पर होनेवाले अत्याचारों का तीव्र विरोध करने के चलते पत्र को संकट से गुजरना पड़ा। मणिलाल डॉक्टर के बाद श्री राम सामी पत्र के सम्पादक हुए। एक अदालती फैसले के कारण 'हिन्दुस्तानी' को बहुत बड़ा जुर्माना देना पड़ा। श्रीराम सामी को अपनी जमीन बेचकर रकम अदा करनी पड़ी। श्री राम अवध शर्मा और पं. आत्माराम भी इसके सम्पादकीय विभाग में कार्य कर चुके हैं।

भवानीदयाल संन्यासी ने अफ्रीका से 'धर्मवीर' साप्ताहिक का प्रकाशन किया। 1912 ई. में प्रकाशित इस पत्र ने जन-जन को जगाया। सन् 1902 से 1905 ई.

तक प्रकाशित होनेवाला पत्र 'हिन्दी' भारतीयता के विकास का उत्प्रेरक था।

'कर्मवीर'

त्याग, तप, समर्पण, आहुति और क्रांति के उद्‌घोषक 'कर्मवीर' का प्रकाशन 17 जनवरी 1919 को जबलपुर से हुआ। पत्रकारिता में संगीत के साथ उत्तेजनात्मक विचारों के समन्वयकर्त्ता श्री माखनलाल चतुर्वेदी जैसे सम्पादक को पाकर यह पत्र उल्लेख्य हो गया। स्वातंत्र्य संग्राम में 12 बार जेल की यात्रा करने और 63 बार तलाशियाँ देनेवाले चतुर्वेदी जी ने 'कर्मवीर' के माध्यम से हिन्दी पत्रकारिता को जुझारू बनाया।

> "मुझे तोड़ लेना बनमाली उस पथ पर तुम देना फेंक,
> मातृभूमि पर शीश चढ़ाने जिस पथ जायें वीर अनेक।।"

स्वाधीनता हेतु प्राणदान की इस प्रबल पुकार को पैदा करनेवाले मनीषी से सम्बद्ध 'कर्मवीर' का प्रकाशन कई बार स्थगित हुआ। खण्डवा से इस पत्र का पुनः प्रकाशन हुआ जिसके अग्रलेख में श्री चतुर्वेदी ने लिखा :

"पूज्य पं. माधवराव जी सप्रे और श्रीयुत् गणेशशंकर जी विद्यार्थी मेरा मौन से बैठना अपराध समझते थे। श्रीमान् दीवान बहादुर बल्लभदास जी तथा पं. काशीप्रसाद पाण्डेय के सौजन्य का मुझे स्मरण है, जो चाहते थे कि मैं जबलपुर के 'कर्मवीर' पत्र और प्रेस की जिम्मेदारियों को पुनः अपने सिर ले लूँ। किन्तु मैंने अपनी कठिनाइयों को देखते हुए जबलपुर के प्रेस और पत्र से भिन्न, खण्डवा से प्रेस और पत्र कायम करना उचित समझा और उन्होंने प्रदेश की जागृति के इस नये उद्योग में मेरे कठिन पथ को सरल बनाने में उत्साहित किया। पहले मेरा विचार था कि पत्र का नाम 'कर्मयोगी' रहे किन्तु जबलपुर के 'कर्मवीर' के बन्द हो जाने के पश्चात् मैंने और पं. माधवराव जी सप्रे ने यही उचित समझा कि प्रान्त के पत्र का वह नाम और श्री स्वर्गीय शुक्लजी की स्मृति ही कायम रखी जाये और किसी नये नाम की सृष्टि न कर पत्र का नाम 'कर्मवीर' ही रहे।

··· आइये गरीब और अमीर, किसान और मजदूर उच्च और नीच विजित और पराजित के भेदों को ठुकराइये, प्रदेश में राष्ट्रीय ज्वाला जगाइये और देश तथा संसार के सामने अपनी शक्तियों को ऐसे प्रमाणित कीजिए, जिसका आनेवाली संतति स्वतंत्र भारत के रूप में गर्व कर सके।

प्रभु करें, सेवा के इस पथ में मुझे अपने दोषों का पता रहे और आडंबर, अभियान और आकर्षण मुझे अपने पथ में न भटका पावें।"

'कर्मवीर' का स्वर उग्र था जिसने साहित्यकारों को राष्ट्र-हित में जागरूक बनाया।

'स्वार्थ'

सन् 1919 ई. में श्री शिवप्रसाद गुप्त के प्रकाशकत्व एवं जीवन शंकर याज्ञिक के सम्पादकत्व में मासिक 'स्वार्थ' निकला। मुकुन्दीलाल श्रीवास्तव पत्र के सम्पादक मंडल में थे। सन् 1921 ई. में यह पत्र बन्द हो गया।

'भविष्य'

7 फरवरी 1919 ई. में सुन्दरलाल ने 'भविष्य' नामक हिन्दी साप्ताहिक पत्र का प्रकाशन किया। कुछ ही महीनों बाद यह पत्र दैनिक भी हो गया। राष्ट्रीय जागरण को गति देने में 'भविष्य' का योगदान उल्लेख्य है। सरकार की निगाहों में पत्र गड़ गया फलतः दस हजार रुपए की जमानत माँगी गयी। जमा करके जब पत्र प्रकाशित होता रहा, तब 14 हजार की जमानत माँगी गई परिणामतः पत्र का प्रकाशन ठप हो गया। अपने अंतिम अंक में 'भविष्य' ने लिखा कि सभी भारतीयों को स्वतंत्रता-प्राप्ति के लिए आगे कदम बढ़ाना चाहिए। अब वह समय दूर नहीं है जबकि भारतवासी इस योग्य हो जाएंगे कि 'वंदे मारतम्' के जयघोष के साथ भारतमाता के सिर पर स्वतंत्रता का मुकुट धारण करेंगे।

'विश्वमित्र'

सन् 1916 में प्रकाशित 'विश्वमित्र' दैनिक के सर्वस्व बाबू मूलचन्द्र अग्रवाल ने 'पत्रकार की आत्मकथा' में लिखा है :

"... मुझे चिन्ता हुई पत्र के नामकरण की। 'भारतमित्र' का अनुकरण कर 'विश्वमित्र' नाम नये पत्र को दिया गया, यह ठीक नहीं। मेरे दिमाग में इस तरह की कोई बात नहीं थी। आज काफी अनुकरण-प्रिय होने पर भी उस समय मौलिकता के प्रवाह में ही बहा करता था।

X X X

'विश्वमित्र' प्रकाशित करने पर 'रमता-योगी' शीर्षक से मैंने प्रतिदिन एक कालम सामग्री देकर दो प्रतिष्ठित पत्रों के रहते हुए भी 'विश्वमित्र' के लिए पाठक प्राप्त कर लिए।... 'विश्वमित्र' को उल्लेखनीय बनाने के लिए कभी-कभी अँगरेजी में भी अग्रलेख प्रकाशित किये जाते थे जिससे अधिकारियों का ध्यान तुरन्त आकृष्ट हो।"

बाबू मूलचन्द्र जी ने 'विश्वमित्र' को अंग्रेजी पत्रों के परावलम्बन से मुक्त रखा। पत्र में नवीन मौलिक रूप से सामाजिक और राजनीतिक प्रश्नों की चर्चा होती थी। पत्र की विविधता ही उसकी लोकप्रियता की आधारशिला थी।

पूर्वी उत्तर प्रदेश का गौरव-स्तम्भ 'स्वदेश'

गोरखपुर जनपद ने हिन्दी साप्ताहिक 'स्वदेश' के माध्यम से ब्रिटिश सत्ता को खुली चुनौती दी। 'स्वदेश' का प्रकाशन उस समय हुआ जब हिन्दी पत्रों का कोई नाम लेवा नहीं था। हिन्दी पत्रों को पढ़ने में लोग शर्म का अनुभव करते थे। सन् 1919 ई. में श्री गणेशंकर विद्यार्थी की प्रेरणा व आदेश पर 'प्रताप' के अनुभव का सदुपयोग कर पं. दशरथ प्रसाद द्विवेदी ने 'स्वदेश' का प्रकाशन प्रारंभ किया। प्रारंभ में उर्दू बाजार के पोस्ट आफिस के बगलवाले मकान में प्रेस खोला गया। स्व. नवलकिशोर बैरिस्टर का पूर्ण सहयोग 'स्वदेश' के लिए वरदान सिद्ध हुआ।

स्वर्गीय वृंदावन चौबे निवासी काली जगदीशपुर बस्ती, (जो रेलवे के कर्मचारी थे), का सहयोग भी उल्लेखनीय रहा।

'स्वदेश' का मोटो : पराधीन भारत में उत्तर प्रदेश के निवासियों में स्वराष्ट्र-प्रेम की भावना जागरित करने हेतु 'स्वदेश' ने अपने मूल सिद्धान्त को सभी अंकों के मुखपृष्ठ पर प्रकाशित किया :

जो भरा नहीं है भावों से, बहती जिसमें रसधार नहीं।
वह हृदय नहीं है, पत्थर है, जिसमें स्वदेश का प्यार नहीं।।

द्विवेदी जी ने हर संपादकीय टिप्पणी का प्रारंभ निम्नलिखित पंक्तियों से किया :

स्वर्ग-लाभ के लिए, आत्म-बलि हम न करेंगे।
जिस स्वदेश में जिये उसी पर सदा मरेंगे।

प्रथम अग्रलेख : 'स्वदेश' का प्रथम अग्रलेख ऐतिहासिक है। 'स्वदेश का स्वरूप' शीर्षक के अन्तर्गत श्री द्विवेदी जी ने मलिन, क्षीण, संकीर्ण और मंद राष्ट्रीय जीवन धारा को तीव्र गति से प्रवाहमान बनाने की अपील 6 अप्रैल 1919 के अंक में की है, जो द्रष्टव्य है :

'स्वदेश का स्वरूप' : "... पाठक, आप ही सोचें, ऐसा कौन-सा वज्र हृदय होगा, जो हमारी इस अधोगति दशा को देखकर आँसुओं की झड़ी न बाँध दे। हिन्दोस्तान–जिसकी प्राचीनता की गाथा हम गिने-गिनाये शब्दों में ऊपर गा आये हैं। और जिसकी महत्ता निष्पक्ष और सच्चे इतिहासों में अब भी भरी पड़ी है, वही हिन्दोस्तान–आज एक सहस्र वर्षों से पराधीन और परतंत्र है। यदि हमें किसी बात से ढारस है तो वह केवल यह कि हमारी सभ्यता, हमारा धर्म, हमारा आध्यात्मिक अनुभव, हमारी सामाजिक संस्थाएँ और हमारा मानव तथा विश्वप्रेम आज भी बहुत कुछ शेष और रक्षित एवं प्रचलित है। राम तथा कृष्ण, शिव तथा दधीचि, हरिश्चन्द्र तथा सत्यव्रत ध्रुव तथा प्रह्लाद और शिवा तथा प्रताप के नामों को स्मरण करके आज भी हमारे खून में बिजली पैदा हो जाती है। परन्तु क्षणिक

जोश से हम अपने पूर्व गौरव तथा खोई हुई स्वाधीनता और स्वतंत्रता को फिर से नहीं प्राप्त कर सकते। हमारे राष्ट्रीय जीवन की धारा पहले की अपेक्षा अब बहुत मलीन, क्षीण, संकीर्ण और मंद हो गई है। हमें इन खर पतवारों को बीच से हटाना होगा और तभी हमारे राष्ट्रीय जीवन का प्रवाह तीव्र गति से बह सकेगा।"

हिन्दू मुसलमान जाति के मध्य जो विग्रह की भावना उग्र रूप धारण कर चुकी थी, उसके संदर्भ में संपादक ने लिखा है कि :

"... पवित्र भारत-माता की वेदी पर सब मत और मतांतर के लोग दत्तचित्त होकर जिस चीज के लिए अड़ जायेंगे, उसे वे अवश्य प्राप्त करके छोड़ेंगे–कोई भी शक्ति उन्हें हिला नहीं सकेगी।

ईश्वर करे, हमारे प्राचीनतम देश में नये सिरे से रोपा हुआ यह पुरातन बीज खूब बढ़े और क्या, अपने अविचल प्रयत्नों द्वारा, हिन्दोस्तान को, संसार की दृष्टि में फिर एक बार आदर योग्य बना दे।"

'शासक और शासित' शीर्षक के अन्तर्गत 'ओडायरशाही' न अपनाने की सीख दी गयी है :

"... पंजाब के पिछले हंगामों के अवसर पर बम्बई के सर जार्ज लायड और हमारे प्रान्त के सर हारकोर्ट बटलर महोदय ने जिस खूबी और दूरदर्शिता से अपने-अपने प्रान्तों को इस छुआछूत के रोग से बचा लिया था, उसे देखकर सर ओडायर को बेशक अपनी कमजोरी मालूम हुई होगी और मन ही मन अपना 'हुक्मरानी' पर वे पछताये भी होंगे, परन्तु अब शांति के अवसर पर, हमारे इन दोनों प्रांतों के शासकों ने जो ढंग अख्तियार किया है, वह हमें गोस्वामी तुलसीदास के उस वाक्य की याद दिलाता है कि :

प्रभुता पाय काहि मद नाहीं।

परन्तु हम अपने इन दोनों शासकों की सेवा में नम्रतापूर्वक निवेदन करते हैं कि जहाँ आपने इन प्रान्तवासियों को मीठी घूँटी देकर उनकी रक्षा की है, वहाँ उनको अब अफीम की घूँटी न दिखाइये। पंजाब के रंगढंग ने मजबूरन वहाँ के लोगों पर यह कुभावना पैदा कर दी है कि :

"हुकुमत हम पर हो सकती है,
दिल पर हो नहीं सकती।"

परन्तु, आप लोगों के शांत स्वभाव ने, आपकी चतुरता और दूरदर्शिता ने, लोगों को आपका कायल बना दिया है। अतएव, देखिये, ऐसा अवसर न आये कि फिर इन प्रान्तों के लोगों को आप पर भी शक करने की जरूरत आ पड़े।"[53]

18 मई 1919 के अग्रलेख में 6 पंक्तियों की कविता के बाद मालवीय जी से अनुरोध किया गया है :

मालवीय जी से हमारा निवेदन :

कौमें मरती नहीं, दुश्मनों की मारों से,
मिटती हैं वह नहीं, जुल्म की तलवारों से।
बचती हैं बेरहम, कातिलों हत्यारों से,
सख्त बलाओं और मुसीबत के वारों से।
मगर शर्त यह है उन्हें, जाति-भाव का ज्ञान हो।
अपने भावों पर उन्हें, कुछ सच्चा अभिमान हो।।

"... मालवीय जी से निवेदन है कि वे सरकार से अनुरोध करें कि पंजाब में हिन्दी पत्रों का गला न घोंटा जाय।"

'स्वदेश' पर आंग्ल शासन के कोप तथा उसकी आर्थिक स्थिति का चित्रण करते हुए श्री दशरथप्रसाद द्विवेदी ने स्वदेश के पाठकों से अपील की है कि :

'स्वदेश की स्थिति' :

बेदाद ही की जरा मुझे दाद चाहिए,
भूले से एक दिन तो मेरी याद चाहिए
जानूए यार सीने पे, खंजर गले पे है,
अब और क्या तुझे दिले नाशाद चाहिए।

X X X

कहते हुए झिझक मालूम होती है। परन्तु बिना कहे गुजारा भी नहीं। शुरू से ही 'स्वदेश' की स्थिति बहुत शोचनीय रही है। और, आज कल तो उसकी दशा ठीक साँप छछूंदर की सी है। न निगलते बनता है और न उगलते। करें तो क्या करें ? अभी 'स्वदेश' को निकले हुए केवल आठवाँ सप्ताह है लेकिन इस थोड़ी सी अवधि के भीतर ही भीतर वह पंजाब सरकार के आँख की किरकिरी बन गया। स्वदेश को अपनी एजेंसियों का बहुत बड़ा आसरा और अभिमान था और उसे सबसे अधिक गौरव लाहौर से प्राप्त था। परन्तु पंजाब सरकार की आज्ञा ने 'स्वदेश' की सारी आशाओं पर पानी फेर दिया।"[54]

पंजाब में 'स्वदेश' के प्रवेश पर निषेध

ORDER UNDER THE DEFENCE OF INDIA
(CONSOLIDATION) RULES, 1915.

WHEREAS in the opinion of the Government of the Punjab there are reasonable grounds for believing that

D a s h r a t h p a r s ha d , publisher of the

Swadesh, a Hindi weekly newspaper published at gorakhpur, has sent and is about to send copies of the said newspaper for circular on in the Punjab;

AND WHEREAS in the opinion of the Government of the Punjab such circulation is prejudicial to the public safety;

NOW, THEREFORE, the Lieutenant-Governor of the Punjab, in exercise of the powers conferred by Rule 3 (c) of the Defence of India (Consolidation) Rules, 1915, is pleased hereby to direct

D a s h r a t h p a r s h a d

that the said shall abstain from sending, or causing or permitting to be sent, either directly or indirectly, for circulation in the Punjab any copies. Whatever of the said newspaper.

By order of His Honour
the Lieut. Govr. of the Punjab,

Dated Lahore :
this 13th day of May 1919. Additional Secretary.

'स्वदेश' का गोरख धंधा : व्यंग्य रचनाओं द्वारा 'स्वदेश' ने राष्ट्र निष्ठा को उद्दीप्त किया :

"बन जाओ स्थाई स्वदेश
गुन कैसे गा पाऊँ स्वदेश
क्या कह दिल समझाऊँ स्वदेश।"[55]

16 जून 1919 : मैं कि तुलसीदास वल्द नामालूम, उम्र–लाइन्तहा, कौम बरहमन, पेशा गदागरी-साकिन हाल बहिश्त बेश्नवी के हूँ। चूँकि मेरी किताब 'रामचरित मानस' की बहुत-सी बातें मौजूदा पालिटिक्स पर लागू होती हैं, इसलिए मेरी जो जो तहरीरें जिनकी पालिसी के बहुत कुछ मुआफिक हैं उनके नाम के सामने दर्ज की जाती हैं :

(1) **नेशनल कांग्रेस**

भाग छोट अभिलाष बड़
करहुँ एक बिस्वास
पैहहिं सुख सुनि सुजन जन,
खल करिहैं उपहास

(2) **सर माइकेल ओडायर**

कोटिन गहि सरीर सन मर्दा।
कोटिन मींजि मिलायसि गर्दा।।

(11) **मि. हार्नीमैन**

जो सहि दुख परछिद्र दुरावा।
बन्दनीय जेहिं जग जस पावा।।

लोकमान्य तिलक

मोहिं न कछु बाँधे कर लाजा।

कीन्ह चहौं निज प्रभु कर काजा।।

गांधी

ऋषि कर छमा श्राप से भारी
अपने करत जाहिं अपकारी।।
अलब्द तुलसीदास गुसाईं,
मार्फत मुख्तार आम मुछन्दरनाथ।

7 जुलाई 1919 : प्रेस ऐक्ट और हिन्दोस्तान समाचार-पत्र 'रही न ताकते गुफ्तार, और अगर हो भी, तो किस उम्मीद पै कहिये कि आरजू क्या है ?'

'गोरखधंधा' स्तम्भ के लेखक श्री मन्नन द्विवेदी गजपुरी थे। उनमें अद्भुत साहित्यिक प्रतिभा थी। सरकारी पद पर आसीन होते हुए भी द्विवेदी जी की राष्ट्रप्रेम से परिपूर्ण रचनाएँ विविध नामों से छपती थीं। बड़बड़ानन्द सरस्वती, चक्रसुदर्शन, गुरु घंटाल तथा दुर्गेश इनके अन्य नाम हैं जिनसे साहित्य जगत् परिचित है।

सामयिक साहित्यिक परिचर्चा : 'स्वदेश' ने हिन्दी की पत्र-पत्रिकाओं के प्रकाशन पर हर्ष प्रकट किया है। पत्र-पत्रिकाओं का अधिक प्रसार कैसे हो इसके लिए 'स्वदेश' सम्पादक ने आकर्षक शब्दों में पत्र का परिचय लिखा है। सम्पादक की सहृदयता तथा सदाशयता का परिचय पत्रिकाओं की परिचर्चा द्वारा प्राप्त किया जा सकता है। 21 जुलाई सन् 1919 के अंक के मुखपृष्ठ पर प्रकाशित तथ्य उल्लेख्य है :

कविता–रसिक यह जानकर खुश होंगे कि
श्रीकृष्ण-जन्माष्टमी के
शुभ अवसर पर
'स्वदेश' प्रेस गोरखपुर से
'कवि'

नाम का एक कविता-सम्बन्धी मासिक पत्र निकालने का निश्चय किया गया है। मंजूरी आदि मिल चुकी है और छपाई का काम भी आरम्भ कर दिया गया है। कहने की जरूरत नहीं कि यह पत्र अपने ढंग का निराला होगा। स्फुट कविताओं के साथ-साथ इसमें समस्यापूर्ति भी रहा करेगी। वार्षिक मूल्य डेढ़ रुपये और नमूने की प्रति डाक व्यय तीन आना एक पैसा। अब देरी क्यों ? तुरन्त एक कार्ड डालकर ग्राहक बन जाइये।

पता–मैनेजर, कवि
मो.–तिघरा
पो.–पीपीगंज
जिला–गोरखपुर।

1 दिसम्बर 1919 को 'आर्य्यादर्श' के विषय में लिखा है कि :

आर्य्यादर्श : सम्पादक श्री शिवकुमार शर्म्मा, विद्या विशारद। ऋषि दयानन्द के उद्देश्यों की पूर्ति चाहते हुए यदि आप वैदिक धर्म का प्रचार अपना कर्तव्य समझते हैं तो मासिक पत्र 'आर्य्यादर्श' के स्थायी ग्राहक होने के निमित्त आज ही एक कार्ड भेजिए। कालूरामादि सभी अवैदिक पंडितों के भ्रमजाल को मुँह तोड़ उत्तर देना, एवं नवीनतम मत-मतान्तरों के पत्रों में छपनेवाले भ्रमपूर्ण लेखों का घोर निराकरण तथा श्रुति-स्मृति और अन्य आर्य ग्रन्थों के आधार पर प्राचीन आर्य्य धर्म का प्रतिपादन करना ही इसका एक मात्र उद्देश्य होगा।

वार्षिक मूल्य एक रुपया मैनेजर

'आदर्श' :

हरिहरपुर (बस्ती)

28 जुलाई 1919 ई. के 'स्वदेश' में 'पत्रों का सार' नामक स्तम्भ में 'आदर्श' मासिक पत्र निकलने की चर्चा है :

"खुशी की बात है कि हरिहरपुर बस्ती से 'आदर्श' नाम का एक सचित्र मासिक पत्र निकलनेवाला है। 'आदर्श' धार्मिक सिद्धांतों का विवेचक, दार्शनिक, वैज्ञानिक, ऐतिहासिक और साहित्यिक विषयों के लेखों से परिपूर्ण होगा और हिन्दी साहित्य को सर्वांग सुन्दर तथा मानव जीवन को आदर्श बनाना इसका मुख्य उद्देश्य होगा। 'आदर्श' का वार्षिक मूल्य रखा गया है 3) और नमूने की एक प्रति का 1) पता—मैनेजर आदर्श, हरिहरपुर (बस्ती)।"

स्वदेश-प्रेम-सम्पृक्त 'स्वदेश' का पद्यमय पृष्ठ : स्वदेशोत्थान एवं स्वतंत्रता-अर्जन ही 'स्वदेश' का मुख्य लक्ष्य था। इसकी पूर्ति में ही अनेक स्थायी स्तम्भ इस पत्र में उपलब्ध हैं। पत्र के हर अंक के बीच का पूरा पृष्ठ पद्यमय होता था, जिसमें कवि 'अंकुश', कवि 'शक्ति', 'राष्ट्रीय पथिक', राष्ट्रीय सेवक, त्रिशूल, वज्र, पाण्डेय बेचन शर्मा 'उग्र', मैथिलीशरण गुप्त और मन्नन द्विवेदी आदि हिन्दी के राष्ट्रप्रेमी कवियों की रचनाएँ प्रकाशित होती थीं। उदाहरणार्थ कुछ अंकों के उल्लेखनीय पद्य प्रस्तुत हैं :

अंक--प्रेमोपहार (वसंत पंचमी सं. 1975)

'स्वदेशादेश'

स्वात्मा-सम समझो सदा, स्वत्व, स्वभाषा-वेश को।
स्वाभिमान, स्वातंत्र्य का, स्वजन, स्वजाति, स्वदेश को।।

'स्वदेश-स्वागत'

(कवि अंकुश द्वारा लिखित)

जय जय स्वदेश ! जय जय स्वदेश, है स्वागत करता वीरवेश।
आये हो ! आओ, कार्यक्षेत्र है पड़ा, जोत दो इसे आज,
ढरका दें बूँदें युगल नेत्र, जिनको रखना हो मातृ लाज।।

तब गूँज उठे यह ध्वनि विशेष,
जय जय स्वदेश ! जय जय स्वदेश।।

संबोधन !

(कवि शक्ति द्वारा लिखित)

ललित कला की रम्य नदी जिसको नित सरस बनाती हो।
पद्य-कुसुममय काव्य-लता जिसका सौंदर्य बढ़ाती हो।।

X X X

जिसका मैं हूँ, जो सबका है, जिस पर अटल प्रेम मेरा।
उसी हिन्द नन्दन-कानन में, प्रिय 'स्वदेश' ! स्वागत तेरा।।

X X X

इष्टदेव सम पूज्य समझ कर सेवा में मन लायेंगे।
होंगे हम कृतकृत्य रावरे सेवक जब कहलायेंगे।।

6 अप्रैल 1919—प्रथमांक।

'स्वदेशादेश'

जीवन यदि हो चाहते रहे जगत में शेष।
तो क्षण भर भूलो नहीं, स्वत्व स्वजाति स्वदेश।।

'स्वदेश-स्वागत'

(कवि 'त्रिशूल' द्वारा लिखित)

प्यारे स्वदेश ! प्यारे स्वदेश ! आ, आँखों के तारे स्वदेश।
ले देख दुर्दशा—बुरा हाल, था वह कमाल या यह जवाल।।
दुर्दैव भिड़ा है ठोंक ताल, कर दिया सभी का जी निढाल।।
तू वीर वेश धारे 'स्वदेश'
प्यारे 'स्वदेश' ! प्यारे 'स्वदेश'।

X X X

रोते हैं इधर किसान दीन, जो हैं कौड़ी के तीन तीन।
है महारंक तेजो-विहीन, जैसे हो जीवन बिना मीन।।
पच्चीस कोटि हारे स्वदेश।
प्यारे 'स्वदेश' ! प्यारे 'स्वदेश'।।

X X X

हैं उधर कोटिशः नर अछूत, जो हैं वास्तव में परम पूत।
सच्चे स्वदेश के हैं सपूत पर समझे जाते प्रेत भूत।।
चलते उन पर आरे 'स्वदेश',
प्यारे 'स्वदेश' ! प्यारे 'स्वदेश'।
गजराजों के सिर पड़ी धूल है पड़ी गधों पर स्वर्ण झूल।

प्रतिकूल पवन है दूर कूल फिर भी साहस करके त्रिशूल।
तू पतितों को तारे स्वदेश।
प्यारे 'स्वदेश' प्यारे 'स्वदेश'।।

'स्वदेशादेश'

उठा नाद स्वातंत्र्यमय, पूर्णशक्ति आदेश का।
दीप्तिमान यह लो हुआ, प्यारा उदय स्वदेश का।

18 मई 1919

'कयामत होनेवाली है'

(ले. राष्ट्रीय पथिक)

सितमगर ! सोच ले दम भर, तेरी दरख्वास्त जाली है।
महज ताबूत है, बेजान है, मुर्दार डाली है।।
नहीं हैं, ये सुलह के रँग नहीं कौमी तरक्की के।
अरे ! टुक झाँक नीचे तो, तेरी बुनियाद खाली है।।
ये खूँ है बेगुनाहों का, दबाया जा नहीं सकता,
हश्र तक वह पुकारेगा कि ये तजबीज काली है।।
सँभल जा सबल है, अब भी बदल यह चाल बेढंगी।
तेरी रफ्तार पर बर्पा कयामत होनेवाली है।।

11 अगस्त 1919

'आह्वान'

(ले. श्री. पाण्डेय बेचन शर्मा 'उग्र')

शुभ स्वतंत्रता का हमें सुपाठ पढ़ा जा,
गौरव सुमेरु पर कर धर हमें चढ़ा जा।
माधुर्य मन्त्र में तन मन सकल मढ़ा जा,
उत्साह दिला जा उर औदार्य बढ़ा जा।
उद्विग्नों में उत्कृष्ट उक्तिदा, आ जा।।
ओ ! आ जा, आ जा, विश्व मुक्तिदा, आ जा।।
परवशता पर पौरुष को विजय दिला जा।
प्रेमी-पयोधि में प्रण का पद्‌म खिला जा।
जल थल में जननी ! जीवन ज्योति जगा जा।
मालिन्य मिटा जा, मां ! मद मोह भगा जा।
संसार-क्षेत्र पर दया-दृष्टि-दा आ जा।
ओ ! आ जा, आ जा, विश्व मुक्तिदा, आ जा।।

18 अगस्त 1919

प्रण की पूर्ति

(ले. श्री रामचन्द्र शुक्ल, एम. ए.)

वही भाद्रपद कृष्ण-अष्टमी, वही निशा है,
भुवि भारान्वित हुई, धर्म की हीन दशा है।
कौन कष्ट है नहीं, निबल को सबल सतावे,
फिर फिर पड़े अकाल प्रजा अगणित दुख पावे।
अब अपने प्रण की पूर्ति को, प्यारे क्यों आते नहीं ?
क्यों नटवर ! निज लीला नई, फिर से दिखलाते नहीं ?

जन्माष्टमी

राजा जो सबका रक्षक है,
बना आज उलटा भक्षक है,
मार चुका शिशु तक तक्षक है,
कंस नृशंस कठोर।
गगन में घुमड़े हैं घन घोर।।

(मैथिलीशरण गुप्त)

24 नवम्बर 1919

इस अंक के मुखपृष्ठ पर श्रीयुत गोविन्दवल्लभ पंत की कविता 'उषा के प्रति' प्रकाशित है।

5 मार्च 1920

तब ही तो करवाया तुमने ओडायर ! मनमानी।
कोई कानो कान न जानी।।

'स्वदेश' के कुछ विशिष्ट मुखपृष्ठ : किसी भी पत्र का मुखपृष्ठ ही उसका प्राणतत्त्व होता है। 'आज' दैनिक का प्रारम्भिक मुखपृष्ठ विज्ञापन से भरा होता था लेकिन 'स्वदेश' का मुखपृष्ठ ओजस्वी रचनाओं तथा राष्ट्रप्रेम से परिपूर्ण संवादों से सुशोभित होता था। शुरू के अंकों में 'काव्य-पारितोषिक' के अन्तर्गत जो पुरस्कृत राष्ट्रीय गीत होते थे उन्हें छापा जाता था।

4 मई 1919 का मुखपृष्ठ

मि. हार्नीमैन का सन्देश

संग्राम जारी रखो।
न्याय तुम्हारे पक्ष में है।
राजनीति में केवल वे ही लोग
शारीरिक बल का प्रयोग करते हैं
जो वास्तव में निर्बल होते हैं।
हिम्मत न हारो।
तुम्हारी शक्ति परमात्मा की शक्ति है।

11 मई 1919 को हार्नीमैन की चिट्ठी प्रकाशित है :

महात्मा गांधी ने मि. हार्नीमैन के दो पत्र प्रकाशित कराये हैं जो इस प्रकार हैं :

"मेरे प्यारे महात्मा जी !

आखिर वे मुझको लिये जाते हैं। बिना पहिले से सूचना पाये मैं यहाँ से खदेड़ा जा रहा हूँ। यह पत्र मैं आपको केवल फिर मिलने के समय तक के लिए प्रणाम करने और आपका आशीर्वाद पाने के लिए लिखता हूँ। भारतीय जनता के लिए आप जो कार्य कर रहे हैं ईश्वर उसमें सहायता दें। मैं जहाँ कहीं रहूँगा यथाशक्ति यत्न करूँगा।"

18 मई 1919 का मुखपृष्ठ : शनिवार ता. 17 मई को उस समय जब कि 'संदेश' का अंतिम फर्मा प्रेस पर जा चुका था, शहर कोतवाल ठाकुर लक्ष्मण सिंह ने 'स्वदेश' के प्रकाशक श्री दशरथ प्रसाद द्विवेदी को पंजाब सरकार का एक छपा हुआ हुक्मनामा दिया जिसकी मंशा यह थी कि भारत-रक्षा-कानून के अनुसार 'स्वदेश' का पंजाब में जाना बन्द किया जाता है। हम इस पर विचार आगामी संख्या में प्रकट करेंगे।

9 जून 1919

पावन-प्रतिज्ञा

(प्रताप से उद्‌धृत)

चरखे चलावेंगे बनावेंगे स्वदेशी सूत,
कपड़े बुनावेंगे जुलाहों को जिलावेंगे।।
चाहेंगे न चमक दमक चिर चारुताई,
अपने बनाये उर लाय अपनावेंगे।।
पावेंगे पवित्र परिधान पाप होंगे दूर,
जब परदेशी वस्त्र ज्वाला में जलावेंगे।।
गंजी तनज़ेब ही से देगी जेब तन पर,
गाढ़े में 'त्रिशूल' अब नैन सुख पावेंगे।।

16 जून 1919 ई. के 'स्वदेश' के मुखपृष्ठ पर सरकार द्वारा पत्र की उग्रता की शिकायत सम्बन्धी बात छपी है जिसे अविकल रूप से दिया जा रहा है :

'स्वदेश' को चेतावनी : "ता. 18 मई को 'स्वदेश' की 7 वीं संख्या में 'कयामत होनेवाली है' शीर्षक 4 लाइनों की एक कविता निकली थी। हमारी प्रान्तिक सरकार को यह कविता कुछ कड़ी मालूम हुई है। इसलिए और इसलिए भी, कि 'स्वदेश' का स्वर साधारणतः (The tone in general) ठीक नहीं है, हमें स्थानीय मैजिस्ट्रेट मि. कालेट द्वारा 13 मई को (11 बजे) प्रान्तिक सरकार की ओर से एक चेतावनी मिली है। हमारी प्रान्तिक सरकार का यह भी खयाल है कि 'स्वदेश' के विचार (opinion) प्रकट करने का ढंग उग्र होता है। सरकार को 'स्वदेश' में कुछ कटुता

की भी शिकायत है।

X X X

हम सर हार्डकोर्ट बटलर और उनकी सरकार के कृतज्ञ हैं जो उन्होंने ऐसे 'सपाटे' के समय में, जब कि प्रेस और पत्र का चलाना एक प्रकार से लोहे का चना चबाना, हो रहा है और सब कुछ उसी के हाथ में है, हमें एक बार चेतावनी दे देने की उदारता प्रकट की है।"

'स्वदेश' के विशेषांक : 'स्वदेश' का सामान्य अंक देश-विदेश के समाचारों-टिप्पणियों तथा समस्याओं से पूर्ण हो स्वाधीनता का मंत्र पाठकों में फूँकता था तथा इसके विशेषांक हिन्दी पत्रकारिता को स्वस्थ दिशा निर्देश करते थे। माघ शुक्ल 5 सम्वत् 1955 वि. तथा फाल्गुन कृष्ण 14 सं. 1975 विक्रमीय को 'स्वदेश' के प्रेमोपहार अंक प्रकाशित हुए। हिन्दी पत्रकारिता में इस तरह के प्रेमोपहार अंक निकालने की योजना सम्पादक की मौलिक योजना थी। प्रथम प्रेमोपहार अंक के मुखपृष्ठ के एक भाग में 'स्वदेश का श्रीगणेश' तथा मध्य भाग में 'मंगलगान' व आशीर्वाद तथा तीसरे भाग में 'स्वदेश की समदृष्टि' छपी है।

आशीर्वाद

(ले. श्रीयुत रामचरित उपाध्याय)

तुझे किसी का लगे न टोना, तुझ पर निशि दिन बरसे सोना।
तेरी रक्षा करे गणेश, अजर अमर तू रहे स्वदेश।
आलस अंधकार को खोकर, क्लेश-कालिमा को भी धोकर।
ज्यों नभ में है उदित दिनेश, त्यों तू भू पर रहे स्वदेश।
तुझे आत्म अभिमान सदा हो, तेरा जग में मान सदा हो।
तुझे न भूले निजका वेश, तुझे सिद्धियाँ मिलें स्वदेश।
सदुपदेश यदि तू दे देगा, तो दुर्जन दल क्या कर लेगा।
तुझ में भय का रहे न लेश, गरज सिंह-सा सदा स्वदेश।

'प्रेमोपहार अंक' तथा प्रारम्भिक अंकों में इसी तरह के भव्य चित्र सर्वदा छपते थे तथा सम्पादकीय टिप्पणियाँ उसके नीचे होती थीं। इस अंक की टिप्पणी द्रष्टव्य है :

"हिन्दोस्तान का उद्धार हिन्दोस्तान की जनता पर निर्भर है। जनता में अपनी योग्यता के अनुसार यह भाव पैदा करना प्रत्येक स्वदेशवासी का परम धर्म है। 'स्वदेश' तुम्हें संदेश दे रहा है, कि तुम भी मनुष्य हो, तुमको भी ईश्वर के यहाँ से समान अधिकार प्राप्त है। तुम में भी उन्नति करने की, गौरवशाली बनने की, शक्ति मौजूद है। उठो, उससे काम लो। हिम्मत मजबूत करो और परमात्मा तुम्हारे सहायक होंगे।"

सम्पादकीय टिप्पणी से सुस्पष्ट है कि 'स्वदेश' ने पूर्वांचल में किस तरह

आशा का संचार किया तथा राष्ट्रोन्नति हेतु प्रेरणा देता रहा। स्वदेशोद्धार हेतु 'स्वदेश' ने क्या दृढ़ निश्चय किया, इसकी जानकारी इसी अंक में प्रकाशित एक विस्तृत लेख से की जा सकती है :

स्वदेश का संकल्प : वह किसी से पीछे कदम भी न रखेगा। वह राजा और प्रजा के मंगल का इच्छुक है, और चाहता है कि दोनों में से कोई, किसी प्रकार की ज्यादती न करे।

देश में अनेक जातियाँ हैं, और कभी-कभी उनमें फूट की फाग मच जाती है। 'स्वदेश' उनके मेल के लिए यत्न करेगा। राजनैतिक कल्याण के अतिरिक्त देश की नैतिक, आर्थिक, शिक्षा-सम्बन्धी तथा अन्य विषयों की उन्नति के लिए भी 'स्वदेश' यत्न करेगा, और इन विषयों पर अपनी स्वतंत्र सम्मति प्रकट करता रहेगा। सामाजिक कुरीतियों को दूर करने के लिए भी 'स्वदेश' अपनी शक्तियाँ लगाएगा और इस विषय में लीक पीटना वह अत्यन्त निकृष्ट समझेगा। साहित्य राष्ट्रीय जीवन के उत्थान और विचारों के परिमार्जन में विशेष रूप से सहायक हुआ करता है, इसलिए 'स्वदेश' के कालमों में साहित्यिक चर्चा का विशेष स्थान रहेगा।

X X X

हमारी असि न रुधिर-रत हो,
न कोई कभी हताहत हो,
शक्ति से शक्ति न अवनत हो,
भक्ति-वश जगत् एक मत हो,
वैरियों का वैर-क्षय हो,

X X X

सफलता मिले परिश्रम में,
भले हो बाधा कृति-क्रम में।
भरा उत्साह रहे हम में,
लगे हम रहें सदुद्यम में
मही पर ही स्वर्गोदय हो,
दयामय ! भारत की जय हो।।

सुनिश्चित ही 'स्वदेश' हिन्दी पत्रों का सिरमौर था।

बम्बई के फुटकर पत्र

सन् 1893 ई. में बाबू गोपालराम गहमरी ने बम्बई से 'भारत भूषण' नामक मासिक पत्र निकाला। जीवन चरित्र से सम्बद्ध इस पत्र ने महाराष्ट्र में हिन्दी की पत्रकारिता को लोकप्रिय बनाया।

1894 ई. में 'प्रभाकर', 'मुंबई वैभव' तथा 'गुराखी' बम्बई से निकलते थे। देशीय भाषा के इन पत्रों ने जन-चेतना को जागरित किया।

1896 ई. में प्रकाशित साप्ताहिक 'श्री व्यंकटेश्वर समाचार' को चुरू निवासी सेठ खेमराज बजाज ने बम्बई से निकाला। श्री रामदास वर्मा इसके प्रथम सम्पादक थे। सर्वश्री पं. लज्जाराम शर्मा, पं. अमृतलाल चक्रवर्ती, जगन्नाथ प्रसाद शुक्ल, चन्दूलाल चौधरी, हरिकृष्ण जौहर, पं. रुद्रदत्त शर्मा एवं निरंजन शर्मा पत्र के सम्पादन का कार्य कर चुके हैं।

सन् 1900 ई. में नागपुर से 'छत्तीसगढ़ मित्र' छपने लगा। पं. वामन बलीराम लाखे, पं. माधव राव सप्रे तथा रामराव चिंचोलकर ने नागपुर की हिन्दी पत्रकारिता को आगे बढ़ाया।

1901 ई. में 'भारतधर्म', 1905 ई. में 'भाला', 1906 ई. में 'शर्मन समाचार', 'ज्ञानसागर समाचार', 'स्वदेशी' साप्ताहिक प्रकाशित हुआ। 1908 ई. में ठाणा से मराठी 'हिन्दू पंच' का हिन्दी संस्करण 'हिन्दी हिन्दू पंच' निकला जिसके सम्पादक पं. गोविन्द शास्त्री दुगवेकर थे। उग्र राष्ट्र दल का मुखपत्र 'राष्ट्रमत' इसी समय प्रकाशित होता था। नागपुर के 'देश सेवक' पर सरकार की कड़ी नजर थी। 1914 ई. में 'जैन प्रभात' तथा 1915 ई. में 'संकल्प' प्रकाशित हुए।

'आर्य समाज' के प्रसारक कुछ पत्र

'आर्यसेवक' (1900 ई.) तथा 'आर्यवनिता' (1902 ई.) ने नरसिंहपुर से प्रकाशित होकर आर्य समाज के सिद्धांतों का प्रचार किया। सन् 1908 ई. में नागपुर से निकलनेवाला 'मारवाड़ी' पत्र जातीय न होकर राष्ट्रीय चेतना का वाहक बना हुआ था जिसके मुखपृष्ठ पर मुद्रित निम्नलिखित पंक्तियाँ द्रष्टव्य हैं :

मौत हुई तो वहाँ स्वर्ग का द्वार खुलेगा
जीत हुई तो यहाँ यहीं का राज्य मिलेगा।
इस कारण कौन्तेय, उठो संदेह मिटाओ
युद्ध करो फिर आग्नेय गांडीव उठाओ।।

सन् 1915 ई. में प्रकाशित 'गहोई वैश्य बन्धु' ने जातीय चेतना को उद्दीप्त किया :

'वही धन्य है लोक में, जन्म उसी का सार ।
हो कुल जाति समाज का, जिससे कुछ उपकार।।'

आर्य समाज से उत्प्रेरित होकर पत्रकारों ने बहुमुखी चेतना लाने के लिए समय-समय पर पत्र-पत्रिकाओं का प्रकाशन किया। उपर्युक्त पत्रों से ज्ञात होता है कि जागरण काल के पत्र समाज के हर वर्ग को तेजोद्दीप्त करना चाहते थे।

पूर्वी उत्तर प्रदेश के अल्पजीवी पत्र

'धर्म सुधा वर्षण' (1889), 'आर्य मित्र' (1889), 'नौका जगहित' (1891), 'गोसेवक' (1892), 'ब्राह्मण हितकारी' (1892), 'साहित्य सुधा निधि' (1893), 'प्रश्नोत्तर' (1895), 'नागरी प्रचारिणी पत्रिका' (1896), 'राजपूत' (1896), 'सुदर्शन' (1900), 'मित्र' (1900), 'निगमागम चन्द्रिका' (1904), 'बाल प्रभाकर' (1906), 'खत्री हितकारी' (1908), 'नवजीवन' (1910), 'विनोदवाटिका' (1911), 'जमीनदार' (1911), 'नवनीत' (1913), 'राजभक्त' (1914), 'हलवाई वैश्य संरक्षक' (1915), 'तरंगिणी' (1915), 'सूर्य' (1918), 'कालिन्दी' (1918), 'ब्रह्मशक्ति' (1918), 'आर्य महिला' (1918), 'औदुम्बर' (1919), 'मालव मयूर' (1919), आदि अनेक पत्रों ने वाराणसी से निकलकर उत्तर भारत में चेतना का संचार किया।

बलिया जनपद के हल्दी के राजकवि 'सुजान' के संपादकत्व में सन् 1900 के लगभग **'श्री कवि समालोचक'** पत्रिका प्रकाशित हुई जो मासिक थी। पं. रामबख्श पाण्डेय 'सुजान' इस पत्रिका में विशेषतः समस्यापूर्तियों का ही संपादन करते थे। 'श्री कवि समालोचक' भारतेन्दु बाबू की 'कवि वचन सुधा' का ही समकालीन था। श्री अब्दुल सत्तार 'प्यारे' श्री कवि समालोचक के उप-संपादक थे जो ब्रजभाषा में काव्य रचना किया करते थे। सुना जाता है कि 'प्यारे' जी ने गोपियों का सजीव चित्रण किया था, जिसका प्रकाशन इस पत्र में हुआ है।

सन् 1900 के बाद श्री रामचीज दूबे 'वल्लभ' के संपादन में 'शिक्षा' नामक मासिक पत्र निकला जो कुछ ही महीने चल पाया।

जौनपुर जिले का प्रथम पत्र 'रसिक रहस्य' कहा जाता है, जिसके संबंध में प्राप्त होता है कि सन् 1906 में जौनपुर से श्री सीताराम शर्मा उपाध्याय ने 'रसिक रहस्य' नामक मासिक पत्र प्रकाशित किया था। इस पत्र को जौनपुर का प्रथम पत्र होने का गौरव प्राप्त है।

सन् 1906 ई. में जौनपुर से ही श्री कालीशंकर व्यास के संपादकत्व में **'पीयूष प्रवाह'** मासिक पत्र के प्रकाशन की बात सुनी जाती है।

सन् 1916 में बलिया के प्यारे मोहन श्रीवास्तव ने बम्बई में 'हिन्दू भ्रमण' नामक मासिक पत्र को जन्म दिया जो डेढ़-दो वर्षों तक चला।

सन् 1919 के लगभग बस्ती जिला बोर्ड की ओर से 'बस्ती गज़ट' पाक्षिक पत्र निकला। इसके संपादक पं. लखपति उपाध्याय थे। जिले के समाचार तथा बोर्ड की सूचनाएँ इस पत्र में प्रकाशित होती थीं। सुना जाता है कि यह पत्र लगभग 8 वर्षों तक चला।

पूर्वी उत्तर प्रदेश के गाजीपुर जनपद से सन् 1915 ई. में 'गाजीपुर गजट' का हिन्दी संस्करण प्रकाशित हुआ। इसमें जिले भर के समाचार जो शिक्षा, कृषि

तथा राजनीति से संबंधित थे, उनका प्रकाशन होता था। पाण्डेय रामशरण लाल जी इसके संपादक थे।

बिहार के प्रकीर्ण पत्र

बाबू महावीर प्रसाद के सम्पादन में 1890 ई. में 'सर्व हितैषी' पत्र निकला। यद्यपि यह पत्र अल्पजीवी था फिर भी अधिकांश विद्वान् इस पत्र को बिहार का प्रथम हिन्दी दैनिक मानते हैं। नागरी प्रचारिणी सभा आरा की ओर से 'नागरी हितैषी' पत्रिका पं. सकलनारायण शर्मा के सम्पादन में प्रकाशित हुई। 1910 ई. तक प्रकाशित इस पत्रिका के सम्पादक मंडल में श्री ब्रजनन्दन सहाय भी रह चुके है। पं. ईश्वरी प्रसाद शर्मा द्वारा आरा से ही 'मनोरंजन' पत्र निकाला गया जो तीन वर्षों तक नियमित रूप से पाठकों की सेवा में लगा रहा।

1903 ई. में औरंगाबाद (गया) से राय साहब लक्ष्मीनारायण लाल के संयोजन में 'लक्ष्मी उपदेश लहरी' नामक मासिक पत्रिका निकली। कुछ वर्षों बाद पत्रिका का नाम 'लक्ष्मी' हो गया जिसके सम्पादकों में लाला भगवान दीन भी थे। पं. अम्बिकादत्त व्यास एवं भवानीचरण मुखोपाध्याय के सम्पादकत्व में 'सारन सरोज' 1888 ई. में निकला। इसी वर्ष पं. चन्द्रशेखर मिश्र के सम्पादन में 'धर्मदीपिका' प्रकाशित हुई। भारत के साहित्य-संवर्द्धन में 'उपन्यास कुसुमांजलि', 'साहित्यमाला', 'विद्या' तथा 'कृष्णा' पत्रिकाओं का योगदान है जो बिहार से प्रकाशित हुई थीं।

राष्ट्रीय भावना को उद्दीप्त करनेवाला साप्ताहिक पत्र 'पाटलिपुत्र' पटना के बांकीपुर से 1914 ई. में निकला। सुप्रसिद्ध राष्ट्रभक्त बैरिस्टर काशी प्रसाद जायसवाल पत्र के सम्पादक थे।

जागरण काल की हिन्दी पत्रकारिता का वैशिष्ट्य-निष्कर्ष

हिन्दी पत्रकारिता की कथा-यात्रा भारतीय राष्ट्रीयता के उद्‌भव और विकास से सम्बद्ध है। वस्तुतः हिन्दी के सभी पत्र ऋग्वेद के 'यतेमहि स्वराज्ये' (हम स्वराज्य के लिए सदा यत्न करें) के उद्‌घोषक रहे हैं। अन्याय, अज्ञान, प्रपीड़न और प्रवंचना के संहारक पत्रों ने पाठकों को स्वतंत्रता का पथ दिखलाया तथा उन्हें सतत जागरूक होकर आगे बढ़ते रहने का मंत्र दिया। ब्रह्म समाज, प्रार्थना समाज, आर्य-समाज रामकृष्ण मिशन द्वारा उद्‌बोधित होकर भारत के निवासियों ने 'स्वराज्य' और 'स्वतंत्रता' की प्राप्ति हेतु अहर्निश प्रयास किया। भारतीयों की गतिविधियों को सदैव आगे बढ़ाने में पत्रों ने उत्प्रेरक का कार्य किया। हिन्दी पत्रकारिता ने 'राष्ट्रे जागृयां वयम्' के शुभ संकल्प को मूर्तिमान करने का अविस्मरणीय कार्य किया।

अंग्रेज सरकार की अत्याचारपूर्ण नीति, भारतीय नेताओं की दूरदर्शिता, श्री ए. ओ. ह्यूम की उदार दृष्टि, अंग्रेजी शिक्षा के प्रसार, लोकतंत्रात्मक भावनाओं

के विकास के फलस्वरूप 1885 ई. में भारतीय राष्ट्रीय कांग्रेस की स्थापना हुई। कांग्रेस का इतिहास वस्तुतः स्वतंत्रता-प्राप्ति की दिशा में उठाए गए कदमों की गाथा है। प्रारम्भिक बीस वर्षों में उदारवादी राष्ट्रभक्तों ने अंग्रेजों से सुधार के लिए अनुनय विनय किया। वे प्रस्ताव पारित करते तथा आंग्ल प्रभुओं से आग्रह करते कि अमुक-अमुक सुविधाएँ दी जायँ। दादा भाई नौरोजी, सुरेन्द्रनाथ बनर्जी, सर फिरोजशाह मेहता सदृश नेताओं ने धारा सभाओं में भारतीयों की संख्या में वृद्धि, राजकीय सेवाओं के भारतीयकरण, भूमिकरों की कमी, तथा भारत के शिक्षितों को उच्च पद पर प्रतिष्ठापित करने के संदर्भ में विशेष सफलता प्राप्त की। उदारवादी नेताओं ने जन-जन में राष्ट्रीय चेतना का प्रसार किया तथा प्रजातंत्र के आदर्शों की ओर सबका ध्यान आकर्षित किया।

1906 ई. में कांग्रेस के कुछ सदस्य क्रान्तिकारी साधनों से सरकार को आतंकित करके अपनी माँगों को मनवाना चाहते थे। लोकमान्य तिलक, विपिनचन्द्र पाल तथा लाला लाजपत राय उग्रवादी थे जिन्होंने अंग्रेजों के सम्मुख भिक्षावृत्ति की नीति को अपनाने की भर्त्सना की। तिलक का स्पष्ट मत था :

"भारत में सब बुराइयों की जड़ अंग्रेजी राज्य है और जब तक इसे नहीं उखाड़ा जाएगा तब तक भारत की समस्या का हल असम्भव ही है।"

इसीलिए तिलक ने कहा, "स्वराज्य हमारा जन्म सिद्ध अधिकार है और हम इसे लेकर रहेंगे।" अरविंद घोष ने लिखा कि "हमारा वास्तविक शत्रु कोई बाहरी शत्रु नहीं है, बल्कि हमारी शिथिलता व कायरता ही हमारी शत्रु है।" गुप्त सभाओं के आयोजन, सैनिक विद्रोह के प्रयास, त्याग, बलिदान, आतंक तथा हिंसात्मक उपायों से क्रान्तिकारी अपने उद्देश्य की पूर्ति करना चाहते थे। वे सुषुप्त भारत को जगाना चाहते थे जिसमें हिन्दी के पत्रों ने उल्लेख्य कार्य किया।

'हिन्दोस्थान' ने भारतवासियों को आंदोलित किया कि अंग्रेज जो लंदन में बैठे भारत में राज कर रहे हैं, भारत की आर्थिक दुर्दशा को नहीं समझ सकते। अतः आप स्वयं आंदोलन करो और ब्रिटिश संसद में प्रवेश लो।[56]

हिन्दी के पत्रों के संघर्ष का ही फल था कि दादा भाई नौरोजी को 1886 में सदस्यता मिल गयी। पत्रकारिता द्वारा जागरण और फल-प्राप्ति का यह एक अच्छा उदाहरण प्राप्त हो गया।

उग्रवादी पत्र-पत्रिकाओं ने ब्रिटिश शासन के विरुद्ध आग उगली। 'हिन्दी प्रदीप' ने लिखा :

"ओ स्वतंत्रता ! तुम भारत को छोड़कर क्यों भाग गयी और अकेला छोड़ दिया ? भगवान् की बेटी, विश्व की प्रेमिका, और गुणों का पुंज, तुम कहाँ चली गयी। भारतवासी इस हानि पर बुरी तरह सुबक रहे हैं।"[57] 'कायस्थ समाचार', 'अभ्युदय', 'वसुंधरा', 'हिन्दोस्थान', 'केसरी', 'युगान्तर', 'भारतमित्र', 'नृसिंह', 'गदर',

'प्रताप', 'कर्मवीर' ने उदारवादियों की भीख माँगनेवाली प्रवृत्तियों को उपहासास्पद बतलाया। 'नृसिंह' गरम दल को 'राष्ट्रीय' और नरम दल को 'धृतराष्ट्रीय' नाम से पुकारता था। 'हिन्दुस्तान' (लाहौर) ने अरविंद घोष के विचारों को आत्मसात् करने की अपील की :

"स्वराज्य एक राष्ट्र के लिए उसी प्रकार है जिस प्रकार शरीर के लिए आत्मा, जो मनुष्य को जीवित रखने के लिए इससे पृथक् नहीं की जा सकती। ... इसे दूसरों से भीख माँगकर प्राप्त नहीं किया जा सकता बल्कि मनुष्य स्वयं अपने प्रयत्नों से प्राप्त करता है।"[58]

'कर्मयोगी' ने व्यंग्यात्मक रूप में लिखा :

"ओ राष्ट्रवादियो ! कायरों से कोई आशा न करो। (उदारवादी) हाथियों का शिकार करते गीदड़ कभी भी शेरों का साथ नहीं दे सकते, यद्यपि वे शेरों की अपेक्षा शिकार मरने पर माँस अधिक खा सकते हैं। ओ वीरो, अपने पैरों पर खड़े हो और अपने कर्तव्य का पालन करो।"[59]

'झंग सीयाल' द्वारा नवयुवकों को उत्प्रेरित किया गया : "नौजवान, तुम देश के लिए शक्ति और जोश रखते हो। तुम छोटे दलों में बँटकर ग्रामों में फैल जाओ और जनता जनार्दन के विचारों को समय के अनुकूल परिवर्तित करो।"[60]

इस प्रकार राष्ट्रवादी पत्र-पत्रिकाओं ने स्वदेश-प्रेम का प्रसार किया तथा भारतीयों में जागरण की लहर दौड़ाई। स्वतंत्रता-प्राप्ति एवं समाज-सुधार हेतु हिन्दी पत्रों ने पाठकों में आत्म-विश्वास की भावना जगाई, उन्हें राष्ट्रहित में सर्वस्व समर्पित कर देने के लिए तत्पर बनाया। आफिसियल सीक्रेट्स एक्ट आफ 1889 एवं 1898 के राजद्रोह अधिनियम के रहने पर भी पत्रकारों की आवाज नहीं दबी, वे उच्च स्वर से जनता में जागरण के स्वर भरते रहे।

हिन्दी पत्रकारिता ने सामाजिक बुराइयों पर अपनी दृष्टि लगाई। शिशु-हत्या, बाल-विवाह, जनसंख्या वृद्धि, दहेज-प्रथा, वेश्यावृत्ति, छुआ-छूत तथा हर प्रकार के अंध विश्वासों पर कुठाराघात किया। उदाहरण के लिए निम्नलिखित पंक्तियाँ द्रष्टव्य हैं :

"**भारत में जनसंख्या और दरिद्रता की बढ़ती** आबादी और निर्धनता में यह सब देशों में आगे बढ़ा है। यहाँ की इतनी बढ़ी-चढ़ी जनसंख्या दरिद्रता का दुख झेलती जितनी भावी उन्नति और आशा सबों को निर्मूल कर रही है।... कबूतर या मुर्गियों की भाँति उनके भी जल्द-जल्द बच्चे पैदा हों। दासत्व की शृंखला में जकड़े हुए वे क्या जानें ? कैसे अपना दिन बितायेंगे इसका कुछ खयाल नहीं। हम सभ्य समाजवाले प्रतिवर्ष कान्फ्रेंस करते हैं, अनेक कान्फ्रेंस के द्वारा समाज का संशोधन किया करते हैं। प्रजा में नवजीवन के दान से उन्हें उच्च श्रेणी में उठाना चाहते हैं। किन्तु इस पर किसी का ध्यान नहीं जाता कि औलाद कम

पैदा हुआ करे और देश में जनसंख्या घटे। ब्रह्मचर्य की प्रथा स्थापित कर दस की जगह एक ही दो सन्तान हों पर वे सिंह के छौने निकलें। "सदैव दशभिः पुत्रैभारं बहति गर्दभी" को चरितार्थ होने का मौका न मिले।"[61]

वास्तव में हिन्दी पत्रकारिता ने समाज में व्याप्त बुराइयों को नष्ट करने तथा चतुर्दिक् जागरण का सिंहनाद करने में अविस्मरणीय कार्य किया।

जातीय संस्थाओं द्वारा प्रकाशित पत्रों ने संकीर्ण जातीय भावना को प्रसारित नहीं किया अपितु उनके द्वारा बृहत्तर लक्ष्य की ओर बढ़ने का संदेश प्राप्त हुआ। गौड़ ब्राह्मण सभा, कायस्थ सभा, अग्रवाल सभा, टेम्परेंस एसोसिएशन, चन्द्रवंशीय क्षत्रिय सभा, हाई कास्ट रिफार्म सोसायटी, साधारण अमृत वर्द्धिनी सभा, ब्राह्मण सभा, हिन्दू समाज से सम्बद्ध पत्रों ने समाज-सुधार आंदोलन को गत्वरता दी तथा राष्ट्रोत्थान में महत्त्वपूर्ण भूमिका का निर्वहन किया। अधिकांश पत्रों ने अखिल भारतीय चन्द्रवंशीय क्षत्रिय महासभा के तत्वावधान में प्रकाशित 'क्षत्रिय' के स्वर में स्वर मिलाया :

प्यारे चंदेल उट्ठो, सोते रहोगे कब तक ?
सब लोग उठ रहे हैं, पीछे रहोगे कब तक ?
मूरख बने रहोगे, संसार बीच कब तक,
अब भी अगर न चेते, आफत सहोगे कब तक ?

'नेशनल सोशल कान्फ्रेंस' की स्थापना से समाज-सुधार आंदोलन को बल मिला। पंडित अयोध्यानाथ, लाला बैजनाथ और महामना मदनमोहन मालवीय ने जातीय संस्थाओं के द्वारा राष्ट्रीय चेतना को सुपुष्ट किया।

महर्षि दयानन्द द्वारा संस्थापित 'आर्य समाज' और उसकी विविध पत्र-पत्रिकाओं ने 'हिन्दी' और 'हिन्दुस्तान' की भावना को जितना प्रबल बनाया, उतना अन्य किसी संस्था ने नहीं। उर्दू के मध्य हिन्दी की नींव को सुदृढ़ करने में आर्यसमाज अग्रणी है। आर्य समाज के समर्पित अनुयायिओं ने 'हिन्दी' को 'आर्य भाषा' के रूप में पल्लवित-पुष्पित किया तथा उन लोगों ने हिन्दी को सर्वथा नवीन विचार भूमि प्रदान की। सभी ने हिन्दी को समाज-सुधार तथा स्वतंत्रता का संवाहक बनाया। आर्य समाज के सभी सदस्य महर्षि दयानन्द के इस कथन को साकार देखना चाहते थे :

"भाई, मेरी आँखें तो उस दिन को देखने के लिए तरस रही हैं जब कश्मीर से कन्याकुमारी तक सब भारतीय एक भाषा को समझने और बोलने लगेंगे, जिन्हें सचमुच मेरे भावों को जानने की इच्छा होगी वे इस आर्य भाषा को सीखना अपना कर्तव्य समझेंगे। अनुवाद तो विदेशियों के लिए हुआ करते हैं।"

'आर्यवृत्त' (1887), 'आर्यमित्र' (1890), 'आर्य पत्र' (1895), 'आर्य भास्कर' (1896), 'आर्यसेवक' (1900), 'आर्यबनिता' (1902), 'आर्य दर्पण' (1906), 'आर्य

कुमार' (1917) आदि कुछ ऐसे पत्र हैं जिनसे भारतवासियों ने निर्भीकता और साहस का पाठ पढ़ा। सतत जागरूक रहकर भारतमाता को मुक्त कराने का मंत्र गुञ्जायमान करनेवाले हिन्दी के ये पत्र सदैव स्मरणीय हैं।

हिन्दी प्रेस एसोसिएशन की अपरिहार्यता

हिन्दी पत्रों के अस्तित्व की रक्षा के लिए प्रेस एसोसिएशन बनाने तथा आंग्ल शासकों के कुचक्रों को ध्वस्त करने के लिए 'स्वदेश' के सम्पादक की अपील पत्रकारिता जगत् हेतु अनुकरणीय है :

"... परन्तु सहयोगी 'भविष्य' (प्रयाग) की उस दिन 1500 रुपये की जमानत हो गई, नई जमानत 500 रुपये की माँगी गई है, कोई बोलनेवाला नहीं। इन सब का प्रधान कारण है, हिन्दी भाषा-भाषियों का लीचड़पन, हिन्दी सहयोगियों की पस्तहिम्मती और इनके सिवा सबसे बड़ा कारण है अपनी-अपनी डफली और अपना-अपना राग। स्वाधीनता का पाठ तो हम पढ़ाते हैं। यह बतलाते हैं कि इस प्रकार स्वतंत्र हो सकते हो परन्तु अपनी स्वतंत्रता की रक्षा की हमें फिक्र नहीं। हम पर जो जंजीरें मढ़ी गई हैं, हमारी जुबान पर जो ताले लगा दिए गए हैं, जनता के प्रतिनिधित्व का जो अधिकार हमसे छीना जा रहा है, उस पर हम उँगली तक नहीं उठाते। केवल राम आसरे बैठे हैं। परन्तु मसल मशहूर है, दूसरों के पेट में अन्न जाने से अपनी क्षुधा शान्त नहीं हो सकती। सहयोगी 'भारतमित्र', 'कलकत्ता समाचार', 'भविष्य', 'अभ्युदय', 'प्रताप', 'विजय', 'अवधवासी', 'उत्साह', 'भारतबन्धु', 'शक्ति', 'पाटलिपुत्र' आदि को चाहिए कि वे इस ओर ध्यान दें। एक हिन्दी प्रेस एसोसिएशन कायम कर उसके द्वारा अपनी आवाज बुलंद करें। दिखला दें कि 'प्रेस एक्ट' का सबसे अधिक प्रहार हिन्दी पर ही होता है।... आशा है, हमारे हिन्दी सहयोगी हमारी इस प्रार्थना पर ध्यान देंगे और अपने पत्रों द्वारा जल्दी ही अपनी शुभ सम्मति प्रकट करने की कृपा करेंगे, क्योंकि अवस्था दिन पर दिन नाजुक होती जा रही है। कोई यह दावा नहीं कर सकता कि हम पर प्रेस एक्ट का वार नहीं होगा।"[62]

पत्र समाज को जागरूक बनाते हैं परन्तु पत्रों को संगठित होकर स्वकर्मनिरत होने की प्रेरणा जागरण काल के पत्रों ने दी।

हिन्दी पत्रों के प्रति पाठकों की उपेक्षा की प्रवृत्ति मानसिक रूप से पिछड़ेपन की निशानी सिद्ध करती है। भाषा प्रेमियों में चेतना जाग्रत करना समाचार पत्रों का ही कार्य था जिसे 'विद्या धर्मदीपिका' ने 1889 में निम्नलिखित टिप्पणी द्वारा पूरा किया ताकि नादिहंद ग्राहकों को सद्‌बुद्धि आवे :

"आज कल समाचार पत्रों को जन्म लेते ही राजयक्ष्मा की बीमारी घेरती है। यद्यपि इस रोग के होने के कई कारण हैं तथापि अधिक व्यय होना ही अधिक

व्यवसाय है।··· अधिक खर्चे के होने में एक बड़ा भारी कारण यह भी हो गया है कि पत्रों के अधिकांश ग्राहक नादिहंद निकल जाते हैं।"

1891 ई. में 'भारतमित्र' ने हिन्दी पत्रों की दुर्दशा तथा हिन्दी रसिकों पर करारा व्यंग किया है :

"आजकल हिन्दी पत्रों की जैसी दशा उपस्थित है, वह किसी को अविदित नहीं है, प्रत्येक हिन्दी पत्र के प्रचारक जिस प्रकार श्रम करते और अर्थादि व्यय कर क्षतिग्रस्त होते हैं, वह भी सभों पर विदित है।··· बेचारे 'ब्राह्मण' को कानपुर सरीखे पश्चिमोत्तर के प्रधान शहर में सहायता न मिली और लुढ़कते-पुढ़कते बंगाल (बिहार) में उसने आकर क्षत्रियश्रेष्ठ खड्ग-विलासाध्यक्ष श्री मन्महाराज कुमार श्री राम दीन सिंह महोदय का आश्रय लिया। शोक ! महाशोक !! कि हिन्दी के प्रधान स्थान में हिन्दुओं के प्रधान नगर में हिन्दुओं के यथार्थ शुभचिन्तक गुरु-गरीब 'ब्राह्मण' को मुष्टि अन्न भिक्षा न मिली। धिक्कार है हिन्दी के रसिकों को। हिन्दी भाषी हिन्दुओं को !! पाठक इस दुर्भागी हिन्दी के रोने को कहाँ तक गावें ? जितना धधोलेंगे उतना ही दुःख बढ़ेगा, जी दुखेगा, निरे सिद्दू हिन्दी रसिक बुरा मानेंगे ··· आज तक कौड़ियों हिन्दी पत्रों ने जन्म लिया और मर गए। इसका कारण यही है कि मनुष्य का उत्साह, धन श्रम जो संचित रहता है, वह व्यय हो जाता है, तो अगत्यावाध्य होकर चुप बैठ जाता है।"

हिन्दी भाषा के विकास का इतिहास समाचारपत्रों के विकास पर आश्रित है। खड़ी बोली गद्य को एक स्थिर एवं परिमार्जित रूप देने में पत्रों का ही योगदान है। भाषा को क्रमशः सजाने, सँवारने में पत्रों की भूमिका महत्त्वपूर्ण है। पं. अम्बिका दत्त व्यास ने तत्कालीन पत्र-पत्रिकाओं की होली पर छींटे फेंके थे, प्रवाहमयी सरस हिन्दी का उदाहरण द्रष्टव्य है :

"आज कल होली है। लम्बे लेख का अवकाश नहीं। सब जमावड़ा है। होली के मसखरों की बात सुननी हो तो हिन्दी **बंगवासी** है, कुछ जादू के तमाशे औ चूरन गोली चाहिए तो **भारत जीवन** है, कुछ खरी-खरी बातें सुननी हों तो **मित्रविलास** है, बातचीत की खिचड़ी चाहिए तो **आनन्द कादम्बिनी** है, भंड़ौवा सुनना हो तो **ब्राह्मण** है, अब भगवान् के दरबार देखने हों तो **हिन्दोस्थान** है, ताने-बाने सुनने हों तो **हिन्दी प्रदीप** है, गप्पियों की ढपोलसंखी नकल देखनी हो तो **आर्यावर्त** है, मखाने पसंद हों तो **भारतेन्दु** है, पण्डिताऊ स्वांग चाहें तो **चित्तवृन्दावन** है, आग लगाने की गोइंठा चाहिए तो **तिमिरनाशक** है, राख, धूल चाहिए तो **राजस्थान समाचार** है, सच्ची-सच्ची तीती, मीठी, सुननी हो तो **विद्याधर्म दीपिका** है, फिर भी खाली हाथ हो तो लीजिए **बिहारबन्धु** है, पुराना चण्डूल चाहिए तो **भारतमित्र** है, औ रंग में भीगना हो तो यह आपके पीछे लगा आपका प्यारा **पीयूष प्रवाह** है। चिढ़ना मत यारो होरी है होरी है अररर··· ।"

पीयूष प्रवाह 1895 ई.

हिन्दी भाषा तथा देवनागरी लिपि के प्रति पत्रों ने अपने कर्तव्य का निर्वाह किया। 'भारतोद्धारक मासिक' पत्र लिखता है :

"भारतोद्धारक का मुख्योद्देश्य मात्र भाषा (देवनागरी) हिन्दी के प्रचार करने का है हमारे तन-मन से धुनि लगी हुई है कि किसी प्रकार से हिन्दी महारानी का गौरव बढ़े अर्थात् जिस प्रकार से हमारी नागरी सर्वगुण आगरी के शील स्वभाव का शिक्षा कमीशन ने अनादर कर इसको रसातल भेजना ठाना है अब हमारी भी यही टेक है कि जहाँ हिन्दी का स्वेद बिंदु पड़े हम अपना रक्त देने को उपस्थित हों।" 1894 ई.

"हमें यह देख के बड़ा आनन्द हुआ कि कलकत्ता विश्वविद्यालय में भी इस आज्ञा का प्रचार हुआ है कि सन् 1896 ई. से जो इण्ट्रेस आदि परीक्षा होगी उनमें संस्कृत के प्रश्नों के उत्तर नागरी में ही देने होंगे बंगला उड़िया आदि के स्वतन्त्र अक्षर ग्राह्य न होंगे। भला !! बहुत दिनों के अनन्तर देवाक्षर का समय आया। इस बात में बिहार ने पश्चिमोत्तर को दबा रखा है।"

पीयूष प्रवाह 1895

हिन्दी भाषा में प्रवाह लाने का शुभ कार्य उत्तर प्रदेश के पत्रों ने किया। साफ-सुथरी संयमित, लाक्षणिक, मर्मस्पर्शी, मूर्तविधायिनी एवं व्यंग्यमयी शैली के वैविध्य-पूर्ण विधान से हिन्दी भाषा को समृद्ध करने में पत्रों का बहुत बड़ा हाथ है।

सन् 1900 ई. से 1920 तक की अवधि को हिन्दी साहित्य का द्विवेदी युग माना जाता है। इसे जागरण-सुधार काल भी कहा जाता है। द्विवेदी जी ने व्याकरण-सम्मत, सरल, स्पष्ट और विचारपूर्ण गद्य का निर्माण 'सरस्वती' द्वारा किया। बाबू बालमुकुन्द गुप्त ने मुहावरेदार, सजीव और परिष्कृत हिन्दी हेतु जीवन अर्पित कर दिया। हिन्दी भाषा के शब्दों से सम्बन्धित द्विवेदी जी और गुप्त जी का वाक् युद्ध हिन्दी पत्रकारों के लिए स्पृहणीय है। पं. जगन्नाथ प्रसाद चतुर्वेदी ने लिखा है कि :

"वैकुण्ठवासी बाबू बालमुकुन्द गुप्त जिस समय 'अनस्थिरता' शब्द के कारण 'भारतमित्र' में श्रीयुत् पंडित महावीर प्रसाद द्विवेदी को दबोच रहे थे और द्विवेदी जी दबकते जा रहे थे उस समय मिश्र जी ने 'हिन्दी-बंगवासी' में 'आत्माराम की टें-टें' शीर्षक लेखमाला से द्विवेदी जी का पक्ष समर्थन किया था और अच्छा किया था। कहनेवाले अब भी यह कहते हैं कि यदि मिश्र मैदान में न आते द्विवेदी जी बेतरह दब जाते।" फरवरी 1906 ई. की 'सरस्वती' में महावीर प्रसाद द्विवेदी ने लिखा, "कि संस्कृत के बखेड़े में न पड़कर 'अनस्थिरता' को वे अनमिल, अनहित, अनरीति, अनमोल, अनदेखी, अनसुनी की तरह का हिन्दी शब्द समझें।" गुप्त जी के 'ता' सम्बन्धी आपत्ति पर उन्होंने लिखा : "इच्छा तो हमारी यह थी कि जिस 'ता' से आपको इतनी नफरत है उसे हम 'अन-हित', 'अनमिल', 'अनरस' आदि

शब्दों में भी लगा दें तो 'ता' का बहुत अधिक खर्च हम नहीं करना चाहते। यदि 'ता' का खजाना यहीं खाली हो जाएगा तो गुप्त विद्वान् अपने अत्यन्त शुद्ध हिन्दी शब्द निरधनता के लिए '-ता' कहाँ पावेंगे।"

बाबू बालमुकुन्द गुप्त ने 'आत्मारामी नोट' द्वारा द्विवेदी जी की आलोचना की :

"हर्ष का विषय है कि द्विवेदी जी को 'मुहावरा' शब्द ठीक लिखना आ गया है। फरवरी से पहले आप 'मुहाविरा' लिखते थे। आत्माराम के प्रसाद से उनकी जेर जबर बन गयी।"

वास्तव में बाबू बालमुकुन्द गुप्त का युग हिन्दी की ऐतिहासिक आवश्यकताओं की पूर्ति का युग था। इस युग के पत्र और पत्रकार साहित्य को दिग्भ्रान्त होने से बचाने के लिए आलोक स्तम्भ का कार्य करते थे। महामना मालवीय जी द्वारा हिन्दी-सेवा हेतु गुप्त जी प्रेरित हुए जिन्होंने अपनी कर्मठता कार्य-शक्ति, चारित्रिक दृढ़ता, हिन्दी के प्रति अनन्य निष्ठा तथा अपने वाग्वैदग्ध्य द्वारा पत्रकारिता की, एवं हिन्दी भाषा की अभूतपूर्व सेवा की। देवनागरी की उन्नति हेतु 'यत्नं साध्यं वा शरीर पातयंवा' की प्रतिष्ठा की। जस्टिस शारदाचरण मित्र द्वारा संस्थापित 'लिपि-विस्तार-परिषद' में सक्रिय भाग लेकर गुप्त जी ने देवनागरी का भरपूर प्रचार किया।

'इन्दु', 'सुदर्शन', 'समालोचक', 'प्रभा', 'मर्यादा', 'माधुरी', 'प्रताप', 'अभ्युदय', 'कर्मवीर', 'स्वदेश', 'ज्ञानशक्ति' आदि पत्र-पत्रिकाओं ने हिन्दी भाषा के विकास में अविस्मरणीय योगदान किया। 'सरस्वती' पत्रिका तथा नागरी प्रचारिणी सभा के माध्यम से हिन्दी को व्याकरणनिष्ठ, संयमित, सरल, स्पष्ट एवं प्रवाहपूर्ण बनाने का सफल प्रयास हुआ। भाषा के प्रयोगों में एकरूपता लाने, तत्सम प्रधान समास बहुल विचार-प्रधान सुबोध और रमणीय गद्य शैली को अपनाने की दिशा में हिन्दी पत्र-पत्रिकाओं की अहम भूमिका थी। हिन्दी के नाटक, उपन्यास, कहानी, आलोचना, निबंध, जीवनी, संस्मण, आत्मकथा, भेंटवार्त्ता आदि विविध विधाओं को समुन्नत बनाने में हिन्दी पत्रकारिता अग्रणी थी।

कांग्रेस की स्थापना के बाद महामना मदनमोहन मालवीय, और लोकमान्य तिलक के नेतृत्व में बालकृष्ण भट्ट, प्रताप नारायण मिश्र, बालमुकुन्द गुप्त, महावीर प्रसाद द्विवेदी, शारदा चरण मित्र, अम्बिका प्रसाद वाजपेयी, बाबूराव विष्णु पराड़कर, मूलचन्द्र अग्रवाल, गणेशशंकर विद्यार्थी, दशरथ प्रसाद द्विवेदी, माधवराव सप्रे सदृश सुयोग्य एवं समर्पित सम्पादकों ने अपने पत्रों द्वारा हिन्दी-निष्ठा एवं स्वदेश-भक्ति का पाठ पढ़ाया जिससे भारत में चतुर्दिक् जागरण की लहर दौड़ पड़ी। ब्रिटिश शासन की दुर्दमनीय नीतियों से आक्रान्त समाज को चैतन्य बनाने, उन्हें सतत जगाने और जुझारू बनाने की दिशा में जागरण काल की हिन्दी पत्रकारिता स्पृहणीय

हो चुकी है। भारत के अतीत वैभव तथा विशिष्टताओं का अनावरण कर 1885 से 1919 तक प्रकाशित हिन्दी पत्र-पत्रिकाओं ने जागरण का विहान बिखेरा है :

जागो जागो अमृत सुवन तुम,
जागो जागो सोने वालो।
जागो तुम सिंहों के छौनों,
जागो सब कुछ खोने वालो।।

युगचेता 'नवीन जी' की उपर्युक्त पंक्तियों को पुष्ट कर हिन्दी पत्रकारिता ने जन-मानस को उत्तेजित कर दिया। भारतवासी जाग गए तथा स्वतंत्रता हेतु क्रान्ति की ओर उन्मुख हुए।

संदर्भ

1. श्री मन्मथनाथ गुप्त : 'कांग्रेस के सौ वर्ष', पृ. 39
2. डॉ. परमात्मा शरण : भारतीय राष्ट्रीय आंदोलन एवं संविधान, पृ. 48
3. डॉ. रामविलास शर्मा : 'भारत में अंग्रेजी राज और मार्क्सवाद', पृ. 76
4. डॉ. बी. पट्टाभिसीतारमय्या : कांग्रेस का इतिहास, पृ. 39
5. 'भारत मित्र' 18 अगस्त 1906, टेसू 'कर्जन-फुलर'
6. डॉ. पट्टाभि सीतारमय्या : कांग्रेस का इतिहास, पृ. 64
7. डॉ. ईश्वरीप्रसाद : भारत का इतिहास, पृ. 364
8. 'भारत मित्र', स्वदेशी आंदोलन, अगस्त 1906
9. वही, 'कर्जनाना', 18 अगस्त 1906
10. डॉ. ईश्वरीप्रसाद : भारत का इतिहास, राष्ट्रीयता का विकास, पृ. 369
11. डॉ. राजबली पाण्डेय : गोरखपुर जनपद और उसकी क्षत्रिय जातियों का इतिहास, पृ. 268
12. नृसिंह : अंक 4, प्रथम लेख 'स्वराज्य की आवश्यकता'
13. लक्ष्मीनारायण सुधांशु : हिन्दी साहित्य का वृहत् इतिहास, त्रयोदश भाग
14. वही
15. 'क्षत्रिय पत्रिका', खंड 6, संख्या 1-2, ज्येष्ठ आषाढ़ सं. 1943 वि.
16. 'विद्याधर्म दीपिका' खंड 1, संख्या 1, 21 अगस्त 1888 ई.
17. गुलेरी ग्रन्थ, पहला खंड, पहला भाग, पृ. 275-76
18. अम्बिकाप्रसाद वाजपेयी : समाचारपत्रों का इतिहास, पृ. 215
19. 'नागरी नीरद' : 27 सितम्बर 1894 ई.
20. डॉ. मनोहर प्रभाकर : 'राजस्थान में हिन्दी पत्रकारिता', पृ. 107
21. 'सरस्वती' : नवम्बर 1913

22. 'सरस्वती' : अप्रैल 1915
23. 'आनन्द कादम्बिनी' : माला आठ, मेघ 1 और 2, सन् 1908 ई.
24. 'जासूस' 1 अप्रैल 1906 का अंक
25. 'वैश्योपकारक' : अंक 12, वर्ष 2
26. 'जासूस' : 1 अप्रैल 1906 का अंक
27. 'जासूस' : दिसम्बर 1915 के अंक में
28. आ. रामचन्द्र शुक्ल, हिन्दी साहित्य का इतिहास, पृ. 497
29. विश्वनाथप्रसाद : 'पूर्वांचला', पृ. 18
30. 'आनन्द' : 22 अक्टूबर 1908 ई.
31. अमृतलाल नागर : 'लखनऊ और हिन्दी का उदय काल' –'स्वतंत्र भारत' (रजत जयंती विशेषांक)
32. देवनागर, वत्सर-2, अंक 1, जस्टिस शारदाचरणमित्र के बंगला लेख के अनुवाद का अंश।
33. 'इन्दु' (मासिक) : जनवरी 1927
34. विजयदत्त श्रीधर : 'मध्यप्रदेश पत्रकारिता का इतिहास', पृ. 26-27
35. 'ज्ञानशक्ति' : वर्ष 51, अंक 10
36. 'ज्ञानशक्ति' : अक्टूबर 1917
37. 'ज्ञानशक्ति' : जनवरी 1917
38. 'ज्ञानशक्ति' : वैशाख सं. 1972, पृ. 268
39. 'ज्ञानशक्ति', अंक 6, चैत्र 1962, पृ. 234-35
40. 'ज्ञानशक्ति', वैशाख सं. 1972, अंक 3
41. 'ज्ञानशक्ति' : अक्टूबर 1916
42. 'ज्ञानशक्ति' : अक्टूबर 1915
43. 'ज्ञानशक्ति' : ज्येष्ठ सं. 1972
44. वही, अक्टूबर 1917
45. ज्ञानशक्ति : जनवरी, 1917
46. वही, मई 1918
47. वही, अप्रैल 1918 :
48. 'प्रभाकर', वर्ष 1, अंक 1, 1915 ई.
49. डॉ. वेदप्रताप वैदिक : 'हिन्दी पत्रकारिता : विविध अयाम', पृ. 186
50. इन्द्र विद्यावाचस्पति : पत्रकारिता के अनुभव, पृ. 27-28
51. श्री क्षेमचन्द्र 'सुमन' : हिन्दी के यशस्वी पत्रकार, पृ. 3-4
52. 'इंडियन ओपीनीयन' : 28 अक्टूबर 1905 ई.
53. 'स्वदेश' : 4 मई 1919
54. 'स्वदेश' : 26 मई 1919 ई.

55. 'स्वदेश' : 11 मई 1919 ई.

56. 'हिन्दोस्थान', 20 जून 1884

57. 'हिन्दी प्रदीप' : 24 जुलाई 1900

58. 'हिन्दुस्तान' (लाहौर) : 14 फरवरी 1908

59. 'कर्मयोगी' : 6 अक्टूबर 1909

60. 'झंग सीयाल' : 9 मई 1908

61. 'हिन्दी प्रदीप' : जून 1906 ई.

62. 'स्वदेश' : 23 जून 1919 ई.

पंचम अध्याय

विकास काल (स्वातन्त्र्यपूर्व)

क्रान्ति-काल (1920-1947 ई.)

सन् 1920 से 1947 तक के हिन्दी पत्रकारिता के विकास काल को क्रांति-काल की संज्ञा देना उचित होगा। यह वह काल है, जब स्वतंत्रता का अ.ंदोलन क्रमशः प्रखर से प्रखरतर होता गया और उसी अनुपात में ब्रिटिश साम्राज्यवाद का दमन-चक्र प्रबलतर होता गया। यह क्रान्ति-काल हिन्दी-पत्रकारिता की ओजस्विता का स्मरणीय युग है।

13 अप्रैल 1919 को अमृतसर के जलियाँवाला बाग में गवर्नर सर माइकेल ओ ड्वेअर तथा ब्रिगेडियर डायर ने निहत्थी भोली-भाली जनता पर सेना द्वारा घोर पाशविक अत्याचार करवाया जिसके फलस्वरूप 2000 व्यक्ति घायल हुए तथा 400 वहीं मर गये। इस जघन्य हत्याकाण्ड के कारण भारतीय जन-मानस में क्रांति की भावना जागरित हुई। भारतीयों का साहस उस समय शिथिल पड़ गया जब पहली अगस्त 1920 को लोकमान्य तिलक की मृत्यु की सूचना प्राप्त हुई।

गांधी-युग में राष्ट्र का राजनीतिक परिवेश

लोकमान्य तिलक के पश्चात् राष्ट्र का नेतृत्व गांधी जी के हाथों सौंपा गया। 1920 में लाला लाजपत राय की अध्यक्षता में कलकत्ते में कांग्रेस का एक विशेष अधिवेशन हुआ, जिसमें कांग्रेस ने महात्मा जी के असहयोग आंदोलन के क्रांतिकारी सिद्धांतों को मान लिया। असहयोग आंदोलन योजना के अन्तर्गत सरकारी उपाधियों का परित्याग, सरकारी पद-परित्याग, अंग्रेजी अदालतों कौंसिलों, स्कूल और कालेजों का बहिष्कार और स्वदेशी वस्तुओं का अधिकाधिक उपयोग सम्मिलित था। चारों ओर आंदोलन आरंभ हुआ। तकली और चरखा भारतीय राष्ट्रीयता के मूलमंत्र और सत्य-अहिंसा उनके प्रमुख अस्त्र बन गये जिससे भारत में गांधीयुग का आविर्भाव हुआ। हिन्दी पत्रों में गांधीवादी स्वर की प्रधानता हो गयी। सन् 1923 ई.

में महात्मा गांधी की गिरफ्तारी की वार्षिकी पर कांग्रेस ने 10 मार्च से 17 मार्च तक 'गांधी सप्ताह' मनाने और 18 मार्च को राष्ट्रव्यापी हड़ताल करने का निर्णय लिया जिसका व्यापक प्रचार 'आज' ने 'उग्रजी' की रचना के माध्यम से किया :

सावधान

वह बैठा कारागार बीच हम सबका भला मनाता है,
बंधन देकर निज अंगों को माता को मुक्त बनाता है।
पर हम क्या करते ? हाय ! हाय !! सोचते शीश झुक जाता है,
जिसके मन में जो आता है वह वही राग चिल्लाता है।
चेतो ! कटि कसकर उठ बैठो !! अन्यथा खूब पछताओगे।
यदि 'उग्र' मार्च अट्ठारहवीं को मार्च नहीं कर जाओगे।

16 मार्च 1923 ई.

बताओ

पागल से रहते थे तुम सब जिसकी जयकार मनाने को,
पैदल कोसों से आते थे चरणों पर सीस झुकाने को।
जिसकी इच्छा पर कहते थे—"तत्पर हैं हम मर जाने को",
बारह मासों में भूल गये क्या 'उग्र' उसी दीवाने को ?
यदि नहीं, बताओ मेम्बर हो ? खादी चरखा अपनाया है
चन्दा से आशा का प्रकाश नेताओं में फैलाया है ?

17 मार्च 1923 ई.

असहयोग आंदोलन और चौरीचौरा काण्ड

गांधीजी के असहयोग आंदोलन को दबाने के लिए अंग्रेजी सत्ता ने दमन नीति से काम लिया। सर्वश्री अली भाई, अबुल कलाम आजाद, पं. मोतीलाल नेहरू और लाला लाजपत राय के साथ हजारों देशभक्त गिरफ्तार कर लिये गये। पूर्वी उत्तर प्रदेश का कोना-कोना जाग उठा। जैसा कि स्पष्ट है :

"जलियाँवाला बाग की घटना के बाद असहयोग आंदोलन की लहर जब महात्मा गांधी के नेतृत्व में सारे देश में फैली तो गोरखपुर भी उससे प्रभावित हुआ। बाबा राघवदास, बाबू रघुपति सहाय आदि जन-सेवकों ने इस आंदोलन में प्रमुख भाग लिया। दुर्भाग्य से 1922 ई. में चौरीचौरा का हत्याकाण्ड हुआ। कुछ गुण्डों ने चौरीचौरा का पुलिस थाना फूँक दिया और पुलिस इंस्पेक्टर को मारकर जला दिया। इसकी जिम्मेदारी सरकार ने कांग्रेस के ऊपर लादी। उसमें बहुत से निरपराध कांग्रेसी और उनसे सहानुभूति रखनेवाले लोग पकड़े गये। उन पर अभियोग चला। 119 व्यक्तियों को प्राणदंड दिया गया किन्तु हाईकोर्ट में जो अपील हुई, उसमें महामना पं. मदनमोहन मालवीय के अथक परिश्रम और तर्कपूर्ण वकालत

से केवल 19 व्यक्तियों को फाँसी की सजा हुई। जनता में हिंसा प्रवृत्ति को देखकर महात्मा गांधी को बड़ा क्षोभ हुआ और उन्होंने उस समय असहयोग आंदोलन स्थगित कर दिया।"[1]

13 अप्रैल 1924 ई. को देवरिया की प्रथम राजनीतिक कान्फ्रेंस धूम-धाम से पं. जवाहरलाल नेहरू की अध्यक्षता में सम्पन्न हुई, जिससे पूर्वी उत्तर प्रदेश में सर्वत्र स्वतंत्रता-प्राप्ति हेतु आंदोलन में गति आ गयी।

साइमन कमीशन और नेहरू रिपोर्ट

भारतीयों द्वारा सुधारों की माँगों को बढ़ते हुए देखकर ब्रिटिश मंत्रिमंडल ने राजनीतिक परिस्थिति के अध्ययन हेतु 1927 में सर जान साइमन की अध्यक्षता में एक कमीशन नियुक्त किया। साइमन कमीशन के आने पर 'साइमन वापस जाओ' के नारे के साथ स्थान-स्थान पर काले झण्डे दिखलाये गये। लाहौर में पंजाब केसरी लाला लाजपत राय को लाठियों से पीटा गया। जिसके कारण कालान्तर में उनकी मृत्यु हो गयी। 1930 में साइमन कमीशन की रिपोर्ट जब प्रकाशित हुई तो सभी दलवालों ने उसकी तीव्र आलोचना की। 1928 ई. में दिल्ली में एक सर्वदल सम्मेलन बुलाया गया, जिसमें भारत के भावी विधान को बनाने के उद्देश्य से पं. मोतीलाल नेहरू की अध्यक्षता में एक समिति नियुक्त हुई। धर्म-निरपेक्ष राज्य की घोषणा के साथ इस रिपोर्ट ने संयुक्त निर्वाचन प्रणाली पर जोर दिया जिसकी संस्तुतियों को कलकत्ता कांग्रेस अधिवेशन (1928) में स्वीकार किया गया।

क्रान्तिकारी प्रवृत्तियाँ

साइमन कमीशन की रिपोर्ट का भारतीयों ने बहिष्कार किया तथा जिन्ना की अध्यक्षता में मुस्लिम लीग ने 'नेहरू रिपोर्ट' को अस्वीकार किया। फलतः-"एक ओर तो असहयोग आंदोलन समाप्त हुआ और दूसरी ओर राजनीतिक एकता समाप्त हो गयी। अस्तु, कुछ काल के लिए भारतवर्ष के राजनीतिक वातावरण में अनिश्चयात्मकता छा गयी। देश का नवयुवक समुदाय कांग्रेस की नीति की असफलता से क्षुब्ध होकर फिर हिंसात्मक नीति की ओर आकर्षित होने लगा। सरकारी दमन-नीति ने तरुण रक्त को उत्तेजित किया और स्थान-स्थान पर बम, पिस्तौलें बनने लगीं। लोग सशस्त्र क्रांति के लिए देश को तैयार करने लगे। इस आतंकवादी संगठन में चन्द्रशेखर 'आजाद', भगतसिंह, राजगुरु, सुखदेव और वी. के. दत्त आदि का प्रमुख स्थान था। अंग्रेजों की अनीति एवं अन्यायप्रदर्शन हेतु भगतसिंह और दत्त ने एसेम्बली में बम फेंका। लाला लाजपत राय की मृत्यु का बदला लेने के लिए पुलिस कप्तान सैण्डर्स की हत्या की गयी। क्रान्तिकारियों ने स्थान-स्थान पर आतंक फैला दिया।"[2]

सन् 1931 तक अमर शहीद गणेशशंकर विद्यार्थी की प्रेरणा व सहयोग से चन्द्रशेखर आजाद, भगतसिंह, रामप्रसाद बिस्मिल, रोशन तथा अशफाक उल्ला खाँ ने उत्कट राष्ट्रभक्ति की भावना से ऐसे क्रांतिकारी कार्य किये जिनसे ब्रिटिश सत्ता के पैर उखड़ गये। 'काकोरी केस' इसका एक ज्वलंत उदाहरण है। विदेशों से अस्त्र-शस्त्र की आपूर्ति हेतु पैसे की आवश्यकता थी जिसकी पूर्ति काकोरी के पास ट्रेन लूटकर की गयी। इसी मामले में श्री रामप्रसाद 'बिस्मिल', राजेन्द्र लाहिड़ी, रोशन सिंह को फाँसी की सजा दी गयी। बिस्मिल का निम्नलिखित गीत सभी क्रांतिकारियों के लिए प्रेरणा का स्रोत हो चुका था :

सरफरोशी की तमन्ना अब हमारे दिल में है,
देखना है जोर कितना बाजु-ए-कातिल में है।

X X X

अब न अगले वलवले हैं और न अरमानों की भीड़,
एक मिट जाने की हसरत, बस दिले 'बिस्मिल' में है।
आज मकतल में यह कातिल कह रहा है बार-बार,
अब भला शौके शहादत भी किसी के दिल में है।।

झंडा गान द्वारा क्रान्ति का सिंहनाद

गुलामी की जंजीरों में जकड़े हुए भारत की आजादी की प्राप्ति में श्यामलाल गुप्त 'पार्षद' के झंडा गान का अविस्मरणीय योगदान है। कानपुर के फूलबाग में 13 अप्रैल 1924 ई. को 'जलियाँवाला बाग' दिवस पर आयोजित सभा में पं. जवाहर लाल नेहरू के नेतृत्व में जब इस गीत का सामूहिक गान हुआ तो स्वतंत्रता संग्राम सेनानियों में रोमांच हो आया। गणेशशंकर विद्यार्थी की प्रेरणा से विरचित इस गीत का प्रकाशन 1925 ई. में 'प्रताप' में हुआ। स्वतंत्रता संग्राम में ओज और जोश का संचार करनेवाले गान की पंक्तियाँ निम्नलिखित हैं :

झंडा ऊँचा रहे हमारा
विजयी विश्व तिरंगा प्यारा, झंडा ऊँचा रहे हमारा।
सदा शक्ति बरसाने वाला,
प्रेम सुधा सरसाने वाला,
वीरों को हरषाने वाला,
मातृभूमि का तन-मन सारा, झंडा ऊँचा रहे हमारा।
स्वतंत्रता के भीषण रण में,
लखकर जोश बढ़े क्षण-क्षण में,
काँपे शत्रु देखकर मन में,
मिट जावे भय संकट सारा, झंडा ऊँचा रहे हमारा।

इस झंडे के नीचे निर्भय,
हो स्वराज्य जनता का निश्चय,
बोलो भारत माता की जय
स्वतंत्रता ही ध्येय हमारा, झंडा ऊँचा रहे हमारा।
आओ प्यारे वीरो आओ
देश-जाति पर बलि-बलि जाओ,
एक साथ सब मिलकर गाओ,
प्यारा भारत देश हमारा, झंडा ऊँचा रहे हमारा।
इसकी शान न जाने पावे,
चाहे जान भले ही जावे,
विश्व-विजय करके दिखलावे
तब होवे प्रण-पूर्ण हमारा, झंडा ऊँचा रहे हमारा।

'दिल्ली चलो' का युद्ध-घोष

सुभाष चन्द्र बोस आन्दोलनकारी, प्रचारक, उग्र संघर्षकर्त्ता और क्रान्तिकारी नेता थे। वे एक निर्भीक योद्धा, देशभक्त तथा व्यावहारिक राष्ट्रवादी थे। इस कारण ही उनका स्थान विश्व के महानतम् देश-भक्तों में है। सुभाष चन्द्र बोस ने 1921 में भारतीय राजनीति में प्रवेश लिया। गांधी जी अहिंसा के कट्टर भक्त थे जब कि सुभाष अहिंसा को केवल एक सिद्धान्त के रूप में ही स्वीकार करते थे। यह मतभेद जब अधिक उग्र हो गया तो उन्होंने कांग्रेस के अध्यक्ष पद से त्याग पत्र दे दिया और अग्रगामी दल (Forward Block) की स्थापना की। उनका विचार था कि हिन्दू तथा मुसलमान मिलकर एक ऐसी अस्थायी राष्ट्रीय सरकार की माँग करें जिसे समस्त शक्तियाँ तत्काल सौंप दी जायें। दिसम्बर 1940 में वे गुप्त रूप से देश छोड़कर चले गये। मार्च 1941 में वे वायुयान द्वारा काबुल से बर्लिन पहुँचे। 27 फरवरी 1942 को उन्होंने बर्लिन से ब्रिटिश साम्राज्यवादियों के विरुद्ध भयंकर प्रचार अभियान आरम्भ कर दिया तथा विभिन्न स्थानों से अनेक वर्षों तक प्रसारण करते रहे। 1943 में वे जापान जा पहुँचे।

जापान सरकार की सहायता से बर्मा में जाकर उन्होंने आजाद हिन्द फौज़ का संगठन किया। सेनापति के रूप में उन्होंने सेना को संबोधित करते हुए प्रेरक शब्दों में कहा—"बंधुओ ! मेरे सैनिको ! तुम्हारा युद्ध-घोष हो—दिल्ली चलो ! मैं नहीं जानता कि हममें से कौन इस स्वातन्त्र्य युद्ध में जीवित बच पायेगा किन्तु मैं यह जानता हूँ कि अंतिम जीत हमारी होगी और हमारा कार्य तब तक पूरा नहीं होगा, जब तक कि ब्रिटिश साम्राज्य की एक अन्य कब्रगाह पर पुरानी दिल्ली के लाल किले में हमारे विजयी सेनानी परेड नहीं कर लेंगे...हम शत्रु सेना के मध्य

से अपना मार्ग बनाएँगे या यदि ईश्वर की इच्छा हुई तो बलिदानी की भाँति मृत्यु, को गले लगायेंगे और मृत्यु की गोद में जाते-जाते उस मार्ग को चूम लेंगे, जो हमारी सेना को दिल्ली ले जाएगा। दिल्ली का मार्ग ही स्वतन्त्रता का मार्ग है। चलो दिल्ली।" वास्तव में सुभाष बाबू महान् क्रान्तिकारी और सच्चे देशभक्त थे।

उनकी अटूट देश-भक्ति तथा साहस ने उन्हें भारत के राष्ट्रीय आन्दोलन के इतिहास में एक विशिष्ट स्थान प्रदान किया है। देश को ब्रिटिश साम्राज्यवाद से मुक्त कराने के आदर्श के प्रति उनकी सच्ची निष्ठा तथा राष्ट्र के लिए उन्होंने जो अनेक घोर कष्ट सहे उनके कारण वे सदा प्रथम श्रेणी में अभिनन्दित किए जाते रहेंगे। अपनी मृत्यु के कुछ क्षणों पूर्व सुभाष चन्द्र बोस ने अपने घायल साथी हबीब से कहा था–"हबीब ! मैं अनुभव कर रहा हूँ कि मैं जल्दी ही मर जाऊँगा। मैं भारत की स्वतन्त्रता के लिए अन्त तक लड़ता रहा। मेरे देशवासियों से कहना–भारत शीघ्र स्वतन्त्र हो जाएगा। स्वतन्त्र भारत चिरंजीव हो, जय हिन्द"।

युवा-शक्ति और क्रान्तिकारी आंदोलन

20वीं सदी की युवा-शक्ति ने क्रान्तिकारी आन्दोलन को नयी दिशा, नयी गति और नये आयाम दिए, ब्रिटिश साम्राज्य की नींव को खोखला किया, अंग्रेजों की नींद हराम की और···देश की स्वतन्त्रता में अपने रक्त की आहुति दी। महात्मा गांधी कहते थे कि "जहाँ कायरता व हिंसा में से किसी एक को चुनना हो, तो मैं हिंसा को चुनना अधिक पसन्द करूंगा।" भारत के क्रान्तिकारियों ने चूँकि कायरता को छोड़कर हिंसक क्रान्ति के मार्ग को चुना था, अतः क्रान्तिकारियों द्वारा संचालित स्वतन्त्रता आन्दोलन को महात्मा गांधी का भी परोक्ष समर्थन प्राप्त था, जैसा कि अनेक क्रान्तिकारियों के साथ हुए उनके पत्र-व्यवहार से प्रमाणित है।

चौरीचौरा कांड के बाद असहयोग आंदोलन को अचानक वापस लेने से उत्साही युवकों को बड़ा धक्का लगा। पश्चिम बंगाल में सूर्य सेन तथा उत्तर भारत में भगतसिंह, चन्द्रशेखर आजाद एवं अन्य क्रांतिकारी नेताओं ने आंदोलन की रहनुमाई की। कुछ ही वर्षों तक चलनेवाले क्रान्तिकारी आंदोलन ने पूरे राष्ट्र को झकझोर दिया। नवयुवकों ने त्याग, बलिदान और देशभक्ति की ऐसी मिसाल कायम की जो अद्वितीय है। भगतसिंह दूरदर्शी नेता, पत्रकार और चिन्तक थे। उनके अनुसार क्रान्ति भारत के स्वर्णिम भविष्य हेतु सर्वस्व अर्पण की तैयारी है। जब दिल्ली की अदालत में मुकदमे के दौरान न्यायाधीश ने सरदार भगतसिंह से 'क्रान्ति' की परिभाषा पूछी तो उन्होंने कहा :

"क्रान्ति या विप्लव खून खच्चर ही का रास्ता नहीं, और न ही उसमें व्यक्तिगत प्रतिशोध का कोई स्थान है। बम और पिस्तौलों की क्रान्ति, क्रान्ति या धर्म हो, ऐसा भी नहीं है, क्रान्ति से हमारा तात्पर्य शासन व्यवस्था जो स्पष्टतः

अन्याय एवं अत्याचार पर आधारित है, में परिवर्तन है। पूर्ण परिवर्तन द्वारा ऐसी व्यवस्था की स्थापना करें जिससे सर्वसाधारण की सत्ता कायम हो सके।" 'इन्कलाब जिन्दाबाद' के नारे का उद्घोष कर युवकों ने मौत को चूम लिया।

मरते 'बिस्मिल', 'रोशन', 'लहरी', 'अशफाक' अत्याचार से।
होंगे पैदा सैकड़ों इनके रुधिर की धार से।

उपर्युक्त क्रान्तिकारियों में रामप्रसाद 'बिस्मिल' सर्वोच्च हैं। 19 दिसम्बर 1927 को जब इनको फाँसी के तख्ते की ओर ले जाया गया तो वे 'वंदे मातरम्' और 'भारतमाता की जय' के नारे लगाते रहे। वे चलते समय निम्नलिखित पंक्तियाँ गुनगुना रहे थे :

मालिक तेरी रजा रहे और तू ही तू रहे
बाकी न मैं रहूँ न मेरी आरजू रहे
जब तक कि तन में जान, रगों में लहू रहे
तेरा ही जिक्र या तेरी ही जुस्तजू रहे।

'आई विश द डाउन फाल ऑव ब्रिटिश एम्पायर' की कामना के साथ वे फाँसी के फंदे से झूल गये। उन्होंने अपनी आत्मकथा में स्पष्ट किया :

"अब देशवासियों से यही प्रार्थना है कि यदि वह हम लोगों के फाँसी पर चढ़ने से जरा भी दुखित हुए हों, तो उन्हें यही शिक्षा लेनी चाहिए कि हिन्दू-मुसलमान तथा सब राजनीतिक दल एक होकर कांग्रेस को अपना प्रतिनिधि मानें। जो कांग्रेस तय करे, उसे सब पूरी तौर से मानें और उस पर अमल करें। ऐसा करने के बाद वह दिन बहुत दूर नहीं होगा जबकि अँग्रेजी सरकार को भारतवासियों की माँग के सामने सिर झुकाना पड़े, और यदि ऐसा करेंगे तब तो स्वराज्य कुछ दूर नहीं…हिन्दू-मुस्लिम एकता ही हम लोगों की यादगार तथा अंतिम इच्छा है, चाहे वह कितनी कठिनता से क्यों न प्राप्त हो।"

नवयुवकों से ही समाज और राष्ट्र आशा रखता है। सभी उनसे यही चाहते हैं :

नौजवानो वक्त है मिट जाओ कौमी आन पर।
देखना बट्टा न लग जाए वतन की शान पर।।

पराधीन भारत के नवयुवक स्वतंत्रता आंदोलन में किसी से पीछे नहीं रहे। अहिंसक नेताओं की नीति की असफलता से क्षुब्ध होकर तरुणों ने हिंसात्मक नीति का सहारा लिया। स्थान-स्थान पर बम पिस्तौल बनाए जाने लगे, युवा-वर्ग सशस्त्र क्रान्ति की तैयारी करने लगा। चन्द्रशेखर आजाद, भगतसिंह, राजगुरु, सुखदेव, वी. के. दत्त, रामप्रसाद बिस्मिल, रोशन, राजेन्द्र लाहिड़ी, अशफाक उल्ला खाँ आदि ने एसेम्बली बमकांड, सैंडर्स हत्याकांड तथा काकोरी केस जैसे क्रान्तिकारी कार्यों द्वारा ब्रिटिश सत्ता के पैर उखाड़ दिए। इन युवकों ने समझ लिया था कि :

यह जीवन संघर्ष यहाँ लड़ना ही होगा।
जो न लड़े पद-दलित पड़े सहना ही होगा।।
और
दुश्मन की गोलियों का हम सामना करेंगे।
आजाद ही रहे हैं आजाद ही रहेंगे।।

एक बार डी-एस. पी. तसद्दुक हुसैन साहब ने अशफाक को इस्लाम की ओट में उभाड़कर उन्हें 'बिस्मिल' से अलग करना चाहा। उसने कहा कि वह आर्य समाजी पंडित इस्लाम का जानी दुश्मन है, वह हिन्दू राज कायम करना चाहता है। इस पर अशफाक की आँखें लाल हो गईं, उसने कहा—"बस कीजिए जनाब! मैं ऐसे अल्फाज़ सुन भी नहीं सकता। मैं जानता हूँ पंडित जी सच्चे हिन्दुस्तानी हैं। सबके लिए समान हकूकवाली पंचायती सरकार कायम करना चाहते हैं। मुल्क से गुलामी दूर करना चाहते हैं। अगर आपकी बात सही हो तो भी मैं पंडित जी का जरूर साथ देता। मेरी नजर में गैर मुल्की गुलामी से अपने मुल्क के भाइयों की मातहती कहीं ज्यादा बेहतर है।" इसी अशफाक साहब ने जेल में यह गीत गुनगुनाया :

'ऐ मातृभूमि ! तेरी पूजा किया करूँगा,
फाँसी मिले मुझे या हो जन्म कैद मेरी,
बेड़ी बजा बजाकर तेरा भजन करूँगा।'

'आमि बिद्रोही चिर अशांत' क्रान्तिकारियों ने अहिंसावृत्तधारी गांधी जी से प्रश्न किया कि हृदय परिवर्तन द्वारा कितने ओ' ड़ायरों, रीडिंग और इरविन जैसों को अपना मित्र बना सके हैं ? क्रान्तिकारियों की घोषणा थी कि स्वतन्त्रता राष्ट्र का प्राण है। हमारी प्राचीन सभ्यता और गौरव की विरासत का क्या लाभ, यदि हममें यह स्वाभिमान न रहे कि हम विदेशी गुलामी, विदेशी झंडे और बादशाह के सामने सिर झुकाने से अपने आपको न रोक सकें।

पत्रकार-पुंगव पराड़कर जी महान् क्रान्तिकारी थे। वे क्रान्तिकारियों के दल में दीक्षित होने हेतु कलकत्ता गये जहाँ उनके मामा सखाराम गणेश देउस्कर थे। सुभाष चन्द्र बोस, तिलक, विद्यार्थी के सम्बल पर युवक सेनानियों ने बगावत का झंडा बुलन्द किया। 25 अगस्त 1930 को पराड़कर जी ने 'रणभेरी' में लिखा :

"ऐसा कोई बड़ा शहर नहीं रह गया है, जहाँ से एक भी 'रणभेरी' जैसा परचा न निकलता हो। अकेले बम्बई में इस समय ऐसे कई एक दर्जन परचे निकल रहे हैं। शुरू में वहाँ सिर्फ 'कांग्रेस बुलेटिन' निकलती थी। नये परचों का नाम समयानुकूल है जैसे 'रिवोल्ट', 'रिवोल्यूशन', 'विप्लव', 'बल्बो', 'फितुर' 'गदर', 'बगावत', 'बदमाश अंग्रेज सरकार' आदि।…दमन से विद्रोह बढ़ता है, इसका यह अच्छा सबूत है। पर नौकरशाही के गोबर भरे गन्दे दिमाग में इतनी समझ कहाँ ?

वह तो शासन का एक ही शस्त्र जानती है--बन्दूक।"

चटगाँव विद्रोह लाहौर षड्यंत्र एवं कई अन्य मामलों में क्रान्तिकारियों को लम्बी सजाएँ दी गयीं। भगतसिंह, सुखदेव, और राजगुरु को फाँसी की सजा सुनाई गयी और 23 मार्च 1931 को फाँसी दे दी गई। फाँसी के तख्ते पर ये नौजवान क्रान्तिकारी गा रहे थे :

दिल से निकलेगी न मरकर भी वतन की उल्फत।
मेरी मिट्टी से भी खुशबू-ए-वतन आयेगी।

स्वतंत्रता संग्राम और नमक आंदोलन

महात्मा गांधी का नमक सत्याग्रह कोई छोटा-सा सीमित स्थान का आंदोलन नहीं था अपितु पूरे भारत को स्वराज्य की लड़ाई में सन्नद्ध करने का एक मंगलाचरण था। अहिंसात्मक उपायों से अंग्रेजों को दूर भगाने के क्रम में 'नमक आंदोलन' विशिष्ट महत्त्व का हो चुका है। महात्मा गांधी की दांडी यात्रा के साथ देश में नमक बनाकर नमक-कानून तोड़ा गया। इस आंदोलन के कारण राष्ट्र का गरीब से गरीब व्यक्ति भी स्वतंत्रता संग्राम के साथ जुड़ गया क्योंकि इस आंदोलन द्वारा दरिद्रों के उपयोग में आनेवाली आवश्यक वस्तु नमक पर से कर हटा लेने की बात की गयी थी। 8 मार्च 1930 को अहमदाबाद की एक सभा में गांधी जी ने कहा :

"...सरकार ने अनुचित रूप से नमक पर कब्जा कर रखा है। मुझे उनसे यह कब्जा छीनना है। मुझे नमक कानून रद्द करवाना है। मैं पूर्ण स्वराज्य की दिशा में पहला कदम रखता हूँ।...हिन्दुस्तान के लोग अब बेचैन हो उठे हैं और स्वतंत्रता प्राप्त किए बिना उन्हें चैन नहीं मिल सकता।"

महात्मा गांधी ने 'स्वदेशी' वस्तुओं के प्रचार तथा 'विदेशी' वस्तुओं के बहिष्कार का अभियान चलाया। नमक बनाना और बाँटना, शराब की दुकानों पर धरना, विदेशी वस्त्र बहिष्कार, घर-घर में कताई का काम, अंग्रेजी विद्यालयों का बहिष्कार, सरकारी नौकरी छोड़ना, अहिंसात्मक रुख से अंग्रेजी शासन का प्रतिकार करना बापू के ऐतिहासिक कदम थे। नमक आंदोलन द्वारा वे एक मानस निर्मित कर रहे थे जो स्वाभिमानी बनकर भारत को स्वतंत्र करा सके।

सविनय अवज्ञा आंदोलन (1930)

26 जनवरी 1930 को 'पूर्ण स्वराज्य दिवस' बड़े उत्साह से मनाया गया। इस दिन संपूर्ण देश में पूर्ण स्वराज्य की निम्नलिखित प्रतिज्ञा दुहराई गयी :

"अंग्रेज सरकार ने न केवल भारत की स्वतंत्रता का हरण किया है वरन् उसकी जनता का शोषण कर उसके आर्थिक, राजनीतिक, सांस्कृतिक और

आध्यात्मिक जीवन का सत्यानाश किया है। अतः हमारा विश्वास है कि भारत अंग्रेजों से अपने सभी संबंधों का विच्छेद करे और पूर्ण स्वराज्य प्राप्त करे।... हम इस शासन में रहना, जिसने हमारे देश में चतुर्मुखी बरबादी की है, मानवता और ईश्वर के विरुद्ध अपराध समझते हैं।"

इस आंदोलन के फलस्वरूप फरवरी 1930 तक 162 सदस्यों ने व्यवस्थापिका सभाओं से त्यागपत्र दिया। 12 मार्च 1930 को ऐतिहासिक दांडी-यात्रा आरंभ हुई, तथा चारों तरफ नमक कानून भंग किया गया। सुभाषचन्द्र बोस, बल्लभभाई पटेल को गिरफ्तार किया गया। अंग्रेजों की दमनात्मक कार्रवाई तीव्र हुई, फिर भी स्थान-स्थान पर जुलूस, हड़तालें हुई। विवश होकर अंग्रेजी सरकार ने 26 जनवरी 1931 को नेताओं को मुक्त कर दिया।

प्रथम गोलमेज परिषद (12 नवम्बर 1930), गांधी-इर्विन समझौता (6 फरवरी 1931), हिन्दू महासभा तथा मुस्लिम लीग की नीति और 1934 के ऐक्ट की प्रतिक्रिया के परिणामस्वरूप भारतवासियों में आंग्ल-शासन के विरुद्ध आग धीरे-धीरे सुलग रही थी। सन् 1939 ई. के महायुद्ध के चलते कांग्रेसी मंत्रिमंडल ने त्यागपत्र दिया जिससे श्री जिन्ना अत्यधिक हर्षित हुए तथा 22 दिसम्बर 1939 को मुक्ति दिवस मनाने की अपील की।

अगस्त क्रान्ति (भारत छोड़ो आन्दोलन)

1942 की क्रान्ति भारतवर्ष के इतिहास में वही स्थान रखती है जो फ्रांस या रूस की क्रान्तियों का अपने-अपने राष्ट्रों में है। इस क्रान्ति ने देश की कायापलट कर एक नये हिन्दुस्तान का निर्माण किया। अहिंसक युद्ध का चमत्कार आज भी विश्व में एक आश्चर्य की वस्तु बनी हुई है। 8 अगस्त 1942 ई. की आधी रात में 'भारत छोड़ो' प्रस्ताव पर महात्मा गांधी ने कहा :

"आजादी के स्पर्श बिना करोड़ों जनता को दुनिया की मुक्ति के यज्ञ में दिल से भाग लेने की और क्या कोई रीति हो सकती है। आज तो जनता के प्राण शोषित हो गये हैं–पीस दिए गये हैं। उनकी निस्तेज आँखों में तेज लाना हो, तो आजादी कल नहीं, आज ही आनी चाहिए। इसी से मैंने आज कांग्रेस से यह बाजी लगवाई है, या तो कांग्रेस देश को आजाद करेगी या खुद फना हो जाएगी–करेंगे या मरेंगे।"

'अहिंसा परमोधर्मः' में विश्वास रखनेवाले बापू ने आगे स्पष्ट किया :

"मैं तो एक ही चीज लेने जा रहा हूँ–आजादी ! नहीं देना है तो कत्ल करें। मैं वह गांधी नहीं, जो बीच में कुछ चीज लेकर आ जाए। आपको तो मैं एक मंत्र देता हूँ–'करेंगे या मरेंगे'। जेल को भूल जाए। आप सुबह-शाम यही कहें कि खाता हूँ, पीता हूँ, साँस लेता हूँ तो गुलामी की जंजीर तोड़ने के लिए।

जो मरना जानते हैं, उन्हींने जीने की कला जानी है। आज से तय करें कि आजादी लेनी है। नहीं लेनी है, तो मरेंगे। आजादी डरपोकों के लिए नहीं। जिनमें करने की ताकत है, वही जिंदा रह सकते हैं हम चींटियाँ नहीं। हम हाथी से भी बड़े हैं, हम शेर हैं।"

इस उद्‌बोधन का क्या प्रभाव पड़ा, इसे समझने के लिए सुप्रसिद्ध क्रान्तिकारी रामवृक्ष बेनीपुरी की निम्नलिखित पंक्तियाँ प्रस्तुत हैं :

"देश ने अपने को क्रान्ति के हवन कुंड में झोंक दिया है। क्रान्ति की ज्वाला देश भर में धू-धू कर जल रही है। बम्बई ने ही रास्ता दिखाया है। आवागमन के सारे साधन ठप्प हो चुके हैं। देश में जगह-जगह रेल की पटरियाँ उखड़ रही हैं, तार-टेलीफोन का सम्बन्ध-विच्छेद हो चुका है। थानों पर कब्जा किया जा रहा है कचहरियाँ वीरान हो रही हैं। धुआँधार गोलियाँ चल रही हैं। सड़कों पर बैरिकेड बन रहे हैं। स्टेशन-घर लूटे जा रहे हैं। जो एकाध गाड़ियाँ चल पाती हैं वह क्रान्तिकारियों की मर्जी से। नेताओं ने जो सोचा हो, देश की जनता ने 'करो या मरो' के गांधीपाठ को अच्छी तरह हृदयंगम कर लिया है।"

'अगस्त-क्रान्ति' या 'भारत छोड़ो आंदोलन' ने राष्ट्रीय एकता का परिचय दिया जिससे ब्रिटिश सरकार की आँखें खुल गयीं। गांधी ने दब कर लिखनेवाले पत्रकारों से अपील की :

"पहले तो मेरे सामने अखबार है। वे या तो सरकार की आवाज हैं और अगर हमारी आवाज हैं, तो दबकर काम करते हैं। पर वह जंजीर से जुट जाएँ। आजादी के लिए सबको बुलाता हूँ। आप तो इस मैदान में आ जाएँ। अपनी कलम मुझे दे दें। अगर यह भय हो कि सरकार छापेखाने ले लेगी तो मैं इतना ही कहता हूँ कि अखबार बंद कर दें। खामखाह जमानत न दें। अगर देना चाहें तो दे दें। पर कलम को न रोकें। वह भी बहादुरी का काम है। मैंने क्या किया ? इतना बड़ा कारखाना चलता था। सबको बंद कर दिया। और फिर नया प्रेस पैदा हो गया। फिर मैंने तो आपको एक मध्यम मार्ग बताया। आखिरी चीज आपके सामने नहीं रखी। ऐलान कर दें कि अब स्टैंडिंग कमेटी को छोड़ देंगे। सिर्फ आजाद हिन्दुस्तान की सरकार को ही मानेंगे।"

महात्मा गांधी की प्रेरणा से साहित्यकारों ने राष्ट्रीय आंदोलन, स्वराज्य, जन-चेतना एवं देश-भक्ति को अपने काव्य का विषय बनाया। निराला ने 'जागो फिर एक बार' तथा नवीन ने 'कवि कुछ ऐसी तान सुनाओ, जिससे उथल-पुथल मच जाए' का उद्‌घोष किया। सोहनलाल द्विवेदी की पंक्तियाँ भारतवासियों के कानों में गूँजती रहीं :

जंजीरों से चले बाँधने आजादी की चाह !
घी से आग बुझाने की, सोची है सीधी राह।

हाथ-पाँव जकड़ो, जो चाहो, है अधिकार तुम्हारा।।
जंजीरों से कैद नहीं हो सकता हृदय हमारा।।

'सुना रहा हूँ, तुम्हें भैरवी ! जागो मेरे सोने वालो' नामक पंक्ति ने गुलामी के दिनों में जनता को उद्वेलित किया। राष्ट्रकवि रामधारी सिंह 'दिनकर' ने हुंकार भरा :

सदियों की ठंडी बुझी राख सुगबुगा उठी
मिट्टी सोने का ताज पहन इठलाती है।
दो राह, समय के रथ का घर्घर नाद सुनो
सिंहासन खाली करो कि जनता आती है।

विचारक दास्तोएवस्की ने कहा था कि मनुष्य जाति के लिए इतना अनिवार्य और कुछ नहीं है जितनी स्वतंत्रता। इसी स्वतंत्रता की प्राप्ति हेतु भारतीयों ने 'करो या मरो' का नारा स्वीकार किया। लोक जीवन में 'भारत छोड़ो आंदोलन' ने नयी चेतना भर दी। निम्नलिखित पंक्तियाँ जन-जन की जिह्वा पर थीं :

छीन सकती है नहीं, सरकार वन्दे मातरम्।
हम गरीबों के गले का हार वन्दे मातरम्।।
जेल में चक्की घसीटे, भूख से भी मर रहा।
उस समय भी बक रहा बेजार वन्दे मातरम्।।
मौत के मुँह में खड़ा है, कह रहा जल्लाद से।
भोंक दे सीने में वह तलवार वन्दे मातरम्।।
डॉक्टरों ने नब्ज देखी, सर हिलाकर कह दिया।
हो गया इसको तो यह आजाद वन्दे मातरम्।।

पं. जवाहर लाल नेहरू, नेताजी सुभाष चन्द्र बोस और जयप्रकाश उस समय युवकों के आदर्श थे। सुभाष बाबू ने 'आजाद हिन्द फौज' द्वारा अंग्रेजों को भगाने का काम किया। जयप्रकाश हजारीबाग जेल की चारदिवारी लाँघकर बाहर आए तथा गुप्त रूप में भारत के कोने-कोने में जाकर क्रान्ति को सशक्त बनाये। जवाहर लाल तो अहर्निश जवानी और जिन्दगी को हथेली पर रखकर, अलख जगाते रहते थे। 'सन् बयालीस का विद्रोह' की भूमिका में जयप्रकाश नारायण ने लिखा है कि :

"...स्वतंत्रता की लड़ाई ने पहले वैयक्तिक हिंसा का पथ ग्रहण किया, फिर असहयोग का। बयालीस में लड़ाई ने जनक्रान्ति का रूप लिया। असहयोग के अमोघ अस्त्र के लिए पर्याप्त नैतिक बल की कमी देखकर आजादी के सिपाही जब हतोत्साह हो रहे थे तो बयालीस ने अकस्मात् उनके लिए एक नई राह प्रशस्त कर दी। अब तक हम जेलों को भरा करते थे। अब देखा गया कि नेतृत्वहीन, शस्त्रहीन जनता ने विद्युत गति से जगह-जगह पर विदेशी राज के अड्डों का नाश

कर उन पर सहज ही अपना प्रभुत्व कायम कर लिया। अंग्रेजी राज का किला, जो अब तक इतना सुदृढ़ और दुर्भेद्य दीख रहा था, अकस्मात् टूटने लगा। कहीं दीवार टूटी, तो कहीं कंगूरा, कहीं कुछ पाये तो कहीं मेहराब। जनता ने समझ लिया कि यह बालू की भीतों का बना हुआ किला है और उसने सीख लिया उन भीतों को ढाह देने का एक नया तरीका।"

सर्वत्र विद्रोह की अग्नि फैल गयी। मध्य प्रदेश के जबलपुर में विद्रोह की आग पहले से सुलग रही थी। 'तुम मुझे खून दो, मैं तुम्हें आजादी दूँगा' की अग्निस्नात वाणी ने तरुणों का आवाहन किया। जबलपुर के 'कुमार हृदय' ने गाया :

रक्तदान इतना हो जिसमें
 प्लासी का मैदान जगे,
रक्तदान इतना हो जिसमें
 सत्तावन का गान जगे,
रक्तदान इतना हो जिसमें
 दिल्ली का ईमान जगे,
रक्तदान इतना हो जिसमें
 फिर से हिन्दोस्तान जगे।

रक्तदान हेतु बम्बई में नाविक विद्रोह सुलग उठा, कराची तथा कलकत्ता के जहाजी तोप खानों ने अपनी तोपों के मुँह अंग्रेजों की ओर कर दिए। भारत के युवकों के अतिरिक्त वृद्धों और बालकों ने सागर निजामी के शब्दों को चरितार्थ किया :

जब दहकती आग पर मुझको लिटाया जाएगा।
ऐ वतन उस वक्त भी मैं तेरे नगमें गाऊँगा।
तेरे नगमे गाऊँगा और आग पर सो जाऊँगा।

इन प्रेरक पंक्तियों से राष्ट्र की धरती क्रान्तिमय हो गयी।

'भारत छोड़ो' आन्दोलन और पूर्वाञ्चल

पं. गोविन्दबल्लभ पंत के नेतृत्व में कुछ समय तक उत्तर प्रदेश में कांग्रेस शासन की स्थापना हुई लेकिन द्वितीय महायुद्ध छिड़ने के बाद युद्ध में सहयोग न करने तथा भाषण की स्वतंत्रता के प्रश्न पर सभी मंत्रिमंडलों ने त्यागपत्र दे दिया। कांग्रेस द्वारा 'न एक भाई न एक पाई' के नारे के साथ व्यक्तिगत सत्याग्रह प्रारंभ हुआ। '42 की क्रांति की भूमिका में निम्नलिखित तथ्यों को उ. प्र. सरकार के सूचना विभाग द्वारा प्रसारित किया गया है :

"5 मई 1942 को गोरखपुर में जिला राजनीतिक सम्मेलन चौरी-चौरा में बड़े समारोह के साथ सम्पन्न हुआ। अध्यक्ष श्री राजेन्द्र बाबू थे। उन्होंने भविष्य

के हल्के संकेत दिये। 9 अगस्त 1942 के 'भारत छोड़ो' प्रस्ताव के बाद नजरबंदी कानून के अन्तर्गत गिरफ्तारियाँ हुईं। 12 अगस्त 1942 की रात में भारत सचिव एमरी साहब ने लंदन में इस आंदोलन के विषय में जो कुछ कहा उससे, देश में जिन्हें जहाँ भी पता था, उन्हें आंदोलन का आभास मिल गया। एमरी साहब ने भाषण दिया, "लोग रेल तार काटेंगे, प्रशासन ठप्प करेंगे, पुलिस कचहरी पर कब्जा करेंगे, समानान्तर सरकार स्थापित होगी, कमोबेश ये कार्यक्रम हुए भी।"

क्रिप्स मिशन की असफलता से एक ओर कांग्रेसी सक्रिय हुए तो दूसरी ओर अंग्रेजी सरकार की दमनात्मक कार्रवाई तेज हो गयी।

सन् 1942 की क्रान्ति में पूर्वी उत्तर प्रदेश का योगदान

8 अगस्त 1942 को गांधी की सलाह पर बम्बई में कांग्रेस ने 'भारत छोड़ो' का प्रस्ताव पारित किया। फलतः सभी कांग्रेसी नेता गिरफ्तार हुए जिसकी प्रतिक्रिया निम्नलिखित शब्दों में सुस्पष्ट है :

"सारा वातावरण 'भारत छोड़ो' के उद्घोष से गूँज उठा। क्षोभ और क्रोध में आकर भारतवासियों ने अंग्रेजी शासन को पूर्णतया ध्वस्त कर देने का प्रयास किया। उन्होंने स्थान-स्थान पर रेलवे स्टेशनों, डाकखानों तथा सरकारी दफ्तरों को लूटना और जलाना प्रारंभ किया। स्थान-स्थान पर तार काटे गये और पटरियाँ उखाड़ दी गयीं। बलिया, सतारा और बिहार तथा बंगाल के कुछ स्थानों में अंग्रेजी सत्ता कुछ समय के लिए लुप्त हो गयी। दो-चार दिन तो ऐसा प्रतीत हुआ कि विदेशी सत्ता अपनी अन्तिम साँस ले रही है परन्तु अंग्रेजी सरकार ने आंदोलन का अत्यधिक बर्बरता से दमन किया। स्थान-स्थान पर गिरफ्तारियाँ की गयीं। निःशस्त्र जनता पर लाठियाँ और गोलियाँ बरसायी गयीं। उनके घर और खेत फूँक दिये गये। ऐसे निर्मम दमन के उदाहरण संसार के इतिहास में बहुत कम मिलेंगे। नौकरशाही की संगठित बर्बरता के समक्ष नेतृत्वहीन, अस्त्रहीन एवं संगठनहीन जनता तो अवश्य दब गयी, परन्तु उसके हृदय में अंग्रेजी शासन के विरुद्ध विद्रोह की जो ज्वाला धधक रही थी, वह शांत न हो सकी।"[3]

'42 की क्रान्ति में पूर्वी उत्तर प्रदेश ने जो सक्रियता दिखलाई वह उल्लेखनीय है।

बलिया का प्रजातंत्र

20 अगस्त को बलिया में एक बहुत बड़ी सभा हुई। यदि नेताओं के पास कोई कार्यक्रम होता तो वे इस समय बचे-खुचे सरकारी केन्द्रों पर हमले का कार्यक्रम बनाते, पर उन्होंने इसकी बजाय दूसरी ही बातें कीं। मुहल्लों के लिए अलग-अलग पंचायतें बनीं और नगर रक्षा के लिए कांग्रेसी स्वयंसेवक नियुक्त हुए। बलिया प्रजातंत्र बना और कांग्रेस कमेटी का दफ्तर उसका केन्द्र बना। पंडित चीतू पाण्डेय

पहले जिलाधीश कहलाये। सरकारी रिपोर्ट के अनुसार इस समय तक जिले के दस स्थानों में से सात पर क्रान्तिकारियों का अधिकार हो गया था। शहर में ढिंढोरा पीटकर यह बता दिया गया कि अब बलिया में कांग्रेसी राज्य है।

दमन का दौर-दौरा

"जिनके संबंध में यह रिपोर्ट मिली कि ये क्रांति के मददगार थे, उनके घर भी जलाये गये। उल्लिखित क्रांतिकारियों को मुर्गा बनाया गया, चूतड़ों और अंडकोशों पर ठोकर मारी गयी, फिर पेड़ों पर चढ़ाकर नीचे संगीनों से भोंका गया। बहुत से लोगों के मकान लूट कर उनके सारे सामान पुलिस लाइन भेज दिये गये। एक हवाई जहाज भी डराने के लिए ऊपर घूमा। चौक में लोगों पर बेंत लगाये गये और जब देखा गया कि बेंत लगाते लोग कपड़ा पहने हुए हैं, तो हुक्म हुआ कि नंगा करके फिर बेंत लगें।"[4]

सन् 1942 की क्रांति में बलिया को विशेष ख्याति मिली परन्तु गाजीपुर के निवासियों ने 19, 20, 21 अगस्त को ब्रिटिश शासन को खत्म कर स्थान-स्थान पर पंचायतें कायम कीं। श्री मन्मथनाथ गुप्त ने अपनी पुस्तक 'भारतीय क्रान्तिकारी आंदोलन का इतिहास' में गाजीपुर जनपद के योगदान का उल्लेख करते हुए लिखा है :

गाजीपुर के क्रान्तिकारी कार्य : "गाजीपुर में विद्यार्थियों ने बहुत अधिक भाग लिया और 15 अगस्त को गाजीपुर शहर में एक विराट जुलूस निकला। जुलूस ने यह कोशिश की कि कोतवाली पर झंडा लगाया जाय, तदनुसार वह आगे बढ़ा। सादात थाने पर उस समय तक गोलियाँ चलीं जब गोलियाँ खत्म हो गयीं और जनता के बहुत से लोग गोलियों के शिकार हो चुके तब जनता ने थानेदार तथा सिपाहियों सहित थाने को जला दिया। इस प्रकार जनता की विजय हुई। सैदपुर में तहसीलदार ने आफत देखकर कचहरी पर तिरंगा फहरा दिया। शेरपुर गाँव के लोगों ने 14 अगस्त को मोहम्मदाबाद स्टेशन तथा पास के हवाई अड्डे पर हमला किया। हमला सफल रहा और श्री यमुना गिरि गोली से शहीद हुए। इससे जनता में और जोश बढ़ा पर जनता ने नीति बदलकर यह तय किया कि रात को हमला किया जाय। तदनुसार ऐसा ही हुआ, पर इसके पहले ही हवाई अड्डा खाली हो चुका था। शेरपुर गाँव के एक डॉक्टर साहब के हाथों में झंडा होने के कारण उन्हें एक के बाद एक तीन गोलियाँ मारकर शहीद कर दिया गया।"

गाजीपुर में दमन

22 अगस्त को गोमती पार कर सेना आयी और उसने बर्बर बरताव किया। शेरपुर के रामशंकर राय तथा शोभन राय मारे गये। गाँव में 12 घंटे तक कत्लेआम तथा

लूट चलती रही। एक महिला राधिका देवी को कुएँ में डालकर मारा गया। गहमर गाँव में दूधनाथ सिंह और दारोगा सिंह को गोली मार दी गयी। स्त्रियों पर बलात्कार भी हुआ। 24 अगस्त को 'आज' के संवाददाता विक्रमादित्य सिंह बिना कारण पकड़े गये और उन्हें मारा-पीटा गया। करुणाबाद, सदन, नन्दगंज आदि बहुत से गाँवों में अत्याचार हुए। 75 गाँवों पर विशेष अत्याचार हुए। 167 व्यक्ति शहीद हुए, न मालूम कितने घायल हुए। सवा तीन लाख रुपये सामूहिक जुर्माना हुआ।

क्रान्तिकारियों के एक बड़े वर्ग ने आजमगढ़ के विविध स्थानों पर अंग्रेजों के छक्के छुड़ाये। दमनात्मक कार्रवाई के बावजूद स्वतंत्रता-प्रेमियों ने कहीं शिथिलता नहीं आने दी।

आजमगढ़ में आन्दोलन बहुत जोर पकड़ गया था। 10 अगस्त को एक विराट जुलूस निकला और वह कर्बला मैदान में जाकर सभा में परिणत हो गया। पहले तो मजिस्ट्रेट जुलूस तथा सभा को रोकना चाहते थे पर उन्होंने कुछ समझकर ऐसा नहीं किया।

मधुबन पर हमला

आजमगढ़ के देहात में आन्दोलन बहुत ही क्रान्तिकारी ढंग से हुआ। 70 हजार की भीड़ मधुबन थाने के सामने पहुँची। उसके नेता ने थाने के अधिकारियों से आत्म-समर्पण करने के लिए कहा। फिर अधिकारियों ने न तो आत्म-समर्पण किया, न झंडा फहराने दिया। तब अपार भीड़ आगे की ओर बढ़ी। इस पर उसके ऊपर गोली चलाई गयी। फिर भी वह आगे बढ़ी। जब मशीनगन की खबर आयी तब भीड़ हटी। इस अवसर पर 34 व्यक्ति वहीं शहीद हो गये और बाद में जो लोग घायलों में से शहीद हुए उनको लेकर 75 के करीब व्यक्ति शहीद हुए। मधुबन में जनता ने जो बहादुरी दिखलाई थी, वह ऐतिहासिक है।

सन् 1942 की क्रान्ति में गोरखपुर पूर्वी उत्तर प्रदेश का अगुआ रहा है। यहाँ के अनेक षड्यंत्रकारियों ने अंग्रेजों के छक्के छुड़ाए जिनकी चर्चा श्री मन्मथ नाथ गुप्त ने इस प्रकार की है :

गोरखपुर-षड्यन्त्र : गोरखपुर की एक विशेष घटना गोरखपुर-षड्यन्त्र है। सहजनवाँ ट्रेन डकैती की जाँच के सिलसिले में पुलिस को यह ज्ञात हुआ कि यद्यपि बहुत दिनों से श्री शिब्बनलाल सक्सेना जेल में बन्द पड़े हैं फिर भी वह जेल के अन्दर से ही बाहर अपने मित्रों को पत्र भेजते रहे हैं तथा जेल से भागने की तैयारी कर रहे हैं। पुलिस ने इस सूत्र का अनुसरण करते हुए राना प्रताप सिंह नामक व्यक्ति को गिरफ्तार किया, जिनके जरिये जेल जमादार को पत्र दिये जाते थे। राना प्रताप सिंह ने शहर गोरखपुर के बाहर धरमपुर गाँव में एक मकान का पता दिया जिसमें एक कमरे में 13 षड्यंत्रकारी गिरफ्तार हुए। इस तथा कुछ

अन्य मकानों की तलाशी लेने पर तोड़-फोड़ के औजार, आठ तैयार बम, कुछ बम के सामान, हजारों पर्चे तथा छापने के यंत्र बरामद किये गये। इस पर जिले भर में गिरफ्तारियाँ हुईं और षड्यंत्र का मुकदमा चला। बीस व्यक्ति अभियुक्त के रूप में पेश किये गये। मिस्टर आर. बी. जेम्स सेशन जज ने 217 पृष्ठों के फैसले में इस बात पर तफसील के साथ लिखा कि अभियुक्तों के द्वारा अहिंसा की आड़ लिये जाने पर भी कांग्रेस के नेताओं ने जो खुला विद्रोह 'करो या मरो' का नारा दिया उसी में हिंसा तथा तोड़-फोड़ अन्तर्हित था। जज ने श्री शिब्बन लाल को षड्यंत्र करने तथा विद्रोही करार देकर 10 साल की सजा दी। सूर्यनाथ पांडेय तथा रामजी वर्मा को सात साल की सजा दी गयी, बाकी 10 अभियुक्तों को तीन-तीन साल की सजा हुई।"[5]

गांधीवाद : क्रान्तिकाल की मुख्य प्रवृत्ति

सन् 1919-1947 तक के काल में गांधीवाद राष्ट्रीय कांग्रेस विचारधारा का केन्द्र बिन्दु रहा तथा राष्ट्रीय कांग्रेस गांधीवादी विचारधारा एवं उसके प्रोग्राम को अपनाती रही। कांग्रेस में उग्र राष्ट्रवादी, क्रान्तिकारी, अराजकवादी और समाजवादी भी सम्मिलित थे जो गांधीवादी सिद्धान्तों के प्रति श्रद्धा नहीं रखते थे, उनकी कटु आलोचना करते थे, परन्तु वे अल्पमत में थे और बहुमत गांधीवादियों का था। गांधी जी सदैव कांग्रेस के बे-ताज के सम्राट बने रहे।

"गांधीजी के नेतृत्व में कांग्रेस अपने पूँजीवादी रूप के रहते हुए भी क्रान्तिकारी रूप धारण कर सकी और उसने जनता में आश्चर्यजनक चेतना और जागृति उत्पन्न की। पं. नेहरू ने सत्य ही उन्हें जनता का मुक्तिदाता कहा है और लिखा है कि कैसे उनकी एक आवाज पर निराश, पिघली और विच्छिन्न हृदय जनता देशव्यापी संघर्ष में जुट पड़ने के लिए उठ खड़ी होती थी। इन अर्थों में गांधी जी इस युग के सबसे बड़े क्रान्तिकारी थे। आन्दोलन की उनकी कार्यनीति ने जनता में अपार-स्फूर्ति और शक्ति का संचार किया था।"[6] मध्य-वर्ग की बेबसी के बीच गांधी जी का आगमन हुआ जिस पर पं. नेहरू ने लिखा है कि : "गांधी जी ताजी हवा के उस प्रबल झोंके की तरह थे, जिसने हमारे लिए पूरी तरह फैलना और गहरी साँस लेना सम्भव बनाया। वह रोशनी की उस किरण की तरह थे, जो अंधकार में पैठ गयी और जिसने हमारी आँखों के सामने से परदे को हटा दिया। वह उस बवंडर की तरह से थे, जिसने बहुत-सी चीजों को, विशेषकर मजदूरों के विचारों को उलट-पुलट दिया। गांधीजी ऊपर से आये हुए नहीं थे, बल्कि हिन्दुस्तान की करोड़ों आदमियों की आबादी में से ही उपजे थे।...उन्होंने कहा कि तुम लोग जो किसानों और मजदूरों के शोषण पर निर्वाह करते हो, उनके ऊपर से हट जाओ, उस व्यवस्था को, जो गरीबी और तकलीफ की जड़ है, दूर करो।

…हमारे इतिहास के ही प्रभात में जनक और याज्ञवल्क्य ने कहा था कि जनता के नेताओं का काम जनता को निर्भय बनाना है। लेकिन ब्रिटिश राज्य के अंदर हिन्दुस्तान में जो सबसे प्रमुख भावना थी, उसमें डर–कुचलनेवाला, दम घोंटने वाला, मिटा देनेवाला डर था, फौज का, पुलिस का, चारों तरफ फैले हुए खुफिया विभाग का डर था, अफसरों के वर्ग का डर था, कुचलने वाले कानूनों और जेल का डर था, जमींदार के कारिंदे का डर था, साहूकार का डर था, बेकारी और भूखे मरने का डर था, जो सदा ही पास बने रहते थे। चारों तरफ समाये हुए इस डर के ही विरुद्ध गांधीजी की शांत, किन्तु दृढ़ आवाज उठी, 'डरो मत'।"[7]

क्रान्तिकाल में गांधीजी की विशिष्टता तथा उनकी महत्ता को स्पष्ट करने के लिए 'मतवाला' साप्ताहिक पत्र की संपादकीय टिप्पणियाँ द्रष्टव्य हैं :

"… यदि आप स्वतंत्रता के अभिलाषी हैं, अपने देश में स्वराज्य की प्रतिष्ठा चाहते हैं, तो तन, मन और धन से अपने नेता महात्मा गांधी के आदेशों का पालन करना आरंभ कीजिए।"[8]

"हमें बिना विलम्ब सत्याग्रह की शरण लेकर लीडरों को अपना पिछलग्गू बनने के लिए बाध्य करना चाहिए, क्योंकि गांधी-विहीन स्वराज्य यदि स्वर्ग से भी सुंदर हो तो वह नरक के समान त्याज्य है। उस एक महात्मा पर ही शत-शत स्वराज्य न्यौछावर कर देने योग्य हैं। उसके बिना स्वराज्य का स्वप्न भी कैसा? वही हमारा प्रत्यक्ष स्वराज्य है। यदि वह हमारी आँखों के सामने बना रहे, तो स्वराज्य चरणों पर लोटता रहेगा। जिस एक के बिना हमारा सब कुछ लवण-हीन व्यंजन हो रहा है उसी एक को पाकर हम अनेक 'एक' हो सकते हैं।"[9] इस संपादकीय टिप्पणी से सुस्पष्ट है कि महात्मा गांधी भारतीय जन-मानस पर किस तरह छाये हुए थे।

क्रांतिकाल की सामाजिक और आर्थिक परिस्थितियाँ

1920 से 1947 तक अंग्रेजों ने अधिकाधिक मात्रा में भारतवासियों का शोषण किया। भारतीय व्यवसाय तथा उद्योग धंधे नष्ट कर दिये गये तथा सभी प्रकार के व्यापार अंग्रेजों के हाथ में चले गये। बेकारी-बेरोजगारी, अभाव और दैन्य की चक्की में पिसी जा रही जनता कराह रही थी। ऐसे समय में गांधीजी ने घोषणा की :

"मैं उस हिन्दुस्तान के लिए काम करूँगा, जिसमें गरीब से गरीब भी यह अनुभव करेगा कि यह उसका देश है और जिसके निर्माण में उसकी अपनी कारगर आवाज है–ऐसा हिन्दुस्तान जिसमें सारी जातियाँ आपसी मेल के साथ रहेंगी। …ऐसे हिन्दुतान में छुआछूत के या नशे के अभिशाप के लिए कोई भी जगह नहीं हो सकती।…स्त्रियों को भी वही अधिकार प्राप्त होंगे जो कि पुरुषों के हैं।…जिस

हिन्दुस्तान का मैं सपना देखता हूँ वह यह है।" जहाँ एक ओर स्वयं उन्हें अपने हिन्दू उत्तराधिकार का अभिमान था, वहाँ साथ ही, उन्होंने हिन्दू-धर्म को एक विश्वव्यापी रूप देने का प्रयत्न किया और सत्य के घेरे में सब धर्मों को सम्मिलित किया। अपनी सांस्कृतिक विरासत को सँकरी करने से उन्होंने इनकार किया। उन्होंने लिखा है, "हिन्दुस्तानी संस्कृति न तो बिल्कुल हिन्दू ही है और न बिल्कुल मुसलमानी।" आगे चलकर वह कहते हैं, "मैं चाहता हूँ मेरे घर में सब देशों की संस्कृति अधिक से अधिक स्वतंत्रता के साथ फैले। लेकिन उनमें से कोई मुझे बहा ले जाय, यह मैं न चाहूँगा। दूसरे लोगों के मकानों में एक भिखारी या गुलाम या अनचाहे आदमी की तरह रहने को मैं तैयार नहीं हूँ।" आधुनिक विचारधारा का उन पर असर तो हुआ है, लेकिन उन्होंने अपनी जड़ों को कटने न दिया और वह उनको दृढ़ता से पकड़े रहे हैं।

हिन्दुस्तान के ही नहीं, बल्कि दुनिया भर के गरीब और लुटे हुए लोगों के साथ उनकी अद्भुत सहानुभूति थी। इन गिरे हुए लोगों को उठाने की लगन के सामने और दूसरी चीजों की तरह धर्म का भी गौण स्थान था। "एक अधभूखे राष्ट्र का न तो धर्म हो सकता है, न कला और न संगठन।" "करोड़ों भूखे आदमियों को जो भी चीज़ काम की हो सकती है, वही मेरे विचार में सुंदर वस्तु है। आज हम सबसे पहले जीवन देनेवाली चीज़ों को महत्त्व दें और उसके बाद जीवन के सारे अलंकार और उनकी सारी परिष्कृतियाँ अपने आप आ जायेंगी।...मैं उस कला और साहित्य को चाहता हूँ जो करोड़ों आदमियों का हो।" गांधीजी ने कहा है कि उनकी आकांक्षा यह है कि "हर आँख से हर एक आँसू पोंछ दिया जावे।"[10]

गांधीजी का साहित्यिक अवदान

क्रांतिकाल में गांधीजी एक ऐसे नेता थे, जिन्होंने भारत की राजनीति, साहित्य, कला तथा संस्कृति को सर्वाधिक प्रभावित किया। लगातार 25 वर्षों तक राष्ट्रीय आंदोलन का नेतृत्व महात्मा गांधी ने किया। उन्होंने भारतीय इतिहास को एक नया स्वरूप ही नहीं प्रदान किया अपितु भारत की विचारधारा पर एक अमिट छाप छोड़ी।[11]

आ. नन्ददुलारे वाजपेयी ने कहा है कि छायावाद के मूल में एक ऐतिहासिक व्यक्तित्व गांधी है। "स्मरणीय है कि हिन्दी का छायावाद युग की साहित्यिक उपलब्धि है। छायावादी कवियों और स्वच्छन्दतावादी लेखकों के अलावा इस युग में कुछ ऐसे विश्रुत साहित्यकार भी हुए जो गांधीजी के सत्याग्रह आंदोलन के सक्रिय कार्यकर्ता थे और इन्होंने गांधीजी के आचार-पत्र से भी काफी प्रभाव ग्रहण किया। माखनलाल चतुर्वेदी, नवीन, मैथिलीशरण गुप्त और सियाराम शरण गुप्त ऐसे कवि हैं। ये हिन्दी काव्य के विशिष्ट पुरस्कर्ताओं में हैं। कथा-लेखकों में प्रेमचन्द और

जैनेन्द्र पर गांधी-दर्शन का प्रभाव स्पष्ट है।"[12]

पूर्वी उत्तर प्रदेश के प्रतिनिधि साहित्यकार प्रेमचन्द की साहित्यिक चेतना के प्रेरणा-स्रोत गांधीजी ही थे। अपने उपन्यासों और कहानियों के द्वारा उन्होंने गांधीजी के मानवतावादी सिद्धान्तों का प्रचार-प्रसार किया। आज से लगभग पचास वर्ष पूर्व जब कि 'हिन्दी' के नाम पर लोग नाक भौं सिकोड़ते थे उस समय विद्यार्थी जी का हिन्दी के समुज्ज्वल भविष्य के प्रति अटूट विश्वास यह प्रदर्शित करता है कि उनमें कितनी दूरदर्शिता थी। उन्होंने आगे भविष्यवाणी की है कि :

"...और फिर शीघ्र ही एक दिन और उदय होगा और वह होगा तब जब देश के प्रतिनिधि उसी प्रकार जिस प्रकार आयरलैण्ड के प्रतिनिधियों ने इंग्लैंड से अन्तिम सन्धि करते हुए स्वाधीनता प्राप्त करते समय अपनी विस्मृत भाषा गैलिक में सन्धिपत्र पर हस्ताक्षर किये थे। भारतीय स्वाधीनता के किसी स्वाधीनता पत्र पर हिन्दी में और नागरी अक्षरों में अपने हस्ताक्षर करते हुए दिखाई देंगे।"[13]

हिन्दी साहित्य सम्मेलन के गोरखपुर अधिवेशन में अध्यक्ष पद से भाषण देते हुए विद्यार्थीजी की उपर्युक्त पंक्तियाँ इस बात की प्रमाण हैं कि गांधीजी के उद्‌गारों से प्रभावित होकर पत्रकार हिन्दी-पत्रकारिता की ओर उन्मुख हुए तथा अपनी क्रांतिकारी प्रवृत्तियों को जनता के सम्मुख रखा। क्रांतिकाल में हिन्दी के पत्रकार तेजस्वी हुए जो गांधीवाद को आदर्श मानकर आगे बढ़े। "इस काल में हिन्दी में कुछ इतने महत्त्वपूर्ण पत्रकार पैदा हुए जो दीर्घकाल तक याद किये जायेंगे। बुद्धिगत प्रौढ़ता के साथ-साथ चरित्रगत दृढ़ता ने इन पत्रकारों को बड़ी सफलता दी। गणेशशंकर विद्यार्थी, पराड़कर जी, अम्बिकाप्रसाद वाजपेयी, लक्ष्मणनारायण गर्दे, बनारसीदास चतुर्वेदी ऐसे ही पत्रकार हुए।"[14]

भारतवर्ष की विविध भाषाओं में गांधीजी से प्रभावित होकर पत्रकारिता का विकास तो हुआ ही लेकिन उत्तर प्रदेश में हिन्दी पत्रकारिता को ठोस आधार तथा सम्बल गांधीवाद से ही प्राप्त हुआ। गांधीजी के कारण ही हिन्दी को राष्ट्रभाषा का पद प्राप्त हुआ तथा गुजरात, महाराष्ट्र, बंगाल आदि अनेक प्रान्तों में हिन्दी का व्यवहार होने लगा। 27 मई 1931 को हिन्दी साहित्य-सम्मेलन में बंगवासियों ने राष्ट्रीय एकता हेतु हिन्दी को अपनाया। श्रीयुत सेनगुप्त ने इसी सम्मेलन में कहा कि बंगभाषा को मैं देशी भाषाओं में सर्वश्रेष्ठ समझता हूँ किन्तु हिन्दी को ही राष्ट्रभाषा बनाने का पक्षपाती हूँ। डॉ. सुनीतिकुमार चट्टोपाध्याय ने वैचारिक और भाषा वैज्ञानिक आधार पर जिस तरह समर्थन किया वह द्रष्टव्य है :

"हिन्दी भारतवर्ष की राष्ट्रभाषा है, यह तो एक स्वतःसिद्ध बात है, हर काम में दिन-दिन जीवन में हम ऐसा ही देखते हैं।...हिन्दी का यह उच्च स्थान स्वाभाविक कारण से प्राप्त किया गया है। इसलिए जब तक आर्यावर्त, भारत की संस्कृति का मूल स्थान रहेगा तब तक हिन्दी का यह आसन नहीं मिटने का।

ऐतिहासिक और भाषातात्विक दृष्टि से अगर देखा जाय तो हिन्दी का प्रचार और भारत की राष्ट्रभाषा होने के लिए एक हिन्दी ही की योग्यता सब लोगों को माननी पड़ेगी।"[15]

हिन्दी भाषा के प्रति जन-साधारण तथा विद्वज्जनों के इसी लगाव के कारण हिन्दी पत्रों की प्रसार संख्या बढ़ने लगी तथा प्रकाशकों और मुद्रकों को हिन्दी में पत्र प्रकाशित करने की प्रेरणा मिली। पाठकों की संख्या में वृद्धि हुई तथा आंग्ल शासन के प्रति आग उगलने का सशक्त माध्यम हिन्दी पत्रकारिता सिद्ध हुई। प्रेस एक्ट के बंधनों के बावजूद हिन्दी पत्रकारिता दिनोंदिन पल्लवित-पुष्पित होती गयी।

अभावों से जूझता भारतवर्ष

विचारक रजनीपात्र दत्त के 'आज का भारत' में रवीन्द्रनाथ ठाकुर ने भारत की दुर्दशा का चित्रण करते हुए 1936 में कहा था :

"मैंने स्वयं देखा है कि सौ वर्षों के ब्रिटिश शासन के बाद भी भारत के गाँवों में भोजन और पानी की गम्भीर कमी है। स्वच्छता और चिकित्सा का अभाव, संचार साधनों की उपेक्षा, शिक्षा सम्बन्धी सुविधाओं की कमी और हर तरफ निराशा की भावना है। इन स्थितियों से मुझे नहीं लगता कि ब्रिटिश शासन किसी के लिए उपयोगी सिद्ध होगा। इस देश में सोवियत संघ के बारे में बात करना लगभग अपराध है फिर भी मैं सोवियत संघ तथा भारत के बीच के अन्तर का उल्लेख करने से खुद को रोक नहीं पाता हूँ। मुझे यह साफ शब्दों में स्वीकार करना पड़ता है कि सोवियत संघ में अनाज उत्पादन, शिक्षा प्रदान करने तथा बीमारी के विरुद्ध संघर्ष करने की दिशा में जो उत्साहपूर्ण तथा असाधारण उपाय अपनाए गए हैं उन्हें देखकर मुझे ईर्ष्या होती है। सोवियत यूरोप और सोवियत एशिया के बीच अविश्वास तथा अपमानजनक भेदभाव की कोई भी विभाजन रेखा नहीं है। मैं यहाँ और वहाँ घटित हो रही स्थितियों की तुलना कर रहा हूँ, जिन्हें मैंने स्वयं देखा है। मैं इस नतीजे पर पहुँचा हूँ कि तथाकथित ब्रिटिश साम्राज्य में हमारी इस स्थिति की जिम्मेदारी शासक और शासित वर्ग के बीच की बढ़ती खाई पर है।"

इस प्रकार स्पष्ट है कि 1920 से 1947 तक भारत अभावों से जूझता रहा। सर्वत्र शासकों द्वारा शोषण का नंगा नाच दृष्टिगत होता था। देश में जन-जीवन तबाह था। अभावों से पीड़ित और त्रस्त व्यक्तियों के अन्तःकरण में क्रान्ति का उदय हुआ जिसका प्रकाशन तत्कालीन पत्र-पत्रिकाओं में हुआ। अन्याय और प्रवञ्चना के प्रतिरोध में निम्नलिखित प्रमुख पत्रों ने आवाज बुलंद की :

आज : राष्ट्रीय चेतना का पर्याय

देशरत्न शिवप्रसाद गुप्त हिन्दी भाषा के अनन्य साधक थे। एक राष्ट्रीय दैनिक

और ग्रन्थ-माला के प्रकाशन द्वारा वे जन-जन में स्वदेश-प्रेम तथा हिन्दी-सेवा की भावना भरना चाहते थे। यद्यपि उस समय अंग्रेजी 'टाइम्स', 'रिपोर्टर', 'पायोनियर' तथा 'लीडर' की प्रतिद्वन्द्विता में हिन्दी पत्रों का टिक पाना कठिन था तथापि उत्कृष्ट राष्ट्रभक्त शिवप्रसाद गुप्त की अथक साधना के कारण श्रीकृष्ण जन्माष्टमी संवत् 1977 तदनुसार सितम्बर 1920 को 'आज' का प्रकाशन प्रारम्भ हुआ। सर्वश्री श्रीप्रकाश, बाबूराव विष्णु पराड़कर तथा कमलापति त्रिपाठी की सक्षम लेखनी ने भारत में जागरण का संदेश घर-घर पहुँचाया। 22 अक्टूबर सन् 1920 के सम्पादकीय लेख से 'आज' की तेजस्विता का अनुमान लगाया जा सकता है :

"...आज विजयादशमी है। पराजित, पीड़ित, निर्बल भारत भी आज विजयादशमी का उत्सव मना रहा है। कैसी विडम्बना है। अर्थ का कैसा विपर्यास हो रहा है। पराजित के घर जयोल्लास, पीड़ित के घर आनन्दोत्सव, निर्धन के घर तृप्तोद्गार और शस्त्रहीन के घर शस्त्रगर्भा का पूजन ? कैसा विपरीत क्रम है ?

कैसे अर्थ का अनर्थ हो रहा है ?...भारत ! जागो ! देखो तुम्हारी क्या दुरवस्था हो रही है ? तुम्हारे सिर पर पराधीनता की तलवार लटक रही है और तुम सो रहे हो। यह मोह क्यों ? यह सुख की नींद नहीं है, यह माया-मोह की तन्द्रा है, यह मूर्खता की बेहोशी है। पहले अपने को पहचानो। देखो तुम्हारे भीतर कैसी अपराजित माहेश्वरी शक्ति सूक्ष्म रूप से वास कर रही है।"

स्वतंत्रता संग्राम को गत्वरता देने के लिए 'आज' अपने पूरे पृष्ठ पर अपील प्रकाशित करता था। 13 अप्रैल 1922 के अंक में छपे तथ्य से 'आज' के सत्संकल्प को सुस्पष्ट किया जा सकता है।

आज
स्मरण रखिए
जलियाँ वाला बाग दिवस है
अपना कर्तव्य पालन कीजिए
कार बार बन्द रखिए
उपवास कीजिए
ईश्वराराधन कीजिए
राष्ट्र कार्य को करने में
दृढ़प्रतिज्ञ सत्यसंकल्प होइए।

अपने पाठकों को कर्तव्य-बोध करानेवाला पत्र 'आज' ही है। परतंत्र भारत में नागरिकों से यह पत्र प्रश्न पूछता था :

क्या सचमुच स्वराज्य चाहते हो ?
क्या कांग्रेस के सदस्य बने ?

क्या तिलक स्वराज्य कोष को दिया ?
क्या चरखा चलाया ?
अगर नहीं तो स्वराज्य के योग्य नहीं हो
केवल चार दिन है। अब भी समय है।
देर किया तो क्या जबाव दोगे ?

27 जून 1921

विविध कारणों से हिन्दी-समर्थक पत्रों के प्रकाशन में गतिरोध उत्पन्न होने पर 'आज' को आन्तरिक पीड़ा होती थी जैसा कि 7 जुलाई 1921 के अंक से स्पष्ट है।

'प्रताप'

"बुधवार तारीख 6 जुलाई के 'प्रताप' में उसका ट्रस्ट मंडल सूचित करता है कि कुछ दिनों के लिए दैनिक 'प्रताप' बंद रहेगा। 'प्रताप' ने जिस साहस और तत्परता से देश की सेवा की है वह सर्वथा सराहनीय और प्रशंसनीय है। उसको थोड़े दिनों के लिए स्थगित होते हुए देख हमें बड़ा दुःख है और साथ ही यह आशा है कि यह अपनी कठिनाइयों को दूर कर फिर अपना प्रकाशन कर सकेगा। इस बीच साप्ताहिक 'प्रताप', मासिक 'प्रभा' बराबर प्रकाशित होगी।"

'प्रताप' के सर्वस्व श्री गणेशशंकर विद्यार्थी के जेल से आने पर अपनी सम्पादकीय टिप्पणी में 'आज' लिखता है :

'...हमें यह जानकर बड़ा हर्ष हुआ कि श्री गणेशशंकर विद्यार्थी अपनी जेल की अवधि पूरी कर वापस घर आ गये हैं। आपका हम सहर्ष सादर स्वागत करते हैं। आपके बाहर आ जाने से ही पूरा विश्वास है कि हिन्दी समाचार पत्रों और प्रान्त के राजनीतिक कार्य में फिर नया जीवन आ जाएगा। आशा है कि आप हमारा स्वागत स्वीकार करेंगे।'

25 मई 1922 ई.

सहयोगियों को सम्बल देने का शुभ कार्य 'आज' द्वारा ही सम्पादित हुआ जैसा 15 मई 1924 ई. की इसकी सम्पादकीय टिप्पणी से ज्ञात होता है :

'राष्ट्रीय पत्र को बचाओ। श्रद्धेय लाला लाजपत राय जी द्वारा संस्थापित लाहौर का सहयोगी 'वन्दे मातरम्' (उर्दू) इस समय बड़े संकट में पड़ गया है। ...'वन्दे मातरम्' राष्ट्रीय पत्र है, राष्ट्र का सेवक है। राष्ट्र के लिए उसके संचालकों ने बहुत कष्ट उठाये हैं। अब उसकी रक्षा करना भी राष्ट्र का ही कर्तव्य है। दस की लाठी एक का बोझ। 13 हजार भारतवासी एक-एक रुपया भी दें तो पत्र की रक्षा हो जायगी। हमें आशा है कि हमारे पाठक भी इस कार्य में उदारतापूर्वक हाथ बँटावेंगे।'

'आज' के प्रकाशन का लक्ष्य निम्नलिखित पंक्तियों में स्पष्ट है :

हमारा पाँचवाँ वर्ष

"...भारत के अभ्युदय के साथ हमारा अभ्युदय और उसके पतन के साथ हमारा पतन है, यह बात हमें सदा स्मरण रहती है।...राष्ट्रीय हित ही हमारा एक मात्र लक्ष्य है, मातृचरण-सेवा ही हमारी उपासना है, वही जननी और जन्मभूमि ही हमारी उपास्य देवता है।'

25 अगस्त 1924 ई.

'आज' के ऐतिहासिक अग्रलेख का एक-एक शब्द क्रान्तिकारियों, राजनीतिज्ञों एवं समाजसेवियों हेतु मंत्र स्वरूप था जिससे राष्ट्रीय चेतना का प्रसार हुआ। लोकमान्य बालगंगाधर तिलक के निर्देशानुसार स्वराज्य-प्राप्ति, अधिकार-बोध, एवं धर्मबुद्धि से कर्तव्य-पालन इन तीनों के लिए 'आज' सदैव जनता का आह्वान करता रहा। कांग्रेस और गांधीजी के अहिंसात्मक आंदोलन का पक्का समर्थक रह कर 'आज' ने 19 फरवरी 1921 ई. की सम्पादकीय टिप्पणी में लिखा :

"...इस भयंकर दुर्घटना से क्या सिद्ध होता है ? यह कि हमारी जनता ने शान्ति का पाठ अभी तक बहुत कम पढ़ा है, वह दुष्टों के नेतृत्व में आकर बल प्रयोग करने के लिए और निर्दयता से बदला लेने के लिए तैयार है।...इस समय आत्मशुद्धि की अत्यन्त आवश्यकता है। जिस आंदोलन में देश लगा हुआ है उसकी एक-एक शर्त को यदि अक्षरशः वह पूरा नहीं कर सकता तो उसे इस आंदोलन को छोड़ देना चाहिए। जब अहिंसा को ही हमने मूल धर्म मान रखा है तो हिंसा करना तथा उत्पात मचाना, मक्कारी और दगाबाजी है...जिस आंदोलन को भारत ने अपनाया है, वह साधारण चीज नहीं है उसके लिए कड़ी तैयारी चाहिए और अपनी वासनाओं पर बड़ा भारी काबू चाहिए। एक बार फिर से स्थिति पर विचार करके अपनी नीति को निर्धारित करने का समय आ गया है।"

हिन्दी पत्रकारिता के लिए यह गौरव की बात है कि 'आज' की टिप्पणी के अनुरूप ही कांग्रेस ने अपना अगला कदम उठाया। पत्रकारिता जनमत तैयार करने तथा नेतृत्व को सन्मार्ग दिखाने का शुभ कार्य कर सकती है जिसका उदाहरण 'आज' ने प्रस्तुत किया।

सन् 1937 के चुनाव में 'आज' ने कांग्रेस के समर्थन को स्वतंत्रता प्राप्ति का एक अंग माना तथा अपने पाठकों से अपील की कि :

'करेंगे जाके वह कौंसिल में गुफ्तगूए वतन।
न मिटने देंगे कभी दिल से आरजूए वतन।
मिटा के अपने को रक्खेंगे आबरू-ए-वतन।
गुले उमीद में उनके रहेगी बू-ए-वतन।
खड़े हैं कांग्रेस वाले एसेम्बली के लिए।
फकीर चाहिए ऐसे ही इस गली के लिए।।'

असहयोग आंदोलन, काशी विद्यापीठ की स्थापना, सत्याग्रहियों की गिरफ्तारी, प्रेस एक्ट द्वारा पत्रों पर प्रहार एवं आंग्ल शासकों के दमन चक्र से सम्बद्ध अग्रलेखों और कविताओं के प्रकाशन के कारण 'आज' सरकार का कोप-भाजन बना। 'नवयुग में प्रवेश' शीर्षक के अन्तर्गत स्वतंत्र भारत और उसके भविष्य से सम्बद्ध पराड़करजी की टिप्पणी मननीय है :

"...स्वतंत्र भारत में ऐसी कोई बाधा न रहेगी जिसके कारण भारत की सर्वांगीण उन्नति न हो सके। भारत की जनता ने अपने त्याग और बलिदान के बल पर स्वतंत्रता प्राप्त की है। इसी का परिणाम है कि आज सारी शक्ति जनता के हाथ में है। जनता के प्रतिनिधि ही आज जनता के लिए जनता के शासन की बागडोर अपने हाथ में लिए हैं। इतना बड़ा लोकतंत्र विश्व में अन्यत्र कहाँ है ? हमारा पक्का विश्वास है कि अब वह दिन दूर नहीं जब भारत सभी दिशाओं में उन्नति करता हुआ विश्व का महानूतम लोकतंत्र बन जायेगा और केवल एशिया में ही नहीं, अखिल विश्व में उसका महत्त्वपूर्ण स्थान होगा तथा उसके प्रयत्न से सारे विश्व में शान्ति स्थापित होगी।"[16]

स्वातंत्र्य उपार्जन के लक्ष्य को अन्ततः 'आज' ने पूरा कर लिया। 'आज' के अतिरिक्त 'टुडे' दैनिक, 'आज' (साप्ताहिक), 'समाज', (साप्ताहिक), 'सोमवार-संस्करण', 'स्वार्थ' (मासिक), 'मर्यादा' तथा 'चित्र रेखा' पत्रों के प्रकाशन द्वारा ज्ञानमण्डल ने हिन्दी, हिन्दू, हिन्दुस्तान की सेवा की।

आज के प्रमुख स्तम्भ

'मस्तराम के मन्तव्य', 'मौजी की मौज', 'संवादसार', 'हमारे सहयोगी', 'ऊट-पटांग', 'महात्माजी की विचारधारा', 'पत्रों की प्रतिध्वनि', 'भंग की तरंग', 'खुदा की राह पर', 'गोल गोल बातें', 'विचार तरंग', 'नोटबुक के पन्ने' (किताबी कीड़ा), 'चौरी चौरा हत्याकाण्ड', 'मधु-मंजूषा', 'अरबी न फारसी', 'चलती चक्की', 'गहरे पानी पैठ' और 'अमरवाणी' आदि अनगिनत स्तम्भों द्वारा हिन्दी पत्रकारिता को सुसमृद्ध बनानेवाला अप्रतिम पत्र 'आज' है।

'वर्तमान'

सिविल लाइन्स कानपुर से स्वतंत्रता सेनानी रमाशंकर अवस्थी ने विजयादशमी 1920 ई. से दैनिक 'वर्तमान' का प्रकाशन प्रारम्भ किया। पं. भगवान दीन त्रिपाठी पत्र के सम्पादक थे। पत्र पर अनेक बार मुकदमे चले फिर भी इसकी तेजस्विता धूमिल नहीं हुई। पत्र सदैव जनता की रुचि एवं उनकी समस्याओं को प्रकाशित करता था। सुकवि सनेही की निम्नलिखित पंक्तियाँ, 'वर्तमान' में छपती थीं जो उज्ज्वल अतीत को बतलाकर स्वर्णिम भविष्य का संकेत देती रहती थीं :

शानदार था भूत, भविष्यत् भी महान् है।
अगर सँभाले आप उसे, जो वर्तमान है।

सामग्री की विविधता, शैली की रोचकता, तथा समाज-सुधार हेतु जागरूकता के कारण 'वर्तमान' जनता का कंठहार बन गया। 'प्रताप' जैसे प्रतिष्ठित पत्र की प्रतिद्वन्द्विता में वह कभी पीछे नहीं रहा। श्री रमाशंकर अवस्थी की लेखनी में गजब का जादू था। 'मनसुखा' के नाम से लिखा हुआ 'मनोरंजन' पढ़ने के लिए प्रातःकाल सभी लालायित रहते थे। सन् 1930-31 के आंदोलन में 'वर्तमान' ने कानपुर नगर तथा उत्तर प्रदेश में राष्ट्र-प्रेम को पुष्ट करने का उल्लेख्य कार्य किया। पत्र का 'कहानी अंक', 'दीपावली अंक', 'रजत जयंती अंक' सतत स्मरणीय हैं। शिष्ट, मधुर, सदाशयतापूर्ण तीखे व्यंग्यों ने 'वर्तमान' को विशिष्ट पत्र बना दिया जैसा कि कहा गया है :

खूब 'मनसुखा' ने किया, पत्र-जगत् में नाम।
जन-मन नित हर्षित किया, छींटे कस अभिराम।

श्री अवस्थी जी की उत्कृष्ट पत्रकारिता का प्रमाण 'वर्तमान' हिन्दी पत्रकारिता-जगत् का अनमोल रत्न हो चुका है जिसकी घोषणा थी :

भारत के हम और हमारा भारत प्यारा।
स्वतंत्रता है जन्मसिद्ध अधिकार हमारा।।

'स्वतंत्र'

'स्वतंत्र' दैनिक का प्रकाशन कलकत्ते से हुआ। पं. अम्बिकाप्रसाद वाजपेयी ने 4 अगस्त 1920 ई. को पत्र का प्रथम अंक निकाला जिसका लक्ष्य था :

पारतन्त्र्यात्परं दुःखं न स्वातन्त्र्यात्परं सुखम्।
अप्रवासी गृही नित्यं स्वतंत्रः सुखमेधते।।

सन् 1931 तक प्रकाशित होनेवाला यह पत्र हिन्दी और हिन्दुस्तान की उन्नति में गांधीजी के संदेशों को जन-जन तक पहुँचाने का प्रयास करता रहा। असहयोग आंदोलन से सम्बद्ध समाचारों और लेखों को महत्त्व देकर छापनेवाला समाचारपत्र 'स्वतंत्र' ही था। महिला-सभा की रिपोर्टिंग के साथ व्यापारिक और समाज-सुधार सम्बन्धी टिप्पणियों को प्रकाशित कर पत्र ने लोकप्रियता प्राप्त की।

पत्र की तेजस्विता का अनुमान सरदार भगतसिंह, राजगुरु आदि को फाँसी पर लटकाये जाने के समाचार की शब्दावली से लगाया जा सकता है। "सरदार भगतसिंह आदि फाँसी के तख्ते पर लटका दिए गए, प्रकाशमय दीपक सदा के लिए बुझ गया। निकट सम्बन्धियों को भी भेंट करने का हुक्म नहीं मिला। 'गोली से उड़ा दो पर फाँसी के तख्ते पर मत चढ़ाओ' सरदार की अन्तिम इच्छा भी

सरकार ने मंजूर नहीं की।"

चैत्र शुक्ल मंगलवार सं. 1988 वि.

20 जुलाई 1931 के अंक में अमर शहीद गणेशशंकर 'विद्यार्थी' के बारे में सचित्र लेख छपा था। 27 मई 1931 के अंक में 'हिन्दी साहित्य सम्मेलन' की कार्यवाही का विशद विवरण प्राप्त होता है। इसी सम्मेलन पर सम्पादकीय टिप्पणी भी लिखी गयी जिससे स्पष्ट है कि 'स्वतंत्र' हिन्दी प्रचार अभियान में सहयोगी था।

'छात्र सहोदर' : 'कर्मवीर' का पुरस्कर्त्ता

महामना पं. मदनमोहन मालवीय ने अप्रैल 1920 ई. में जबलपुर के नवयुवकों में राष्ट्रीय जागरण का मंत्र फूँका तथा सद्विचारों की अभिव्यक्ति हेतु एक पत्रिका के प्रकाशन पर बल दिया। पं. मातादीन शुक्ल 'सुकवि नरेश' के सम्बल पर पत्रिका शीघ्र ही लोकप्रिय हो गयी। 'कर्मवीर' के आपत्तिजनक प्रकाशन पर जब माखनलाल चतुर्वेदी को गिरफ्तार किया गया तो 'छात्र सहोदर' ने लिखा :

"करीब आया है रोजमहशर
छुपेगा कुश्तों का खून कब तक ?
जो चुप रहेगी जबाने खंजर
लहू पुकारेगा आस्तीं का।"

शासक जाति अपने शासितों को बकरों से भी गया बीता समझती है किन्तु उसे कभी-कभी चमड़े के छोटे खोल के भीतर शेर की खूनी आँखें दिख जाती हैं··· मध्यप्रदेश की बलिवेदी पर "कर्मवीर के निर्भीक सम्पादक पं. माखनलाल चतुर्वेदी का आह्वान हो रहा है। किसी गुनाही की तरह अपनी जान से नाउम्मीद होनेवाली हिन्दुस्तान की नौकरशाही वही चाल चल रही है जिससे उसके गुनाहों का भण्डा न फूटे। किन्तु पाप का प्याला जब लबरेज हो जाता है तब वह उमड़ पड़ता है।··· प्रिय चतुर्वेदी जी, जिनकी लेखनी ने मध्यप्रान्त जगा दिया है, यदि कल जेल ठूँस दिये जानेवाले हों तो आज ही ठूँस दिए जायें। देश को इसकी शिकायत नहीं होगी। आज देश की आत्माओं में इतना बल है कि वह अब अन्याय के सामने अपना सीस झुकाने को तैयार नहीं।"

महाकोशल में जागरण लाने का श्रेय 'छात्र सहोदर' को ही है। मई 1921 में 'टट्टी की ओट शिकार' के अन्तर्गत नरसिंह दास जी अग्रवाल ने अपनी सम्पादकीय टिप्पणी द्वारा ब्रिटिश शासकों पर प्रहार किया :

"खुद गला काटूँ अगर खंजर इनायत कीजिए,
देखिए दुख जायगी नाजुक कलाई आपकी।

··· कलियुग के इतने वर्ष व्यतीत होने पर आज ऐसा दिन आया है कि राजसत्ता का सिंहासन देश के समस्त निरपराध दरिद्रों की आहों से काँप उठा

है। भारत की आधुनिक राजसत्ता टट्टी की ओट बहादुरी के साथ शिकार खेल रही है। भारतवर्ष की न्यायशीलता ! धन्य है ! धन्य है ! सरकार आज भारत के हित की दुहाई देकर देशव्यापी आवाज को दबाना चाहती है क्योंकि उस आवाज के सुनते ही वह काँप उठती है। देश के छोड़े-बड़े नरम-गरम सभी के नामों की हाय, दुहाई तो दी गयी है किन्तु इस दुहाई की दुलाई के भीतर शासक जाति की जो दुधारी तलवार छिपी हुई है, उसकी दुरंगी नीति की दोनों धारें भी भीतर से चमक रही हैं।"

वस्तुतः 'छात्र सहोदर' ने महाकोशल में गोरे शासन को उखाड़ फेंकने हेतु सशक्त वाणी दी।

'श्रीशारदा'

जबलपुर स्थित 'राष्ट्रीय हिन्दी मंदिर' की मुखपत्रिका 'श्री शारदा' के सम्पादक पं. नर्मदा प्रसाद मिश्र और प्रकाशक पं. माखनलाल चतुर्वेदी थे। अप्रैल 1920 ई. से प्रारम्भ होनेवाली इस पत्रिका के 13 वें अंक में मध्यप्रदेश की शिक्षा दुर्दशा पर प्रकाश डाला गया है :

"प्रान्त की शिक्षा की दशा इतनी हीन रही कि पढ़नेवालों की संख्या सैकड़े पीछे दो दशमलव चार थी।··· नागपुर में विश्वविद्यालय स्थापित करने का विचार सन् 1917 से चल रहा है पर उसे स्थापित करने का अवसर अभी तक नहीं आया। स्त्री शिक्षा को इस प्रान्त में नहीं के बराबर समझना चाहिए। अर्थात् दो सौ लड़कियों में से केवल एक लड़की पढ़ना जानती है। लड़के और लड़कियों की शिक्षा में प्रायः कोई अन्तर न रखा जाना भी स्त्री शिक्षा को लोकप्रिय बनाने से रोकता है।"

मार्च 1921 ई. के अंक के मुखपृष्ठ पर जेल यात्री पं. माखनलाल चतुर्वेदी का चित्र निम्नलिखित पंक्तियों सहित छपा था :

'पिंजड़े के द्वार से कहता हूँ, मुझे याद रहो।
कौम को जिन्दा रखो, जीते रहो शाद रहो।
फूलों के हार, नहीं, हार से हटना सीखूँ।
प्यारी जंजीर से जाने, लिपटना सीखूँ।
लेके ढेरों मजे, रस्सियाँ बँटना सीखूँ।
धक्के खाते हुए, स्वच्छन्द रहूँ, यह रटना सीखूँ।'

कौम को जिन्दा रखने के लिए 'श्री शारदा' का आह्वान अविस्मरणीय है।

'राजस्थान केसरी'

मध्यप्रदेश की जातीय पत्रकारिता की कड़ी में नागपुर से प्रकाशित 'राजस्थान केसरी'

का नाम आता है। श्री सत्यदेव विद्यालंकार के सम्पादन में सन् 1920 ई. से प्रकाशित इस पत्र को जातीय पत्र न कहकर राष्ट्रीय विचारधारा का मुखपत्र मानना चाहिए। कांग्रेस की रीति-नीति से परिचालित इस पत्र के 'कांग्रेस' विशेषांक' में माखनलाल जी की कविता प्रकाशित हुई :

'विनय

सँभलो ब्रह्मांड बदलता है, प्यारी आँधी का झोंका है।
सोने की लंका गिरती है, गहरा गांधी का झोंका है।
राष्ट्रीय सभा की वेदी से, लड़ने के लिए पुकार हुई,
बिन मूँछों के बलवन्तों की विजयी सेना तैयार हुई,
मेरी जंजीरों से जूझे, नन्हे हैं, साथ तुम्हारा हो,
हरि मेरे इन रणजीतों के माथे पर हाथ तुम्हारा हो।'

गांधी के गहरे झोंके से अंग्रेजों की सोने की लंका को ध्वस्त करने की दिशा में 'राजस्थान केसरी' का प्रयास स्तुत्य रहा।

'माधुरी'

अगस्त 1922 ई. में 'माधुरी' मासिक पत्रिका का प्रकाशन लखनऊ से हुआ। श्री दुलारे लाल भार्गव, रूप नारायण पाण्डेय, प्रेमचन्द, कृष्ण बिहारी मिश्र, जगन्नाथ दास रत्नाकर एवं ब्रजरत्न दास इस पत्रिका के सम्पादक मंडल में रह चुके हैं। श्री विष्णुनारायण भार्गव 'माधुरी' के संस्थापक थे। 'सरस्वती' के सम्पादक श्री देवीदत्त शुक्ल ने अपनी 'सम्पादक के पच्चीस वर्ष' नामक आत्मकथा में लिखा है :

"... श्री दुलारे लाल के 'माधुरी' निकालते ही हिन्दी का प्रेस चकित रह गया। उनके पहले कोई जानता ही नहीं था कि हिन्दी में इतनी बड़ी पत्रिका निकाली जा सकती है। निस्संदेह उन्होंने माधुरी निकालकर हिन्दी मासिक साहित्य में एक प्रकार की क्रान्ति पैदा कर दी। अब सभी पत्रिकाओं का काया-पलट किया गया। 'सरस्वती' का बहुत कुछ काया-पलट जनवरी के अंक से ही प्रारम्भ हो गया था। अब जब 'माधुरी' बड़े आकार में खूब सजधज के साथ निकली, तब इंडियन प्रेस को भी सजग रहने के लिए बाध्य होना पड़ा। सन् 1922 की जनवरी से 'सरस्वती' की रूपरेखा में जो परिवर्तन किया गया, वह सब एक मात्र 'माधुरी' के कारण।"

पत्र का मुखपृष्ठ माधुरी का प्रतीक था–

सिता, मधुर, मधु-सुधा; तिय-अधर माधुरी धन्य।
पै नवरस साहित्य की यह 'माधुरी' अनन्य।।

20 जुलाई सन् 1923 ई. को चण्डीप्रसाद 'हृदयेश' की 'बलिदान' शीर्षक कविता द्वारा 'माधुरी' ने उत्प्रेरित किया–

'भीति तजि मीच की स्नेह कुरु-खेत बीच,
देश-हित कीजै बन्धु प्रान-बलिदान आज।'

'चाँद' और 'देश'

श्री रामरख सिंह सहगल ने 1920 ई. में 'चाँद' निकालने का निश्चय किया तथा जब डिक्लेरेशन मैजिस्ट्रेट के यहाँ दाखिल किया गया तो 1500 रुपए जमानत माँगकर उसका प्रकाशन रोक दिया गया। बाद में नवंबर 1922 ई. में 'चाँद' का प्रथम अंक निम्नलिखित उद्देश्य के साथ प्रकाशित हुआ :

"हमारे पत्र का उद्देश्य स्त्रियों का अज्ञान, परदे की कुप्रथा इत्यादि सामाजिक बुराइयों को दूर करना, स्त्रियों को उपयोगी तथा उनके हित की बातों से सदा उनका परिचय कराते रहना, उन्हें बच्चों के पालने की उचित शिक्षा देते रहना, उन्हें गृहस्थी के सभी आवश्यक कार्यों में निपुण बनाना है..."

'मारवाड़ी अंक' समाज सुधार और 'फाँसी अंक' राष्ट्रीय चेतना की दृष्टि से ऐतिहासिक महत्त्व का हो चुका है। पत्र के मुख पृष्ठ पर प्रकाशित उद्देश्य द्रष्टव्य है :

'आध्यात्मिक स्वराज्य हमारा ध्येय, सत्य हमारा साधन और प्रेम हमारी प्रणाली है। जब तक इस पावन अनुष्ठान में हम अविचलित हैं तब तक हमें इसका भय नहीं कि हमारे विरोधियों की संख्या और शक्ति कितनी है !'

श्री रामरख सिंह सहगल और नन्दकिशोर तिवारी इसके सम्पादक थे।

पटना के सदारत आश्रम से डॉ. राजेन्द्र प्रसाद ने 'देश' साप्ताहिक का सम्पादन एवं प्रकाशन प्रारम्भ किया। सर्वश्री बदरीनाथ वर्मा, गदाधर प्रसाद अंवष्ठ, मथुरा प्रसाद और पारस नाथ त्रिपाठी ने इसके सम्पादकीय विभाग में रहकर गांधी जी की नीतियों का प्रसार किया। 1920 ई. से प्रारम्भ होकर लगभग 10 वर्षों तक इसने राष्ट्र को जगाने का सत्कर्म किया।

संचार-साधनों का अभाव, सामन्ती दमन-चक्र एवं अशिक्षा के कारण राजस्थान के पत्र यद्यपि अल्पजीवी रहे परन्तु वीरोचित भूमिका के निर्वहन में वे अविस्मरणीय हैं। कुछ पत्रों की संक्षिप्त चर्चा प्रस्तुत है :

'राजस्थान केसरी'

राष्ट्रीय संवेदनाओं को जागरित करनेवाले पत्रों में 'राजस्थान केसरी' का नाम सर्वप्रथम आता है। वर्धा से सन् 1920 ई. में विजय सिंह पथिक के सम्पादन में निकलनेवाला यह पत्र तिलक के 'मराठा केसरी' का सहधर्मी था। सर्वश्री अर्जुन लाल सेठी, केसरी सिंह बारहठ, तथा रामनारायण चौधरी ने पत्र को प्राण-वायु प्रदान की। कुछ ही समय बाद इसका प्रकाशन अजमेर से होने लगा। जब मानहानि

के एक मुकदमे में श्री रामनारायण चौधरी को तीन माह की सजा दी गयी तब इस तेजस्वी पत्र की जीवन-लीला समाप्त हो गयी।

नवीन राजस्थान

सन् 1922 ई. में अजमेर से राजस्थान सेवा संघ के मुखपत्र के रूप में 'नवीन राजस्थान' साप्ताहिक का प्रकाशन प्रारम्भ हुआ, जिसका मोटो था :

यश वैभव सुख की चाह नहीं,
परवाह नहीं जीवन न रहे।
यदि इच्छा है यह है
जग में स्वेच्छाचार दमन न रहे।।

माघशुक्ल 11 रविवार स. 1979 वि. के अंक में प्राप्त सम्पादकीय टिप्पणी से पत्र की महत्ता सुस्पष्ट होती है :

"सत्ताधारी इतने चौंके क्यों हैं ? इसीलिए न कि राजस्थान रूपी परतंत्रता के महाश्मशान में स्वतंत्रता की अग्नि प्रज्वलित हो गयी है–विजोलिया से निकली हुई आह की चिनगारी ने सारे राजस्थान की सुप्त शक्तियों को जागृत कर दिया है। निर्मल चन्द्रिका में, प्रफुल्ल मल्लिका में, तरंगित नदी में, कूजित कुटी में, मृदुल समीरण में, कुसुमों की सौरभ में, बच्चों के हास्य में और वृद्धों के निःश्वास में सब ओर उसी अग्नि की चिनगारियाँ उड़ती नजर आ रही हैं। वे एक जगह बुझाना चाहते हैं, वह दस जगह प्रज्वलित हो उठती है। क्यों नहीं बुझती ? इसलिए कि वे अग्नि से अग्नि को बुझाते हैं। उनके हृदय में स्वार्थ की अग्नि प्रज्वलित है। उसी को लेकर उस पर डालते हैं, किन्तु वह घृताहुति का काम करती है। नाटक के मूल में विपरीत बुद्धि प्रत्यक्ष है, किन्तु आशा नहीं कि वे उसे छोड़े। इसके कारण हैं। उनकी दृष्टि में उनके हृदय, दूषण नहीं, भ्रमण हैं। अपनी पीठ कैसे दिखाई देती है। तभी तो सरकार को भी नरेशों की स्वार्थ कानून बनाने की सूझी है।"

सन् 1921-22 ई. में जब बेगार के विरुद्ध आवाज उठी, राजाज्ञा की अवज्ञा पर दमन का दौर चला तो पत्रों ने आन्दोलन को सम्बल प्रदान किया। इसके फलस्वरूप पत्रों का पढ़ना, रखना अपराध माना गया जैसाकि स्पष्ट है :

"इश्तिहार मज़रिया राज श्री महकमहखास श्री दर्बार उदयपुर मुल्क मेवाड़ मरकूमा जेठ सुदी 7 ता. 21 जून सन् 1923 ई. सं. 1979 नं. 10433

गुजिश्ता चन्द सालों से प्रताप, राजस्थान केसरी, व नवीन राजस्थान नामी हिन्दी हफ्तेवार व रोजाना अखबारों में खिलाफ बाकेआत वा मुगालता आमेज मजामीन शाया किये जाते हैं जिससे कमफहम लोगों को मुगालता होता है और कितने ही मजामीन इस किस्म के पुरजोश अलफाजों में लिखे जाते हैं जिससे सरासर

शाया करनेवालों का इरादा यह पाया जाता है के अहालयाने रियासत के निस्बत फैले वा हुक्मे आयज की तामील में बेपरवाही और गुजारी में रोक अमल में आवे इसलिए यह मुनासिब खयाल किया जाता है कि इन अखबारों की आमद कतई तौर पर इलाके मेवाड़ में बन्द किया जावे। लिहाजा जरिए इश्तिहार हाजा हर खास व आम को आगाह किया जाता है कि आयन्दा अगर किसी शख्स का 'प्रताप' 'राजस्थान केसरी' और 'नवीन राजस्थान' अखबारों का मंगाना या किसी के पास इन अखबारों का मौजूद होना इन अखबारों का कटिंग (कटा हुआ मजमून) या हैंडबिल पाया जावेगा तो वह सजा का मुस्तोजिब होगा जिसकी मयाद एक साल कैद सख्त वा 1,000/- एक हजार रुपया जुर्माना तक होगा फखत।

प्रभाश्चन्द्र चटर्जी"

'तरुण राजस्थान'

'नवीन राजस्थान' पर प्रतिबंध लग जाने के बाद 'तरुण राजस्थान' के नाम से पत्र प्रकाशित हुआ जिसको सर्वश्री शोभालाल गुप्त, राम नारायण चौधरी, ऋषिदत्त मेहता तथा जयनारायण व्यास का सम्बल प्राप्त हुआ। पत्र में विद्रोहात्मक लेख के प्रकाशनोपरांत व्यास जी को 6 वर्ष की सजा हुई। राजा महेन्द्र प्रताप के एक क्रान्तिकारी पत्र तथा उस पर प्रकाशित सम्पादकीय के कारण श्री शोभालाल गुप्त को 'राजद्रोह' के अपराध में 1 वर्ष की सजा सुनायी गयी। श्री पथिक जी की गिरफ्तारी के बाद 1928 में यह पत्र व्यास जी के हाथ आया जिसे उन्होंने 1931 तक चलाया।

'राजस्थान'

सन् 1923 ई. से प्रारम्भ 'राजस्थान' का प्रकाशन पहले ब्यावर, फिर अजमेर और बाद में बूंदी से होता था। पूरे राजस्थान में संचालित जन-आंदोलन को फैलाने में इस पत्र ने ऐतिहासिक भूमिका निभायी। श्री ऋषिदत्त मेहता के सम्पादन में 'राजस्थान' ने जनता की पीड़ा को सशक्त वाणी दी।

बापू के विचारोत्तेजक पत्र

विश्वबंधु बापू से सम्बद्ध वर्धा राष्ट्रीय चेतना का केन्द्र बिन्दु रहा है। 'नवजीवन', 'हरिजन', 'हरिजन सेवक' 'हरिजन बन्धु' 'यंग इंडिया' जैसे अनेक पत्र गांधी जी के विचारों के संवाहक थे। स्व. महादेव भाई देसाई, प्यारेलाल तथा डॉ. जे. सी. कुमारप्पा जैसे तत्त्वदर्शी पत्रकार बापू के सहायक थे जो हिन्दी पत्रकारिता में प्राण उड़ेलते थे।

गांधी जी ने रौलट एक्ट के विरोध में बिना रजिस्ट्रेशन कराए ही 7 अप्रैल

1919 को बम्बई से 'सत्याग्रह' साप्ताहिक का प्रकाशन प्रारम्भ किया। निर्भीक विचारों के कारण यह पत्र लोकप्रिय हो गया। बम्बई की 'होमरूल लीग' ने 'यंग इंडिया' साप्ताहिक के सम्पादन का भार गांधी जी पर सौंपा। इसी प्रकाशन के अन्तर्गत गुजराती मासिक 'नवजीवन' को शुरू किया गया। 7 अक्टूबर 1919 ई. से प्रारम्भ इस पत्र के प्रकाशक मुद्रक महादेव देसाई और श्रीशंकर लाल बैंकेट थे। 1920 ई. में 'यंग इंडिया' असहयोग आंदोलन का मुख पत्र बन गया फिर भी 18 दिसम्बर 1920 के अंक में उन्होंने घोषित किया :

"यंग इंडिया के स्तम्भ असहयोग आंदोलन के विरुद्ध मत व्यक्त करनेवालों के लिए सदैव खुले हुए हैं।"

बापू द्वारा 5 जुलाई 1919 के अंक में पत्रकारिता के तत्त्वों पर प्रकाश डाला गया है :

"जब तक मुझे 'यंग इंडिया' की ओर से सामग्री और नीति की देखरेख की अनुमति मिली हुई है तब तक मैं इसके माध्यम से देश के सामने एक ऐसे कार्य की योजना प्रस्तुत करना चाहता हूँ जिसे मैं बुनियादी महत्त्व की चीज़ मानता हूँ।

मैं इस पत्र के स्तम्भों का उपयोग जहाँ कहीं आवश्यक होगा सरकार की कार्यवाहियों की आलोचना करने के लिए करता रहूँगा। यह आलोचना अक्सर लाभदायक ही हुआ करेगी, लेकिन कभी-कभी जब सरकार कोई ऐसा कदम उठाना चाहेगी, जो वास्तव में देश के लिए आमतौर पर अहितकर होगा तो यह पत्र उसके मार्ग में अस्थायी तौर पर बाधाएँ भी पहुँचायेगा।"

संकीर्णता से ऊपर उठकर विराट धार्मिक मान्यताओं के अनुकरण हेतु गांधी जी ने 1 जून 1921 के 'यंग इंडिया' में लिखा :

"मैं नहीं चाहता कि मेरे मकान के चारों ओर दीवारें खड़ी हों और मेरी खिड़कियाँ बन्द रहें। मैं चाहता हूँ कि सभी देशों की संस्कृतियों की हवा मेरे मकान के आसपास उन्मुक्त होकर चले पर मैं किसी भी संस्कृति की हवा द्वारा अपनी जमीन से उखाड़े जाने से इनकार करूँगा। मैं दस्तंदाज, भिखारी या गुलाम की तरह से दूसरों के घरों में रहने से इनकार कर दूँगा। मेरा धर्म कारागार का धर्म नहीं है। इसमें परमेश्वर की सृष्टि में छोटे से छोटे मनुष्य के लिए स्थान है परन्तु यह धृष्टता, नस्लवाद के घमंड, धर्म या त्वचा के रंग के सामने अभेद्य है।"

गांधी जी की दृष्टि बड़ी व्यापक थी। उन्होंने सर्वोदय मंत्र को पढ़ा ही नहीं उसे अपने जीवन में उतारने का भी प्रयास किया जिसके प्रमाण उनके द्वारा सम्पादित पत्र हैं।

'हिंदी नवजीवन'

19 अगस्त सन् 1921 ई. से नवजीवन ट्रस्ट अहमदाबाद द्वारा 'हिंदी नवजीवन' का प्रकाशन प्रारम्भ हुआ जिसके लक्ष्य को सुस्पष्ट करते हुए महात्मा गांधी ने लिखा :

"यद्यपि मुझे मालूम है कि 'नवजीवन' को हिन्दी में प्रकाशित करना बहुत कठिन काम है तथापि मित्रों के आग्रहवश होकर और साथियों के उत्साह से नवजीवन का हिन्दी अनुवाद निकालने की धृष्टता मैं करता हूँ। हिन्दुस्तानी के सिवा दूसरी भाषा राष्ट्रभाषा नहीं हो सकती, इसमें कुछ शक नहीं। जिस भाषा को करोड़ों हिंदू-मुसलमान बोल सकते हैं, वही अखिल भारतवर्ष की सामान्य भाषा हो सकती है और उसमें अब तक 'नवजीवन' न निकाला गया तब तक मुझे दुख था। हिन्दुस्तानी भाषानुरागी 'हिन्दी नवजीवन' में उत्तम प्रकार की हिंदी की आशा न रखें। 'नवजीवन' और 'यंग इंडिया' का अनुवाद ही देना उसमें संभवनीय है। ...हिंदुस्तानी भाषा का प्रचार इस साहस का मुख्य हेतु नहीं है। 'शांतिमय असहयोग प्रचार' ही इसका उद्देश्य समझना चाहिए। हिन्दुस्तानी भाषा जाननेवाले जब तक असहयोग और शांति के सिद्धांत भली-भाँति न समझ लेंगे, तब तक 'शांतिमय असहयोग' की सफलता असंभव-सी है। इसलिए हिन्दी नवजीवन की आवश्यकता है।"

इस पत्र में गांधी जी द्वारा लिखित साम्प्रदायिक एकता, अंत्यजों को पूजाधिकार, वर्णधर्म और श्रमधर्म, परदे की कुप्रथा, चरखे की महत्ता, कांग्रेस किसकी, मद्यपान निषेध आदि शीर्षकोंवाले सम्पादकीय लेख शाश्वत महत्त्व के सिद्ध हो चुके हैं। एक लेख में महात्माजी ने बतलाया :

"स्वदेशी आंदोलन को प्रबल बनाने के समय में 'हिन्दी नवजीवन' का प्रकाशित होना उचित है।"

सेठ जमनालाल बजाज के आग्रह पर निकलनेवाले पत्र 'हिंदी नवजीवन' की आर्थिक स्थिति पर प्रकाश डालते हुए गांधी जी ने पाठकों से कहा, "मैं देखता हूँ कि हिंदी नवजीवन नुकसान में रहता है। एक समय उसके ग्राहक 12,000 थे आज 1,400 हैं। हिंदी नवजीवन को स्वावलम्बी होने के लिए 4000 ग्राहकों की आवश्यकता है। यदि इतने ग्राहक थोड़े समय में न होंगे तो मेरा इरादा है कि 'हिंदी नवजीवन' बंद कर दिया जाय। यदि 'हिंदी नवजीवन' में लाभ होगा, तो वह दक्षिण के प्रान्तों में हिंदी भाषा प्रचार करने में व्यय किया जाएगा।"

जनवरी 1932 को गोलमेज अधिवेशन के असफल होने पर गांधी जी जब बंबई लौटे तो उन्हें गिरफ्तार किया गया और उनके द्वारा सम्पादित पत्र 'हिंदी नवजीवन' पर प्रतिबंध लगा दिया गया।

हिन्दी

'हिन्दी' नामक मासिक पत्रिका मई सन् 1922 से डर्बन (दक्षिण अफ्रीका) से प्रकाशित हुई। प्रवासी भारतीयों में पत्र अत्यंत लोकप्रिय हुआ। पत्र के सम्पादक श्री स्वामी भवानी दयाल संन्यासी थे।

'भारतीय आदर्श'

सन् 1923 में श्री द्वारका प्रसाद सेवक ने उच्च आदर्शों से प्रेरित होकर 'भारतीय आदर्श' साप्ताहिक का प्रकाशन इंदौर से किया। सेवक जी के शब्दों में पत्र की स्थिति से परिचय प्राप्त हो सकता है :

"भारतीय आदर्श के अब तक प्रकाशित 58 पृष्ठों के 9 अंक जिन सज्जनों ने ध्यानपूर्वक पढ़े हैं; उनसे कुछ और अधिक कहने की जरूरत नहीं है। समय की अनिवार्य आवश्यकता, मेरी भयंकर परिस्थिति, असीम कठिनाइयाँ और असह्य कष्टों का उनको पूरा-पूरा ज्ञान हो चुका होगा। मुझे जो कुछ इस विषय में लिखना था, मैं लिख चुका हूँ। 'भारतीय आदर्श' को प्रकाशित करने, आरम्भ करने का उद्देश्य भी अप्रकट नहीं है। मैं 'आदर्श' को अपने ढंग का उच्चकोटि का अद्वितीय साधन बना देना चाहता हूँ। किन्तु सहयोग और सहायता के काम सहयोग और सहायता से ही हो सकते हैं। पैसे के काम पैसे से ही होंगे, बातों से नहीं। अभी तक मुझे जो कुछ सहायता प्राप्त हुई है उससे 'आदर्श' के लिए किये हुए व्यय का आधा भाग भी प्राप्त नहीं हुआ है। इन 9 अंकों की 1600 प्रतियाँ मुफ्त बाँटी गयी हैं। आगे ऐसां नहीं हो सकेगा। आखिर यह कब तक ? अब तक सर्वथा मुफ्त ही पढ़ते रहनेवाले महापुरुषों को अपना कुछ तो कर्तव्य पालन करना चाहिए।"[17]

उपर्युक्त पंक्तियों से सेवक जी की व्यथा का अनुमान लगाया जा सकता है। आज भी पाठकों की प्रवृत्ति दृष्टिगत होती है कि मुफ्त में पढ़नेवाले बहुत हैं। नादिहन्द ग्राहकों में बड़ी एकता है।

'स्वदेश' का विजयांक

सन् 1919 से 1938 तक तमाम परेशानियों के बावजूद निकलनेवाले साप्ताहिक पत्र 'स्वदेश', जिसको अमर शहीद श्रद्धेय श्री गणेशंकर जी विद्यार्थी का आशीष प्राप्त था, इसी पत्र के सम्पादन का भार 'उग्र' जी को सन् 1924 को मिला।

इस विजयांक के कारण ब्रिटिश साम्राज्य के अधिकारी आतंकित हो गये थे। विशेषांक में प्रकाशित श्री अनूप शर्मा की निम्नलिखित पंक्तियाँ राष्ट्रप्रेमियों के लिए प्रेरणा शक्ति बन गयी थीं :

'क्रान्ति की उषा से होगा
रक्त भारतीय व्योम,
ताप-भरा नेह का,
तरणि तमके ही गा।
कायरो ! क्यों लेते हो,
कलंक को अकारथ ही,
भारत के भाग्य का,
सितारा चमके ही गा।।'

इस कविता की प्रत्येक पंक्ति का अनुवाद अंग्रेजी में हुआ तथा इंग्लैंड के अधिकारियों के पास उसकी प्रतियाँ भेजी गयीं ताकि भारतीयों की उग्र राष्ट्रीयता की भावना स्पष्ट हो सके।

यह विजयादशमी विशेषांक 50 पृष्ठों का था, जिसमें प्रमुखतः सर्वश्री बाबूराव विष्णु पराड़कर, हेरम्ब मिश्र, बाबा राघवदास, पाण्डेय बेचन शर्मा 'उग्र', कृष्णदेवप्रसाद गौड़, जयशंकर प्रसाद, शांतिप्रिय द्विवेदी, लाला भगवानदीन तथा रामनाथ लाल 'सुमन' के लेख संगृहीत हैं। 'भावी क्रान्ति' (लेखक श्री त्रिदण्डी), 'विजय' (रामचरित उपाध्याय), 'विप्लव राग और माँ' (रामनाथलाल सुमन) तो अत्यधिक आपत्तिजनक थे। जैसा कि पुलिस विभाग की सूचना सं. 762। viii-411 दिनांक 19-2-25 से ज्ञात है।

'विजय'

'नैराश्यं परमं सुखम्'

"हिन्दुओ ! तुम्हारा विजय नैराश्य में है। तुम्हारे गुणों की दैवी सम्पत्ति का परिचय इसी निराशा में मिलनेवाला है। अतः सावधान हो इस अवसर का योग्य लाभ उठाइये और अपने जाति-वैशिष्ट्य को कायम रखिए।"

बाबा राघवदास

बातों से सुधार क्या होगा सुनो विनय का सार।
फिर दुलार भारत का करिये करके अरि संहार।।

पं. रामचरित उपाध्याय

विजयांक में श्री रामनाथ लाल रचित एक कविता की चार पंक्तियाँ उल्लेखनीय हैं :

'माँ'

वे नृशंस दर्शन से ही मर जायें बस आँखें मूँदें।
अत्याचारी वधिक विदेशी छाती पर न अधिक कूदें।
एक बार माँ ! एक बार तू नाच काम बन जायेगा।
ताण्डव की बस एक कला में रक्त-पात्र भर जायेगा।।

'स्वदेश' के उग्र राष्ट्र-प्रेम का प्रमाण 'हिन्दी के साप्ताहिक पत्र' से मिलता है, जिसे श्री रामनाथ लाल 'सुमन' ने लिखा है, जो इस अंक का प्रमुख लेख है। इस लेख की उल्लेखनीय पंक्तियाँ 'स्वदेश के प्रति पत्रकारों का उद्गार' नामक शीर्षक के अन्तर्गत उद्धृत की गयी हैं।

विजयांक में प्रकाशित 'हमारी दशा, तुम्हारा स्वागत' में रणचंडी दुर्गा को आमंत्रित किया गया है।

5 जनवरी 1920 को 'स्वदेश' ने 'कांग्रेस अंक' 24 पृष्ठों का प्रकाशित किया। होली, दीपावली, कृष्ण जन्माष्टमी पर्वों पर 'स्वदेश' ने विशेषांक निकाला है, जिसकी सामग्रियाँ मुख्यतः राजनीतिपरक ही हैं।

'स्वदेश' के प्रति पत्रों की सम्मति

'स्वदेश' की तेजस्विता का ज्ञान प्राप्त करने के लिए आवश्यक है कि तत्कालीन अंग्रेजी और हिन्दी पत्रों की सम्मति पर ध्यान दिया जाए। 26 मई 1919 के अंक में विविध पत्रों की सम्मतियाँ प्रकाशित हैं–

'स्टार' : प्रयाग

गोरखपुर को इस बात का गर्व होना चाहिए कि उसके यहाँ से हिन्दी साप्ताहिक 'स्वदेश' का जन्म हुआ। राष्ट्रीय दृष्टि से पत्र उनके लिए सचमुच ही बहुमूल्य है, जिनके लिए कि इसकी आवश्यकता थी। हमारे सहयोगी का उत्साहयुक्त और जोरदार लेख लिखने का ढंग ठीक उसी प्रकार है, जिस प्रकार कानपुर के 'प्रताप' का। हमें उसका 'गोरखधंधा' बहुत ही पसंद है। हमारी मनोकामना है कि पत्र उपयोगी ढंग पर मुद्दतों बरकरार रहे।

'प्रताप' : कानपुर

हम 'स्वदेश' (गोरखपुर) का हृदय से स्वागत करते हैं। 'स्वदेश' उन्नत विचारों का साप्ताहिक पत्र हैं। राजनैतिक और सामाजिक सेवा में वह समान रूप से अग्रगामी होगा। साहित्य और शिक्षा की चर्चा भी वह किया करेगा।··· हम अपने नये सहयोगी का फिर आदर से स्वागत करते हैं। और हृदय से चाहते हैं कि वह खूब फले फूले और देश के लिए उपयोगी हो। (31.3.19)।

'स्वदेश' की तेजस्विता और 'आज'

17 अक्टूबर 1924 की अपनी संपादकीय टिप्पणी में 'आज' लिखता है कि–

"··· प्रतिकूल परिस्थिति में भी इन दोनों ('स्वदेश' और 'वर्तमान') अंकों के

संपादकों ने जितना और जैसा संग्रह किया है, उसके लिए हम दोनों को बधाई देते हैं। दोनों का गद्य भाग पद्य भाग से अच्छा है। कविता के लिए कविता न छापकर यदि पत्र-संपादक काव्य को ही आश्रय देने का निश्चय कर लें तो सम्भवतः साहित्य की श्रीवृद्धि होगी और तुकबन्दी करनेवालों का निरुत्साह होगा, जिसकी बड़ी आवश्यकता है।

श्री मुकुटबिहारी वर्मा जी जब 'स्वदेश' के संपादक के रूप में गिरफ्तार किये गये और 'स्वदेश' पर मुकदमा चला तो उसका विस्तृत वर्णन प्रकाशित हुआ है, जो द्रष्टव्य है :

'स्वदेश' संपादक का मुकदमा

एक संवाददाता लिखते हैं–'स्वदेश' के नये संपादक श्री मुकुटबिहारी वर्मा जो दफा 108 के अनुसार गिरफ्तार किये गये थे, जिनकी गिरफ्तारी का कारण 'बोलशेविज्म क्या है ?' नामी पुस्तिका को खरीदकर बेचने का अभियोग था, उनके मामले की पहली पेशी 4 फरवरी को और 11 फरवरी को लगभग 3 बजे दिन को हुई। पेशी में सरकारी गवाहों की गवाहियाँ ली गयीं। गवाहों में गोरखपुर-निवासी पंडित शिवकुमार शास्त्री के भाई की गवाही एक प्रकार से मनोरंजक थी। न्यायाधीश के पूछने पर कि उन पुस्तकों के पढ़ने से आप पर क्या प्रभाव पड़ा, उत्तर में उन्होंने कहा कि गवर्नमेंट को यहाँ से एकदम निकाल दिया जाय अथवा अभी मारकाट आरंभ कर दी जाय।

गवाहियाँ ले चुकने के बाद मुकदमे में दूसरी तारीख पड़ी। अब 25 फरवरी को दूसरी तारीख है। 'आज' : 16 फरवरी 1925 अंक।

'स्वदेश' के ऐतिहासिक विशेषांक 'विजयांक' का संपादन श्री पाण्डेय बेचन शर्मा 'उग्र' जी ने किया था, जिसके कुछ अंशों पर आपत्ति कर गवर्नमेंट ने मुकदमा चलाया। मुकदमे का फैसला निम्नलिखित था :

"राजद्रोह में 'उग्र' जी
नौ महीने की कड़ी कैद"
(निज संवाददाता)

··· पाण्डेय बेचन शर्मा 'उग्र' पर ('स्वदेश' के विशेषांक का संपादन करने के कारण) ताजीरात हिन्द की दफा 124 के अनुसार राजद्रोह का मुकदमा चल रहा था। वह आज खतम हो गया। जिला मजिस्ट्रेट ने उनको नौ-नौ महीने सख्त कैद की सजा दी है।" 25 जून 1925

'उग्रजी' के कठोर कारावास पर 'आज' ने उसी दिन संपादकीय टिप्पणी में लिखा है कि :

"उग्र जी

हमें यह जानकर दुःख हुआ कि श्री बेचन शर्मा 'उग्र' को गोरखपुर के मजिस्ट्रेट ने 9 महीने का सपरिश्रम कारावास का हुक्म दिया है। पाठक जानते हैं कि आपने 'स्वदेश' के विशेषांक का संपादन किया था। उसी अंक के कुछ अंशों पर आपत्ति कर गवर्नमेंट ने प्रकाशक श्री दशरथप्रसाद द्विवेदी पर मुकदमा चलाया और उन्हें कारावास का दंड दिया। वे ही 'स्वदेश' के स्थायी संपादक भी थे। यद्यपि कानूनन् जिम्मेदारी अस्थायी संपादक की ही हो सकती है, पर इस विशेष अवस्था में इतनी कड़ी सजा की कोई आवश्यकता न थी। हमें आशा है कि श्री उग्र जी प्रसन्नतापूर्वक इस कष्ट को सहकर स्वास्थ्य सहित वापस आवेंगे और कारागार के भीतर भी साहित्य की सेवा करते रहेंगे। इसके लिए जेल अधिकारियों को उन्हें सुविधा भी अवश्य देनी चाहिए।"

25 जून 1925

नौकरशाही की वक्रदृष्टि को झेलते हुए भी 'स्वदेश' ने युक्तप्रांत की जो सेवा की वह अविस्मरणीय है। प्रसिद्ध साहित्यकार तथा पत्रकार श्री रामनाथ लाल 'सुमन' का उद्‌गार 'स्वदेश' के गौरव को स्पष्ट करता है :

"स्वदेश पहले बहुत सुंदर निकलता था, दुःख है कि अब उसका यौवन नष्ट हो गया है। शक्ल देखने से ज्ञात होता है कि मानो उसने संन्यास ले लिया है। नौकरशाही के प्रहार और स्वदेश-सेवा में आत्मबलिदान करने के कारण उसकी यह आर्थिक दुर्दशा हो रही है, यह हमारे लिए लज्जा की बात है। युक्तप्रांत में पहले यह एक उच्चकोटि का पत्र समझा जाता था पर देवदुर्विपाक से आज 'थर्ड क्लास' का हो गया है। कृष्ण जन्माष्टमी पर इसके पहले बहुत सुंदर अंक निकलते थे, अब बहुत दिनों से नहीं निकलते।··· हिन्दी में पहला पत्र है जिसने विज्ञापनों से अपना कलेवर मुक्त कर रखा है।··· यह दशरथ जी का ही हृदय है जो थोड़ी सी ग्राहक संख्या रहने पर भी निरन्तर घाटा सहकर इसे निकाले जा रहे हैं।"[18]

इसी तरह के मार्मिक तथा सहयोग वृत्ति से परिपूर्ण अनेक उद्‌गार यत्र-तत्र बिखरे पड़े हैं। जिनसे 'स्वदेश' का महत्त्व स्वयंसिद्ध है।

'प्रताप'

महात्मा गांधी की शांतिपूर्ण नीति के प्रतिकूल हिंसात्मक रुख अपनाने के कारण 'चौरी चौरा काण्ड' हुआ। 'प्रताप' ने 6 मार्च 1922 को लिखा :

प्रायश्चित्त

अरे ! क्रूर ! निष्ठुर हृदया ! भीषण प्रकाण्ड कर डाला।
सकल सभ्य जग के समक्ष हा ! करवाया मुँह काला।

भूले शुचि उद्देश्य प्रभो क्या होगा और हमारा
भँवर ग्रसित भारत नौका को कैसे मिले सहारा ?
अनशन-व्रत्त रहकर ही, यों निज हृदय व्यथा को हरता।
महापाप तुमने कर डाला, प्रायश्चित्त मैं करता।।

'प्रताप' एक युगांतरकारी पत्र था। गणेशशंकर विद्यार्थी की अद्भुत प्रतिभा, अनुपम सम्पादन-कौशल, अदम्य उत्साह, दुर्दमनीय साहस, लोक-सेवा, राष्ट्र-सेवा की अप्रतिम भावना से यह पत्र सदैव उद्दीप्त रहता था। वार पर वार सहकर, लम्बी-लम्बी थैलियों पर लात मारकर 'प्रताप' सत्य पर अटल रहा। चेतावनी, नोटिस, जमानत, तलाशी एवं जेल-यात्रा को तुच्छ समझकर 'प्रताप' के सम्पादकों ने क्रान्ति का मार्ग प्रशस्त किया। पत्रकारिता के पावन लक्ष्य का जैसा अनुकरणीय निर्वाह 'प्रताप' ने किया, वैसा अन्यत्र दुर्लभ है।

मासिक 'समन्वय'

कलकत्ता के रामकृष्ण आश्रम के तत्त्वावधान में स्वामी माधवानन्द जी के सम्पादन में कलकत्ते से 1922 ई. में मासिक 'समन्वय' का प्रकाशन हुआ। निराला, मुंशी नवजादिक लाल, बाबू शिवपूजन सहाय ने भी पत्र के सम्पादन में अपना महत्त्वपूर्ण योगदान दिया। धार्मिक, आध्यात्मिक और सामाजिक विषयों पर संगृहणीय लेखों के प्रकाशन से 'समन्वय' ने हिन्दी मासिक पत्रों में विशिष्ट स्थान बना लिया था। संस्कृति-चेतना प्रधान पत्रिका 'समन्वय' पं. सूर्यकांत त्रिपाठी निराला की सूझ-बूझ, कार्यकुशलता और पाण्डित्य से चमत्कृत हो उठी। आचार्य महावीर प्रसाद द्विवेदी द्वारा प्रेरित हो निराला पत्रकारिता-जगत् में प्रविष्ट हुए जिसे अपने दायित्व-बोध से उल्लेख्य बना दिया।

मासिक 'सरोज'

सचित्र मासिक 'सरोज' के सम्पादक सर्वश्री नवजादिक लाल श्रीवास्तव तथा रामप्रसाद पाण्डेय थे। पत्र के सर्वस्व श्री कनका प्रसाद चौधरी थे। मातृभाषा हिन्दी की सेवा में रत 'सरोज' को अपने समय के समर्थ साहित्यकारों का सहयोग प्राप्त था। 1928-29 ई. में प्रकाशित इस पत्र में व्यंग्य-चित्र के साथ उदीयमान कवियों की कृतियों का विवरण प्राप्त होता है।

'अर्जुन'

इस दैनिक पत्र का प्रकाशन 23 अप्रैल 1923 ई. को दिल्ली से प्रारम्भ हुआ था। स्वामी श्रद्धानन्द, इन्द्र विद्यावाचस्पति, पत्र के सम्पादक थे। सन् 1934 ई. में आंग्ल शासकों ने 6,000 रुपए की जमानत माँगी। ऐसी स्थिति में पत्र को बन्द कर

दिया गया तथा 'वीर अर्जुन' के नाम से दूसरा पत्र निकाला गया। सन् 1925 ई. से पत्र का साप्ताहिक संस्करण प्रकाशित हुआ जिसके सम्पादक कृष्णचन्द्र विद्यालंकार थे। जयंत वाचस्पति और लेखराम ने भी पत्र का सम्पादन किया। सन् 1942 में पत्र का प्रकाशन स्थगित हुआ। 1945 में पुनः यह पत्र प्रारम्भ हुआ। महाशय कृष्ण द्वारा पत्र को दैनिक हिन्दी पत्रों में अविस्मरणीय स्थान दिलाया गया।

'न दैन्यं न पलायनम्' को सार्थक करनेवाले 'अर्जुन' पत्र का स्तम्भ 'वीणा की झंकार' बहुचर्चित हुआ। प्रो. इन्द्र तथा सत्यकाम अलंकार जो पत्र के सम्पादक थे, उन्हें 6-6 महीने की जेल की सजा हुई। क्रान्तिकारी पत्रों में 'अर्जुन' अग्रणी सिद्ध हुआ।

हिन्दी की पोषिका 'वीणा'

मध्यभारत हिन्दी साहित्य समिति इन्दौर की मुखपत्रिका 'वीणा' का प्रकाशन अक्टूबर 1924 से प्रारम्भ हुआ जिसके सम्पादक पं. अम्बिकादत्त त्रिपाठी थे। प्रथम सम्पादकीय लेख में उद्घोषित किया गया :

"पत्रिका का मुख्य उद्देश्य मध्यभारत और राजपूताना, विशेषतः मध्यभारत की रियासतों में हिन्दी भाषा का प्रचार तथा हिन्दी साहित्य के प्रति अनुराग पैदा करना है। मध्यभारत और राजपूताने के जिन लेखकों और कवियों की रचनाएँ अब तक हिन्दी जगत् के सामने नहीं पहुँच सकी हैं, उन्हें उत्साहित और पुरस्कृत कर उनके परिमार्जित विचारों द्वारा हिन्दी साहित्य की अभिवृद्धि करना भी 'वीणा' का उद्देश्य है।"

पत्रिका के संस्थापक डॉ. सरयूप्रसाद तिवारी के हिन्दी-प्रेम को पल्लवित-पुष्पित करने में श्री कालिका प्रसाद दीक्षित 'कुसुमाकर' का योगदान उल्लेख्य है। सर्वश्री शन्तिप्रिय द्विवेदी, डॉ. सुदर्शन, हरिराम पाण्डेय, लक्ष्मीनारायण, दीनदयाल अवस्थी, प्रयागनारायण 'संगम', श्रीमती चन्द्रारानी सिंह और पं. गोपी वल्लभ जी उपाध्याय ने संस्थापक के निम्नलिखित लक्ष्य को पूरा करने का प्रयास किया :

यदि 'वीणा' में है दोष दूर करते क्यों नहीं
को है निर्दोष, जरा यह भी सोच लीजिए।
बिना संघ-शक्ति मिले, किसका सुधार हुआ,
'वीणा' के सुधार में भी सहयोग दीजिए।
तन से, या मन से, या धन से किसी भाँति
यशाशक्ति कुछ तो सहाय आप कीजिए।
'वीणा' आपकी है, हिन्दी समिति भी आपकी
इसके प्रचार में तुरन्त हाथ दीजिए।।

वर्ष 17 अप्रैल 1944 के अंक का सम्पादन प्रो. कमला शंकर मिश्र ने किया। पत्र का लक्ष्य निम्नलिखित था :

'तेरे गुन गौरव सुनाऊँ आजु भूतल पै
यातें मातु सारदे सुधार निज 'वीणा' तू।'

पाण्डेय बेचन शर्मा 'उग्र' ने भी इस पत्र का कुछ महीनों तक सम्पादन किया।

'सैनिक'

आगरा से सन् 1925 ई. में दैनिक पत्र 'सैनिक' का प्रकाशन हुआ जिसके संस्थापक सम्पादक कृष्णदत्त पालीवाल थे। सर्वश्री परिपूर्णानन्द वर्मा, हरिशंकर शर्मा, सच्चिदानन्द हीरानन्द वात्स्यायन 'अज्ञेय', श्याम सुन्दर लाल दीक्षित, परमेश्वरी लाल गुप्त पत्र के सम्पादक-मंडल में कार्य कर चुके हैं। स्वदेश-प्रेम से उत्प्रेरित क्रांतिकारी विचारों के प्रसार की दृष्टि से पत्र अप्रतिम सिद्ध हुआ।

दैनिक 'भारतमित्र' और 'कलकत्ता समाचार'

कलकत्ते से प्रकाशित दैनिक 'भारतमित्र' और 'कलकत्ता समाचार' दैनिक ने हिन्दी पत्रकारिता को समृद्ध किया। पं. अम्बिकाप्रसाद वाजपेयी के अनुसार 'भारतमित्र' का पाठक ज्ञानी और 'कलकत्ता समाचार' का पाठक कूपमंडूक था। पं. अमृतलाल चक्रवर्ती के सहयोगी पं. द्वारकाप्रसाद चतुर्वेदी थे जो पत्र की व्यवस्था को सम्भालते थे। 1922 ई. में पत्र का 'तिलकांक' प्रकाशित हुआ जिसके सम्पादक पं. झाबरमल्ल शर्मा थे। सम्पादकीय टिप्पणी की निम्नलिखित पंक्तियाँ अविस्मरणीय हैं :

"... जिस समय भगवान् तिलक ने राष्ट्रीय कर्मक्षेत्र में एक सच्चे कर्मयोगी की भाँति प्रवेश किया था, उस समय देश की राष्ट्रीयता का बीज–सच पूछा जाय तो अंकुरित भी नहीं हुआ था। जन साधारण में किसी को इस बात की खबर नहीं थी कि राष्ट्रीयता कहते किसे हैं। परन्तु लोकमान्य ने भगीरथ प्रयत्न करके भारतीय राष्ट्र के लिए क्षेत्र तैयार किया। उसमें उन्होंने बीज को बोया और सींचा। जो अंकुर फूटा उसकी रक्षा के लिए स्वयं ऐसे अनेक कष्टों को सहा, जिन्हें सहन करना उन दिनों केवल लोकमान्य का ही काम था।"

हास्य रस-सर्जक : निर्भीक 'मतवाला'

हिन्दी में उच्च कोटि के व्यंग्य-विनोद के साथ प्रखर राष्ट्र-भक्ति को प्रदीप्त करने वाला 'मतवाला' कलकत्ता से 1923 में निकला। संस्थापक श्री महादेव प्रसाद सेठ को आचार्य शिवपूजन सहाय, सूर्यकांत त्रिपाठी 'निराला', पाण्डेय बेचन शर्मा 'उग्र', मुंशी नवजादिक लाल तथा ईश्वरी प्रसाद शर्मा का सहयोग प्राप्त था। पत्र का स्वरूप निम्नलिखित पंक्तियों से स्पष्ट है :

अमिय गरल, शशि शीकर रविकर राग-विराग भरा प्याला।
पीते हैं जो साधक उनका प्यारा है यह 'मतवाला'।

पत्र के प्रथमांक का अवतरण श्रावणी पूर्णिमा 1980 रविवार को हुआ जिसके 'पिनल कोड' और 'चेतावनी' से ज्ञात होता है कि इसके प्रति प्याले (प्रत्येक अंक) का मूल्य दो पैसे नगद और वार्षिक बोतल (प्रत्येक वर्ष) का मूल्य दो रुपए पेशगी के रूप में था। 'मुहर्रमी महाशय 'मतवाला' के लिए लेख भेजने का दुस्साहस न करें' यह स्पष्ट चेतावनी थी। सम्पादकीय स्तम्भ के अन्तर्गत अकबर इलाहाबादी की पंक्तियाँ छपती थीं :

"खींचो न कमानों को न तलवार निकालो।
जब तोप मुकाबिल है तो अखबार निकालो।।"

'मतवाले की बहक', 'चलती चक्की', 'मतवाले का चाबुक' पत्र के स्थायी स्तम्भ थे। 'प्रफुल्ल पत्रावली', 'पुस्तक परिचय', 'भानमती की पिटारी' के साथ 'मतवाले का चुकूड़', 'चण्डूखाने की गप्प' और 'रंगरूटों की फौज' भी प्रकाशित होता था। सम्पादकीय लेख, चलती-चक्की एवं विनोदपूर्ण टिप्पणियाँ आचार्य शिवपूजन सहाय लिखते थे। मुखपृष्ठ पर 'निराला' की कविता छपती थी। 'मतवाला की बहक' नवजादिक लाल लिखते थे।

प्रथम अंक के 'आत्म-परिचय' की निम्नलिखित पंक्तियों द्वारा 'मतवाला' का उद्देश्य ध्यातव्य है :

"शिव ! शिव ! नशे की झक में मैं क्या-क्या बक गया। अच्छा लहर ही तो है। लेकिन इस लहर में आप न पड़ियेगा। सिर्फ मेरी यात्रा का लक्ष्य स्मरण रखियेगा।··· मैं यथेष्ट रीति से इस देश की आन्तरिक दशा बतलाऊँगा। लेकिन बतलाने का ढंग निराला होगा। जो मेरी ही तरह स्वयं 'मत' वाला होगा, वही उस ढंग को समझनेवाला होगा। राष्ट्र, जाति, सम्प्रदाय, भाषा, धर्म, समाज, शासन प्रणाली, साहित्य और व्यापार आदि समस्त विषयों का निरीक्षण और संरक्षण ही मेरी योजना का अभिसंधान है। मैं उसे पूरा करने के लिए संकोच, भय, ग्लानि, चिन्ता और पक्षपात का उसी प्रकार त्याग कर दूँगा जिस प्रकार यहाँ के नेता निजी स्वार्थ का त्याग करते हैं।"

द्वितीय वर्ष के प्रथम अंक का सम्पादकीय पत्र के अन्तर्दर्शन को स्पष्ट करता है :

आत्म-कथा

"··· जिस दैत्य की तलाश में हम निकले, उसे इस देश की प्रत्येक दिशा और प्रत्येक प्रगति में देखा। राजनीति पर उसने जादू की लकड़ी फेर दी है। समाज की नसें ढीली कर दी हैं। साहित्य की छाती पर पत्थर रख दिया है। धर्म की गरदन पर

भोंडी छुरी रेत रहा है। शिक्षा बेचारी को जहर का घूँट पिला रहा है। व्यापार का तो उसने गला घोंट दिया है।

राज़नीतिक परिस्थिति में उथल-पुथल मचा हुआ है। वह निराशा और दुविधा की बीहड़ घाटियों में भटक रही है। दलबंदियाँ सिर उठा रही हैं। सहयोग शक्ति की कमर टूट गयी है। आत्मविश्वास कलेजा थामकर बैठ गया है। धैर्य की गाड़ी छूट गयी है। साहस के पैर उखड़ चुके हैं। उत्साह बगलें झाँक रहा है। चरखा सिर धुन रहा है। खद्दर का दम घुट रहा है। 'अहिंसा' की कातर दृष्टि शून्य आकाश से जीवन की भिक्षा माँग रही है। 'दास्ता' की आँखों में चरबी छा गयी है। नौकरशाही की पाँचों अंगुलियाँ घी में हैं। दाढ़ी और चुटिया में गाँठ पड़ गयी है। एकता रंडापा झेल रही है। दाढ़ीवालों के पेट में दुगुनी लम्बी दाढ़ी है और चोटीवालों के पीछे चोटी से भी लम्बी दुम।

साहित्य में विचित्र धाँधली मची हुई है। विशुद्ध साहित्य सूली पर चढ़ाया जा रहा है, भ्रष्ट साहित्य पालने पर झूल रहा है। राष्ट्रीय पोथियाँ जब्त हो रही हैं, गंदे उपन्यासों का प्रचार बढ़ रहा है। सच्चे इतिहास के मुँह में कपड़ा ठूँस दिया गया है। मिथ्या इतिहास सरे बाजार गला फाड़कर चिल्ला रहा है। यथार्थवादी पत्र लोहे के चने चबा रहे हैं। 'हाँ-हजूरवाले' बराबर हलवा गपक रहे हैं। लेखकों के छक्के पंजे भूल गये हैं। प्रकाशकों के पौबारह हैं। जो पत्रिकाएँ सादकी से रहकर पवित्र जीवन बिताती हैं; उनकी ओर लोग ताकते भी नहीं, मगर नखरे-तिल्ले वाली पुंच्छुचली पर लोग लट्टू हुए जाते हैं। अजीब गोरखधंधा है।"

पंडित सूर्यकांत त्रिपाठी 'निराला' गरगज सिंह वर्मा के नाम से लिखते थे। उनकी कविताओं ने 'मतवाला' को विशिष्ट स्वरूप प्रदान किया। चुभती टिप्पणियों को लिखकर पाण्डेय बेचन शर्मा 'उग्र' ने पत्र को लोकप्रिय बनाया।

वर्ष 2, अंक 6 की सम्पादकीय टिप्पणी से 'मतवाला' की तेजस्विता का ज्ञान होता है :

गोरों की काली जोंकें

"महात्मा जी समझाते-समझाते हार गये, लाला जी लेक्चर देते-देते थक गये, मालवीय जी का उपदेश निष्फल हो गया, नेहरू जी के नाकों दम हो गया, दास युक्ति तर्क खाक में मिल गया।··· देश की जागृति कभी निष्फल नहीं जाती। गरीबों की पुकार सुनकर भगवान् का आसन भी डोल जाता है। भारत उठेगा, कोटि-कोटि दरिद्रों का रक्त पीकर अकड़नेवाले देशद्रोहियों को उनके कर्मों का फल भोगना पड़ेगा। जोंकें चाहे गोरी हों या काली, भारत का रक्त एक दिन उनका पेट फाड़ेगा। साम्यवाद का बीजवपन हो रहा है। सावधान ! ! !"

इसीलिए तो नवम्बर 1923 के अंक में 'क्षत्रियमित्र' ने लिखा :

"मतवाला के मतवालेपन में बावलापन या उतावलापन नहीं है। इसमें निरुत्साह नहीं, उत्साह है, निष्कर्मण्यता नहीं, कर्मप्रियता है, क्षुद्रता नहीं, उदारता है, छिछोरापन नहीं, गम्भीरता है।"

'मतवाले की बहक' जानदार भाषा में व्यंग्य प्रधान शैली में सामयिक प्रश्नों पर प्रकाश डालता था :

"... शायद वृद्धावस्था के कारण श्रद्धेय मालवीय जी की बुद्धि सठिया गई है, इसी से उन्होंने एक ही कुएँ में सब जाति के मनुष्यों को पानी भरने का प्रस्ताव पास होने दिया है। शिव ! शिव ! इस अंधेर का भी कहीं ठिकाना है। जब धोबी, डोम, चमार, मेहतर और ब्राह्मण तथा क्षत्रिय आदि एक ही कुएँ में जल भरने लगेंगे तो हमारे पुराने खयाल के कूपमंडूक कहाँ रहेंगे ?"[19]

"खबरदार यारो, चाहे गांधीजी चिल्लाएँ, चाहे आचार्य राम बावेला मचाएँ, तुम खद्दर न छूना। राम ! राम ! जब शरीर की शोभा न रही तब स्वराज्य लेकर क्या अचार डालोगे ? शरीर ही तो सब कुछ है।"[20]

15 मार्च 1924 ई. के 'मतवाला' का सम्पादकीय स्वर अविस्मरणीय है। 'फोटो लेकर चाटो' शीर्षक के अन्तर्गत पाण्डेय बेचन शर्मा 'उग्र' की लेखनी से निस्सरित यह लेख नवयुवकों में प्राण फूँकनेवाला है :

"रंगदार होली का जमाना जाता रहा। बीती ताहि बिसारि दे, आगे की सुधि लेहु। प्रेम की पिचकारियों से काम लो, मुख पर गौरव का गुलाल मलो, सामाजिक कुप्रथाओं की होली जलाओ, खादी की सादी पोशाक पर अमल अनुराग का अबीर छिड़को, आपस की फूट की धूल उड़ाओ, कायरता पर कीच उछालो, ऊँच-नीच का भेद मिटाओ, राष्ट्रीयता का राग अलापो, मादक वस्तुओं का मुँह काला करो, विदेशी वस्तुओं को जूतियों का हार पहनाओ और गुलामी को गधे पर चढ़ाओ।

बस, यही होली का समयानुकूल स्वांग होगा, वही होली वास्तविक आनन्द की अठखेलियों से भरी होगी, वही होली भारत के समस्त लोगों के घर-घर में चकाचक पुए की कड़ाहियाँ रंग लायगी, उसी होली के दिन भारत की शुष्कप्राय जातीयता की जड़ में सजीवन सलिल की धारा पहुँचेगी, उसी होली के दिन शांति और स्वराज्य में परस्पर फाग मचेगा। यदि उस होली के दर्शनार्थ तुम्हारी आँखें उत्सुक नहीं हैं–हृदय उद्विग्न नहीं होता है–मस्तिष्क अशांत नहीं है, प्राण व्याकुल नहीं है–तो वही अपने बाबा के गीत गा-गाकर उसी पुरानी का फोटो लेकर चाटते रहो।"

'मतवाला' का साहित्यिक अवदान हिन्दी साहित्य हेतु अत्यंत विशिष्ट है। सामयिक व्यंग्य और हास्य की पूर्ति तो इससे होती ही थी, शाश्वत महत्त्व की सामग्री प्रकाशित कर इस पत्र ने हिन्दी को समृद्ध किया। निराला के साथ हरिऔध, चतुरसेन शास्त्री, प्रेमचंद, प्रसाद, उग्र और शिवपूजन सहाय जैसे समर्थ साहित्यकारों

को तेजोदीप्त बनाने में पत्र की अविस्मरणीय भूमिका थी।

'महारथी'

हिन्दी के प्रचार-प्रसार के लिए श्री रामचन्द्र शर्मा ने सितम्बर 1925 ई. में 'महारथी' मासिक का प्रकाशन किया। श्री जैनेन्द्र कुमार, ऋषभचरण जैन, मंगलदेव, आचार्य चतुरसेन शास्त्री आदि साहित्यकारों के सहयोग से सचित्र 'महारथी' 'सरस्वती' और 'माधुरी' का प्रतिद्वन्द्वी बन गया। दमन के चलते बंद हुआ तो बिना किसी डिक्लेरेशन के 'महारथी' दैनिक निकलने लगा जिसकी एक प्रति का मूल्य 1 पैसा था। यह पत्र 9 माह तक चला। कोपभाजन बनकर दैनिक को साप्ताहिक होना पड़ा। लाला लाजपत राय की मृत्यु पर संघर्षशील 'महारथी' ने दिसम्बर 1928 में लिखा :

"चढ़ रहा है हर जुबां पर अब जुनूने लाजपत।
क्या कोई तूफान लाएगा ये खूने लाजपत ?
हो रहे हैं जर्द चेहरे आज क्यों हुक्काम के,
सुर्ख होने चाहिए थे पीके खूने लाजपत।"

विजयादशमी के प्रेरक पर्व पर प्रकाशित 'महारथी' के पहले अंक में महामना मदनमोहन मालवीय की आशीर्वादात्मक पंक्तियाँ छपीं जो पत्रकारिता-जगत् के लिए स्पृहणीय हैं :

"आपका··· संकल्प मुझे कल्याणकारी मालूम होता है। मैं हृदय से आपके उद्देश्यों की सफलता चाहता हूँ। यदि इस पत्र के द्वारा आप पुरुष, स्त्री और बालकों में आत्म सम्मान, अपने ऊपर भरोसा रखने और दीन, दुर्बल असहायों की सेवा करने का पवित्र और मनुष्य को ऊँचा करनेवाला भाव बढ़ा सकें, तो आप समाज की कृतज्ञता के पात्र होंगे। परमात्मा आपकी सुबुद्धि और उत्साह को दृढ़ करें।"

भारत के युवकों, युवतियों में तप, त्याग, बल और साहस की उदात्त भावनाओं का संचार करने के लिए 'महारथी' ने जहाँ 'तेजोऽसि तेजो मयि धेहि' को अपना आलम्बन बनाया वहाँ 'वीरभोग्या वसुंधरा' तथा 'नायमात्मा बलहीनेन लभ्यः' का उज्ज्वल ध्येय अपनाया। 'शक्ति अंक' (अक्टूबर 1927), 'राजपूत अंक' (अक्टूबर 1928), 'प्रताप अंक' (मई 1929), 'मराठा अंक' (अक्टूबर 1929) आदि विविध विशेषांकों ने 'महारथी' के पवित्र लक्ष्य को सार्थक किया। अक्टूबर 1925 से मार्च 1930 तक पत्र के 54 अंकों में राष्ट्रीय जागरण, सामाजिक विषमता, आर्थिक कठिनाई और ब्रिटिश नौकरशाही के काले कारनामों से सम्बद्ध तथ्य प्राप्त होते हैं। अपने अंतिम अंक में 'महारथी' ने लिखा :

"··· परन्तु 'महारथी' की कविताएँ और समाचारों की शैली भी खटकती है, अतः उस पर आक्षेप और कड़ी निगाह जारी है। कार्यालय पर पहरा रहता है

और प्रेस-आर्डिनेंस का कोड़ा सिर पर है। मुझसे सरकार चिढ़ी हुई है। उधर 'प्रताप' और 'सैनिक' का गला घुट ही चुका है। ऐसी परिस्थितियों में कब क्या हो जाय, यह सोचकर 'महारथी' को एक उत्तरदायी ट्रस्ट के हाथों में सौंपने की योजना की गयी है।"[21]

'महारथी' स्वतंत्रता का उत्कट अभिलाषी था। अपने प्रथमांक में पत्र ने श्री रामनरेश त्रिपाठी की 'अतीत चिन्ता' शीर्षक कविता का प्रकाशन किया जिसकी पंक्तियाँ पत्र के उद्देश्य को सार्थक सिद्ध करती हैं :

सौभाग्य का विकास था प्रत्येक धाम में
इतिहास का निवास था प्रत्येक ग्राम में
उत्साह था, विवेक था, प्रत्येक काम में
आनन्द था प्रभात में, सन्तोष शाम में
जब देश था स्वतंत्र यहाँ भी बहार थी
तब एक से बढ़ एक यहाँ थे महारथी।

वस्तुतः रामचन्द्र शर्मा 'महारथी' का पत्र 'महारथी' क्रान्ति काल की हिन्दी पत्रकारिता का देदीप्यमान नक्षत्र था। पत्र की उद्घोषणा द्रष्टव्य है :

जैसी करनी वैसी भरनी, शक हो इसमें करके देख।
दोजख भी है, जन्नत भी है, महशर भी है, मर के देख।।

लाला लाजपत राय की स्मृति में 20 नवम्बर 1930 को दैनिक 'महारथी' ने लिखा :

"देश के हृदय में आग धधक रही है और वह प्रत्येक चोट को गिन रहा है—कब अंतिम चोट पड़ेगी और कब विशाल जनाजा उठाकर गहरी कब्र में रखा जाएगा, कब यह हमारा त्यौहार समाप्त होगा ?"

'हे वीर हमारा प्रणाम ग्रहण कीजिए' : उपर्युक्त लेख के कारण श्री रामचन्द्र 'महारथी' को नौ महीने की जेल की सजा हुई। उत्तर भारत की दीप्तिमान पत्रकारिता के मूल में 'महारथी' ही है।

साप्ताहिक 'श्रीकृष्ण-संदेश'

साप्ताहिक 'श्रीकृष्ण-संदेश' डॉ. एस. के. बर्मन की ओर से पं. लक्ष्मणनारायण गर्दे के सम्पादकत्व में 27 दिसम्बर 1925 को प्रकाशित हुआ। पत्र-प्रकाशन पर डॉ. राजेन्द्र प्रसाद ने आशा व्यक्त की :

"भारतवर्ष को इस समय कृष्ण-संदेश की बड़ी आवश्यकता है। हम उद्यम और अध्यवसाय भूल से गये हैं। कर्मयोग की शिक्षा भारत को श्रीकृष्ण भगवान् ने दी थी। उसे आज फिर प्रचारित करना और भारतवासियों को कर्मयोगी बनाकर समस्त देश के हित में रत करना सभी नेताओं और पथ-प्रदर्शकों का कर्तव्य होना

चाहिए। आशा है 'कृष्ण-संदेश' अपने नाम को सार्थक करेगा।"

'कर्म ही धर्म' की उद्घोषणा द्वारा साप्ताहिक 'श्रीकृष्ण-संदेश' ने भारतवासियों में कर्मपरायणता भर दी।

'मातृभूमि'

'मातृभूमि' सचित्र मासिक पत्रिका झाँसी से अप्रैल 1925 को प्रकाशित हुई जिसके सम्पादक श्री रघुनाथ बिनायक धुलेकर, एम. ए. एल-एल. बी. तथा उपसम्पादक श्री ब्रजभूषण लाल त्रिपाठी विशारद 'निश्चल' थे। मुखपृष्ठ पर पत्रिका का मोटो छपा था :

> 'क्षुद्रं हृदय दौर्बल्यं त्यक्त्वोत्तिष्ठ परंतप'।
>
> X X X
>
> स्वतंत्रता जीवन है और दासता मृत्यु
>
> Freedom is life, Bondage Death.

प्रथमांक की विषय सूची से पत्रिका की आत्मा को पहचाना जा सकता है :

1. मातृभूमि (कविता)
2. कृषकों की वर्तमान स्थिति
3. आत्मा का उद्धार करो (कविता)
4. हिन्दू जाति की बुराइयाँ तथा उनका प्रतिकार
5. झाँसी की अध्यापक कान्फ्रेंस (श्री प्रकाश जी का भाषण)
6. चित्र-परिचय
7. जीवन संग्राम (कविता)
8. स्वार्थ
9. चतुर किसान
10. स्पर्धा
11. मध्यभारत के प्राचीन नगर
12. जन्मभूमि (गान)
13. सेवा धर्म
14. मेरा क्या अपराध

समाज में स्फूर्ति को संचारित कर 'मातृभूमि' ने अपनी पत्रकारिता को महनीय बना दिया।

साप्ताहिक 'सेनापति'

सचित्र साप्ताहिक 'सेनापति' 5 नवम्बर 1926 को आर्य-जाति में वीर-भाव के जागरण और उसकी शक्ति के सुसंघटन हेतु अवतरित हुआ। सम्पादकीय वक्तव्य

में 'सेनापति' ने अपनी सार्थकता को स्पष्ट किया :

"मुट्ठीभर जीव हमारी नकेल पकड़कर नचा रहे हैं और उन्हीं विश्व विकम्पी परशुराम और श्रीराम की सन्तान, बन्दरों की तरह नाच रही है। हमारे इस पतित जीवन पर हमारे पूर्वज स्वर्ग से आँसू बहा रहे होंगे और समरक्षेत्र में गाण्डीव का खेल देखनेवाला हिमालय हमारे ऊपर टूट पड़ने का विचार कर रहा होगा।··· यदि आज हम उस प्रभु को अपनी करुण-कथा, अपनी हाहाकार ध्वनि, अपना आर्त्तनाद सुना सकें, तो उसका हृदय अवश्य करुणा से पिघल जाएगा और वह निश्चय हमारे लिए कोई 'सेनापति' भेजकर उसके हाथों में 'पांचजन्य' और 'चक्रसुदर्शन' दे देगा। यही 'सेनापति' के जन्म का एकमात्र उद्देश्य है और यदि वह अपनी यह ध्वनि आर्यजाति को सुना सका और यदि आर्यजाति उस ध्वनि की सम्मिलित महाप्रतिध्वनि उस मंगलमय प्रभु को सुना सकी, तो 'सेनापति' अपना जन्म सार्थक और आनन्दमय समझेगा।"

बाबू जयशंकर 'प्रसाद' ने पत्र को शुभकामनाएँ भेजीं :

हाथों में हो शक्ति कर्म में नव कौशल हो।
मन में भगवद्भक्ति सत्य का अतुलित बल हो।।
जीवन के संग्राम करे हँस-हँसकर निर्भय।
निश्छल सेनापति की है निश्चय जय।।

'सेनापति' को महात्मा गांधी के असहयोग आंदोलन में अटूट विश्वास था। पं. केदारनाथ मिश्र 'प्रभात', हरिऔध, कन्हैयालाल मिश्र 'प्रभाकर' और लाला भगवानदीन सदृश उच्च स्तरीय साहित्यकारों का सहयोग पाकर 'सेनापति' गौरवान्वित रहा। श्री निहालचन्द वर्मा जैसे व्यवस्थापक और पं. रामगोविन्द त्रिवेदी जैसे सम्पादक से सुशोभित 'सेनापति' को 1927 ई. में कलकत्ता के 'विश्वमित्र' में सम्मिलित कर दिया गया।

साप्ताहिक 'हिन्दू-पंच' : 'स्वतंत्रता था जिसका मंत्र'

हिन्दू संगठन, शुद्ध संस्कार, अछूतोद्धार, समाज-सुधार एवं हिन्दी प्रचार हेतु 'हिन्दू पंच' सचित्र साप्ताहिक 1926 ई. में प्रकाशित हुआ। पत्र का लक्ष्य था :

लज्जा रखने को हिन्दू की, हिन्दू-नाम बचाने को।
आया 'हिन्दू-पंच' हिन्द में, हिन्दू-जाति जगाने को।।

बाबू मुकुन्दलाल वर्मा के संचालन और बाबू रामलाल वर्मा के प्रवर्तन में पत्र ने 1 जनवरी 1930 को 'बलिदान अंक' प्रकाशित किया। इस अंक का सम्पादकीय लेख स्मरणीय है :

"क्या माता की परतन्त्रता से हमें लज्जा नहीं आती ?··· बिना आत्म-बलिदान किए स्वतंत्रता कभी न आयेगी। हमारे रोने, माँगने या गिड़गिड़ाने से हमें कोई

स्वतंत्रता न प्रदान कर देगा। स्वतंत्रता ऐसी है ही नहीं, जो आसानी से मिल जाये और आसानी से मिली हुई स्वतंत्रता कभी टिकाऊ नहीं हो सकती।

X X X

इस कर्तव्य-पालन के लिए तुम्हें समस्त यातनाएँ सहन करते हुए चुपचाप बलि चढ़ जाना होगा और इसका पुरस्कार होगा–'स्वतंत्रता'। याद रहे यह दैवी शक्ति की प्रेरणा है और इसके यह मतलब हैं कि बलिदानों का ताँता न टूटने पाये। सैकड़ों-हजारों नहीं, बल्कि लाखों और करोड़ों शीश बलिवेदी पर चढ़ जाएँगे और तब तुम देखोगे कि स्वतंत्रता अविलम्ब आयेगी।"

इस तेजस्वी पत्र का सम्पादन कुछ दिनों के लिए मुंशी नवजादिक लाल ने किया।

क्रान्तिकाल का मासिक पत्र 'कवि'

(सन् 1926 ई.)

गोरखपुर से श्री 'त्रिशूल' के संपादकत्व में प्रकाशित 'कवि' मासिक पत्र बीसवीं सदी के तीसरे दशक में उद्बोधक गीत गाता रहा है :

"राजाधिराज धनेश रहे तिनके मुख रंकता ज्वै गए हैं।
जो गुरुओं का रहा गुरु है वह दासता पंक से च्वै गये हैं।
आनंद की नहिं सींव रही, उनके जल नैन तें भ्वै गये हैं।
लाड़ले भारत मातु के हा ! कछु थे पै कछू अब ह्वै गये हैं।।"

–श्री रामनारायण रावत

अपने चौथे वर्ष के 9वें अंक में वैष्णव रामकृष्णदास, रिविलगंज, छपरा द्वारा रचित 'स्वदेश-प्रेम' कविता प्रकाशित हुई है, जो उल्लेखनीय है :

"परम रम्य स्वदेश वसुन्धरा, अति-विचित्र पवित्र मनोहरा।
जहँ भये बहुसिद्ध मुनीश्वरा, प्रबल वीर सुधीर धुरन्धरा।।
अहह कष्ट विधे ! थल है वही, प्रथम की समता अब ना रही।
नहिं स्वतंत्र विचार रहा कहीं, पर अधीन सुखौ सपने नहीं।।
सुनहूँ भारत के प्रिय लाल हो, तुम भविष्यत् के प्रतिपाल हो।
अजहुँ चेत करो मन में सबै, तजहु आलस नींद वृथा अबै।
करहु भारतभूमि उधार तू, यदि अहो फुर आर्य्यकुमार तू,
जनि कुकायरता पद पै लुठो, पुरुष हो पुरुषार्थ करो उठो।"

पुराने पत्रों में समस्यापूर्ति से संबंधित रचनाएँ छपती थीं। 'कवि' में समस्यापूर्ति के बहाने राष्ट्र-प्रेम के सम्बन्ध में गीत प्रकाशित हुए हैं।

धन धाम दई प्रिय बाम दई,
छबि काम ललाम दई तन में

गुन ज्ञान दई सनमान दई,
जय दान दई रिपु सों रन में।
सुख साज दई करि राज दई,
करि राज दई सब दीपन में।
सब बादि दई जो दई न दई,
एक प्रेम स्वदेश जिन्हें मन में।।[22]

पं. रामाधार त्रिपाठी 'गजपुरी'

'कवि' का मोटो

कवि के प्रत्येक अंक के मुखपृष्ठ पर निम्नलिखित संस्कृत का श्लोक छपा।

"काव्यशास्त्रविनोदेन कालोगच्छति धीमताम्।"

पत्रिका के प्रथम पृष्ठ पर मान्य महाकवियों की सूक्तियाँ प्रकाशित हुईं, जो द्रष्टव्य हैं :

"चरन धरत चिंता करत नींद न भावत सोर।
सुबरन को खोजत फिरत कबि, व्यभिचारी, चोर।।"

–'केशव' (वर्ष 4, अंक 5)

"जेहि पर कृपा करहिं जन जानी।
कबि उर अजिर नचावहिं बानी।।"

–'तुलसीदास' (वर्ष 4, अंक 6)

"लाख जप तप पर मर मर जाते हैं,
कवि एक पंक्ति में अमर पद पाते हैं।।"

–वर्ष 4, अंक 7

"झख मारत बक बक कुकवि भखि घोंघी शैवाल,
चुनत सूक्ति मुक्ता सदा, मानस सुकवि मराल।।"

–अज्ञात (वर्ष 4, अंक 9)

उपर्युक्त पंक्तियों से सुस्पष्ट है कि 'कवि' में काव्य जगत् की विविधता थी। 'सनेही' जी की एक कविता इसी कवित्व-शक्ति के बारे में है, जो प्रथम पृष्ठ पर छपी :

"बाजन लगति जस दुंदुभी दिगन्तन लौं
दुष्ट द्वेषी द्रोहिन के दलन दलति है।
छाजन लगति छबि औरै छिति छोरन में,
पुन्य तरु साखा बढ़ि सुफल फलति है।
लाजन लगति भंड मंडली घमंड तजि,
जमदंड जिंय जानि छाती दहलति है।

गाजन लगति मृत्यु सीस सूम राजन के
जब कबिराजन की लेखनी चलति है।।

–'सनेही'

'कवि' के प्रारंभिक अंकों मुखपेज पर निम्नलिखित श्लोक छपता था :

"जानाते यन्न चन्द्रार्को, जानते यन्न योगिनः।
जानीते यनन भर्गोऽपि, तज्जानाति कविः स्वयम्।।"

उपर्युक्त विविध सूक्तियों को देखकर निष्कर्ष निकाला जा सकता है कि 'कवि' कविता-संबंधी समस्त सामग्रियों को ही स्थान देता रहा है। कोमल, कमनीय, सरस तथा कभी-कभी तेजस्विता से परिपूर्ण रचनाओं को समादृत करना 'कवि' का मुख्य लक्ष्य था। इसी लक्ष्य से प्रेरित होकर 'कवि' ने उत्तर भारत के शिक्षितों को कविता करने और उसे पढ़ने-समझने की ओर प्रेरित किया।

'कवि' के प्रमुख स्तम्भ : कविता संबंधी पत्र 'कवि' के प्रत्येक अंक में निम्नलिखित शीर्षकवाले अध्याय प्राप्त होते हैं जिन्हें स्तम्भ कहा जा सकता है :

(क) ऋतुवर्णन
(ख) नीति नखशिख
(ग) सुकवि गुणावली
(घ) काव्य-कुंज
(च) प्राचीन कविता की झलक
(छ) समस्यापूर्ति।

'कवि' और ऋतु-वर्णन : पत्र के प्रकाशन के समय जो ऋतु अपना प्रभाव दिखलाती थी, उसके संबंध में अनेक कवियों की कविताएँ प्रकाशित होती थीं। सं. 1983 के ज्येंष्ठ माह में प्रकाशित अंक में ग्रीष्म ऋतु से संबंधित चौदह कविताएँ निम्नस्थ चौदह कवियों की छपी हैं, जिनके नाम इस प्रकार हैं :

(1) श्री गुरुसहाय 'विरक्त', (2) श्री अनूप शर्मा, बी. ए., एल. टी.,
(3) श्री भरोस पाण्डेय, (4) पं. अम्बिकाप्रसाद 'अम्बिकेश',
(5) गार्गीदीन मिश्र, (6) सुमति,
(7) कृपालदयाल निगम, (8) शारद रसेन्द्र,
(9) काव्यधराधर ठा. बलभद्र सिंह, (10) चक्रधर अवस्थी,
(11) बाबू बद्रीप्रसाद जी रईस, (12) ठा. रघुनन्दन सिंह 'विशारद',
(13) गदाधर सिंह सुजौलिया (14) श्री कमलाप्रसाद मिश्र 'कमलेश'।

'कवि' के चौथे वर्ष के श्रावण में प्रमुख रूप से निम्नलिखित कवियों की रचनाएँ मिलती हैं।

(1) श्री रंगनारायण पाल वर्मा
(2) श्री गार्गीदीन सफीपुर

(3) श्री रामलाल पाण्डे

(4) श्री ब्रजेश त्रिपाठी

अनेक छन्दों में अनेक कवियों की एक ही विषय पर रचनाओं को संगृहीत कर 'कवि' ने हिन्दी-साहित्य को समृद्ध किया है।

'कवि' और नीति नख-शिख : सुकवि वचनेश मिश्र ने प्रायः प्रत्येक अंक में नख-शिख का क्रमबद्ध पद्यमय विवेचन किया है, जिसके कुछ उदाहरण द्रष्टव्य हैं :

कपोल

"गोरे गोरे गाल पै कारो तिल छबिवान।
पाय भले थल वास ज्यों, मलिनहु लहैं सुमान।।"

–वर्ष 4, अंक 5

उरोज

इन उरोज उन्नतन को मर्दन ही रस रीति।
ज्यों कठोर दुर्मुखन को दण्डहि हित यह नीति।।

आंगुरी

मृदुल आंगुरिहु मिलि करैं, कठिन कला के काम।
आपुस की सहकारिता, सकल सिद्धि की धाम।।

–वर्ष 4, अंक 6

कटि

सूमदान, सठ की सुमति, मंगन को सन्मान।
पातुर प्रीति प्रमान कटि, पाँचों एक समान।।
बाढ़त जात नितम्ब कुच, होत जात कटि छीन।
सहवासिन की वृद्धि लखि, खल जिमि होत मलीन।।

नितम्ब

रहत अदर्श नितम्ब नित, कुच सुदर्श गति देखि।
अति परचय सों नरन में, मान हानि अवरेखि।।

–वर्ष 4, अंक 7

दोहे में नख-शिख-वर्णन जो सुकवि वचनेश मिश्र ने प्रस्तुत किया है, वह 'कवि' की एक थाती है।

'कवि' और सुकवि गुणावली : इस अध्याय के अन्तर्गत महाकवियों की महत्ता प्रतिपादित की जाती रही है। वर्ष 4, अंक 6 में वियोगी हरि द्वारा रचित कवि चंद और कवि भूषण के संबंध में चार-चार दोहे छपे हैं जिनमें कवियों का गुणगान प्राप्त है।

भूषण : "कवि भूषण की सरि करों, कहिहै को मति अंध।

जासु पालकी में दियो, छत्रसाल निज कंध।।"

वर्ष 4, अंक 5 में मौलवी महबूब अली मुंशी फाजिल द्वारा लिखित **'कलीम'** की विशेषताओं का वर्णन है। इस तरह स्पष्ट है कि स्तम्भ द्वारा 'कवि' के संपादक ने स्वनामधन्य प्राचीन महाकवियों के गुणों का उद्‌घाटन किया है।

'कवि' का काव्य-कुंज : 'कवि' का एक प्रमुख अध्याय काव्य-कुंज है, जिसमें अनेक कवियों की अनेक विषयों पर रचनाएँ संगृहीत हैं। वर्ष 4, अंक 5 के मुख्य कवियों की कविताएँ निम्नलिखित हैं।

मातृभूमि	दीनानाथ
लोचन	अनूप, बी. ए., एल. टी.
हृदयेश	वचनेश
समय का फेर	रंगपाल
वृद्ध-विवाह	शिवदुलारे त्रिपाठी
कृष्ण के प्रति गोपियों का उपालम्भ	गार्गीदीन मिश्र
आसन जैहै	श्रीयुत शिशु
सागर	'बन्धु' तथा अबोध मिश्र

वर्ष 4, अंक 6 में प्रकाशित कविताएँ निम्न हैं :

स्वेच्छा	रंगपाल
शक्ति	पं. अनूप शर्मा, बी. ए.
वह	पं. अम्बिकाप्रसाद भट्ट
मैं	पं. ब्रजेश त्रिपाठी
निशावसान	ब्रह्मचारी भद्राजित भद्र
छूटे	हरनन्दन द्विवेदी
भूले हो	सीताराम
आयेंगे	किशोर
ध्वजा	दीनानाथ 'अशंक'
तितली	भरत सिंह
जीत है	अवधेश त्रिपाठी
जीभ का रँड़ापा	वचनेश

'कवि' और कविता : इस पत्रिका के प्रत्येक अंक में कविता की परिभाषा, कविता का रूप तथा कविता की दुर्दशा आदि पर पद्यमय रचनाएँ प्राप्त होती हैं। 'कवि' कल्लोल (श्री रामकृष्णदास), 'कवि' (मदनगोपालमिश्र), 'कविता' (श्री अवधेश त्रिपाठी), 'काव्य-दुर्दशा' (श्री भागवतप्रसाद) आदि द्वारा कविता के विविध अंगों पर प्रकाश डाला गया है।

'कवि' ने काव्य-कुंज की विशेषताओं को बतलाया है तथा इसकी अधोगति

पर भी चिंता प्रकट की है। आदर्श कविता की रचना द्वारा हिन्दी-साहित्य को समृद्ध करना 'कवि' का मुख्य कार्य था।

'कवि' का संगठन पक्ष : 'त्रिशूल' जी के सम्पादकत्व में 'कवि' प्रारंभ हुआ था तथा उन्हीं के कार्य-काल में यह लोकप्रियता को प्राप्त हुआ। पं. रामनयन मिश्र द्वारा 'कवि प्रेस' गोरखपुर में यह मुद्रित होता था तथा श्री रामनारायण रावत द्वारा कवि प्रेस गोरखपुर द्वारा प्रकाशित होता था। प्रथम तीन वर्षों तक यह सुचारु रूप से नियमित प्रकाशित होता था लेकिन चौथे वर्ष में इसके प्रकाशन में अनियमितता आ गयी। चौथे वर्ष के आश्विन, कार्तिक, मार्गशीर्ष, पौष, माघ, फाल्गुन में माहवारी अंक न निकलकर संयुक्तांक निकला। कानपुर से प्रकाशित 'सुकवि' की एक टिप्पणी द्वारा 'कवि' की स्थिति का ज्ञान होता है।

'कवि की कथा' : कई वर्ष हुए गोरखपुर से 'कवि' नाम का कविता-संबंधी मासिक पत्र प्रकाशित होना प्रारंभ हुआ था। उसके प्रकाशक श्री रामनारायण रावत गोरखपुरी इस विषय में बड़ा उत्साह रखते थे, परन्तु ऐसे पत्रों के इतिहास में श्री बाबू हरिश्चन्द्र जी भारतेन्दु के प्रयत्न से प्रारंभ करके आज तक कोई पत्र ऐसा नहीं बताया जा सकता, जो दो-चार वर्ष नियत समय पर बिना असह्य घाटा दिये चल सका हो। फलतः कवि भी कई बार जन्मा और मरा। हाल में कुछ उत्साही सज्जनों के उकसाने और सहायता का दृढ़ निश्चय दिलाने पर रावत जी ने उसके प्रकाशन का फिर साहस किया था। परन्तु तीन चार अंक निकलने पर ही उसका निकलना प्रायः असम्भव हो गया। सहायता का वचन देनेवालों का उद्योग भी पर्याप्त न हुआ। अन्ततोगत्वा रावत जी ने निश्चय किया कि वे अपनी शक्तियाँ 'सुकवि' में लगाये और 'कवि' के उन ग्राहकों को जिनका मूल्य शेष है, और वे 'सुकवि' के ग्राहक नहीं हैं, सुकवि भेजा जाय। जो सज्जन 'सुकवि' के ग्राहक हैं, और उनके दाम 'कवि' पर बाकी हैं, उनको शेष मूल्य की पुस्तकें सुकवि पुस्तक भंडार से भेज दी जायँ। जिन सज्जनों का मूल्य 'कवि' पर शेष हो वे निम्नलिखित पते पर सूचना देने की कृपा करें।[23]

मैनेजर सुकवि

फीलखाना–कानपुर।

निष्कर्ष यही निकल सकता है कि जिस 'कवि' ने अनगिनत साक्षरों को काव्य-रचना की प्रेरणा दी, जो गोरखपुर की साहित्यिक गतिविधि का केन्द्र था, उस पत्र ने आर्थिक संकट एवं पाठकों की कमी के कारण दम तोड़ दिया। पत्र के प्रकाशक ने सदाशयता का परिचय दिया कि वे 'सुकवि' को समृद्ध करने में जुट गये।

‘विभूति’ (आजमगढ़)

(सन 1926 ई.)

क्रांतिकाल में विविध विषयों से विभूषित ‘विभूति’ नामक मासिक पत्र महन्त शिवगुलाम भारती के संपादकत्व में रजादेपुर मठ (सगड़ी) आजमगढ़ से प्रकाशित होता था। इस पत्र के मुखपृष्ठ पर इसका लक्ष्य छपा है।

“देश, धर्म, धन, गो, कृषी उन्नति हित यह पत्र।
व्यापक हो जगदीश जग, यत्र तत्र सर्वत्र।।”

‘विभूति’ के प्रथम पृष्ठ पर दो पंक्तियों की एक कविता इसके मोटो के रूप में प्रकाशित है :

“विश्व की व्यापक अन्तःपूति। सत्य की शक्तिमती आहूति।
प्रेम की परमानन्द प्रसूति। धन्य है भव की भव्य विभूति।।”

फरवरी 1926 ई. से प्रकाशित यह पत्र लगभग तीन वर्षों तक नियमित रूप से चलता रहा।

‘हमारा निवेदन’ : ‘विभूति’ मासिक पत्र के प्रकाशन के पीछे कौन-कौन से प्रेरक तत्त्व रहे इसकी जानकारी हेतु संपादक द्वारा लिखित प्रथम अंक का ‘हमारा निवेदन’ द्रष्टव्य है :

“आज से बिल्कुल सात महीने पहिले हमारे हृदय में ‘विभूति’ निकालने की इच्छा हुई। इस इच्छा ने तो हमें यहाँ तक विवश किया कि इसकी दो-तीन संख्याएँ हस्तलिखित निकाली गईं। उक्त हस्तिलिखित ‘विभूति’ को हमारे कतिपय मित्रों, प्रेमियों और पाठकों ने बड़ा ही पसंद किया और ‘विभूति’ के शीघ्र प्रकाशन के लिए हमें उत्साहित करके अपने प्रेम का परिचय दिया।

X X X

जिस स्थान से ‘विभूति’ निकालने का प्रबन्ध किया गया है, वह एक पवित्र तपस्वी, कर्मनिष्ठ महात्मा का दिव्य मठ है। यद्यपि उनकी आत्मा इस समय संसार में नहीं है पर उनके महात्म्य, उनकी विभूति के अनुपम तपोबल पर सभी लोग मोहित हैं। उनकी विभूति में बड़ा बल था, और उससे बड़े कठिन दुरूह कार्य भी सुगमता से सफलीभूत हो जाते थे, धन्य है महात्मा की विभूति।

X X X

‘आजमगढ़’ गोरखपुर कमिश्नरी का दक्षिणी जिला है और बस्ती पश्चिमीय खण्ड है। कमिश्नरी से हिन्दी में निकलनेवाले सार्वजनिक और साहित्यिक पत्रों का नितान्त अभाव है। इसका एकमात्र कारण है यहाँ के हिन्दुओं की उदासीनता। तीनों जिलों में हिन्दुओं की अधिकता है पर यहाँ की हिन्दी गहिरे गढ़े में गिरी हुई सिसिक रही है।

विभूति के लिए मूल्य का कोई निर्णय नहीं किया जा सकता, वह एक अमूल्य दैवी शक्ति है, पर सबके सुभीते और हितार्थ सिर्फ तीन रुपया मात्र वार्षिक पूजा रखा गया है।"

'विभूति' की विशेषताओं के संबंध में श्री चन्द्रसेन गुप्त 'चंचरीक' की एक कविता प्रथम अंक में प्रकाशित है, जिसकी कुछ पंक्तियाँ उद्धृत की जा रही हैं।

विभूति पंचक

त्रिविध तापों की हरनि विभूति।
मुदित नवजीवन करनि विभूति।।
विभव सुख सरवर भरनि विभूति।
आ गई, भव की तरनि विभूति।।

X X X

निराशा घिरी घटा घन आज।
बिगड़ सब गया हमारा साज।।
निरन्तर देना मृदु-उपदेश।
मिटे जिससे दुख दुर्जन क्लेश।

संपादकीय विचार, साहित्य-संसार, विविध विषय तथा स्थानीय समाचार शीर्षक स्थायी स्तंभ प्राप्त होते हैं। यह मासिक पत्रिका विविध विषयों से विभूषित है।

'विभूति' और कविता : 'विभूति' मासिक पत्रिका के प्रत्येक अंक में विविध कवियों की 8-10 कविताएँ प्रकाशित हुई हैं।

'काव्य-कुंज' में संकलित कविताएँ अप्रत्यक्ष रूप से राष्ट्र-प्रेम की भावना जागरित करती हैं।

'स्वदेश' के सम्पादक दशरथ जी के सम्बन्ध में प्रकाशित निम्नलिखित पंक्तियाँ द्रष्टव्य हैं :

दशरथ जी के प्रति चंचरीक

कृष्ण-कारागार माहि चौबिस महीना बसि
  छूटि आये बाहर बधाई है बधाई है।
जेल को समुझि खेल चित में न माख कीन्हें।
  राष्ट्र की विमल भक्ति भावना समाई है।
आपदा-कलेस दूर आय दूरि कीन्हे दूरि
  भूरि भरे भाव हिय माहि अधिकाई है।
'चंचरीक' सरस 'स्वदेश' के करनहारे,
  दशरथ कर आज मुदित बढ़ाई है।।[24]

संपादकीय विचार : 'विभूति' का प्रमुख स्तम्भ 'संपादकीय विचार' है, जिसमें

सामयिक विषयों पर चर्चा है। अगस्त 1926 के अंक में **'वोट किसको देना चाहिए ?'** तथा 'विद्यार्थियों का आत्मबलिदान' इन दो शीर्षकों के अन्तर्गत संपादकीय विचार प्रकाशित हुए हैं। अंग्रेजी शिक्षा और अंग्रेजी चाल के पीछे दीवाने हिन्दू जाति को सत्पथ पर लाने का कार्य संपादक ने अपनी लेखनी के माध्यम से किया है, जिसे अविकल रूप में प्रस्तुत किया जा रहा है।

"अंग्रेजी शिक्षा और अंग्रेजी चाल के पीछे भारत बरबाद हो रहा है। मातृभाषा और अपनी वेशभूषा पर किसी की भी श्रद्धा नहीं। प्राचीन हिन्दू रीति नीति और रहन सहन की इस बीसवीं सदी में कोई प्रतिष्ठा नहीं।

अंग्रेजी डिग्रियों के पीछे भाग्यहीन भारत का अपार धन व्यय हो रहा है। कालेजों में पढ़ते-पढ़ते हमारे अनेक नवयुवकों की आँखें खराब हो गयीं। वे अन्धे बन गये, कमर झुक गयी, स्वास्थ्य बिगड़ गया पर डिग्री प्राप्त नहीं हुई।

यह एक चाल सी हो गयी है कि नाम के पीछे बिना अंग्रेजी के दस-बीस शब्द आर. एम. एस. ए. बी. सी. डी. के जोड़े उस नाम का गौरव नहीं। इसी अक्षरों के प्रपंच में पड़कर भारतवासी दरिद्र हो रहे हैं। पर इस अनर्थकारी लोभ को संवरण नहीं कर सकते यह हमारा दुर्भाग्य है।

भारत ही एक ऐसा अभागा देश है जहाँ शिक्षा का माध्यम अपनी भाषा नहीं। काशी हिन्दू विश्वविद्यालय से इसकी आशा थी पर वहाँ भी बेचारी मातृभाषा को माध्यम का गौरव न मिला। हिन्दू जाति तो अंग्रेजी के पीछे लट्टू हो रही है। फिर हिन्दी को शिक्षा का माध्यम बनाकर करेंगे क्या ? शोक !

संस्कृत विद्यार्थियों के बिना अधिकांश पाठशालाएँ खाली पड़ी हैं। उन पाठशालाओं में संस्कृत का पढ़नेवाला कोई विद्यार्थी नहीं। विक्रम भोज का समय नहीं कि इससे गौरव व धन की प्राप्ति होगी। तब इसके पढ़ने से लाभ ही क्या हुआ। अंग्रेजी कालेजों में विद्यार्थियों के मारे नाकों दम। हजारों विद्यार्थी डिग्री प्राप्त करके ग्रेजुएट हो करके मारे-मारे फिर रहे हैं। कहाँ तक सबको सर्विस (नौकरी) मिले।

पर तिस पर भी मृगतृष्णा के पीछे लोग मर रहे हैं। डिग्री मिलनी चाहिए। बी. ए., एम., ए., एल-एल. बी. हो जावें, घर पर ही रहेंगे तो क्या ? इस प्रलोभन के कारण हमारे कितने नवयुवकों का खून हो गया। अंग्रेजी भाषा को गर्व है कि हमारा इतना गौरव चढ़ा बढ़ा है कि मेरे नाम पर लोग जान दे रहे हैं, अमूल्य प्राण से भी बढ़कर मैं अमूल्य अप्राप्य हूँ। और इस गौरव का सर्टिफिकेट देने वाले हम हैं अभागे हिन्दुस्तानी।

इसी अंग्रेजी डिग्री के पीछे प्रयाग का एक बंगाली नवयुवक एम. ए. परीक्षा में अनुत्तीर्ण होने के कारण, आत्मग्लानिवश अफीम सेवन कर चुपचाप सदा के लिए संसार से विदा हो गया। नहीं जानते कि उस लोक में भी डिग्री की तमन्ना···।

कलेजे पर हाथ रख करके, एक दूसरी हृदय-विदारक मर्मस्पर्शी घटना सुनिये। मध्य प्रदेश प्रान्त के सागर स्टेशन के पास कटनी जानेवाली लोकल ट्रेन के नीचे कटकर एक विद्यार्थी ने अपनी जान दे दी। यह विद्यार्थी दो वर्ष से मैट्रिक्युलेशन की परीक्षा में फेल हो रहा था। मरने के बाद उसकी लाश देखी गयी। उसके पाकेट में एक कागज मिला जिस पर लिखा था-"लगातार दो वर्ष से फेल होने के कारण मैं स्वयं मर रहा हूँ।"

ओह ! कैसा रोमांचकारी दृश्य है। अंग्रेजी डिग्री के पीछे अपने लालों को इस प्रकार काल कवलित होते देख किसकी छाती नहीं फटेगी ?

ओ अभागिनी हिन्दू जाति ! अब भी समय है चेत। विदेशी शिक्षा के पीछे तू अपना सर्वनाश मत कर।

वर्ष 1, संख्या 8, सितम्बर 1926 ई. के अंक में 'संपादकीय विचार' स्तम्भ के अन्तर्गत 'स्वदेश और दशरथ जी' शीर्षक एक सारगर्भित टिप्पणी है, जिसका कुछ अंश प्रस्तुत है :

'स्वदेश' और उसके सर्वस्व श्री पं. दशरथ जी द्विवेदी को पाठक भूले न होंगे। विजयादशमी के अवसर पर 'स्वदेश' का विजयांक पाण्डेय बेचन शर्मा उग्र के सम्पादकत्व में प्रकाशित हुआ, उसके कुछ अंश नौकरशाही को आपत्तिजनक प्रतीत हुए। बस, फिर क्या था ?··· दशरथ जी ने सारा दोष अपने ऊपर लिया। अदालत ने संपादक को 6 महीने और प्रकाशक पं. दशरथ जी द्विवेदी को 2 वर्ष के लिए जेल की सजा दी।

X X X

पं. दशरथ जी का जीवन राष्ट्रीय जीवन है। आप कट्टर असहयोगी हैं। उनके 'स्वदेश' को जिसने पढ़ा है, वह स्वयं अनुमान कर सकता है कि उनका विचार और उनका उद्देश्य तथा उनका भाव कितना ऊँचा विशिष्टतामय है।

X X X

हम दशरथ जी के हाथों से 'स्वदेश' को पुनः प्रकाशित देखना चाहते हैं। परमात्मा से भी प्रार्थना है कि 'स्वदेश' को पुनरुज्जीवित करने के लिए उन्हें शक्ति प्रदान करें।

रंगीली लहर : कटु-मधु-तिक्त वक्रोक्तियों के द्वारा 'विभूति' को मनोरंजक बनाया गया है। हर अंक में इस स्तम्भ के नीचे दो पंक्तियों की कविता छपती है :

"आँख उठाकर देख रहा हूँ मैं दुनिया का काम।
जो पूछो, बतला दूँ चट पट 'भस्मनाथ' है नाम।।"

स्वर्गीय पं. मन्नन द्विवेदी गजपुरी का जीवन चरित्र संकलित करने के लिए परमहंस बाबा राघवदास को बधाई ! बधाई ! ! बधाई ! ! ! आपके दिल में यह

भले समाई। कौन कर सकता है आपकी बड़ाई। धन्य हो महाराज। गोरखपुर को कम से कम ऋणमुक्त तो कीजिए।

सामयिक समस्याओं व चर्चाओं पर 'विभूति' की व्यंग्योक्ति द्रष्टव्य है :

"जो हिन्दू मुसलमान कुछ समय पहले, असहयोग के जमाने में एक दूसरे के हमदर्द थे, वे आज एक दूसरे के जानी दुश्मन बने हैं। मुसलमान डार-डार तो हिन्दू पात-पात। मुसलमान तंजीम और तबलीग का तबला बजाने लगे, तो हिन्दू शुद्धि संगठन का विपुल विश्वव्यापी विजय शंख-ध्वनि। स्वराज्य तो गया चूल्हे भार। अब आ गया तकरार। क्या इसी से होगा देशोद्धार।

X X X

महात्मा गांधी जी ने लिखा था अगर मैं बादशाह होता तो यह करता वह करता। मेरा तो यह कहना है कि जिस दिन से बादशाही ऐश आराम, खान-पान, पोशाक, पोजीशन बातचीत पर लात मारकर आपने असहयोग का बाना लिया, देश सेवा की 'विभूति' रमाई उसी दिन से परमात्मा ने आपको बादशाहों का बादशाह बना दिया जिसको सारा संसार माथा झुकाता है, वह अलभ्य अमूल्य 'महात्मा' पद आप को प्राप्त है। 'महात्माओं' के आगे बादशाद की वक़्त कहाँ ? क्या 'महात्मा' सुनते-सुनते आपकी तबीयत ऊब उठी ? जो बादशाह बनने के लिए लार टपक रही है ? यह 'उड़ना रोग' आपको कब से लगा ?"

'रंगीली लहर' के अन्तर्गत सारगर्भित व्यंग्योक्तियों का प्रकाशन पत्रिका के लिए सोने में सुहागा था।

विविध विषय : 'विभूति' के इस स्तम्भ के अन्तर्गत विश्व के उल्लेखनीय तथ्यों को प्रकाशित किया गया है :

'सबसे बड़ा पुल' : फोर्थ नदी के किनारे विलायत में जो पुल बना हुआ है वह दुनिया में सबसे बड़ा लम्बा और मजबूत पुल है। इसे 400 आदमी लगातार 7 वर्ष तक बनाते रहे हैं। इस पुल के बनाने में 45000000 रुपये खर्च हुए हैं।

'बड़ा कालेज' : संसार के सब कालेजों से बड़ा कालेज मिस्र देश के कैरो नगर में है, जिसमें 10000 छात्र पढ़ते हैं और उसमें 310 शिक्षक नियुक्त हैं।

'तम्बाकू में खर्च' : कौन कहता है कि भारत गरीब देश है ? जब कि यहाँ दो अरब से अधिक प्रतिवर्ष केवल तम्बाकू में खर्च होता है।

'भारत में शिक्षा' : भारतवर्ष में फ़ी हजार 37 पुरुष पढ़े हैं और फ़ी हजार छः स्त्रियाँ कुछ-कुछ पढ़ी हैं।

सोने की खान : कनाडा के टिमिस नगर में सोने की खान है, जो दुनिया में सबसे बड़ी कही जाती है। इसका रकबा 100 एकड़ का है, और हर महीने 2000000 लाख पौण्ड मूल्य का सोना निकलता है।

गहरा कुआँ : जर्मनी के ऊपर साइलेसिया में एक कुआँ है, जिसकी गहराई

7340 फीट है। इतना गहरा कुआँ संसार में कहीं नहीं है।

'विभूति' की प्रसादी : इस स्तम्भ के अन्तर्गत दिव्य विचारों का संग्रह उपलब्ध होता है। साहित्यिक व संक्षिप्त भाषा में सारगर्भित उपदेश हर अंक में छपते थे।

'विभूति' का क्रोड़ पत्र : अपने प्रकाशन के सातवें अंक में 'विभूति' के ग्राहकों को सूचना नामक एक छोटा लाल क्रोड़पत्र संलग्न है, जिसमें ग्राहकों से चंदा भेजने का आग्रह है।

40 पेजवाली इस पत्रिका में साहित्यिक, सामाजिक, सांस्कृतिक तथा राजनीतिक कविताएँ व लेख प्रकाशित हैं। 'विभूति की प्रसादी', 'रंगीली लहर', 'संपादकीय विचार', 'विविध समाचार', 'स्थानीय समाचार' तथा 'साहित्य संसार' जैसे समृद्ध स्तम्भों से विभूषित 'विभूति' पत्रिका उत्तर भारत में अपनी धाक जमा चुकी थी। उत्तर प्रदेश में राजनीतिक व साहित्यिक चेतना जागरित करनेवाली इस मासिक पत्रिका ने अनेक साहित्यकारों को साहित्याकाश में टिमटिमाया।

गोरखपुर का ऐतिहासिक पत्र 'कल्याण' (मासिक)

(सन् 1926 ई.)

क्रान्तिकाल के सभी पत्र राजनीति से सम्बद्ध होकर आंग्ल शासन को उखाड़ फेंकना चाहते थे उसी समय 'सब जन हिताय सब जन सुखाय' की भावना लेकर गोरख नगरी में 'कल्याण' नामक मासिक पत्र निकाला गया। 'कल्याण' पत्र का सम्बन्ध गीता प्रेस से है, जिसके विषय में कहा गया है :

"गीताप्रेस की स्थापना (29 अप्रैल 1923 ई.) गोरखपुर के साहित्य के इतिहास में दूसरी महत्त्वपूर्ण घटना है। सस्ते मूल्य पर प्रामाणिक धार्मिक साहित्य विशेषतः 'गीता' को सुलभ करने का जो महत्त्वपूर्ण कार्य गीताप्रेस ने किया है, वह प्रशंसनीय है। गीता और रामायण की लगभग चार करोड़ प्रतियाँ अब तक गीता प्रेस से निकल चुकी हैं। इसके अतिरिक्त अन्य औपनिषदिक, पौराणिक और धार्मिक साहित्य गीताप्रेस द्वारा प्रकाशित हुआ है। गीताप्रेस, गोरखपुर के लिए गौरव है, क्योंकि बाहर बहुत से लोग गोरखपुर को गीताप्रेस के नाम से ही जानते हैं। इसी गीताप्रेस से 'कल्याण' नामक हिन्दी मासिक का प्रकाशन सन् 1926 ई. में प्रारंभ हुआ जो आज अपने क्षेत्र में विश्व का अकेला मासिक पत्र है। 'कल्याण' की ग्राहक संख्या लगभग डेढ़ लाख है और कहा जाता है कि इसका विशेषांक तो चार-पाँच लाख की संख्या में छपता है। 'कल्याण' के पाठकों की संख्या दुनिया के सभी देशों में है और इसे हिन्दू ही नहीं, बल्कि देश-विदेश के अन्य धर्मावलम्बी भी बड़ी श्रद्धा और जिज्ञासा से पढ़ते हैं। इस रूप में 'कल्याण' का एक अन्तर्राष्ट्रीय महत्त्व है।"[25]

'कल्याण' मासिक पत्र के प्रकाशन के पीछे कौन-सा लक्ष्य है, इसकी जानकारी

प्रथम अंक के प्रथम पृष्ठ पर दी गयी है, जो द्रष्टव्य है :

कल्याण की आवश्यकता

संपादक का निवेदन

"कल्याण की आवश्यकता सबको है। जगत् में कौन ऐसा मनुष्य है, जो अपना कल्याण नहीं चाहता ? इसी आवश्यकता का अनुभव कर आज यह 'कल्याण' भी प्रकट हो रहा है। शुभ, मंगल, शिव और भद्र आदि कल्याण के पर्यायवाची शब्द हैं परन्तु इनका अर्थ करने में अपने-अपने उद्देश्य के अनुसार बड़ा अन्तर डाल दिया जाता है।··· परन्तु त्रिकालज्ञ ऋषि मुनियों ने, महात्माओं ने और जगत् के बड़े-बड़े धीमान् पुरुषों ने अपनी दिव्य दृष्टि से परमात्मा की आज्ञानुसार शुभ कर्म करते हुए अन्त में परमात्मा की प्राप्ति कर लेने को ही परम कल्याण माना है। इसी को ब्रह्मवेत्ता महापुरुष मोक्ष कहते हैं। इसी को भक्तों ने अपनी रसीली वाणी से श्याम सुन्दर का 'अनन्य-प्रेम' कहा है और यही सबका एकमात्र संपादनीय परम पुरुषार्थ है। यही एक ऐसा विषय है जिसमें सबका समान अधिकार है। इसमें स्त्री-पुरुष और ब्राह्मण-शूद्र का कोई भेद नहीं। धन-ऐश्वर्य, रूप-गुण, विद्या-कला और वर्ण-जाति आदि से यहाँ कुछ भी सम्बन्ध नहीं। यहाँ तो बस–

जिसने उत्कट उत्कंठा से उस प्रियतम को बुलवाया।
उसने ही तत्काल उसे अपने समीप में है पाया।।

X X X

पुरुष नपुंसक नारि वा जीव चराचर कोइ।
सर्वभाव भज कपट तजि मोहिं परम प्रिय सोइ।।

··· इसी बात का प्रचार करने के लिए उसी कल्याण के स्वामी की पवित्र प्रेरणा से और कुछ कल्याणमय तथा कल्याणकामी महानुभावों की अनुमति से इस 'कल्याण' का जन्म हुआ है।··· संपादक का विचार है कि इस 'कल्याण' के द्वारा यथासम्भव उन प्रातः स्मरणीय ऋषि-मुनियों और महापुरुषों की दिव्य वाणी का ही प्रचार किया जाय जो अपने अलौकिक तेज से पथभ्रष्ट पथिकों को कल्याण के सुन्दर मार्ग पर लाने में समर्थ हैं। स्वलिखित लेखों में भी यथासाध्य महापुरुषों के वचनों को ही आधार बनाने का विचार है। मनुष्य के विचारों का कार्य में परिणत होना प्रेरक प्रभु के अधीन है, उस मंगलमय की इच्छा से जो कुछ हो रहा है सो सभी कल्याण है, उसका कोई भी कार्य कल्याण से रहित नहीं होता।"[26]

उपर्युक्त बातों से स्पष्ट है कि 'कल्याण' हर प्राणी के कल्याण की कामना लेकर अवतरित हुआ जिसमें धर्म और भक्ति की ही प्रमुखतः चर्चा है। 'कल्याण' के प्रत्येक अंक में निम्नलिखित बातें प्रकाशित हैं, जिनसे इसके लक्ष्य का ज्ञान होता है।

भक्ति, ज्ञान, वैराग्य और धर्म सम्बन्धी
मासिक पत्र 'कल्याण' के नियम

(1) भक्ति, ज्ञान, वैराग्य, और सदाचार-समन्वित लेखों द्वारा जनता को कल्याण के पथ पर पहुँचाने का प्रयत्न करना इसका उद्देश्य है।

(2) यह प्रतिमास की कृष्ण एकादशी को प्रकाशित होता है।

(3) इसमें विज्ञापन स्वीकृत नहीं होते।

'कल्याण' का मुखपृष्ठ : रंग-बिरंगे चित्ताकर्षक धार्मिक चित्रों से सुशोभित 'कल्याण' का मुखपृष्ठ अनूठा होता है। विषय के अनुरूप ही मुखपृष्ठ पर सुन्दर चित्र दर्शनीय होते हैं। विशेषांकों के मुखपृष्ठ सारगर्भित वाक्यों व शब्दों से अलंकृत पाये जाते हैं। 'कल्याण' के प्रथम वर्ष का प्रथम अंक निम्नलिखित वाक्यों से सुसज्य है।

ॐ
श्री परमात्मने नमः
भक्ति, ज्ञान, वैराग्य और धर्म संबंधी मासिक पत्र
"सत्यं शौर्य्यतपः क्षमाऽमृतवचोऽहिंसाश्च श्रद्धालुताम्,
प्रीतिं भूतदयां जनेपि सकले सौहार्दमापादयन्।
भक्तिं कल्मषनाशिनीं भगवतीमानन्ददां वद्र्धयन्,
कल्याणं वितनोतु नोऽभयकरः कल्याणरूपो हरिः।।"

मुखपृष्ठ पर ही वार्षिक मूल्य 3) तथा विदेशों के लिए 4।।) प्रति सं. तथा विदेशों के लिए 11) मूल्य छपा है।

प्रथमांक बम्बई सत्संग भवन द्वारा प्रकाशित है। मुखपृष्ठ के दूसरी ओर अंग्रेजी में Printed by Pandit Shiv Ratan Lalman Bajapayi at Shri Venkateshwar Steam Press, 38 48, Khetwadi 7th Khambata Lane and edited and published by H.P. Poddar at Thakurdwar Road. दूसरे ही वर्ष से Edited by H.P. Poddar, Printed and published by Ghanshyam Das at Gita Press, Gorakhpur. छपने लगा।

पत्र की विषय-सामग्री : 'कल्याण' पत्र के प्रारंभिक अंकों की विषय-सूची और लेखों से इस पत्र की विषय-सामग्री और लेखकों की जानकारी प्राप्त की जा सकती है।

'कल्याण' में प्रकाशित विशिष्ट लेखों के अंश : 'नाम महात्म्य' शीर्षक के अन्तर्गत प्रकाशित माहात्मा गांधी के विचार उल्लेखनीय हैं।

"राम-नाम के प्रताप से पत्थर तैरने लगे, राम-नाम के बल से वानर सेना ने रावण के छक्के छुड़ा दिये, राम-नाम के सहारे हनुमान ने पर्वत उठा लिया और राक्षसों के घर अनेक वर्षों रहने पर भी सीता अपने सतीत्व को बचा सकीं।

भरत ने चौदह साल तक प्राण धारण कर रक्खा, क्योंकि उनके मुख से राम-नाम के सिवा दूसरा कोई शब्द न निकलता था। इसलिए तुलसीदासजी ने कहा कि कलिकाल का मल धो डालने के लिए राम नाम जपो।

··· मैं संसार में यदि व्यभिचारी होने से बचा हूँ तो राम-नाम की बदौलत। मैंने दावे तो बड़े-बड़े किये हैं, परन्तु यदि मेरे पास राम-नाम न होता तो तीन स्त्रियों को बहन कहने के लायक न रहा होता। जब-जब मुझपर विकट प्रसंग आये हैं, मैंने राम-नाम लिया है और मैं बच गया हूँ, अनेक संकटों से राम-नाम ने मेरी रक्षा की है। अपने इक्कीस दिन के उपवास में राम-नाम ने ही मुझे शांति प्रदान की है और मुझे जिलाया है। इस तरह राम-नाम के गीत गाने के लिए यदि कोई मुझसे कहे तो मैं सारी रात गाया करूँ। सो यदि आप अपने को दुःखी और पतित मानते हों और हम सब पतित हैं तो सुबह, शाम और सोते समय राम-नाम का रटन करो और पवित्र होओ।"

'कल्याण' में अध्यात्म के अतिरिक्त तत्कालीन राजनीति-विषयक समस्याएँ भी प्रकाशित हुई हैं जो पत्रकारिता का मानदण्ड है। अगस्त 1947 के एक लेख की पंक्तियाँ उद्धृत हैं।

'हिन्दुस्तानी का रहस्य'

डॉ. सुनीति कु. चटर्जी

आज की दशा (उपशीर्षक)

'··· जिस बात का डर था, अन्त में वह होकर रही। पाकिस्तान बन गया। ··· कांग्रेस ने शेर की खाल उतार फेंकी और जनता से किये गये अपने वादों को भूलकर बिना चीं-चपड़ किए, बिना हाथ-पैर मारे चुपचाप पाकिस्तान स्वीकार कर लिया। हमारा प्रिय आर्यावर्त, जिसकी एकता का उच्च घोष वेदों ने किया है और जिसने अपनी सांस्कृतिक एकता को अब तक अखण्ड बनाये रक्खा था, आज टूक-टूक हो गया। हिन्दुओं के साथ, जिन्होंने भारत माता की बेड़ियों को काटने के लिए और उसके शरीर को अक्षत रखने के लिए अपना खून और पसीना बहाया था, कांग्रेस ने विश्वास को नहीं निभाया। हिन्दुओं की वर्तमान दयनीय स्थिति का सबसे करुण पहलू यह है कि हिन्दुओं का कोई ऐसा नेता नहीं है जो मि. जिन्ना से टक्कर ले सके और हिन्दुओं की कोई ऐसी संस्था नहीं जो हिन्दुओं की ओर से कुछ बोल सके, कुछ कर सके। पाकिस्तान मुसलमानों का हो गया परन्तु विदुर स्थान अब भी हिन्दुओं का नहीं है। कांग्रेस नेताओं का शब्दजाल द्वारा अपनी हार, शर्म और झेंप को छिपाने का प्रयत्न रखना और पुनर्मिलन आदि का सब्जबाग देखना और दिखाना वास्तव में एक अनोखा दृश्य उपस्थित कर रहा है।'

अनुवादक—रविशंकर शुक्ल

पृ. 1161

'कल्याण' में प्रकीर्ण सूक्तियाँ : 'कल्याण' मासिक पत्र में लेखों के बाद जो थोड़ा-सा स्थान बच जाता है, वहाँ सन्तों, महाकवियों की सूक्तियाँ लिपिबद्ध प्राप्त होती हैं जो द्रष्टव्य हैं।

वर्ष 1, संख्या 1, अगस्त 1926

वाणी से कैसे बोलें ?

"किसी को गाली न दें, वृथा न बोलें, चुगली न करें, असत्य न बोलें, सदा कम बोलें और प्रत्येक शब्द को सावधानी से उच्चारण करें।" पृ. सं. 8

"भक्त हमारो पग धरे तहाँ धरों मैं हाथ।
लारे लागो हौं फिरूँ कबहुँ न छाँड़ों साथ।।" (चरणदासजी, पृ. 27)

वर्ष 1, संख्या 2, सितम्बर 1926

"शरीर का नाश होना मृत्यु नहीं है, मृत्यु है वास्तव में पापों की वासना।"
"मृत्यु को स्वाभाविक बनानेवाला ही सुख से मर सकता है।"
"जो आत्मा को अमर नहीं जानते वे ही मृत्यु से काँपा करते हैं।"
(पृ. सं. 37)

वर्ष 2, संख्या 4, 1927

"सबै भूमि गोपाल की यामें अटक कहा।
जाके मन में अटक है सोई अटक रहा।।
शरण जाहि गोपाल की पातक कटक कहा।
जाहि भरोसो और को सोई भटक रहा।। (पृ. 200)

'कल्याण' में प्रकाशित कविताएँ : सूरदास और तुलसीदास की रचनाएँ 'कल्याण' के प्रथम पृष्ठ पर समादृत हैं। प्रारंभिक अंकों में 'अकिंचन' द्वारा रचित कविताएँ बड़ी महत्ता के साथ प्रकाशित हैं।

'कल्याण' द्वारा सात्विकता का प्रचार : कलियुग में व्यावसायिक पत्रकारिता के बीच अव्यावसायिक पत्रकारिता का बीजारोपण पूर्वांचल के मासिक पत्र 'कल्याण' द्वारा ही हुआ क्योंकि सम्पादक श्री हनुमानप्रसाद पोद्दार ने महात्मा गांधी के निम्नलिखित सत्-परामर्श का अक्षरशः पालन किया :

'बाहरी कोई विज्ञापन नहीं देना तथा पुस्तकों की समालोचना मत छापना।' विज्ञापन न छापने के सम्बन्ध में उन्होंने कारण यह बताया कि 'तुम अपनी जान में पहले पहल यह देखकर विज्ञापन लोगे कि वह किसी ऐसी चीज का न हो, जो भद्दी हो और जिसमें जनता को धोखा देकर ठगने की बात हो, पर जब तुम्हारे पास विज्ञापन आने लगेंगे और लोग उसके लिए अधिक पैसे देने लगेंगे, तब तुम्हारे विरोध करने पर भी··· साथी लोग कहेंगे–'देखिए, इतना पैसा आता है, क्यों न यह विज्ञापन स्वीकार कर लिया जाए ?' बस, पैसे का प्रलोभन आया कि फिर जनता के लाभ-हानि की बात एक ओर रह जायेगी। अतएव आरम्भ

से ही यह नियम बना लो कि बाहरी विज्ञापन स्वीकार करना ही नहीं है। समालोचना के सम्बन्ध में यह बात है कि जो लोग समालोचना के लिए अपनी पुस्तकें तुम्हारे पास भेजेंगे, उनमें से अधिकांश इसलिए भेजेंगे कि तुम्हारे पत्र में उस ग्रन्थ की प्रशंसा निकले। यथार्थ समालोचना कराने के लिए अपनी पुस्तक भेजनेवाले बिरले होते हैं। ऐसी स्थिति में पुस्तक चाहे जैसी हो, या तो झूठी प्रशंसा करनी होगी या उन साहित्यकारों, लेखकों से झगड़ा मोल लेना होगा, इसलिए समालोचना मत छापना।"

'सुधा'

अपने समय की सर्वोत्तम साहित्यिक पत्रिका 'सुधा' ने हिन्दी की साहित्यिक पत्रकारिता के उत्थान में ऐतिहासिक योगदान किया। लखनऊ से 1927 ई. से प्रकाशित इस पत्रिका को दुलारे लाल भार्गव, रूपनारायण पाण्डेय, गोपाल सिंह नेपाली, इलाचन्द जोशी, गिरिजा शंकर त्रिवेदी, नन्द किशोर तिवारी ने समय-समय पर सम्पादित किया।

'विशाल भारत'

'माडर्न रिव्यू' और 'प्रवासी' के सर्वस्व रामानन्द चट्टोपाध्याय ने हिन्दी जनता की सेवा के लिए 1928 में मासिक 'विशाल भारत' का प्रकाशन किया जिसके सम्पादक पं. बनारसी दास चतुर्वेदी थे। हिन्दी पत्रकारिता के सन्दर्भ में विष्णु दत्त शुक्ल, रुद्रदत्त शर्मा, अम्बिकाप्रसाद वाजपेयी और गर्दे जी के महत्त्वपूर्ण लेखों को प्रकाशित कर 'विशाल भारत' ने नये अध्याय का सूत्रपात किया। इस दीर्घजीवी पत्र को श्रीराम शर्मा और मोहन सिंह सेंगर ने भी सम्पादित किया। सच्चिदानन्द हीरानन्द वात्स्यायन भी पत्र के सम्पादक पद पर प्रतिष्ठित हो चुके हैं।

पं. बनारसीदास चतुर्वेदी ने 'विशाल भारत' के द्वारा कई साहित्यिक विवाद खड़ा किये जिसकी ओर बुद्धिजीवियों ने नये सिरे से सोचना प्रारम्भ किया। 'उग्र' जी के कथा-साहित्य को 'घासलेटी साहित्य' कहा गया जो कई वर्षों तक चर्चा का विषय बना रहा। 'विशाल भारत' ने 'पद्मसिंह शर्मा स्मारक अंक' और 'कला अंक' जैसे विशिष्ट अंकों से हिन्दी पत्रकारिता को प्रौढ़ बनाया।

'पंजाब केसरी'

पंजाब से साप्ताहिक पत्र निकालने का प्रयास पं. भीमसेन विद्यालंकार ने किया। सन् 1929 ई. में लाहौर से 'पंजाब केसरी' निकाला गया। पत्र के संरक्षक श्री पुरुषोत्तम दास टण्डन थे। पंजाब के भूतपूर्व शिक्षामंत्री पं. अमर विद्यालंकार सन् 1930 से 1932 तक इस पत्र के सम्पादक थे। सन् 1932 में पत्र सरकार का

कोपभाजन बन गया। भीमसेन विद्यालंकार को जेल की यात्रा करनी पड़ी।

लाला लाजपतराय द्वारा संस्थापित लोक सेवक मंडल का प्रमुख पत्र 'पंजाब केसरी' कांग्रेस की नीतियों का समर्थक था। पं. दीनदयालु शास्त्री पत्र में कांग्रेस का आँखों देखा हाल प्रस्तुत करते थे। पंजाब केसरी लाला लाजपत राय के जीवन चरित्र को धारावाहिक रूप में प्रकाशित कर पत्र ने अपनी तेजस्विता दिखलायी। क्रान्तिकारियों के लिए 'पंजाब केसरी' सदैव सम्बल सिद्ध हुआ।

'हिन्दी मिलाप'

11 सितम्बर 1929 ई. को श्री खुशहाल चंद खुरसंद जो बाद में संन्यास ग्रहण करने के पश्चात् आनन्द स्वामी सरस्वती के नाम से प्रसिद्ध हुए, ने दैनिक 'हिन्दी मिलाप' प्रारम्भ किया। सन् 1942 तक यह चार पृष्ठों का था, बाद में इसके छह पृष्ठ हुए। नारी-जागरण के क्षेत्र में पत्र का उल्लेखनीय योगदान था। सर्वश्री रणवीर, श्रीयश, हरिकृष्ण प्रेमी, जयनाथ नलिन, और संतराम जैसे विद्वान् 'दैनिक मिलाप' के सम्पादक हो चुके हैं।

'जन्मभूमि', 'प्रभात' एवं 'विश्वबंधु'

मार्च 1930 ई. में चन्द्रगुप्त विद्यालंकार के सम्पादन में 'जन्मभूमि' दैनिक का प्रकाशन हुआ। 1936 ई. में श्रीमती शन्नो देवी ने लाहौर से 'शक्ति' नामक दैनिक पत्र निकाला। पत्र को महामना मदनमोहन मालवीय का आशीर्वाद प्राप्त था। श्री मोहन सिंह सेंगर पत्र के सम्पादक मंडल में थे। सर्वश्री डॉ. जयनाथ 'नलिन', उपेन्द्रनाथ 'अश्क', सुरेन्द्र शर्मा, इन्द्रनाथ आनन्द 'शक्ति' के सम्पादकीय विभाग में कार्य कर चुके हैं।

सन् 1936 ई. में श्री महाशय कृष्ण जी के सम्पादन में 'प्रभात' नामक दैनिक पत्र निकला। श्री छैल बिहारी कंटक इसके सम्पादक थे। पत्र की नीति आंग्ल-शासन विरोधी थी फलतः तीन सप्ताह के अन्दर पत्र बन्द हो गया।

लाहौर से 1942 में 'विश्वबंधु' का प्रकाशन प्रारम्भ हुआ। श्री वी. पी. माधव सम्पादक थे तथा डॉ. जयनाथ 'नलिन' संयुक्त सम्पादक थे। सर्वश्री जमनादास अख्तर, मदनमोहन गोस्वामी, जगन्नाथ प्रभाकर, विश्वप्रकाश दीक्षित 'बटुक' पत्र के सम्पादक रह चुके हैं। शासन विरोधी प्रकाशन के कारण सम्पादक श्री माधव जी को जेल जाना पड़ा। पत्र की भाषा में एक ओर जहाँ गाम्भीर्य था, वहीं चुटीलापन भी। भारत विभाजन के बाद पत्र काल-कवलित हो गया।

हरियाणा से मासिक पत्रों में 'ब्राह्मण' (1926, अम्बाला, सं. जगन्नाथ कौशल), 'भक्ति' (1926, रिवाड़ी, सं. सूरजदेवी प्रभाकर), 'मैड़ प्रभाकर' (1928, भिवानी, सं. नानूराम वर्मा), 'ज्योतिष समाचार' (1928, रिवाड़ी, सं. प्रह्लाद दत्त शर्मा) और

'आत्मानन्द' (1930, अम्बाला, जैन ट्रस्ट सोसाइटी) प्रमुख हैं।

'समय'

पत्र का प्रकाशन जौनपुर से 1927 ई. में हुआ जिसके सम्पादक श्री रामेश्वर प्रसाद सिंह थे। 'समय' पत्र के प्रकाशन के पीछे राष्ट्रभाषा हिन्दी की अभिवृद्धि, प्रचार, प्रसार, देश को अंग्रेजों की गुलामी से त्राण दिलाने के लिए स्वातंत्र्य आंदोलन तथा स्वतंत्रताप्रिय जनता की आवाज बुलंद करना, उभरती हुई सर्जक प्रतिभाओं को विकास का अवसर देना, न्याय, नैतिकता एवं सच्चाई को प्रतिष्ठित करना तथा निष्पक्ष एवं तटस्थ पत्रकारिता का आदर्श सामने रखना आदि उद्देश्य थे। सन् 1930 में जब ब्रिटिश सरकार ने राष्ट्रीय विचारों के पोषक समाचार पत्रों से जमानतें लेना प्रारम्भ किया तो गांधी जी के संकेत पर 6 महीने के लिए यह पत्र बन्द हुआ। तरह-तरह की बाधाएँ और कठिनाइयाँ इसके सामने आयीं, शासन की कड़ी निगाह, घोर आर्थिक संकट, अखबारी कागज का अकाल तथा दैवी आपत्तियों को झेलते हुए भी अपने उद्देश्य और कर्तव्य के पालन में 'समय' कभी भी विचलित नहीं हुआ।

समय का मुखपृष्ठ : प्रथम मुखपृष्ठ सादगीपूर्ण है, जिसकी प्रत्येक पंक्ति राष्ट्रीय जागरण का संदेश सुनाती रही :

> "भारत नीति गगन में निर्मल, ज़ीवन ज्योति जगावेगा।
> समय समय की बात समय पर, 'समय' आप बतलावेगा।"
> किस कारण तुम मौन पड़े हो,
> भारत की जय जय बोलो,
> 'समय' तुम्हें अब जगा रहा है,
> उठो उठो आँखें खोलो।।

श्री रामानुजदास जी एडवोकेट।

'वंदे मातरम्' मुखपृष्ठ के ऊपरी भाग पर छपा है।

'समय' की संपादकीय टिप्पणियाँ : स्वतंत्रता-प्राप्ति के पूर्व 'समय' की संपादकीय टिप्पणियाँ स्वराज्य-प्राप्ति हेतु प्रेरणाप्रद, सारगर्भित व संक्षिप्त लेख के रूप में पाठकों के सम्मुख आती थीं।

परीक्षा की घड़ी

24 जनवरी 1928 ई.

सायमन कमीशन का बहिष्कार
जन-जन की ललकार

"... सात मदारी आ रहे हैं। बड़ी सजधज के साथ आ रहे हैं। बड़े हाव-भाव से आ रहे हैं। स्वराज्य के ठेकेदार सात समुद्र पार से आ रहे हैं। पार्लमेंट के

भेजे हुए आ रहे हैं। क्यों, किस लिए ? हमें गुलाम बनाने के लिए, संसार के समक्ष हमारा अपमान करने के लिए, हमारी दासत्व शृंखला मजबूत करने के लिए, हमें स्वराज्य के निमित्त अयोग्य सिद्ध करने के लिए।··· देखें आप कहाँ तक भारत माता के सच्चे सपूत होने का परिचय देते हैं। भारत के इतिहास में आत्मोत्सर्ग का यही अवसर है। राष्ट्रीयता के प्रदर्शन का यही एक मौका है, परीक्षा की अंतिम घड़ी है। नहीं तो 'समय चूकि पुनि का पछिताने'।"

'स्वतंत्रता की बलिवेदी पर'

17 सितम्बर 1929

"··· कैसा दृश्य है–करुणोत्पादक, भयंकर किन्तु उत्साहवर्द्धक–एक ओर हमारा वीर धीर व्रती एक सिद्धान्त पर अटल निर्भीकतापूर्ण मृत्यु को आह्वान करता है तो दूसरी ओर फौलादी पंजा टस से मस नहीं होता, अपनी अमानुषिकता, निष्क्रियता तथा निर्दयता से सारे नैतिक संसार को कम्पायमान कर देता है। एक ओर यदि आत्मशक्ति की पराकाष्ठा है तो दूसरी ओर नैतिक पतन।··· संसार के इतिहास में यह आत्मसमर्पण अपने ढंग का निराला युगान्तर उपस्थित करनेवाला है। यतीन्द्र ! तुमने भारतवर्ष का अपने बलिदान से सिर ऊँचा कर दिया।"

'समय को चेतावनी'

13 मई 1930

" 'समय' की पालिसी तथा टोन के सम्बन्ध में उस दिन जो बातचीत आपसे मुझसे हुई थी उस सम्बन्ध में मुझे खेद है कि मैं 'समय' की वर्तमान नीति को बदलने के लिए तैयार नहीं हूँ। यह पत्र कौम के लिए निकाला गया है। और वह कौम के लिए जीवित रहेगा। जब तक वह जिन्दा छोड़ा जा सकता है। मैं पत्र को ही बन्द कर दूँगा बजाय इसके कि मैं किसी तरह की जमानत दूँ।" सम्पादक की उपर्युक्त घोषणा पत्र-जगत् हेतु अनुकरणीय थी।

पत्रकारिता पर प्रहार और गुप्त प्रकाशन : 1910 के प्रेस एक्ट के रद्द होने से सन् 1921-22 में समाचार पत्रों को स्वतंत्रता मिल गयी और उन्होंने सरकारी नीतियों की खुलकर आलोचना करना प्रारम्भ कर दिया। अब उन पर कोई बंधन नहीं था। रियासतों के प्रति भारतीय प्रेस ने विशेष रुचि प्रदर्शित की और उनसे सम्बद्ध लेख प्रकाशित होने लगे। अन्याय, शोषण, तथा दमन का प्रतिकार करने को भारतीय प्रेस कटिबद्ध था। इस स्थिति में सितम्बर 1922 में 'प्रिन्स प्रोटेक्शन बिल' पारित किया गया जिसमें पुस्तकों, समाचार-पत्रों तथा अन्य ऐसे दस्तावेजों के प्रचार को निषिद्ध किया गया जिसमें भारतीय रियासतों के प्रिन्स या मुखिया अथवा सरकार अथवा प्रशासन के खिलाफ घृणा, अपमान या असंतोष भड़काने का प्रयास किया गया हो। भारतीय प्रेस ने इसकी घोर निन्दा की तथा असेम्बली में भी बिल 45 के मुकाबले 41 वोटों से पारित नहीं हो पाया। वायसराय ने अपनी

शक्तियों का प्रयोग करते हुए इसके नियम रूप में परिवर्तित कर दिया। इसका फल यह हुआ कि "युद्धकालीन परिस्थितियों ने दैनिक पत्रों को प्रोत्साहन दिया। जनता की युद्धों के समाचारों को जानने की तीव्र जिज्ञासा का समाधान दैनिक पत्रों से ही संभव था। 'हिन्दुस्तान टाइम्स', 'आनन्द बाजार पत्रिका', 'ताज', 'संदेश', 'मिलाप', 'सैनिक', आदि अनेक पत्र विभिन्न भाषाओं में प्रकाशित किए गये। सन् 1920 में भारतीय राष्ट्रीय कांग्रेस ने एक प्रस्ताव पारित कर हिन्दी को राष्ट्र भाषा के रूप में स्वीकार कर लिया। इसी के साथ हिन्दी के पत्रों के प्रकाशन में काफी वृद्धि होने लगी।"[27]

1930 का प्रेस अधिनियम : राष्ट्रीय आंदोलन की प्रगति के साथ भारतीय राष्ट्रीय कांग्रेस तथा समाचार पत्रों ने पूर्ण स्वतन्त्रता का नारा दिया। 12 मार्च 1930 को सविनय अवज्ञा आंदोलन गांधी जी के नेतृत्व में प्रारंभ हो गया। इस स्थिति में सरकार ने कई विधेयक पारित किये। 1930 में प्रेस पर प्रभावी नियंत्रण के लिए 'इंडियन प्रेस आर्डिनेन्स' जारी हुआ। जिसके अनुसार जिले के मजिस्ट्रेट को यह अधिकार दिया गया कि यदि कोई व्यक्ति, प्रेस तथा पुस्तक पंजीकरण अधिनियम 1867 की धारा 4 के अन्तर्गत प्रिन्टिंग प्रेस या समाचार पत्र बिना घोषणा के रखता है या प्रकाशित करता है तो वह उस पर पाँच सौ से दो हजार रुपये तक की जमानत माँग सकता है। स्थानीय प्रशासन को यह अधिकार दिया गया कि ऐसे प्रकाशनों की जमानतें जब्त कर ली जायें जो हत्या या हिंसा के लिए उकसायें, अथवा ब्रिटिश सरकार के प्रति घृणा फैलाये या जनता में असंतोष फैलाये प्रशासनिक नियमों में जनता को हस्तक्षेप करने, जनता को गैरकानूनी कार्य या अपराध करने को प्रेरित करने, विभिन्न वर्गों में घृणा फैलाने तथा ब्रिटिश सेना के नियोजन, प्रशिक्षण तथा प्रशासन में हस्तक्षेप करने को प्रेरित करे।

सन् 1931 में गांधी और इरविन में एक समझौता हुआ। इस समझौते पर मिश्रित प्रतिक्रिया हुई। उग्रवादी विचारधारा के समर्थक समाचार पत्रों ने इस समझौते पर तीखी प्रतिक्रिया व्यक्त करते हुए इसे 'आत्म समर्पण' घोषित किया। इस समझौते के अनुरूप सविनय अवज्ञा आंदोलन भी स्थगित कर दिया गया। 6 मार्च 1931 को यह अधिनियम वापस ले लिया गया।

भारतीय समाचार पत्र (संकटकालीन अधिकार) अधिनियम : अप्रैल 1931 को लार्ड विलिंगडन भारत के नये वायसराय हुए। वे भारतीय राष्ट्रीय आंदोलन के विरोधी थे। इन्होंने गांधी जी को लंदन से आते ही गिरफ्तार कर जेल भेज दिया तथा काँग्रेस को अवैध घोषित कर दिया। सितम्बर 1931 में लार्ड विलिंगडन ने भारतीय समाचार पत्र (संकटकालीन अधिकार) अधिनियम (Indian Press (Emergency-Powers Act.) पारित किया। विगत वर्षों में पारित प्रेस अधिनियम की भांति इस अधिनियम ने स्थानीय प्रशासन को प्रेस को नियंत्रित करने के लिए

असीमित अधिकार प्रदान कर दिया। इसके अन्तर्गत राष्ट्रीय आंदोलन के प्रमुख नेताओं के नाम व चित्रों के प्रकाशन पर तो प्रतिबंध लगा ही दिया गया साथ ही कांग्रेस दल या अन्य कोई राजनैतिक घटना की सूचना अथवा विज्ञापन देने पर भी प्रतिबंध लगा दिया गया।

इस अधिनियम के चलते सरकार ने तत्कालीन प्रमुख समाचार पत्रों के विरुद्ध कार्यवाही की। 'आनन्द बाजार पत्रिका', 'अमृत बाजार पत्रिका', 'फ्री प्रेस जर्नल', आदि कुछ प्रमुख पत्रों से सुरक्षा-राशि माँगी गयी।

विदेश सम्बन्ध अधिनियम : 2 अप्रैल 1932 को विदेश सम्बन्ध अधिनियम (The Foreign Relation Act) पारित हुआ। इस अधिनियम में ऐसे प्रकाशनों को दण्डित करने का प्रावधान था जो ऐसी सामग्री प्रकाशित करते हों जिनसे विदेशी राष्ट्रों के साथ मैत्रीपूर्ण सम्बन्धों पर विपरीत प्रभाव पड़ता हो।

देशी राज्यों के प्रशासन पर ब्रिटिश भारत के समाचार पत्रों से अकारण आक्रमणों को रोकने तथा भारतीय रियासतों में असंतोष फैलानेवाले समूहों तथा प्रदर्शनकारियों को दण्डित करने के उद्देश्य से 1934 में भारतीय राज्य (सुरक्षा) अधिनियम (The Indian States (Protection) Act) पारित एवम् लागू किया गया। श्री भानावत के अनुसार अक्टूबर 1931 से फरवरी 1935 के मध्य 527 प्रिन्टिंग प्रेस तथा समाचार पत्रों को जमानतें देनी पड़ीं, 124 को अतिरिक्त जमानतें देनी पड़ीं, 17 की जमानतें जब्त कर ली गयीं तथा 256 के प्रकाशन स्थगित हो गये।

इतने प्रहारों और संघर्षों के रहते हुए भी भारतीय प्रेस ने ब्रिटिश सरकार की नीतियों की कटु आलोचना की तथा जनता को उनके अधिकारों का बोध कराते हुए स्वतन्त्र भारत के निर्माण में महत्त्वपूर्ण योगदान दिया।

सन् 1930 ई. के प्रारम्भ में स्वतंत्रता आंदोलन को कुचलने हेतु प्रेस आर्डिनेंस का नाटक रचा गया जिससे हिन्दी पत्रकारिता आहत हुई। पत्रों का प्रकाशन अवरुद्ध हुआ। मनस्वी सम्पादकों ने देश-प्रेमी पाठकों के लिए भूमिगत क्रान्तिकारी पत्रों को छापना शुरू किया। पुलिस फाइल 1012 (1930 पृ. 19) जो उत्तर प्रदेश राजकीय अभिलेखागार, लखनऊ में सुरक्षित है, के अनुसार 'आज' का प्रकाशन 'आज के समाचार' साइक्लोस्टाइल पत्र के रूप में हुआ। ऐसे प्रकाशन से व्यग्र होकर सरकार ने 'अनअथराइज़्ड न्यूज शीट एण्ड न्यूज पेपर्स आर्डिनेंस, 1930 नं. 7 आफ 1930' अध्यादेश 2 जुलाई 1930 ई. को घोषित किया। इसके अन्तर्गत अनियतकालिक पत्रों की जब्ती, छापाखानों एवं पत्रों को नष्ट करने का अधिकार दिया गया। केवल गोरखपुर में इमर्जेंसी पावर्स एक्ट 1931 धारा 16(1) के अन्तर्गत 26 प्रकार के कुल 30, 251 अवैध न्यूज शीट और समाचार पत्र बरामद किए गए तथा 54 व्यक्तियों के विरुद्ध अभियोग दर्ज किया गया जिसमें सभी दोषी पाए गए। 'कांग्रेस बुलेटिन', 'बिजली', 'बवण्डर' नामक पत्रों की संख्या सबसे अधिक थी।[28]

सविनय अवज्ञा आंदोलन तथा पत्र-प्रहार की क्रूरतम वेला में गुप्त प्रकाशनों के द्वारा देशवासियों में प्रेरणा, शक्ति तथा उत्साह के संचार हेतु वाराणसी ने ऐतिहासिक कार्य किया। वाराणसी से सर्वश्री पराड़कर, रामचन्द्र वर्मा, विश्वनाथ शर्मा, दुर्गाप्रसाद खत्री, दिनेशदत्त झा, उमाशंकर, आचार्य नरेन्द्रदेव तथा कालिकाप्रसाद के सम्मिलित सहयोग से 'रणभेरी' 1930 ई. में निकलती थी। फुलस्केप आकार के इस पत्र का मूल्य एक पैसा था। सम्पादक का नाम सीताराम और प्रकाशक पुलिस सुपरिण्टेन्डेन्ट, कोतवाली, बनारस छपता था। पत्रों को कुंठित करने के लिए जो विविध अध्यादेश घोषित हुए उसकी प्रतिक्रिया पर 'रणभेरी' का अभिमत स्मरणीय है :

"अखबारों के दमन के लिए जब काला कानून जारी कर दिया गया तब बहुत ही कम साइक्लोस्टाइलवाले परचे निकलते थे। पर जब से इन परचों के खिलाफ भी कानून बना दिया गया तब से इनकी तादाद बेतरह बढ़ती जाती है। ऐसा कोई शहर नहीं जहाँ से 'रणभेरी' जैसा परचा न निकलता हो··· दमन से द्रोह बढ़ता है, इसका यह एक अच्छा सबूत है पर नौकरशाही के गोबर भरे गन्दे दिमाग में इतनी समझ कहाँ ? वह तो शासन का एक ही शस्त्र जानती है–बंदूक।"

25 अगस्त 1930 ई.

'रणभेरी और पुलिस'

'हमसे पुलिस परेशान है। गुरुवार को उसने स्वयं सेवकों से 'रणभेरी' की सैकड़ों प्रतियाँ छीन लीं। एक स्वयं सेवक को पकड़कर थाने में बंद भी रखा और बहुत धमकाने-डराने के बाद रात 1 बजे छोड़ दिया। पुलिस की धमकियों से हम डरते नहीं। 'रणभेरी' उसके सर पर बजेगी और तब तक बजती रहेगी जब तक काले कानून रहेंगे और काशी में देशभक्ति रहेगी। डरा-धमकाकर लोगों को देशद्रोही बनाने का जमाना गया।'

16 अगस्त 1930 ई. को प्रकाशित उपर्युक्त टिप्पणी से पत्र की तेजस्विता का आभास मिलता है। 'रणभेरी' क्रान्तिकारी पत्र था। परन्तु था गांधी के अहिंसात्मक आंदोलन का अंधभक्त और इसकी दूरदृष्टि अविस्मरणीय है :

क्यों घबराते हो ? : "··· बम और पिस्तौल लेकर क्रान्ति के रास्ते पर चलने के लिए उतावले दोस्तो ! क्यों घबरा रहे हो ?··· यह सही है कि इस वक्त तुम्हें रोका जा रहा है। तुम्हारे बमों और पिस्तौलों को दबाया जा रहा है। तुम्हारे काम का महत्त्व स्वीकार नहीं किया जा रहा है। पर जानते हो कि ऐसा क्यों किया जा रहा है ? इसलिये कि भारत, आजादी के लिए उतावला भारत, इस समय एक महात्मा के दिखाये अनूठे रास्ते पर चल रहा है। अहिंसा, सत्याग्रह एक नई वस्तु है, कलह, विप्लव, युद्ध विघ्न है। व्याकुल संसार को भगवान् का

एक नया उपदेश है और उपदेश का कृष्ण है गांधी और अर्जुन है भारत।

बम की फिलासफी पर विश्वास करनेवाले भाइयो ! घबराओ मत ! एक बार नये कृष्ण और अर्जुन का नया महाभारत मच जाने दो। कौन कह सकता कि यह मार्ग सफल होगा ही नहीं।"[29]

इसी तथ्य को वाराणसी से प्रकाशित साइक्लोस्टाइल पत्र 'रणडंका' ने स्पष्ट किया कि "··· याद रखो देशबंधुओ ! इस समय तुम्हारी लड़ाई का शस्त्र अहिंसा है। तुम्हारा सेनापति इस समय अहिंसा का अवतारी महापुरुष है। तुम भूलकर भी इस समय हिंसा के मार्ग पर मत जाना। अभी अहिंसावालों की हार जीत देख लो··· ।"[30] 'रणडंका' का मोटो था : 'हो उथल-पुथल अब देश बीच औ खौले खून जवानों का, बलिवेदी पर बलि चढ़ने को अब चले झुंड मर्दानों का'। अहिंसा के समर्थक पत्रों में 'बहिष्कार' था। कांग्रेस कमेटी, काशी द्वारा सम्पादित पत्र ने राष्ट्रीय आंदोलन को गति दी।

'चार को मार कर मरने में ही मजा है। हैजे और प्लेग से मरने से तो यह कहीं उत्तम होगा।' इन शब्दों को पाठकों के दिल में बैठाने हेतु 'चण्डिका' ने धर्म को परिभाषित किया :

'धर्म के दो अंग होते हैं, पाप का विनाश और पुण्य की रक्षा। पाप के विनाश के लिए जो हिंसा की जाय वह धर्म का ही अंग है–अहिंसा है। अहिंसा का अर्थ यह नहीं है कि हम चोरों को अपना घर लूटने दें और दण्ड न दें। वहाँ दण्ड देना ही अहिंसा है। पापी को दण्ड न देने से उसकी पाप वृत्ति बढ़ती जाती है। और वह अत्यधिक लोगों को अधिकाधिक कष्ट देने लगता है। अतः पापी को दण्ड न देना ही हिंसा को उत्तेजना देना है। यही बलिदान का रहस्य है।'

30 सितम्बर 1930 ई.

सविनय अवज्ञा आन्दोलन के दूसरे दौर में क्रान्ति मचानेवाले भूमिगत पत्रों का प्रकाशन हुआ जिनमें 'रणभेरी', 'शंखनाद', 'चिनगारी', और 'तूफान' साइक्लोस्टाइल पत्र निकले। नवयुवकों को 'चिनगारी' ने निम्नलिखित पंक्तियों द्वारा उद्‌बुद्ध किया :

'फ्रांस, इटली, रूस और आयरलैंड आदि देशों में नौजवान विद्यार्थी स्वतंत्रता के संग्राम में सदा आगे रहे हैं। क्या हिन्दुस्तान के विद्यार्थी स्वातंत्र्य युद्ध में किसी से पीछे रहेंगे ? युद्ध का शंखनाद हो चुका है, समर की रणभेरी बज रही है। वीर सैनिक तिरंगा राष्ट्रीय झंडा लिए हुए युद्ध क्षेत्र में वीरतापूर्वक बढ़ रहे हैं। भारत के नवयुवकों को यह निश्चय करना है कि युद्ध-क्षेत्र में उनका स्थान कहाँ पर है और उस स्थान पर डट जाना है। इसलिए प्रश्न है–भारत माँ का बंधन कौन काटेगा ? कौन रोती माँ के आँसू पोंछगा ?'

'तूफान' हिंसा का पोषक था जिसके मुखपृष्ठ पर छपता था :

लाल क्रांति की ज्वाला भभके, चले साथ भीषण तूफान।

राज सिंहासन दहल उठे, हो चूर-चूर धनिकों का मान।।

सन् 1942 के व्यापक आंदोलन के समय जब हिन्दी के पत्र बन्द हो गए तब 'रणभेरी बज उठी वीरवर, पहनो केसरिया बाना' का सिंहनाद सुनायी पड़ा। आंग्ल शासकों को आतंकित करने में क्रान्तिकारी गुप्त प्रकाशनों की सार्थकता स्वयंसिद्ध है।

'वंदे मातरम्'

'रण-भेरी'

रणभेरी बज उठी वीरवर, पहनो केसरिया बाना

वृहस्पतिवार, 10 दिसम्बर सन् 1942 ई.।

झूठ सफ़ेद झूठ

आज मुझे इस बात पै आवे हँसी अपार।
तुच्छ गीदड़े भी कहें कि मारा सिंह शिकार।।

ता. 6-12-42 के स्थानीय 'खबर' में इस बात की सरकार की तरफ से घोषणा की गई कि काशी की 'रणभेरी' की मशीन पकड़ ली गई। मैं तो पढ़कर चौकन्ना हो गया और रात में ही भागा गया अपनी 'रणभेरी' कार्यालय में तो वहाँ सबको सुरक्षित पाया, बड़ी खुशी हुई। 'रणभेरी' के सुरक्षित रहने पर नहीं बल्कि सरकार के झूठ बोलने के कौशल पर, अब आप सरकारी कर्मचारियों की भी रामकहानी सुनिये कि किस तरह 'रणभेरी' मशीन पकड़ने का शोर मचाया गया, एक मकान में अपना प्रेस रखकर उसमें 5 प्रति ही रणभेरी अपनी तरफ से छपवा कर ही उसे पकड़ा और अपने आदमियों को झूठ-मूठ का दो-चार थप्पड़ लगाकर यह कहलवा लिया कि गौरी शंकर मिश्र ही इसे निकालते रहे। पता नहीं मिश्र जी को इस धोखे से क्यों पकड़ा जबकि 129 की तलवार सरकार के तरफ से मिली ही हुई है।

पाठको ! मेरी प्रबल इच्छा थी कि जिस वक्त इन्होंने मशीन पकड़ने की घोषणा की थी उसी वक्त 'रणभेरी' निकाल कर पुनः एक थप्पड़ करारा इनके मुँह पर ठीक उसी तरह लगा दूँ जिस तरह जापानी प्रतिमास लगाया करते हैं या जिस तरह 'रणभेरी' 22 वर्षों से लगाता आ रहा है। परन्तु खेद के साथ लिखना पड़ता है कि दो अड़चनें उस समय मौजूद थीं एक तो मेरे पास कागज खतम हो गया था, दूसरे मेरा एक कर्मचारी सख्त बीमार हो गया था और अभी है भी। मुझे कर्मचारी की बीमारी की वजह से नहीं रुकना पड़ा बल्कि कागज के कमी की वजह से। मैं आप लोगों से फिर निवेदन कर देना चाहता हूँ कि 'रणभेरी' अमर है इसकी मशीन को चर्चिल-एमरी के पुछिल्ले भी नहीं पकड़ सकते। वह हमारे और आपके ऊपर लाठी और गोली चला सकते हैं। निहत्थी 70 वर्ष की वृद्ध माताओं पर थप्पड़ लगा सकते हैं, रात्रि में सोते समय पूज्य बापू को गिरफ्तार

कर सकते हैं, पण्डित जवाहर लाल नेहरू के ऊपर डंडे चला सकते हैं, धोखे से चन्द्रशेखर और भगतसिंह को मरवा सकते हैं और धुरी राष्ट्रों से लड़ते-लड़ते सफलतापूर्वक पीछे हट सकते हैं। परन्तु 'रणभेरी' नहीं पकड़ सकते। इनको छोड़िये, लंदन से इनके फरिश्ते आ जायँ तो भी नहीं पकड़ सकते। यदि ऐसे ही इनकी खुफिया पुलिस चालाक होती तो सुभाष बाबू जापान नहीं पहुँच सकते थे, लिनलिथगो के घर पर बम नहीं फेंका जा सकता था। जयप्रकाश बाबू दलबल समेत गायब नहीं हो जाते, डॉ. गैरुल्ला चैन से काशी में नहीं घूमता। मैंने इनको समझा दिया कि तुम हमसे दूर रहो, तुम 'रणभेरी' नहीं पकड़ सकते, तुम व्यर्थ की कोशिश मत करो। फिर भी ये अपनी शेखी में पड़कर निरीह जनता की गाढ़े पसीने की कमाई को व्यर्थ ही खर्च करते हैं, अरे बेवकूफो, तुम्हें इतना तो ज्ञान होना चाहिए कि 'रणभेरी' उस जनता की निधि है जिनके तुम नौकर हो लेकिन तुम तो अपने को उनके नौकर न बनकर मालिक बनने की कोशिश करते हो इसी से तुम जनता की नजरों से दूर कर दिये जाओगे और तुम्हारे चाचा सिविल गार्ड जो हैं वह तो तुमसे भी एक हाथ ऊपर हैं। एक किस्सा है बड़े मियाँ तो बड़े मियाँ छोटे मियाँ सुभान अल्लाह। अरे देशद्रोहियो तुम्हें इस बात को अच्छी तरह सोच लेना चाहिए कि हम 9 अगस्त से ही स्वतंत्रता के संग्राम में कूद पड़े हैं और तभी से यहाँ की लाइन, तार, डाकखाने हमारे मर्जी पर हैं।

'शंखनाद', 'बवण्डर' और 'बोल दे धावा'

हस्तलिखित साइक्लोस्टाइल पत्र 'शंखनाद' गुप्त रूप से काशी से निकलता था। 27 अप्रैल 1932 ई. के अंक में पत्र ने अंग्रेजी अखबार की गलत सूचना पर आक्रोश व्यक्त किया :

"**दिल्ली कांग्रेस :** कलकत्ता का दोगला दैनिक अखबार 'स्टेट्स्मन' ने अपने 26 तारीख के अंक में बड़े बड़े शीर्षक में लिखा है कि "दिल्ली कांग्रेस की योजना असफल कर दी गई।" ठीक हम भी यही चाहते हैं कि इसी प्रकार की गलत खबरें ये अपने घर इंग्लैंड पहुँचाया करें।··· दिल्ली कांग्रेस सफलतापूर्वक हो गई। वहाँ पर कार्यसमिति के प्रस्ताव पास किए गए।··· हमारे संगठन का एक जबरदस्त नमूना यह है कि सब बातें शान के साथ हो गईं लेकिन नौकरशाही का कड़ा से कड़ा इन्तजाम होने पर भी उसको कुछ पता नहीं लग सका।"

श्री राजाराम शास्त्री के निर्देशन में गोरखपुर से 'बवण्डर' नामक एक पत्र 1932-33 में निकला। पत्र का मोटो था :

"आँसू उमड़ रहे थे, हवा में बदल गए,
टिकता है कहीं बाँध, समुन्दर के सामने ?
जिस अग्नि आर्डिनेंस ने पैदा किया गुबार,

तिनका सा उड़ रहा है 'बवण्डर' के सामने।"

बलिया से भोजपुरी मिश्रित हिन्दी में क्रान्तिकारी दल की ओर से साइक्लोस्टाइल पत्र 'बोल दे धावा' निकला। पत्र ने लिखा :

"सब मिलि खायें, मकई के लावा।
ना मिले तब बोल दे धावा।"

पं. नर्मदेश्वर चतुर्वेदी, गोकुलदास शास्त्री, तारकेश्वर पाण्डेय तथा राम लच्छन तिवारी पत्र के सम्पादक प्रकाशक थे।

मासिक 'हंस' द्वारा जंग का आह्वान

विविध विषय सम्पन्न कहानियों का सचित्र मासिक पत्र 'हंस' ने चैत 1987 वि. मार्च 1930 ई. को जन्म लिया। तुतली बोली में प्रसारित उसका संदेश द्रष्टव्य है :

हंस-वाणी : "... शायद आप पूछें, संग्राम शुरू होते ही विजय का स्वप्न देखने लगे। उसकी यादगार बनाने की भी सूझ गई। मगर स्वाधीनता केवल मन की एक वृत्ति है। इस वृत्ति का जागना ही स्वाधीन हो जाना है। अब तक इस विचार ने जन्म ही न लिया था। हमारी चेतना इतनी मंद, शिथिल और निर्जीव हो गई थी कि उसमें ऐसी महान् कल्पना का आविर्भाव ही न हो सकता था; पर भारत के कर्णधार महात्मा गांधी ने इस विचार की सृष्टि कर दी। अब वह बढ़ेगा, फूले-फलेगा।... वह दिन देर में आयेगा या जल्द यह हमारे पराक्रम, बुद्धि और साहस पर मुनहसर है। हाँ, हमारा यह धर्म है कि उस दिन को जल्द से जल्द लाने के लिए तपस्या करते रहें। यही हंस का ध्येय होगा, और इसी ध्येय के अनुकूल उसकी नीति होगी।

कहते हैं, जब श्रीरामचन्द्र समुद्र पर पुल बाँध रहे थे, उस वक्त छोटे-छोटे पशु-पक्षियों ने मिट्टी ला-लाकर समुद्र के पाटने में मदद दी थी। इस समय देश में उससे कहीं विकट संग्राम छिड़ा हुआ है। भारत ने शान्तिमय समर की भेरी बजा दी है। हंस भी मानसरोवर की शांति छोड़कर, अपनी नन्ही-सी चोंच में चुटकी भर मिट्टी लिए हुए, समुद्र पाटने—आजादी के जंग में योग देने चला है। समुद्र का विस्तार देखकर उसकी हिम्मत छूट रही है, लेकिन संघ-शक्ति ने उसका दिल मजबूत कर दिया है। समुद्र पटने के पहले ही उसकी जीवन-लीला समाप्त हो जाएगी, या वह अंत तक मैदान में डटा रहेगा, यह तो कोई ज्योतिषी ही जाने; पर हमें ऐसा विश्वास है कि हंस की लगन इतनी कच्ची न होगी। यह तो हुई उसकी राजनीति। साहित्य और समाज में वह उन गुणों का परिचय देगा, जो परम्परा ने उसे प्रदान कर दिये हैं।"

सरस्वती प्रेस, बनारस सिटी से प्रकाशित 'हंस' का वार्षिक मूल्य तीन रुपए

आठ आना था। प्रेमचन्द द्वारा सम्पादित पत्र के प्रथमांक की विषय-सामग्री से 'हंस' के स्वरूप का अनुमान लगाया जा सकता है :

लेख-सूची

स्वातन्त्र्य-मंत्र	–ले. श्रीयुत् किरात
मछुआ (कहानी)	–ले. जयशंकर प्रसाद
1 (कहानी)	–ले. विनोद शंकर व्यास
बेचारा कुली (कहानी)	–विश्वम्भरनाथ शर्मा 'कौशिक'
उपन्यास का विषय	–प्रेमचन्द
हार	–राजेश्वर प्रसाद सिंह
एक किरण (कविता)	–जगन्नाथ प्रसाद 'मिलिन्द'
दैनिक जीवन में कविता की आवश्यकता	–केदार नाथ मिश्र 'प्रभात'
जुलूस (कहानी)	–प्रेमचन्द

हंस-वाणी (सम्पादकीय)

'हंस' के प्रकाशन की चर्चा प्रेमचंद जी ने अपने दो मित्रों से की। 24 जनवरी 1930 को उन्होंने विनोद शंकर व्यास को लिखा :

"आप 'हंस' के लिए कुछ लिख रहे हैं या नहीं–गद्य काव्य, गल्प, ऐतिहासिक कुछ भी हो। उसमें तो सभी चीज़ों की गुंजाइश है।"

12 फरवरी 1930 को मुंशी दयानारायण निगम को पत्र द्वारा बताया गया :

"मैं फागुन यानी नये साल से एक हिन्दी रिसाला 'हंस' निकालने जा रहा हूँ। 64 सुफहात का होगा और ज्यादातर अफसानों से ताल्लुक रखेगा।"

इन दो पत्रों से सुस्पष्ट है कि 'हंस' कहानी पत्रिका के साथ साहित्य की विविध विधाओं से अलंकृत आदर्श पत्रिका थी। मार्च 1930 से सितम्बर 1936 तक 'हंस' के 36 अंक निकले। प्रेमचंद ने मुक्त रूप से राष्ट्र की समस्याओं को देखा, समझा, परखा और अपने विवेक से उनका समाधान प्रस्तुत किया। वे स्वराज्य और जनकल्याण के लिए प्रतिबद्ध थे। कई बार 'हंस' पर प्रतिबंध लगाए गए, अर्थ-दण्ड दिया गया। सेठ गोविन्ददास के नाटक 'विचार-स्वातन्त्र्य' के प्रकाशन के कारण अंग्रेज सरकार ने एक हजार रुपए की जमानत माँगी। 'आत्मकथांक' 'काशी अंक', 'आचार्य द्विवेदी अभिनन्दन' द्वारा 'हंस' ने विशेषांकों के प्रकाशन की परम्परा को पुष्ट किया।

प्रेमचन्द के बाद शिवरानी देवी, पराड़कर जी, जैनेन्द्र कुमार, शिवदान सिंह चौहान, श्रीपतराय, अमृत राय और नरोत्तम नागर 'हंस' के सम्पादक हुए।

सन् 1942 ई. के आंदोलन के दौरान कठोर सरकारी प्रतिबंधों की अवज्ञा करने के लिए 'हंस' ने सुनाया :

"... देश की प्रत्येक संस्था, संगठन और व्यक्ति की यह आवाज होनी चाहिए कि कांग्रेस को कानूनी घोषित किया जाय, राष्ट्रीय नेताओं और दूसरे सभी देशभक्तों को रिहा किया जाय, जापान से लड़ने के लिए जनता का संगठन करने को तुरंत राष्ट्रीय सरकार का निर्माण किया जाय। मजदूर, किसान, विद्यार्थी और नगर की जनता अपनी मांगों के आधार पर संगठन कर इन नारों को देश के कोने-कोने में गुंजा दे, अपने संगठित प्रदर्शनों, सभाओं और आंदोलन द्वारा नौकरशाही को दमन करने से रोक दे; ब्रिटिश सरकार को ये माँगें मनवाने के लिए मजबूर कर दे।"[31]

वस्तुतः 'हंस' ने फिरंगियों के विरोध में सदैव जंग का आह्वान किया।

मध्य प्रदेश के सशक्त पत्र

मध्य प्रदेश के पत्रों में 'स्वराज्य' (1931, साप्ताहिक, संस्थापक, सिद्धनाथ माधव आगरकर, सम्पादक-शिवचरण लाल मालवीय, खण्डवा) 'लोकमत' (1930 'दैनिक, सं. द्वारका प्रसाद मिश्र, जबलपुर), 'सारथी' (1942, साप्ताहिक, सम्पादक द्वारका प्रसाद मिश्र, नागपुर) महत्त्वपूर्ण पत्र प्रकाशित हो चुके हैं। 'लोकमत' के माध्यम से जन-मानस को पं. द्वारका प्रसाद मिश्र ने विद्रोह के लिए तैयार किया। पत्र हिन्दी का स्टैंडर्ड दैनिक गिना जाता था। जिसमें आठ कालम छपते थे। गोरी हुकूमत 'लोकमत' से घबड़ाती थी फलतः पत्र अल्पजीवी ही रहा।

'सारथी' ने 'क्लैव्यं मा स्म गमः पार्थ' को आदर्श वाक्य बनाया। मध्य प्रदेश के पत्रों के प्रति सरकार अत्यंत क्रूर रही। जैसा कि डॉ. कैलाश नारद ने लिखा है कि "... निरन्तर अग्नि परीक्षाओं के उस विकट दौर से घिरे रहने के बावजूद पत्रकारिता ने अपने भीतर एक ऐसे चरित्र का निर्माण किया जो आक्रमण का उतना ही सशक्त साधन रहा, जितना कि आत्मरक्षा का।... हिन्दी पत्रकारिता की भाषा समर्पण और विनय की अभिव्यक्ति न होकर आग और शोलों से भरी हुई एक सशक्त कथा बन गयी।"[32]

'जागरण' : साहित्यिक पत्रकारिता का विधायक

भारतेन्दु हरिश्चन्द्र द्वारा साहित्यिक पत्रकारिता का बीजारोपण हुआ जिसकी परम्परा में 'इन्दु', 'मौजी', 'भूत', 'हंस', 'तरंगिणी', 'अजगर', 'खुदा की राह पर', 'छायावाद', 'तरंग', 'करैला' और 'चिनगारी' पत्रों ने साहित्य की विविध विधाओं को पुष्ट किया। 11 फरवरी 1932 ई. को आचार्य शिवपूजन सहाय द्वारा सम्पादित 'जागरण' साहित्यिक पत्रकारिता को उत्कृष्ट रूप प्रदान करनेवाला पत्र हुआ जिसके प्रथम सम्पादकीय में लिखा गया कि :

'भगवान भरोसे' : 'हम में न चमत्कारपूर्ण प्रतिभा है, न कोई विलक्षण शक्ति,

है केवल औढरदानी विश्वनाथ का अटल भरोसा जिसकी राजधानी से यह जागरण प्रकट हो रहा है। उसी की प्रेरणा है, वही इसे सम्हाले।... 'जागरण' को शुद्ध साहित्यिक पत्र बनाने की इच्छा है। अभी हमारी दृष्टि से ही इसमें बहुत-सी त्रुटियाँ हैं।... साहित्यिक दलबन्दी और ईर्ष्या-द्वेष को मिटाने में कभी कोताही न करेगा। ईश्वर से प्रार्थना है कि यह साहित्य-संसार में पारम्परिक बन्धुता और साहार्द फैलाने में समर्थ हो।'

प्रसाद की कविताओं के अतिरिक्त 'तितली' उपन्यास का धारावाहिक प्रकाशन इसी पत्र से हुआ। प्रेमचन्द, पंत, 'निराला', नन्ददुलारे वाजपेयी, गुलाब राय, 'बेढब बनारसी', रामनाथ 'सुमन', विश्वनाथ प्रसाद मिश्र, बाबू रायकृष्णदास और राहुल सांकृत्यायन की सशक्त लेखनी का सम्बल 'जागरण' को प्राप्त था। सम्पादक ने वर्तनी की एकरूपता और व्याकरण-सम्मत परिमार्जित भाषा के प्रयोग पर अधिक ध्यान दिया। 6 माह तक पाक्षिक 'जागरण' नियमित प्रकाशित होता रहा। बाद में प्रेमचन्द ने इसे साप्ताहिक रूप में निकाला। 'जागरण' की निम्नलिखित पंक्तियाँ सम्पादक और उनके अनेक पत्रों की स्थिति पर प्रकाश डालती हैं :

हमारे मुखारविन्द की ऐसी महिमा है कि जहाँ जाते हैं चापड़ कर डालते हैं। पहले-पहल 'मारवाड़ी-सुधार' का बण्टाधार किया। फिर 'आदर्श' और 'उपन्यास तरंग' का छत्र-भंग किया। यदि 'बालक' और गंगा' को न छोड़ते तो उन्हें भी ले बीतते। और यदि 'जागरण' को प्रेमचन्द जी अपना पोसपुत्तर न बना लेते, तो शायद इसकी भी खैर न थी। पर अब किसी की मिट्टी खराब नहीं करेंगे। हमने बहुत से पापड़ बेले हैं, अब एकतारा लेकर केवल यही भजन गाया करेंगे :

अब लौं नसानी अब ना नसैहों।
राम कृपा भव-निसा सिरानी, जागे फिरि न डसैहों।।

हिन्दी गद्य शैली के विकास और हिन्दी भाषा तथा साहित्य की समुन्नति में 'जागरण' का योगदान अनूठा है। प्रेमचन्द सम्पादित साप्ताहिक जागरण कांग्रेस का प्रबल समर्थक एवं सरकार का कटु आलोचक था। पत्र में कहानियों के प्रकाशन का लक्ष्य राजनीतिक विचारों का अधिकाधिक प्रचार-प्रसार था। 26 अक्टूबर 1932 के अंक में 'उसका अंत' शीर्षक कहानी के प्रकाशन के कारण पत्र से एक हजार रुपए की जमानत माँगी गयी।

'नवयुग'

दिसम्बर 1933 में दैनिक 'नवयुग' का प्रकाशन हुआ जिसके सम्पादक श्री सत्यकाम विद्यालंकार थे। आठ पृष्ठों का यह दैनिक 'न्यूयार्क टाइम्स' की शैली पर निकलता था जिसका मूल्य दो पैसे था। अवनीन्द्र कुमार विद्यालंकार के अनुसार 'नवयुग' ने पत्रकारिता में व्यावसायिकता को प्रश्रय दिया :

"बम्बई में कांग्रेस का अधिवेशन डॉ. राजेन्द्र प्रसाद की अध्यक्षता में हुआ था। 'नवयुग' का विशेषांक निकाला गया। इस अंक के वास्ते श्री माखनलाल चतुर्वेदी से मुखपृष्ठ के लिए कविता विशेष रूप से मँगायी गयी थी। जब इसका अंतिम फर्मा रोटरी पर चढ़ा हुआ था, उसी समय श्री कोहली के पास एक विज्ञापन आ गया। उसके वास्ते जगह निकालने के लिए श्री चतुर्वेदी की कविता निकाल दी गयी। बम्बई में 'नवयुग' का विशेषांक अन्य पत्रों से पहले पहुँच गया। कविता पर व्यवसाय की इस विजय को देखकर 'भारतीय आत्मा' ने अपना माथा पीट लिया। हिन्दी पत्रकारिता में यह नया युग आने की सूचना थी।"[33]

'नवयुग' साप्ताहिक भविष्य तथा खेल-समाचार प्रकाशित करता था। पत्र का नियम था कि वह अंग्रेजी में प्राप्त संवाद, सूचना या वक्तव्य नहीं छापता था। एक बार जैनेन्द्र कुमार जैन से पत्र सम्पादकों ने कहा कि हिन्दी लेखक को सम्पादकों का कार्यभार कम करने में सहायक होना चाहिए न कि बढ़ाने में। क्या हिन्दी दैनिक अंग्रेजी की छाया हो ? जैनेन्द्र कुमार जी मौन रह गए। 'नवयुग' हिन्दी का सच्चा हितैषी पत्र था।

'हरिजन'

महात्मा गांधी ने समाज के चिर उपेक्षित एवं दलित हरिजनों की व्यथाओं को वाणी देने हेतु एक स्वतंत्र पत्र की आवश्यकता पर बल दिया। सविनय अवज्ञा आंदोलन के क्रम में जब वे जेल में थे, तभी 8 जनवरी 1933 को उन्होंने श्री घनश्याम दास बिरला को पत्र लिखा। उस पत्र में बापू ने 'हरिजन' पत्र के प्रकाशन की कामना व्यक्त की। 11 फरवरी 1933 को 'हरिजन' का प्रथम अंक निकला जिसके सम्पादक आर. वी. शास्त्री थे। पूना जेल से ही गांधी जी ने पत्र-संचालन का कार्य सम्पन्न किया। 24 सितम्बर 1938 में गांधी जी ने 'हरिजन' में लिखा :

"हरिजन समाचार पत्र नहीं अपितु यह आम जनता का विचार पत्र है। इसका उद्देश्य आम जनता की समस्याओं की ओर ध्यान आकर्षित करना तथा सामाजिक क्रान्ति की दिशा में चेतना उत्पन्न करना है।"

हरिजन आंदोलन और ग्रामोद्योग से सम्बद्ध 'हरिजन' को 18 अक्टूबर 1939 को चेतावनी मिली कि सत्याग्रह के समाचार बिना पूर्व अनुमति के न छापे जायँ। इसकी प्रतिक्रिया हुई और बापू ने 24 अक्टूबर को स्पष्ट घोषित किया :

"यदि प्रेस सलाहकार को सत्याग्रह सम्बन्धी प्रत्येक सामग्री भेजी जाने लगी तो प्रेस की स्वतंत्रता समाप्त हो जायेगी। समाचारपत्रों की स्वतंत्रता हमारा परम अधिकार है। अतः हम इस प्रकार के आदेशों को नहीं मान सकते।"

ब्रिटिश सरकार की चेतावनी के समक्ष झुक जाने की अपेक्षा बापू ने पत्र प्रकाशन को रोक देना ही श्रेयस्कर माना। जैसा कि उनका मत था :

"**पाठकों से विदा :** मैं आप लोगों से साप्ताहिक वार्ता से वंचित हो रहा हूँ। पत्र का स्थगन एक सत्याग्रही के सम्मानजनक विरोध का तरीका है, गलत सरकारी आदेश का।"

कुछ दिनों बाद 'हरिजन' पुनः प्रकाशित हुआ तथा यही पत्र अगस्त आंदोलन का मुखपत्र बन गया। 1942 ई. में बम्बई सरकार ने पत्र पर प्रतिबन्ध लगाया एवं साहित्य को नष्ट कर देने का आदेश दिया। 'हरिजन' ने बापू के अहिंसापरक सिद्धांतों को सर्वदा प्रचारित किया। 25 अगस्त 1940 के अंक में उन्होंने स्पष्ट किया :

"आजकल के विचित्रता के युग में कोई यह नहीं कह सकता कि अमुक वस्तु या विचार (यथा सारी मनुष्य जाति का प्रेम तथा भाई चारे के आधार पर अहिंसक के रूप में बदल जाना) निरर्थक है, क्योंकि वे नये हैं। यह कहना कि यह असम्भव है क्योंकि ऐसा होना बहुत कठिन है, युगधर्म के अनुरूप नहीं है। ऐसी बातें प्रतिदिन घटित हो रही हैं जिनकी हम कभी कल्पना भी नहीं करते थे और जो बातें पहले असम्भव थीं अब वे निरन्तर हो रही हैं, हिंसा के क्षेत्र में निरन्तर सम्भव होनेवाले आविष्कारों के विषय में जानकर हम आश्चर्य में पड़ जाते हैं, किन्तु मेरा विश्वास है कि अहिंसा के क्षेत्र में और भी ऐसी असम्भव बातें होंगी जिनके विषय में हम कभी भी सोच नहीं सकते थे।"

हिन्दी पत्रकारिता-जगत् में 'हरिजन' एक वरेण्य पत्र माना जाता था क्योंकि यह मात्र पत्र न होकर 'विचार पत्र' था।

'स्वतंत्रता'

26 जनवरी 1937 को फतेहपुर से श्री दयाशंकर मिश्र 'सूर्य' के सम्पादन में इस साप्ताहिक पत्र का प्रकाशन हुआ। पत्र ने 'गणतंत्र विशेषांक' तथा 'स्वतंत्रता दिवस विशेषांक' प्रकाशित कर अपनी उत्कट राष्ट्रभक्ति तथा दूरदर्शिता का परिचय दिया। 31 दिसम्बर 1938 को यह पत्र बन्द हो गया।

'जीवन' साप्ताहिक

मुखपृष्ठ पर 'सादा-जीवन, उच्च विचार' के संदेश का वाहक 'जीवन' साप्ताहिक पत्र 1932 से जीवन प्रेस, गोरखपुर से प्रकाशित होता था जिसके प्रधान संपादक श्री शिवमंगल गांधी थे। सन् 1935 में सहकारी संपादक के रूप में पं. गणेशदत्त पाण्डेय का नाम छपता था। पत्र के एडिटर, प्रिंटर तथा पब्लिशर का कार्य प्रारम्भ में श्री लक्ष्मीनारायण गोयल ने किया।

'जीवन' की संपादकीय टिप्पणियाँ : प्रायः प्रत्येक अंक में संपादकीय टिप्पणी प्राप्त होती है। निम्नलिखित कुछ उद्धरणों से 'जीवन' के संपादक का दृष्टिकोण सुस्पष्ट है :

1 नवम्बर 1933 : 'वीर सेनापति' "श्रद्धेय विट्ठलभाई पटेल के नाम के पूर्व स्वर्गीय शब्द जोड़ते हुए लेखनी काँप रही है, भाव अवरुद्ध है और हाथ आगे नहीं बढ़ते।··· भारतीय नेताओं पर एकाएक एक सहयोगी के छिन जाने से वज्रपात हो गया और भारत के दुर्भाग्य ने उससे एक सफल सेनापति को हमेशा के लिए अलग कर दिया। जिस समय भारत की राजनैतिक समस्या के सम्बन्ध में गवेषणापूर्ण सलाह और संदेश की परमावश्यकता थी उस समय उसके एक वयोवृद्ध अनुभवी राजनीति विशारद नेता का उठ जाना सचमुच बड़े असह्य दुःख की बात है।

··· भगवान् आकुल भारत को सान्त्वना प्रदान करें। इसी भावना के साथ स्व. नेता को श्रद्धांजलि है।" स्वर्गीय पटेल ने निम्न संदेश देकर स्विटजरलैण्ड देश के जेनेवा नगर में सवा बजे दिन को शरीर त्याग किया।

"मेरे देशवासियों तथा भारतीय मित्रों और संसार भर के मेरे प्रेमियों के प्रति मेरी शुभ कामनाएँ प्रकट कीजियेगा। मृत्यु के पहले ईश्वर से यही प्रार्थना है कि भारत को जल्द से जल्द स्वराज्य प्रदान करें।"

स्वतंत्रता-प्राप्ति हेतु भारतवासियों को क्या करना होगा इसकी चर्चा निम्नवत् है :

देश-भक्ति का मूल्य : "··· इसलिए हमारा मार्ग हमारे सामने स्पष्ट है। हम भीख माँगकर भारत सरकार की खुशामद कर अथवा उससे न्याय की दुहाई देकर स्वतंत्रता नहीं पा सकते। यदि हम स्वतंत्र हो सकते हैं तो आत्म-विश्वास और शक्ति से ही। इसके लिए हमें बलिदान, त्याग, और तपस्या करनी पड़ेगी। स्वतंत्रता की बलि वेदी पर लाखों और करोड़ों की बलि चढ़ानी होगी। इसके लिए यह आवश्यक नहीं कि हम हिंसात्मक उपायों का अवलम्बन करें। हमारे सामने तो अहिंसा और सत्य के मार्ग का प्रचार महात्मा गांधी जी ने अच्छी तरह करके यह बता दिया है कि यह सब सत्याग्रह द्वारा ही संभव है। इसके अभाव में जो कुछ भी हो रहा है, वह देश का भूल।"

20 मई 1935

गोरखपुर में बढ़ती हुई सांप्रदायिकता पर संपादकीय विचार स्मरणीय है :
··· हम जानना चाहते हैं स्पष्ट शब्दों में कि गोरखपुर में बढ़ती हुई हिन्दू-मुसलिम द्वेषाग्नि के अन्त के लिए क्या किया जाय ? क्या अब बकराईद न आयेगी अथवा सभी समस्याएँ सुलझ गयीं। अगर नहीं, तो आप लोगों ने क्यों नहीं मुख्य मंत्री (मा. गोविन्दवल्लभ पंत) के सामने यह मामला पेश किया और इस स्वर्ण सुयोग पर क्यों नहीं इसका कोई हल निकाला गया। क्या अधिकारी और क्या जनसेवी, हमारी तो धारणा है कि गोरखपुर में निरन्तर बढ़नेवाली विषैली सांप्रदायिकता को रोकने में सभी असमर्थ रहे।

11 जुलाई 1938

'जीवन' का मुखपृष्ठ : 'जीवन' के प्रारम्भिक अंकों में अत्यन्त कलात्मक ढंग से भारतवर्ष के मानचित्र के अन्तर्गत कृपाण तथा पुस्तक-धारिणी नारी का चित्र बना हुआ प्राप्त होता है। कृपाण पर 'शक्ति' तथा पुस्तक पर 'विद्या' शब्द अंकित हैं। 'जीवन वीकली' रोमन लिपि में लिखित हर अंक में देखा जा सकता है।

'जीवन' के प्रारंभिक अंकों के मुखपृष्ठ के ऊपरी कोने पर छपा रहता था—देश-जाति और समाज का सेवक, निर्बलों का साथी, सत्य-धर्म का प्रचारक, प्रेम का पुजारी और खरा समालोचक तथा सादा जीवन, उच्च विचार।

मुखपृष्ठ पर निम्नलिखित पंक्तियाँ प्रकाशित हैं :

"मैंने बचपन में बहुत दूध पिलाये सबको।
अब बुढ़ापे में दवा मुझको पिलाये कोई।।"

15 अक्टूबर 1933

"खिंचना नहीं अच्छा, यह रुखाई नहीं अच्छी,
यह जंग, यह शोरिश, यह ढिठाई नहीं अच्छी।
'बिस्मिल' की सुनो बात तुम ऐ हिंदिओ मुस्लिम
मिल जाओ अब आपस में लड़ाई नहीं अच्छी।।"

15 नवम्बर 1933

"खाबे-ग़फलत में पड़े सोते हैं सब अहले-वतन।
होश में लाये इन्हें, इनको जगाये कोई।।"

1 दिसम्बर 1933

'जीवन' के स्थायी स्तम्भ : 'समाचार संग्रह', 'कविता कुंज', 'हमारी डाक', 'सूचनाएँ', 'लोकल' और 'विचारधारा' ही इसके स्थायी स्तम्भ हैं।

'समाचार-संग्रह' : 'जीवन' साप्ताहिक पत्र के पृष्ठ सं. 2 पर बिना किसी शीर्षक के ही समाचार संक्षेप में छ्पे रहते थे।

'जीवन' का 'कविता-कुंज' : इस साप्ताहिक पत्र के प्रत्येक अंक में एक ही पृष्ठ पर अनेक कवियों की कविताएँ प्रकाशित हैं।

'कविता-कुंज' व 'पद्य-प्रसून' स्तम्भों में काव्य रचनाओं का प्रकाशन तो होता ही था, कभी-कभी पर्वों के अवसर पर उत्कृष्ट कविताएँ छपी हैं।

'जीवन' में 'लोकल' : इस स्तम्भ के अन्तर्गत प्रारम्भिक अंकों में केवल गोरखपुर के समाचार छपते थे। जैसे :

—स्थानीय गोरखनाथ के मन्दिर के प्रधान महन्त श्री महाराज का गत रक्षा बन्धन के दिन देहान्त हो गया। उनके समाधि कृत्य के पश्चात् ही शहर के कतिपय गण्यमान्य सज्जनों की उपस्थिति में उनके प्रधान चेला श्री दिग्विजय नाथ जी विधिवत् गद्दी नशीन हुए औ प्रधान महन्त घोषित किये गये।

'जीवन' में प्रकाशित विशिष्ट सूचनाएँ : 15 नवम्बर सन् 1933 को एक पाक्षिक

पत्र के संपादन की सूचना निम्नवद् **है :**

'सचित्र तथा पाक्षिक' 'वीर संतान' संज्ञक पत्र श्रीमान् बाबू रूपनारायण सिंह जी 'रूप' के संपादकत्व में अतिशीघ्र गोरखपुर से प्रकाशित होनेवाला है। साहित्यिक विषयों से अलंकृत मनोरंजन उपकरणों से सुसज्जित एवं समाचार संग्रह से विभूषित होने पर भी इसका मूल्य अध्यापकों, विद्यार्थियों किम्वा पुस्तकालयों के लिए केवल चन्द्रमिति मुद्रा 1) और अन्य पाठकों के निमित्त डेढ़ रुपया निश्चित किया गया है। स्थानीय कवि और सुलेखकों से नम्र निवेदन है कि अपनी रचनाओं से उक्त पत्र को नयनाभिराम बनाकर जिले को समुज्ज्वल करने की कृपा करें।

व्यवस्थापक,
'वीर संतान' कार्यालय तिघरा, पीपीगंज,
गोरखपुर।

विचार-धारा : सन् 1935 के 'जीवन' के सभी अंकों में इस स्तम्भ का नियमित प्रकाशन होता था, जिससे तत्कालीन साहित्यिक व सामाजिक गतिविधियों का ज्ञान होता है।

लाल खड्गबहादुर मल्ल की जयन्ती : "गोरखपुर के सुप्रतिष्ठ और प्राचीन राज्य मझौली के स्वर्गीय युवराज लाल खड्गबहादुर मल्ल यहाँ के उन कतिपय जाग्रत-मना महानुभावों में से थे, जिनके कारण हमें गोरखपुर का अभिमान हो उठता है। लाल साहब एक प्रसिद्ध साहित्यिक और उच्चकोटि के कवि थे। उस समय देश के प्रायः सर्वश्रेष्ठ व्यक्ति भारतेन्दु बाबू हरिश्चन्द्र ने आपकी श्रेष्ठता का यथेष्ट समादर किया था और आपने भारतेन्दु जी के कार्य को उत्कर्ष देने के लिए खड्ग विलास प्रेस, बांकीपुर का संस्थापन करके देश के लिए एक महान् उद्योग किया था, जो अभी तक आपकी कीर्ति का वहन करने के अतिरिक्त हिन्दी साहित्य का महान् उपकार कर रहा है। परन्तु गोरखपुर इन बातों को भूल नहीं गया है तो कम से कम उनको विशेष महत्त्व नहीं दे रहा है। जो साधारणतया एक मामूली बात हो सकती है किन्तु है देश के पराधीन होने का एक प्रमुख कारण। हमें यह जानकर वास्तविक प्रसन्नता होती है कि गोरखपुर अपना कर्तव्य पहचानने का चिह्न प्रकट कर रहा है और इसके अनुसार ही लाल साहब की जयन्ती मनाने का आयोजन किया गया है। हमें आशा है कि जयन्ती मनोयोगपूर्वक अपने उद्देश्य को पूर्णता की ओर ले जानेवाली होगी और उस स्वर्गगत महापुरुष की स्मृति हमारे लिए ताजा कर जाएगी।"[34]

हमारी डाक : विविध क्षेत्रों की सूचना को जीवन के इसी स्तंभ में संकलित किया गया है।

'प्रभात' का हरिजन अंक

अप्रैल के अन्तिम सप्ताह में साप्ताहिक 'प्रभात' का हरिजन अंक निकलेगा। अढ़ाई रुपए पत्र का वार्षिक मूल्य भेज देनेवालों को यह अंक मुफ्त मिलेगा। आशा है हिन्दी के लेखक और कविगण शीघ्र इस अंक के लिए लेख और कविताएँ भेजेंगे।

संपादक 'प्रभात' बलिया।
24-4-1934।

देईडीहा में अभूतपूर्व काम : जनता को यह सुनकर हर्ष होगा कि देईडीहा में एक ऐसा ऑफिस खोला गया है, जो अबोध जनता को विज्ञापनों के जाल से उबारना चाहता है। यह कार्यालय सच्चे और झूठे विज्ञापनों की खरी आलोचना अखबारों में प्रकाशित करेगा, प्रत्येक रोगी को सच्ची दवाएँ, डाक-टिकट या जवाबी लिफाफा भेजने पर राम बाण औषधियों के मुफ्त नुसखे लिखकर भेजेगा। सच्चे यंत्र-मंत्र-तंत्र भी यदि लोग चाहेंगे तो सिद्धि व्यय देने पर सिद्ध करके भेज दिया जायगा। ऐसे विद्यार्थी जो लगातार फेल हो रहे हैं गारंटी लेकर पास होने का नियम साफ बतायेगा। किस कम्पनी की दवाएँ सच्ची हैं, किसकी झूठी ? इसका निर्णय नीर-क्षीर की भाँति करेगा। इसके लिए प्रत्येक विज्ञापक औषधालयों को चाहिए कि वे अपनी मुख्य-मुख्य औषधियाँ समालोचनार्थ भेज दें। यह कार्यालय चलते अखबारों का निर्णय भी करेगा और व्यापारियों को आग्रह करके विज्ञापन देने के लिए मजबूर करेगा। इसके अखबार संचालकों को चाहिए वे नमूना मेरे पास भेजें। व्यापारी यदि विज्ञापन के योग्य पत्र निर्णय करना चाहें तो मुझसे पूछें।

पत्र-व्यवहार का पता
अनुभूत योगीश्वर कार्यालय, देईडीहा,
गोरखपुर।

यह स्तम्भ प्रारम्भिक अंकों में ही प्राप्त है। बादवाले अंकों में इसको स्थान नहीं मिला।

स्वर्गीय श्री शिवमंगल गांधी के संपादन में 'जीवन' की तेजस्विता अविस्मरणीय है।

'सन्देश' साप्ताहिक (आजमगढ़ 1934 ई.)

'प्रभात साहित्य कुटीर' आजमगढ़ से आश्विन शुक्ल 8 सं. 1991 मंगलवार ता. 16 अक्टूबर सन् 1934 में स्त्रियोपयोगी सचित्र साप्ताहिक 'सन्देश' का प्रकाशन प्रारंभ हुआ। इसके संरक्षक कवि-सम्राट् साहित्यरत्न पं. अयोध्यासिंह उपाध्याय 'हरिऔध' थे, जिनकी निम्नलिखित पंक्तियाँ प्रथम पृष्ठ पर छपती थीं।

"देवियों में भर के भाव, देश का मान दिव्य आदेश।
करेगा सत्-साहित्य-प्रचार, सुना 'संदेश' समय संदेश।।"

सर्वश्री नन्दकिशोर तिवारी बी. ए., श्यामापति पाण्डेय एम. ए. तथा एक विदुषी महिला 'सन्देश' के संपादकीय मंडल में थे। 'सन्देश' के प्रवेशांक में पत्र का उद्देश्य स्पष्ट किया गया है।

अपने पथ पर : "··· इस कारण 'सन्देश' का प्रमुख उद्देश्य शुद्ध रूप से भारतीय आदर्श और भारतीय संस्कृति का पृष्ठपोषण कर भारतीय समाज की सेवा करना होगा। हिन्दी साहित्य की अभिवृद्धि और विकास पर, हिन्दी पत्र साहित्य की त्रुटियों और उसकी आवश्यकताओं पर तथा हिन्दी लेखकों को संगठित कर उनके द्वारा सत्य एवं स्थायी तथा अमूल्य साहित्य का निर्माण करने के उद्योग पर 'सन्देश' यथाशक्ति प्रकाश डालने का प्रयत्न करता रहेगा। दूसरे शब्दों में 'सन्देश' एक साहित्यिक एवं सामाजिक पत्र होगा। समाज के अत्याचार एवं उत्पीड़न से विदग्ध और पद-दलित मानव समाज के कातर क्रंदन की अन्तःवाणी में अपनी अन्तर्वाणी मिलाकर 'सन्देश' बिना किसी भय संकोच और पक्षपात के अपने उद्देश्य पथ पर अग्रसर रहेगा।"[35]

'सन्देश' के प्रकाशन पर संरक्षक का एक विस्तृत वक्तव्य जो बारहवें पृष्ठ पर मोटे अक्षरों में छपा है, द्रष्टव्य है :

"जातीय जीवन का सर्वस्व साहित्य है और समाज मन्दिर की अधिष्ठातृ देवी स्त्री जाति। परन्तु आज दिन दोनों की परिस्थिति दयनीय है। साहित्य उद्देश्य भूल गया है, आराध्या देवी उपेक्षिता है। युवक दल जातीय जीवन का विधाता और समाज मन्दिर का परित्राता है, किन्तु क्या वह आज अपने कर्तव्य पथ पर आरूढ़ है ? जाति जिनका मुख आकुल आँखों से देख रही है, जो देशानुराग का राग बड़े ओजमय कंठों से अलापते रहते हैं। क्या उनका हृदय समाज की दुर्दशा देखकर यथा तथा विदीर्ण होता है ? आज कल साहित्य सृजन अधिकाधिक मात्रा में हो रहा है, ग्रन्थ पर ग्रन्थ लिखे जा रहे हैं, प्रतिवर्ष एक महाकाव्य प्रकाशित होता ही रहता है, किन्तु वह संजीवन मंत्र किसमें मिलता है, जो मूर्च्छितप्राय जाति के शरीर में जीवनी शक्ति का संचार कर सके ? स्त्री जाति की दशा इससे भी अधिक शोचनीय है। आज दिन भी अबला अबला है। वह बिक रही है और सामाजिक अत्याचार की चक्की में बेतरह पिस रही है। कच्ची अवस्था में क्षीणकाय मरणोन्मुख सन्तानों की जननी बन रही है, और अब भी वैधव्य यंत्रणा के अंधकारमय गर्त में मुँह के बल निपतित हो रही है। परन्तु सच्चे कलेजा थामने वाले और आँसू बहानेवाले कहाँ हैं ?

इन्हीं बातों पर दृष्टि रखकर 'सन्देश' कार्यक्षेत्र में अवतीर्ण हो रहा है।··· सफलता का उसे पूर्ण विश्वास है, वह इस विचार पर दृढ़ है कि 'सत्यश्रमाभ्यां

सकलार्थसिद्धिः'। मेरा विचार है कि यदि पत्र के व्यवस्थापक और संपादक अपने कर्तव्य पर दृढ़ रहे और मार्गच्युत नहीं हुए, तो उनकी इष्टसिद्धि निश्चित है। अतएव मेरी आन्तरिक इच्छा है कि परमात्मा उसको अपने उद्देश्य में सिद्धि लाभ करने का बल दें। आशा है हिन्दी संसार और समस्त स्वभाषानुरागी सज्जन इस कार्य में 'सन्देश' का हाथ अवश्य बटायेंगे और उसे उचित उत्साह और आवश्यक सहायता प्रदान करने में उस विवेक और विशाल हृदयता से काम लेंगे, जिससे वह अपने उद्देश्य पालन में अग्रसर होकर इष्ट साधन कर सके। विशेष लिखना बाहुल्य मात्र होगा।"

'हरिऔध'

'सन्देश' का मुखपृष्ठ : हरे रंग के मुखपृष्ठ पर कलात्मक ढंग से एक ग्लोब के ऊपर 'सन्देश' अंकित है। स्था. सन् 1934' तथा 'स्त्रियोपयोगी सचित्र साप्ताहिक' प्रथमांक में लिखित है। पृष्ठ के मध्य में लिखा है :

शुभाशंसा

भगवान् करे आजमगढ़ से
निकलनेवाला साप्ताहिक पत्र सन्देश
चिरंजीवी हो, दिन पर दिन उन्नति
करे और सदा कल्याणकारी सन्देश सुनाता रहे।

16-9-34 म. प्र. द्विवेदी

इसी 'शुभाशंसा' के बायीं ओर 'सिंहा बजाती हुई महिला' का चित्र है। दायीं ओर वार्षिक 3) तथा एक प्रति का 1 आना (एकन्नी का चित्र) बना हुआ है। मुखपृष्ठ के नीचे संपादक श्री नन्दकिशोर तिवारी, बी. ए., श्री श्यामापति पाण्डेय, एम. ए. तथा एक विदुषी महिला लिखा है।

गणेश

सचित्र साप्ताहिक 'गणेश' आगरा से निकलता था जिसके सम्पादक पं. ताड़केश्वर शर्मा थे। पत्र की एक प्रति का मूल्य एक आना तथा वार्षिक मूल्य तीन रुपए और रजिस्टर्ड नं. ए 2684 था। मुखपृष्ठ पर अंकित था :

संघोद्धौ गणप्रशंसयोः (पाणिनी)

रविवार 3 मार्च 1935 ई. के अपने प्रथमांक में पत्र ने अपने सम्बन्ध में लिखा कि :

"गणेश भारत में गणतंत्र प्रणाली की शासन व्यवस्था की स्थापना का इच्छुक है। यही इसका उद्देश्य है।"

'हिन्दुस्तान'

'हिन्दुस्तान टाइम्स' ने सत्यदेव विद्यालंकार के सम्पादकत्व में 12 अप्रैल 1936 से दैनिक 'हिन्दुस्तान' का प्रकाशन किया। पत्र का मुख्य लक्ष्य राष्ट्रीय आंदोलन को बढ़ावा देना था। गांधी जी के शुभाशीर्वाद और बिरला परिवार के सहयोग से पत्र अनेक प्रशासनिक अवरोधों के आने पर भी चलता रहा। 1942 के आंदोलन में पत्र को 6 महीने तक बंद रहना पड़ा। मुकुटबिहारी वर्मा और देवदास गांधी, हरिकृष्ण त्रिवेदी एवं रतनलाल जोशी के नेतृत्व में पत्र ने स्वस्थ परम्पराएँ स्थापित कीं। र'ष्ट्र पुरुषों के वक्तव्यों और उनकी गतिविधियों के समाचारों से पत्र भरा रहता था। पत्र के एक अग्रलेख के लिए 6 हजार की जमानत माँगी गयी। यशपाल की कहानी को रोचक ढंग से प्रकाशित कर 'हिन्दुस्तान' ने चेतना जगायी। गांधी जी के प्रार्थना-प्रवचन और नेहरू-पटेल के भाषण को पत्र अविकल रूप में छापता रहा। महामना मदनमोहन मालवीय के सक्रिय सहयोग से पत्र हिन्दी-जगत् में आलोक स्तम्भ बन चुका था।

'अजय'

अजमेर से नवम्बर 1936 ई. से निकलनेवाले मासिक पत्र 'अजय' के सम्पादक श्री दत्तात्रेय वाबले थे। "उत्तिष्ठत जाग्रत प्राप्य वरान निबोधत" के लक्ष्य से प्रेरित पत्र के प्रथमांक के मुखपृष्ठ पर प्रकाशित 'स्वागत-गान' की कुछ पंक्तियाँ द्रष्टव्य हैं :

'अजय' हो तेरा स्वागत मान
जगतीतल में, नभ मंडल में, गूँजे गौरव गान।
X X X
देश अजय हो, वेश अजय हो, अजय राष्ट्र-सम्मान।
'अजयमेरु' में 'अजय' अजय हो, यही हमारा ध्यान।।
यही है प्रिय उद्देश्य महान्।।

स्वतंत्रता के महान् उद्देश्य की प्राप्ति में 'अजय' का योगदान महत्त्वपूर्ण है।

'नवज्योति'

अजमेर से 1936 ई. में 'नवज्योति' साप्ताहिक का प्रकाशन हुआ जिसके सम्पादक श्री रामनारायण चौधरी थे। पत्र की रीति-नीति पर सम्पादक ने लिखा कि–

"मेरे अखबार को यह फख्र हासिल रहा कि उन्होंने निडर होकर निरंकुश हुकूमत की बेजाबूतगियों, ज्यादतियों और कुचक्रों पर प्रकाश डाला, टीका की और जनता की आवाज व राष्ट्र की भावना और पीड़ितों की पुकार को प्रतिध्वनित

किया। इसका पुरस्कार भी ब्रिटिश सत्ता ने अच्छा दिया। उसकी तरफ से अनेक बार चेतावनियाँ मिलीं, तलाशियाँ ली गयीं और 7 साल के अर्से में प्रेस और पत्र से कई बार जमानतें तलब की गईं।"[36]

रियासती शासकों के शोषण एवं गौरांग प्रभुओं के विरुद्ध आवाज उठाने वाले पत्रों में 'नवज्योति' अग्रणी था।

'नवजीवन'

1939 ई. में अजमेर से प्रकाशित इस पत्र का आदर्श वाक्य निम्नलिखित था :

"सेवक राष्ट्र-समाज का, नृप-जनता का सेतु।
'नवजीवन' प्रकटित हुआ, नवजीवन के हेतु।।"

1941

ठाकुर नारायण सिंह के सम्पादन में 'नवजीवन' ने राजस्थान के जागीरदारों के विरोध में जन-आंदोलन का समर्थन किया।

श्री प्रियतम कामदार ने 1935 से 1945 ई. तक के बीच दो पत्रों द्वारा जन-जागरण की दिशा में महत्त्वपूर्ण भूमिका निभायी। 'जयपुर समाचार' तथा 'प्रचार' द्वारा राष्ट्रीय चेतना को विकसित किया गया। 'प्रचार' की घोषणा से ही उसकी पैनी दृष्टि का पता लग सकता है :

चोर, पापी और उल्लू
सदा अँधेरा चाहते हैं
'प्रचार' पब्लिक की सर्चलाइट है।

लोकवाणी

जयपुर से श्री जमनालाल बजाज की स्मृति में 1943 ई. से साप्ताहिक 'लोकवाणी' का प्रकाशन प्रारम्भ हुआ। सर्वश्री हीरालाल शास्त्री, देवीशंकर तिवाड़ी, सिद्धराज ढड्ढा, जवाहर लाल जैन, पूर्णचन्द्र जैन और राजेन्द्र शंकर भट्ट जैसे विचारशील सम्पादकों ने लोक-शिक्षण हेतु इस पत्र को आगे बढ़ाया।

अलवर पत्रिका

1 जनवरी 1943 से अलवर से इस पत्रिका का प्रकाशन हुआ। प्रजा मंडल और राष्ट्रीयता के प्रचार हेतु मोदी कुंज बिहारी लाल ने पत्रिका को प्रखर रूप दिया तथा इसके लिए उन्हें जेल-यात्रा करनी पड़ी।

जयपुर के 'जयध्वनि' (साप्ताहिक, 1942), 'आजाद सैनिक' (1942), 'युवक हृदय' (मासिक, 1946), जोधपुर के 'कल की दुनिया' (1940), 'अखण्ड' (मासिक), 'नवयुग' (साप्ताहिक, 1944) और कोटा के 'दीनबन्धु' (साप्ताहिक, 1944) ने

मिशनरी पत्रकारिता को बढ़ावा दिया। 'अधिकार', 'धरती के लाल', 'चम्बल', 'किसान सन्देश' और 'जनवाणी' ने जन-जन में चेतना को जगाने की साधना की। 'अमर ज्योति' (सं. श्रीनारायण चतुर्वेदी) 'पन्द्रह अगस्त' (सं. चन्द्रेश व्यास), 'जय हिंद' (सं. हीरालाल जैन), 'आग', 'अंगारे', 'ज्वाला', 'ललकार', 'सेनानी', आदि पत्र स्वराज्य के संदेश वाहक बने।

'विजय' पाक्षिक पत्र (बस्ती) (1938 ई.)

बस्ती जिले के अनन्य राष्ट्रभक्त तथा स्वतंत्रता-संग्राम सेनानी श्री राजराम शर्मा 'अचल' के संपादकत्व में 'विजय' पाक्षिक पत्र का प्रकाशन पूर्ण स्वाधीनता दिवस 26 जनवरी 1938 से प्रारंभ हुआ, जिसके मुखपृष्ठ पर निम्नलिखित पंक्तियाँ द्रष्टव्य हैं :

अभिलाषा तेरी किसे नहीं, है कौन जोहता राह नहीं।
क्या कोई भी ऐसा जग में, है जिसे 'विजय' की चाह नहीं।।

"पूर्ण-स्वराज्य हमारा जन्म-सिद्ध अधिकार है"–तिलक

"मैं तो अपने देश में रामराज्य लाना चाहता हूँ
मेरे स्वराज्य का यही अर्थ है।" –म. गांधी

" 'विजय' की सफलता के लिए मेरी शुभकामना है।
आशा है, 'विजय' कांग्रेस का संदेश जिले के कोने-कोने
में पहुँचाने का प्रयत्न करेगा।" –जवाहरलाल नेहरू

"लेकर पूर्ण स्वराज्य स्वत्व अपना पहचाने।
आजादी या मौत यही प्रण मन में ठाने।।" –अंचल

इस मुखपृष्ठ पर अंकित पं. नेहरू, तिलक तथा अंचल के वाक्यों द्वारा पाक्षिक पत्र का लक्ष्य तथा उसकी तेजस्विता का ज्ञान होता है। पत्र की कामना प्रथम अंक में द्रष्टव्य है :

"आज 26 जनवरी है, आज ही के दिन देश ने 'पूर्ण स्वाधीनता' के लिए व्रत लिया था, तभी से हम हर साल उस प्रतिज्ञा को दुहराते हैं। जब तक पूरे आजाद न हो लें–तब तक हमें दम न लेना चाहिए। आज हर घरों पर तिरंगा झण्डा अवश्य उड़ता दिखाई देवे। यही हमारी कामना है।"

संपादक की कैंची

'विजय' के प्रत्येक अंक में स्वतंत्रता-प्राप्त्यर्थ हार्दिक कामना भावुकता के साथ संपादकीय लेख में प्रकट है, जिसका उद्धरण प्रस्तुत है।

हमारी कामना

"... हम जबान रखते हुए भी बेजबान हैं। हाथ रखते हुए भी हम अपनी भारतमाता की बेड़ियाँ काट नहीं सकते।... केवल ईश्वर और अपने पाठकों के भरोसे पूर्ण स्वराज्य का ध्येय सामने रखकर हम भी बस्ती से विजय की अभिलाषा किये हुए 'विजय' को लेकर उपस्थिति हो रहे हैं। वास्तव में बस्ती में हमारा प्रयास 'तुलसी बारिद बूँद गहि चाहत चढ़न अकास' के समान है।

X X X

'विजय' का मूल मंत्र 'आजादी या मौत' होगा। 'विजय' आपका है और आप 'विजय' के हैं, हमें पूर्ण आशा है, इसे अपना कर, हमारे उत्साह को बढ़ावेंगे। वन्दे मातरम्।"[37]

माँ स्वाधीनते !

"माँ स्वाधीनते ! अभी तुम कितनी दूर हो ? तुम तक पहुँचने में अभी कितने दिन लगेंगे ?... आजादी की देवी ! अब हम बेदार हो चुके हैं। अब हमें कोई पराधीन नहीं रख सकता।"

26 जनवरी 1939

माँ स्वाधीनते !

"देखो ना माँ हमारा बूढ़ा सेनापति आत्मबल प्राप्त करने के लिए आज पुनः व्रत ले रहा है। हमारा नाहर जवाहर दर-दर घूम कर सचेत कर रहा है। बंगाल का शेर तो एकदम व्यग्र सा हो गया है। शांति युद्ध करने के लिए बिगुल बज चुका है, बस मार्च करने की देरी है।...

फिर तो तुम प्रसन्न होकर हमें आशीर्वाद दोगी हम आनन्द विभोर होकर नाचेंगे। फिर एक स्वर में कह उठेंगे 'स्वाधीन भारत की जै' फिर हमारी 26 जनवरी और तरह की होगी।"[38]

सन् 1940 के 30 दिसम्बर को संपादक ने पत्र के प्रकाशन को बन्द करने की घोषणा की क्योंकि इनकी गिरफ्तारी का कुचक्र रचा जा रहा है तथा 'विजय' के प्रबल सहयोगी जेल जा चुके थे। संपादक के शब्दों में :

"2 वर्ष 11 महीने सेवा करके अब 'विजय' अनिश्चित काल के लिए विश्राम लेने जा रहा है।... 'हरि इच्छा बलवान्'। 'विजय' के प्रबल सहायक हमारे परम स्नेही भाई रामशंकर लाल और श्री अशर्फी लाल भी अब बाहर नहीं रहेंगे इसलिए यह बात ठहरी की 'विजय' का प्रकाशन बन्द कर दिया जाय।... ईश्वर आपका कल्याण करे आप में वह बल आवे जिससे आप देश को स्वाधीन कर सकें। वन्दे मातरम्।"

आजादी प्राप्त करने की उत्कट अभिलाषा कितनी बलवती है, इसे संपादक की लेखनी से प्रसूत शब्दों में देखा जा सकता है :

चलते चलते कहीं कभी तो ध्येय प्राप्त कर ही लेंगे।
अपनी इस भारत मैया पर अथवा फिर मर ही लेंगे।।[39]

इन संपादकीय लेखों द्वारा 'विजय' की 'राष्ट्रे जागृयां वयम्' की भावना की प्रबलता स्पष्ट होती है।

'विजय' के प्रमुख स्तम्भ

'घोंचवा फेर', 'बस्ती की बात' ये दो प्रमुख स्तम्भ इस साप्ताहिक के प्रायः हर अंक में छपते थे। 'बस्ती की बात' में जनपद की समस्याएँ स्थान पाती थीं। जिले के कोने-कोने में स्वतंत्रता-संग्राम-सम्बन्धी जो क्रिया-कलाप होता था, उसका विशद वर्णन प्राप्त होता है। 'घोंचवा फेर' स्तम्भ घर-घूमन दादा के नाम से स्वयं शर्मा जी लिखते थे जिसका कुछ अंश उद्धृत है।

10 जनवरी 1939 "बेटा घोंचू ! रुपया देने पर भी बहुतों को अखबार पढ़ने को नहीं मिलता। और बहुत लोगों को पोस्टमैनों की कृपा से मुफ्त ही में मिल जाता है। इसी का नाम घोंचवा फेर है।"

वसुन्धरा (मासिक) (सन् 1939 ई.)

गोला (गोरखपुर) से श्रावण सं. 1996 वि. को 'वसुन्धरा' राष्ट्रीय मासिक पत्र का प्रकाशन प्रारंभ हुआ, जिसके संपादक पं. केदारनाथ त्रिपाठी थे। संपादक की सहायता के लिए तीन व्यक्तियों की एक समिति थी, जिसमें श्रीमान् बाबू ब्रजनारायण तुलस्यान, बाबू हरिकृष्ण लाल झुनझुनवाला तथा बाबू दुर्गाप्रसाद झुनझुनवाला थे। पत्र के व्यवस्थापक श्री बालाप्रसाद तुलस्यान थे। 'वसुन्धरा कार्यालय' गोला, गोरखपुर से ही इस राष्ट्रीय मासिक पत्र का प्रसार व इसकी प्रकाशन-व्यवस्था की जाती थी !

'वसुन्धरा' का मुखपृष्ठ

कलात्मक ढंग पर मुख पृष्ठ के बीच भारतमाता का चित्र भारत के नक्शे के अंदर बना है, जिसके नीचे 'वंदे मातरम्' लिखा हुआ है। इस चित्र के ऊपर अंकित दो पंक्तियों की कविता है :

"रसमय रुचिर भाव सुमनों से सजी लिये सुन्दर क्यारी।
आमोदित करती दिगन्त को वसुंधरा जग की प्यारी।।"

"भारतीय संस्कृति का उपासक राष्ट्रीय मासिक पत्र" पत्रिका के नाम के साथ जुटा हुआ है, जिससे सिद्ध होता है कि पत्र के प्रकाशन का लक्ष्य भारतीय

संस्कृति का उत्थान ही था। मुखपृष्ठ के नीचे वार्षिक चन्दा 3.50, सार्वजनिक संस्थाओं तथा विद्यार्थियों से 2 रुपये, विदेश का चन्दा 4 रुपये, एक अंक का मूल्य 1) छपा है।

संपादकीय

"... संसार का इतिहास साक्षी है कि कोई भी जाति पराधीन होने पर बहुत दिनों तक जीवित नहीं रहती। संसार में कितनी जातियों का प्रादुर्भाव हुआ पर राज्य छिन जाने पर उनकी संस्कृति छिन्न-भिन्न हो गई, मर गई। हम सहस्रों वर्षों से पराधीन हैं, परन्तु अभी तक हमारे हृदय में स्वतंत्रता देवी के प्रति सम्मान की भावना है। हमारे पूर्वज अपने प्राणों से उन स्वतंत्रता देवी की आराधना किये हैं–आज भी हम अपने प्राणों से उनकी अर्चना कर रहे हैं। रामकृष्ण की कहानी आज भी हम पढ़ते हैं। उनकी जयंती मनाते हैं। दशहरा और होली ऐसे राष्ट्रीय त्योहार मनाते हैं।

अपनी स्वतंत्रता एवं संस्कृति को अक्षुण्ण बनाने के उद्देश्य की पूर्ति हेतु इस पत्रिका का आविर्भाव हुआ है।"[40]

उपर्युक्त संपादकीय लेख की पुष्टि हेतु वसुंधरा के प्रथम पृष्ठ पर लिखा रहता था कि–

"वह व्यर्थ ही जन्मा जगाया देश को जिसने नहीं।
जातीय जीवन की झलक आई कभी जिसमें नहीं।।"

क्रांतिकाल के इस पत्र में भारतवर्षोन्नति-संबंधी लेख 'वसुन्धरा' के नाम को सार्थक करते हैं। 'जयचंदों की भरमार' शीर्षक के अन्तर्गत संपादक का राष्ट्र-प्रेम दर्शनीय है।

"... पाठको ! आज देश पराधीन है। भारतमाता के हाथों में हथकड़ी और पैरों में बेड़ी है, उनके कराह को सुनकर दूसरे लोगों के हृदय में अपार दुख हो रहा है, पर हम भारतवासी विदेशियों का दास रहना ही पसंद करते हैं। हमारे इस देश में एक बहुत बड़ी संख्या ऐसे लागों की है, जो 'ते के न जानीमहे' के ज्वलंत उदाहरण हैं। इन लोगों के लिए न ईश्वर का भय है, न धर्म का भय है, न तो लज्जा ही उन्हें संकुचित कर सकती है। देश के नवजवान फाँसी पर लटका दिये जायँ आजीवन जेल के सीकचों में सड़ा करें पर इन लोगों को इससे कोई संबंध नहीं। ये तो हँसते हैं, उलटे देशकार्य करनेवालों को कटुवाणी की वर्षा से सन्तप्त करने का पूरा यत्न करते हैं।

X X X

एक जयचन्द के होने से भारतवर्ष पराधीन हो गया, शताब्दियों के लिए दासता की शृंखला से जकड़ा गया जिसका कटु-फल आज हमारे सामने है और

हम उसका स्वाद ले रहे हैं। आज तो उसी भारत वसुन्धरा पर एक नहीं सैकड़ों, सहस्रों और लाखों जयचंदों की भरमार है।

संसार की बड़ी से बड़ी शक्ति हमें पराधीन बनाकर नहीं रख सकती है यदि भारत के जयचंद मिटा दिये जायँ–इनका सर्वनाश कर दिया जाय। राष्ट्र के उन्नति के मार्ग में कंटक रूप इन निशाचरों का जब तक विनाश नहीं होता, तब तक भारत का सुख-सूर्य उदयाचल पर पैर नहीं रख सकता।"[41]

'वसुंधरा' के अंक 2 में संपादक ने अल्पसंख्यक समस्या की आड़ में साम्राज्यवादी शक्तियों के कुचक्र का पर्दाफाश किया है।

"जब से पराधीन भारत में स्वतंत्रता की लहर लहराने लगी है देश में बसने वाले सभी नर-नारी अपनी शक्ति एवं सामर्थ्य के अनुकूल इस स्वाधीनता संग्राम में योगदान दे रहे हैं। राष्ट्र की स्वतंत्रता ही एकमात्र प्रबल ध्येय उनके सामने है। पराधीनता के प्रचंड पाश से राष्ट्र उन्मुक्त हो ले, पश्चात् अन्य समस्याओं पर विचार किया जाय। देशवासियों की स्वतंत्र भावनाओं के हनन करने के लिए नाना प्रकार के छल-बल का प्रयोग विदेशियों द्वारा होने पर भी वे भावनाएँ दिन दूनी रात चौगुनी बढ़ती ही जाती हैं। इसलिए और कोई उपाय न देखकर साम्राज्यवाद की नींव सुदृढ़ करने के लिए अन्तिम एवं दुर्जेय अस्त्र अल्पसंख्यक-समस्या का प्रयोग किया जा रहा है।"

उपर्युक्त संपादकीय टिप्पणियों द्वारा स्पष्ट होता है कि संपादक को राष्ट्र की स्वाधीनता प्रिय थी। अतः स्वाधीनता-प्राप्ति हेतु प्रेरणादायक रचनाएँ ही 'वसुंधरा' में समादृत होती थीं।

समालोचना स्तम्भ

संपादक ने इस स्तम्भ के लिए तत्कालीन शिक्षामंत्री माननीय सम्पूर्णानन्द की सेवाएँ प्राप्त की थीं। प्रतिभा पब्लिशिंग हाउस लखनऊ से प्रकाशित श्री शचीन्द्रनाथ सान्याल द्वारा लिखित पुस्तक 'विचार-विनिमय' तथा 'धर्म, समाज और विज्ञान' की समालोचना जो सम्पूर्णानन्द जी द्वारा लिखित है, 'वसुंधरा' में छपी है।

स्वास्थ्य स्तंभ

ज्वर, वमन, जलन, वात रोग के अनुभूत नुस्खों का प्रकाशन हुआ है :

"आधी छटांक धतूरे के बीज को कूट कर तीन पाव खालिस सरसों के तेल में सात दिन भिगोकर छान कर मालिश करने से सब प्रकार का वात रोग दूर होता है।"

'वसुंधरा' और राष्ट्र-भक्ति

'वीरभोग्या वसुन्धरा' तथा 'वन्दे मातरम्' जैसे मंत्र को मुखपृष्ठ पर धारण करने वाले मासिक पत्र 'वसुन्धरा' का उद्देश्य है :

"प्रत्येक आंदोलन, प्रत्येक कार्य किसी उद्देश्य को लेकर विश्व मंच पर अवतीर्ण होते हैं। यह पत्रिका भी एक उद्देश्य लेकर संसार में आविर्भूत हो रही है। इसका उद्देश्य महत्त्वपूर्ण और पावन है, उसमें अनुपम सौंदर्य और चिरस्थायी आनन्द है। उसमें विशुद्ध राष्ट्रीयता और विशालहृदयता है। उसके लिए लाखों-करोड़ों बलिदान हो चुके हैं। नर-सिंहों के रक्त से उसका सिंचन हुआ है। वह भारतीय-संस्कृति, भारतीयों की अतुल सम्पत्ति। हम इसके लिए लड़ते आये हैं और लड़ते रहेंगे। इसी के लिए जियेंगे और इसी के लिए मरेंगे। हम मृत्यु के लिए मृत्यु के रहस्य को समझते हैं और लोगों को समझाएँगे।"[42]

पत्रिका के संपादक पं. केदारनाथ त्रिपाठी की उपर्युक्त पंक्तियाँ पूर्वांचल के नागरिकों के राष्ट्र-प्रेम की द्योतक हैं।

'चिनगारी'

सम्पादक शंकर सिंह वैद्य द्वारा 'ब्रह्मशक्ति' भवन बहराम घाट (बाराबंकी) से प्रकाशित 'चिनगारी' का लक्ष्य था :

पाप का प्याला भरने दो
प्रलय के बादल गरजेंगे।
युद्ध की भेरी बजने दो
नृशंसों के दिल लरजेंगे।।

विविध विषय विभूषित प्रगतिशील इस 'चिनगारी' मासिक का वार्षिक मूल्य डेढ़ रुपए था।

'विप्लव'

नवम्बर 1938 ई. से 'विप्लव' मासिक पत्रिका का प्रकाशन प्रारम्भ हुआ। यशपालजी पत्रिका के सम्पादक थे। अंग्रेजी शासकों के विरुद्ध आग उगलने के कारण पत्र-प्रकाशन को बार-बार अवरुद्ध किया गया। सरकार द्वारा अधिक जमानत माँगने के कारण जून 1940 में पत्र बन्द हो गया। पत्र का लक्ष्य था :

तुम करो शांति-समता प्रसार,
विप्लव ! गा अपना अनल गान।

पत्र ने अपने प्रथम अंक के प्रथम पृष्ठ पर लिखा :
'भारत के राष्ट्रीय आन्दोलन का अग्रसर मोर्चा'

"आज हम अपनी गुलामी की इन हथकड़ियों को तोड़ डालने के लिए अपनी दासता के बंधनों को आग में जला देने के लिए विप्लव के कुण्ड में कूद पड़े हैं। आज हिचकिचाने का और शंका करने का समय नहीं है।"

पत्र में 'कांग्रेस समाजवादी पार्टी' (आचार्य नरेन्द्र देव) और 'नीरस रसिक' (यशपाल) शीर्षक लेख छपे हैं।

'क्रान्ति'

साम्यवादी मासिक पत्रिका 'क्रान्ति' का पहला अंक जुलाई 1939 में प्रकाशित हुआ जिसके सम्पादक राजाराम शास्त्री एम. एल. ए. थे। कानपुर से निकलनेवाले इस पत्र का वार्षिक मूल्य 2 रुपए था। पत्रिका के मुखपृष्ठ पर छपा था :

'क्रान्ति ही आजादी का सच्चा मार्ग है।'

—लेनिन

प्रथमांक में प्रकाशित 'सम्पादकीय दृष्टिकोण' उल्लेख्य है :

"··· इसलिए जो क्रान्तिकारी हैं और जिनका यह विश्वास है कि आजादी कभी दान में दी और ली नहीं जाती बल्कि बाहुबल से ही उसे प्राप्त किया जाता है उनके लिए केवल यही मार्ग है कि वे भारत की शोषित जनता को भावी क्रान्ति के लिए तैयार करें। आजादी की देवी कभी कोरी बातों से प्रसन्न नहीं हुआ करती वह तो सर्वस्व बलिदान चाहती है।··· हम इस बात की प्रतिज्ञा करते हैं कि तेरे मार्ग पर चलकर यदि हमें अपना सर्वस्व तक बलिदान करना पड़ेगा तो हम उस पूर्णाहुति के देने में किंचितमात्र भी संकोच नहीं करेंगे।"

इसी संदर्भ में पत्रिका के प्रथम पृष्ठ पर कविवर श्री त्रिशूल जी रचित पंक्तियाँ स्मरणीय हैं :

जवानो उट्ठो !

ले. कविवर श्री त्रिशूल जी

जवानो उट्ठो कर दो क्रान्ति
कहाँ पतझड़ के बिना बसन्त
क्रान्ति के बिना कहाँ है शान्ति ? जवानो···
रूढ़ियों के बंधन में बँधा
पड़ा सड़ता है सुप्त समाज।
जगत में जीना दूभर हुआ
कहाँ का तखत ? कहाँ का ताज ?
जवाँ मर्दों ने बाँधी कमर
नहीं आती क्या तुमको लाज ?

चाहते हो होना स्वच्छंद
तोड़ डालो सब बंधन आज।

X X X

बनो स्वामी स्वभाग्य के स्वयं
मिटा दो दुनिया की उद्भ्रान्ति।
जवानो उट्ठो कर दो क्रान्ति।।

'क्रान्ति' में समादृत कतिपय लेखों और उनके लेखकों से पत्रिका की तेजस्विता का अनुमान सहज ही हो सकता है :

क्रान्ति की ज्वाला–कामरेड योगेशचन्द्र चटर्जी
स्वराज्य और साम्यवाद–आचार्य नरेन्द्र देव
क्रान्ति चिरंजीव हो ! –कामरेड बटुकेश्वर दत्त
साम्प्रदायिक समस्या और कांग्रेस–कमलापति त्रिपाठी एम. एल. ए.

वस्तुतः अपनी तेजस्विता के कारण 'क्रान्ति' क्रान्ति काल के पत्रों में शीर्षस्थ है।

'आजादी'

उग्र कांग्रेस-जनों ने 22 जुलाई सन् 1939 ई. से 'आजादी' पाक्षिक पत्र द्वारा अपने हृदयोद्गार को स्पष्ट किया :

आएगा न जाने कब ज़माना अपना।
बहरों को सुनाए जा, तराना अपना।।

काशी से प्रकाशित दो पैसे मूल्य वाले पत्र के सम्पादक श्री कृपाशंकर शर्मा थे। प्रथमांक के मुखपृष्ठ पर छपी कविता की कुछ पंक्तियाँ द्रष्टव्य हैं :

साम्राज्यवाद का नाश

(रचयिता–सुमित्रानन्दन पंत)

परिवर्तन ही जग-जीवन का नियम चिरंतन दुर्जय,
साक्षी है इतिहास; युगों का प्रत्यावर्तन अभिनय।
मुखियों के, कुलपति, सामंत, महंतों के वैभव-क्षण
बिला गए बहुराज-तंत्र-सागर में ज्यों बुदबुद-कण।
रजत-स्वप्न साम्राज्यवाद का ले नयनों में शोभन,
पूँजीवाद निशा भी है होने को आज समापन
विविध ज्ञान, विज्ञान, कला यंत्रों का अद्भुत कौशल
जग को दे बहु जीवन-साधन, वाष्प, रश्मि, विद्युत्बल।
मरणोन्मुख साम्राज्यवाद, कर वह्नि और विष-वर्षण,

अंतिम रण को है सचेष्ट, रच-निज विनाश-आयोजन।।

'आजादी' की हुंकार के कारण ही भारतवर्ष 8 वर्षों के बाद स्वतंत्र हो गया।

'मधुकर'

पाक्षिक पत्र 'मधुकर' के प्रकाशक सीताराम पाटोण्डिया थे। श्रीवीरेन्द्र-केशव-साहित्य-परिषद टीकमगढ़ के तत्त्वावधान में यह पत्र 1 अक्टूबर सन् 1940 ई. से प्रकाशित हुआ। पत्र के सम्पादक श्री बनारसीदास चतुर्वेदी थे। 'मधुकर' के प्रथमांक में 'हमारी संस्कृति के आधार' (श्री वृन्दावन लाल वर्मा), 'महाराज मधुकरशाह' (स्व. मुंशी अजमेरी), 'राजा करे सो न्याय' (पं. रमाशंकर शुक्ल) आदि लेख छपे हैं।

विन्ध्यप्रदेश में चेतना जागरित करने का महत्त्वपूर्ण कार्य 'मधुकर' ने किया। पत्र ने देशी राज्यों में सामन्तशाही और अंग्रेजों के विरुद्ध दोहरी लड़ाई चलायी। शुद्ध साहित्यिक पत्रिका होते हुए भी 'मधुकर' ने अपने अंचल की संस्कृति और कला को उजागर किया। पृथक् बुंदेलखंड का नारा बुलंद करनेवाला यही पत्र था।

'मनोहर कहानियाँ'

मित्र प्रकाशन प्रा. लि. इलाहाबाद ने 1939 में 'मनोहर कहानियाँ' (मासिक) का प्रकाशन किया। क्षितीन्द्र मोहन मित्र इसके संस्थापक थे। इनके ही तत्त्वावधान में 'माया' का प्रकाशन 1929 से चल रहा है। ये दोनों पत्रिकाएँ भारत में अत्यंत लोकप्रिय हैं।

'कमला' 'भारत' और 'मदारी'

सन् 1939 के अप्रैल में वाराणसी से 'कमला' नामक मासिक पत्रिका का प्रकाशन हुआ जिसके मूल में नारी-जागरण का पवित्र लक्ष्य था। पत्रिका के प्रधान सम्पादक बाबूराव विष्णु पराड़कर तथा सहायक सम्पादक शांतिप्रिय द्विवेदी थे। तीन वर्षों तक 'कमला' ने हिन्दी साहित्य की सेवा की।

30 अगस्त 1928 को व्यंकटेशनारायण तिवारी के सम्पादन में 'भारत' साप्ताहिक निकला। 1930 में यह पत्र अर्द्धसाप्ताहिक तथा 1933 में दैनिक हो गया।

1932 ई. के सितम्बर माह में प्रयाग का प्रथम हास्य व्यंग्य से पूर्ण साप्ताहिक 'मदारी' का प्रकाशन हुआ जिसके सम्पादक एम. पी. श्रीवास्तव थे। निम्नलिखित पंक्तियों पर सरकार ने घोर आपत्ति व्यक्त की :

सोटा लेकर नये ठाठ से सदा मदारी आवेगा।
जो भारत में अहित करेंगे उनको पकड़ नचावेगा।

'नवभारत'

रामगोपाल माहेश्वरी ने नागपुर से 'नवभारत' दैनिक पत्र का प्रकाशन 1938 में किया। मायाराम सुरजन 'नवभारत' के प्रथम सम्पादक थे।

'नई दुनिया'

सत्याश्रम, वर्धा से श्री रघुवीरशरण दिवाकर बी. ए., एल-एल. बी. के सम्पादकत्व में 'नई दुनिया' का प्रकाशन जनवरी 1941 ई. को हुआ। पत्र का लक्ष्य था :

रामकृष्ण जिन ईश मुहम्मद, सबकी सीख सिखाना है।
बने नई दुनिया यह दुनिया, ऐसा राह दिखाना है।।

पत्र का वार्षिक मूल्य 2 रुपये था। प्रथमांक के मुखपृष्ठ पर प्रकाशित सौ. प्रेमकुमारी दिवाकर 'रत्न' की कविता पत्रकारिता के आदर्शों को सुस्पष्ट करनेवाली है :

स्वागत

'नई दुनिया' ! स्वागत शतबार।
इस दुनिया को नया बना दे, हर ले भू का भार।
'नई दुनिया' ! स्वागत शतबार।
सत्यामृत का पान करा दे।
अमर सत्य संदेश सुना दे।
मानवता का राग गुँजा दे।
बाजें हृदय के तार।। नई···
हिन्दू मुसलमान ईसाई
जैन बौद्ध सब भाई भाई।
मान मोह की तजें लड़ाई।
भर दुनिया में प्यार।। नई···
न्याय-नीति का राज्य जमा दे
जाति-पाँति का भेद भुला दे।
रंग-राष्ट्र का भूत भगा दे।
कर ऐसी हुंकार।। नई···

इस प्रकार 'नई दुनिया' ने भविष्य का स्वागत किया।

'आर्यावर्त'

दरभंगा नरेश कामेश्वर सिंह ने इण्डियन नेशनल प्रेस पटना से 1941 में 'आर्यावर्त' का प्रकाशन प्रारम्भ किया। इसके प्रथम सम्पादक पं. दिनेश दत्त झा थे। राष्ट्रवादी

नीति के पोषक 'आर्यावर्त' ने बिहार में चेतना जगायी।

मासिक 'विक्रम'

पं. सूर्यनारायण व्यास के संचालन में विक्रम संवत् दो हजार की पूर्णाहुति की स्मृति में अप्रैल सन् 1942 में मासिक 'विक्रम' का प्रकाशन हुआ जिसके सम्पादक पाण्डेय बेचन शर्मा उग्र थे। मालवा तथा अखिल भारत की सांस्कृतिक सेवा की दृष्टि से यह पत्र प्रकाशित किया गया। भारतीय संस्कृति जब पाश्चात्य पशुबल से उद्विग्न थी, सद्भाव, सौंदर्य और साहित्य सुषुप्त था, कठोर नियंत्रण के श्मशानी संकट के समय उज्जैन से 'विक्रम' सांस्कृतिक उन्नयन के लिए अवतरित हुआ। अनुभव वृद्ध व्यक्तियों की शोधपूर्ण रचनाएँ पत्र में स्थान पाती थीं। 'बिंदु बिंदु विचार' शीर्षक के अन्तर्गत सम्पादक ने स्थायी महत्त्व के गहन और ज्ञान गम्य साहित्य का सृजन किया।

'विक्रम' के कुल पाँच अंकों की समृद्ध सामग्री की प्रशंसा पंडित अमरनाथ झा और राष्ट्रकवि मैथिलीशरण गुप्त ने की थी।

'संसार' (साप्ताहिक) बम्बई संस्करण

31 अक्तूबर 1943 ई. से पं. बाबूराव विष्णु पराड़कर और सत्यकाम विद्यालंकार के सम्पादकत्व में यह पत्र निकला जिसके 'आत्म निवेदन' से पत्र-प्रकाशन के विविध पहलुओं की जानकारी प्राप्त होती है :

"··· अब तक दैनिक 'संसार' का एक अंक प्रति सप्ताह एक विशेषांक के रूप में निकलता रहा है और रहेगा। यह पत्र सप्ताह भर की राजनीतिक, सामाजिक, सांस्कृतिक और साहित्यिक आलोचना करेगा, मनोरंजन की सामग्री उपस्थित करेगा, आमोद-प्रमोद और कला कौशल के साधनों की चर्चा और टीका भी करेगा।··· इस प्रसंग में यह कह देना आवश्यक है कि 'साप्ताहिक संसार' सर्वथा राष्ट्रीय है। देश की राजनीतिक स्वतंत्रता, औद्योगिक वृद्धि और पूर्णता, सम्पत्ति का सब वर्गों में समुचित विभाजन, पतित का उत्थान, निद्रित की जाग्रति, परिक्लांत की विश्रान्ति और श्रमशील का मनोरंजन हमारा ध्येय होगा।

··· पर काशी के साथ-साथ वह बम्बई से भी प्रकाशित होगा। 'साप्ताहिक संसार' का बम्बई संस्करण उन्हें उनके प्रान्त का संदेश सुनाता रहेगा।

··· सम्पादकीय 'हम' जनहृदय का 'हम' होता है। सम्पादक अपने व्यक्तित्व को भुलाकर उसे उस समूह के अहंकार में डुबा देता है जिसकी सेवा करना पत्र का ध्येय होता है। इस प्रकार सफल पत्र समाज का हो जाता है। हम अपने पाठकों से आत्मीयता का सम्बन्ध स्थापित करना चाहते हैं और आत्मीयता की आशा भी करते हैं।"

सत्यकाम विद्यालकार द्वारा मुद्रित प्रकाशित संसार पत्र, संसार कार्यालय, नूतन साहित्य प्रेस, 156, तारदेव रोड, बम्बई-7 से प्रसारित हो जन-जन में चेतना का स्वर फूँकता रहा।

संसार

काशी के 'संसार' कार्यालय ने 'संसार-दैनिक', 'संसार साप्ताहिक', 'संसार रविवार-संस्करण,' 'ग्राम संसार अर्द्ध साप्ताहिक', 'आंधी' (कहानी मासिक), 'युगधारा' (मासिक) तथा 'आप बीती' (मासिक) पत्रों द्वारा हिन्दी साहित्य के संवर्धन में अभूतपूर्व भूमिका निभायी। इस कार्यालय से प्रकाशित पत्रों के प्रधान सम्पादक श्री कमलापति त्रिपाठी थे।

पहली जनवरी 1943 ई. में श्री बाबूराव विष्णु पराड़कर के सम्पादन में 'संसार' दैनिक पत्र का प्रकाशन हुआ। सर्वश्री कमलापति त्रिपाठी एवं मुकुन्दीलाल श्रीवास्तव की सेवाएँ इस पत्र को प्राप्त हुईं। 1946 में इसके प्रधान सम्पादक पं. कमलापति त्रिपाठी बनाए गए।

'संसार साप्ताहिक' के सम्पादन में श्री कृष्णदेव प्रसाद गौड़, काशीनाथ उपाध्याय 'भ्रमर', ईशदत्त पाण्डेय 'श्रीश', माधवप्रसाद मिश्र, मुकुन्दीलाल श्रीवास्तव तथा रामचन्द्र रघुनाथ खाडिलकर का समय-समय पर सहयोग प्राप्त था। 25 अक्तूबर 1945 को पराड़कर जी के निर्देशन में साप्ताहिक 'संसार' ने 'आजाद हिन्द सेना' विशेषांक प्रकाशित किया जिसके मुखपृष्ठ पर सुभाष चन्द्र बोस का चित्र था। द्वितीय पृष्ठ पर छपा था :

सुनायी अब यही पड़ता चलो दिल्ली चलो दिल्ली
किसी के कान में गड़ता चलो दिल्ली चलो दिल्ली

इस अंक की सम्पादकीय टिप्पणी द्रष्टव्य है :

'ज्वालामुखी के मुख पर'

'... दलन, दासता, दोहन और दकियानूसी जर्जर अवस्थाओं के विरुद्ध विद्रोह की ध्वजा उड़ाना तो युग-युग में मानव जाति की विशेषता रही है।... दण्ड और दमन का समय लद चुका। यदि उसी का आश्रय लिया गया तो एक नहीं, अनेक 'आजाद हिन्द सेना' जन्म ग्रहण करेगी।'

उपर्युक्त टिप्पणी से ब्रिटिश सरकार आग-बबूला हो उठी और उसने शान्ति के समय में भी 'संसार' से 6 हजार रुपए की जमानत माँगी। 'संसार' साप्ताहिक की दूरदर्शिता स्पष्ट करने के लिए सम्पादक पराड़कर द्वारा लिखित निम्नलिखित पंक्तियाँ दृष्टव्य हैं :

"... फिर भी हम समझते हैं कि भारत में अरुणोदय होने जा रहा है। इसका

कारण यह है कि समस्या जब अत्यन्त जटिल और असह्य हो जाती है तब उसका निपटारा हो ही जाता है। रोग आप अपनी दवा बन जाता है। हमारा विश्वास है कि इस रोग से भारत मुक्ति पा जाएगा, भय का स्थान आत्म-विश्वास ग्रहण करेगा–जगत् में भारत अपना पद पा जाएगा।" 25 मई 1944

हिन्दी के दैनिक पत्र रविवार को अवकाश मानते थे परन्तु 'संसार' ने सर्वप्रथम 'रविवार संस्करण' की परम्परा चलायी। बेढब बनारसी, भैयाजी बनारसी तथा नवलकिशोर राय 'संसार-रविवार' संस्करण' के सम्पादक थे।

'विक्रम'

बम्बई से प्रकाशित 'विक्रम' साप्ताहिक का मोटो निम्नलिखित था :

अमित श्रीर्मृदुभावो मंगलमार्गे प्रवर्त्तयन् लोकम्।
प्रियदर्शनः सुवाक्यः प्रभवतु भुवि 'विक्रमो' भूयः।

21 फरवरी 1944 ई. से प्रकाशित इस पत्र के मुखपृष्ठ पर मुद्रित 'दो शब्द' से व्यवस्थापक की कामना का अनुमान लगता है :

"हम ध्यान से देखते हैं, तो पत्र साहित्य में 'विक्रम' नाम का पहला उपयोग कानपुर के प्रसिद्ध बाबू नारायण प्रसाद जी अरोड़ा ने किया था। कुछ दिनों तक उक्त नाम का दैनिक पत्र और अच्छा पत्र आप निकालते रहे।

इसके बाद साहित्य में जयशंकर प्रसाद जी ने अपना प्रसिद्ध 'स्कन्दगुप्त' नाटक लिखा जिसमें उन्होंने उक्त ऐतिहासिक महापुरुष को महापुरुष माना।

तीसरा शानदार प्रयोग 'विक्रम' नाम को लेकर उज्जैन में पं. सूर्यनारायण व्यास और 'उग्र' जी के सहयोग से हुआ। परिणामतः उज्जैन का 'विक्रम' आज चिरंजीव है।

यह चौथा 'विक्रम' हमारा निजी उद्योग है। जब हमने प्रेस का नाम 'विक्रम ..ंटरी' रखा था, तब से ही हमारे मन में 'विक्रम' पत्र निकालने का उद्देश्य था अतः उसी उद्देश्य की पूर्ति के लिए यह प्रयास है।··· हमारा उद्देश्य है, साहित्य में ओज का प्रचार, सत्य का प्रचार, त्याग और तप का सत्कार। इसी प्रकाश में हम सामाजिक और स्थानीय विषयों का निरीक्षण भी करेंगे।"

पत्र के सम्पादक श्री शिवप्रसाद जी थे।

मध्यप्रदेश के प्रकीर्ण पत्र

दैनिक 'नवजीवन' नवंबर 1939 से प्रकाशित होकर लगभग डेढ़ वर्ष तक निकलता रहा। इसके संपादक श्री पुरुषोत्तम विजय थे। इस पत्र की सारी फाइलों एवं प्रेस को शासन ने नीलाम करवा दिया था। 26 जनवरी 1940 से साप्ताहिक 'प्रजामंडल पत्रिका' का प्रकाशन हुआ। यह साप्ताहिक इंदौर राज्य प्रजा मंडल का मुखपत्र

था। पत्र के सम्पादक श्री बैजनाथ महोदय तथा प्रबंध संपादक कृष्णकांत व्यास थे। यह तत्कालीन शासकों का घोर विरोधी था। इसके प्रकाशन पर प्रतिबंध लगा दिया गया लेकिन प्रतिबंध के बावजूद उन दिनों यह 'साइक्लोस्टाइल्ड' निकाला जाता था और जगह-जगह इसको चिपका दिया जाता था।

1940 में जगन्नाथ प्रसाद मिलिंद ने ग्वालियर से साप्ताहिक 'जीवन' प्रकाशित किया। 1940 में शिवपुरी से 'विजय संदेश' नामक एक व्यापारिक पत्र का प्रकाशन हुआ। 1941 में इंदौर से 'दैनिक किसान' का प्रकाशन डेढ़ वर्षों तक हुआ। इस पत्र की सभी फाइलें शासन द्वारा जब्त कर ली गयी थीं। 1945 में इंदौर से प्रकाशित साप्ताहिक 'अशोक' अपने युग का विशेष पत्र था, इस पत्र के संपादकों में श्री खेमराज जोशी, हरिहर लहरी, निरंजन शर्मा अजित तथा अंतिम वर्षों में श्री कृष्णचन्द्र मुद्गल रहे। इसी वर्ष पहले उज्जैन, फिर ग्वालियर से भारत भूषण विजय गोविंद के संपादकत्व में दैनिक 'नया हिंद' प्रकाशित हुआ। 22 मार्च 1946 को इंदौर से एक प्रमुख दैनिक 'इंदौर समाचार' का प्रकाशन श्री पुरुषोत्तम विजय के संपादकत्व में आरंभ हुआ। पं. कालिका प्रसाद दीक्षित 'कुसुमाकर' ने एक दैनिक पत्र 'क्रांति' का प्रकाशन भी 2 अक्टूबर 1946 को इंदौर से किया था। इसी वर्ष सेठ गोविंद दास ने 'जयहिंद' दैनिक निकाला।

बिहार के पत्र

1933 में साप्ताहिक 'योगी' पटना से निकला, 1930 में साप्ताहिक 'नवशक्ति' श्री देवव्रत शास्त्री के संपादकत्व में निकाला गया। इसने भारतीय राष्ट्रीय कांग्रेस तथा महात्मा गांधी द्वारा संचालित असहयोग आंदोलन का पूरा समर्थन किया। 1936 में इसका दैनिक संस्करण भी हुआ किंतु आर्थिक संकट के कारण बंद कर दिया गया। श्री देवव्रत शास्त्री ने बाद में दैनिक 'राष्ट्रवाणी' की स्थापना की। लगभग डेढ़ साल तक मुजफ्फरपुर से 1938 में मथुरा प्रसाद दीक्षित की देख-रेख में 'नवयुवक' प्रकाशित हुआ। आरा से 1937 में रामायण प्रसाद और बनारसी प्रसाद ने 'स्वाधीन भारत' तथा 1939 में कृष्णमोहन वर्मा ने 'अग्रदूत' प्रकाशित किया। गया से 1938 में श्याम भरथुआर के संपादन में 'चिनगारी' तथा मोहनलाल महतो 'वियोगी' के संपादन में 'विहार' और 'त्रिलोचन' निकले। मुंगेर से 'देश सेवक', 'मुगेर-समाचार' और 'प्रभाकर' निकले। 'प्रभाकर' 1936 से 1939 तक बेगूसराय से निकला। रामधारी प्रसाद विशारद के सम्पादकत्व में 1939 में मोतीहारी से 'किसान सेवक' प्रकाशित हुआ। उन्हीं दिनों बेतिया से 'मस्ताना', 'अंकुश' और 'चम्पारन' भी निकले। दरभंगा से 1937-38 में 'प्रजा' और 'सेवक' निकले, जिनके क्रमशः संपादक थे–धनुषधारी दास तथा यदुनंदन शर्मा।

पंजाब के कुछ पत्र

दैनिक 'जन्मभूमि' का प्रकाशन मार्च 1930 में श्री धर्मेंद्रनाथ शास्त्री के पुरुषार्थ से हुआ था। श्री चन्द्रगुप्त विद्यालंकार उसके संपादक थे। चन्द्रगुप्त जी के इन शब्दों में उस काल की झाँकी मिलती है :

"जन्मभूमि की लगभग 3000 प्रतियाँ हम छापते थे, उनमें से लगभग आधी बिक भी जाती थीं, पर मैं पाता था कि जैसे हमारी आवाज कोई सुन नहीं रहा। उत्तर प्रदेश के कुछ हजार घरेलू नौकर या मजदूर लाहौर में थे। सैकड़ों पनवाड़ी भी वहाँ थे। उनमें से 15 या 20 प्रतिशत व्यक्ति साक्षर थे 'जन्मभूमि' के पाठकों में सबसे बड़ी संख्या उन्हीं लोगों की थी। ये सब एक तरह से परदेसी और बिखरे हुए थे। उससे जैसे 'जन्मभूमि' की पुकार लाहौर के कानों में जरा भी नहीं पड़ रही थी।"

दैनिक 'प्रभात' 1936 के प्रारम्भ में महाशय कृष्ण के सुपुत्र श्री वीरेंद्र के उद्योग से प्रकाशित हुआ था। शील और संकोच की मूर्ति वीरेन्द्र जी ने अपने लेख में उसका उल्लेख नहीं किया। वीरेन्द्र जी स्वयं तरुण थे, कंटक जी की युवा लेखनी आग बरसाती थी, 'प्रभात' के संपादकीय विभाग में तेजस्वी क्रांतिकारी डा. रमाशंकर मिश्र भी मौजूद थे। सब मिलाकर 'प्रभात' की नसों में रक्त उछलता नहीं, खौलता था।

'विश्वबंधु' का प्रकाशन 1933 में प्रातःस्मरणीय महामना पं. मदन मोहन मालवीय के आदेश से उनके एक मात्र मंत्र दीक्षित शिष्य और सनातन धर्म प्रतिनिधि सभा पंजाब के प्रधानमंत्री त्यागमूर्ति गोस्वामी गणेशदत्त ने साप्ताहिक रूप में प्रारम्भ किया था। सनातन धर्म के शुद्ध सार्वभौम स्वरूप को उजागर करना उसका उद्देश्य और हरिजनों को शास्त्र-मर्यादा के अनुसार देव दर्शन का अधिकार दिलाना उसका तात्कालिक लक्ष्य था। 1942 में 'विश्वबंधु' दैनिक हुआ और 13 अगस्त 1947 तक उसी रूप में प्रकाशित होता रहा। श्री जयचन्द्र विद्यालंकार के 'हिन्दी भवन' ने 1935-36 में 'भारती' नामक मासिक पत्रिका का प्रकाशन किया। जगन्नाथ प्रसाद मिलिंद और हरिकृष्ण प्रेमी पत्रिका के सम्पादक थे।

'गढ़देश', 'कर्मभूमि' एवं 'युगवाणी'

गांधी जी के विविध आंदोलनों को सफल बनाने में गढ़वाल क्षेत्र सदैव आगे था। कांग्रेस के अभियान को घर-घर तक पहुँचाने के लिए पं. कृपाराम शर्मा ने साप्ताहिक पत्र 'गढ़देश' का प्रकाशन 1928 ई. में किया। श्री गयाप्रसाद शुक्ल 'सनेही' से प्रभावित होकर उन्होंने 'गढ़देश' और 'संदेश' पत्रों के प्रकाशन हेतु जी-जान एक कर दिया।

सन् 1938 में कानपुर विश्वविद्यालय के भूतपूर्व कुलपति श्री भक्तदर्शन ने लैंसडाउन (गढ़वाल) से 'कर्मभूमि' प्रकाशित की। पत्र के सम्पादक मंडल में श्री भैरवदत्त धूलिया और ललिता प्रसाद 'नैथानी' थे। प्रारम्भिक चार वर्षों में 'कर्मभूमि' ने गढ़वाल का सच्चा प्रतिनिधित्व किया। 'भारत छोड़ो' आंदोलन के समय पत्र को बन्द कर दिया गया। पुनः 1946 में पत्र का प्रकाशन हुआ।

काशी विद्यापीठ के भूतपूर्व कुलपति श्री भगवती प्रसाद पांथरी ने 'युगवाणी' का प्रकाशन सन् 1946 में प्रारम्भ किया। बाद में श्री गोपेश्वर कोठियाल पत्र के सम्पादक हुए जिन्होंने इस पत्र द्वारा देहरादून और टिहरी गढ़वाल की जनता को उद्बुद्ध किया।

बलिया के क्रान्तिकालीन पत्र

जनपद के प्रमुख वकील तथा साहित्यकार श्री रामसिंहासन सहाय 'मधुर' की मौखिक सूचना के अनुसार सन् 1925 ई. में 'बलिया गजट' का प्रकाशन हुआ जिसका मोटो था :

"जानना फर्ज हो हालाते जिला जिन के निकट।
वे कृपा कोर से देखा करें डिस्ट्रिक्ट गजट।।"

इस साप्ताहिक पत्र के सम्पादक श्री वसिष्ठनारायण जी 'निर्बल' तथा प्रकाशक श्री रामचीज दूबे थे। 'हरिहर प्रेस' उस समय का बलिया का एक महत्त्वपूर्ण प्रेस था जहाँ हिन्दी के विद्वान् स्व. मन्नन द्विवेदी गजपुरी की पुस्तकें व पत्रिकाएँ प्रकाशित होती थीं। कानफिडेंशियल नोट आन द प्रेस फार द वीक एन्डिंग 4 अप्रैल 1931 के अनुसार 'बलिया गजट' ने लिखा कि "गरिमामय मृत्यु के इच्छुक युवकों को इन बलिदानियों से साहस मिलेगा। इन वीरों की मृत्यु के लिए शोक कैसा ? मृत्यु के ऊपर सिर झुकाने का महत्त्व ही क्या है, विशेषकर ऐसी परिस्थिति में जब कि भारत इन अत्याचारी शक्तियों का दमन नहीं कर सकता।" 'संसार' साप्ताहिक का प्रकाशन देवेन्द्र प्रेस से हुआ। 3-4 वर्ष चलने के बाद 'बलिया गजट' तथा 'संसार' में मुकदमेबाजी हुई। 'मधुर' जी ने पंचायत की तथा दोनों को मिलाकर 'देश-मित्र' के नये नाम से पत्र का प्रकाशन शुरू हुआ। 'देश-मित्र' के सम्पादक श्री निर्बल जी तथा महिपालबहादुर सिंह थे तथा प्रकाशक थे पं. हरिद्वार शर्मा। यह पत्र एक वर्ष तक चला। उत्तर प्रदेश अभिलेखागार द्वारा ज्ञात होता है कि 1930 में बलिया के 'देश-मित्र' से 1000 रु. की जमानत की राशि माँगी गयी थी।

बलिया के पत्र क्रान्तिकारियों के पक्षधर थे। रामप्रसाद 'बिस्मिल' की निम्नलिखित पंक्तियाँ जो 'ससार' में छपी हैं, द्रष्टव्य हैं :

"संसार से फुरसत न मिली थी अभी बिस्मिल।
फरमाइशें करने लगा बलिया का गजट भी।।"

पं. चित्तू पाण्डेय जब कांग्रेस के प्रधान थे तो 'मधुर जी' ने उनके सहयोग से 'प्रभात प्रेस' की स्थापना की। यहीं से राष्ट्रीय पत्र 'प्रभात' साप्ताहिक का प्रकाशन हुआ। 'प्रभात' के सम्पादकों में श्री निर्बल जी, दुर्गाप्रसाद गुप्त तथा महादेवप्रसाद जी थे। 27 दिसम्बर 1935 के अंक में प्रकाशित 'विगत पचास वर्ष और उसके बाद' तथा 10 जनवरी 1936 के अंक में छपे 'शहीदों के प्रति' सामग्री की टोन से रुष्ट होकर सरकार ने 'प्रभात' को चेतावनी दी। बाद में पत्र को जब्त कर लिया गया।

श्री प्रभुनाथ मिश्र जी के सम्पादकत्व में 'गुरुघंटाल' तथा 'लाल बुझक्कड़' इन दो हास्यरस से परिपूर्ण साहित्यिक पत्रों का प्रकाशन इसी अवधि में हुआ। जिनके सम्बन्ध में लिखा गया है कि :

"प्रसिद्ध हास्य अभिनेता, निर्देशक तथा हास्य व्यंग्य के कवि सीताराम गुप्त 'विनोद' के सम्पादन में हास्यप्रधान साप्ताहिक 'गुरु घंटाल' 1937 से निकलने लगा। गुप्त जी के हट जाने के बाद 'बिहान' के वर्तमान संपादक श्री प्रभुनाथ मिश्र ने 1938 से 1941 तक उसका संपादन किया।

हास्य-व्यंग्य का एक दूसरा उच्चस्तरीय साप्ताहिक 'लाल बुझक्कड़' सन् 1941 में निकला। यह पत्र निर्बाध गति से हास्य-व्यंग्य की सामग्रियों से भरपूर अपने रंग-बिरंगे कलेवर में 1944 तक निकलता रहा।

उपर्युक्त पत्रों के अतिरिक्त इस काल में प्रकाशित दो और पत्रों की चर्चा सुनी जाती है। सितम्बर 1938 ई. में श्री वशिष्ठनारायण वर्मा के संपादकत्व में 10 पैसे मूल्य का 'पटवारी' मासिक पत्र निकला जिसका मुद्रण वंदे मातरम् प्रेस से होता था। श्री गुरुदयाल सिन्हा (पुष्प) के संपादकत्व में 'आदर्श युवक' मासिक का प्रकाशन जनवरी 1939 ई. में हुआ।

आजमगढ़ क्रांतिकारी पत्रों के प्रकाशन में उल्लेख्य है। यहाँ के 'डिस्ट्रिक्ट गजट' से 6 दिसम्बर 1939 को एक हजार रुपये की जमानत माँगी गयी।

आजमगढ़ से अप्रैल 1938 ई. में 'बलवान' नामक एक साप्ताहिक पत्र निकला जिसके संपादक श्री देवनारायण पाण्डेय थे। पत्र का मूल्य 12 पैसे था तथा उसका आकार 31x24 सेमी. था। पत्र के कुछ ही अंकों के निकलने की बात सुनी जाती है।"[43]

गोरखपुर के क्रांतिकाल के अल्पजीवी पत्र

स्वतंत्रता संग्राम-सेनानी बाबू विन्ध्यवासिनी प्रसाद द्वारा संपादित 'युगान्तर' 1921 ई. में निकला लेकिन अंग्रेजी हुकूमत के दौरान जब अखबारों के प्रकाशन पर 'प्रेस एक्ट' के द्वारा कड़ी पाबंदी लगा दी गयी तो स्वतंत्रता आन्दोलन का समाचार देने के लिए साइक्लोस्टाइल या हाथ से लिखे समाचार-पत्र प्रकाशित करने की

योजना बनायी गयी। "पूर्वी उ. प्र. में वाराणसी ने इस दिशा में नेतृत्व किया। 'रणभेरी', 'शंखनाद' जैसे पत्रों से श्री बाबूराव पराड़कर, बाबू शिवप्रसाद गुप्त तथा अन्य प्रथम श्रेणी के नेताओं का संबंध था। काशी विद्यापीठ के अध्यापक श्री राजाराम शास्त्री के निर्देशन में गोरखपुर से 'बवंडर' नामक एक साइक्लोस्टाइल पत्र का प्रकाशन सन् 1932-33 में किया गया। सर्वश्री कृपाशंकर उपाध्याय, सत्यनारायण तथा नगनारायण लाल का इसमें हाथ था। रामजी वर्मा जो पुलिस से अपरिचित थे उनको प्रकाशन का भार सौंपा गया। सबसे पहले गोरखनाथ मुहल्ले के पास हुमायूँपुर के एक किराए के मकान से प्रकाशन हुआ।

इसका प्रकाशन अप्रैल सन् 1932 से आरम्भ हो गया था। श्री सत्यनारायण सिंह की गिरफ्तारी के बाद उसका प्रकाशन स्थान बदलकर अलीनगर मुहल्ले में ले जाया गया। धर पकड़ में कृपाशंकर उपाध्याय पुलिस की पकड़ में आ गए। असह्य यंत्रणा के बाद भी भेद नहीं खोल सके। सत्याग्रह आंदोलन के बाद ही इसका प्रकाशन बन्द हुआ।"[44] क्रांति काल में दो-तीन वर्षों तक चलनेवाला द्वितीय महायुद्ध के साथ 'गोरखपुर अखबार' साप्ताहिक था जो कुछ दिनों तक दैनिक रूप में भी प्रकाशित हुआ। यह पूर्णतः सरकारी पत्र था। प्रारंभ में श्री राजनाथ पाण्डेय तथा बाद में श्री रामलाल श्रीवास्तव इस पत्र का संपादन करते थे।

जुलाई 1933 ई. में श्री ईश्वरीप्रसाद पाण्डेय के संपादन में 'आनन्द कुंज' मासिक का प्रकाशन हुआ। पाक्षिक पत्र 'रेलवे श्रमिक समाचार' 20 सितम्बर 1933 से श्री पटनायक शास्त्री के संपादकत्व में बी. एन. डब्लू. रेलवे मेन्स एसोसिएशन के तत्त्वावधान में निकला। श्री सत्याचरण जी द्वारा 24 पैसे मूल्य का 'राष्ट्र केशरी' पाक्षिक 30 दिसम्बर 1938 से प्रकाशित हुआ जिसके कुछ ही अंक पाठकों को प्राप्त हुए।

सन् 1939 से 44 तक 'अप्सरा' पत्र का प्रकाशन हुआ। उच्चकोटि के कवि, महान् लोक-गायक श्री 'चंचरीक' जी उस पत्र के सम्पादक, संचालक, प्रकाशक थे।

'गोरख' नाम का साप्ताहिक पत्र पं. रामाज्ञा द्विवेदी 'समीर' के सम्पादकत्व में निकला जो 5-6 अंकों तक ही अपना अस्तित्व रख सका। 'गोरखपुर गजट', 'त्रिशूल' (संपादक पं. गोरखनाथ शुक्ल), प्रदीप सा. (श्री ध्रुव जी), किसान-संदेश-साप्ताहिक (संपादक रामलाल), 'सरयूपारीण मासिक' (संपादक हरिश्चन्द्रपति त्रिपाठी), 'शंकर' सा. (संपादक श्री विशुद्धानन्द पाण्डेय), 'यादव' सा. (श्री राजित सिंह यादव तथा पं. रामाधार त्रिपाठी), क्रान्ति काल के कुछ पत्रों की चर्चा गोरखपुर वासियों द्वारा सुनी जाती है परन्तु इन पत्रों की कोई प्रति कहीं उपलब्ध नहीं हो पायी।

'अरुण' साप्ताहिक

देवरिया जब गोरखपुर जनपद की एक तहसील थी उसी समय 26 जनवरी 1926 ई. को 'भास्कर प्रेस' की स्थापना हुई जिसके मालिक श्री नवनाथ शर्मा हैं। तत्कालीन

डिप्टी कलेक्टर श्री अम्बादत्त पंत तथा बाबा राघवदास के प्रेरणात्मक सहयोग से 1 जनवरी 1928 में 'अरुण' साप्ताहिक पत्र का प्रकाशन हुआ। सर्वश्री शीतलप्रसाद त्रिपाठी, कमलाकर त्रिपाठी पत्र के संपादक थे तथा मुद्रण और प्रसारण व्यवस्था का कार्य श्री नवनाथ शर्मा द्वारा संपादित होता था। राजा साहब रुद्रपुर, तमकुही तथा पडरौना का आर्थिक सहयोग पत्र को प्राप्त था। 8 मार्च 1930 के अंक में 'अरुण' ने भविष्य की ओर इंगित किया है। 'कठोर शक्ति के साथ आनेवाला संघर्ष विश्व-इतिहास में अपनी तरह का अकेला होगा। एक ओर उपनिवेशवादी तथा दमन चक्र चलानेवाली शक्तियाँ हैं और दूसरी ओर हैं अहिंसा के कभी न चूकनेवाले अस्त्र, आत्मशक्ति और बलिदान की भावना।' 20x30"/4 के चौथाई 12 पृष्ठों में इस पत्र की प्रारंभ में 500 प्रतियाँ छपती थीं। धीरे-धीरे इसकी लोकप्रियता बढ़ती गयी और इसकी 5000 तक प्रतियाँ प्रसारित होने लगीं। कलकत्ता, रंगून तक इसकी प्रतियाँ डाक से भेजी जाती थीं क्योंकि वहाँ कार्यरत देवरिया के व्यक्ति इसे अपने घर की चिट्ठी समझकर पढ़ते थे।

पत्र के व्यवथापक श्री नवनाथ शर्मा ने बतलाया कि 'अरुण' पत्र में आचार्य शुक्ल, दशरथप्रसाद द्विवेदी, चोंच, बेधड़क बनारसी, बेढब बनारसी, बाबा राघवदास की राष्ट्रीयता से परिपूर्ण कविताएँ व लेख छपते थे तथा सभी को सामान्यतया पाँच रुपये पारिश्रमिक दिया जाता था। आंग्ल शासन के विरोध में आर्टिकिल छापने के कारण सरकार द्वारा चेतावनी दी गयी, जमानत माँगी गयी। 'रामचरितमानस' तथा गीता की पंक्तियाँ हर अंक में उद्धृत होती थीं। 'पर हित बस जिनके मनमाहीं, तिन कहँ जग दुर्लभ कछु नाहीं' यही 'अरुण' का मोटो था। आर्थिक कठिनाइयों के चलते पत्र को 1941 में बन्द कर दिया गया।

फुटकर पत्र

देवरिया से 'सन्देश' तथा 'ग्राम संदेश' नामक साप्ताहिक पत्र श्री गणेशप्रसाद मिश्र और 'श्री इन्दु' जी क्रमशः 1937 तथा 1938 में प्रकाशित करते थे। इन पत्रों में गाँवों के समाचार, देश-विदेश की खबरें, कृषि-संबंधी लेख तथा अन्य विषयों की रचनाएँ भी धड़ल्ले से छपती थीं। सम्वाददाताओं की असावधानी के कारण कभी-कभी बड़ी भ्रामक खबरें भी स्थान पा जातीं और उनका फल मुद्रक, प्रकाशक तथा संपादक 'श्री इन्दु' को भुगतना पड़ता था। क्षमा याचना से काम बहुत अधिक चलाना पड़ता। कभी-कभी मुकदमे होते-होते बचते। विज्ञापन बहुत प्रयत्न के बाद प्रायः स्थानीय डाक्टरों, दुकानदारों आदि के मिलते। इनके अतिरिक्त कचहरी के सम्मन ही एक मात्र विज्ञापन के ठोस साधन थे। स्थायी ग्राहकों की संख्या बहुत ही कम होती क्योंकि ग्राहकों का विश्वास पत्र के स्थायित्व के प्रति बहुत कम होता था।

क्रान्ति-काल की हिन्दी पत्रकारिता : निष्कर्ष

सन् 1920 से लेकर 1947 ई. तक पूरा भारतवर्ष असहयोग आंदोलन, चौरीचौरा कांड, लाहौर अधिवेशन की उद्घोषणा, सविनय अवज्ञा आंदोलन, नमक आंदोलन, द्वितीय महायुद्ध, 'दिल्ली चलो' के उद्घोष, भारत छोड़ो आंदोलन एवं साम्प्रदायिक दंगों के कारण उन्मथित था। ऐसी ही विकट परिस्थिति में महात्मा गांधी ने राष्ट्र का नेतृत्व किया। उन्होंने राष्ट्रीय आन्दोलन को जन-साधारण का आंदोलन बनाया। स्वतंत्रता संग्राम में अस्त्र-शस्त्र के स्थान पर सत्य, अहिंसा, असहयोग, सविनय-अवज्ञा, अनशन एवं प्रार्थना का प्रयोग करनेवाले गांधी ने अभूतपूर्व ढंग से भारत को स्वतंत्र कराया। हिंदू-मुस्लिम एकता के प्रबल समर्थक होने के साथ ही वे सादा जीवन उच्च विचार के मंत्रदाता थे। उन्होंने सामाजिक कुरीतियों का उन्मूलन किया तथा स्वदेशी वस्तुओं के प्रयोग पर बल दिया। वास्तव में क्रान्ति-काल के शीर्षस्थ नायक महात्मा जी ही थे जैसा कि कहा जाता था :

खल्क खुदा का, मुल्क हिन्दुस्तान का
हुक्म कांग्रेस का, पैगाम महात्मा गाँधी का,
हम आजादी लेकर रहेंगे।

क्रान्तिकारी सूर्यकांत त्रिपाठी निराला ने 'मतवाला' में लिखा कि गांधी-विहीन स्वरात्य यदि स्वर्ग से भी सुन्दर हो तो वह नरक के समान त्याज्य है। उस एक महात्मा पर ही शत-शत स्वराज्य न्यौछावर कर देने योग्य है। इसीलिए कुछ विद्वानों के द्वारा क्रान्ति-काल को 'गांधी युग' के नाम से पुकारा जाता है।

महात्मा गांधी एक सिद्धहस्त पत्रकार थे। उन्होंने पत्रकारिता को वैचारिक क्रान्ति का एक सशक्त माध्यम माना। उनका स्पष्ट मत था :

"मेरा खयाल है कि ऐसी कोई भी लड़ाई जिसका आधार आत्मबल हो, अखबार की सहायता के बिना नहीं चलाई जा सकती। अगर मैंने अखबार निकाल कर दक्षिण अफ्रीका में बसी हुई भारतीय जमात को उसकी स्थिति न समझाई होती और सारी दुनिया में फैले हुए भारतीयों को दक्षिण अफ्रीका में क्या कुछ हो रहा है, इसे 'इंडियन ओपिनियन' के सहारे अवगत न रखा होता तो मैं अपने उद्देश्य में सफल नहीं हो सकता था।"[45]

'सत्याग्रह', 'यंग इंडिया', 'नवजीवन', 'हरिजन' आदि पत्रों के माध्यम से एक सजग पत्रकार के रूप में गांधी जी भारतीय जन-मानस पर छा गए। उनके व्यक्तित्व ने जनता पर जादू कर दिया, उनकी आवाज पर स्वतंत्रता प्रेमी मर मिटने को तैयार हो गए। 'आज', 'स्वतंत्र', 'कर्मवीर', 'सैनिक', 'महारथी', 'संघर्ष', 'विप्लव', 'प्रजामंडल पत्रिका', 'जीवन' 'संसार', 'प्रताप', 'स्वदेश', 'समय' 'अर्जुन', 'हंस' 'जागरण', 'सेनापति', 'पंजाब केसरी', ने 'राजस्थान केसरी' के स्वर में स्वर मिलाया :

सम्भलो ब्रह्मांड बदलता है, प्यारी आँधी का झोंका है।
सोने की लंका गिरती है, गहरा गांधी का झोंका है।

'मतवाला', 'सुधा', 'चाँद', 'माधुरी', 'कल्याण' 'विशाल भारत' ने अपने युग की साहित्यिक चेतना को रेखांकित किया तथा राजनीतिक परिवेश को भी समुन्नत बनाने में अविस्मरणीय भूमिका का निर्वहन किया। क्रान्ति-काल के हिन्दी पत्रों ने विविध आंदोलनों की गतिविधियों, सरकारी दमन, स्वयंसेवकों एवं नेताओं की गिरफ्तारी, राष्ट्रीय नेताओं के संदेश-वक्तव्य, आंदोलन को उत्प्रेरित करनेवाले समाचार तथा राष्ट्र-निष्ठा सम्बन्धी अग्रलेखों को महत्त्व के साथ प्रकाशित किया। चरखा, कताई-बुनाई, शराबबंदी, अस्पृश्यता-निवारण, स्वदेशी-प्रचार, समाज-सुधार के रचनात्मक कार्यक्रमों को प्रमुख रूप से पाठकों के समक्ष प्रस्तुत किया जाता था। उस समय पत्रकारों के लिए राष्ट्रीयता फैशन और व्यवसाय नहीं अपितु एक पवित्र व्रत और साधना थी। पत्रकार सामाजिक चित्तवृत्तियों को नई दिशा में मोड़कर इतिहास के पृष्ठों को आलोकित करता था। क्रान्ति-काल के समस्त पत्रकारों ने अवहेलना, अन्याय, शोषण, तथा दमन के प्रतिकार हेतु विचारों का नया संस्कार जगाया तथा न्याय प्राप्ति के लिए संघर्ष की ज्वाला प्रज्वलित की। बापू के अनुयायी और हिन्दी पत्रकारिता के भीष्मपितामह पराड़करजी की दैनन्दिनी की निम्नलिखित मराठी पंक्तियों ने स्वतंत्रता-संग्राम में महत्त्वपूर्ण भूमिका निभायी :

'ऐशी ही 'परतंत्रता' विषनदी, मांगल्यविध्वंसिनी'

X X X

मृत जे ज्यानां जिवन्तं करिते सुधा, बोलति सारे।
मृत राष्ट्रानां जिवन्तं करिते स्वतंत्रता, अनुभव रे।
मृणुनि ह्मणतो-स्वतंत्रता ही सुधाचि भूलोकीं ची।
अथवा जाण सुधा असेती स्वतंत्रता स्वर्गीची।'

(मृत व्यक्ति को जीवित करने की शक्ति जिसमें है, उसे लोग अमृत कहते हैं। राष्ट्र को जीवित करने की शक्ति जिसमें है, उसे स्वतंत्रता कहते हैं। स्वतंत्रता पृथ्वी ही नहीं, स्वर्ग की भी सुधा है।)

इसीलिए पत्रकारों ने एक तरफ 'शीघ्र दासताबद्ध देश को 'समय' स्वतंत्र बनायेगा' की आवाज उठाई तो दूसरी ओर 'होवे दुख अंत यों वसन्त के समागम में, वाञ्छा 'विजय' के साथ विजय हमारी हो' की कामना प्रकट की। कविवर 'त्रिशूल' जी ने 'क्रान्ति' पत्रिका द्वारा भारतवासियों से यही अपील की :

चाहते हो होना स्वच्छंद
तोड़ डालो सब बंधन आज।
बनो स्वामी स्वभाग्य के स्वयं
मिटा दो दुनिया की उद्भ्रान्ति,
जवानो उट्ठो कर दो क्रान्ति।।

इसी क्रान्ति के समर्थन में जब श्री माखनलाल चतुर्वेदी ने कलम की ताकत और वाणी की गुरुता प्रदर्शित की तो उन्हें 12 बार जेल जाना पड़ा तथा 63 बार उनके घर की तलाशियाँ ली गईं। उनकी पत्रकारिता 'कर्मवीर' की ऊर्जा बन गई। हिन्दी पत्रकारिता का जन्म ही स्वाभिमान के संचार, राष्ट्रप्रेम के प्रति समर्पित भावना तथा ब्रिटिश साम्राज्यवाद के प्रबल प्रतिरोध हेतु हुआ। स्वतंत्रता संग्राम के मुख्य पात्र पत्रकार ही थे जिनके सामयिक लेख, उत्तेजक तर्क तथा सर्वस्व लुटा देने की प्रेरणा से भरे नारों ने भारतमाता को मुक्त कराने की दिशा में ऐतिहासिक कार्य किया। सर्वश्री रमाशंकर अवस्थी, अम्बिकाप्रसाद वाजपेयी, सत्यदेव विद्यालंकार, दुलारे लाल भार्गव, विजय सिंह 'पथिक', रामनारायण चौधरी, शोभालाल गुप्त, स्वामी भवानी दयाल संन्यासी, दशरथ प्रसाद द्विवेदी, गणेशशंकर विद्यार्थी, स्वामी श्रद्धानन्द, प्रो. इन्द्र विद्यावाचस्पति, कृष्णदत्त पालीवाल, सूर्यकांत त्रिपाठी 'निराला', रामचन्द्र शर्मा 'महारथी', प्रेमचंद, यशपाल, कालिकाप्रसाद दीक्षित आदि सैकड़ों पत्रकारों ने अपने तप तथा उत्सर्ग द्वारा कंटकाकीर्ण मार्ग की ओर निरंतर बढ़ते रहने का अनुकरणीय कार्य किया। भारत की स्वतंत्रता, राष्ट्र की मर्यादा हेतु अनेक पत्रकारों ने अपनी जान की बाजी लगा दी। अपनी कर्मठता, सजगता, दूरदर्शिता, अप्रतिम राष्ट्रीयता तथा कलम की ईमानदारी के आधार पर पत्र और पत्रकारों ने क्रान्ति मचा दी जिसके फलस्वरूप साम्राज्यशाही कोप बढ़ता गया, सरकारी दमन-चक्र उग्र हो गया।

गोरे शासकों के कुत्सित एवं भयावह दमन नीति को कुचलने के लिए भारत की युवा-शक्ति जागरित हो गई। 'चलो दिल्ली' और 'जय हिन्द' के नारों के साथ उग्र संघर्षकर्त्ता सुभाषचन्द्र बोस ने आजादी के लिए युवकों का आह्वान किया कि "तुम मुझे खून दो, मैं तुम्हें आजादी दूँगा।" सरदार भगत सिंह, चन्द्रशेखर आजाद, रामप्रसाद 'बिस्मिल', राजेन्द्र लाहिड़ी, रोशन, अश्फाक उल्ला खाँ, राजगुरु, सुखदेव, सदृश क्रान्तिकारियों ने दिखला दिया कि 'पंजए मोम से फौलाद नहीं दबता'। उनकी स्पष्ट घोषणा थी :

'सूख जाये न कहीं ये पौधा आजादी का,
खून से इसे इसलिए तर करते हैं।'

चटगाँव विद्रोह, लाहौर षड्यंत्र, काकोरी केस, ने सिद्ध कर दिया कि भारत के नवयुवकों में जितनी उत्सर्ग की भावना और देशभक्ति है उतनी विश्व के किसी कोने में नहीं। 'इन्कलाब जिंदाबाद', 'वंदे मातरम्' और 'भारतमाता की जय' के साथ युवा क्रान्तिकारियों ने कहा 'आई विश द डाउनफाल ऑव ब्रिटिश एम्पायर'। क्रान्ति के जो दीप वीर बांकुरों द्वारा जलाए गए, उसे कलम के सिपाहियों ने प्रज्वलित रखा तथा उसकी लौ को देश भक्तों ने कभी बुझने नहीं दिया। इन नवयुवकों में अजेय बाहुबल तो था ही, ये बुद्धिजीवी थे, इनकी आग्नेय पत्रकारिता

ने क्रान्ति के स्वर को गुञ्जायमान रखा।

वाणी को कुंठित करने के लिए अंग्रेजों ने 'प्रिंस प्रोटेक्शन बिल', 1930 का प्रेस अधिनियम, भारतीय समाचार पत्र (संकटकालीन अधिकार) अधिनियम 'विदेश सम्बन्ध अधिनियम' द्वारा पत्रकारिता पर घातक प्रहार किया। बहुत से पत्र मर गए। मनस्वी सम्पादकों ने भूमिगत क्रान्तिकारी पत्रों को छापना प्रारम्भ किया। 'शंखनाद', 'रणभेरी', 'चिनगारी', 'रणडंका', 'चण्डिका', 'तूफान', 'बवण्डर' आदि पत्रों ने भारत माँ के बंधन को काटने के लिए ललकारा :

'हो उथल पुथल अब देश बीच, औ खौले खून जवानों का
बलिवेदी पर बलि चढ़ने को अब चले झुंड मर्दानों का।'

जिस कालावधि में संघर्ष का ऐसा प्रचण्ड रूप हो, परिवर्तन के प्रति व्यग्रता हो, व्यापक राष्ट्रीय संवेदना से संश्लिष्ट लेखनी की प्रखरता हो, उसे क्रान्तिकाल के नाम से अभिहित कर हम क्रान्तिकारियों के प्रति कृतज्ञता का भाव अभिव्यंजित कर सकते हैं।

क्रान्ति-काल में राष्ट्रीय स्तर पर हिन्दी को सुप्रतिष्ठित करने के अभियान चलाए गए। महात्मा गाँधी ने बार-बार यही स्पष्ट किया कि यदि स्वतंत्रता के साथ हिन्दी नहीं आयी तो स्वतंत्रता अधूरी ही रह जाएगी। महामना मदनमोहन मालवीय, पुरुषोत्तम दास टंडन, शिवप्रसाद गुप्त, बाबा राघवदास ने जी-तोड़ परिश्रम किया तथा हिन्दी को जन-जन में प्रसारित करने के उपक्रम रचे। सर्वश्री मैथिलीशरण गुप्त, प्रसाद, निराला, पंत, 'त्रिशूल', दिनकर, 'नवीन' आदि साहित्यकारों ने समाज तथा देश की परिस्थितियों का आकलन किया तथा क्रान्तिकारी पक्ष को वाणी दी। पराधीनता और विवशता की अनुभूति से आकुल होकर साहित्यसेवियों ने स्वाधीनता प्राप्ति हेतु स्फूर्ति और आत्मविश्वास की भावना को मुखरित किया। हिन्दी भाषा में अपार अभिव्यंजना-शक्ति विकसित हुई। चित्रण प्रधान, लाक्षणिक, अलंकृत हिन्दी भाषा में अनुभूति की सघनता और भावों की तरलता आ गई। रायकृष्ण दास, वियोगी हरि, बेचन शर्मा उग्र, शिवपूजन सहाय, डॉ. हजारी प्रसाद द्विवेदी, बनारसी दास चतुर्वेदी, सेठ गोविन्द दास आदि ने हिन्दी गद्य की विधाओं को सुपुष्ट किया। पत्र-पत्रिकाओं द्वारा हिन्दी शब्द-सम्पदा में वृद्धि हुई तथा हिन्दी गद्य सशक्त होकर विराट जीवन को वाणी देने में सक्षम हुआ। सच है कि हिन्दी की कहानी आजादी की कहानी है।

सारांश यह है कि 1920 से 1947 तक भारतवर्ष का इतिहास क्रान्ति का इतिहास है। पराधीनता काल में पीड़ितों के हृदय एवं त्रस्त व्यक्तियों के अन्तःकरण में क्रान्ति का उदय हुआ जिसको पत्र और पत्रकारों ने मुखरित किया। स्वातन्त्र्य-प्राप्ति के अभियान में क्रान्ति-काल की पत्रकारिता राम बाण सिद्ध हुई। अपने 'भारत' में राष्ट्रीय चेतना के 'अभ्युदय' होते ही 'भारतमित्र', 'कर्मयोगी' बन

गए, सभी ने 'नृसिंह' बन कर 'रणभेरी' बजाई। 'बदमाश अंग्रेज सरकार' के मन में 'बवण्डर' उठ गया फलतः 'स्वदेश' 'स्वतंत्र' हो गया। क्रान्ति से भारत विकास के नये युग में आ गया।

संदर्भ

1. डॉ. राजबली पाण्डेय : 'गोरखपुर जनपद और उसकी क्षत्रिय जातियों का इतिहास', पृ. 268
2. डॉ. रघुवंशी : भारतीय सांवैधानिक तथा राष्ट्रीय विकास, पृ. 164
3. डॉ. ईश्वरी प्रसाद : भारत का इतिहास, पृ. 386
4. श्री मन्मथनाथ गुप्त, भारतीय क्रान्तिकारी आंदोलन का इतिहास
5. वही
6. डॉ. रघुवंशी : भारतीय सांवैधानिक तथा राष्ट्रीय विकास
7. पं. जवाहरलाल नेहरू : हिन्दुस्तान की कहानी (संक्षिप्त), पृ. 260
8. मतवाला : संपादकीय टिप्पणी, 31 मई 1924
9. वही 26 जनवरी 1924
10. पं. जवाहरलाल नेहरू : हिन्दुस्तान की कहानी (संक्षिप्त) पृ. 265-66
11. "Mahatma Gandhi took over the leadership of the national movement and for over twenty five years shaped not only the course of India's history but left an indelible imprint on the thinking of India."

    —K. M. Panikkar : `The Foundation of New India', page 179
12. डॉ. कृष्णबिहारी मिश्र : हिन्दी पत्रकारिता, पृ. 312
13. डॉ. ईश्वरप्रसाद वर्मा : अमर शहीद गणेशशंकर विद्यार्थी, पृ. 81
14. डॉ. हजारीप्रसाद द्विवेदी : हिन्दी साहित्य की भूमिका
15. डॉ. कृष्णबिहारी मिश्र : हिन्दी पत्रकारिता, पृ. 369
16. आज : 15 अगस्त 1947 ई.
17. डॉ. वेदप्रताप वैदिक : हिन्दी पत्रकारिता : विविध आयाम, पृ. 146
18. श्री रामनाथ सुमन : हिन्दी के साप्ताहिक पत्र : 1981 वि. के स्वदेश में विजयादशमी अंक में प्रकाशित।
19. 'मतवाला' : भाद्रपद 6, सं. 1980, 1 सितम्बर 1923 ई.
20. वही माघ शुक्ल 11, सं. 1980, 16 फरवरी 1934 ई.
21. 'महारथी' : 9 जनवरी 1931 ई.
22. कवि : वर्ष 4, अंक 9, संवत् 1983
23. 'सुकवि', वर्ष 3, संख्या 1, पृ. 61
24. विभूति, वर्ष 1, संख्या 8, सितम्बर 1926
25. डॉ. विश्वनाथ प्रसाद तिवारी, पूर्वांचल, पृ. 52-53
26. 'कल्याण', भाग 1, संख्या 1, श्रावण सं. 1983
27. प्रो. संजीव भानावत : प्रेस कानून और पत्रकारिता, पृ. 34

28. पुलिस फाइल 1589 (1931), पृ. 389-91, उत्तर प्रदेश अभिलेखागार
29. 'रणभेरी', 2 सितम्बर 1930
30. 'रणडंका', 9 अक्टूबर 1930
31. 'हंस' : अगस्त 1942
32. डॉ. रमेश कुमार जैन : हिन्दी पत्रकारिता का आलोचनात्मक इतिहास
33. श्री अवनीन्द्र कुमार विद्यालंकार : 'हिन्दी पत्रकारिता : विविध आयाम', पृ. 194
34. 'जीवन' : वर्ष 4, अंक 19, 26-8-35
35. 'सन्देश' : वर्ष 1, अंक 1, 16-10-34 का संपादकीय।
36. रामनारायण चौधरी : वर्तमान राजस्थान का उत्थान।
37. 'विजय' वर्ष 1, अंक 1, 26 जनवरी 1938
38. 'विजय' : वर्ष 3, 27 जनवरी 1940 का संपादकीय
39. 'विजय' : 26 जनवरी 1939 का अंक
40. 'वसुंधरा' : अंक 1, श्रावण सं. 1996 वि.
41. 'वसुंधरा' : वर्ष 1, अंक 2, भाद्रपद 1996 वि.
42. 'वसुंधरा' : प्रथम वर्ष, प्रथम अंक, श्रावण, 1996 वि.
43. नेशनल लाइब्रेरी कलकत्ता से प्राप्त सूचना के आधार पर
44. 'स्वतंत्रता संग्राम के सैनिक' का प्रकाशकीय।
45. महात्मा गांधी : दक्षिण अफ्रीका में सत्याग्रह

षष्ठ अध्याय

विकास काल (स्वातन्त्र्योत्तर काल) नवनिर्माण काल (1948-1974 ई.)

क्रान्ति काल की जुझारू पत्रकारिता के फलस्वरूप भारतवासियों में आशा बँधी कि :

'करीब ऐवाने-आजादी है, क्यों मायूस होता है।
तब्बसुम कामयाबी का, मुझे महसूस होता है।।'

उग्र राष्ट्रवाद और स्वतंत्रता के लिए अदम्य इच्छा शक्ति का उदय, इंग्लैंड की कमजोर स्थिति तथा वहाँ के जनमत का भारतीय स्वतंत्रता के पक्ष में होना, इंग्लैंड पर अन्तर्राष्ट्रीय दबाव, सन् 1945 के उपचुनावों में मजदूर दल की विजय, सैनिक-विद्राह एवं माउंटबेटन योजना ये सभी भारत की आजादी के उत्तरदायी तथ्य थे जिनके कारण 15 अगस्त 1947 को चिरवाञ्छित स्वप्न साकार हुआ। मुंशी तिलोचंद 'महरूम' के मुख से ये शब्द निकल पड़े :

'न गुलचीं गैर है कोई, न है सय्याद का खटका।
चमन अपना है, अपने बागवाँ, लुत्फे बहार अपना।'

जगन्नाथ प्रसाद 'मिलिन्द' ने लिखा :

'दृढ़ निश्चय के बाद हमारे हाथों में अब आजादी है।
टूटे बंधन, मिटी गुलामी, खत्म समझ ली बरबादी है।
नई जिंदगी, नया वतन अब, नए विचारों की है धारा।
हैं स्वतंत्र सब भारतवासी, भारतवर्ष स्वतंत्र हमारा।।'

हम स्वतंत्र हुए परन्तु इंग्लैंड के विचारक प्रो. कूपलैंड ने यह आशंका प्रकट की "भारत अपने उत्तर-पश्चिम और उत्तर-पूर्व से मुसलमानों को स्वतंत्र राज्य के रूप में बसाकर तो शायद अपना कार्य चला ले परन्तु क्या अपने हृदय-स्थल में 600 छोटी-मोटी रियासतों को पालकर भी वह जीवित रह सकेगा ?" ब्रिटिश विचारक की आशंका निर्मूल सिद्ध हुई। सरदार वल्लभभाई पटेल की अध्यक्षता

में एक प्रवेश पत्र तैयार किया गया जिसे राजाओं ने स्वीकार कर लिया। उसमें यह अपील की गई "भारत के इतिहास में हम एक महत्त्वपूर्ण जगह पर खड़े हैं। मिलजुलकर हम देश को ऊँचा उठा सकते हैं, अलग-अलग रहने से नयी मुसीबत का खतरा रहेगा।" इसका परिणाम यह निकला कि ब्रिटिश साम्राज्यवाद जो भारत छोड़ने के पूर्व देश को सैकड़ों टुकड़ों में विभाजित छोड़ गया था उन्हीं टुकड़ों को भारतीय संघ में पूर्णतः विलय करने में सफलता मिली।

स्वाधीनता प्राप्त करने के पश्चात् कृतसंकल्प रूप से अपने संविधान में घोषित किया गया कि :

"हम भारत के लोग, भारत को एक सम्पूर्ण प्रभुत्व लोकतन्त्रात्मक गणराज्य बनाने के लिए उसके समस्त नागरिकों को ; सामाजिक, आर्थिक और राजनीतिक न्याय ; विचार अभिव्यक्ति, विश्वास धर्म और उपासना; प्रतिष्ठा और अवसर की समता प्राप्त कराने के लिए ; तथा उन सब में व्यक्ति की गरिमा और राष्ट्र की एकता सुनिश्चित करनेवाली बन्धुता बढ़ाने के लिए; दृढ़ संकल्प होकर अपनी इस संविधान सभा में आज तारीख 27 नवम्बर 1949 को एतत् द्वारा इस संविधान को अंगीकृत, अधिनियमित और आत्मार्पित करते हैं।"[1]

भारतीय संविधान 26 जनवरी 1950 को अपने यहाँ लागू हुआ जिस दिन भारत एक सम्पूर्ण प्रभुत्व सम्पन्न लोकतन्त्रात्मक गणराज्य घोषित हुआ। लोकतंत्र शासन का वह रूप है जिसमें किसी वर्ग-विशेष का शासन नहीं होता अपितु शासन की शक्ति जन समूह में केन्द्रित होती है। लोकतंत्र में जनता सजग और समाज के प्रति उत्तरदायी होती है। उसे अपने कर्तव्य और अधिकार का ज्ञान रहता है। सहनशीलता, समझौते की भावना तथा नेतृत्व की क्षमता के कारण लोकतंत्र सफल होता है जिसमें जनमत के निर्माण की महत्ता स्वयंसिद्ध है। निर्वाचन, समाचार-पत्र, सभा, सम्मेलन, रेडियो, दूरदर्शन, साहित्य तथा राजनीतिक दल द्वारा जनमत की अभिव्यक्ति होती रहती है। सन् '47 के बाद देशी रियासतों के विलय, राज्यों के पुनर्गठन, राष्ट्रभाषा, राष्ट्रध्वज, पंचवर्षीय योजनाओं के क्रियान्वयन, आम चुनाव, पंचशील-प्रसार और गोआ दमन दीव-मुक्ति सम्बन्धी ऐतिहासिक कार्य सम्पन्न हुए। अपने भारत की स्वतंत्रता में भारतीय संस्कृति का बहुत बड़ा योगदान रहा है। स्वामी विवेकानन्द, स्वामी रामतीर्थ, महर्षि अरविंद ने भारतीय संस्कृति और अद्वैत सिद्धान्त की गरिमा का जो बीज वपन किया था, वह महात्मा गांधी के सत्य-अहिंसा के व्रत से पल्लवित हुआ। 'उठो, जागो और अपने गौरव को प्राप्त करो', विवेकानन्द के इस मंत्र के अनुरूप नवयुवकों ने अपने कर्तव्य का पालन किया। नवीन भारत की तस्वीर को सँवारने में सभी दत्तचित्त हुए :

नवीन भारत की तस्वीर

"एक नवीन भारत निकल पड़े। निकले हल पकड़कर, किसानों की कुटी भेद कर, मछुआ, माली, मोची, मेहतरों की झोंपड़ियों से। निकल पड़े बनियों की दुकानों से, भुजवा के भाड़ के पास से, कारखानों से, हाट से, बाजार से। निकले झाड़ियों, जंगलों पहाड़ों, पर्वतों से।··· अतीत के कंकाल-समूह ! यही है तुम्हारे सामने तुम्हारा उत्तराधिकारी भावी भारत।"

15 अगस्त 1947 को महर्षि अरविंद का संदेश भारत के नवनिर्माण हेतु प्राप्त हुआ ताकि यह राष्ट्र विश्व के नेता के रूप में उठ सके :

"15 अगस्त है स्वाधीन भारत का जन्म दिवस। यह दिन सूचित करता है भारत के एक पुरातन युग की समाप्ति और एक नूतन युग का विहान। यह दिन न केवल हमारे लिए वरन् एशिया के लिए, सारे संसार के लिए भी एक अर्थ रखता है, वह द्योतित करता है–इस दिन संसार के राष्ट्र-समाज में एक नई राष्ट्र-शक्ति के प्रवेश का जिसमें निहित हैं अगणित सम्भावनाएँ और जिसे मानव जाति के राजनीतिक, सामाजिक, सांस्कृतिक और आध्यात्मिक भविष्य की गढ़न में एक महान् भूमिका निभाना है।"

वस्तुतः अपनी संस्कृति के उन्नायकों की आशाओं के अनुरूप पत्र-पत्रिकाओं ने गांधीवाद के प्रसार का अभियान चलाया तथा राष्ट्र को सर्वतः पुष्ट करने का कार्य किया।

विश्वंद्य बापू एवं भारत का नव-निर्माण

विदेशी सत्ता के बंधन से मुक्ति के पश्चात् अपने देश में नये युग का पदार्पण हुआ। परतंत्रता से त्रस्त जन-मानस निश्चिंत हुआ और स्वतंत्र-चेता नागरिकों में नवजीवन एवं स्फूर्ति का संचार हुआ। चैतन्य भारत के मानस में जाग्रति, स्वातन्त्र्यबोध, जीवनदायिनी मूल्य एवं रचनात्मक प्रतिभा का विकास हुआ। औद्योगिक एवं वैज्ञानिक विकास के साथ-साथ मुद्रण-कला में भी विकास हुआ। प्रेस और प्रकाशन की सुविधाएँ बढ़ीं। पत्रकारिता के मार्ग में जो रुकावटें थीं, वे समाप्त हुईं तथा पत्रकारिता का पथ प्रशस्त हुआ। पत्रों के द्वारा परिवेश, समस्याएँ और संघर्ष मुखरित हुए। सामाजिक, राजनीतिक, आर्थिक, साहित्यिक और सांस्कृतिक जगत् की छवि पत्रों द्वारा प्रदर्शित हुई। पत्रकारिता क्षेत्रीय प्रान्तीय और राष्ट्रीय विकास के साथ ही मानव-मूल्यों के उन्नयन का हेतु बनी अतः 1948 से 1974 तक की हिन्दी पत्रकारिता की कालावधि को भारत के नव-निर्माण के अभिप्रेरक के रूप में मानना युक्तिसंगत होगा।

राजनीतिक स्वतंत्रता के बाद सामाजिक, सांस्कृतिक और आर्थिक क्षेत्रों में

स्वतंत्रता स्थापित करने में पत्रों ने विश्ववंद्य बापू के निर्देशों का पालन किया। साम्राज्यवादी, व्यक्तिवादी और शोषणपरक मूल्यों और मान्यताओं के विरुद्ध पत्रों को पुनः संघर्ष करना पड़ा। सामाजिक और आर्थिक विषमता को मिटाने के लिए पं. नेहरू ने पंचवर्षीय योजनाएँ बनायीं। समाजवादी क्रिया-कलाप प्रारम्भ हुए। निरन्तर बढ़ती हुई महँगाई, बेशुमार आबादी, मुद्रा स्फीति और राष्ट्रव्यापी भ्रष्टाचार से मुक्ति दिलाने का पावन संकल्प पत्रों ने लिया। सांस्कृतिक, सामाजिक, आर्थिक और शैक्षणिक दृष्टि से यह संक्रमण काल था जिसमें पत्रकारों का रचनात्मक अवदान अविस्मरणीय है। 'स्वराज्य' को 'सुराज्य' में परिणत करने के निमित्त बापू ने धर्मोन्माद और दुराग्रह से मुक्ति पाने के लिए नारा लगाया और दलितोद्धार को अपरिहार्य बतलाया। उन्होंने कहा "… हिन्दू तब तक न स्वराज्य का दावा कर सकते हैं और न स्वराज्य ले ही सकते हैं, जब तक वे दलित जातियों को स्वतंत्रता नहीं देते। मैं भी हिन्दू धर्म को जानने का दावा करता हूँ। मेरा दृढ़ निश्चय है कि पंडे-पुरोहित भूलते हैं। ईश्वर ने ही मनुष्य समाज के एक अंग को अछूत बनाया है, यह कहना ईश्वर की निन्दा करना है।"[1] 'हरिजन सेवा संघ' की स्थापना, हरिजन उद्धार सम्बन्धी यात्राएँ एवं 'नवजीवन' 'हरिजन' कुछ ऐसे पत्रों के प्रकाशन द्वारा बापू ने समाजोत्थान हेतु सभी का आह्वान किया।

महात्मा गांधी ने उद्योग-धंधों सम्बन्धी आंग्ल नीति की वकालत नहीं की। उन्होंने पारम्परिक प्राचीन औजार हल, चरखा को कल्याण का प्रतीक बतलाया। खादी को उन्होंने वस्त्र नहीं विचार माना। चरखा के संदर्भ में उनकी उक्ति थी : "चरखा तो हमारे राष्ट्रीय जीवन का प्रतीक है। इसके द्वारा ही हम देश की गरीब जनता की सेवा कर सकेंगे।" भारत की सर्वांगीण उन्नति के संदर्भ में बापू के कथन पर बल दिया गया :

"... भारत ग्रामीण देश है, जहाँ आधुनिक शहर बहुत कम हैं। गांधी जी की राय में पश्चिम की औद्योगिक सभ्यता, जो कि कल कारखानों पर आधारित है, भारत के लिए उपयुक्त नहीं है। इससे कुछ शहर ग्रामीण जनता का शोषण करने लगेंगे। गांधी का मत था कि कल-कारखानों को मनुष्य जो कि स्वयं मशीन है के विरुद्ध न खड़ा किया जाए और उनके कारण करोड़ों ग्रामीण देशवासी दास न बनाये जायँ।… राष्ट्रीय आर्थिक व्यवस्था को बढ़ाने के लिए राष्ट्रीय प्रोग्राम में महात्मा जी ने ग्रामीण जीवन पर बल दिया। वे घरेलू धंधों की प्रगति, ग्राम्यजीवन के स्वास्थ्य तथा आवागमन के साधनों में उन्नति, देहात में शिक्षा का प्रसार, सहकारी संस्था-आंदोलन को बढ़ाना और पंचायतों तथा अन्य ग्रामीण संस्थाओं का पुनरुद्धार करना चाहते थे। महात्मा जी ऐसे समस्त कानूनों के विरोधी थे जो सांस्कृतिक परम्पराओं एवं राष्ट्रीय विश्वास को ठेस पहुँचानेवाले हैं। उनका ध्येय था कि देश को एक विशाल सहकारी संस्था के रूप में परिवर्तित कर दें, जिसमें राज्य की

सत्ता न्यूनतम हो और राष्ट्रीय जीवन के भिन्न-भिन्न उपकरणों द्वारा ही उस सत्ता का प्रयोग किया जाए।"[2]

स्वातन्त्र्योत्तर भारतीय जन-जीवन पर गांधी जी के विचारों का गहरा प्रभाव पड़ा। असमानता, गरीबी, पिछड़ापन को दूर करने हेतु बापू ने 'स्वराज्य' तथा 'सर्वोदय' के अनुरूप जीवन ढालने का मार्ग बतलाया जिसे डॉ. रघुवंशी ने स्पष्ट किया :

"..... गांधी जी के स्वराज्य का अर्थ है राम-राज्य अर्थात् ईश्वरीय शासन जिसमें धन, जातिरंग आदि पर आधारित भेद-भाव न हो। जहाँ न गरीब हो न अमीर, जहाँ बोलने और विचार करने की पूर्ण स्वतंत्रता हो। जहाँ आतंक और शक्ति की जगह सत्य व अहिंसा का बोलबाला हो। ऐसे राज्य में ही जनता नैतिक व्यवस्था की सर्वोच्चता को स्वीकार करेगी। महात्मा गांधी ने सर्वोदय अर्थात् सबके लिए महत्तम लाभ को ही सामाजिक जनवाद का ध्येय माना था।"[3]

महात्मा गांधी के उपर्युक्त विचारों को कार्यरूप में परिणत करने हेतु डॉ. राजेन्द्र प्रसाद, पंडित नेहरू, संत विनोबा, जयप्रकाश प्रभृति जननायकों ने अहर्निश प्रयास किया। एक ओर निर्धनता, आर्थिक विषमता, असंतुलित विकास, बेरोजगारी, शोषण, और उत्पीड़न के विरोध में जन-नेताओं के साथ मिलकर हिन्दी के पत्रों ने आवाज बुलंद की वहीं दूसरी ओर राष्ट्रीय आय, उत्पादकता, रोजगार, आत्मनिर्भरता और सामाजिक कल्याण की ओर सबका ध्यान आकृष्ट किया। अपने देश का तेजी से आर्थिक विकास हो इसलिए राष्ट्रीय उत्पादन की बढ़ोतरी, प्राकृतिक संसाधनों के श्रेष्ठतम उपयोग, कृषि तथा उद्योगों की उन्नति, सामाजिक सेवाओं जैसे यातायात, परिवहन, दूर संचार, स्वास्थ्य, शिक्षा, और मनोरंजन के विस्तार हेतु पत्र-पत्रिकाओं ने आदर्श लोक शिक्षक का कार्य किया। कविवर 'रंग' जी के साथ पत्रकारों ने भारतीय जनता में नवीन रचनात्मक चेतना का स्वर गुंजायमान किया :

ओ विप्लव के थके साथियो,
विजय मिली विश्राम न समझो।
युगारम्भ के प्रथम चरण की
गतिविधि को परिणाम न समझो।।

हमें विजय मिली परन्तु उसके साथ और भी बहुत सी बातें मिलीं जिसकी ओर विश्व कवि रवीन्द्रनाथ टैगोर ने अपनी 80 वीं वर्षगांठ के समय सभी का ध्यान आकर्षित किया :

"भाग्यचक्र एक दिन अंग्रेजों को अपना भारतीय साम्राज्य छोड़ने के लिए विवश करेगा परन्तु वह कैसा भारत होगा जिसे वे पीछे छोड़ेंगे, कैसी दरिद्रता और करुणा होगी ? जब उनकी सदियों पुरानी शासनधारा सूख जाएगी तब कितना

कर्दम और कितनी गन्दगी वे अपने पीछे छोड़ जाएँगे।"[1]

अपने देश में व्याप्त कर्दम और गंदगी को प्रक्षालित करने का कार्य पत्रकारों ने किया। समय और समाज की जनधारा पत्रकारिता ने राष्ट्र के नव-निर्माण की आधारशिला रखी।

"यह हम भारतवासियों के लिए, पूरे एशिया के लिए, बल्कि सारे विश्व के लिए एक भाग्यनिर्णायक क्षण है। पूरब में एक तारा, स्वतंत्रता का तारा उग रहा है, एक नयी आशा जग रही है, एक चिरपोषित सपना साकार हो रहा है, यह तारा कभी अस्त न हो, यह आशा कभी छली न जाए।

भविष्य हमें बुला रहा है। हम कहाँ जा रहे हैं और प्रयास हमारा क्या होगा? लाने के लिए भारत के आम आदमी, किसानों और श्रमिकों के लिए स्वतंत्रता और अवसर, संघर्ष करने और अन्त करने के लिए गरीबी और अज्ञान और रोग का, बनाने के लिए एक समृद्ध लोकतांत्रिक और प्रगतिशील राष्ट्र, गढ़ने के लिए सामाजिक, आर्थिक और राजनीतिक संस्थाएँ जो प्रत्येक पुरुष और स्त्री के लिए सामाजिक न्याय और सर्वांगपूर्ण जीवन सुनिश्चित कर देंगी।"

उपर्युक्त शब्द किसी वाग्विलासी के निरर्थक शब्दाडम्बर नहीं थे बल्कि एक स्वप्नद्रष्टा के अन्तर्मन की अभिव्यक्ति थी। 15 अगस्त 1947 के दिन मुखरित पं. नेहरू के ये शब्द भारत के नव-निर्माण की आकुलता के परिचायक थे। उनकी वाणी में प्रत्येक भारतीय की आशाओं और आकांक्षाओं को साकार करने की कटिबद्धता थी। भारत को सशक्त बनाने का आह्वान था–एक ऐसे भारत को जो अपनी स्वर्णिम परम्पराओं और मूल्यों के रहते हुए भी विचार और क्रिया दोनों में विधि निषेधों, अंधविश्वासों, स्वार्थपरता, शोषण और संकीर्णता में आकण्ठ निमग्न था। पूज्य पं. नेहरू की आशा छली नहीं गयी। पत्रकारों की निर्भीक वाणी ने शताब्दियों से शोषितों पीड़ितों के उत्थान की घोषणा की। समाज के हर वर्ग को सर्वतः सम्पन्न बनाने में उनकी लेखनी ने राम बाण का कार्य किया।

सन् 1930 ई. में बनारसीदास चतुर्वेदी ने पंडित सुन्दरलाल के सम्बंध में एक भविष्यवाणी की थी : "दिल्ली की पार्लियामेंट रोड पर मोटर कार से जाते हुए मिस्टर सुन्दरलाल एम. एल. ए. की कल्पना हमारे दिमाग में नहीं आती। कंटकाकीर्ण पथ पर चलने के अभ्यस्त कठोर चरणों को वह कोमल मार्ग शायद ही पसंद आये। 'डोमिनियन स्टेट्स' हो जाने पर वह पूर्ण स्वाधीनता के पक्ष में लड़ेंगे और पूर्ण स्वाधीनता हो जाने पर धार्मिक परम्पराओं और आडम्बरों के विरुद्ध। ग़रज कि वह लड़ते ही रहेंगे।" दादा चतुर्वेदी जी की भविष्यवाणी सभी पत्रकारों के लिए सत्य सिद्ध हुई। स्वतंत्रता-प्राप्ति के पश्चात् भारत के नव-निर्माण, साम्प्रदायिक सद्भाव एवं विश्व-शांति हेतु समर्पित पत्रकारों ने संघर्ष किया। स्वाधीनता-संघर्ष में व्यग्र देश-हितैषियों को सम्बल प्रदान करनेवाले पत्रकारों ने

स्वातन्त्र्योत्तर भारत के नव-निर्माण की दिशा में पूरी लगन, तत्परता, निर्भीकता के साथ जनता-जनार्दन का नेतृत्व किया। निरन्न, निर्वस्त्र, निर्वाक् को सुख-समृद्धि का मार्ग बताया।

स्वातन्त्र्योत्तर भारत के हिन्दी पत्रों ने स्पष्ट लिखा कि अंग्रेजों ने क्रान्तिकारियों को शारीरिक फाँसी दी किन्तु कुछ स्वार्थी तत्त्वों ने उनकी आकांक्षा और आत्मा तक की अर्थी निकाल दी। जो अपनी गर्दन का मूल्य लिये बिना पुण्यवेदी पर चढ़ गए, उनको भूलने में ही लोगों ने अपना कल्याण माना। आज न तो कहीं समाधियाँ है और न तो उन पर लगनेवाले मेले कहीं दिखलाई पड़ते है। सूखा और बाढ़ जैसी आपदाओं के समय समाज सेवी नेता, ठीकेदार, अभियंता, अपनी घूस और कमीशन की फसल उगाते रहे। सतत जागरूक हिन्दी के पत्रों ने राष्ट्र-निर्माण में अपनी भूमिका निभायी। पत्रकारिता के नवनिर्माण काल के पत्रकारों ने लोकमान्य तिलक की निम्नलिखित उक्ति को सार्थक किया :

"पत्रकार की लेखनी के निरन्तर चलते रहने की वही उपयोगिता है जो रात में सड़कों पर प्रकाश की और सिपाही द्वारा रात की पहरेदारी की होती है।"

हिन्दी के पत्रकारों ने बार-बार यह कहा कि क्रान्ति की अवधारणा किसी विद्रोह से कहीं अधिक व्यापक होती है। विद्रोह एक ऐसा घटना क्रम है जिसके कारण अचानक और प्रायः हिंसक उपायों से सत्ता का हस्तांतरण होता है। जो सत्ता में होते हैं उनके स्थान पर विद्रोह के नेता पदासीन हो जाते हैं। क्रान्ति का अर्थ इससे भिन्न है। सत्ता-परिवर्तन का अर्थ इसमें भी निहित होता है परन्तु यह परिवर्तन एक नव-निर्माण के लिए होता है। इस परिवर्तन में नई कार्य-व्यवस्था होती है। जो लीक-लीक चलनेवाली भूतकालीन पद्धति से मुक्त एक नूतन जीवन दृष्टि देती है। क्रान्तिकारी परिवर्तन के अन्तर्गत राजनीतिक व्यवस्था, राजनीतिक संस्कृति एवं राजनेताओं के चरित्र में परिवर्तन आता है। हिन्दी पत्रकारिता में क्रान्ति स्वतंत्रता के अभाव में आई और उसका विस्फोट आकांक्षाओं के धरातल पर हुआ। इस आकांक्षा के मूल में स्वराष्ट्र का नव-निर्माण ही मुख्य था। इस प्रकार हिन्दी पत्रकारिता का क्रान्ति काल भविष्य हेतु रचनात्मक स्रोत का सम्बल बना। पत्रकारिता ने भारत के प्रथम राष्ट्रपति डॉ. राजेन्द्र प्रसाद के 26 जनवरी 1950 के प्रथम ऐतिहासिक भाषण को मूर्त्तिमान करने का व्रत ठान लिया "हमारे गणराज्य का उद्देश्य है इसके नागरिकों के लिए न्याय, स्वतंत्रता और समता प्राप्त करना। ... इस लक्ष्य को प्राप्त करने के लिए यह आवश्यक है कि हम उस स्वतंत्रता को सुरक्षित रखें, जो आज हमें प्राप्त है। लेकिन राजनीतिक स्वतंत्रता के समान ही आर्थिक और सामाजिक स्वतंत्रता भी समय की माँग है। वर्तमान हमसे अतीत की अपेक्षा और अधिक निष्ठा और बलिदान माँग रहा है।"

देशरत्न डॉ. राजेन्द्र प्रसाद जी के कथनानुसार पत्रकारों ने स्पष्ट घोषित किया

कि स्वतंत्रता तभी सार्थक होती है जब कि नागरिकों में स्वावलम्बन हो। स्वतंत्र मनुष्य वह है जो अपनी आवश्यकता पूरी करने में किसी का सहारा न ले, वह परमुखापेक्षी न हो। स्वातंत्र्योत्तर हिन्दी पत्रकारिता के प्रारम्भिक तीन दशकों में कर्मठ, तेजस्वी और समर्पित पत्रकारों का उद्देश्य भारत राष्ट्र को सर्वांगीण रूप से समृद्ध, संयुक्त एवं सुपुष्ट बनाने की दिशा में जन-मन को अनुप्राणित करना था। अनेक थपेड़ों और आर्थिक झंझावातों के बावजूद पत्रकारों का चरित्र मलिन नहीं हुआ। वे भारत के नव-निर्माण के अनन्य प्रवक्ता एवं प्रस्तोता सिद्ध हुए। सर्वश्री बाबूराव विष्णु पराड़कर, अम्बिका प्रसाद वाजपेयी, विजय सिंह 'पथिक', पं. सुन्दरलाल, वियोगी हरि, पं. देवीदत्त शुक्ल, लक्ष्मणनारायण गर्दे, प्रो. इन्द्र विद्यावाचस्पति, माखनलाल चतुर्वेदी, वेंकटेश नारायण तिवारी, हनुमान प्रसाद पोद्दार, हरिभाऊ उपाध्याय, बनारसी दास चतुर्वेदी, मूलचन्द्र अग्रवाल, दुलारेलाल भार्गव, रामचन्द्र शर्मा 'महारथी', पाण्डेय बेचनशर्मा 'उग्र', बांकेबिहारी भटनागर, पूर्णचन्द्र गुप्त, सत्येन्द्र कुमार गुप्त, अज्ञेय, अक्षय कुमार जैन, क्षेमचन्द्र सुमन, डॉ. धर्मवीर भारती, आदि स्वनामधन्य पत्रकारों ने सामाजिक आदर्शों से प्रतिबद्ध एवं राष्ट्रीय नव-निर्माण से सम्पृक्त पत्रकारिता की। इन यशस्वी पत्रकारों ने अपने पत्रों के द्वारा न्याय, समता, अभिव्यक्ति स्वातंत्र्य एवं रचनात्मक प्रवृत्तियों को मुखरित किया। अपने स्वस्त्ययन द्वारा पत्रकारों ने राष्ट्र के अभिनव मंगलमय निर्माण हेतु सशक्त वाणी दी। अपने विधायक संकल्प और संदेश को प्रसारित कर पत्रकारों ने देशवासियों की अवदमित आकांक्षाओं को प्रस्फुटित किया। भारतीय नवजागरण के यशस्वी कवि मैथिलीशरण गुप्त की पंक्ति 'बहुजन हिताय, बहुजन सुखाय, अर्पित हो मेरा मनुज काय' को चरितार्थ करने में पत्रकार सदैव अगली पंक्ति में रहे।

सन् 1947 ई. में अवतरित 'नवभारत टाइम्स', 'नई दुनिया', 'प्रदीप', 'नवजीवन', 'स्वतंत्र भारत', 'दैनिक जागरण', 'सन्मार्ग' आदि विविध दैनिक पत्रों ने नये भारत के अवतरण और उत्कर्ष हेतु प्रशस्त मार्ग प्रस्तुत किया। एक ओर बंग-प्रान्त से 'विश्वमित्र', 'नया समाज', 'ज्ञानोदय', मध्य प्रदेश से 'जय भारत', 'नया जमाना', 'नई दुनिया', 'मंगल प्रभात', 'नव प्रभात', 'आजाद हिंद', 'स्वतंत्र भारत' (उज्जैन), 'अपना राज', 'हित चिन्तक', 'देश बन्धु' , 'नव भारत', 'नवीन दुनिया', राजस्थान से 'अमर ज्योति', 'पन्द्रह अगस्त', 'स्वतंत्र भारत' (अलवर), 'नवयुग' 'लोकजीवन', 'जयहिंद', 'लोकमत', 'लोकराज' 'राष्ट्रदूत' आदि पत्रों ने अपनी समर्पित भावना से जनतंत्र की स्थापना में प्रमुख भूमिका का निर्वहन किया तो दूसरी ओर बिहार से 'जनशक्ति', 'नवीन भारत', 'जनता', 'पंचायतराज', 'राष्ट्रसंदेश, हिमाचल से 'प्रजामित्र', 'सुधा', 'हिमाचल संदेश', 'लोकतंत्र', 'भावना', पंजाब से 'वीर प्रताप', 'हिन्दी मिलाप', 'पंजाब केसरी' और महाराष्ट्र से 'उजाला',

दैनिक 'लोकमान्य' दैनिक 'विश्वमित्र', 'युगधर्म', 'धर्मयुग' आदि पत्रों ने राष्ट्र को निर्माण की एक नयी दिशा दी। राजधानी से प्रकाशित 'हिन्दुस्तान', 'नवभारत टाइम्स', 'वीर अर्जुन', जनयुग, आदि विभिन्न पत्रों ने नूतन भारत के निर्माण हेतु अपने को सर्वतः समर्पित कर दिया। सन् 1948 से '74 तक प्रकाशित हिन्दी के पत्रों ने अपनी नवनवोन्मेषशालिनी प्रतिभा द्वारा सृजन के आयाम को आलोकित किया।

नव्य, भव्य, गरिमापूर्ण भारत को विश्व मंच पर सुप्रतिष्ठित करने का कार्य पत्र और पत्रकारों द्वारा सम्पन्न हुआ। भारत की संस्कृति, उसके सम्पूर्ण इतिहास, और राष्ट्र की सृजनात्मक शक्ति पर जो नया आलोक बिखेरा गया उसके मूल में पत्रकारों की अहम भूमिका थी। वस्तुतः क्रान्तिकाल के अग्निदीक्षित तपोपूत पत्रकारों की एक सशक्त परम्परा ने राष्ट्रोन्नति को सर्वोच्च स्थान देकर पत्र-पत्रिकाओं द्वारा भारत के नव-निर्माण का संकल्प लिया। इस संकल्प की पूर्ति हेतु सन् 1974 तक पत्र-जगत् निश्चयात्मक रूप से सन्नद्ध था। उनकी ही सक्रियतावश भारत समृद्ध, संयुक्त और सुपुष्ट हुआ अतः इस कालावधि को प्रवृत्ति की दृष्टि से नव-निर्माण काल कहना समीचीन है।

स्वतंत्र भारत की राजनीतिक परिस्थितियाँ

भारत स्वतंत्र हुआ परन्तु इसका एक भाग पाकिस्तान बन गया। जब महात्मा गांधी नोआखाली में शान्ति स्थापित करने में व्यस्त थे, उसी बीच लार्ड माउण्टबेटेन ने विभाजन की योजना पर सबकी स्वीकृति प्राप्त कर ली। स्वतंत्र भारत में शासन की समस्या गम्भीर हो गई लेकिन प्रौढ़ राजनेताओं ने सभी परिस्थितियों पर नियंत्रण पा लिया। एक वर्ष के अन्दर शान्तिमय क्रान्ति हुई। साम्प्रदायिक सद्भाव बढ़ने लगा। अंग्रेजों की भविष्यवाणी निराधार सिद्ध हुई क्योंकि उन लोगों ने कहा था कि भारत में अराजकता का साम्राज्य छा जाएगा। सामंतवादी हतप्रभ हुए। देशी राज्यों का एकीकरण और सामन्तशाही की समाप्ति से भारत नये युग में प्रविष्ट हुआ।

स्वतंत्र भारत की सर्वाधिक जटिल समस्या शरणार्थियों से सम्बद्ध थी। पश्चिमी पाकिस्तान से 40 लाख और पूर्वी पाकिस्तान से 10 लाख शरणार्थी आए जिनके लिए रोटी, कपड़े, मकान की व्यवस्था की गई। शरणार्थी समस्या तथा कत्ले आम जैसे जघन्य हादसों का मुकाबला करने हेतु पत्रकारों ने पूरे साहस और स्वाभिमान का परिचय दिया। राष्ट्रीय योजना कमेटी के निर्णयों को कार्यान्वित किया गया जिससे शोषित, पीड़ित अन्न-वस्त्र विहीन जनता के भाग्य का कपाट खुला। अंग्रेजों के शासन काल में हमारी संस्कृति, राष्ट्रीय विचारधारा और नैतिकता को भ्रष्ट करने का प्रयास किया गया। सौभाग्यवश हमें गांधी जैसे महात्मा मिले जिन्होंने हमें धूल में से इन्सान बनाया। भारत में लोक-कल्याणकारी सरकार की

स्थापना हुई जिसने प्रजातात्रिक शासन व्यवस्था को स्वीकार किया। प्रजातंत्र में ही जन-जीवन का समग्र विकास सम्भव है। प्रजातंत्र में प्रजा जागरूक रहती है तथा अपने अधिकार और कर्तव्यों के प्रति सभी लोग सचेष्ट रहते हैं। संघात्मक शासन की स्थापना, धर्म निरपेक्ष राज्य की स्थापना, संसदीय शासन और मूलाधिकार की व्यवस्था से सुशोभित भारतीय संविधान राष्ट्रोन्नति के विविध आयाम को प्रशस्त करनेवाला है। पंचवर्षीय योजनाओं द्वारा लोकतांत्रिक उपायों से अर्थव्यवस्था और सामाजिक व्यवस्था का विकास हुआ। प्रथम पंचवर्षीय योजना द्वारा अर्थव्यवस्था को संतुलित करने, ग्रामीण जीवन का पुनर्निर्माण करने, आय को बढ़ाने तथा खाद्यान्न संकट को दूर करने का लक्ष्य कुछ सीमा तक पूरा हुआ।

सन् 1951 में भारत में प्रथम आम चुनाव हुआ। भारतीय संस्कृति के अनुरूप पंचशील को भारतीय वैदेशिक नीति का आधार बनाया गया। प्रादेशिक अखण्डता एवं सम्प्रभुता के प्रति आदर भाव, अनाक्रमण, एक दूसरे के आन्तरिक मामलों में अहस्तक्षेप, समता और पारस्परिक हित तथा शान्तिपूर्ण सह अस्तित्व–ये पाँच आचरण पंचशील के आधार थे। 1956 में राज्य पुनर्गठन आयोग द्वारा भारत का 14 राज्यों और 6 केन्द्रशासित राज्यों में विभाजन हुआ। सन् 1961 में गोआ, दमन, दीव की मुक्ति, सन् '62 में चीन का भारत पर आक्रमण एवं '64 में पंडित जवाहर लाल की मृत्यु सम्बन्धी घटनाओं ने जन-मानस को आलोड़ित किया। स्वतंत्रता-प्राप्ति के बाद से लेकर 1964 तक पं. नेहरू के नेतृत्व में भारत आर्थिक, राजनीतिक, सामाजिक, सांस्कृतिक प्रगति के पथ पर अग्रसर था।

सन् 1964 में भारत संकटकालीन स्थिति से गुजर रहा था। चीनी युद्ध के फलस्वरूप सीमा सुरक्षा और आन्तरिक एकता की समस्या, युद्ध के बाद बढ़ती महँगाई की समस्या, खाद्यान्न और बेशुमार आबादी की समस्या, राष्ट्र के लिए चुनौती बन चुकी थी। इसी समय चीन और अमरीका के प्रभाव में पड़कर पाकिस्तान ने 1965 ई. में भारत पर आक्रमण कर दिया। श्री लाल बहादुर शास्त्री के अविस्मरणीय योगदान के परिणाम स्वरूप पाकिस्तान का मद चूर हुआ। ताशकंद समझौते के अनुसार भारत ने कार्रवाई की तथा विश्व को दिखा दिया कि वह विस्तारवादी नीति का शत्रु है। श्री शास्त्री की आकस्मिक मृत्यु के बाद श्रीमती इन्दिरा गांधी प्रधान मंत्री चुनी गयीं। देश चतुर्दिक् प्रगति के मार्ग पर द्रुतगति से बढ़ने लगा। 14 बड़े बैंकों के राष्ट्रीयकरण द्वारा आर्थिक उन्नयन हेतु क्रान्तिकारी योजनाएँ प्रारम्भ हुईं। सन् 1971 में पाकिस्तान के पूर्वी भाग में विद्रोह भड़क उठा। वहाँ के एक करोड़ शरणार्थियों के भारत-आगमन से विषम समस्याएँ खड़ी हुईं। महँगाई की मार से भारतीय जनता त्रस्त तो हुई परन्तु अपनी करुणावश पड़ोसी की भरपूर सहायता में पीछे नहीं हटी। सन् '71 में पाकिस्तान ने भारत पर आक्रमण किया। जिसमें वह बुरी तरह पददलित हुआ। श्रीमती इन्दिरा गाँधी ने भारत को

विश्व-मंच पर गौरवान्वित किया।

चीनी आक्रमण द्वारा प्रौढ़ दृष्टि उभरी

स्वातन्त्र्योत्तर भारत के इतिहास में सन् 1962 का एक विशेष महत्त्व है। चीनी आक्रमण में अपनी लज्जाजनक पराजय हुई, पंडित नेहरू जैसा जन-नेता हमारे बीच से उठ गया। आजादी के पूर्व हमारी पत्रकारिता जुझारू थी। आजादी के बाद विभाजन की ठेस और कसक थी परन्तु सभी में उल्लास था। एशिया-अफ्रीका के देशों में भारत अग्रणी है और रहेगा, ऐसा दृढ़ विश्वास था। पंडित नेहरू तीसरी दुनिया के महान् नायक थे, पंचशील के विधायक थे। हमारी आजादी दुनिया को नया आलोक देनेवाली थी। भारत की नैतिक वरिष्ठता के आगे संसार की महाशक्तियाँ नतमस्तक थीं। इस अवधि में हिन्दी पत्रकारिता गरिमामय थी। 'हिन्दी-चीनी भाई-भाई' को जब आघात लगा तो पत्रकारों की रूमानी कल्पनाओं की दुनिया काँच की तरह बिखर गई। सामान्य जन में एक नया संकल्प उभरा, राष्ट्रीय समस्याओं के समाधान हेतु एक प्रौढ़ दृष्टि उभरी। क्षेत्रीयता, साम्प्रदायिकता, जातिवाद और भाषावाद को गहरा झटका लगा। सत्तारूढ़ और विरोधी दलों का मल्लयुद्ध बन्द हो गया। तमिलनाडु से कश्मीर तक और केरल से असम तक भारत एक मन होकर सोचने लगा, एक स्वर में बोलने लगा। इस अभूतपूर्व एकता और जागरण के मूल में हिन्दी की पत्रकारिता का विशेष योगदान है। राष्ट्रीय जीवन की आशा-निराशा, मोह एवं मोहभंग, सफलता-असफलता से होकर हिन्दी पत्रकारिता ने अपनी आवाज और प्रतिष्ठा अर्जित की जिसके सम्बन्ध में पत्रकारिता के शीर्ष पुरुष डा. धर्मवीर भारती ने 'रविवार' (5 सितम्बर '87) में लिखा कि :

"... और यही समय था, जब जन-मानस की इस जागृति के कारण जनसम्पर्क माध्यमों में, हमारे दैनिक अखबारों में, हमारी पत्रिकाओं में एक नयी यथार्थ चेतना, एक नयी ताजगी, एक नया संकल्प प्रकट हुआ था। खासतौर से देशी भाषाओं की पत्रकारिता में, उसमें भी खास तौर से हिन्दी में, एक नया संकल्पवान व्यापक जनमानस तैयार था। अधिक व्यापक, अधिक सार्थक, अधिक यथार्थदर्शी पत्रकारिता–यह उसकी माँग थी और उसी भावभूमि में देशी भाषाओं के पत्र-पत्रिकाओं ने अपनी नयी भूमिका की पहचान हासिल की। उनका क्षितिज व्यापक हुआ, उनकी दृष्टि गहरी हुई, उनको एक संस्कार मिला और उसी समय पहली बार पत्रों के छोटे-बड़े प्रकाशन संस्थाओं ने देशी भाषा–विशेषकर हिंदी की पत्र-पत्रिकाओं की अमित संभावनाओं को पहचाना। वह पहचान बाजारू पहचान नहीं थी, सोद्देश्यता की पहचान थी। केवल 3 वर्ष बाद 1965 में जब पाकिस्तानी आक्रमण का मुँहतोड़ जवाब एक धोती-कुरता पहननेवाले, हिन्दी प्रदेश का एक 'मामूली आदमी जैसे' लालबहादुर शास्त्री ने दिया तो अंगरेजीदां पत्रकारिता देशी

भाषा के 'मामूलीपन' के आगे झुकती हुई नजर आयी। धुआँधार अंगरेजी बोलनेवाले नेहरू युग के कृष्ण मेनन ने चीन के हाथों जलील कराया था, लेकिन गाजीपुर के किसान के हिंदी भाषी बेटे अब्दुल हमीद खाँ ने अपनी शहादत से 1965 में अमेरिकी-पाकिस्तानी आक्रमणकारियों के दाँत खट्टे कर दिये थे।" वस्तुतः 1962 ई. के बाद हवाई और धुँधले भटकावों से खींचकर जनता को यथार्थ, जीवंत एवं संवेदनशील घटनाओं से जोड़नेवाले हिन्दी के पत्रकार ही थे। हिन्दी पत्रकारिता की विकास-यात्रा का एक प्रेरक तथ्य चीनी आक्रमण था जिसने प्रमाद को दूर किया। राजनीति और सामाजिक आचरण के मूलभूत सिद्धान्तों का विवेचन कर हिन्दी पत्रकारिता ने ज्ञान-विज्ञान और मानवीय संवदेनाओं से सम्बद्ध नूतन आयाम प्रस्तुत किया।

चिर प्रतीक्षित स्वतंत्रता की प्राप्ति के बाद कांग्रेस का भावी स्वरूप क्या हो, इस प्रश्न की ओर पत्रकारों की दृष्टि दौड़ी। सम्पादकाचार्य पराड़कर जी ने आशा व्यक्त की कि सामाजिक साम्य और न्याय पर आधारित ऐसे समाज की स्थापना कांग्रेस का लक्ष्य होगा जिसमें सभी सुखी और सम्पन्न हों, किसी को भी दैहिक, दैविक और भौतिक पाप-ताप न सताये। भारत के नव-निर्माण हेतु पत्रकारों ने जन-मानस को प्रबुद्ध बनाया। वाराणसी के 'आज' की आकांक्षा हिन्दी के सभी पत्रों की आकांक्षा बन गई।

कांग्रेस का भावी स्वरूप

"कांग्रेस ऐसे समाज का संघटन करना चाहती है जिसमें शोषण का नाम भी न हो, जिसमें कोई किसी को सता न सके, एक करोड़पति और दूसरा भिखमंगा न हो। सभी की आवश्यकताओं की सहज पूर्ति हो जाय।··· ग्रामीणों और किसानों के बल पर मोटे होनेवालों का अस्तित्व न रहे। सभी को खाने-पीने, पहनने, ओढ़ने, लिखने-पढ़ने आदि की पूरी सुविधा रहे। गोस्वामी तुलसीदास के शब्दों में कांग्रेस ऐसा समाज संघटन करना चाहती है जहाँ 'नहीं दरिद्र कोउ दुःखी न दीना।' इसमें सन्देह नहीं कि इस प्रकार के समाज की स्थापना होने पर ही भारतवासी स्वतंत्रता का वास्तविक आनन्द प्राप्त कर सकेंगे। इसके लिए सामाजिक और आर्थिक क्रान्ति होना आवश्यक है। आज के समाज में हम पग-पग पर जिस वैषम्य का दर्शन करते हैं, असंख्य व्यक्तियों को कष्टों और कठिनाइयों, रोग और बीमारियों में तड़पते अभाव की पीड़ा से छटपटाते देखते हैं उनका जब तक अन्त नहीं होता तब तक स्वराज्य का कोई अर्थ ही नहीं है। किसान और मजदूर जब तक भूखे और नंगे हैं, पूँजीपति और जमींदार, रईस और राजा जब तक शोषण करने पर तुले हैं, उन्हीं की कमाई पर गुलछर्रे उड़ाते हैं तब तक कांग्रेस की इतनी दीर्घकालीन साधना का कोई महत्त्व नहीं। कराची कांग्रेस और फैजपुर कांग्रेस के प्रस्तावों, 1937 और 1946 के चुनाव घोषणापत्रों, 1942 के भारत छोड़ो प्रस्ताव

तथा मेरठ अधिवेशन के प्रस्ताव में यह स्पष्ट है कि कांग्रेस उत्तरोत्तर आर्थिक और सामाजिक क्रान्ति के पथ पर प्रगति करती आ रही है।··· विधायक कार्यक्रम को देखकर किसी भी व्यक्ति को इसमें सन्देह करने के लिए स्थान नहीं है। जिस सामाजिक वैषम्य और अन्याय से वह भारतीय जनता को मुक्त करना चाहती है, उसका लक्ष्य यही है कि देश में पूर्ण आर्थिक क्रान्ति कर दी जाय।"[5]

भारतमाता की पराधीनता की शृंखला के टूटते ही हम लोग अपने देश के नव-निर्माण में जुट गए। सभी लोगों ने इस सच्चाई का अनुभव किया कि हमारे देश में अपार जनशक्ति है, यहाँ साधनों का भी अभाव नहीं है। अंग्रेजों द्वारा यह राष्ट्र खोखला बना दिया गया है, फिर भी भारतवासी भरपूर उन्नति करेंगे। स्वतंत्र भारत में ऐसी कोई बाधा नहीं रहेगी जो राष्ट्र के विकास को रोक सके। जनता के प्रतिनिधि जनता के लिए जनता के शासन की बागडोर सम्भाल रहे हैं। इस बड़े लोकतंत्र में सर्वत्र उन्नति होगी। क्रान्तिकारी पत्रकार पराड़कर जी ने 15 अगस्त 1947 को लिखा :

नवयुग में प्रवेश : "भारत आज स्वतंत्र हो रहा है, यह अत्यंत आनन्द और प्रसन्नता का विषय है। इसलिए आज हम फूले नहीं समाते। हमारी प्रसन्नता हमारा उल्लास हमारे प्रत्येक कार्य में स्पष्ट लक्षित हो रहा है। यह स्वाभाविक भी है। परन्तु इसके साथ ही हमें यह ध्यान रखना चाहिए कि आनन्द में विभोर होकर कहीं हम अपना कर्तव्य भूल न बैठें। स्वतन्त्र होने के साथ-साथ हमारे कन्धो पर जितना भारी उतरदायित्व आ गया है, उसे हमें न भूलना चाहिए। हमारी लेशमात्र की असावधानी का परिणाम अत्यन्त घातक हो सकता है। हम जरा-सा चूके नहीं कि सर्वनाश हमारे सामने उपस्थित है। श्री कन्हैया लाल माणिकलाल मुंशी ने ठीक ही कहा है कि हमारे ऊपर बहुत उत्तरदायित्व है। हमारा कर्तव्य है कि हम हीन-भावना दूर कर शक्ति का संचय करें तथा विश्वक्रांति का प्रयत्न करें। अंग्रेज भारत त्याग कर अवश्य जा रहे हैं किन्तु वे हमें दुर्बल और अशक्त बनाकर जा रहे हैं। हमें सभी प्रकार से अपने को शक्तिशाली बनाना होगा। बिना शक्तिशाली हुए काम नहीं चल सकता। भविष्य में कार्य संचालन के लिए यदि हमारी सरकार शक्तिशाली न हुई तो न तो समाजवाद का ही कोई मूल्य होगा और न स्वतन्त्रता का। अन्न, वस्त्र और सुरक्षा की समस्या, मूल्य-वृद्धि तथा भ्रष्टाचार का अन्त करने की समस्या आदि न जाने कितनी समस्याएँ आज विकट रूप में हमारे सम्मुख उपस्थित हैं उनका हल करना तत्काल आवश्यक है। हमें इस बात का दृढ़ विश्वास है कि हमारे नेता अत्यन्त योग्यतापूर्वक इन सब समस्याओं को हल कर डालेंगे और उनके प्रयत्न से वह दिन दूर नहीं जब भारत विश्व का अत्यन्त सुखी, सम्पन्न और समृद्ध राष्ट्र बन जायेगा।

X X X

देश स्वतंत्र हो गया है और अपनी कामना, अपनी शक्ति और रुचि के अनुसार पूर्ण करने का अवसर उसे प्राप्त हो गया है। जनता के मन में जो अव्यक्त भावना है, कल्पना है और इच्छा है उसे व्यक्त करने का काम साहित्यकारों का और हम पत्रकारों का तथा उसे कार्यान्वित करने का काम राजनीतिज्ञों, शासकों और सेवकों का है। अब तक हमारा जीवन कुंठित हो रहा था, बुद्धि कुण्ठित और कार्यशक्ति भी कुण्ठित, अब वह उन्मुक्त हो गया है। हम अपने सामने विशाल कार्य क्षेत्र देखते हैं। हमारे प्रतिनिधि विधान बना रहे हैं। उस विधान के अनुसार उसकी रक्षा करते हुए और उसकी संरक्षता में हम भी अपना कर्तव्य पालन करने की आशा करते हैं।"[6]

स्वाधीनता-प्राप्ति के पश्चात् अपने स्वभाव, वैशिष्ट्य संस्कार एवं परम्परानुरूप भारत ने सर्वतोमुखी विकास की ओर कदम उठाया। संविधान, निशान, गान और जुबान ये चार स्तम्भ हैं जिनपर राष्ट्र खड़ा रहता है। राष्ट्रीय नियम-कानून राष्ट्रध्वज, राष्ट्रगान तथा राष्ट्रभाषा के अभाव में राष्ट्र प्रासाद भरभरा कर ढह जाता है। हिन्दी के प्रमुख पत्र-पत्रिकाओं ने बार-बार स्पष्ट किया कि नियम-कानून के न रहने पर अराजकता फैल जाती है, ध्वज के बिना देश संस्कृति और परम्परा से कट जाता है, गान के अभाव में लक्ष्य-विहीनता आती है तथा भाषा-भैरवी के बिना राष्ट्र अपना स्वर खोकर गूँगा बन जाता है।

मुक्ति के उपरांत का अपना भारत आदर्शों से मंडित भविष्य द्रष्टा के रूप में अवतरित हुआ। विश्व में शांति और अभ्युदय के मंच के रूप में उदित हुआ। स्वतंत्रता संग्राम की अग्नि परीक्षा से निकले नेता और पत्रकार देश को अभिनव राष्ट्र के रूप में प्रतिष्ठित करने हेतु संकल्पबद्ध हो अनुष्ठानरत हुए।

यदि गांधी जी एक दिन के लिए तानाशाह होते तो...

जब भारत की स्वाधीनता की बातचीत चल रही थी तो एक विदेशी पत्रकार ने महात्मा गांधी से पूछा, 'अगर आपको एक दिन के लिए भारत का तानाशाह बना दिया जाय तो आप क्या करेंगे ?' गांधी जी ने उत्तर दिया 'पहले तो मैं उसे स्वीकार नहीं करूँगा, परन्तु यदि मैं एक दिन के लिए तानाशाह बन ही गया तो दिल्ली के हरिजनों के झोपड़े, जो वायसराय भवन के अस्तबल जैसे हैं, साफ करने में वह दिन बिताऊँगा।'

पत्र-प्रतिनिधि ने कहा, 'मान लीजिए कि लोग आपकी तानाशाही दूसरे दिन भी जारी रखें ?'

गांधी जी सहज भाव से बोले, 'तो दूसरे दिन भी वही पहले दिन का काम जारी रहेगा'।

स्वतंत्रता प्राप्त होते ही महात्मा गांधी ने भारत के नव-निर्माण की कामना

की। 'इंडिया आफ माई ड्रीम्स' में उन्होंने लिखा :

"मैं ऐसे भारत का निर्माण करना चाहता हूँ जिसमें निर्धन से निर्धन व्यक्ति भी यह अनुभव करे कि भारत उसका अपना ही देश है और उसके निर्माण में उसका मत भी महत्त्व रखता है। मैं ऐसा भारत चाहता हूँ जहाँ ऊँच और नीच का कोई भेद न हो, जहाँ सभी सम्प्रदाय मिलजुलकर रहें। ऐसे भारत में छुआछूत के लिए कोई स्थान न होगा, न नशीली मदिरा के लिए स्थान होगा न मादक औषधियों के लिए। स्त्रियों और पुरुषों को समान अधिकार प्राप्त होंगे। हमारे सम्बन्ध शेष संसार के साथ शान्तिपूर्ण होंगे। न हम किसी का शोषण करेंगे और न किसी को अपना शोषण करने देंगे।"

पूर्वांचल के स्वतंत्रता संग्राम सेनानी संत बाबा राघवदास ने कहा कि स्वराज्य मिल गया अब हमारे देश की जनता देश के नव-निर्माण में अपनी शक्ति लगाने के लिए स्वतंत्र हो गई है। अब हमारा अगला लक्ष्य जनता की आर्थिक और सामाजिक मुक्ति है। स्वातंत्र्योत्तर भारत में पत्रकारों की एक पीढ़ी थी जिनका एक पैर परतंत्र भारत में तो दूसरा स्वतंत्र भारत में। इसी पीढ़ी ने स्वतंत्रता संग्राम देखा, बापू के रामराज्य का स्वप्न देखा। अनुशासन, त्याग, सेवा-भावना से अनुप्राणित हो रचनात्मक पत्रकारिता में यह पीढ़ी आगे बढ़ी।

'सुराज्य' के लिए ही 'स्वराज्य'

स्वराज्य तो मिल गया लेकिन 'सुराज्य' नहीं मिला है, यह कथन पत्रकार प्रवर श्री पराड़कर जी का है। उन्होंने सतत सावधान होकर देश की गौरव-वृद्धि हेतु पाठकों का आह्वान किया :

"एक वर्ष हो गया हमें स्वराज्य मिले। पर अभी सुराज्य नहीं मिला है। हमने स्वाधीनता पायी मनमानी करने की। इससे हमें कोई बाहरी शक्ति रोक नहीं सकती। अपने कर्म, अकर्म, और कुकर्म के फल ही हमें राह पर ला सकते हैं। अनुभव हमें कार्यदक्षता सिखा सकता है और सिखायेगा। कल के सेनापति आज मंत्री का काम कर रहे हैं। इसमें उनसे भूलें होना स्वाभविक ही है। पर उन भूलों पर अधिक ध्यान न देकर कठिन काल में उन्होंने जो काम किए हैं, देश को जिस प्रकार सँभाला है उसका यदि स्मरण करें तो निश्चय ही हृदय प्रसन्न होगा और भविष्य अच्छा ही दिखायेगा। हम ठोकरें खाते-खाते अपने गन्तव्य स्थान की ओर बढ़ते जा रहे हैं। अभी यात्रा आरम्भ ही हुई है। अभी बहुत दूर जाना है, बहुत काम करना है। आज हम सबको मिलकर प्रतिज्ञा करनी चाहिए कि अपने राष्ट्र के अशोक चक्रांकित तिरंगे झंडे को कभी कलंकित न होने देंगे। वन्दे मातरम।"[7]

भारत के हित में अपने उत्तरदायित्व को निभाने हेतु 'आज' ने लिखा :

"... हमारी समस्याएँ बदल गयी हैं, हमारा उत्तरदायित्व भी बढ़ गया और बहुविध हो गया है, अपने और मानवहित की दृष्टि से हमें अपना कर्तव्य आप ठहराना है। यह कर्तव्य ठहराने और पालन करने में भगवान् हमारे नेताओं को समर्थ करें और उस कर्म में अपनी शक्ति के अनुसार हाथ बँटाने की शक्ति सदा देते रहें, यही अन्तिम प्रार्थना है।"[8]

समृद्ध भारत का निर्माण : पत्रकारों की कामना

स्वतंत्रता के बाद बड़े एवं लघु उद्योगों की उत्पादकता बढ़ाने के लिए विज्ञान एवं प्रौद्योगिकी के उपयोग पर बल दिया गया। 1947 ई. में आयोजित भारतीय विज्ञान कांग्रेस के अधिवेशन में तत्कालीन प्रधानमंत्री पं. जवाहर लाल नेहरू ने कहा, "भूखे पुरुषों और महिलाओं के लिए सत्य का बहुत कम महत्त्व है। उनको तो खाना मिलना चाहिए। भारत की स्थिति एक भूखे राष्ट्र की तरह है उसको तो खाद्यान्न की आवश्यकता है। ऐसी हालत में यदि भगवान् और सत्य की बात की जाये अथवा जिन्दगी के अन्य बेहतर हालात की बात की जाये तो इस देश के करोड़ों भूखे व्यक्तियों के साथ क्रूर मजाक होगा। हमें उनके लिए खाद्यान्न की व्यवस्था करनी है, रहने के लिए मकान, शिक्षा की सुविधा, चिकित्सा सुविधाएँ इत्यादि जो कि मनुष्य की मूल आवश्यकताएँ हैं, उपलब्ध कराना आवश्यक है। इसलिए भारत में जब भी विज्ञान की बात की जाये तो उसको इस संदर्भ में ही सोचना चाहिए कि भारत के करोड़ों व्यक्तियों का जीवन-स्तर कैसे सुधारा जा सकता है।"

वर्तमान भारत के निर्माता युग पुरुष पं. जवाहर लाल नेहरू की दूरदर्शिता के कारण वैज्ञानिक और प्रौद्योगिक प्रगति से राष्ट्र की बहुमुखी प्रगति हुई। भारत समृद्ध और स्वावलम्बी बना एवं देश का आत्मविश्वास जागा। हिन्दुस्तान मशीन टूल्स, हिन्दुस्तान शिपयार्ड, हिन्दुस्तान एयरक्राफ्ट, चितरंजन लोकोमोटिव, आदि अनेक संस्थानों ने भारत को समृद्धि के पथ पर अग्रसर किया। भिलाई, राउरकेला, बोकारो और दुर्गापुर के इस्पात कारखानों ने देश को आत्मनिर्भर बनाने का स्तुत्य कार्य किया। नये हिन्दुस्तान को सम्पन्न बनाने में पत्रकारों की दूरदर्शी चेतना को कार्यान्वित किया गया।

जमींदारी प्रथा का अन्त

लगभग डेढ़ सौ वर्षों से चल रही कठोर सामंती व्यवस्था से पीड़ित भारतीय किसानों को 1 जुलाई 1952 को मुक्ति मिली। इसी दिन उत्तरप्रदेश में जमींदारी प्रथा का अन्त हुआ। सन् 1930-32 के सविनय अवज्ञा आंदोलन के समय कांग्रेस ने जमींदारी उन्मूलन पर जोर दिया। सन् 1939 में काश्तकारी कानून पास कर किसानों को सुविधा देने की चेष्टा हुई। सन् 1946 में जमींदारी प्रथा के अन्त हेतु विधानसभा

में प्रस्ताव पारित किया गया। आजादी मिलते ही उत्तर प्रदेश की 20 लाख जमींदारियाँ समाप्त हुईं। ब्रिटिश सरकार के हमदर्द जमींदार हतप्रभ हुए। किसान का सिर ऊँचा हुआ। गाँव समाज को सम्मान और अधिकार प्राप्त हुआ। जिनके हल के नीचे जितनी जमीन है, वह उनके पास बनी रहेगी। कोई उन्हें बेदखल नहीं कर सकेगा। जमींदारी प्रथा के अन्त होते ही ग्राम पंचायतों का महत्त्व बढ़ गया। ग्राम पंचायतें सुसंगठित हुईं तथा गाँव के बहुमुखी विकास की ओर सन्नद्ध हो गईं। पत्रकार पराड़कर जी ने लिखा :

"भूमि किसानों को देने के साथ ही गाँवों में गृहोद्योग विकसित करना भी आवश्यक है। बिना इसके गाँव आत्मनिर्भर नहीं हो सकते। इस सम्बन्ध में सरकार सोच-विचार कर रही है किन्तु इसके लिए शायद अभी कोई निश्चित योजना नहीं है। अभी तो सरकार का सारा ध्यान भूमि-व्यवस्था की ही ओर है। वह चकबन्दी और सहकारिता को प्रोत्साहन देना चाहती है। यदि इसमें जनता का विश्वास पैदा हुआ और उसकी रुचि बढ़ी तो कृषि की उन्नति होते देर न लगेगी।"[9]

खादी और ग्रामोद्योग द्वारा ही समृद्धि सम्भव

परतंत्र भारत में निर्धनता व्याप्त थी। कहा जाता है कि 'बुभुक्षितः किं न करोति पापं, क्षीणाः जनाः निष्करुणा भवन्ति'। निर्धन भारत सदियों तक दासता की बेड़ी में जकड़ा हुआ था फलतः हर क्षेत्र में पिछड़ गया। स्वातन्त्र्योत्तर काल में गरीबी, भुखमरी, और पिछड़ेपन को दूर करने के लिए अनेक आर्थिक कार्यक्रम चलाए गए। खादी और ग्रामोद्योग के माध्यम से भारत में निर्धनता के उन्मूलन का प्रयास हुआ। पंडित जवाहरलाल नेहरू ने कहा : 'खादी हिन्दुस्तान की आजादी का श्री गणेश है।' ऐसा कहकर उन्होंने बापू की निम्नलिखित उक्ति को साकार करने पर बल दिया :

"खादी गाँव के सूर्यमंडल का सूर्य है और अन्य विविध उद्योग इस मण्डल के ग्रह हैं। इन उद्योग रूपी ग्रहों को खादी रूपी सूर्य से जो गर्मी और प्राण-शक्ति मिल रही, उसके बदले में ये खादी को टिकाए हुए हैं। बिना खादी के अन्य उद्योगों का विकास होना असम्भव है किन्तु मैंने अपनी गत हरिजन-यात्रा में यह देखा कि अगर दूसरे उद्योग-धंधे जिन्दा न किए गए तो खादी की आर्थिक उन्नति नहीं हो सकती।"

'ग्राम स्वराज्य'

पुनः महात्मा गांधी ने कहा कि ग्रामोद्योगों का यदि लोप हो गया तो भारत के सात लाख गाँवों का सर्वनाश ही समझिए। 'खादी एवं ग्रामोद्योग बोर्ड', 'अखिल भारतीय खादी एवं ग्रामोद्योग बोर्ड', 'अखिल भारतीय हथकरघा बोर्ड' द्वारा वस्त्र, गुड़, खाण्डसारी, तेल, साबुन, मधुमक्खी पालन, रस्सी और टोकरी बनाने का उद्योग,

चर्म-शिल्प एवं काष्ठ शिल्प का विकास हुआ जिसमें पत्र-पत्रिकाओं का योगदान अविस्मरणीय है। आजादी के बाद खादी और ग्रामोद्योगों के विकास द्वारा सादगी, समानता, सद्भाव के आदर्श के अनुरूप भारत के नव-निर्माण का पथ प्रशस्त हुआ।

स्वभाषा हिन्दी की वकालत

नये भारत के निर्माण का उत्तरदायित्व सम्भालनेवाले राजनेता और अधिकारी राष्ट्रभाषा हिन्दी को समृद्ध करें, इस हेतु हिन्दी के पत्रकारों ने अखिल भारतीय हिन्दी के सर्वमान्य सरल स्वरूप के प्रचलन पर जोर दिया। क्षेत्रीय भाषाओं के सहयोग से हिन्दी को सरल और सुग्राह्य बनाने की योजना के कार्यान्वयन पर हिन्दी पत्र-पत्रिकाओं ने विशेष ध्यान दिया।

"इसके लिए हमें अपनी भाषा अधिक सरल बनानी पड़ेगी और विभिन्न क्षेत्रीय भाषाओं के सुप्रचलित शब्दों को निर्मल हृदय से अपनाना होगा। जब हिन्दी में कोई कट्टरपना नहीं रह जाएगा, जब उसमें मराठी, गुजराती, पंजाबी, आदि भाषाओं की प्राणदायिनी धाराएँ सुखपूर्वक मिलती, कल्लोल करती हुई दिखाई देंगी; तब वह अनायास ही किसी एक क्षेत्र की न होकर समस्त राष्ट्र की पुण्य-सलिला बन जाएगी। हमें इस दिशा में कटिबद्ध होकर खुले हृदय से प्रयत्नशील होना चाहिए और इस प्रयत्न की सफलता के लिए हम समझते हैं केन्द्र में एक विशेष मंत्रालय की स्थापना अत्यंत उपयोगी सिद्ध होगी। राजभाषा की समस्या एक महत्त्वपूर्ण समस्या है, इसलिए उसको शिक्षा सम्बन्धी अन्य समस्याओं के झुरमुट से अलग किया जाना आवश्यक है।"[10]

12 मई 1963 ई. को हिन्दी के प्रबल समर्थक बांके बिहारी भटनागर ने 'साप्ताहिक हिन्दुस्तान' में लिखा : "राजभाषा-विधेयक का भारतीय लोक सभा में बहुमत से स्वीकृत किया जाना प्रजातंत्र के गाल पर एक करारा तमाचा है, जिसका बदला इतिहास लिये बिना नहीं रहेगा। जनता का अपमान इससे बढ़कर और क्या हो सकता है कि जिन व्यक्तियों को उसने अपना प्रतिनिधि चुनकर बल प्रदान किया, उन्हीं व्यक्तियों ने अपनी सत्ता का दुरुपयोग करते हुए उस पर एक ऐसी भाषा थोप दी जिसे वह नहीं जानती, जिसे वह नहीं बोलती, जिसे वह नहीं समझती और जिससे उसके धर्म, उसकी संस्कृति तथा उसकी सामाजिक परम्पराओं की कदापि रक्षा नहीं हो सकती। यह भीख में पाई हुई सत्ता का उपहास है और आज नहीं तो कल, जनता इस उपहास का प्रतिकार लेकर रहेगी।"

'द्रौपदी की लाज बचानी ही होगी' शीर्षक के अन्तर्गत 'साप्ताहिक हिन्दुस्तान' के सम्पादक श्री भटनागर ने 17 जुलाई 1966 को निम्नलिखित शब्दों में भारतवासियों को उद्‌बोधित किया :

"हमारी यह अपील केवल हिन्दी-भाषियों से नहीं है। यह स्पष्ट है कि आज

हिन्दी ही नहीं, राष्ट्र की समस्त भाषाओं का अस्तित्व संकट में है। यह भी स्पष्ट है कि अंग्रेजी के व्यूह को खंडित करने के लिए समस्त भारतीय भाषाओं को एक-प्राण होकर अर्जुन बनना पड़ेगा। भारत के सुदर्शनधारियो, आँखें खोलकर देखो, अंग्रेजी का दुःशासन आज राष्ट्रभाषा का चीर हरने की हठधर्मी ठाने खड़ा है। सब भाषाओं को मिलकर राष्ट्रभाषा का चीर बढ़ाना पड़ेगा। यदि ऐसा नहीं हुआ तो द्रौपदी की लाज नहीं बच सकेगी।"

स्वाधीन भारत की पराधीन मानसिकता के कारण हिन्दी को उसका उचित स्थान नहीं मिल सका। शासन के सहारे हिन्दी जन-जन की भाषा नहीं बन सकती। हिन्दी के पत्र और पत्रकारों ने बार-बार इस तथ्य को दुहराया कि जब तक भारत का जन-समूह हिन्दी महायज्ञ में भाग नहीं लेगा तब तक हिन्दी राष्ट्र भाषा न होगी। हिन्दी ही वह दर्पण है जिसमें सम्पूर्ण राष्ट्र प्रतिबिम्बित होता है। हिन्दी के कारण ही हमारी भावी पीढ़ी स्वतंत्र भारत में जन्म लेने की गर्वोक्ति कर सकेगी।

राष्ट्रीय चरित्र-निर्माण हेतु पत्रों का आह्वान

सन् 1948 से 1974 तक की अवधि में जब भारत में मानवीय गुणों का ह्रास हो रहा था, झूठ, बेईमानी, धोखा, फरेब हमारे राष्ट्रीय चरित्र के अंग बनते जा रहे थे, उस समय 'साप्ताहिक हिन्दुस्तान' ने अपनी सशक्त टिप्पणियों द्वारा हिन्दी पत्रकारिता का सिर ऊँचा किया। 'हममें चरित्र-बल कब आएगा' (20 जून 1954), 'यह कैसा धर्म' (13 अक्तूबर 1957), 'मानव, देख, तेरी मानवीयता मरती जा रही है' (31 अगस्त 1958), 'राष्ट्रीय चरित्र का अभाव' (13 अगस्त 1961), 'चरित्र बल के बिना स्वतंत्रता बेकार है' (19 अगस्त 1962), 'कौन कहता है कि रावण मर गया' ? (7 अक्तूबर 1962), 'भ्रष्टाचार का चक्रव्यूह' (23 फरवरी 1964) आदि सम्पादकीय टिप्पणियों द्वारा देश में व्याप्त विकृतियों को मिटाने का रचनात्मक कार्य किया गया। जिस महात्मा गांधी के व्यक्तित्व ने सम्पूर्ण विश्व को चमत्कृत रखा और चिन्तन के धरातल को ही बदल दिया, वह भारतवासियों हेतु अनाकर्षक बन गया जिसकी ओर पत्रकार बांके बिहारी भटनागर ने संकेत किया : "किन्तु दुःख की बात है कि भारत और भारतीय साहित्य अपने राष्ट्रपिता के ऋण को भूलता जा रहा है और उनके द्वारा प्रतिपादित आदर्शों की उपेक्षा कर रहा है।··· सच तो यह है कि यदि गांधी-विचारधारा को हम अपने जीवन से निकाल देंगे तो एक दिन भौतिकता की चट्टान से इस बुरी तरह जा टकराएँगे कि हमारा अस्तित्व ही खण्ड-खण्ड हो जाएगा। इसलिए हमारा निवेदन है कि हम उन तत्त्वों की खोज करें जो हमारे जीवन से, हमारे साहित्य से गांधी जी के प्रभाव को मिटाते जा रहे हैं और उनका शीघ्र से शीघ्र शमन करने की युक्ति सोचें।"[11]

भारतीय सांस्कृतिक परम्पराओं को अक्षुण्ण रखने एवं नूतन निर्वसन-कला

से सावधान रहने का मंत्र हिन्दी पत्र-पत्रिकाओं ने दिया। हिन्दी पत्रकारिता के गौरव बाँके बिहारी भटनागर ने 'साप्ताहिक हिन्दुस्तान' में 18 सितम्बर 1960 को लिखा :

निर्वसन-कला से सावधान : "हिन्दी पत्रकारिता के मानदण्ड इतनी तीव्रता से बदल रहे हैं कि हम जैसे शाश्वत और चिरन्तन मूल्यों में विश्वास करनेवाले लोगों को इस परिवर्तन के वेग का साथ देना कठिन हो रहा है। सच तो यह है कि नये युग की सभी नई प्रवृत्तियों की भांति हिन्दी पत्रकारिता में भी एक अजीब छिछलापन आता जा रहा है। लोगों की दृष्टि गहराई से हटकर विस्तार की ओर अधिक जा रही है–एक ऐसा विस्तार जिसमें नियम और संयम का अभाव है, जिसमें मन की शिव-अशिव सभी भावनाओं के निर्द्वन्द्व विवरण की छूट है और जहाँ कला ने अपनी शालीन जीवनदायिनी सरल सात्विक रूप-सज्जा का परित्याग कर निर्वसन अठखेलियाँ करना आरम्भ कर दिया है। पिछले दस वर्षों से हम 'साप्ताहिक हिन्दुस्तान' को इसी निर्वसन-कला का नृत्य-प्रांगण बनने से बचाते आए हैं और भविष्य में भी हम ऐसा ही करने के लिए दृढ़ संकल्प हैं। हम चाहते हैं कि 'साप्ताहिक हिन्दुस्तान' हमारी सांस्कृतिक परम्पराओं का प्रतीक बना रहे और सच्चे अर्थों में भारत का राष्ट्रीय पत्र कहलाने का अधिकारी बने।"

अर्थ-लिप्सा के कारण जब-जब हिन्दी पत्रकारिता में विकृति आई, पत्रकारों में संयम-नियम का अभाव दिखलाई पड़ा, उस समय स्वयं पत्रकारों ने आत्मसंयम का पाठ सिखलाया। भूले-भटके पत्रों को समाज-सेवा हेतु प्रतिबद्ध होने के लिए प्रेरित किया गया। कलम का निरंकुश प्रवाह विनाश का कारण सिद्ध होता है। स्वतः अपने ऊपर अंकुश लगाना लाभदायक होता है, इसी मंत्र को हिन्दी पत्रों ने अपनाया।

महात्मा गांधी के कथनानुसार पत्र जन-साधारण को शिक्षित करने के जबरदस्त साधन हैं, परन्तु "आजकल इनका बहुत दुरुपयोग किया जाता है। लोगों को सच्ची खबरें, सच्ची जानकारी और सच्ची सलाह देने के बदले, जान-बूझकर झूठी, आधी झूठी, आधी सच्ची, अधूरी अथवा सच्ची जानकारी को गलत दृष्टि-बिन्दु से लोगों के सामने पेश करके लोगों को गलत रास्ते ले जाने का काम समाचार पत्रों द्वारा पद्धतिपूर्वक किया जाता है।"[12]

उपर्युक्त तथ्यों से ज्ञात होता है कि महात्मा गांधी के समय में भी पीत पत्रकारिता का प्रचलन था। उस समय भी विज्ञापनों और समाचारों द्वारा द्रव्य प्राप्त करने के लोभ में अनेक प्रकार की झूठ और अनीति फैलाने के कार्य होते थे। बापू ने ऐसे पत्रों को शीघ्र ही जला देने की राय दी थी। उन्होंने पत्र-पाठकों से कहा कि वे अपने हृदय को साफ रखें, गंदी चीज को पसंद न करें। अगर वे ऐसा करेंगे तो अखबार भी स्वतः सच्चा धर्म पालन करेगा। बापू ने बताया

कि सम्पादक की सत्ता बड़ी चीज होती है। उसे स्वतः अपने ऊपर अंकुश रखना चाहिए :

"समाचारपत्र एक जबरदस्त शक्ति है, किन्तु जिस प्रकार निरंकुश पानी का प्रवाह गाँव के गाँव डुबो देता है और फसल को नष्ट कर देता है, उसी प्रकार कलम का निरंकुश प्रवाह भी नाश की सृष्टि करता है। यदि ऐसा अंकुश बाहर से आता है तो वह निरंकुशता से भी अधिक विषैला सिद्ध होता है। अंकुश अंदर का ही लाभदायक हो सकता है।"[13] बापू ने निकम्मे अखबारों को फेंक देने की सलाह दी थी।

पत्रों द्वारा संकट के समय बलिदान हेतु आह्वान

जब जब भी देश पर संकट के बादल मँडराए, पत्रकारों ने अपनी लेखनी के माध्यम से एकता, संगठन तथा कर्मठता का मंत्र फूँका। एक तरफ राष्ट्रीय चरित्र के पतन पर कठोर प्रहार किया गया तो दूसरी ओर देशवासियों को लगन, साहस, निष्ठा के साथ राष्ट्र की सेवा में जुट जाने हेतु अनुप्राणित किया गया। चीन और पाकिस्तान द्वारा भारत पर आक्रमण किए जाने पर 'साप्ताहिक हिन्दुस्तान' ने अपनी सम्पादकीय टिप्पणियों द्वारा जन-जन को उद्‌बुद्ध बनाया :

"आज भारतवासियों को इसी दृढ़ विश्वास के साथ राष्ट्र की रक्षा में तन, मन, धन से जुट जाना है। संसार के अधिकांश देशों का नैतिक समर्थन हमें प्राप्त है। आवश्यकता पड़ने पर हमें उनका सक्रिय सैनिक सहयोग भी प्राप्त होगा क्योंकि यह विश्व-शान्ति की रक्षा का प्रश्न है, यह एक शान्तिप्रिय देश के जीवन-मरण का प्रश्न है, यह एक लोभी आततायी के संहार का प्रश्न है और अन्ततः यह सत्य की विजय का प्रश्न है।" —11 नवम्बर 1962 ई.

"... संगठन, उत्साह, साहस और बलिदान में बड़ी शक्ति होती है और जब ये शक्तियाँ साथ मिल जाती हैं तब ब्रह्माण्ड को कँपा देती हैं। इसलिए देशवासियों आओ, आज हम अपने छोटे-छोटे मतभेदों को भुलाकर बृहत्तर राष्ट्र की रक्षा के लिए पूर्णरूप से संगठित हो जाएँ और अपनी एकता की दहाड़ से शत्रु का कलेजा दहला दें। छियालिस करोड़ भारतीय वीरों के सामने क्या बिसात है इन मुट्ठीभर पाकिस्तानियों की ! देश के राजपूतो, मराठो, सिखो और दूसरे वीर-बहादुरो उठो, आज तुम्हारी वीरता की परीक्षा का समय आया है। हम छोटे-छोटे नागरिक जो युद्ध क्षेत्र में नहीं जा सकते, अपने समर्थन और सहयोग की पूरी शक्ति तुम्हारे चरणों पर समर्पित करने को तैयार हैं। बढ़ो और हमें भी साहस दो अपने कर्तव्य का पालन करने के लिए।... निश्चय ही सारथी बनकर प्रभु हमारे राष्ट्र की मर्यादा के रथ की रक्षा करेंगे।" —19 सितम्बर 1965 ई.

वक्त की सही पहचान

हिन्दी पत्रकारिता ने युग की आत्मा को सदैव पहचाना है। मधुकाल में जीवन्त वृक्ष अपने जीर्ण पत्तों को झाड़ देता है। उनकी जगह नये कोमल पत्ते निकल आते हैं। मरे पत्तों को डाल से चिपकाना मूढ़ता है। सक्षम पत्रकार जीवन्त और मृत की पहचान रखते हैं। वे नये परिवेश में कुछ पुरानी बातें छोड़ते हैं एवं नयी बातें जोड़ते हैं। परिवर्तन के क्रम में कुछ न कुछ छँटता रहता है, बदलता रहता है, जुड़ता रहता है। स्वतंत्रता की प्राप्ति के पश्चात् पत्रकारों ने नये युग, नये जमाने, नये ढंग एवं नयी परिपाटी पर दृष्टि डाली। उन्होंने आदर्श की अपेक्षा यथार्थ को अपना उपजीव्य बनाया। उनका यथार्थवाद सम्पूर्णता, स्वतंत्र-जीवन-चित्रण एवं मानव के सामाजिक सम्बन्ध पर आधारित था। पत्रकारों के समाजवादी यथार्थवाद द्वारा अस्थिर बुर्जुआ ढाँचे पर निर्मम प्रहार हुआ। कुछ यथार्थवादी पत्रकारों ने सतर्क, जागरूक और सोद्देश्य समाज-रचना पर बल दिया। पूँजीवाद को साम्राज्यवाद का अंग माना गया जो विनाशोन्मुख होता है तथा समाजवाद को श्रेयस्कर माना गया जो विकासोन्मुख होता है।

समाजवाद के समर्थन में प्रकाशित पत्र-पत्रिकाओं ने स्पष्ट किया कि समाजवादी यथार्थवाद जीवन के ज्वलंत प्रश्नों की अथक गवेषणा है, क्रान्ति का सक्रिय अग्रदूत है और इंसानियत के हित का सचेतन प्रयास है। इसके समर्थकों के समक्ष एक मात्र यही उद्देश्य रहता है कि कैसे समूची मानव-जाति में एक सामाजिक चेतना पैदा हो जिससे लोग सुख शांति से रह सकें, शोषण-उत्पीड़न का अन्त हो जाय और मानवता पल्लवित-पुष्पित हो।

नव-निर्माण काल की पत्रकारिता सम्पूर्ण मानव-जीवन को युग और विचार के संदर्भ में यथार्थ बनाना चाहती थी। 'नये पत्ते', 'पाटल', 'प्रतीक', 'निकष', 'संवेद', 'भारती', 'अपरम्परा', 'युगचेतना', 'आधार', 'उत्कर्ष', 'क ख ग', 'लय' 'ज्ञानोदय', 'कल्पना', 'धर्मयुग', 'साप्ताहिक हिन्दुस्तान', 'नयी धारा' आदि पत्र-पत्रिकाओं से यही स्वर गुंजायमान हुआ कि समाजवादी किसी बाहरी प्रेरणा में विश्वास करने के बजाय इन्सान की दिली, दिमागी, और जेहनी कूवत में विश्वास करता है। इसी के सदुपयोग द्वारा वह मनचाही दुनिया विकसित करता है।

मार्क्सवाद, लेनिनवाद में आस्था रखनेवाले पत्रकारों ने ऐसे मानव के निर्माण का उपक्रम रचा जिससे नव मानव रूढ़िग्रस्त चेतना से मुक्त हो, मानव-मूल्यों के प्रति आस्थावान हो, समाज को समस्त मानवता के हित में परिवर्तित करके नया रूप देने के लिए कृत-संकल्प हो, संकीर्णता और कृत्रिम विभाजनों से दूर रहे, एवं स्वाभिमान के प्रति सजग, दृढ़ तथा संगठित हो। प्रगतिवादी पत्रकार आध्यात्मिक और आधिदैविक सत्ताओं को छलना मात्र मानता है। उसका चिन्तन

इस ओर है कि संसार किसी ईश्वर या मनुष्य की सृष्टि नहीं अपितु वह गतिशील पदार्थ की एक जीवित अग्नि-शिखा है जो अंशतः विकास और अंशतः पतन की ओर उन्मुख है। ऐसे पत्रकार चिन्तक इमर्सन के अनुयायी हैं जिसने कहा कि "मुझे महान्, दूरस्थ और काल्पनिक नहीं चाहिए, मैं साधारण का आलिंगन करता हूँ, मैं सुपरिचित और निम्न के चरण में बैठता हूँ।" कवीन्द्र रवीन्द्र ने 'गीतांजलि' द्वारा भावी राष्ट्र के नव-निर्माण का संदेश दिया :

"जहाँ मन निर्भय हो,
और सिर ऊँचा रखा जा सके,
जहाँ संकीर्ण घरेलू दीवारों के कारण
संसार टुकड़ों में बँटा न हो
परमपिता स्वाधीनता के उस स्वर्ग में
मेरा देश जागरित हो।"

जीवन के प्रत्येक क्षेत्र में अनेक परिवर्तन हुए। प्राच्य संस्कृति के महत्त्व को जनता ने स्वीकार किया, साथ ही पश्चिम की अनेक धाराओं से सम्पर्क हुआ। संचार-साधनों में वृद्धि होने से व्यक्ति पलक मारते ही विश्व के एक कोने से दूसरे कोने की घटनाओं से सुपरिचित होने लगा। प्रेस और प्रकाशन का मार्ग प्रशस्त हुआ। नयी अर्थव्यवस्था आयी। समाज-हित में 'हरित क्रान्ति', 'श्वेत क्रान्ति' हुई जिससे नये परिवेश में जीवन पद्धति बदली।

समाज में व्याप्त अनेक जीर्ण-शीर्ण कुप्रथाओं पर प्रहार हुए। रूढ़ियाँ उच्छिन्न हुईं। रीति-नीति, आचार-व्यवहार, वेश-भूषा में परिवर्तन हुए। छुआछूत, जाति प्रथा, नर-नारी असमानता का तीव्र विरोध हुआ। स्वतंत्रता, समानता, भ्रातृत्व का उद्घोष हुआ। राष्ट्र-प्रेम का स्वर मुखरित हुआ। नवीन ज्ञान-विज्ञान और प्राविधिक उपायों से समाज में जागरूकता आई। अध्यात्म की अपेक्षा इहलोक को प्रधान माना गया। कार्लमार्क्स, फ्रायड, नीत्से, सार्त्र आदि विचारकों की जीवन पद्धति को वरेण्य माना जाने लगा। घिसी-पिटी राजनीति और सुधार के दुहराए गए नारों के स्थान पर मानवीय और प्राकृतिक जगत् के स्पन्दनों को सरल भाषा में व्यक्त किया गया।

स्वतंत्रता प्राप्ति के पश्चात् 'माता भूमिः पुत्रोऽहं पृथिव्याः' का भाव जन-गण-मन में सशक्त हो गया। इसी से राष्ट्र के नव-निर्माण के अंकुर उत्पन्न हुए। मानव-जीवन में जो कुछ स्वस्थ है, मंगलदायक है, आह्लादकारी है उसे उभारने और प्रचारित-प्रसारित करने के लिए बुद्धिजीवियों ने पत्रों को ही साधन बनाया। पत्रकारों ने सूक्ष्म कलात्मक बोध, व्यापक जीवन-अनुभूति, अनाविल दृष्टि, समृद्ध कल्पना-शक्ति एवं सहज संकेतमयी अभिव्यंजना के द्वारा अनेक अनछुए रूपों को उजागर किया।

26 जनवरी 1950 को ही जनता ने भारत को एक प्रभुसत्तासम्पन्न

समाजवादी, धर्म-निरपेक्ष लोकतंत्रात्मक गणतंत्र बनाने और उसके सभी नागरिकों को सामाजिक और राजनीतिक न्याय, अभिव्यक्ति और धर्म की स्वतंत्रता, समान अवसर उपलब्ध करने तथा व्यक्ति के सम्मान में अभिवृद्धि करने का संकल्प लिया था। बुद्धिजीवियों ने एक ऐसा संविधान अपनाया जो प्रकाश स्तम्भ रहा है और राष्ट्रीय प्रगति में सहायक सिद्ध हुआ है। निरन्तर चलनेवाली पंचवर्षीय योजनाओं और राष्ट्रीय पुनर्निर्माण के कार्यक्रमों द्वारा देश की जनता को स्वतंत्रता प्राप्ति के आर्थिक लाभों को उपलब्ध करने का प्रयास हुआ। व्यक्तिगत सम्मान का पुनरुत्थान और उसे सुरक्षित रखना हमारी संविधान की श्रेष्ठता का परिचायक है। गुट निरपेक्ष नीति विश्व में शांति कायम रखने हेतु अपनायी गई। विश्व के राष्ट्र-समुदाय ने अपने राष्ट्र के प्रति एक धारणा बना रखी थी कि स्वतंत्र भारत साम्प्रदायिक दंगों, अलग-अलग भाषाओं, अलग-अलग धर्मों और जातियों के संघर्षों के बीच चरमरा कर टूट जाएगा। देश के भीतरी और बाहरी खतरों को झेलता हुआ भारत निरन्तर आगे बढ़ा है और विश्व के सर्वाधिक विशाल जनतंत्र के रूप में सशक्त होकर गौरवदीप्त हुआ जिसमें पत्रकारों के बहुमूल्य योगदान को सतत स्मरण किया जाएगा। विदेशी आक्रमणों एवं साम्प्रदायिक तनावों के समय में पत्र-पत्रिकाओं की अहम भूमिका का ही परिणाम हुआ कि अपना देश सदैव अग्नि-परीक्षाओं से कुंदन होकर ही निकला। कांग्रेस के हरीपुरा गुजरात में आयोजित अधिवेशन में 1938 ई. में सुभाषचन्द्र बोस ने कहा :

"मेरे मन में इस बात को लेकर कोई संदेह नहीं है कि गरीबी के उन्मूलन निरक्षरता को दूर करने तथा वैज्ञानिक उत्पादन एवं वितरण से सम्बन्धित मुख्य राष्ट्रीय समस्याओं को केवल समाजवादी ढंग से हल किया जा सकता है। हमारी भावी राष्ट्रीय सरकार का सर्वप्रथम कार्य पुनर्निर्माण की व्यापक योजना तैयार करने के लिए एक आयोग गठित करना होगा।" नेता जी के इन निर्देशों पर चलकर स्वतंत्र भारत ने अपने सपूतों के बल पर अपना नव-निर्माण किया।

राष्ट्र-निर्माण हेतु सचेष्ट हिन्दी के पत्र

स्वतंत्रता प्राप्ति के पश्चात् अपने देश में सूचना माध्यमों का जाल बिछा दिया गया। स्वतंत्र राष्ट्र के नागरिकों को सूचनाएँ प्राप्त करने का नैतिक अधिकार होता है। प्रजातंत्र की सफलता हेतु यह आवश्यक है कि नागरिकों को देश और सरकार की सही-सही जानकारी समय पर दी जाय। इससे विकास कार्यों में नागरिकों की भागीदारी बढ़ती है। 1950 ई. के पूर्व सूचना माध्यमों का काम केवल सूचना, शिक्षा और मनोरंजन तक ही सीमित था। पंचवर्षीय योजनाओं के कार्यान्वयन में सूचना-माध्यमों का उपयोग बढ़ गया। विविध कार्यों के सम्पादन हेतु जन-माध्यम अभिप्रेरक के रूप में कार्यरत हुए। राष्ट्र के नव-निर्माण में जन-संचार के माध्यमों

की भूमिका महत्त्वपूर्ण सिद्ध हुई।

पत्रकारिता समय और समाज का यथार्थ प्रतिबिम्ब होती है। समाज से प्रेरित होकर पत्रकार समाज की वस्तु-स्थिति, उसमें व्याप्त असंगति और विषमताओं की यथार्थ चर्चा करता है। स्वातन्त्र्योत्तर भारत के पत्रकारों ने उन कारकों की खोज की जिनसे समाज आन्दोलित हुआ। विभिन्न समस्याओं के निदान, समाधान की चेष्टा द्वारा हिन्दी पत्रों ने रचनात्मक भूमिका निभायी।

ताजे समाचार और सामयिक सन्दर्भों से सम्बद्ध दैनिक पत्र होते हैं। स्वाधीनता के पश्चात् दैनिक पत्रों के प्रकाशन एवं प्रसार संख्या में वृद्धि हुई। नवनिर्माण काल के कुछ श्रेष्ठ दैनिकों में 'नवभारत टाइम्स' (नई दिल्ली '47), 'नई दुनिया' (इंदौर '47), 'प्रदीप' (पटना '47), 'नव प्रभात' (ग्वालियर '48), 'युगधर्म' (नागपुर '51), 'स्वतंत्र भारत' (लखनऊ '47), 'जागरण' (कानपुर '47), 'अमर उजाला' (आगरा '48), 'सन्मार्ग' (कलकत्ता '48), 'नवजीवन' (लखनऊ '47), 'वीर प्रताप' (जालंधर), 'वीर अर्जुन' (दिल्ली '54), 'पंजाब केसरी' (जालंधर '64), 'राष्ट्रदूत' (जयपुर '51), 'राजस्थान पत्रिका' (जयपुर '56), 'देशबंधु' (भोपाल, जबलपुर, रायपुर, '56), 'आज' (वाराणसी), 'गांडीव' (वाराणसी), 'हिन्दुस्तान' (दिल्ली), 'स्वदेश' (इन्दौर, ग्वालियर '66), 'भास्कर' (ग्वालियर '58), 'नवीन दुनिया' (जबलपुर '59), 'दैनिक ट्रिब्यून' आदि सैकड़ों हिन्दी पत्र प्रकाशित हुए जिनके द्वारा नवयुग की चेतना के निर्माण में महत्त्वपूर्ण भूमिका निभाई गई। जीवन के ज्वलंत प्रश्नों की गवेषणा द्वारा पत्रों ने मानव-कल्याण का प्रयास किया।

'धर्मयुग' ('50), 'साप्ताहिक हिन्दुस्तान' ('50), 'ब्लिट्ज ('62) और 'दिनमान' ('65) साप्ताहिक पत्रों के अतिरिक्त हजारों पाक्षिक और मासिक पत्रों ने सन् 1948 से 1974 के मध्य भारत में साहित्य, राजनीति, शिक्षा, वाणिज्य, कृषि, विज्ञान, तकनीक, चिकित्सा, खेल, फिल्म, संस्कृति, धर्म के विविध पहलुओं पर प्रकाश डाला। पत्रों ने अपने विशाल कलेवर और प्रखर वाग्मिता के बल पर राष्ट्रोत्थान के सभी स्थूल और सूक्ष्म संदर्भों को समेट लिया जिनमें विषय-वस्तु के आधार पर कुछ उल्लेख पत्रों की चर्चा प्रस्तुत है :

साहित्यिक : साहित्य जन-मानस का दर्पण है। हित की भावना की इसमें प्रधानता होती है। समाज-हित के लिए ही साहित्यिक पत्र-पत्रिकाएँ प्रकाशित होती हैं। ये साहित्यिक पत्र-पत्रिकाएँ राजनीति के क्षुब्ध और उत्तेजित वातावरण से ऊपर उठाकर पाठकों को रसासिक्त करती हैं। सामान्य समाचारपत्र तो सागर की लहर की तरह पाठकों को ऊपर उठाता है जबकि साहित्यिक पत्र-पत्रिकाएँ बुद्धिजीवियों के अन्तर्मन में बैठकर मानस को आनन्दविभोर करती हैं, उन्हें तृप्त करती हैं। आजकल की आपा-धापी में जब मानव कभी उदास होता है तो साहित्यिक पत्र उन्हें प्रेरित करता है उन्हें पूर्ण बनाता है। नव-निर्माण काल के प्रतिष्ठित दैनिकों

ने प्रत्येक सप्ताह साहित्य सामग्री को प्रकाशित किया। साप्ताहिक, पाक्षिक, मासिक के रूप में ही साहित्यिक पत्र-पत्रिकाएँ अधिक प्रकाशित हुईं।

साहित्यिक पत्रिकाओं में विविध विधाओं से सम्बंधित पत्रिकाएँ निकलीं। 'कविता', 'काव्य-दृष्टि', 'नई कविता', 'अंतराल', 'हेम', 'अनास्था', 'निकष' आदि कविताओं से सम्बंधित पत्रिकाएँ थीं। हास्य-व्यंग्य से सम्बंधित पत्रिकाओं में 'चुलबुल', 'ठिठोली', 'दीवाना', 'तेज', 'मसखरा', 'रंग', 'चकल्लस', 'लोट-पोट', 'मधु मुसकान', 'व्यंग्य', 'हास्य-कलश', 'हिन्दी शंकर्स वीकली' आदि प्रमुख हैं। 'साहित्य संदेश', 'चाणक्य', 'आलोचना', 'दृष्टिकोण', 'प्रकर', 'समीक्षालोक', 'समीक्षा', 'साहित्य लोचन', आदि आलोचना-समीक्षापरक पत्रिकाएँ रही हैं। शोधपरक साहित्यिक पत्रिकाओं में 'अनुसंधान', 'अभिनव भारती', 'गवेषणा', 'परम्परा', 'परिषद पत्रिका' 'विश्व भारती पत्रिका', 'हिन्दी अनुशीलन', 'शोध-भारती', 'शोध पत्रिका', 'सम्मेलन पत्रिका', 'हिन्दुस्तानी' आदि महत्त्वपूर्ण हो चुके हैं। 'अन्तर्राष्ट्रीय कहानियाँ', 'कथा लोक', 'कहानी', 'कहानीकार', 'निहारिका', 'सारिका', 'माया', 'मनोहर कहानियाँ' ने साहित्य की विभिन्न विधाओं की सृष्टि से पत्रकारिता को समृद्ध किया।

सांस्कृतिक पत्र-पत्रिकाएँ : मानव के आचार-व्यवहार, उत्सव-समारोह, कला-कौशल से सम्बद्ध सांस्कृतिक पत्र-पत्रिकाओं का प्रकाशन हिन्दी-जगत् में अधिक हुआ है। इन सांस्कृतिक पत्रिकाओं में धर्म-कर्म, सत्संग, विविध आयोजनों को प्रमुखता से छापा गया। 'पुराकल्प', 'मालिनी', 'रंगयोग', 'लोक संस्कृति', 'संस्कृति', 'कला-सुमन', जैसे सैकड़ों पत्रों ने संस्कृति की उदारता, व्यापकता एवं सर्वजन-कल्याण की भावना को उजागर किया।

शिक्षा सम्बन्धी पत्रिकाएँ : स्वतंत्रता-प्राप्ति के बाद राष्ट्र-निर्माताओं का ध्यान शिक्षा के प्रसार की ओर गया। पत्रकारों ने शिक्षा में आमूल-चूल परिवर्तन की बात उठाई। बुनियादी शिक्षा, व्यावसायिक और तकनीकी शिक्षा को बढ़ावा देने के लिए 'नया शिक्षक', 'नई तालीम', 'प्रौढ़ शिक्षा', 'नई शिक्षा' 'भारतीय विद्या', 'भारती', 'राष्ट्रनिर्माता' प्रकाशित हुईं।

धार्मिक पत्र-पत्रिकाएँ : अपना देश धर्मपरायण है। यहाँ प्रारम्भ से ही धर्म से सम्बन्धित अनेक पत्र-पत्रिकाएँ छपती रही हैं। सनातन धर्म, बौद्ध धर्म, जैन धर्म, आर्य समाज आदि विभिन्न धर्मों के अपने-अपने पत्र हैं। इन पत्रों ने भारत के नव-निर्माण में अपनी महत्त्वपूर्ण भूमिका निभायी है। 'कल्याण', 'अखंड ज्योति', 'अध्यात्म', 'आर्यमित्र', 'भगवत दर्शन', 'प्रदीप', 'अमर भारती' 'श्री सर्वेश्वर', आदि सैकड़ों पत्रों ने 'सबजन हिताय सबजन सुखाय' की भावना को मुखरित किया है।

कृषि पत्रिकाएँ : जमींदारी उन्मूलन के साथ भारत में हरित क्रान्ति एवं श्वेत क्रान्ति को सफल बनाने में कृषि-पत्रिकाएँ आगे हैं। कृषि-जगत् के नये अनुसंधान

को पत्रों द्वारा किसानों तक पहुँचाया गया। कृषि, बीज, कीटनाशक दवाएँ, साक्षरता, सहकारिता, परिवार-नियोजन, समाज-शिक्षा के विविध पहलुओं पर प्रकाश डालने वाले पत्रों में 'हिमाचल कृषि सूचना', 'पंजाब हार्टिकल्चर बुलेटिन', 'युवा-रश्मि', 'खेती-किसानी', 'कृषि-भारती', 'कृषि सुधार', 'सेवाग्राम', 'गोसंवर्द्धन', 'कृषि-दर्शन', 'कृषक-क्रान्ति' आदि प्रमुख हो चुके हैं।

स्वास्थ्य सम्बन्धी पत्रिकाएँ : 'कामये दुःखतप्ताना प्राणिनामार्त्तनाशनम्' के लक्ष्य से प्रेरित हो होम्योपैथी, एलोपैथी, आयुर्वेदिक, नैचुरोपैथी आदि सभी चिकित्सा सम्बन्धी विभागों से अनेक पत्र निकले जिनसे मानव जीवन को स्वस्थ रखने के उपायों पर प्रकाश डाला गया। 'आपका स्वास्थ्य', 'आयुर्वेद विकास', 'आरोग्य', धन्वंतरी', 'स्वस्थ जीवन', 'डाक्टर भाई', 'आयुर्वेद संदेश', 'आरोग्य संदेश' आदि पत्रों ने कायिक, वाचिक, और मानसिक स्वास्थ्य के विविध पहलुओं की ओर पाठकों का ध्यान आकर्षित किया। औषधि-निर्माण करनेवाली कम्पनियों ने भी अपनी मासिक, त्रैमासिक पत्रिकाओं द्वारा अत्याधुनिक जानकारियाँ दीं।

विज्ञान विषयक पत्रिकाएँ : आजादी के बाद विज्ञान पत्रकारिता का विकास हुआ जिसने जन-जन को विज्ञान से जोड़ दिया। तकनीकी, चन्द्रमा पर अवतरण, मानव-रहित अंतरिक्षयानों की सफलता, ऊर्जा शिक्षा, परिवहन, कृषि सभी विज्ञान से सम्बद्ध हैं। विज्ञान विषयक पत्र-पत्रिकाओं में 'विज्ञान लोक', 'विज्ञान-कला', 'विज्ञान-प्रगति', 'विज्ञान दूत', 'विज्ञान भारती', 'विज्ञान डाइजेस्ट', 'अनुसंधान', 'आविष्कार', 'लोक विज्ञान', 'बाल स्पूतनिक' आदि ने आधुनिक प्रगति का लेखा-जोखा सामान्य मानव तक पहुँचाया।

उद्योग सम्बन्धी पत्रिकाएँ : आजादी मिलते ही उद्योग धंधों की बढ़ोतरी की ओर पत्रकारों का ध्यान गया। व्यापारी, साहूकार, बैंक, दुकानदार, शेयर होल्डर तथा उपभोक्ता के हित-साधन के लिए पत्र-पत्रिकाएँ निकाली गयीं। जनतांत्रिक देशों में दैनिक जीवन के राजनीतिक, आर्थिक, सामाजिक पक्षों पर प्रकाश डालने वाले पत्रों में व्यावसायिक पत्रों का प्रमुख हाथ होता है। व्यापारिक पत्र राष्ट्र की आर्थिक गतिविधियों का दर्पण सिद्ध होता है। 'उद्यम', 'खादी ग्रामोद्योग', 'व्यापार संदेश', 'व्यापार उद्योग समाचार', 'आर्थिक चेतना', 'आर्थिक जगत्', 'योजना' आदि पत्रों ने दैनन्दिन बाजार-भाव, उसकी समीक्षा, विविध व्यावसायिक गतिविधियाँ, अर्थ एवं मुद्रा संबंधी समस्या, कराधान अधिनियम आदि प्रकाशित कर भारत के उद्योगों को समृद्ध किया। उद्योग पत्रकारिता की महत्ता इससे स्पष्ट है कि प्रत्येक दैनिक, साप्ताहिक, पाक्षिक और मासिक पत्र में उद्योग-व्यवसायों हेतु स्तम्भ निकले।

चलचित्र सम्बन्धी पत्रिकाएँ : स्वतंत्र भारतवासियों के लिए चलचित्र से बढ़कर कोई दूसरा प्रभावकारी माध्यम नहीं हुआ। फिल्मों के संदर्भ में नूतनतम जानकारी

देने के लिए फिल्मी पत्र-पत्रिकाएँ निकलीं। इनमें फिल्मों की समीक्षा, सितारों का परिचय, चित्र-कथा, कार्टून, कथा लेखकों गीतकारों की विविध गतिविधियों पर प्रकाश डाला गया। फिल्म ब्रिटिश एसोशिएशन, फिल्म एडीटर्स एसोसिएशन तथा फिल्म जर्नलिस्ट सोसाइटी ने फिल्म से सम्बन्धित पत्र-पत्रिकाओं के प्रकाशन पर जोर डाला। 'उर्वशी', 'चित्रावली', 'चित्रा', 'माधुरी', 'रस-नटराज', 'सिने पत्र', 'सिने समाचार', 'रम्भा', 'चित्रलेखा', 'मनोरंजन', 'मेनका', 'नवचित्रपट', 'प्रिया', 'रंगभूमि', 'फिल्मी दुनिया', 'फिल्मी कलियाँ, आदि पत्रों ने फिल्म-निर्माण, वितरण, प्रदर्शन, एवं फिल्म उद्योग की आवश्यक जानकारी दी। स्वस्थ मनोरंजन हेतु हिन्दी के सभी दैनिकों ने स्थायी स्तम्भ के रूप में फिल्मी गतिविधियों को उजागर किया।

महिला सम्बन्धी पत्रिकाएँ : समाज की आधारशिला महिलाएँ होती हैं। सन् '47 के बाद नारी-जागरण एवं उनके चतुर्दिक् विकास के लिए महिला पत्रिकाएँ निकलीं। 'आर्य महिला', 'उषा', 'मनोरमा', 'गृहशोभा', 'वामा' ने स्त्रियों को प्रगति के पथ पर लाने का श्रेयस्कर कार्य किया। पत्र-पत्रिकाएँ सूचना देने के साथ रुचियों को परिष्कृत करती हैं। इनसे विचारों का दायरा विस्तृत होता है साथ ही जागरूकता विकसित करने में ये सहायक होती हैं। नव-निर्माण काल की पत्र-पत्रिकाओं ने महिलाओं को सही दिशा देने में महत्त्वपूर्ण भूमिका निभायी।

खेल सम्बन्धी पत्रिकाएँ : राष्ट्र के निर्माण में स्वस्थ नागरिकों का योगदान अकथनीय है। स्वस्थ नागरिक खेल और अभ्यास को महत्त्व देते हैं। खेल-कूद जीवन का एक अनिवार्य अंग है जिसके उन्नयन हेतु खेल पत्रिकाएँ प्रकाशित हुईं। 'क्रिकेट सम्राट', 'खेल-खिलाड़ी', 'भारतीय कुश्ती', 'खेल युग', 'स्पोर्ट्स वीक' 'खेल भारती', आदि पत्रों ने क्रीड़ा-जगत् पर आलोक बिखेरा। ऐसे तो हिन्दी के सभी पत्र स्वास्थ्य, एथलेटिक्स, खेल-कूद, सम्बन्धी बातों को जनता तक पहुँचाते थे किन्तु इन पत्रों ने महत्त्वपूर्ण बातों को अधिक विस्तार के साथ लिखा।

बाल सम्बन्धी पत्रिकाएँ : बालक जिज्ञासु वृत्ति के होते हैं उनके प्रश्नों के समाधान हेतु आजादी के बाद अनेक पत्र निकाले गए। मनोवैज्ञानिक ढंग से बालकों को आदर्श नागरिक बनाने के निमित्त 'चन्दामामा', 'राजा भैया', 'बाल-भारती', 'पराग', 'नंदन', 'चुन्नु मुन्नु', 'बालक', 'लोट-पोट', 'चम्पक', आदि बाल पत्रिकाओं ने रोचक एवं प्रेरक सामग्री प्रस्तुत की।

अपने यहाँ सन् 1974 ई. में सर्वाधिक पत्र हिन्दी में छपते थे। हिन्दी में जहाँ 3200 पत्र निकलते थे वहीं अंग्रेजी पत्रों की संख्या 2453 थी। इस प्रकार नव-निर्माण काल में हिन्दी के पत्रों ने अंग्रेजी के पत्रों को हतप्रभ किया। 1971 ई. में प्रेस रजिस्ट्रार की रिपोर्ट के अनुसार विगत वर्षों की अपेक्षा हिन्दी पत्रों की बिक्री लगभग दो लाख बढ़ी। हिन्दी में दैनिक पत्रों की संख्या सबसे अधिक

थी–222। पत्रिकाओं की संख्या में भी हिन्दी सबसे ऊपर रही–3116। सन् 1971 ई. में प्रकाशित नये पत्रों की संख्या भी हिन्दी में सबसे अधिक बढ़ी। हिन्दी 422, अंग्रेजी 143 और उर्दू 107। इस प्रकार हिन्दी पत्रकारिता में उल्लेख्य प्रगति हुई। सर्वाधिक महत्त्व की बात जो हिन्दी जगत् के लिए गौरववर्द्धक सिद्ध हुई :

''**गर्व की बात :** 1947 से पहले और बाद भी हिन्दी का कोई सम्पादक किसी अंग्रेजी पत्र का सम्पादक बनने की कल्पना नहीं कर सकता था (पत्र मालिक की बात अलग है) स्वतंत्रता प्राप्ति के बाद भी जिन सेठियों ने हिन्दी के पत्र निकाले उनमें वे आवश्यकता पड़ने पर कम चालू अंग्रेजी पत्र के उप सम्पादक को हिन्दी पत्र का सम्पादक बनाने में नहीं हिचकते थे, पर उन्होंने कभी हिन्दी के पत्रकार को अंग्रेजी पत्र का सम्पादक नियुक्त करने का साहस नहीं किया।

1973 में दशा पलटी। लखनऊ से प्रकाशित होनेवाले 'पाइनियर' (अंग्रेजी) और 'स्वतंत्रभारत' (हिन्दी) के प्रकाशकों ने समय पहचाना। उन्होंने आवश्यकता पड़ने पर हिन्दी दैनिक के सम्पादक श्री अशोक जी को हाल में अपने अंग्रेजी पत्र का स्थानापन्न सम्पादक नियुक्त करके पुरानी परिपाटी को तोड़ने का स्तुत्य साहस किया। इस प्रकार का यह प्रथम कदम पत्रकारिता में भाषायी ग्रंथि-रोग को मिटाने में सहायक होगा''[14]

पत्र-पत्रिकाएँ सामाजिक, सांस्कृतिक, आर्थिक चेतना की दैनन्दिनी होती हैं। स्वातन्त्र्योत्तर हिन्दी पत्रकारिता ने मानव-मन में स्वाभिमान, आत्मरक्षा का भाव भरा, जन-जागरण का संदेश प्रसारित किया तथा सुधार, परिष्कार, विकास का कार्य किया। समानता, स्वतंत्रता और भाई-चारे की नींव पर नये भारत के नव-निर्माण की दिशा में पत्र-पत्रिकाओं ने उल्लेख्य भूमिका निभायी। साहित्यिक, सांस्कृतिक अभिरुचि के विकास के साथ ही आर्थिक वैज्ञानिक उन्नति के लिए भारत के पत्रों ने 1947 से 1974 ई. तक जिस समर्पित भावना से चतुर्दिक् सुधार सम्बन्धी कार्यों को सम्पादित किया, वह अविस्मरणीय है।

युगीन भावबोध के साथ ही भाषा-आन्दोलन हिन्दी के पत्र-पत्रिकाओं द्वारा मुखरित हुआ। हिन्दी का आदर्श रूप स्थिर करने, लोकरुचि का परिष्कार करने तथा साहित्य की विविध विधाओं के समुन्नयन में हिन्दी पत्रों का महत्त्वपूर्ण अवदान है। साहित्य डिग्रीधारी प्रबुद्ध वर्ग की वस्तु नहीं है उसका सम्बन्ध जन सामान्य से है, और होना भी चाहिए इस तथ्य को पत्रकारिता ने सुस्पष्ट किया। हिन्दी के साप्ताहिक, पाक्षिक, मासिक पत्रों में रोचक कहानी, मन को बाँधनेवाली कविता और धारावाहिक उपन्यास मिले हैं जिनसे साहित्य की श्री वृद्धि हुई। दैनिक पत्रों के साप्ताहिक संस्करणों ने साहित्यिक गतिविधियों, विकास-प्रक्रिया और गतिशीलता को प्रकट किया। हिन्दी गद्य काल के निबंध, जीवनी, आत्मकथा, यात्रा-वृत्त, गद्यगीत, संस्मरण, रेखाचित्र, रिपोर्ताज, डायरी, आलोचना, समालोचना, समीक्षा,

फीचर, भेंटवार्ता, पत्र-साहित्य आदि विधाओं को पल्लवित-पुष्पित करने में स्वातंत्र्योत्तर पत्र-पत्रिकाओं की महती भूमिका रही है। राजनीतिक षड्यंत्रों, सामाजिक फेर-बदल और वैज्ञानिक उपलब्धियों के बीच नव-निर्माण काल की पत्रकारिता ने साहित्यिक अभिरुचि के विकास का ऐतिहासिक कार्य किया।

भौतिक, बौद्धिक और वैज्ञानिक चेतना को सांस्कृतिक आवरण में सुसज्ज बनाने का प्रशंसनीय कार्य हिन्दी पत्र-पत्रिकाओं द्वारा हुआ। शाश्वत मूल्यों के विकास में हिन्दी पत्रकारिता सदैव अग्रणी रही। नैतिक और धार्मिक मूल्यों की प्रतिष्ठा के लिए ऋषि-मुनियों, संतों से सम्बन्धित प्रसंग, पौराणिक आख्यानों पर आधारित तप, त्याग, उपासना, सेवा-भावना आदि को उजागर कर हिन्दी के पत्रों ने सांस्कृतिक अभिरुचि का विकास किया। लोभ, स्वार्थ, ईर्ष्या, द्वेष से दूर रखकर पाठकों को सत्कर्म हेतु प्रेरित करने की दिशा में हिन्दी के सांस्कृतिक पत्र-पत्रिकाओं की भूमिका उल्लेखनीय थी।

विज्ञान, तकनीक, इलेक्ट्रानिक, कम्प्यूटर ने जन-जीवन में क्रान्तिकारी परिवर्तन उपस्थित किया। हिन्दी के अनेक पत्रों ने वैज्ञानिक अनुसंधानों को जनता तक पहुँचाया और उनके जीवन को उन्नत बनाया। स्वयं पत्रकारिता भी नूतन आविष्कार से प्रभावित हुई और उसका कायाकल्प हुआ। पलक मारते समाचारों को प्राप्त करना, बड़ी मात्रा में पत्रों का अत्यल्प समय में उत्पादन तथा रंग-बिरंगी छपाई से युक्त स्वातंत्र्योत्तर हिन्दी पत्रकारिता समृद्ध हुई। स्वास्थ्य-चिकित्सा, खेल, मनोविनोद, फिल्म, कृषि, उद्योग व्यवसाय से सम्बद्ध हिन्दी पत्रकारिता के चरम उत्कर्ष का भव्य रूप सन् '48 से '74 ई. तक की अवधि में द्रष्टव्य है।

स्वतंत्रता प्राप्ति के पश्चात् राष्ट्र में नई चेतना आयी। सामाजिक, राजनैतिक, धार्मिक जगत् ने अंगड़ाई ली। सुषुप्त कुंठित चेतनाएँ जागरित हुईं जिसने नव-निर्माण हेतु संघर्ष-रत होने की प्रेरणा दी। हिन्दी पत्रों ने भारतवासियों के मन में स्वाभिमान, आत्मरक्षा का भाव, अस्तित्व के लिए उद्‌बोधन और बौद्धिक क्षमता के सम्यक् विकास का भाव भरा। समानता, स्वतंत्रता, भ्रातृत्व, सर्वोदय, सर्वधर्मसमभाव की नींव पर आदर्श राष्ट्र को गढ़ने में पत्रकारिता की अहम भूमिका थी। भारतीय जनमानस में नवोन्मेष, नवजाग्रति और नवनिर्माण के भाव भरकर राष्ट्र के समग्र विकास के लिए समर्पित हिन्दी पत्रों ने संजीवनी बूटी का कार्य किया। नवोदित देश के लिए पत्रकारिता प्राणधारा बन गई।

स्वतंत्रता प्राप्ति के पश्चात् हिन्दी पत्रों ने जहाँ एक ओर बहुमुखी विकास का मार्ग प्रशस्त किया वहीं राष्ट्रभाषा को सर्वाधिक उपयोगी बनाने का सफल प्रयास किया। दैनिक जीवन में बोलचाल के शब्दों के प्रयोग, नवीन शब्दों के निर्माण द्वारा पत्रों ने जनभाषा का शिल्पायन किया। बड़े और जटिल वाक्यों के स्थान पर छोटे और सरल वाक्यों के द्वारा भाषा को स्वाभाविक और बोधगम्य बनाया

गया। कुछ पत्रों ने पूर्णविराम (।) के स्थान पर बिन्दु (.) को अपनाया। रोमन लिपि के अंकों का प्रयोग मुद्रण की सुविधा के लिए किया। कहीं-कहीं व्याकरण के बोझिल बंधन से भी भाषा को मुक्त किया गया। रोचक, सरस और कौतूहलवर्धक शैलियों के प्रयोग से हिन्दी को सुबोध बनाया गया। नवनिर्माण काल में सहज, व्यावहारिक और अलंकार-विहीन गद्य की प्रतिष्ठा हुई। उसमें भावुकतापूर्ण अभिव्यक्ति का स्थान सतेज एवं चुटीली उक्तियों ने ले लिया। इस प्रकार भाषा की सरलता, तरलता, सरसता और स्वाभाविकता तथा शैली में प्रवाह एवं प्रभाव की दृष्टि से हिन्दी को समृद्ध बनाने में पत्र-पत्रिकाओं का योगदान बहुमूल्य सिद्ध हुआ।

निष्कर्ष : हिन्दी पत्रकारिता का स्वर्ण काल

क्रान्ति निर्माण और सुधार की जननी है। सन्'47 के पूर्व जिन पत्रकारों ने क्रान्ति की उन्हीं में इतनी शक्ति थी कि वे भारत के नव-निर्माण में एकजुट हो गए। पत्रकारों ने गौरवपूर्ण अतीत को दिखलाकर सोए हुए राष्ट्र के मूर्च्छित चरित्र को नये ओज, नये पौरुष नूतन स्वाभिमान से ओतप्रोत किया जिसके परिणामस्वरूप अपना देश आदर्शों से मंडित, भविष्यद्रष्टा के रूप में सुप्रतिष्ठित हुआ। विश्व में शांति और अभ्युदय के मंच पर भारत को अवतरित कराने में हिन्दी पत्रकारों की अविस्मरणीय भूमिका थी। कलम और क्रान्ति के पुजारी स्वतंत्रता के पश्चात् सद्भाव, सद्विवेक, सद् विचार के मानदण्ड बन गए। उनकी पत्रकारिता की अनिवार्य शर्त यही रही कि राष्ट्र-सेवा हेतु समाज का सशक्त और सजीव अंकन हो। स्वातन्त्र्योत्तर हिन्दी पत्रकारिता-जगत् में ऐसे कर्मठ, तेजस्वी और संकल्पी सम्पादक हुए जिनका चरित्र झंझावातों और थपेड़ों के आने पर भी मलिन नहीं हुआ। शताब्दियों से शोषित एवं पीड़ितों के उत्थान की कामनावाले पत्रकारों ने मानव समाज के समग्र विकास और सामूहिक कल्याण की चर्चा की। सन् 1948 से 1974 के मध्य स्वाभिमान, स्वराष्ट्रोत्थान और सर्वोदय की त्रिवेणी बहानेवाले पत्रकारों में बाबूराव विष्णु पराड़कर, अम्बिका प्रसाद वाजपेयी, विजय सिंह 'पथिक' लक्ष्मणनारायण गर्दे, बदरीदत्त पाण्डेय, रूपनारायण पाण्डेय, पं. सुन्दरलाल, देवीदत्त शुक्ल पाण्डेय, बेचन शर्मा 'उग्र', पं. माखनलाल चतुर्वेदी, झाबरमल्ल शर्मा, प्रो. इन्द्रविद्यावाचस्पति, देवदास गांधी, वेंकटेशनारायण तिवारी, हरिभाऊ उपाध्याय, हनुमान प्रसाद पोद्दार, शिवपूजन सहाय, दुलारे लाल भार्गव, सत्यदेव विद्यालंकार, बनारसी दास चतुर्वेदी, पदुमलाल पुन्नालाल बख्शी, रामचन्द्र शर्मा 'महारथी', रामवृक्ष 'बेनीपुरी', डा. सम्पूर्णानन्द, पं. कमलापति त्रिपाठी, कन्हैयालाल मिश्र 'प्रभाकर', 'अज्ञेय', मोहन राकेश, डॉ. नगेन्द्र, डॉ. विद्यानिवास मिश्र, हरिशंकर परसाई, श्री नारायण चतुर्वेदी, मुकुट विहारी वर्मा, बांके बिहारी भटनागर, अक्षय कुमार जैन,

रतनलाल जोशी, कालिका प्रसाद दीक्षित 'कुसुमाकर', रामनारायण चौधरी, अशोक जी, योगीन्द्रपति त्रिपाठी, श्री प्रकाश, रामकृष्ण रघुनाथ खाडिलकर, मुकुन्दी लाल श्रीवास्तव, दिनेश दत्त झा, वेंकटलाल ओझा, सोहनलाल द्विवेदी, वियोगी हरि, क्षेमचन्द्र 'सुमन', कृष्णदत्त पालीवाल थे। इन पत्रकारों के व्यक्तित्व में विद्वत्ता और सरसता, पांडित्य और विदग्धता, गम्भीरता और विनोदमयता थी। वे वैचारिक धरातल पर पूर्णतः परिवक्व थे। उनमें 'हीरोपन' और 'ग्लैमर' नहीं था। वे जन-कल्याण के प्रति कटिबद्ध थे। वे निस्पृह थे, 'स्व' के स्थान पर 'सर्व' के प्रति समर्पित थे। नव-निर्माण की दिशा में आगे बढ़नेवाले पत्रकारों में सामान्य जनता के प्रति सहानुभूति थी, उनमें दर्द था, अनुराग था। पत्रकारों ने धन और भोग-विलास को ताक पर रखकर समाज की सच्चाई प्रकट की। उनकी अभिव्यक्ति इतनी प्रौढ़ और प्रभावकारी थी कि सबके दिल और दिमाग पर गहरा असर हुआ। उन लोगों ने फांका, नग्नता और आर्थिक पराधीनता को प्रस्तुत करने के लिए कभी अश्लीलता का सहारा नहीं लिया। राष्ट्रीय जीवन की आशा-निराशा, मोह-मोह-भंग, सफलता-असफलता से गुजरते हुए हिन्दी पत्रकारों ने अपनी आवाज और प्रतिष्ठा अर्जित की।

स्वाधीन होते ही प्रबुद्ध पत्रकारों ने इस तथ्य पर चिन्तन मनन किया कि 'वार्तामूलोह्ययं लोकः' अर्थात् इस संसार में जीवन का मूल 'वार्ता' है। 'वार्ता' के सहारे ही मानव सुख पाता है। यह 'वार्ता' है क्या ? 'कृषिपशुपाल्येवाणिज्या च वार्ता', मन्तव्य यह कि कृषि पशुपालन एवं वाणिज्य इन तीनों की सूचना ही 'वार्ता' है। देखा जाय, तो स्पष्ट होगा कि 1948 से '74 तक भारत में कृषि के क्षेत्र में हरित क्रान्ति, पशुपालन के क्षेत्र में श्वेत क्रान्ति, लघु कुटीर उद्योग एवं बड़े कल-कारखाने के सम्बन्ध में उपयोगी वार्ता को प्रसारित कर पत्रकारों ने समृद्ध भारत को विश्व मंच पर प्रतिष्ठित किया। राजनीतिक, सामााजिक, सांस्कृतिक आर्थिक, औद्योगिक और वैज्ञानिक उपलब्धियों के साथ हिन्दी पत्रकारिता ने अनुभूति के नये आयामों को उद्घाटित किया। समाज-सेवा, सर्वधर्म समभाव, लोक-नीति भूदान-ग्रामदान, ग्राम-स्वराज्य, खादी-ग्रामोद्योग, गांधी-विनोबा, नेहरू-जयप्रकाश से संदर्भित अनेक पत्रों ने राष्ट्र को समग्र विकास की दिशा में अग्रसर करने हेतु स्वस्थ व्यवस्था की कामना की। उस समय के पत्रों ने राजनीति को कभी व्यक्तिगत नहीं बनने दिया और घटनाओं को सनसनीखेज नहीं बनाया। अतिवादी विचारों से जुड़े कुछ पत्र उस समय अवश्य थे। हमें जानना चाहिए कि अतिवादी विचारों में भी कुछ न कुछ महत्त्वपूर्ण और बुद्धि-संगत बातें होती हैं क्योंकि जब कोई व्यक्ति किसी दृष्टिकोण के प्रति समर्पित होता है तो उसमें भी सार्वजनिक हित के प्रति चिन्ता प्रकट होती है। नव-निर्माण काल के पत्र समय, सत्ता और संघर्ष की समझवाले थे। सरकार की हाँ में हाँ न मिलाकर पत्रों ने

विरोध, आलोचना, निन्दा, भर्त्सना के स्वर को मुखरित किया। सत्ताधारी के कोप का शिकार बनकर कुछ पत्रों ने सरकार की विकृतियों का पर्दाफाश किया, स्वस्थ समाज के निर्माण में वे आगे रहे। अधकचरे, महत्त्वाकांक्षी, दृष्टिहीन समाजसेवियों को सत्य पथ पर लाने का कार्य निर्भीक पत्र-पत्रिकाओं ने किया। नये संकल्प, नयी प्रौढ़ दृष्टि के कारण हिन्दी पत्रकारिता शक्ति संचय की नयी विधा बन गयी। इस काल-खंड के सम्पादक स्वस्थ जीवन दृष्टि से सम्पन्न थे। वे प्रलोभन या भय से डिगे नहीं। राजकीय सम्मान से दूर रहकर सम्पादकों ने न तो 'स्वान्तः सुखाय' और न तो 'स्वामिनः सुखाय' वरन् 'लोक हिताय' का मार्ग अपनाया। वे जीवन के, धरती के, जनता के, श्रम के और न्याय के पत्रकार थे। उन्होंने अपने समय के हर्ष-अमर्ष, राग-विराग, आशा-उत्साह, प्रगति-निर्माण के स्वर को मुखरित किया।

हिन्दी पत्रों की भाषा में कसावट, स्फटिक तुल्य पारदर्शिता एवं तर्कसंगत विचारगुंफन थी। कम से कम शब्दों में अधिकाधिक अर्थबोध कराने की प्रवृत्ति से भाषा की व्यंजना शक्ति बढ़ी। हिन्दी शब्दों को नई अर्थवत्ता दी गई। नव-निर्माण काल की पत्रकारिता ने हिन्दी के स्वरूप को सुस्थिर किया, उसमें समरसता, प्रांजलता, गाम्भीर्य, व्यंजन प्रवणता तथा अभिव्यक्ति क्षमता भर दी। भाषा सर्वत्र विषयानुकूल रही। हिन्दी को परिष्कृत, परिमार्जित और व्यापक बनाने में परिपक्व पत्रकारों की महती भूमिका थी। पत्रों में ज्ञान का आलोक, चिन्तन की गहराई और भावोद्रेक की तरलता एक साथ लक्षित हुई। नव-निर्माण काल के हिन्दी गद्य में पाण्डित्य और चिन्तन के साथ ही सहजता और सरसता का अद्‌भुत समन्वय था। प्रभावग्राहिणी प्रज्ञा और भावोच्छ्‌वसित शैली में पत्रकारों के व्यक्तित्व की दृढ़ता, विचारों की सत्यता, अन्याय के प्रति आक्रोश, सहृदयता, उदारता और मानवीय करुणा की झलक उल्लेख्य है। यथार्थ जीवन की अनुभूतियों से पत्रों में कभी-कभी कविता का सौंदर्य दीख पड़ा। नये मुहावरों, नयी लोकोक्तियों, नयी सूक्तियों से हिन्दी को समृद्ध बनाने में पत्र अविस्मरणीय रहे हैं। उनमें शब्द-निर्माण के साथ जगह-जगह पर शब्द-चमत्कार प्रदर्शन की क्षमता थी। वार्तालाप में विदग्धता, परिस्थिति के चित्रण में नाटकीयता और वाक्य-विन्यास में विविधता के कारण हिन्दी पत्र आकर्षक थे।

पराधीनता की समाप्ति के साथ ही हिन्दी पत्र-पत्रिकाओं ने नयी यथार्थ चेतना, नयी ताजगी, नये लक्ष्य की सिद्धि हेतु नया संकल्पवान जन-मानस तैयार किया। इसी समय अधिक व्यापक, अधिक सार्थक और विधायक हिन्दी पत्रकारिता पनपी। हिन्दी के राष्ट्रभाषा हो जाने के कारण पूँजीपति, नेता और पत्रकार हिन्दी में पत्र निकालने की होड़ करने लगे। प्रतिष्ठित अंग्रेजी पत्रों के हिन्दी संस्करण निकलने लगे। हिन्दी पत्र-पत्रिकाओं की संख्या अप्रत्याशित रूप में बढ़ गयी। सन्

1965 में हिन्दी भाषी पूज्य लाल बहादुर शास्त्री ने पाकिस्तानी आक्रमण का मुँहतोड़ जवाब दिया तो अंग्रेजीदाँ की पत्रकारिता हिन्दी पत्रकारिता के सम्मुख हतप्रभ हुई। हिन्दी पत्रकारिता ने शानदार विकास यात्रा पूरी की। अंग्रेजी पत्रकारिता 'स्कूप' के सहारे रेंगती रही जबकि हिन्दी पत्रकारिता का 'स्कोप' बहुमुखी था। राजनीतिक-सामाजिक आचरण के मूलभूत सिद्धान्तों के विवेचन, भाषा, साहित्य और संस्कृति से आत्मीय भाव-स्थापन, ज्ञान-विज्ञान, मानवीय संवेदना के नूतन आयामों के उद्घाटन में हिन्दी पत्रकारिता अग्रगण्य थी। नयी प्रेरणा, नये बोध, नये तेवर, नये कलेवर में नित-नूतन स्तम्भों वाले पत्र हिन्दीजगत् में पाठकों के कंठहार बन गए।

वस्तुतः बहुविध रस गंध से प्रभावित हिन्दी पत्रकारिता विषय-वस्तु, शिल्प और दृष्टिबोध के कारण विस्तृत आयामी हुई। लोक जीवन की सम्पृक्तता, राष्ट्र-निर्माण की मुखर चेतना एवं सांस्कृतिक परम्परा के दाय के वहन की दृष्टि से नव-निर्माण काल की हिन्दी पत्रकारिता उत्कृष्ट सिद्ध हुई। घर्षण, छेदन, ताप-ताड़न की विविध स्थितियों से गुजरकर स्वर्ण दीप्तिमान होता है, ऐसे ही उद्बोधन, जागरण, एवं क्रान्ति की विकट परिस्थितियों की चुनौती को सहकर हिन्दी पत्रकारिता गौरवदीप्त हुई। अतः सन् '48 से '74 तक के काल-खण्ड को हिन्दी पत्रकारिता का स्वर्ण काल कहा जा सकता है। क्रान्ति काल के समर्पित सम्पादकों ने समाज-सेवा, राष्ट्र-रचना, एवं भारतवर्षोन्नति के पावन लक्ष्य से प्रेरित हो बुद्धि-सागर का मंथन कर रचनात्मक भावों का नवनीत प्रदान किया जो हिन्दी पत्रकारिता की शाश्वत विभूति है। अडिग दृढ़ता, सेवा-भाव, बौद्धिकता, और मनोवैज्ञानिक निगूढ़ता से सम्पन्न पत्रकार नव-निर्माण के अपराजेय सैनिक बने। उन्होंने हिन्दी पत्र-जगत् को सशक्त बनाया, उसे सामाजिक सम्बन्धों, विसंगतियों एवं आंतरिक द्वन्द्वों को व्यक्त करने में सक्षम बनाया, नवीन कलात्मक विधाओं का विकास किया और सब मिलाकर उसे राष्ट्रीय गरिमा प्रदान की। मांगलिक दृष्टि, सांस्कृतिक चेतना और लोक सम्पृक्ति से परिपूर्ण हिन्दी के पत्र कथ्य और शिल्प दोनों दृष्टियों से समुन्नत थे। कारयित्री प्रतिभा, परिष्कृत भाषा और मनोहारी शैली ही नहीं बल्कि राजनीतिक, सामाजिक, सांस्कृतिक और साहित्यिक उत्कर्ष से परिपूर्ण हिन्दी पत्रकारिता के इस काल को स्वर्ण काल कहना प्रखर, तपःपूत पत्रकारों के प्रति कृतज्ञता ज्ञापित करना है। असीमित वर्ण्य विषयों को समेटे हिन्दी पत्रकारिता ने राष्ट्रोत्थान के स्थूल और सूक्ष्म सभी संदर्भों को अपने पारस स्पर्श से शुभद सुखद स्वर्ण बना दिया। पत्रकारिता के नव्य भव्य रूप को देखकर लेखक ने तुकबंदी की :

युग क्रान्ति कसौटी पर कंचन सा दीप्तिमान
स्वाधीन देश को मंगल-गीत सुनाते थे।

जड़ता, तन्द्रा, नैराश्य तमस को कर विदीर्ण
स्वर्णिम प्रभात हित पत्र प्रभाती गाते थे।
परवाह नहीं करते किंचित् सुख-सुविधा की
कर्त्तव्य बुद्धि से सृजन मार्ग दिखलाते थे।
हर भारतीय को देते थे नित सम्बल जो
वे पत्रकार औ पत्र सराहे जाते थे।।

वास्तव में नव-निर्माण काल हिन्दी पत्रकारिता जगत् में अपना विशिष्ट महत्त्व रखता है। इस काल में ओजस्वी, तेजस्वी, आदर्श पत्रकारों की एक लम्बी शृंखला थी जिनसे तर्कप्रधान विश्लेषण, और आत्मविश्वास की गरिमा से युक्त रचनाधर्मी अनेक पत्र सम्पादित हुए, जिसके द्वारा पाठकों को नयी भाव-भूमि पर प्रतिष्ठित किया गया। ऐसे स्तुत्य पत्रकारों को यदि हिन्दीजगत् से निकाल दिया जाय तो पत्रजगत् अस्तित्वहीन हो जाएगा।

अतः असंदिग्ध रूप से हिन्दी पत्रकारिता के इतिहास में नव-निर्माण काल 'स्वर्ण काल' के विशेषण से विभूषित करने योग्य है जिसमें दैनिकों, साप्ताहिकों, पाक्षिकों एवं मासिक पत्रों का अपूर्व वैभव था। जीवन में वरेण्य मूल्यों के विकास हेतु सर्वश्री कृष्णचन्द्र अग्रवाल, आनन्द जैन, डोरीलाल अग्रवाल, डॉ. भगवानदास अरोड़ा, बालेश्वर प्रसाद अग्रवाल, महावीर अधिकारी, राजेन्द्र अवस्थी, रमेशचन्द्र चौधरी, अरिगपुड़ि, गणेश दत्त शर्मा 'इन्द्र', गणेश मंत्री, कमलेश्वर, गंगाशरण सिंह, शिव कुमार गोयल, प्रेमनाथ चतुर्वेदी, चन्दूलाल चंद्राकर, चन्द्रगुप्त विद्यालंकार, लाला जगतनारायण, कर्पूरचन्द्र 'कुलिश', मनोहर श्याम जोशी, के. एम. मुंशी, रामानन्द दोषी, प्रभाष जोशी, कन्हैयालाल नन्दन, राहुल बारपुते, शरद जोशी, माणिकचन्द्र बोंद्रिया, श्री दत्त भारद्वाज, रघुवीर सहाय, लल्लन प्रसाद व्यास, सीताराम चतुर्वेदी, लक्ष्मीशंकर व्यास, चन्द्र कुमार, विद्याभास्कर, सत्येन्द्र कुमार गुप्त, जगदीश प्रसाद चतुर्वेदी, ईश्वरचन्द्र सिन्हा, ठाकुर प्रसाद सिंह, डॉ. वेद प्रताप वैदिक, वचनेश त्रिपाठी, काशी नाथ त्रिवेदी, भानुप्रताप शुक्ल, जयप्रकाश भारती, आर. के. करंजिया, हीराप्रसाद चतुर्वेदी, पूर्णचन्द्र गुप्त, नरेन्द्र मोहन, डॉ. धर्मवीर भारती सदृश सैकड़ों ख्यातिलब्ध पत्रकारों की साधना थी जिनकी पत्रकारिता ने सुरुचिपूर्ण संस्कार विकसित किया, नैतिक चरित्र निर्माण की प्रेरणा दी तथा पाठकों को महान् भारत के निर्माण के लिए उत्प्रेरित किया। सारांश यह है कि जन-सेवा, सुधार, नवोन्मेष, कलात्मक अभिरुचि के साथ ज्ञान-विस्तार की दिशा में सन् '48 से '74 तक की हिन्दी पत्रकारिता अपना शीर्षस्थ स्थान प्राप्त कर चुकी है।

संदर्भ

1. श्री लक्ष्मीशंकर व्यास : सम्पादक पराड़कर, पृ. 363
2. डॉ. रघुवंशी : भारतीय सांवैधानिक तथा राष्ट्रीय विकास, पृ. 242-43
3. वही
4. 'आज' : सम्पादकीय लेख, 19 अप्रैल 1941 ई.
5. पंडित बाबूराव विष्णु पराड़कर : 'आज', 15 अगस्त 1947 का सम्पादकीय लेख
6. वही
7. 'आज' स्वतंत्रता विशेषांक : 15 अगस्त 1948 ई.
8. 'आज' का तीसवाँ वार्षिकोत्सव विशेषांक 1950 ई.
9. पं. बाबूराव विष्णु पराड़कर : 'आज', 1 जुलाई 1952 का सम्पादकीय लेख
10. 'साप्ताहिक हिन्दुस्तान' : 13 जून 1954 ई.
11. 'साप्ताहिक हिन्दुस्तान' : 12 जनवरी 1964 ई.
12. किशोरलाल घ. मशरुवाला : गांधी विचार-दोहन, पृ. 216
13. महात्मा गांधी : आत्मकथा पृ. 248
14. लोकराज : 16 जून 1973 का अंक

सप्तम अध्याय

वर्तमान काल (1975 ई. से...)

सन् 1973 से '75 तक पूरे भारत में सत्याग्रह, घेराव, बंद और हड़ताल का सिलसिला था। इलाहाबाद उच्च न्यायालय ने स्व. राजनारायण के पक्ष में निर्णय दिया। आपात्काल और सेंसर लागू होने पर प्रबुद्ध पत्रकारों की तीखी प्रतिक्रिया हुई। श्री कुलदीप नैयर ने 'रविवार' को एक भेंट में बतलाया कि इमर्जेंसी की कहानी 'एक अंधी सुरंग की यात्रा की कहानी' है। 23-29 जून '85 के 'रविवार' में प्रकाशित उनके वक्तव्य से तत्कालीन परिस्थितियों की जानकारी प्राप्त की जा सकती है। उन्होंने बतलाया कि इमर्जेंसी लागू करने का तरीका बहुत ही भोंड़ा था। पंजाब में पुलिस ने अखबारों के छापाखानों पर कब्जा कर लिया और 25 जून की रात को छपे हुए अंक की सभी प्रतियाँ जब्त कर लीं। दिल्ली में समाचारपत्रों के दफ्तरों की बिजली काट दी गई, एक गैर सरकारी सूत्र ने बतलाया कि निकट भविष्य में बिजली आने की सम्भावना नहीं है। दूसरे स्थानों पर भी इस या उस बहाने से अखबारों को छपने से रोका गया। दिल्ली के प्रेस सूचना कार्यालय में प्रेस सेंसरशिप की आनन-फानन में व्यवस्था कर दी गयी और जन सम्पर्क अधिकारी पलक झपते ही सेंसर अधिकारी बन बैठे। श्री नैयर ने आगे बतलाया कि सभी पार्टियों के लोगों को गिरफ्तार किया गया–दक्षिणपंथी जनसंघ से लेकर वामपंथी सी. पी. एम. तक सिर्फ एक ही विरोधी दल इस प्रसाद से बचा रहा और वह मास्कोपंथी सी. पी. आई.। वह कांग्रेस का साथ दे रही थी, जब जे. पी. को गिरफ्तार किया गया तो उनकी प्रतिक्रिया थी–'विनाशकाले विपरीत बुद्धिः'। प्रेस का गला घोंट दिया गया जिससे अधिकृत सूचनाओं के अभाव में अफवाहों का बाजार गरम हो गया। सन्नाटे के इस माहौल में मनमानी गिरफ्तारियों का सिलसिला अबाध गति से चलता रहा। असहमति व्यक्त करने की कहीं कोई गुंजाइश नहीं रही। लोकतांत्रिक मूल्यों का सर्वग्रासी क्षय होने लगा। प्रशासन ने जब भी अनावश्यक

सख्ती दिखायी, किसी ने उसके खिलाफ कोई कार्रवाई नहीं की। एक तरह से पूरा राष्ट्र स्तब्ध था और लोग समझ नहीं पा रहे थे कि सरकार और उसके अधिकारी जो कुछ कर रहे हैं उसके कारण देश किधर जा रहा है।

इमर्जेंसी और सेंसर से पत्र-जगत् पीड़ित हुआ। पत्र-पत्रिकाओं की तेजस्विता पर सहसा वज्रपात से गोस्वामी तुलसीदास की उक्ति 'लिखत सुधाकर लिखिगा राहू' की याद ताजी हो आयी। अधिकांश पत्रकारों ने इसकी सराहना नहीं की। पत्र-जगत् में मातम छा गया। जयप्रकाश नारायण और उनकी सम्पूर्ण क्रान्ति के प्रति निष्ठावान पत्रकारों में बेबसी, मानसिक आघात एवं संज्ञाशून्यता दृष्टिगोचर हुई। आपातकाल में 'पी. टी. आई.', 'यू. एन. आई.', 'हिन्दुस्तान-समाचार' और 'समाचार भारती'–इन चार समाचार एजेन्सियों को एक में विलीन कर दिया गया। 'स्टेट्समैन' ने अपने 7 अप्रैल 1977 के अंक में उन 81 पत्रों की सूची प्रकाशित की जिन्हें सरकार ने विज्ञापन देना बन्द कर दिया। सेंसर के विरोध में लिखनेवाले अनेक पत्रकारों को जेल की हवा खानी पड़ी। ऐसी स्थिति में बुद्धिजीवी गुनगुना उठे :

दफ्ना के हकीकत को वो और परेशाँ हैं।
मसले हुए फूलों की फैली हुई खुशबू है।

28 मार्च 1979 के समाचार पत्र रजिस्ट्रार की रिपोर्ट के अनुसार आपात् स्थिति के दौरान पौने तीन हजार पत्रों के घोषणा पत्र को रद्द कर दिया गया। दैनिक पत्रों की कुल बिक्री संख्या 45 हजार कम हो गयी। नियतकालिक छोटे पत्रों की बिक्री संख्या साढ़े सात लाख कम हो गयी।

आपात्काल और पत्र

25 जून 1975 ई. में आपात्काल तथा प्रेस सेंसर लागू हुआ तो उसके समर्थन में श्री डी. आर. गोयल का लेख हिन्दी के प्रायः सभी दैनिकों में छपा जिसका कुछ अंश द्रष्टव्य है :

"यह कदम इसलिए उठाया गया है कि समाचारपत्रों में बढ़ती हुई गैर-जिम्मेदारी की प्रवृत्ति को रोका जा सके। सेंसर द्वारा प्रेस को हमेशा अनुशासित करना न तो संभव है और न ही अच्छा समझा जाता है। अनुशासन सामान्य विधान से ही बने तो अच्छा समझा जाता है।

"... देश में शायद ही ऐसा व्यक्ति होगा जिसने इमरजेंसी और पाबंदी का स्वागत न किया हो। समूची जनता ने इन कदमों को सराहा है और आचार्य विनोबा भावे के शब्दों में यह अनुशासन पर्व है। इमरजेंसी लागू होने के पहले कुछ विरोधी व्यक्तियों और दलों ने ऐसी उच्छृंखलता का प्रदर्शन किया कि प्रायः नागरिकों के सामने यह गम्भीर रूप लेकर उठ खड़ा हुआ था कि क्या देश में लोकतंत्र जीवित रह सकेगा ?...

"सेंसरशिप लागू होने से पहले हमारी अनेक पत्र-पत्रिकाएँ बेलगाम घोड़े की तरह व्यवहार कर रही थीं। खतरा था कि यदि इसे रोका न गया तो लोकतंत्र और शांति-व्यवस्था की गाड़ी चूर-चूर हो जायगी।

"बड़े कहलानेवाले समाचारपत्रों ने जनता की आवश्यकताओं, आकांक्षाओं और विचारों को कम प्रतिबिम्बित किया और निहित स्वार्थों को अधिक। बार-बार यह भी सामने आया विशेषकर चुनावों के समय 'कि इनमें जो कुछ छपता है' उसका हकीकत से कोई संबंध नहीं।.... अपनी बातों को चटपटी और मसालेदार बनाने के लिए इन्होंने राजनीतिक नेताओं पर कीचड़ उछालना शुरू किया, अश्लील चित्रों और अफवाहों का सहारा लेने लगे।.... एक पत्र ने तो अपने संपादकीय में यहाँ तक लिख दिया कि गांधी जी की हत्या में नेहरू जी का स्वार्थ था और ललितनारायण मिश्र की हत्या में इंदिरा गांधी का। भ्रष्टाचार के नाम पर तो जिसको चाहे लपेट लिया जाता था। इस सबसे जनता का मनोबल गिरता था और राष्ट्र की शक्ति क्षीण होती थी। समाज में कुंठा और अनास्था फैले तो सामाजिक जीवन में अव्यवस्था आती ही है।[1]

सेंसरशिप की वकालत जितनी भी की जाय परन्तु 'इंडियन एक्सप्रेस' के स्वत्वाधिकारी श्री रामनाथ गोयनका का मत है कि मेरे संस्थान द्वारा 'एवरीमैन' और 'प्रजानीति' का प्रकाशन जयप्रकाश बाबू की समग्र क्रान्ति के समर्थन में किया गया। फलतः इन्दिरा सरकार का कोपभाजन बनना पड़ा।

श्री गोयनका के अनुसार टैक्स के बहाने प्रेस और एयर कण्डिशनिंग प्लांट को क्रमशः सील और नीलाम किया गया परन्तु अदालत ने कार्रवाई रोक देने का आदेश दे दिया। "मगर फिर भी हम बच गये। सत्य और न्याय की विजय में हमारी आस्था थी और उसकी जीत हुई। सचमुच, श्री जयप्रकाश नारायण के रूप में भगवान् का अवतार हुआ है। गीता में कहा गया है, यदा-यदा हि धर्मस्य ग्लानिर्भवति भारत... सो जयप्रकाश जी के नेतृत्व में जनता ने विजय प्राप्त की। 'परित्राणाय साधूनां विनाशाय च दुष्कृताम्'... ।"[2]

इमरजेंसी लागू होने पर क्या हुआ, इसकी एक बात देखें : "... इमरजेंसी के पहले तीन दिनों तक जब अखबारों की बिजली कटी रही और कोई अखबार नहीं निकल सका, तब पत्रकार हतबुद्धि बने रहे, मगर धीरे-धीरे उन्हें अपना स्थान चुनना पड़ा—या तो पूरी तरह सिर झुका दो और सिर बचा लो, या प्रतिरोध का कोई रास्ता खोजो। श्री कुलदीप नैयर ने दूसरी राह अपनायी।"

श्री कुलदीप नैयर ने एक पत्र श्रीमती इंदिरा गांधी के पास 21 जुलाई को लिखा :

"आप कैसे समाज का निर्माण करना चाहती हैं ? निश्चय ही तानाशाही समाज नहीं। मगर प्रेस सेंसरशिप से तानाशाही समाज ही पैदा हो सकता है :

सच्चाई दबी रहेगी। सरकार स्वयं भी सत्य नहीं जान पायेगी और भ्रमों का शिकार बनी रहेगी।"[3]

सही सुझाव देने का परिणाम यह हुआ कि श्री नैयर 25 जुलाई को गिरफ्तार कर लिये गये। दमन-राज में खामोशी भरी आलोचना की आवाज बड़ी बुलन्द होती है–वह प्रत्येक व्यक्ति को सुनाई देती है और दिल के अंदर आग बन जाती है। आपातकाल में सेंसरशिप का यही नतीजा हुआ।

राजनीतिक परिवेश

केन्द्र में कांग्रेस सरकार का अपदस्थ होना, मोरार जी देसाई द्वारा भारत के प्रधानमंत्री के रूप में शपथ-ग्रहण (24 मार्च '77) और प्रेस की स्वतंत्रता ने जन-मानस को प्रभावित किया। 45 वाँ संविधान संशोधन विधेयक ('78), सातवीं लोकसभा भंग एवं मध्यावधि चुनाव की घोषणा ('79), राष्ट्रपति द्वारा आरक्षण विधेयक की स्वीकृति ('80), भारतीय उपग्रह रोहिणी का अंतरिक्ष में प्रस्थापन ('80), नवीन बीस सूत्री कार्यक्रम की घोषणा ('82), प्रधानमंत्री श्रीमती इन्दिरा गांधी की हत्या ('84), दल-बदल विधेयक ('85), श्री विश्वनाथ प्रताप सिंह द्वारा प्रधानमंत्री पद का शपथ ग्रहण (2 दिसम्बर '89), राष्ट्रीय मोर्चा सरकार द्वारा समयबद्ध कार्यक्रम की घोषणा, कश्मीर घाटी अशांत क्षेत्र घोषित, उप प्रधान मंत्री श्री देवीलाल मंत्रिपरिषद से निष्कासित, 27% आरक्षण की घोषणा, बृहद् किसान रैली, प्रसार भारती विधेयक लोक सभा द्वारा पारित, जनता दल सरकार का पतन, राम मंदिर तथा बाबरी मस्जिद सम्बन्धी विवाद, विश्वनाथ प्रताप सिंह का त्याग पत्र, श्री चन्द्रशेखर आठवें प्रधानमंत्री, राजीव गांधी की हत्या, श्री पी. वी. नरसिंहाराव का प्रधानमंत्री पद पर प्रतिष्ठित होना–ये सभी कुछ ऐसी महत्त्वपूर्ण बातें हैं जिनके कारण वैचारिक उथल-पुथल और मूल्य संक्रमण की स्थिति से हिन्दी के पत्र-पत्रकार प्रभावित हुए। आज सत्यनिष्ठ पत्रकार स्वीकार करता है कि अपनी अनेक त्रुटियों के बावजूद भारत एक ऐसे राष्ट्र के रूप में उभरा है जो विश्व के सर्वोच्च दस औद्योगिक देशों में एक, सैनिक दृष्टि से प्रथम पाँच देशों में एक, उच्चकोटि के तकनीकी तथा वैज्ञानिक शक्ति में तृतीय बड़ा देश, अन्तरिक्ष अनुसंधान, हवाई विज्ञान के क्षेत्र में असंदिग्ध रूप से प्रथम पंक्ति के देशों में गिना जाता है। इन उपलब्धियों के साथ ही हिन्दी पत्रकारिता जनता मार्च, जनता पार्टी, जनमोर्चा, वाममोर्चा, राष्ट्रीय मोर्चा, जनता दल, भाजपा के क्रिया-कलाप, बोफोर्स-फेयर फैक्स, इंदिरा-राजीव-हत्या, भोपाल गैस कांड, अपहरण और आतंक के क्रम, मध्यावधि चुनावों के क्रम, मंडल-कमंडल, खाड़ी संकट और महँगाई की मार से संश्लिष्ट रही है।

आज हिन्दी पत्रकारिता का विषय क्षेत्र अत्यंत विकसित और व्यापक है,

दैनिक, सांध्य दैनिक, अर्द्ध साप्ताहिक, साप्ताहिक, पाक्षिक, त्रिसाप्ताहिक, मासिक, द्वैमासिक, चतुर्मासिक, अर्द्धवार्षिक, वार्षिक और अनियतकालीन पत्र-पत्रिकाएँ भारत के कोने-कोने से प्रकाशित हो रही हैं। जन रुचि एवं सामयिक विषयों से सम्बद्ध पत्र-पत्रिकाएँ पाठकों की सेवा में लगी हुई हैं। बहुसंख्यक ऐसी पत्र-पत्रिकाएँ हैं जो विशिष्ट विषयों से सम्बन्धित हैं और अद्यतन शोध कार्यों पर आधारित हैं। राजनीति, इतिहास, पुरातत्त्व, संस्कृति, धर्म, दर्शन, शिक्षा, शोध, साहित्य, भाषा, स्वास्थ्य, विज्ञान, तकनीक, भूगोल, ज्योतिष, कृषि, कुटीर उद्योग, श्रम, मनोरंजन, हरित एवं श्वेत क्रान्ति, मनोविज्ञान, कामशास्त्र, पुस्तकालय विज्ञान, अर्थशास्त्र, कला, संगीत, चलचित्र, दूरदर्शन, आकाशवाणी आदि से सम्बद्ध पत्र-पत्रिकाएँ प्रकाशित हो रही हैं। अनेक राजनैतिक दलों, सामाजिक संस्थाओं, सांस्कृतिक प्रतिष्ठानों, धार्मिक सम्प्रदायों, व्यापार मंडलों, केन्द्रीय तथा प्रादेशिक सरकारों, शिक्षण-संस्थानों, एवं विविध वर्ग-वर्ण द्वारा उनकी नीति एवं क्रिया-कलाप से सम्बन्धित पत्र-पत्रिकाएँ पाठकों को प्रबुद्ध कर रही हैं।

किसी भारतीय में कोई धड़कन पैदा होती है, तो तत्काल ही पत्रों द्वारा वह धड़कन हजारों, लाखों दिलों की धड़कन हो जाती है। सामान्य जन के लिए यह तय कर पाना मुश्किल है कि समाज में कौन नायक है, कौन खलनायक, कौन शत्रु, कौन मित्र, कौन नैतिक और कौन अनैतिक ? इन प्रश्नों का सम्यक् उत्तर आज पत्र ही दे सकते हैं और दे रहे हैं। किसी भी समस्या की तह तक पहुँचने वाले आज के पत्र हैं जो अपने पैनेपन और विस्तार, ताजगी और गहराई के साथ पाठकों को प्रबुद्ध बना रहे हैं। पत्रों की प्रतिबद्धता लोकमंगल के प्रति है। उनका मानव-जीवन से गहरा सरोकार है, वे मानव-गरिमा के प्रति निष्ठावान हैं। समसामयिक संदर्भ के साथ विचार-मथित नवनीत स्वरूप प्रेरक वार्ता प्रकाशित कर पत्र लोकतंत्र के प्रहरी बने हुए हैं।

सफलता उन्हीं को प्राप्त होती है जिनकी बुद्धि व्यवसायात्मिका होती है। 'गीता' में कहा गया है कि 'व्यवसायात्मिका बुद्धि एकेः कुरुनन्दनः' (हे कुरुनन्दन निश्चयात्मिका बुद्धि एक ही होती है) निश्चित लक्ष्य को लेकर अपनी ऊर्जा के अनुरूप जब व्यक्ति किसी कार्य हेतु प्रयास करता है, उसमें अपने को खपा देता है तो सुनिश्चित ही उसे सफलता मिलती है। आज पत्रकार अपनी पूरी निष्ठा, चेष्टा, धैर्य, संकल्प के साथ पत्र-जगत् की सेवा कर रहा है फलतः पत्रकारिता बहुआयामी हो चली है। एक उद्यमी की भांति पत्रकार दूरदर्शी, उत्साही, विश्वसनीय, दृढ़प्रतिज्ञ, बात का धनी बनकर पत्र प्रकाशन में तत्पर है। अर्थ संकट या अन्य किसी भी प्रकार के संकटों से वह दूर भागनेवाला नहीं है। नूतनतम आविष्कारों एवं अधुनातन उत्पादन विधियों का वह सफल प्रयोग कर रहा है। भावुकता के स्थान पर पत्रकारों में अब व्यावसायिक बुद्धि, व्यापारिक अनुभव एवं व्यावहारिक

चातुर्य है। पत्रकार अब अंशकालिक कार्यकर्ता न होकर पूर्णकालिक उद्यमी है। तन-मन-धन लगाकर पत्रकार पत्र-पत्रिकाओं को आगे बढ़ाता है, उसके विकास में अपना विकास देखता है। पत्रकारिता के विकास का यह काल प्रतिस्पर्धा और प्रतियोगिता की भावना से आप्लावित समाचारपत्रों के व्यवसायीकरण की कथा है। प्रशासन पर जनहित में प्रहार करने और सामाजिक कल्याण के नये क्षितिजों को विस्तार देने की दिशा में पत्रकारिता आगे बढ़ रही है। आज की पत्रकारिता में समाजोन्मुखी रचनाधर्मिता है। पत्रों में राजनीति, उद्योग, मानवता, शोषण, उत्पीड़न, स्वार्थ-वृत्ति, आंचलिक समस्याएँ तथा आम आदमी की सर्वपक्षीय दुःख गाथा के अनेक आयाम सफलतापूर्वक मुखरित हो रहे हैं। हम देख रहे हैं कि सम्प्रति काव्य, कला, संगीत, शिक्षा, समाज-सेवा सभी व्यवसाय बन चले हैं, इसी क्रम में हिन्दी पत्रकारिता भी व्यवसायोन्मुखी हो चली है। अनेक रंग, अनेक रूप, अनेक प्रवृत्ति, अनेक लक्ष्यवाली आज की पत्रकारिता अपने गुण-दोषों के साथ अत्यंत विस्तृत और वैविध्यपूर्ण है। इसलिए प्रवृत्ति की दृष्टि से वर्तमान पत्रकारिता को बहुउद्देशीय कहना ठीक है।

स्वस्थ व्यवसाय वृत्ति वरेण्य

भूतपूर्व मुख्य चुनाव आयुक्त श्री श्यामलाल शकधर ने व्यवसाय को राष्ट्र-हित में वरेण्य बतलाया :

"मेरी यह निश्चित राय है कि राजनीति भी एक व्यवसाय होना चाहिए और इसमें पेशेवर लोग आने चाहिए। राजनीति में व्यवसाय का मतलब है जनमत की सेवा करना, आम लोगों की राय से काम करना और उस राय पर राय बनाकर सत्ताधारियों को प्रभावित करना। राजनीति वैसा ही व्यवसाय है जैसे किसी डाक्टर, इंजीनियर, एकाउंटेंट, वकील या पत्रकार का होता है। स्वाधीनता के बाद जो लोग संसद में आये, सत्ता में आये वे सभी व्यावसायिक राजनीतिक थे। पंडित नेहरू, सरदार पटेल, सी राजगोपालाचारी, राजेन्द्र प्रसाद, मौलाना आजाद ये सभी अपने समय के श्रेष्ठ राजनीतिक थे और इन्होंने देश को पायेदार और बेहतरीन सरकार दी, सर्वश्रेष्ठ नीतियाँ बनीं, संसदीय इतिहास में उस युग को स्वर्णिम युग कहा जाता है। दूसरी कतारवाले राजनीतिक भी पेशेवर थे। जनता पार्टी के शासन में मोरार जी देसाई, चरण सिंह, जग जीवन राम भी व्यावसायिक राजनीतिक थे।"[4]

आज पत्रकारिता में व्यवसाय प्रबंध की बातें देखी जाती हैं। इसमें समस्त मानवीय क्रिया कलापों का समावेश है जिनका उद्देश्य समाज की आवश्यकताओं की पूर्ति करके धनोपार्जन करना होता है। व्यवसाय प्रबंध किसी व्यावसायिक संस्था के कुशल कार्य संचालन के लिए उसमें संलग्न कर्मचारियों के सामूहिक प्रयासों का नेतृत्व एवं मार्ग दर्शन करता है तथा उनपर नियंत्रण भी रखता है। निम्नलिखित

प्रमुख प्रकाशन-गृहों में सुव्यवस्थित प्रबंध-दर्शन को साकार रूप में देखा जा सकता है :

बैनेट कोलमेन एण्ड कम्पनी लिमिटेड बम्बई–नवभारत टाइम्स, धर्मयुग, दिनमान, पराग, सारिका, माधुरी, आदि

हिन्दुस्तान टाइम्स और सम्बद्ध प्रकाशन दिल्ली–हिन्दुस्तान, साप्ताहिक हिन्दुस्तान, कादम्बिनी, नन्दन आदि

आनन्द बाजार पत्रिका प्राइवेट लिमिटेड, कलकत्ता–रविवार

मातृभूमि प्रिंटिंग एण्ड पब्लिशिंग कम्पनी लिमिटेड–युगप्रभात

न्यूजपेपर्स एण्ड पब्लिशर्स प्राइवेट लिमिटेड पटना–आर्यावर्त

द् एसोसिएटेड जर्नल लिमिटेड–लखनऊ–दैनिक नवजीवन

भारतीय विद्या भवन बम्बई–नवनीत

राष्ट्रधर्म प्रकाशन लिमिटेड–लखनऊ–तरुण भारत, पांचजन्य

पायोनियर लिमिटेड–लखनऊ–स्वतंत्र भारत

हिन्द समाचार लिमिटेड जालंधर–पंजाब केसरी

फर्म रामगोपाल माहेश्वरी तथा अन्य नागपुर–नवप्रभात

फर्म के. नरेन्द्र और अनिल नरेन्द्र दिल्ली–वीर अर्जुन

फर्म के. सी. अग्रवाल तथा अन्य कलकत्ता–विश्वमित्र

फर्म लाभचन्द्र छजलानी तथा अन्य, इन्दौर–नई दुनिया

फर्म वीरेन्द्र तथा अन्य जालंधर–वीर प्राताप

ब्लिट्ज पब्लिकेशंस प्राइवेट लिमिटेड बम्बई–ब्लिट्ज

इंडियन प्रेस प्राइवेट लिमिटेड इलाहाबाद–सरस्वती

दिल्ली प्रेस पत्र प्रकाशन प्राइवेट लिमिटेड दिल्ली–सरिता, मुक्ता

शमा डिस्ट्रिब्यूटर्स प्रा. लि. दिल्ली–सुषमा

मित्र प्रकाशन प्रा. लि. इलाहाबाद–माया, सत्यकथा

दैनिक नवज्योति प्रा. लि. अजमेर–दैनिक नवज्योति

एक्सप्रेस न्यूजपेपर्स

अमृत बाजार पत्रिका

मलयालम मनोरमा

थांथी ट्रस्ट एण्ड एलाइड पब्लिकेशन

दि प्रिंटर्स-मैसूर

स्टेट्समैन

हिन्द समाचार लिमिटेड

ट्रिब्यून

उषोदय पब्लिकेशन्स प्रा. लिमिटेड

कस्तूरी एण्ड सन्स
सन्देश लिमिटेड
दि बाम्बे समाचार लिमिटेड
लोक प्रकाशन लिमिटेड
सौराष्ट्र ट्रस्ट
साकाल प्रा. लिमिटेड
नागेश्वर राव स्टेट्स
जागरण प्रकाशन लिमिटेड
ज्ञानमंडल लिमिटेड
मनिपाल प्रिंटर्स एण्ड पब्लिशर्स
के. सी. कुलिश एण्ड अदर्स
कुमार पब्लिकेशन्स ट्रस्ट
ट्रेडर्स प्रा. लिमिटेड
टी. चन्द्रशेखर रेड्डी
नेशनल जर्नल्स
मै. डी. बी. चौधरी एण्ड ब्रदर्स

उपर्युक्त समूहों द्वारा हिन्दी पत्रकारिता के क्षेत्र में मानव की उपयोगिताओं का सृजन, सामाजिक आवश्यकताओं की संतुष्टि, जोखिम के साथ लाभ एवं समाज-सेवा की बातें देखी जा रही हैं। केन्द्रीय या राज्य सरकारें, संयुक्त पूँजी कम्पनियाँ, फर्मे या साझेदारीवाली फर्में, निजी पूँजी, ट्रस्ट, सहकारी समिति, धार्मिक-सामाजिक संस्थाएँ, विदेशी दूतावास, राजनीतिक पार्टियों द्वारा पूँजी का निवेश हो रहा है। अत्याधुनिक व्ययसाध्य मुद्रण टैक्नोलॉजी के फलस्वरूप पूँजीपति ही अब सक्षम हैं वे ही पत्रकारिता में सफल हो रहे हैं।

सम्प्रति संवाद समितियों को उद्यम के रूप में मान्यता प्राप्त है। वे संवाद को उपभोक्ताओं और क्रयकर्ताओं को विक्रय हेतु सम्प्रेषित करती है। हिन्दी के सभी बड़े-बड़े समाचारपत्र समूह व्यावसायिक वृत्ति के पोषक हैं। योग्यता के स्थान पर पूँजी-निवेश, लाभ-हानि पर विशेष ध्यान दिया जाता है इसलिए वर्तमान काल को प्रवृत्ति की दृष्टि से हिन्दी पत्रकारिता का व्यवसायोन्मुख काल कहना सार्थक होगा। वर्तमान काल में पत्रकारिता एक प्रतिष्ठित व्यवसाय हो चुकी है। सम्पादन, व्यवस्था और मुद्रण से सम्बद्ध बातों की जानकारी आवश्यक होती है। समाचारपत्रों को रोचक, तथ्यपूर्ण एवं जनहितकारी बनाने के लिए सुविज्ञ, दक्ष एवं कलात्मक अभिरुचिवाले सम्पादकों की सेवाएँ ली जाती हैं। इसके लिए प्रधान सम्पादक, संयुक्त-सम्पादक, उपसम्पादक, सह सम्पादक, प्रबंध सम्पादक, समाचार सम्पादक, साहित्य सम्पादक, स्थानीय सम्पादक, तार सम्पादक, क्रीड़ा सम्पादक, अर्थ सम्पादक

श्रमिक सम्पादक, महिला सम्पादक, सिनेमा सम्पादक, कला सम्पादक, कृषि सम्पादक आदि के अतिरिक्त अग्रलेखक, फीचर लेखक, स्तम्भ लेखक, व्यंग्य-लेखक, अनुवादक, समीक्षक, संवाददाता, प्रूफ शोधक, पुस्तकालयाध्यक्ष होते हैं।

जैसे-जैसे पत्रकारिता में साधना एवं भावुकता के स्थान पर व्यावसायिकता और औद्योगिकता आ रही है वैसे-वैसे आर्थिक एवं व्यवस्था पक्ष की महत्ता बढ़ती जा रही है। मुद्रण, प्रकाशन, प्रसार-प्रचार, संचालन एवं विज्ञापन की ओर अधिक ध्यान दिया जा रहा है। विज्ञापन आधुनिक पत्रकारिता का स्तम्भ है। स्वतंत्रता के पूर्व पत्रकारिता पर प्रायः एक व्यक्ति का आधिपत्य रहता था। व्यावसायिक रूप ग्रहण करने के बाद प्रायः प्राइवेट लिमिटेड, लिमिटेड कम्पनियाँ बना दी गईं। ब्राइंट के अनुसार प्रेस संचालक सर्वाधिक महत्त्व का होता है। उसने लिखा है कि :

"प्रेस का भला और बुरा होना संचालकों के चरित्र पर निर्भर है। प्रेस ऐसी चक्की है जो सबको पीस देती है। चक्की के गलुआ में विषैला अनाज भर दो, तो आटा विषैला निकलेगा। उसकी रोटी खाने वाले की मृत्यु हो जाएगी।"[5]

तप, त्याग, साधना के स्थान पर जब धर्म और शिक्षा जगत् में व्यवसाय की प्रधानता स्पष्ट दृष्टिगोचर हो रही है तो आधुनिक पत्रकारिता में व्यावसायिकता के प्रवेश को युगधर्म ही मानना चाहिए।

सम्प्रति हमारे संस्कार अर्थ से ही नियंत्रित हो रहे हैं। भारतीय संस्कृति के आदर्श अब ग्रंथों तक सीमित हैं। सदाशयता, परोपकार, सहिष्णुता के विशिष्ट गुण धन के सामने तुच्छ हो चुके हैं। धर्म, काम, मोक्ष ये सभी अर्थ पर अवलम्बित हैं। पाणिग्रहण संस्कार जैसे पावन कृत्य में पैसे का ही बोलबाला है। दहेज ने समाज को पंगु बनाने का अभियान छेड़ रखा है। धनलोभी पति और ससुर ने वधू को जलाने का कार्य प्रारम्भ कर दिया है जिसके प्रमाण में आजकल के समाचार पत्र हैं। धर्म की दुनिया में आज धन के आधार पर सभी कार्य सिद्ध हो सकते हैं, धन से ही स्वर्ग की सीढ़ी बन सकती है, धन से ही मोक्ष की प्राप्ति सम्भव है। इस प्रकार शिक्षा, समाज-सेवा, संस्कार और धर्म जब धन के सहारे फल-फूल रहे हों तो पत्रकारिता में वणिक् वृत्ति के आने पर सामान्य पाठकों में आश्चर्य क्यों ? पारिवेशिक यथार्थ और अनुभवगत सत्यता को मुखरित करना ही पत्रकारिता का साध्य है। सम्प्रति जब हर व्यवस्था का केन्द्र पैसा है, पैसे के बल पर ही व्यक्ति समस्त विडम्बनाओं और कठोरताओं से मुक्ति प्राप्त कर सकता है, ऐसी स्थिति में पत्रकारिता में व्यावसायिकता का पनपना स्वाभाविक है क्योंकि आज के पत्रकार की चेतना समाज में अधिक पैठी है और उसी गहनता के साथ मुखरित हो रही है।

यह एक सच्चाई है कि आज शोषण की प्रक्रिया बदल गई है पर शोषण की स्थिति ज्यों की त्यों है। आर्थिक धरातल पर वर्ग-विभेद बढ़ रहा है। बेरोजगारी,

तस्करी, आर्थिक संकट का बोलबाला है। तस्करी और राजनीति के घालमेल की प्रवृत्ति जन-जीवन को दूभर बना रही है। आज सर्वत्र आस्था का संकट है। मानव स्नेह सम्बन्धों पर नहीं जी पा रहा है। बाजार घरों में घुस गया है। मानव-मानव के सम्बंध हिसाबी लेन-देन पर आधारित हैं। पहले परिवार में सभी सम्बंध स्नेह, आस्था, प्रेम, सौहार्द, समर्पण पर आश्रित थे। अब वर्तमान औद्योगिक सभ्यता के प्रवाह में ये सभी मूल्य बह गए। अब तो शोषण का जन्म हुआ है। अपना जीवन-दर्शन भौतिकवाद से आक्रान्त है। वर्तमान अर्थ-व्यवस्था में आदमी आदमी नहीं रह गया है। आदमी आदमी का रिश्ता वस्तु वस्तु के रिश्ते में बदल गया है। समाज के प्रहरी साहित्यकारों का एक वर्ग राजनीतिक महापुरुषों का शरणागत हो गया है। वह अपनी रचना को बेचकर पद खरीदता है, पुरस्कार देता है और पुरस्कार पाता है। तथाकथित महापुरुषों की प्रशस्ति गाकर, कसीदे लिखकर इन्टरव्यू छपवाकर आज का साहित्यकार लाभ कमाना चाहता है। कुछ साहित्यकार एक टुकड़े के लिए दुम हिलाता रहता है, यदि कुछ नहीं मिलता तो भूंक भूंक कर मौन हो जाता है। आज के साहित्य में विचित्र निर्जीवता, खोखलापन और नपुंसकता है। सभी अपने व्यवसाय को देख रहे हैं। इस अर्थ युग में व्यक्ति का व्यक्तित्व अलग-थलग पड़ चुका है।

अर्थप्रधान युग में पूंजीवादी पत्रकारिता का बोलबाला है। अमरशहीद गणेशंकर विद्यार्थी की निम्नलिखित आशंका आज सच्चाई बनकर सबके सम्मुख है :

"... आपके पास जबर्दस्त विचार हैं, पर पैसेवालों का बल न हो, तो आपके विचार आगे न फैल सकेंगे, आपका पत्र न चल सकेगा। इस देश में भी समाचार पत्रों का आधार धन हो रहा है। धन ही से वे निकलते हैं, धन ही के आधार पर वे चलते हैं और बड़ी वेदना के साथ कहना पड़ता है कि उनमें काम करने वाले बहुत से पत्रकार भी धन ही की अभ्यर्थना करते हैं।" लगभग सत्तावन वर्ष पूर्व दूरदर्शी पत्रकार 'विद्यार्थी' जी ने स्व. विष्णुदत्त शुक्ल की एक पुस्तक की भूमिका में भविष्य की तमिस्रगामी पत्रकारिता पर प्रकाश डाला कि–

"... अभी यहाँ पूरा अंधकार नहीं हुआ है, किन्तु लक्षण वैसे ही हैं। कुछ ही दिन पश्चात् यहाँ के समाचारपत्र भी मशीन के सदृश हो जाएँगे और, उनमें काम करनेवाले पत्रकार केवल मशीन के पुर्जे। व्यक्तित्व न रहेगा, सत्य और असत्य का अन्तर न रहेगा, अन्याय के विरुद्ध डट जाने और न्याय के लिए आफतों को बुलाने की चाह न रहेगी, रह जाएगा केवल खींची हुई लकीर पर चलना।"

अंधेरा ही अंधेरा

वर्तमान साहित्य, कला, संकृति एवं पत्रकारिता अपने दायित्व से मुक्त है। पत्र आत्ममुग्ध हैं, पत्र सम्पादकों के विवेक पर नहीं, मालिकों के संकेत पर गढ़े जाते

हैं। पत्रकारिता में नैतिक क्षरण स्पष्ट है। सन् 1962 ई. में अनेक पत्रों में प्रकाशित मुक्तिबोध की निम्नलिखित पंक्तियाँ आज के परिवेश में सार्थक सिद्ध हो रही हैं :

एकाएक हृदय धड़क कर रुक गया, क्या हुआ ?
नगर से भयानक धुआँ उठ रहा है,
कहीं आग लग गयी, कहीं गोली चल गयी···
सब चुप, साहित्यिक चुप, कविजन निर्वाक्
चिन्तक, शिल्पकार, नर्तक चुप हैं
उनके खयाल से यह सब गप है
मात्र किंवदन्ती···
भव्याकार भवनों के विवरों में छिप गये
समाचार पत्रों के प्रतियों के मुख स्थूल,
गढ़े जाते संवाद, गढ़ी जाती समीक्षा
गढ़ी जाती टिप्पणी, जन-मन-उर-शूल।
बौद्धिक वर्ग हैं क्रीतदास
किराए के विचारों का उद्भास
बड़े-बड़े चेहरों पर स्याहियाँ पुत गयीं।।

सुप्रतिष्ठित पत्रकार बालेश्वर अग्रवाल के अनुसार दबावों से पत्रकारिता में विवेक पक्ष मंद पड़ता जा रहा है उन्होंने 'पाञ्चजन्य' को बतलाया कि :

"यह बात बिल्कुल सही है कि अब पत्रकारिता स्पष्टतः एक व्यापार बन गई है, जो पाठकों को सही जानकारी देने तथा जनता की आवाज बनने के बजाय आर्थिक लाभ-हानि को ज्यादा महत्त्व देती है। जिस तरह दूसरे व्यापारों में लागत और लाभांश का हिसाब होता है, उसी तरह पत्रकारिता में भी होने लगा है जिससे यह स्वाभाविक है कि अलग-अलग स्तरों के दबाव से बहुत से समझौते करने पड़ते हैं, जो प्रायः पाठक को सही खोजपूर्ण जानकारी देने के उद्देश्य को पूरा नहीं करने देते।

इसका सबसे बड़ा कारण तो बड़े उद्योगपति के हाथ में इस व्यवसाय (अब मैं इसे व्यवसाय ही कहूँगा) की बागडोर होना है। वह एक ओर अपनी साबुन की फैक्ट्री देखता है तो दूसरी ओर उसी दृष्टि से समाचार पत्र की व्यवस्था भी सम्हालता है। तब विवेक कैसे स्वतंत्रता से काम करे ? जिनके पास स्वतंत्रतापूर्वक काम खड़ा कर देने की सामर्थ्य है, वे भी राजनीतिक, आर्थिक दबाव सहन नहीं कर पाते। असल में वर्तमान परिस्थिति में पत्र माध्यम इतना सशक्त और सफल उपकरण बन गया है कि जिसके बिना न तो राजनीतिक व्यक्ति का गुजारा चल सकता है, न ही उद्योगपति का। दोनों के दबाव से पत्रकारिता की गुणवत्ता पर आँच आ रही है।

समाचारपत्र उद्योग इतना विकसित और खर्चीला हो गया है कि बिना उद्योगपति की सहायता और राजनेता के परवाह के कोई भी समाचारपत्र चला पाना असम्भव ही नहीं तो कठिन अवश्य है। जैसे हम सहकारी संस्था के नाते हिन्दुस्तान समाचार चला रहे हैं। ऐसे ही प्रयास और हों तथा वे सफल सिद्ध हों, तभी उद्योगपतियों का एकाधिकार टूट सकेगा और हम अपने पाठकों के प्रति न्याय कर पाएँगे।"

सम्प्रति समाचारपत्रों के स्वामी ही सम्पादक बन बैठे हैं। एक पूँजीपति पैसे के बल पर सम्पादक बन सकता है और एक सम्पादक अपनी विद्वत्ता योग्यता के बल पर मात्र कठपुतली बना रहता है। पूँजीवाद और परिवारवाद का परिणाम है कि बाप और बेटे द्वारा एक ही नाम से एक ही स्थान से अलग-अलग अखबार निकल रहे हैं। 'दैनिक भाष्कर' और 'नई दुनिया' का विभाजन इसका प्रमाण है। वस्तुतः आंग्ल सत्ता की समाप्ति के बाद अंग्रेजी समाचारपत्र संस्थान भारतीय औद्योगिक प्रतिष्ठानों के हाथों में आए। पूँजीपति संचालक और व्यवस्थापक बन गए और उनके अधीन सम्पादक एक वेतनभोगी कर्मचारी बन गया। सम्पादकों का स्वाभिमान अब कल्पना की बात हो चली है।

व्यावसायिक लोग पूँजी लगाकर कुछ कमाना चाहते हैं, न कि गँवाना। औद्योगिक घराने अपने आर्थिक हितों का संरक्षण पत्रकारिता द्वारा कर लेते हैं। कभी-कभी पत्र-पत्रिकाओं के प्रकाशन से यदि हानि होती है तो उसे अन्य उद्योगों के लाभ में से निकाल कर आयकर आदि में छूट प्राप्त कर ली जाती है।

'पत्रकारिता की आत्मा कलुषित हो गई'

टामस जेफरसन के अनुसार समाचारपत्रों के बिना लोकतंत्र चल ही नहीं सकता, क्योंकि वे समाज के प्रहरी हैं। दुर्भाग्य से आज स्थिति बदल गई है। दायित्वों के निर्वहन की बात तो दूर रही, असुरक्षा से घिरी पत्रकारिता आज स्वयं किसी प्रहरी की तलाश में है। वरिष्ठ पत्रकार डी. आर. मानकेकर की निम्नलिखित उक्ति सारगर्भित है :

"उद्योगपति जो पत्र उद्योग का भी संचालन करते हैं, अपने राजनीतिक एवं व्यापारिक हितों की पूर्ति के लिए पत्रों का उपयोग करते हैं। इस प्रकार सरकार द्वारा लागू न किये जाने पर भी समाचारपत्रों पर एक प्रकार की 'आत्म सेन्सरशिप' लागू रहती है। अर्थात् स्वयमेव ही उसमें कोई भी ऐसी बात छपने नहीं दी जाती जो सरकार या किसी भी ऐसे व्यक्ति के खिलाफ हो जिससे पत्र-मालिक के व्यापार हितों पर चोट पहुँचती है। सरकार और पत्रकारिता का सम्बन्ध तो होता ही साँप और नेवले जैसा है। पत्र सरकारी गतिविधियों पर निगरानी रखते हैं, व उसकी गलतियों को उजागर करते हैं, इसके विपरीत सरकार ऐसे आलोचक पत्रों के विकास

को यथासम्भव रोकने का प्रयास करती है। यह तो उस स्थिति की बात है, जब समाचारपत्र स्वतंत्र नीति के अनुसार चल रहा हो। पर जब से उसमें उद्योगपति के हित जुड़ गए हैं, तब से पत्रकारिता की आत्मा कलुषित हो गई है। सम्पादक, अब जनरल मैनेजर के तहत काम करनेवाला वेतनभोगी है और जनरल मैनेजर को पत्रमालिक का वायसराय समझिए। यदि सम्पादक के लेख, नीति पत्र-मालिक के निहित स्वार्थों को चोट पहुँचाती है, तब भले ही उससे जनता लाभान्वित हो, जनरल मैनेजर के माध्यम से या सीधे मालिक द्वारा सम्पादक को तुरंत अपना रुख बदलने का निर्देश मिल जाता है।"

आपात्काल में पत्रकारों की भूमिका के संदर्भ में श्री लाल कृष्ण आडवाणी ने कहा था कि "जब उन्हें झुकने को कहा गया तो वे रेंगने लगे। ऐसा ही कई पत्रों के सन्दर्भ में अब फिर दिखने लग गया है बल्कि अब तो वे झुकने के लिए कहने से पहले ही रेंगने लग गए हैं। इस परिस्थिति में दैनिक पत्रों के अलावा जो पत्र-पत्रिकाएँ हैं, (महँगी और सनसनीखेज पत्र-पत्रिकाओं के अलावा) उन्होंने अपेक्षाकृत अधिक नैतिक साहस का परिचय दिया है। जैसे पुणे से निकलनेवाली 'साधना' पत्रिका। ये किन्हीं निश्चित आदर्शों को लेकर चलते हैं और पैसा कमाना इनके लिए दूसरी बात होती है। प्रथम महत्ता वे सिद्धान्त को देते हैं।"[6]

पत्र-मालिक के हस्तक्षेप से स्वाभिमानी पत्रकार किस प्रकार विवश होता है, इसकी एक आप बीती घटना डी. आर. मानकेकर ने संवत् 2037 के 'पाञ्चजन्य' में प्रकाशित की है :

"जब मैं एक बड़े अंग्रेज़ी पत्र का सम्पादक था तो पत्र-मालिक ने जिस मंत्री के पास एल्यूमिनियम का कारखाना लगाने की अर्जी दी हुई थी, उसके कुछ गलत कार्यों की मैंने कई बार तीव्र आलोचना की। इससे पत्र-मालिक परेशान हो गया और उसने जनरल मैनेजर के माध्यम से मुझ तक यह बात पहुँचाई कि "भले ही यह मंत्री गलत काम करता हो, पर फिलहाल उसके खिलाफ कुछ मत लिखो।" ऐसी बहुत-सी घटनाएँ प्रायः हर सम्पादक के साथ घटित होती हैं। जब ऐसी दखलन्दाजी जरूरत से ज्यादा हो तब किसी भी स्वाधीन पत्रकार के लिए टिके रहना सम्भव नहीं होता। मैंने चार समाचारपत्रों में कार्य किया और सभी में ऐसी दिक्कतें आयीं, अन्ततः मुझे पत्रकारिता ही छोड़ने का निर्णय लेना पड़ा।"

आज के अखबार पाठकों के नहीं सरकार और मालिकों के रिश्तों का खयाल रखते हैं। भारत के बड़े अखबार कितने स्वतंत्र है इस संदर्भ में 'गाण्डीव' (वाराणसी) की टिप्पणी द्रष्टव्य है :

"... समाचारों का चयन-प्रकाशन सम्पादक के अनुसार होता है या उसके मालिक की नीतियों के अनुसार या फिर सरकार से उसके रिश्तों के अनुसार। पाठकों के लिए खबरों का चुनाव करने की स्वतंत्रता भारत के कितने अखबारों

को है देखिए इसका नमूना। बात कुछ दिन पहले की है जब जयपाल रेड्डी ने रिलायन्स कम्पनी के खिलाफ अपना एक तथ्यपूर्ण वक्तव्य दिया था तो इस समाचार को 'इंडियन एक्सप्रेस' ने प्रमुखता से छापा था जबकि 'टाइम्स आफ इंडिया' ने इस खबर को अपने अखबार में दो लाइन का स्थान भी नहीं दिया था फिर रेड्डी ने कुछ दिन बाद बाम्बे डाइंग के मालिक तुलसी वाडिया के खिलाफ उसका पासपोर्ट जब्त करने को कहा तो 'टाइम्स आफ इंडिया' ने इसे प्रमुखता से छापा और 'इंडियन एक्सप्रेस' ने इसे अपने अखबार में कतई तरजीह नहीं दी।"[7]

वर्तमान पत्रकारिता के संदर्भ में यशस्वी सम्पादक श्री एम. चेलापतिराव का कथन है कि अब पत्रकारिता में व्यापारी और क्लर्क आ गए। आज समाचारपत्र अपने लाखों पाठकों को निष्पक्ष जानकारी दे पाने में असमर्थ हैं। एक ओर सरकार में बैठे राजनीतिज्ञों का दबाव दूसरी ओर पत्र-मालिक का शिकंजा, ऐसे में पत्रकार पिसता जा रहा है। इसका नतीजा यह निकला कि पत्रों की विश्वसनीयता कम हो गयी है और पत्रकारिता देश की जनता के साथ एक बड़ा मजाक बन रही है। भारतीय पत्रकारों का आज आम नागरिक से लेना देना नहीं है। वे स्वयं को ही आम नागरिक मान बैठे हैं। केवल वे ही पत्र जो किसी विशेष विचारधारा से प्रतिबद्ध हैं, अब विश्वसनीय हैं क्योंकि वे राजनीतिक या आर्थिक दबावों में किसी तरफ नहीं लुढ़कते, अपनी विशिष्ट नीति पर टिके रहते हैं।

श्री एम. चेलापतिराव ने अपनी बात को पुष्ट करते हुए आगे कहा कि आज जन-जागृति का उद्देश्य खो गया और यह एक मिशन नहीं बल्कि सीधा-साधा व्यापार हो गया, पत्रकारिता की दुकानें चल निकलीं। उद्योगपतियों ने अपने दूसरे उद्योगों की तरह ही समाचारपत्र उद्योग भी शुरू कर दिए। बहुत अधिक पैसा लगाया और पत्र-पत्रिकाओं का देश-भर में जाल बिछा दिया। पैसे के बल पर विवेक को नियंत्रित करना और उससे अपने निहित स्वार्थों की पूर्ति कराना शुरू किया। ईरान, रूस, अफ्रीका, वियतनाम के बारे में कुछ भी लिखिए, पत्र-मालिकों को एतराज न होगा, लेकिन जहाँ चीनी, सीमेंट, जूट उद्योग के बारे में लिखा कि वे बेचैन हो जाते हैं क्योंकि उनके निहित स्वार्थ सीधे टकराते हैं। यही बात नेताओं के बारे में भी है। बजट का जन-सामान्य पर सही-सही क्या असर पड़नेवाला है, यह प्रकाशित करने से अगर पत्र-मालिक को लगता है कि मंत्री महोदय नाराज हो जाएँगे तो वह उसे नहीं छपने देगा।

पत्रकारिता के उपर्युक्त मूर्द्धन्य मनीषियों द्वारा बार-बार यही सुस्पष्ट किया गया है कि पत्र-जगत् में व्यावसायिकता का ही वर्चस्व है। पूरे परिवेश के आकलन से सहज ही निष्कर्ष निकाला जा सकता है कि आधुनिक काल हिन्दी पत्रकारिता का व्यवसायोन्मुख काल है। राष्ट्रभक्ति, सेवा-भावना, समर्पित भावना, साधना तथा तपस्या से आरम्भ होकर व्यावसायिकता तक पहुँची हुई हिन्दी पत्रकारिता के संदर्भ

में गणेश दत्त शर्मा 'इन्द्र' ने लिखा है :

"... आज की पत्रकारिता तो धन कमाने का मात्र साधन रह रही है। उसने ब्लैक मेल का धंधा अपना लिया है। पूँजीपति पत्र केवल पैसा बटोरना चाहते हैं। सम्पादकों, लेखकों, तथा संवाददाताओं का खून चूसकर वर्तमान पत्रों के व्यवस्थापक अपनी तिजोरियाँ भरने की उधेड़बुन में रहते हैं। जो भ्रष्टाचार राजनीति में प्रवेश करके उसे बदनाम करने में संलग्न है, वही हिन्दी पत्रकारिता में भी आ घुसा है। जनसेवा और परोपकार का सुंदर वेश बनाये आज का हिन्दी पत्र-जगत् निडर होकर अपना स्वार्थ सिद्ध कर रहा है।"[8]

सम्प्रति स्वतंत्रता के नाम पर स्वतंत्र स्वतंत्रता, अराजकता, उच्छृंखलता और भीड़ की राजनीति चल रही है। अवसरवादिता, स्वरति, स्वार्थांधता के चलते नागरिक भूले से, भ्रमे से, ठगे से हैं। प्राविधिक-प्रगति के कारण टेक्नोक्रैट्स आज डिक्टेटर से भी भयावह हो चले हैं। ऐसी स्थिति में यदि हिन्दी पत्रकारिता युग-सापेक्ष्य होने चली है तो नाक-भौंह सिकोड़ने का कोई अर्थ नहीं है। आज के नवयुवक जिस दर्पण में अपने जीवन का प्रतिबिम्ब देख रहे हैं, उसमें दरारें पड़ी हैं फलतः परम्परागत जीवन के प्रति आस्था समाप्त हो रही है। परम्परागत मूल्य को नवयुवक नकार रहा है, अपने जीवन में भटकाव, अनिश्चितता, अंधकारपूर्ण भविष्य का अनुभव कर वह मूर्तिभंजक बन रहा है। तात्पर्य यह है कि अनुशासनहीनता, अराजकता इस युग की देन है अतः नयी पीढ़ी के पत्रकारों द्वारा सामाजिक उथल-पुथल का चित्रण हो रहा है, तो उसे पत्रकार-धर्म ही मानना चाहिए।

काले धन के कालराहु से ग्रस्त व्यवस्था

सम्प्रति सम्पूर्ण भारत की अर्थ-व्यवस्था काले धन के कारण लुंज-पुंज हो चली है। काले धन के कालराहु ने हमारी अर्थ-व्यवस्था को ग्रास बना लिया है। गिरावट, मिलावट, काले धन, काले मन और काली करतूतों के कारण राष्ट्र का कलेवर बदल गया है। देश के 72 एकाधिकारवादी औद्योगिक घराने गुलछर्रे उड़ा रहे हैं। और बहत्तर करोड़ नर-कंकाल त्रस्त हैं। व्यापारिक प्रतिष्ठानों से राष्ट्र के कर्णधार चन्दा पाते हैं, खूंखार अपराधी श्रमिकों के दमन हेतु पाले जाते हैं और मजदूर नेता उद्योगपतियों के इशारे पर श्रमिकों के साथ विश्वासघात करते हैं।

काले धन ने मुद्रा प्रसार, मूल्य-वृद्धि और बेकारी बढ़ाने के साथ-साथ हमारी सभ्यता, संस्कृति और तहजीब पर जो करारी चोट की है, उससे भारत की बुनियाद हिल उठी है। सेवा, सादगी, समर्पण, त्याग और बलिदान की भावनाएँ कूच कर गई हैं, काले धन ने पाँच तारा होटल, बार, स्वीमिंग पूल, सुराग-सुन्दरी, डिस्को-आर्केस्ट्रा और कैबरे डांस की नई तहजीब की संस्कृति पैदा की है। श्रम की प्रतिष्ठा

समाप्त हो रही है। काले धन, काले मन और काली करतूत के कारण सम्पूर्ण राष्ट्र का कलेवर ही बदल गया है। काले धन ने राष्ट्र का चरित्र ही दूषित कर दिया है। पूँजी और सत्ता के केन्द्रीकरण ने जनविरोधी नीतियाँ अपना ली हैं। सन् 1974 ई. में स्वतंत्रता दिवस पर तत्कालीन राष्ट्रपति श्री वी. वी. गिरि ने राष्ट्र के नाम अपने संदेश में कहा था :

"··· हाल के वर्षों में धन शक्ति ने विधानमंडलों के चुनावों में प्रभावशाली भूमिका अदा की है। मेरे खयाल से सार्वजनिक जीवन में भ्रष्टाचार का मुख्य कारण और स्रोत वही धन है।" पूर्व न्यायाधीश मुहम्मद करीम चागला ने बतलाया कि चुने गए सदस्य जनता के प्रतिनिधि नहीं, धन शक्ति के प्रतिनिधि हैं। वस्तुतः धन स्वार्थमयी विज्ञान है जिससे रोटी तो मिलती है लेकिन इससे मानस में विकार भी आता है। ऐसी ही परिस्थिति में पत्रकारिता भी काले धन की कालराहु से ग्रस्त है।

खण्डित मानसिकता और पत्रकारिता

आज राजनीति समाज पर हावी है। राजनीति ने हिन्दू मुसलमान के संघर्ष को उजागर किया है। उसने समन्वय की धारा से भारतवासियों को दूर रखा है। सूफी चिन्तन वेदान्त के सन्निकट है। सिख हिन्दुओं से कहीं अलग नहीं हैं। गुरु ग्रन्थ साहब हिन्दू गाथाओं से भरा पड़ा है। स्वयं विष्णु भगवान् स्वर्ण मन्दिर का पवित्र सरोवर खोदने आए थे। ये सभी तथ्य सामान्य पाठकों को नहीं ज्ञात है। पत्रकार इनकी विशद जानकारी देकर राष्ट्रीय एकता का सम्वर्द्धन कर सकता है। आज हर क्षेत्र में खंडित दृष्टिकोण व्याप्त है जिसने मानव-मानव को बाँट रखा है। राजनीति तो भेद-विभेद से शक्ति ग्रहण कर रही है। जातिभेद, भाषा भेद, प्रदेश भेद, सम्प्रदाय भेद, अमीर-गरीब, बहुसंख्यक-अल्पसंख्यक न जाने कितने भेद हैं। भारतीय मनीषियों ने समग्रता का चिन्तन किया है परन्तु वर्तमान भारत में राजनीतिक, सामाजिक, साहित्यिक अथवा सांस्कृतिक दृष्टि से जो स्थिति है, यहाँ कहीं भी समग्रता नहीं है। क्षुद्र राजनीतिक स्वार्थ, सत्ता-लोलुपता, अनर्थकारी अर्थव्यवस्था, यूरोडालर एवं पेट्रोडालर का चमत्कार, ईसाई मिशनरियों का दुष्प्रचार, उपासना स्थलों की राजनीति तथा विविध कुचक्रों के कारण उत्पन्न 'खालिस्तान आन्दोलन', 'झारखण्ड मुक्ति मोर्चा', 'टी. एन. वी.', 'तमिलों का राष्ट्रभाषा विरोधी आंदोलन', 'मिजो नेशनल फ्रंट' आदि राष्ट्र विरोधी गतिविधियों ने जन-जन की मानसिकता को खंडित कर दिया है। अपने यहाँ लोकतंत्र विचित्र है। 'लोक' की दिशा अलग है तथा 'तंत्र' की अलग। आज समाजवाद का ढिंढोरा पीटा जा रहा है लेकिन स्वयंसुधार, सहकार, परोपकार तथा देशोद्धार गूलर का फूल हो चला है। भ्रष्टाचार, चोरबाजारी, अनैतिकता, आदर्शहीनता, स्वार्थपरता, भाई-भतीजावाद,

जीर्ण-शीर्ण शिक्षा पद्धति आदि के कारण मानव-विद्रूप, कुरूप हो चला है तथा सर्वत्र जीवन का खंडित रूप दृष्टिगोचर हो रहा है।

वर्तमान विसंगतियाँ और पत्रकारिता

स्वातन्त्र्यपूर्व भारत में हमारी पुरानी पीढ़ी राष्ट्र की स्वतंत्रता और एकता के लिए जेल गई परन्तु आज की पीढ़ी चोरी-डकैती, बलात्कार-अपहरण-चोर बाजारी और काले बाजारी के अभियोग में जेल जाती है। पहले लोग देश को जोड़ने में दत्तचित्त थे अब कुछ लोग देश तोड़ने में व्यस्त हैं। आज राष्ट्रभाषा के तवे पर राजनीति की रोटी सेंकी जा रही है। अपनी पगड़ी ऊँची करने के लिए राष्ट्रभाषा के विरोध में संविधान के पन्ने जलाए जा रहे हैं। कहीं-कहीं तो राष्ट्र-ध्वज ही जला दिया जाता है।

आराध्य राम की जन्मभूमि का ताला खुला तो लोगों के विवेक पर ताला पड़ गया। लड़ाई-दंगे प्रदर्शन का दौर प्रारम्भ हो गया। लगता है मंदिर, मस्जिद, गुरुद्वारों से भगवान् कहीं खिसक गए हैं। देवस्थल शस्त्रास्त्र, भ्रष्टाचार और व्यभिचार के अड्डे हो चुके हैं। घंटों की नाद की जगह गोलियों की आवाज सुनाई पड़ रही है। सैनिक प्रशिक्षण का कार्य तेजी से चल रहा है। अयोध्या, काशी और अमृतसर की इन घटनाओं से पूरे राष्ट्र की गतिविधियों का अनुमान किया जा सकता है।

आज असंख्य उर्मिलाओं और यशोधराओं को भूख की आग, गृह-कलह की आग, दहेज की आग में झोंक दिया गया है। सीता-सावित्री का नाम ही शेष है। सन्तानों को आँचल का दूध नहीं मिलता। प्लास्टिक की थैली के दूध से संस्कार ही बदल चुका है :

तिफ्ल में बू आये क्या माँ बाप के अवतार की।
दूध तो डिब्बों का है, तालीम है सरकार की।।

—अकबर इलाहाबादी

महारानी लक्ष्मीबाई के स्थान पर नारियाँ विचित्र देवी बन रही हैं और पुरुष की बहादुरी इसी में है कि वे इन्दिरा जैसी राष्ट्रमाता को गोलियों से भून डालें। आज रक्षक ही भक्षक बन चुका है।

पंचवर्षीय योजनाओं के चलते उत्पादन बढ़ा है, यातायात के साधन समृद्ध हुए हैं। गाँव के टेढ़े-मेढ़े रास्ते सीधे हो रहे हैं लेकिन उसी गाँव के सीधे इंसान टेढ़े हो चले हैं। वस्तुओं की कीमतें बढ़ी हैं लेकिन दीन ईमानदार इंसान कौड़ियों के मोल बिक रहे हैं। भारत की संतानें कलम फेंक कर कट्टे पर उतारू है। सुधारवाद, समाजवाद, साम्यवाद, प्रगतिवाद के स्थान पर आतंकवाद चिंघाड़ रहा है। कश्मीर से कन्याकुमारी और गुजरात से आसाम तक अशांति, अराजकता और

आतंक का साम्राज्य है। किसी समय इस देश में बड़े भैया की खड़ाऊँ सिंहासन पर रखकर राज्य का शासन सुचारु रूप से चलता था अब तो सुयोग्य जननेता संसद में जूते चप्पल फेंक कर शासन चला रहे हैं।

व्यक्तित्व की प्रतिष्ठा के प्रति आग्रह आज का युगधर्म है। ग्रामप्रधान से लेकर राष्ट्रपति बनने का स्वप्न किसी को चैन से सोने नहीं देता। देश में नैतिकता बँट रही है, महत्त्वाकांक्षा उभर रही है। संयुक्त परिवार की निस्सारता और परिवार-नियोजन की महत्ता से घोर व्यक्तिवादिता पनप रही है। काम, प्रेम, विवाह की संगति बैठाने के स्थान पर स्वच्छंद 'सेक्स' का बोलबाला है। व्यक्ति और सम्प्रदायोन्मुख आंदोलनों की धूम है। इन सभी परिवर्तित स्थितियों को आज की पत्रकारिता द्वारा परखा जा सकता है।

पत्रों द्वारा दो टूक विवेचन

पत्रकार स्पष्ट वक्ता होता है। हिन्दी के पत्रों ने सुस्पष्ट किया कि भारत उन व्यक्तियों का नहीं है जो अहर्निश खून-पसीने से देश की जड़ें सींचता है, यह तो उन घूसखोर भ्रष्टाचारियों का देश है जो इसकी जड़ें खोद रहे हैं। इस भयावह स्थिति का खुलासा 'गंगा' ने अपने 'प्रवाह' स्तम्भ में किया :

'देश का असली हकदार कौन है ? : क्या विडम्बना है कि जो इस देश को अपना समझता है, जो इस देश के लिए कटने-मरने को तैयार रहता है, यह देश अब उसका नहीं है।

यह देश उन जंगल काटनेवाले ठेकेदारों का है, जिन्होंने मीलों-मील जंगल काटकर पहाड़ों को नंगा कर दिया है और पर्यावरण की समस्या पैदा कर दी है।

भूमि की उर्वरा शक्ति को नष्ट कर उसे बाँझ बना दिया है। यह देश उन ठेकेदारों का है, जो बाँध, सड़क या भवन-निर्माण में घटिया माल-मसाला लगाकर पैसा अपनी जेब में भरता है जबकि इनके नीचे दबकर मरता है आम आदमी।

यह देश उन लोगों का है, जो बकायदा कारखाना बनाकर उसमें नकली खाद तैयार करते हैं, नकली दवाएँ बनाते हैं, खाद्य-पदार्थों में मिलावट करते हैं और बेझिझक इंसानी जिंदगी के साथ खिलवाड़ करते हैं।

यह देश उन तस्करों का है जो देश की अर्थव्यवस्था को खोखला बनाने में कोई कसर नहीं रख छोड़ते। यह उन उद्योगपतियों और व्यापारियों का है, जो घटिया माल बनाकर बेचते हैं जो आयात-निर्यात में करोड़ों का घपला करते रहते हैं।'

आजकल के हिन्दी पत्र कितने मुखर हैं इसका अनुमान संयत साहित्यिक

पत्र 'धर्मयुग' से लगाया जा सकता है। विकास के नाम पर लूट मचानेवाले नेता-अफसर-ठेकेदार पर अपनी लेखनी चलाकर 'धर्मयुग' ने निर्भीक निष्पक्ष पत्रकारिता का उदाहरण प्रस्तुत किया। 11 से 17 सितम्बर 1988 के अंक में पत्र ने 'भारतमाता तेरी गठरी में लागा चोर' के अन्तर्गत लिखा है :

"वे दावा तो करते हैं देश के विकास का लेकिन वे कर रहे हैं अपना-अपना विकास। केवल कानूनी रास्तों से ही नहीं, गैर कानूनी तौर तरीकों से भी। वे यानी ऐसे असरदार लोग, जो आर्थिक विकास की नीतियाँ निर्धारित करते हैं ; उन पर अमल करते-कराते हैं और देश के भविष्य का खाका तय करते हैं। परिणाम है भारतमाता के अनमोल खजाने की बेतहाशा लूट।

कुर्सी पर जमकर बैठे राजनेताओं के दिमाग से उपजी योजनाएँ आरामदेह होटलों और घरों में पसरे ठेकेदारों, तस्करों और दलालों से चलकर पूँजीपतियों के दरबार में बनती-बिगड़ती हैं। चाहे जो भी योजना बने या जैसा भी कार्यक्रम चले, ये लोग उसमें अपने लिए सुराख बना ही लेते हैं। देशी बैंकों में बेनामी और विदेशी बैंकों में गुमनाम खातों की संख्या, दलालों का रोज-रोज फैलता तंत्र और विकास योजनाओं के नाम पर राष्ट्रीय संसाधनों को अपनी जेब में रखने की अंधी दौड़ ने देश और उससे जुड़ी महत्त्वाकांक्षा का बेरौनक चेहरा उभार दिया है।"

"विषय कैसे बदलें"

सरकार की आलोचना के अतिरिक्त पत्रों के सामने कोई दूसरा विषय ही नहीं है। राजनेताओं के इस आरोप पर श्री शरद जोशी ने 'नवभारत टाइम्स' के 9 जुलाई 1987 के अंक में लिखा है :

"विषय आखिर कब तक विषय रहेंगे। इस प्रश्न का उत्तर है कि समस्याएँ जब तक समस्याएँ रहेंगी, विषय तब तक विषय रहेंगे। उनकी जीवंतता और चर्चा में कमी नहीं आएगी। जैसे पंजाब, लोग मारे जायेंगे और पंजाब विषय बना रहेगा। जैसे बोफोर्स, सही बात छुपाने की कोशिशें जारी रहेंगी तो विषय जारी रहेगा। जैसे हरियाणा कांग्रेस की दुर्दशा की चर्चा होगी और लोग हरियाणा का संदर्भ देंगे। जैसे अमिताभ बच्चन या उनके पर्याय समानार्थी अजिताभ। वे स्विटजरलैंड से जुड़े रहेंगे और विषय जीवित रहेंगे। समस्याएँ विषयों को प्राण देती हैं। जब तक प्राणवायु मिलती रहेगी, विषय चलता-फिरता रहेगा। वह कभी गोष्ठी में छिड़ जाएगा, बयानों में आ जाएगा, उचक कर समाचारपत्रों की शीर्ष लाइन बन जाएगा आप उस विषय को विषय वस्तु होने से नहीं रोक सकते। आप वी. पी. सिंह के बयान से मौन होने से थोड़ी साँस लेने की सोचें, पर इसी बीच रामजेठमलानी सूचनात्मक रहस्यों की प्रश्नवाचक रचनाएँ कर दिन में दस की गति से पेश करने लगेगा फिर फर्नांडीस, लिमये या आडवाणी तो कभी भी

बयान दे देंगे। बताइए इस तरह विषय को कोई चाहे भी तो कैसे रोक या बदल सकता है।"

आज की ताजा खबर

'काल-चिन्तन' के अन्तर्गत सम्पादक श्री राजेन्द्र अवस्थी ने वर्तमान पत्रकारिता और मानव-प्रवृत्ति पर प्रतीकात्मक रूप में प्रकाश डाला है :

"–अपेक्षा

–अपेक्षा यही थी कि जंगलों में उगा आदमी अपनी नस्ल नहीं बदलेगा।

–टुकड़ों में बँटे किन्तु एक गठे हुए जंगल की तरह वह भी गलियों सड़कों और दीवारों पर प्रेम के अक्षर लिखेगा।

–कहाँ से उठा रेगिस्तानी झंझावात। कहीं टीले बन गए कहीं उजाड़ हो गया।

–आज की ताजा खबर :

–तीन आदमियों की हत्या

–दो ने आत्महत्या की

–जिंदा आदमी भट्ठी में झोंक दिया गया

–चोरों ने बलात्कार किया

–डाकुओं ने गाँव उजाड़ दिया

–पड़ोसी देश ने अचानक हमला कर दिया

–बिस्कुट बनानेवाले ढाँचे में आदमी की जातियाँ बनीं, जातियों ने धर्म बना लिए।

–धर्म के नाम पर खून

–जातियों के नाम पर आदमी की कच्ची फसल कटने लगी

–कितना कुछ नहीं।

–अखबारों को पढ़ना बंद कर देना चाहिए।

–हमारा सारा सुख, चैन छीन लिया और हमारी नस्लों को बदलकर उनमें कीड़े भर दिए।

–मजबूर हो गए हम !

–जंगल की मजबूती को, बढ़ते हुए नरभक्षियों ने शहरों और कस्बों की कब्रों में दफना दिया है।"[9]

चाक्षुष एवं वैचारिक अश्लीलता

कंठ की स्वाधीनता के नाम पर कुछ मनचले वणिक् पत्रकारों द्वारा अश्लील लेखन को प्रोत्साहन दिया जा रहा है। गन्दे से गन्दे साहित्य की खुले आम बिक्री हो

रही है। उन पत्रिकाओं की छपाई मनोरम है लेकिन उन पर 'विषरस भरा कनक घट जैसे' वाली कहावत चरितार्थ हो रही है। एक बार सम्पादकाचार्य पं. बनारसीदास चतुर्वेदी ने ऐसी ही पत्रकारिता के संदर्भ में कहा :

"...पत्रिकाओं में ऐसी कहानियाँ अक्सर छपती रहती हैं जिनमें स्त्री-पुरुष-प्रसंगों का नग्न चित्र उपस्थित किया जाता है। हमारे एक साथी को एक ऐसी पत्रिका में काम करने का सौभाग्य (या दुर्भाग्य) प्राप्त हुआ था और उस पत्रिका के मालिक ने उन्हें आदेश दिया था कि ऐसी कहानियाँ छापिए, जिनमें 'सेक्स का पुट' हो। सेक्स के इस पुट को देना कोई मुश्किल काम नहीं। अल्प व्यय से अपने को दुराचारी बनाकर कोई भी युवक इस 'पुट' का सजीव वर्णन कर सकता है। और ऐसे पाठक-पाठिकाओं की संख्या निरंतर बढ़ती जाती है, जो इस प्रकार के यथार्थवाद के आदी बन चुके हैं।

हमने सुना था कि किसी प्रसिद्ध पत्रिका में एक कहानी छपी थी जिसका सार यह था कि एक उद्विग्न पिता अपनी अविवाहिता पुत्री से सवाल करता है–"तुम किस युवक से गर्भवती हुई हो ?" और वह निस्संकोच भाव से जवाब देती है–"मेरा सम्पर्क कई युवकों से हुआ था और मैं निश्चयपूर्वक कुछ भी नहीं कह सकती।"

X X X

स्वयं हमने आज से 50 वर्ष पहले हिन्दी साहित्य में बढ़ती हुई अश्लीलता के विरुद्ध आंदोलन किया था और उसे 'घासलेटी साहित्य' बतलाया था, पर वह आंदालन प्रायः असफल ही रहा। आज तो जब कुएँ में ही भाँग नहीं संखिया पड़ गया है, वैसे आंदोलन चलाने की कल्पना भी नहीं की जा सकती। आखिर हम कब तक कंठ की इस तथाकथित स्वाधीनता का ढोल पीटते रहेंगे ?"

आज कुछ सीमा तक हिन्दी पत्रकारिता नग्न हो चली है। नित्य प्रातःकाल दैनिक समाचारपत्रों को पढ़कर आभास होता है कि वे समाचारपत्र नहीं 'अपराध विशेषांक' हैं हत्या और विनाश के दैनिक उपन्यास हैं, मौत के तराने हैं। दया, करुणा, संवदेना, सहअस्तित्व, सहयोग, शील, क्षमा जैसे सद्‌गुणों के स्थान पर घृणा, ईर्ष्या, डाह, मत्सर, लोभ, दम्भ, दुर्भाव, द्वेष के दानवीय अवगुणों का कांटों भरा जंगल आज लहलहा रहा है। आज पत्रकारिता की दरी के नीचे अपने धतकरम को छिपाया जा रहा है। गंदा, बेहूदा, कुरूप, रुग्ण, विक्षिप्त भाव को जायकेदार बनाकर छापने की प्रवृत्ति प्रबल दिखलाई पड़ रही है। कुछ समाचारपत्र कागजी शेर बन रहे हैं और सम्पादक हिस्टीरियाई अन्दाज में चीखने पुकारनेवाले पागल दृष्टिगत होते हैं! पत्रकार श्री कन्हैयालाल मिश्र 'प्रभाकर' ने आजकल की पत्र-पत्रिकाओं की भीड़ को देखकर कहा : "वह मोटी अवश्य हुई पर उसे हाथीफील रोग हो गया। स्वार्थ और शिथिलता उसपर छा गए। वही बात कि वह विस्तृत भी हुई और विकृत भी।"

वस्तुतः हम एक ऐसे दौर से गुजर रहे हैं जिसमें सांस्कृतिक मूल्यों के सम्बन्ध में एक अंधे कुहासे की स्थिति पैदा हो गई है। एक तरफ सदियों पुरानी रूढ़ियाँ जन-जीवन को जकड़े हुए हैं, दूसरी ओर अत्याधुनिक मूल्यों की आँधी तेजी से चल रही है। आज का काल संक्रमण का काल है। पुरानी आस्थाएँ तेजी से टूट रही हैं, नयी आस्थाएँ अभी तक बनी नहीं हैं। इसीलिए मूल्यहीनता या नैतिक अराजकता का बोलबाला है। इस संक्रमण काल में तस्करी और राजनीति का घालमेल है। आज की स्थिति भी विचित्र है। हम स्वतंत्र हैं पर उसकी नींव आत्मगौरव को भूलते जा रहे हैं। हम राष्ट्रीयता की बात तो करते हैं परन्तु अपने ऐतिहासिक पहचान को खोते जा रहे हैं। शिक्षा का प्रसार तो हो रहा है लेकिन उसकी नींव राष्ट्रवाणी हतप्रभ हो रही है। आज बुद्धिजीवी वर्ग स्वीकार कर रहा है कि 44 वर्षों में भी भाषा का सवाल हल नहीं कर पाना एक गम्भीर राजनीतिक विफलता है। राजभाषा अधिनियम विचित्र है। राजभाषा पदाधिकारी, हिन्दी अधिकारी राष्ट्रवाणी हिन्दी को दोयम दर्जे की काम-चलाऊ अनुवादी भाषा के रूप में विकसित कर रहे हैं। हिन्दी का धड़ल्ले से अंग्रेजीकरण हो रहा है। हिन्दी के स्वतः स्फूर्त सहज विकास के मार्ग में असली बाधक तत्त्व तो हिन्दी के नाम पर कमाने खानेवाले हैं जिन्होंने राष्ट्रीय आंदोलन की भाषा को श्रीहीन करने का व्रत ले रखा है। आज एक तरफ अंग्रेजी की अंधभक्ति कुलांचे भर रही है तो दूसरी ओर हिन्दी की अस्मिता, गरिमा का भी प्रत्यक्षीकरण हो रहा है।

आंचलिकता-बोध

लघुपत्र लोकतांत्रिक व्यवस्था को विकसित करते हैं। सम्प्रति छोटे अखबार बड़ी समस्याओं से ग्रस्त है। छोटे अखबारों को निकालनेवाले मूलतः श्रमजीवी पत्रकार होते हैं। वे पत्रकारिता को एक चुनौती मानकर दिन-रात पत्र-प्रकाशन में लगे रहते हैं। वे सम्पादक प्रकाशक तो होते ही हैं आर्थिक कठिनाइयों से जूझनेवाले साहसी व्यवसायी भी हैं।

लघु समाचार पत्र-सम्पादकों तक सबकी पहुँच सरलता से हो जाती है। जो 'छुट भैये' बड़े अखबारों के गेट तक नहीं पहुँच सकते वे छोटे पत्रों के संचालकों पर धौंस जमाते हैं। प्रशासन और पुलिस के कोप का भाजन भी इन्हीं को बनना पड़ता है।

मध्यप्रदेश के पूर्व मुख्यमंत्री श्री अर्जुन सिंह ने कई स्थानों पर कहा है कि छोटे आंचलिक अखबारों का सीधा जुड़ाव जन समस्याओं से रहता है जब कि अखिल भारतीय अखबारों का सीधा सम्बन्ध नहीं रहता। सामाजिक चेतना के माध्यम के रूप में छोटे पत्र पूंजीवादी घरानों के बड़े पत्रों की अपेक्षा वरेण्य हैं।

सम्प्रति अनेक दैनिक पत्र अलग-अलग नगरों से अपने संस्करण निकाल रहे

हैं ताकि जागरित आंचलिक जनता पत्रों को अपना सके। 'आज', 'जागरण', 'नवभारत टाइम्स', 'दैनिक हिन्दुस्तान', 'नई दुनिया', 'जनसत्ता' आदि आंचलिक संस्करणों द्वारा अंचल-विशेष की सेवा कर रहे हैं। 'आज' (वाराणसी), 'आर्यावर्त' 'स्वतंत्र भारत' क्रमशः पूर्वी उत्तर प्रदेश, बिहार और अवध के प्रतीक हो गए हैं। अब तो 'धर्मयुग', 'चौथी दुनिया', 'दिनमान', 'ब्लिट्ज', 'इंडिया टुडे' हर आंचल की बातों से पाठकों को सुपरिचित करा रहे हैं। आंचलिकता-बोध से सभी पत्रों का अपना व्यक्तित्व बनता है। एक पत्र का स्थान दूसरा नहीं ले सकता। इस प्रवृत्ति से पाठकों की संख्या बढ़ी है।

पत्रों के लच्छेदार नाम

सम्प्रति कुछ पत्रों के नाम विचित्र हैं। उनसे यह नहीं समझना चाहिए कि हिन्दी में अच्छे गम्भीर नामों का अभाव है। इन पत्रों से आजकल के पत्रकारों की मनःस्थिति का परिचय मिलता है। डॉ. जगवीर सिंह ने जून 1987 की 'गंगा' पत्रिका में लिखा :

"देश की राजधानी, प्रदेशों, नगरों, कस्बों, मुहल्लों और गली-कूचों में अखबारों की बाढ़ सी आई हुई है। इधर जिधर भी देखो चीखता-बोलता-सोचता हुआ दिखाई देगा यह चौथा पाया। गलियारों से सड़कों तक, भवनों से पुलियों तक, मूत्रालयों से शिक्षालयों तक अखबारों के नाम फैले पड़े हैं। इन अखबारों के नाम भी बड़े अजीबो-गरीब, अटपटे-चटपटे हैं। मुलाहिज़ फरमाइए इन अखबारों के नामों का।

खेल और मार-धाड़ के नज़ारे

तमाचा, चुटकी, नटखट, खटपट, धरपकड़, होड़ पर होड़। सोंटा, त्रिशूल, रस्साकसी, खो खो–कुर्सी नाचे। गिल्ली-डंडा, धमाका, छपाका। पहरेदार, हरफनमौला, खिलंदड़। बल्लेबाज, चौका व छक्का। क्षेत्ररक्षण, प्रजा की पिच, टॉस, न्यारे खेल, हाजिर है खेल। आँख-मिचौली, दौड़ और पकड़। दम, दम और बम। शतरंज, व्यापार, साँप-सीढ़ी। उछलकूद, अच्छी सेहत, अभ्यास।

जहाँ वजूद झलकता है

औकात, हम भी है, अहम। बोल रे बोल, तराजू की तोल, फाटक खोल। हे जवान, हम आ रहे, प्रजा का डंका, हमारी चाल, बाल की खाल। कुछ ऐसा सब कुंछ, हरदम, सिर्फ हम। जुबान की ताकत, कलम मस्तानी, कलम के जौहर, करतब, नॉन-स्टॉप। मुसाफिर चल, हमारी जीत, हम वीर, विजेता, मंजिल, सदाबहार। जिंदा देश, देश के सिपाही, हमारी कीमत, हम विजयी, जीता देश, हंसा निर्माण।

जहाँ खबर इतराती है

ताजी खबर, पकी खबर, खबरदार, खबर की खबर, खबर की भंवर, खबर-चक्रम। खबर है कि, यह खबर है, खबर-राज्य, जो खबर है, खबर की चोट, खबर का हिसाब। तम्बू की खबर, खबर के शामियाने, खबर के अंदर, नीचे की खबर, पीछे की खबर। खबर का रायता, जोड़दार खबर, खबर के मसाले, बेजोड़ खबर। खबर का धर्म, जिंदादिल खबर, खबर का भांगड़ा, गोल खबर, खबर की खोल। हरी खबर, सफेद खबर, रंगीन खबर, संगीन खबर, खबर के हथोड़े, हमारी खबर, खबर के स्वर, खबर के साथ, लम्बी खबर, खबर के नखरे। चहल-पहल, खबरीला, मुरमुरी खबर, भुरभुरी खबर।

राजनीतिक नाम

टोपी, बहस-मुबाहसे, मीटिंग, हल्ला-गुल्ला, जूतमपैजार, पिछलग्गू, गांधी के चौखटे, भूल-भूलैया। कुर्सी, सिंहासन, दरबार, संसद का रास्ता, चहल-पहल। भाषण-सम्भाषण, मत के अधिकार, बहुमत, जनमत, एक मत। राजा हम, प्रजा की चीख, प्रजा का पेट, उठे हाथ, तनी मुट्ठियाँ। स्वतंत्र प्रकाश, राजसत्ता, वोटे शिकार, राज और भत्ता, शासन दुःशासन, शासक कौन, जनता मौन। कर्तव्य और अधिकार, हम हकदार, आजाद लहर, अफसरी, फरमान, अरमान।

चित्र-विचित्र

पते का पता, बात की लात, अजीब-गरीब, परखचे, जायके की पीढ़ी, सीढ़ी का उतार। सनसनाहट, फैसन का आदर्श। ब्रह्मांड और देवता, आसमान के हाथी, फावड़ा और गैंती। फैसले की दफाएँ, दफाओं का छिरका, बम-बम, भोले और शोले। राहु-केतु, राम की लंका, कप-प्लेट, बदमतीज सड़क। अटल-पटल, अदल-बदल, आजाद–कैद। पेट और पीठ, उतर और बढ़। सूरज का अंधेरा, कुर्सी की जीभ। लल्ला और गल्ला, पतला पानी, बहरे, सुनते हैं, गूंगी आवाज, कानी आँख। खूंटी-अरगनी, पहाड़े-पट्टी, जन्मघुट्टी।

मजाकिया नाम

गोलगप्पे, गुटरगूं… कूकडू कूं, बांग और दहाड़। हँसता जी, हँस और मर, हँसी के नासूर, ठग्गू के लड्डू, मस्त-कलंदर। रौबीली हँसी, बेजान हँसी, मजाक के छर्रे, बंदूक मीठी, फव्वारे, आस्तीन की हँसी। हा-हा… हो-हो। चें-चें… मैं-मैं, शालीन हँसी, नुक्कड़ हँसी, भुक्कड़ हँसी। तालठोंक हँसी, बेतीर के तुक्का, चिउंगम। जम्बो हँसी, बमबार हँसी, धाकड़ सिंह। हंस-टुडे, हँसी-विज्ञान, हंस-प्रगति, हँसी की दुनिया,

हँसी युग, हंस हिंदुस्तान हंस-पराग। हँस रे भाई··· ।"

हास्य-व्यंग्य से भरपूर कुछ पत्रों के नाम उनके प्रकाशन-स्थल के साथ प्रस्तुत हैं : गुरु घंटाल (कालपी), गुरु चेला (दिल्ली), गुरु जासूस (इलाहाबाद), गोजर (भीलवाड़ा), घर का संत (फतेहगढ़), घीसूलाल (झांसी), घुटाला (झांसी), घोटाला (आगरा), चोतमल (जयपुर), ठग (दिल्ली), ठिठोली (दिल्ली), ठेंगे से (पटना), अपक्ष (नागपुर), उखाड़-पछाड़ (मथुरा), अंगड़ाई (आगरा), अनाड़ी (बंबई), क्या कहाँ (अलीगढ़), कर-वटें (आरा), काक दृष्टि (कानपुर), खुल्लमखुल्ला (गाजीपुर), चिक्कार (पूर्णिया), चर्चिका (हरदोई), चीख (जयपुर), चुटकी (चौबीस परगना), चेतो (रतनगढ़), चेला (बंबई), जीजी (जालौन), जागो और जगाओ (बुलंदशहर), झकाझक (मेरठ), झटपट (कांकरखेरा), झुनझुना (आगरा), टहलमल (कानपुर), ठहरो (गढ़वाल), डरो मत (हाथरस), तमाचा (भिण्ड), तीर तुक्का (इंदौर), धड़ल्लेदार (उरई), धमाका (भंडारा), धाकड़बन्धु (देवास), नटखट (जबलपुर), नुक्कड़ (फतेहपुर), नोकझोंक (आगरा), फक्कड़ (कानपुर), फटकार (उदयपुर), फफूंद (जयपुर), बम बम (कानपुर), भंडाफोड़ (गया), भभक (अजमेर), भिड़ते (मथुरा), रंग चकल्लस (बंबई), लतियाव (रामपुर), लल्लू-पञ्जू (लखनऊ), लल्ला (इलाहाबाद), लाल बुझक्कड़ (बलिया), भ्रष्टभूत (हरदोई), आफत मेला (अलीगढ़)।

उपर्युक्त पत्रों ने स्थानीय नागरिकों का मनोरंजन किया तो लहू की लौ (सगरिया), लाल अखबार (देहरादून), लाल कलम, (अजमेर), लाल दूत (भरतपुर), लोग, लोग और लोग (खंडवा), हर हर (कानपुर), हुड़दंग (सरगुजा), हड़कम्प (भोपाल), हलचल (काशी), शेरबच्चा (इलाहाबाद), सुनो सुनाता हूँ (बम्बई), आदि अनेक पत्रों ने जीर्ण-शीर्ण व्यवस्था के प्रति रोष प्रकट किया।

हिन्दी पत्रकारिता जगत् में कुछ ऐसे भी पत्र हैं जिनका नाम उर्दू में है। ऐसे पत्रों में अंदाज (नागपुर), आफ़त (भागलपुर), इंसाफ का मुक्का (लुधियाना), इंसाफ (अलवर), उस्तरा (चम्पारण), खुराफात (सागर), खून और पसीना (उदयपुर), गर्दिश (भरतपुर), गुमाशता (इंदौर), गुलजार (अजमेर), गुलदस्ता (आगरा), चर्चा-ए-हरम (सहारनपुर), जंग-औ' अमन (सहारनपुर), जंगजू (चित्तौरगढ़), जरूरत (मुजफ्फरनगर), जाँबाज (जयपुर), तबस्सुम (बरेली), बेजुबान (झांसी), बिस्मिल (गोरखपुर), मुकद्दर (कोटा), मुफलिस (रीवा), शराफत (भोपाल), साकी (वाराणसी), सिर्फ (पटना), हजामत (इंदौर), हिफाजत (कानपुर), हुकूमत (मुरादाबाद), हकदार (बीकानेर) प्रमुख हैं। ये पत्र हिन्दी उर्दू की गंगा-जमुनी हैं।

हिन्दी में निकलनेवाले कुछ पत्रों के नाम अंग्रेजी में हैं : अंडरवर्ल्ड (दिल्ली), अपोजिशन (मेरठ), अपोलो (जालंधर), आनवर्ड (अम्बाला), आपरेशन (कन्नौज), इंटीमेट (मुजफ्फरपुर), एलार्म (जालौन), इंडियन दूत (जोधपुर), एटम (जबलपुर), एटवन्स (वाराणसी), एडवाइजर (झांसी), एडीटर (कानपुर), करंट (दिल्ली), कामरेड

(भरतपुर), ग्रेटेस्ट क्रान्ति (बीकानेर), ग्लोब (बरेली), चैलेन्ज (भोपाल), टसल (दिल्ली), टाईड (लखनऊ), टानिक (ग्वालियर), टिंकल (बम्बई), डिटेक्टिव (अलीगढ़), प्लीडर (उदयपुर), लुकवेल (जयपुर), बी प्रिपेयर्ड (दिल्ली), ब्लिट्ज (बम्बई), ब्लेम (धनबाद), ब्रिगेडियर (उज्जैन), स्पाई (मुजफ्फरपुर), स्पार्क (मेरठ), हैप्पी (बरेली), स्प्लिंटर (पटना) आदि ये सभी हिन्दी पत्रकारिता की वर्तमान प्रवृत्ति के परिचायक हैं।

अटपटे शीर्षकवाले पत्र

10 अक्टूबर 1988 के 'आज' ने 'अटपटे शीर्षकवाले समाचार पत्र छपते हैं मध्यप्रदेश में' के अन्तर्गत लिखा है :

"भोपाल, 9 अक्टूबर (भा.)। 'अब नहीं होगा भ्रष्टाचार', 'चाहे भगवान् चाँदी की रोटी', 'चाँदी का जूता', 'असलियत का पता', 'खौफनाक', 'स्वार्थी', 'परेशान जिन्दगी', 'मम्मी डैडी संवाद', और 'ढिढोरा' इत्यादि इत्यादि।

यह अटपटे शीर्षक किसी आनेवाली हास्य फिल्म या टी. वी. धारावाहिक के नाम नहीं हैं, बल्कि मध्य प्रदेश के विभिन्न अंचलों से प्रकाशित होनेवाले साप्ताहिक पत्रों के अजीबो-गरीब नामों की बानगी है। मध्यप्रदेश की धरती समाचारपत्रों विशेषकर साप्ताहिक पत्रों के लिए पर्याप्त उर्वरा सिद्ध हुई है। इसके कारण ही साप्ताहिक पत्रों की फसलों में 'दिन दूनी रात चौगुनी' वृद्धि हुई है। राज्य में पिछले दस वर्षों में ही साप्ताहिक पत्रों की संख्या में लगभग तीन गुना वृद्धि हुई है।

भोपाल के पानी का ही असर है या फिर यहाँ की राजनीतिक स्थिति ऐसी रही है कि जिसके कारण साप्ताहिक समाचार पत्र उद्योग यहाँ पर्याप्त फल-फूल रहा है। समूचे राज्य में भोपाल जिले में ही सबसे ज्यादा सौ साप्ताहिक पत्रों का प्रकाशन होता है जबकि सबसे कम साप्ताहिक निकालने का श्रेय राजधानी से ही लगे रायसेन जिले को है। यहाँ से मात्र दो ही साप्ताहिक प्रकाशित होते हैं। दैनिक समाचारपत्र भी मध्यप्रदेश में कम नहीं निकलते हैं। इनकी संख्या में भी पिछले वर्षों में भारी वृद्धि हुई है। अभी राज्य में लगभग डेढ़ सौ से अधिक दैनिक प्रकाशित हो रहे हैं। इनमें भी राजधानी भोपाल का नम्बर सबसे आगे है। यहाँ से लगभग डेढ़ दर्जन से अधिक दैनिक प्रकाशित होते हैं।

मध्यप्रदेश से प्रकाशित होनेवाले कई साप्ताहिक अखबारों के नाम कुछ ज्यादा ही अजीबो-गरीब हैं। उदाहरणस्वरूप 'चीखते दरवाजे', 'बोलती दीवारें', 'गोटी स्वर', 'हल्लाबोल', 'हिप-हिप हुर्रे', 'अटपट अटल-पटल', 'धरपकड़', 'किरकिरी', 'सोनाघाटी टाइम्स', 'इन्टरनेशनल किंग', 'उबलते लहू', 'दहकते अंगारे', 'प्रदेश की लगाम', 'शेर-ए-इन्दौर', 'ब्रह्म पिशाच', 'गायत्री सावित्री टाइम्स', 'उठो पार्थो',

'रोशनी का सम्राट', 'चटपट गंजा', आदि प्रमुख हैं।

समाचारपत्रों का नाम रखने के मामले में सम्भवतः समाचारपत्र मालिक अपने स्वयं या नगर के नाम और टाइम्स शब्द से काफी प्रभावित हो रहे हैं। नौ सौ में से सौ से अधिक समाचार पत्र ऐसे हैं जो किसी नाम से शुरू होकर टाइम्स पर खत्म होते हैं। इनमें 'रक्षा टाइम्स', 'आहूजा टाइम्स', 'गोविन्द टाइम्स', 'रवीन्द्र टाइम्स', 'नागेश्वर टाइम्स', 'परकी टाइम्स', 'कटघोरा टाइम्स', 'गजनफर टाइम्स आफ दुनिया', 'कनमढ़ टाइम्स', 'भोपाल प्रत्यक्षदर्शी', 'टाइम्स ऑफ मध्यप्रदेश', 'कलयुग टाइम्स' आदि आदि प्रमुख हैं।

कुछ साप्ताहिक समाचार पत्रों के नाम इस प्रकार भी देखे गए जिनका कहीं कोई सिरपैर नहीं होता लेकिन बाकायदा रजिस्टर्ड रूप से प्रकाशित हो रहे हैं। इनमें हिप-हिप हुर्रे, हे भगवान्, श्री जी, सूर्यचाल, आराम हराम है, ताल-बेताल, मैं आया, नुकीला पत्थर, चोरी की रोटी, रामजानकी, देखा न देखा, बिना टिकट, तमाचा आदि हैं।

फिल्म अथवा उपन्यास की तर्ज़ पर रखे गए साप्ताहिक समाचार पत्रों की भी मध्यप्रदेश में कमी नहीं है। इनमें बेचैन जमाना, तड़पती भूख, अनोखी दुनिया, स्वार्थी, बतंगड़, करीब गंगा, गूंगा इन्सान, परेशान जिन्दगी, उबलते लहू, दहकते अंगारे, अनमोल रोटी, दिल और पत्थर प्रमुख हैं।

कई अखबारों के नाम ऐसे भी हैं जो एक दूसरे से सम्बन्धित या पर्यायवाची से लगते हैं। जैसे किसी ने बेताल निकाला तो ताल-बेताल भी निकलने लगा। बोलती दीवारें के जवाब में खामोश दीवारें मैदान में आ गया। ऐसे ही मित्र का हाथ प्रकाशित हुआ तो वहीं पीड़ित मित्र बाजार में आ गया।

ऐसा नहीं है कि ये सभी समाचारपत्र नियमित छपते हों। इनमें कई ऐसे हैं जो केवल 26 जनवरी, 15 अगस्त, अथवा होली दीवाली को ही प्रकाशित होते हैं।

मध्यप्रदेश में साप्ताहिक समाचारपत्र उद्योग सबसे कम पूँजी में लगनेवाला उद्योग कहा जाता है। यही कारण है कि जिससे दिनों-दिन वृद्धि होती जा रही है तथा औसतन यहाँ रोज एक नया साप्ताहिक शुरू हो जाता है।"

उपर्युक्त अटपटे शीर्षकवाले समाचारपत्र केवल मध्यप्रदेश में ही नहीं छपते। सूक्ष्म निरीक्षण किया जाय तो ज्ञात होगा कि सभी हिन्दी भाषी प्रान्तों में ऐसी ही प्रवृत्ति पाई जाती है।

साहित्यिक पत्रिकाएँ

हिन्दी साहित्य को स्वस्थ दिशा प्रदान करनेवाली साहित्यिक पत्रिकाओं की कमी नहीं है। हिन्दी की विविध विधाओं को मंडित करने में 'कथा' (मार्कण्डेय,

इलाहाबाद), 'कथानक' (सुनील, कानपुर), 'कथा दशक' (सतीश जमाली, इलाहाबाद), 'कलम' (अरुण माहेश्वरी, कलकत्ता) 'कहानियाँ' (सत्येन कुमार, भोपाल), 'अब' (शंकर, सासाराम), 'अक्षरा' (प्रभाकर श्रोत्रिय, भोपाल), 'आम आदमी' (रमणिका गुप्त, हजारीबाग), 'आवेश' (रमेश बक्षी, नई दिल्ली), 'जन संस्कृति' (अवधेश प्रधान, वाराणसी), 'कहानीकार' (कमलगुप्त, वाराणसी) 'नयी रचना' (मदन मोहन, गोरखपुर), 'नयी संस्कृति, (सुरेन्द्र स्निग्ध, पटना,), 'पहल' (ज्ञानरंजन, जबलपुर), 'पूर्वग्रह' (अशोक वाजपेयी, भोपाल), 'प्रयोजन' (वीरेन्द्र यादव, लखनऊ), 'प्रसंग' (शम्भु बादल, हजारी बाग), 'मधुमती' (हेतु भारद्वाज, उदयपुर), 'वर्तमान साहित्य' (से. रा. यात्री, वि. ना. राय, गाजियाबाद), 'व्यंग्य-विविधा' (डॉ. मधुसूदन पाटिल, हिसार), 'वसुधा' (धनंजय वर्मा, भोपाल), 'विपक्ष' (भारत यायावर, हजारीबाग), 'संचेतना' (डॉ. महीप सिंह, दिल्ली), 'समकालीन सृजन' (डॉ. शम्भुनाथ, हावड़ा), 'सम्भव' (सुभाष शर्मा, दिल्ली), 'सर्वनाम' (विष्णुचन्द्र शर्मा, दिल्ली), साक्षात्कार' (सोमदत्त मनोहर वर्मा, भोपाल), 'दस्तावेज' (डॉ. विश्वनाथ प्रसाद तिवारी, गोरखपुर), 'जनपक्ष' (शैलेश मटियानी, इलाहाबाद), 'सम्पर्क' (रामस्वरूप द्विवेदी, इलाहाबाद), 'प्रतिज्ञा प्रतीक' (डॉ. सावित्री मिश्र, इलाहाबाद) 'नया पथ' (भैर,व प्रसाद गुप्त, नई दिल्ली), 'उत्तर गाथा' (सव्यसाची, नई दिल्ली), 'कथन' (रमेश उपाध्याय, दिल्ली), 'आलोचना' (डॉ. नामवर सिंह, दिल्ली), 'तेजस्वी' (बालकृष्ण पाण्डेय, इलाहाबाद) 'सम्बोधन' (कमर भेवाड़ी, काकरोली, राजस्थान), 'अतएव' (अखिलेश, लखनऊ), 'वैचारिकी' (मणिका मोहिनी, बम्बई), 'संकल्प' (डॉ. देवेश ठाकुर, बम्बई), सम्मेलन पत्रिका तथा नागरी प्रचारिणी पत्रिकाओं का हाथ है। सार्थक साहित्य सृजन हेतु ये पत्रिकाएँ तत्पर हैं।

'समकालीन भारतीय साहित्य', 'मधुमती', 'आजकल', 'हिन्दुस्तानी', 'उत्तरप्रदेश', 'हिमप्रस्थ', 'मध्यप्रदेश संदेश', 'राष्ट्रधर्म', 'प्रकर', 'पुरुष', आदि पत्रिकाएँ साहित्यिक और राष्ट्रीय चेतना के प्रति कृत संकल्प हैं। 'समीक्षा' और 'आलोचना' द्वारा साहित्य के नये प्रतिमानों को दिग्दर्शित किया जाता है।

'नया पथ', 'कलम', 'उत्तरगाथा', 'उत्तरार्द्ध', 'पहल', 'नया विकल्प', 'उद्भावना', 'अब', 'कतार' आदि वामपंथी पत्रिकाएँ हैं जिनके द्वारा जनवादी चिंतन को मुखरित किया जाता है। 'लहर', 'कल्पना', 'कथन', 'पश्यन्ती', 'क्यों', 'गवाह', 'कहानी', आदि समय-समय पर प्रकाशित होनेवाली साहित्यिक पत्रिकाएँ हैं जिनका साहित्यिक अवदान उल्लेख्य है। 'दस्तावेज', 'प्रतिमान', 'अंचल भारती', 'प्रसंगवश', 'शिखर', 'हंस', से हिन्दी-जगत् को बड़ी आशाएँ हैं।

'संचार माध्यम' (डा. रामजी लाल जाँगिड, दिल्ली) 'युवराज', 'विविध संवाद' (सुरेन्द्र बीनू सिन्हा, बरेली), 'पत्रकार लोक' (डॉ. रमेश जैन, विष्णु पंकज, जयपुर), 'आंचलिक पत्रकार' (विजयदत्त धर, भोपाल), 'अन्तर्राष्ट्रीय श्रोता समाचार' (अरुण

कुमार, विद्या भूषण अग्रवाल, इलाहाबाद), 'विदुर' (प्रकाश राव, दिल्ली), 'परिसर' (बनारस हिन्दू विश्वविद्यालय), आदि ऐसी पत्रिकाएँ हैं जिनसे राष्ट्रीय परिप्रेक्ष्य में साहित्य और जनसंचार माध्यमों की व्यापक भूमिका पर प्रकाश डाला जाता है। अनेक साप्ताहिक, पाक्षिक, और मासिक पत्र सामाजिक, आर्थिक, सांस्कृतिक और राजनीतिक प्रश्नों पर गहराई से सोच रहे हैं। साम्राज्यवाद, सामंतवाद, पूँजीवाद, आर्थिक और सामाजिक शोषण से मुक्त भारतीय जीवन को सुसंस्कृत और सुपुष्ट बनाने में आजकल की पत्र-पत्रिकाओं का विशेष योगदान है।

उपर्युक्त साहित्यिक पत्र-पत्रिकाओं द्वारा साहित्य-सृजन के क्षेत्र में अनेक नये साहित्यिक आंदोलन प्रारम्भ हुए। नयी प्रवृत्तियों के विकास के साथ-साथ नयी प्रतिभाएँ प्रतिष्ठित हुई हैं। कविता, कहानी, उपन्यास, संस्मरण, रिपोर्ताज, निबंध, लेख, रूपक के क्षेत्र में नए मोड़ आए हैं फलतः हिन्दी साहित्य को नयी दिशा प्राप्त हुई है। गद्य-लेखन समृद्ध हुआ है परन्तु काव्य प्रणयन कुछ मंद हो चला है।

हिन्दी की अनेक पत्रिकाओं ने कम से कम शब्दों में अधिक से अधिक अर्थ-बोध कराया है। उनके द्वारा भाषा की व्यंजना-शक्ति बढ़ी है, शब्दों को नयी अर्थवत्ता दी गई है। सांकेतिकता, प्रतीकात्मता तथा बिम्ब-विधान द्वारा हिन्दी के गागर में सागर भरने का सत्प्रयास चल रहा है।

हिन्दी पत्रों का बाहुल्य

संक्रान्ति की स्थिति में भी हिन्दी पत्रकारिता विकसित हो रही है। सन् 1983 में हिन्दी में प्रकाशित पत्रिकाओं की संख्या 15,439 रही जबकि भारत की सभी भाषाओं में प्रकाशित पत्रिकाओं की संख्या 19,227 थी। पत्रिकाएँ विविधता से परिपूर्ण हैं। विषय-वस्तु से सम्बद्ध हिन्दी पत्रिकाओं की संख्या निम्नवत् है :

समाचार तथा सामयिक विषय	–	3,651	समाज कल्याण	–	133
साहित्यिक और सांस्कृतिक	–	706	शिक्षा	–	45
धर्म और दर्शन	–	319	प्रौद्योगिकी	–	12
वाणिज्य और उद्योग	–	46	बाल	–	63
चिकित्सा और स्वास्थ्य	–	71	बीमा और बैंकिंग	–	22
फिल्म	–	94	वित्त	–	12
श्रम	–	76	कला	–	07
कानून	–	15	खेल	–	06
कृषि-पशुपालन	–	90			
परिवहन और संचार	–	12			
विज्ञान	–	13			

महिला	–	23
रेडियो एवं संगीत	–	5
अवर्गीकृत	–	08

सन् 1982 के अन्त में समाचारपत्रों और पत्रिकाओं की संख्या 19,937 थी जब कि सन् '81 में 19,144 थी। उत्तरप्रदेश में सर्वाधिक 2,799 समाचारपत्र छपते थे। महाराष्ट्र 2,625 और दिल्ली 2,458 समाचारपत्रों और पत्रिकाओं के प्रकाशन के साथ क्रमशः दूसरे तीसरे स्थान पर था। उत्तरप्रदेश में 182 दैनिक पत्र निकलते थे। अधिकतर पत्र निजी स्वामित्ववाले थे। सन् '82 में निजी स्वामित्व–4,250, ज्वांइट स्टाक कम्पनियां –468, फर्म/साझेदारी –377, समितियाँ/संघ–1,399, ट्रस्ट–205, सरकार–187 तथा अन्य स्वामित्ववाले माध्यम से 213 पत्र प्रकाशित होते थे।

समाचारपत्र रजिस्ट्रार की 29 वीं रिपोर्ट के अनुसार 1984 में हिन्दी में 6,370 समाचारपत्र-पत्रिकाएँ प्रकाशित होती थीं। जबकि अंग्रेजी में 3,961, बंगला में 1,662, उर्दू में 1,492 तथा मराठी में 1,668 समाचारपत्र प्रकाशित हुए। दैनिकों में भी हिन्दी के सर्वाधिक 554 दैनिक छपते थे। उर्दू के 182, अंग्रेजी के 138, मराठी के 132 और मलयालम के 118 दैनिकों का प्रकाशन हुआ। एक संस्करणीय दैनिकों में सर्वाधिक, प्रसार संख्या कलकत्ता के बंगला दैनिक 'आनन्द बाजार पत्रिका' की थी। बहुसंस्करणीय दैनिकों में अंग्रेजी दैनिक 'इंडियन एक्सप्रेस' (दस संस्करण) आगे रहा जिसकी प्रसार संख्या 6,28,620 प्रतियाँ थीं। पत्रिकाओं में कोट्टायम सें प्रकाशित मलयालम साप्ताहिक 'मंगलम्' 9,54,075 प्रतियाँ प्रकाशित कर सर्वोच्च स्थान पर प्रतिष्ठित था।

राज्यों के आधार पर सन् 1984 में सर्वाधिक पत्र-पत्रिकाएँ उत्तर प्रदेश से 3,063 प्रकाशित थे। दिल्ली (2,772) और महाराष्ट्र (2,735), क्रमशः दूसरे तीसरे नम्बर पर थे। सन् 1985 में उत्तर प्रदेश से 3,209, दिल्ली से 2,895 तथा महाराष्ट्र से 2,748 पत्र निकले। दैनिक पत्रों के प्रकाशन के संदर्भ में 250 पत्रों के कारण उत्तर प्रदेश प्रथम स्थान पर एवं महाराष्ट्र 198 पत्रों के साथ द्वितीय स्थान पर प्रतिष्ठित थे।

भारतीय समाचारपत्रों में 36 पत्र एक सौ साल से छपते आ रहे हैं। सन् 1822 से प्रकाशित गुजराती दैनिक 'बम्बई समाचार' सर्वाधिक पुराना है। आडिट ब्यूरो आफ सर्क्यूलेशन द्वारा प्रमाणित तथ्यों से ज्ञात होता है कि प्रसार संख्या के आधार पर 'मलयालम मनोरमा' प्रथम, 'टाइम्स आफ इंडिया' (विविध स्थानों के संस्करणों सहित) द्वितीय, 'इंडियन एक्सप्रेस' तृतीय, 'नवभारत टाइम्स' (हिन्दी) चतुर्थ, 'मातृभूमि' पंचम स्थान पर थे। संख्या की दृष्टि से हिन्दी दैनिकों का बाहुल्य

था। हिन्दी में 554 दैनिक, 2900 साप्ताहिक, अंग्रेजी में 138 दैनिक 440 साप्ताहिक तथा उर्दू में 182 दैनिक एवं 723 साप्ताहिक पत्र निकलते थे।

प्रमुख पत्र

वर्तमान जीवन के बहुआयामी विस्तार और विकास से सुपरिचित होने के लिए पत्रकारिता अपरिहार्य है। पत्रकारिता अतीत को उद्‌घाटित करने के साथ आज की हर साँस तथा धड़कन को विश्लेषित करती है। विश्व के साहित्य, विज्ञान, इतिहास, भूगोल, मनोविज्ञान, आदि को प्रस्तुत करने तथा खेलकूद, संगीत, नृत्य, फिल्म को लोकप्रिय बनाने में पत्रकारिता शीर्षस्थ है। पत्रकारिता के विकास का यह काल प्रतिस्पर्द्धा और प्रतियोगिता की भावना से सम्पृक्त पत्र-पत्रिकाओं के व्यवसायीकरण की कथा है। पत्रकार अब भावुकता के साथ व्यावसायिक बुद्धि, व्यापारिक अनुभव एवं व्यावहारिक चातुर्य से पूर्ण होकर एक पूर्णकालिक उद्यमी बन गया है।

सम्प्रति सम्पादक से वरेण्य प्रबंध सम्पादक का पद हो गया है। व्यवसाय प्रबंध उद्योग की वह जीवनदायिनी शक्ति है जो मानवीय एवं अन्य भौतिक संसाधनों की सहायता से उद्देश्यों का निर्धारण करती है तथा उनको प्राप्त करने में सचेष्ट रहती है। अधिकतम, श्रेष्ठतम तथा सस्ते उत्पादन, पाठकों की सन्तुष्टि, समाज के विकास तथा आर्थिक न्याय की प्राप्ति की प्रक्रिया में पत्रों के अनेक प्रकाशन गृह लगे हुए हैं। समाचारों के संकलन, विश्लेषण, उपयोग, उत्पादन, विपणन, कर्मीवर्ग एवं वित्त विभागों से परिपूर्ण समाचार-पत्र का कार्यालय प्रबंध-दर्शन का केन्द्र बन चुका है जहाँ नियोजन, संगठन, अभिप्रेरण तथा नियन्त्रण की बातें देखी जाती हैं। व्ययसाध्य संचार-साधनों एवं अत्याधुनिक मुद्रण तकनीक के फलस्वरूप पत्रकारिता उद्योग बन चुकी है। विविध रंग, रूप, प्रवृत्ति से परिपूर्ण पत्र-पत्रिकाएँ निम्नलिखित प्रमुख प्रकाशन संस्थानों से निकल रही हैं जिनसे हिन्दी पत्र-जगत् समृद्ध हो रहा है :

बैनेट कोलमेन एण्ड कम्पनी लिमिटेड, बम्बई

इस प्रमुख प्रकाशन-संस्थान द्वारा 'टाइम्स आफ इंडिया' (1838) अंग्रेजी दैनिक, 'इवीनिंग न्यूज आफ इंडिया' (1928) अंग्रेजी दैनिक, 'नव भारत टाइम्स' (1947) हिन्दी दैनिक, इलस्ट्रेटेड वीकली (1929) अंग्रेजी साप्ताहिक, 'धर्मयुग' (1950), 'इकानामिक टाइम्स' (1961) अंग्रेजी दैनिक, 'महाराष्ट्र टाइम्स' (1962) मराठी दैनिक, 'दिनमान' (1965) हिन्दी साप्ताहिक, 'टाइम्स वीकली' (1970) अंग्रेजी साप्ताहिक जैसे सुविख्यात पत्र का प्रकाशन होता है।

'फिल्म फेयर' (1952, अंग्रेजी पाक्षिक), 'फेमिना' (1959, अंग्रेजी पाक्षिक),

'पराग' (1958, हिन्दी मासिक), 'सारिका'(1960, हिन्दी मासिक), 'माधुरी' (1964, हिन्दी पाक्षिक), 'साइंस टुडे' (1966, अंग्रेजी मासिक) तथा 1964 से अंग्रेजी, हिन्दी, मराठी, गुजराती, तमिल, बंगाली में प्रकाशित 'इन्द्रजाल कामिक्स' जैसी पत्रिकाएँ इसी समूह की हैं।

नवभारत टाइम्स (4 अप्रैल, दिल्ली) : सम्पादक–सर्वश्री सत्यदेव विद्यालंकार, हरिशंकर द्विवेदी, राणा जंगबहादुर सिंह, वंशदेव मिश्र, चन्द्रशेखर शास्त्री, मातादीन भगेरिया, राजबहादुर सिंह, रामगोपाल विद्यालंकार, अक्षय कुमार जैन, सच्चिदानन्द हीरानन्द वात्स्यायन 'अज्ञेय', राजेन्द्र माथुर। 1950 में कलकत्ता और बम्बई से भी प्रकाशित। 1953 में कलकत्ता संस्करण बंद। सम्प्रति बम्बई, लखनऊ, पटना, जयपुर से इस पत्र का संस्करण प्रकाशित। अभिनव शब्दों के प्रयोग, नये विषयों के समावेश एवं नित-नूतन साज-सज्जा के कारण पत्र लोकप्रिय।

धर्मयुग (8 अक्टूबर 1950, साप्ताहिक) : सम्पादक–डॉ. हेमचन्द्र जोशी, इलाचन्द्र जोशी, सत्यदेव विद्यालंकार, डॉ. धर्मवीर भारती, गणेश मंत्री, उपसम्पादक–मनमोहन सरल, कुमार प्रशांत।

फीचर पत्रिका, समसामयिक घटनाक्रम का विवेचन तथा साहित्य, संस्कृति, मनोरंजन पर विशिष्ट सचित्र लेख। जनरुचि के अनुरूप उच्चस्तरीय सामग्री एवं नयनाभिराम मुद्रण के कारण हिन्दी पत्रों में सर्वश्रेष्ठ। समसामयिक वार्ताओं से समृद्ध एक जीवंत साप्ताहिक पत्र।

दिनमान (21 फरवरी 1965) : सम्पादक–सच्चिदानन्द हीरानन्द वात्स्यायन 'अज्ञेय', रघुबीर सहाय, कन्हैयालाल नन्दन, सतीश झा। टाइम्स आफ इंडिया प्रकाशन का 'दिनमान' समय, सत्ता और संघर्ष की समझ से परिपूर्ण। सम्प्रति–घनश्याम पंकज, सम्पादक, जितेन्द्र गुप्त, महेश्वरदयालु गंगवार–उप सम्पादक एवं रमेश चन्द्र–प्रकाशक एक सशक्त, समृद्ध निष्पक्ष पत्र के रूप में समादृत। अपनी रजत जयंती (18 से 24 फरवरी 90) से 'दिनमान टाइम्स' रंगीन सम्पूर्णतर साप्ताहिक रविवारीय अखबार के रूप में प्रकाशित।

पराग (मार्च 1958, मासिक) : सम्पादक–सत्यकाम विद्यालंकार, आनन्द प्रकाश जैन, कन्हैयालाल नन्दन, डॉ. हरिकृष्ण देवसरे। टाइम्स आफ इंडिया प्रकाशन की पत्रिका द्वारा बाल-साहित्य सृजन को प्रोत्साहन।

सारिका (1960) : सम्पादक–रतनलाल जोशी, चन्द्रगुप्त विद्यालंकार, मोहन राकेश, कमलेश्वर, कन्हैया लाल नन्दन, अवध नारायण मुद्गल। पहले मासिक अब पाक्षिक। टाइम्स आफ इंडिया प्रकाशन की इस सर्वश्रेष्ठ कहानी पत्रिका द्वारा हिन्दी की श्रीवृद्धि।

माधुरी (20 जनवरी 1964) : सम्पादक–अरविंद कुमार, विनोद कुमार तिवारी, प्रारम्भ में मासिक अब पाक्षिक। टाइम्स आफ इंडिया समूह द्वारा बम्बई

से प्रकाशित, सुसंस्कृत फिल्मी पत्रिका 'माधुरी' द्वारा चित्रपट-जगत् में नई चेतना का प्रवाह।

हिन्दुस्तान टाइम्स प्रकाशन, दिल्ली

इस प्रकाशन गृह द्वारा 'हिन्दुस्तान टाइम्स' (1923, अंग्रेजी दैनिक), 'हिन्दुस्तान टाइम्स इवीनिंग न्यूज' (1944, अंग्रेजी दैनिक), 'ओवरसीज हिन्दुस्तान टाइम्स' (1950, अंग्रेजी साप्ताहिक), 'हिन्दुस्तान' (1936, हिन्दी दैनिक), 'साप्ताहिक हिन्दुस्तान' (1950, हिन्दी साप्ताहिक), 'कादम्बिनी' (1960, हिन्दी मासिक) तथा 'नन्दन' (1916, हिन्दी मासिक) का प्रकाशन होता है। सभी पत्र-पत्रिकाएँ दिल्ली से ही निकलती हैं।

हिन्दुस्तान (12 अप्रैल 1936) : सम्पादक–सत्यदेव विद्यालंकार, मुकुट बिहारी वर्मा, हरिकृष्ण त्रिवेदी, रतनलाल जोशी, चन्दूलाल चन्द्राकर, विनोद मिश्र। सन् 1942 में लगभग 6 माह तक सेंसरशिप के विरोध में बन्द। महामना मालवीय, गांधी, नेहरू के शुभाशीर्वाद से गौरवान्वित। देवदास गांधी द्वारा स्वस्थ परम्पराओं की स्थापना। सम्प्रति पटना से भी प्रकाशित सामयिक राजनीति, साहित्य और संस्कृति सम्बन्धी गतिविधियों का प्रस्तोता। ताजा समाचार, निष्पक्ष विचार से परिपूर्ण हिन्दी का सर्वश्रेष्ठ दैनिक।

साप्ताहिक हिन्दुस्तान (2 अक्टूबर 1950) : सम्पादक–मुकुट बिहारी वर्मा, बाँके बिहारी भटनागर, गोविन्द प्रसाद केजरीवाल, रामानन्द दोषी, मनोहर श्याम जोशी, श्रीमती शीला झुनझुनवाला, राजेन्द्र अवस्थी, मृणाल पाण्डे। अध्यक्ष– नरेश मोहन। हिन्दी साहित्य की विविध विधाओं को सुस्पष्ट करने में अग्रणी।

कादम्बिनी (नवम्बर 1960) : पहले प्रयाग से बालकृष्ण राव द्वारा सम्पादित। रामानन्द दोषी, राजेन्द्र अवस्थी। आस्था के आयाम, शब्द-सामर्थ्य, काल-चिन्तन, वचन-वीथि, ज्ञान-गंगा, गोष्ठी, नयी कृतियाँ, तनाव से मुक्ति जैसे स्थायी स्तम्भों के कारण हिन्दी की शीर्षस्थ पत्रिका। 'कादम्बिनी' मासिक 'आकल्पं कवि नूतनाम्बुदमयी कादम्बिनी वर्षतु' लक्ष्य के कारण सांस्कृतिक चिन्तन की पत्रिका।

नन्दन (नवम्बर 1964) : सम्पादक–राजेन्द्र अवस्थी, जयप्रकाश भारती। एलबम, तेनालीराम, ज्ञान-पहेली, चीटू-नीटू, चित्र-पहेली, बच्चों का अखबार स्तम्भ वाली बाल-पत्रिका द्वारा भारतीय संस्कृति का प्रसार। बाल-साहित्य को समृद्ध बनाने में 'नन्दन' उल्लेख्य।

आनन्द बाजार पत्रिका लिमिडेट, कलकत्ता

इस प्रकाशन-समूह द्वारा 'आनन्द बाजार पत्रिका' (1922), 'देश' (1933, बंगला साप्ताहिक), 'हिन्दुस्तान स्टैण्डर्ड' (1937, अंग्रेजी दैनिक) तथा 'रविवार' (1977,

हिन्दी साप्ताहिक) का प्रकाशन होता है।

रविवार (1977) : सम्पादक–एम. जे. अकबर, सुरेन्द्र प्रताप सिंह, उदयन शर्मा। आमुख कथा, देश-देशान्तर, साहित्य तथा विविध से युक्त यह पत्रिका समाचार एवं समसामयिक विचारों की संवाहिका।

द न्यूजपेपर्स एण्ड पब्लिशर्स लिमिटेड, पटना

'इण्डियन नेशन' (1931, अंग्रेजी दैनिक), 'मिथिला मिहिर' (1960, मैथिली साप्ताहिक) एवं 'आर्यावर्त्त' हिन्दी दैनिक इस संस्थान के पत्र हैं।

आर्यावर्त्त (1940) : सम्पादक–पं. दिनेश दत्त झा, व्रजनन्दन आजाद, श्रीकान्त ठाकुर, जयकांत मिश्र, हीरानन्द झा शास्त्री। दरभंगा नरेश कामेश्वर सिंह के द्वारा अंग्रेजी दैनिक 'इंडियन नेशन' के सहयोगी के रूप में प्रकाशित। राष्ट्रवादी नीति के पोषक पत्र से बिहार में जागरण।

दि एसोसिएटेड जर्नल्स लिमिटेड, लखनऊ

'नेशनल हेराल्ड' (1938, अंग्रेजी दैनिक), 'कौमी आवाज' (1935, उर्दू दैनिक) तथा **'नवजीवन'** का प्रकाशन इस प्रकाशन गृह से होता है :

नवजीवन (1947) : सम्पादक–सत्यदेव शर्मा, लक्ष्मण नारायण गर्दे, कृष्ण कुमार मिश्र, नेहरू जी, श्रीमती इन्दिरा गांधी, उमाशंकर दीक्षित, के. एम. चलपतिराव के सहयोग से पत्र विशिष्टता को प्राप्त।

भारती विद्याभवन बम्बई

नवनीत (1952 मासिक) : सम्पादक–सत्यकाम विद्यालंकार, रतनलाल जोशी, नारायणदत्त, वीरेन्द्र कुमार जैन, गिरिजाशंकर त्रिवेदी। प्रथम प्रकाशक–श्री गोपाल नेवटिया, 'पत्रवृष्टि', स्मृति के अंकुर, दो क्षण हँस लें, ग्रंथ लोक जैसे स्थायी स्तम्भ के साथ रीडर्स डायजेस्ट सदृश एक अनोखी पत्रिका।

लिविंग मीडिया इंडिया लिमिटेड, नई दिल्ली

इंडिया टुडे (1 नवम्बर 1986, पाक्षिक) प्रधान सम्पादक–अरुण पुरी, वरिष्ठ सम्पादक–प्रभु चावला। राष्ट्र की गतिविधियों की गहराई पर पैनी दृष्टि। विविध स्थायी स्तम्भों के कारण विशिष्ट समाचार पत्रिका के रूप में सुप्रतिष्ठित । एशियन वर्ल्ड पब्लिशिंग कांग्रेस की ओर से वर्ष '89 की सर्वोत्तम एशियाई पत्रिका के रूप में समादृत।

राष्ट्रधर्म प्रकाशन लिमिटेड, लखनऊ

तरुण भारत (1961, हिन्दी दैनिक) पाञ्चजन्य तथा राष्ट्रधर्म इस संस्था के प्रमुख पत्र-पत्रिकाएँ हैं।

पाञ्चजन्य (1947) पहले लखनऊ से सम्प्रति दिल्ली से **प्रकाशित।**

सम्पादक–भानुप्रताप शुक्ल, रामशंकर अग्निहोत्री, हिन्दू विचारधारा का कट्टर समर्थक।

राष्ट्रधर्म (1963) सम्पादक–वीरेश्वर द्विवेदी 'राष्ट्रे जागृयां वयम्' का उद्घोषक, कविता संस्मरण एवं विचारोत्तेजक लेखों द्वारा पाठकों का उन्नयन।

पायोनियर लिमिटेड, लखनऊ

'पायोनियर' (1865, अंग्रेजी दैनिक) तथा 'स्वतंत्र भारत' (1947, हिन्दी दैनिक) प्रमुख प्रकाशन हैं :

स्वतंत्र भारत (15 अगस्त 1947) सम्पादक–अशोक जी, योगीन्द्र पति त्रिपाठी, चन्द्रोदय दीक्षित, रजनीकांत मिश्र, शिवसिंह 'सरोज', राजनाथ सिंह, काँव-काँव, व्यंग्य-चित्र, विदेश चर्चा तथा राज्यों की चिट्ठियों जैसे स्थायी स्तम्भ। विकास कार्यों के विश्लेषण द्वारा उत्तर प्रदेश की उन्नति हेतु सतत सन्नद्ध।

हिन्दी समाचार लिमिटेड, जालंधर

'हिन्द समाचार' (1948, उर्दू दैनिक) तथा 'पंजाब केसरी' प्रमुख पत्र हैं :

पंजाब केसरी (1965 दैनिक) : सम्पादक–लाला जगत नारायण, रमेशचन्द्र, विजय कुमार। जालंधर के साथ दिल्ली से भी प्रकाशित। रविवार–फिल्म-जगत्, सोमवार–महिला, मंगल–कला-संस्कृति, बुधवार–क्रीड़ा, बृहस्पतिवार–कहानी, शनिवार–व्यंग्यविनोद संस्करणों के प्रकाशन द्वारा अति लोकप्रिय। स्वतंत्र नीति का पोषक, अत्यंत निर्भीक पत्र।

फर्म रामगोपाल माहेश्वरी एवं अन्य, नागपुर

'मध्यप्रदेश क्रानीकल' (1957, अंग्रेजी दैनिक, भोपाल) तथा 'नवभारत' इसके प्रकाशन हैं।

नवभारत (1934, दैनिक) : सम्पादक–मायाराम सुरजन, कालिका प्रसाद दीक्षित, मदनलाल माहेश्वरी, राम गोपाल माहेश्वरी।

पत्र के विविध संस्करण नागपुर, जबलपुर, भोपाल, रायपुर, इंदौर और बिलासपुर से प्रकाशित। इस राष्ट्रवादी पत्र द्वारा बाल-जगत्, महिला-जगत्, कृषि-जगत् तथा फिल्म-जगत् प्रमुख स्तम्भों के साथ सामयिक संदर्भों पर विशद प्रकाश।

फर्म के. नरेन्द्र और अनिल नरेन्द्र, दिल्ली

'प्रताप' (1919, उर्दू दैनिक) तथा 'वीर अर्जुन' इस गृह के दो पत्र हैं।

वीर अर्जुन (1954 दैनिक) : सम्पादक–महाशय कृष्ण जी, कुमार नरेन्द्र, अनिल नरेन्द्र पत्र के प्रातः और सान्ध्य दो संस्करण। सांध्य संस्करण लोकप्रिय। राजनीतिक विषयों पर विशेष लेखों का प्रकाशन।

दिल्ली प्रेस पत्र प्रकाशन प्राइवेट लिमिटेड, दिल्ली

'सरिता', 'मुक्ता', 'गृहशोभा', 'भू-भारती' एवं 'चम्पक' इस लोकप्रिय प्रकाशन के बहुप्रचलित पत्र हैं।

सरिता (1945, मासिक) : सम्पादक तथा प्रकाशक–विश्वनाथ। सामाजिक तथा पारिवारिक पुनर्निर्माण हेतु सन्नद्ध। सन् 1964 से पाक्षिक। 'सरित प्रवाह', मुझे शिकायत है, चंचल छाया आदि स्थायी स्तम्भों का प्रकाशन। अन्धविश्वास, रूढ़िवादिता पर तीव्र प्रहार।

मुक्ता (1960, मासिक) : सम्पादक प्रकाशक–विश्वनाथ। युवक-युवतियों के स्वस्थ मनोरंजन हेतु समर्पित। मुद्रण तथा साज-सज्जा के क्षेत्र में अनूठी पत्रिका।

चम्पक (1968, मासिक) : सम्पादक प्रकाशक–विश्वनाथ। नन्हे-मुन्नों की रंगीन पत्रिका। सम्प्रति पाक्षिक प्रकाशन। सचित्र कहानियाँ, शिक्षाप्रद लेख द्वारा बच्चों के विकास में अभूतपूर्व योगदान। पत्रिका गुजराती, मराठी, अंग्रेजी, तमिल, मलयालम और तेलगू में प्रकाशित।

गृहशोभा (1979, मासिक) : महिला-जगत् की प्रमुख पत्रिका। पति-पत्नी, उलझाव-सुलझाव, फूल भी काँटे भी, पत्रिका के स्थायी स्तम्भ। फैशन, साज-सज्जा, सिलाई-कढ़ाई विशेषांक संग्रहणीय।

इंडियन एक्सप्रेस न्यूजपेपर्स (बम्बई) प्रा. लिमिटेड

जनसत्ता : दिल्ली, चंडीगढ़ और बम्बई से प्रकाशित। सम्पादक–प्रभाष जोशी, बनवारी। 1952 से 54 तक इन्द्र विद्यावाचस्पति एवं वेंकटेशनारायण तिवारी के सम्पादन में प्रकाशित। खोज खबर, गपशप, राज्यों से आदि स्तम्भों के कारण 'जनसत्ता' सर्वाधिक लोकप्रिय। विशिष्ट शैली, आमफहम की भाषा, तेज-तर्रार सम्पादकीय द्वारा हिन्दी पत्रकारिता को नूतन आयाम प्रदत्त।

मित्र प्रकाशन प्रा. लिमिटेड, इलाहाबाद

माया, मनोहर कहानियाँ, सत्यकथा (1974), 'मनोरमा' इसकी प्रमुख पत्रिकाएँ हैं।

माया (1929): सम्पादक–आलोक मित्र, संस्थापक–स्व. क्षितीन्द्र मोहन मित्र, खबरों के आगे, खबरों के पीछे, दिल्ली-दरबार, खोज-खबर, आदि स्थायी स्तम्भों के साथ माया द्वारा खोजपूर्ण सामग्री का प्रकाशन। सम्प्रति पाक्षिक पत्र।

इंडियन प्रेस प्रा. लिमिटेड, इलाहाबाद

सरस्वती (1900, मासिक) : सम्पादक–राधाकृष्ण दास, कार्तिक प्रसाद खत्री, जगन्नाथ रत्नाकर, किशोरीदास गोस्वामी, बाबू श्यामसुन्दर दास, महावीर प्रसाद

द्विवेदी, देवीदत्त शुक्ल, श्री नारायण चतुर्वेदी, संस्थापक–बाबू चिंतामणि घोष।

हिन्दी गद्य, पद्य, नाटक, कहानी, संस्मरण को गौरवान्वित करने में पत्रिका का अप्रतिम स्थान। हिन्दी पत्रकारिता की आधारशिला।

जागरण प्रकाशन प्रा. लिमिटेड, कानपुर

जागरण–(1947): संस्थापक–पूर्णचन्द्र गुप्त। सम्पादक नरेंद्र मोहन। कानपुर, लखनऊ, गोरखपुर, वाराणसी, झाँसी, मेरठ, आगरा, बरेली से प्रकाशित। सुस्पष्ट सम्पादकीय लेख के कारण पाठकों का प्रिय पत्र। नयनाभिराम साज-सज्जा एवं मुद्रण।

दैनिक नवज्योति प्रा. लिमिटेड, अजमेर

दैनिक नवज्योति (1936) : सम्पादक–रामनारायण चौधरी, दुर्गाप्रसाद चौधरी। अजमेर और कोटा से एक साथ प्रकाशित। राष्ट्रीय घटना-चक्र तथा सामयिक चिन्तन से पूर्ण दैनिक, राजस्थान का सर्वाधिक पुराना पत्र।

यूनाइटेड इंडिया पीरियाडिकल्स प्रा. लिमिटेड, नई दिल्ली

गंगा (नवम्बर 1985) : सम्पादक–ऋषि कुमार मिश्र, कमलेश्वर। जीवंत एवं युगप्रवाहिनी पत्रिका।

राजस्थान पत्रिका प्रा. लिमिटेड, जयपुर

राजस्थान पत्रिका (7 मार्च 1956) : सम्पादक–कर्पूरचंद कुलिश। जयपुर, जोधपुर, उदयपुर, कोटा से भी प्रकाशित। राजस्थान की राजनीतिक, सांस्कृतिक-साहित्यिक गतिविधियों का नियामक। इसी पत्र के द्वारा 'इतवारी पत्रिका' का भी प्रकाशन।

राष्ट्रदूत प्रा. लिमिटेड, जयपुर

राष्ट्रदूत (1 अगस्त 1951 दैनिक) : संस्थापक–हजारीलाल शर्मा, सम्पादक–सुमनेश जोशी, युगल किशोर चतुर्वेदी, दिनेश खरे, शिवपूजन त्रिपाठी, राजेश शर्मा। जयपुर, कोटा, बीकानेर से प्रकाशित। 'राष्ट्रदूत' हिन्दी साप्ताहिक भी 1983 से प्रकाशित। विविध स्तम्भों से युक्त राजस्थान की पत्रकारिता का उन्नायक।

अक्षर प्रकाशन प्रा. लिमिटेड, नयी दिल्ली

हंस (मासिक) : सम्पादक–श्री राजेन्द्र यादव। प्रेमचन्द के 'हंस' का ही पुनर्प्रकाशन।

प्रकाशन विभाग, सूचना तथा प्रसारण मंत्रालय, नई दिल्ली

'रोजगार समाचार' (साप्ताहिक), 'योजना' (1957, पाक्षिक), 'आजकल' (1945,

मासिक), 'बाल भारती' (1948, हिन्दी मासिक), 'कुरुक्षेत्र' (1955, मासिक) एवं 'भगीरथ' डॉ. श्याम सिंह 'शशि' के निर्देशन में उपर्युक्त पत्रों का प्रकाशन हो रहा है। आधुनिक साहित्य एवं संस्कृति का संवाहक मासिक 'आजकल' हिन्दी साहित्य को पल्लवित-पुष्पित करने में अग्रणी है। उच्चकोटि के साहित्यकारों के सहयोग से 'आजकल' का प्रत्येक अंक संग्रहणीय होता है। 'योजना' में भारत के सामाजिक, आर्थिक विकास पर उल्लेख्य सामग्री रहती है। 'कुरुक्षेत्र' ग्राम्य विकास से सम्बद्ध तथा 'बाल भारती' बच्चों हेतु ज्ञानवर्द्धक शिक्षाप्रद सामग्री प्रस्तुत करती है।

प्रकाशन विभाग के अतिरिक्त राष्ट्रीय शैक्षणिक अनुसंधान तथा प्रशिक्षण परिषद्, केन्द्रीय हिन्दी निदेशालय, वैज्ञानिक और औद्योगिक परिषद्, भारतीय कृषि अनुसंधान, साहित्य अकादमी तथा ललित अकादमी की विविध पत्र-पत्रिकाएँ ज्ञान-विज्ञान के क्षेत्रों में उपादेय सिद्ध हो रही हैं। 'संस्कृति', 'भाषा', 'गगनांचल' जैसी पत्रिकाएँ पाठकों हेतु संग्रहणीय हैं। विविध मंत्रालयों एवं राज्य सरकारों द्वारा प्रकाशित सैकड़ों पत्रों द्वारा सामयिक वार्ता, समाज कल्याण, शिक्षा, विज्ञान, व्यवसाय, कृषि, स्वास्थ्य, प्रौद्योगिकी एवं संस्कृति के विविध पक्षों को उजागर किया जा रहा है जिसमें 'हमारा घर' (स्वास्थ्य मंत्रालय), 'भारतीय रेल' (रेल मंत्रालय), 'सैनिक समाचार' (रक्षा मंत्रालय), 'कृषि चयनिका' तथा 'खेती' (भारतीय कृषि अनुसंधान परिषद्), 'उन्नत कृषि', (कृषि मंत्रालय), 'डाक तार', (संचार मंत्रालय), 'उद्योग व्यापार पत्रिका' (वाणिज्य मंत्रालय) आदि प्रमुख हैं। 'विज्ञान प्रगति' (वैज्ञानिक एवं औद्योगिक अनुसंधान परिषद्), 'खादी और ग्रामोद्योग' (खादी और ग्रामोद्योग आयोग), 'समाज कल्याण' (केन्द्रीय समाज कल्याण बोर्ड), 'उत्पादकता' (राष्ट्रीय उत्पादकता परिषद्) आदि विविध स्वशासी निगमों के प्रकाशन हैं।

अमर उजाला (1948) : सम्पादक प्रकाशक–डोरीलाल अग्रवाल मुरारी लाल माहेश्वरी, अजय कुमार अग्रवाल, अनिल कुमार, आगरा, बरेली और मेरठ से प्रकाशित।

ज्ञान मंडल लिमिटेड, काशी

'आज' (5 सितम्बर 1920 दैनिक) : संस्थापक–शिवप्रसाद गुप्त, सम्पादक–श्री प्रकाश, पं. बाबूराव विष्णु पराड़कर, रामकृष्ण रघुनाथ खाडिलकर, कमलापति त्रिपाठी, श्रीकांत ठाकुर, दिनेशदत्त झा, विश्वम्भर नाथ जिज्जा, मुकुट विहारी वर्मा, मुकुन्दी लाल, कमला प्रसाद अवस्थी 'अशोक', सत्येन्द्र कुमार गुप्त, विद्या भास्कर, ठाकुर प्रसाद सिंह, ईश्वरचन्द्र सिन्हा, रामचन्द्र नरहर बापट, श्याम प्रसाद शुक्ल 'प्रदीप', माधव प्रसाद मिश्र, चन्द्र कुमार, लक्ष्मी शंकर व्यास, डॉ. राम मोहन पाठक, शार्दूल विक्रम गुप्त। पूर्वाञ्चल का प्रवक्ता, अनेक बार प्रहार तथा गुप्त प्रकाशन,

अनेक स्थायी स्तम्भों द्वारा हिन्दी की श्री वृद्धि, सम्प्रति वाराणसी, कानपुर, पटना, गोरखपुर, धनबाद, लखनऊ, जमशेदपुर, राँची से भी प्रकाशित।

सन्मार्ग प्राइवेट लिमिटेड, कलकत्ता

सन्मार्ग (1948 दैनिक) : सम्पादक–गौरीशंकर मिश्र, राम अवतार गुप्त, धर्म सम्राट् स्वामी करपात्री जी द्वारा प्रेरित यह पत्र हिन्दू धर्म और संस्कृति का प्रसारक। वाराणसी से प्रकाशित 'सन्मार्ग' द्वारा श्रीनन्दनानन्द सरस्वती और डॉ. कौशल किशोर मिश्र के सम्पादकत्व में उल्लेख्य वार्षिकांकों का प्रकाशन।

नई दुनिया (5 जनवरी 1947) : सम्पादक–राहुल बारपुते, नरेन्द्र तिवारी, अभय छजलानी।

संस्थापक–कृष्ण चन्द्र मुद्‌गल, कृष्ण कान्त व्यास, सर्व श्री शरद जोशी, डॉ. श्याम परमार, डॉ. वेद प्रताप वैदिक, बाल कवि वैरागी, 'नई दुनिया' से सम्बद्ध। पहले कुछ महीनों तक रायपुर एवं जबलपुर से प्रकाशित। इन्दौर से प्रकाशित 'नई दुनिया' साज सज्जा एवं नवीनतम समाचारों से सुशोभित।

गाण्डीव (काशी) : सम्पादक–डॉ. भगवानदास अरोड़ा, श्री राजीव अरोड़ा। हिन्दुत्व का सक्षम प्रवक्ता।

जनवार्ता (काशी) : सम्पादक–श्री ईश्वर देव मिश्र, ईश्वर चन्द्र सिन्हा, पूर्वाञ्चल का सक्षम प्रवक्ता।

विश्वामित्र (1916 कलकत्ता) : संस्थापक–मूलचन्द्र अग्रवाल, सम्पादक–कृष्ण चन्द्र अग्रवाल, माता सेवक पाठक, श्रीकांत ठाकुर, हेमचन्द्र जोशी, इलाचन्द्र जोशी, रामाशीष सिंह, बाबू राम मिश्र, सुन्दर लाल त्रिपाठी, प्रकाश चन्द्र अग्रवाल। कानपुर पटना, बम्बई, दिल्ली से भी समय-समय पर प्रकाशित।

कल्याण (अगस्त 1926, गोरखपुर) : सम्पादक–हनुमान प्रसाद प्रोद्दार, चिम्मन लाल गोस्वामी, रामसुख दास, राधेश्याम खेमका। संस्थापक–श्री जयदयाल जी गोयनका। भक्ति, ज्ञान, वैराग्य और सदाचार सम्बन्धी इस सचित्र मासिक पत्र के प्रत्येक वर्ष का प्रथमांक संग्रहणीय विशेषांक।

आजकल लस्टर प्रिंट मीडिया प्रा. लिमिटेड द्वारा 'संडे मेल' (सम्पादक–कन्हैयालाल नन्दन) तथा कामर्स पब्लिकेशन्स लिमिटेड दिल्ली द्वारा 'संडे आबजर्वर' (सम्पादक–उदयन शर्मा) प्रकाशित हो रहे हैं जो पाठकों को जागरूक बना रहे हैं।

सम्प्रति दैनिक, अर्द्धसाप्ताहिक, साप्ताहिक, पाक्षिक और मासिक पत्रों की ढेरी लगी हुई है। उनमें अधिकांश बेजान, नीरस, हास्यास्पद और उबाऊ हैं। इन पत्रों में विज्ञापन के अतिरिक्त सभी सामग्री बासी ही होती है। मात्र पत्रों का नाम ही गिनाया जाय तो इसके लिए एक स्वतंत्र वृहद्‌काय ग्रंथ प्रकाशित करना होगा। कुछ ही हिन्दी के पत्र ऐसे हैं जो विश्व की गतिविधियों पर पैनी दृष्टि रखते हैं।

नयी प्रेरणा, नये बोध, नये तेवर, नये कलेवर में नित-नूतन स्तम्भवाले ये पत्र हिन्दी पाठकों हेतु कंठहार बने हुए हैं। आकर्षक मुद्रण एवं साज-सज्जा में ये सभी पत्र विविध विषयों पर व्यापक, गहन, अन्तर्भेदी दृष्टि सम्पन्न सामग्री दे रहे हैं। बदलते वक्त की सही पहचान हेतु ऐसे पत्रों का अवगाहन अपरिहार्य हो जाता है। आज हिन्दी के पत्र समाज के वास्तविक दर्पण हैं। वे अपनी धरती से जुड़े हैं। हर आयु, हर वर्ग और हर स्तर के पाठकों की आवश्यकताओं और आकांक्षाओं को हिन्दी के पत्र ही पूरी करते हैं। उनमें समाचार, विचार, अर्थ, राजनीति, विज्ञान, तकनीक, कला, नाटक, उद्योग, फिल्म, फैशन, स्वास्थ्य सम्बन्धी उपयोगी सामग्री का खजाना भरा रहता है वस्तुतः हिन्दी के पत्र दीपक, डायनेमो और मॉडल बनकर राष्ट्र को गौरवान्वित कर रहे हैं।

जब किसी भारतीय जन-मानस में कोई धड़कन पैदा होती है, तो पलक झँपते ही पत्रों द्वारा वह धड़कन हजारों दिलों की धड़कन हो जाती है। किसी भी समस्या की तह तक पहुँचनेवाले आज के उपर्युक्त पत्र हैं जो अपने पैनेपन और विस्तार, ताजगी और गहराई के साथ पाठकों को प्रबुद्ध बना रहे हैं। इतना होने पर भी हिन्दी पत्रकारिता की यथेष्ट प्रगति नहीं हो पायी, इसके मार्ग में बाधाएँ हैं।

हिन्दी पत्रकारिता के बाधक तत्त्व

हिन्दी पत्रकारिता की प्रगति में कुछ बाधाएँ हैं। इनमें पहली बाधा तो सरकार के उच्च पदाधिकारियों की निष्ठा है। आज भी कुछ अधिकारी वर्ग अंग्रेजी पत्रों के प्रति अधिक विश्वसनीयता, प्रामाणिकता, सुरुचिपूर्णता एवं समग्रता का भाव रखते हैं जिससे अंग्रेजी पत्रकारों का वर्चस्व बना हुआ है। दूसरा कारण विज्ञापन है। हिन्दी पत्रों की ग्राहक संख्या कम होने के कारण विज्ञापन कम मिलते हैं। जो मिलते भी हैं उनका शुल्क अंग्रेजी पत्रों की अपेक्षा बहुत कम होता है। विज्ञापनो से उचित आय के अभाव में हिन्दी के पत्र एक सम्पूर्ण पत्र नहीं बन पाए। स्तरीय पत्रकारिता की कमी और पाठक वर्ग का सामान्य शिक्षित होना भी हिन्दी पत्रकारिता में बाधक रहा है। कुछ हिन्दी के पत्र अंग्रेजी पत्रों के अनुवाद मात्र हैं। हिन्दी का मर्मज्ञ पाठक जूठन पर संतोष करनेवाला नहीं है, उसकी रसना रस की प्यासी है। वह ताजगी, गहराई, पैनापन और विस्तारवाली पत्र-पत्रिकाओं के लिए व्यग्र रहता है। जीवंत हिन्दी के मौलिक सौंदर्य की हत्या हो रही है।

हिन्दी पत्रकारिता की यथेष्ट प्रगति न होने के मूल में पत्रकारों का ढीला पड़ता दायित्व-बोध है। सरकार के साथ-साथ पत्रकार भी बहकते रहते हैं। कभी 'दुम दबाऊ' तो कभी 'हिज मास्टर्स वायस' बन जाते हैं। पत्रकारों के संकीर्ण सरोकार से हिन्दी पत्रकारिता कुंठित हुई है।

हिन्दी संवाद समितियों और समाचार-पत्रों के प्रति सरकार की उपेक्षा भी बाधक तत्त्व बन गए हैं। सन् 1980 के आसपास आकाशवाणी ने 10 लाख रुपये 'हिन्दुस्तार समाचार' और 'समाचार भारती' को दिया जब कि 70 लाख रुपया दो अंग्रेजी संवाद समितियों को दिया। सन् 1983-84 में अंग्रेजी संवाद समितियों के शुल्क में वृद्धि कर दी गई परन्तु हिन्दी संवाद समितियों को राहत नहीं मिली। स्वतंत्र बहुभाषी राष्ट्रीय संवाद समिति के गठन की ओर किसी के ध्यान का न होना भी हिन्दी पत्रकारिता की प्रगति में बाधक है।

प्रत्येक नागरिक को मुक्त निर्वाध ज्ञान, सूचना, बौद्धिक, संतुष्टि और मनोरंजन पाने का अधिकार है जिसके लिए प्रेस ही सर्वाधिक सस्ता स्रोत है। अखबारी कागज की सरकारी मिलों ने कागज की कीमत 40% बढ़ा दी है। चिकने अखबारी कागज पर सात गुना शुल्क बढ़ा दिया गया। इस प्रकार लागत में वृद्धि, मुद्रण और प्रकाशन की कीमत में वृद्धि, विज्ञापन दरों में वृद्धि, समाचार-पत्र उद्योग पर भारी वित्तीय दबाव के कारण पत्रकारिता की प्रगति बाधित हो रही है। कोने-कोने तक खबर पहुँचाने में हर क्षेत्र में व्याप्त बेशुमार महँगाई बाधक सिद्ध हो रही है। शासन के प्रचार माध्यमों के विस्तार हेतु खजाने को लुटाना तथा पत्रों पर आर्थिक बोझ बढ़ाना ये दोनों कार्य हिन्दी पत्रकारिता के मार्ग में रोड़े सिद्ध हो रहे हैं।

संवाद के अढ़तिये संवाद समितियों को उद्यम के रूप में मान्यता प्राप्त है वे संवाद को उपभोक्ताओं और क्रयकर्त्ताओं को विक्रय हेतु सम्प्रेषित करती हैं। अब पत्रकार की योग्यता के स्थान पर पूँजी-निवेश, लाभ-हानि तथा संचालन-दक्षता पर विशेष ध्यान दिया जाता है। पूँजीवादी उपभोक्ता संस्कृति के कारण पत्र तथा पत्रकार वैचारिक उथल-पुथल और मूल्य संक्रमण की स्थिति से गुजर रहे हैं। वर्तमान परिप्रेक्ष्य में लेखक की निम्नलिखित पंक्तियाँ द्रष्टव्य हैं :

नेयं आध्यात्मिकी चर्चा, भौतिकी आर्थिकी न वा।
न वा स्वस्थ विधातृयं, छलछद्मविधायिनी।
एवं बहूनां पत्राणां, पत्रकार महोदयाः,
पाठकानां प्रकुर्वन्ति शोषणं चित्तदूषणम्।।

पत्रकार अब 'युग चरण' न बन कर 'युग-चारण' बन रहे हैं और वे 'युग चर्वण' कर रहे हैं। अब पीत, शीत, मीत, नवनीत और क्रीत पत्रकारिता का प्रचलन बढ़ रहा है। आज की पत्रकारिता में 'ज्वाला' नहीं अपितु 'जहर' है। उसकी धार मोटी होती जा रही है, जिजीविषा का अभाव उसमें परिलक्षित हो रहा है। कुछ समाचारपत्र अब कागजी शेर नजर आते हैं और उसके सम्पादक चीखनेवाले मानसिक रोगी।

आधुनिक भारत में पत्र-पत्रिकाओं के प्रकाशन में बाढ़ दृष्टिगत हो रही है। राजधानी और महानगरों से अनेक पत्र प्रकाशित हो रहे हैं साथ ही छोटे-छोटे नगरों

और कस्बों से कुकुरमुत्ते की तरह असंख्य पत्र निकल रहे हैं। हिन्दी भाषा-भाषी क्षेत्र के जन-समूह में यदि कोई पत्थर फेंका जाय तो वह किसी पत्रकार पर ही गिरेगा। हर साक्षर किसी न किसी रूप में अपने को पत्रकार सिद्ध कर देता है।

बड़े शहरों से जो बड़े पत्र निकलते है उनमें से अधिकांश अंग्रेजी पत्रों के अन्धानुकरण पर बल देते हैं। हिन्दी के कुछ पत्रकारों की मान्यता है कि अंग्रेजी पत्रों में अन्तर्राष्ट्रीय परख तथा बोध है। वे निष्पक्ष, निर्भीक एवं कला के धनी हैं। उनको ज्ञात होना चाहिए कि अंग्रेजी पत्रों की भाषा, भाव, शैली सब पृथक् हैं। उसकी नकल से स्वचेतना विनष्ट होती है और चेतना का अभाव आत्मघाती है। अंग्रेजी पत्रों से भले ही ड्राइंग रूम की गरिमा बढ़ जाय परन्तु हिन्दी पत्रों से ही राष्ट्र की अस्मिता सुरक्षित रह सकती है।

कस्बों, तहसीलों एवं छोटे नगरों से प्रकाशित कुछ लघु पत्र साधन के क्षेत्र में लघु तो होते ही हैं इनकी प्रकृति भी लघु होती है। राग-द्वेष से पीड़ित लघु पत्रों के पत्रकार, पत्रकार न होकर पक्षधर होते हैं। इनके पत्र जनता के मानस का उन्नयन नहीं करते, ये पाठकों को गुदगुदाते हैं एवं चाक्षुष तथा वैचारिक अश्लीलता का व्यवसाय करते हैं। इन पत्रों द्वारा समाचार की परख के संदर्भ में लेखक का प्रश्न विचारणीय है :

> हत्या, चोरी, भय, बलात्कार,
> अपवंचन, धोखा का प्रचार।
> नेता-अर्चन, जन-तिरस्कार
> तक सीमित हैं क्यों समाचार ?

हिन्दी पत्रकारिता विस्तृत हुई है। पर कहीं-कहीं विकृति भी आ गयी जिसका परिमार्जन सहज ही सम्भव है।

विदेशी मीडिया के प्रवेश का औचित्य

अन्तर्राष्ट्रीयता और विश्व-बन्धुता के प्रसार के कारण अपने यहाँ बहुराष्ट्रीय कम्पनियों का पदार्पण हो चुका है। इनके साथ ही विदेशी मीडिया के प्रवेश का द्वार भी अब प्रशस्त हो रहा है जो बुद्धिजीवियों के ध्यातव्य है। सन 1992 के सरकारी आँकड़ों के अनुसार अपने भारत में 3229 दैनिक समाचारपत्र हैं जिनमें हिन्दी के 1381 पत्र हैं। साप्ताहिक तथा अन्य पत्रों की संख्या 25454 है। सूचना एवं प्रसारण मंत्रालय द्वारा प्रकाशित रपट (1993-94) के अनुसार रेडियो के 162 केन्द्र हैं। प्रतिदिन 290 समाचार बुलेटिन प्रसारित होते हैं। 96% प्रतिशत जनता इन प्रसारणों से लाभान्वित होती है। टेलीविजन के 562 ट्रान्समीटरों, डेढ़ दर्जन चैनेल से दर्शन वृत्त हो रहे हैं। विज्ञापन द्वारा 94-95 में दूरदर्शन को 40,000 करोड़ रुपये की प्राप्ति हुई। इन आँकड़ों से सुस्पष्ट है कि अपने यहाँ संचार के क्षेत्र में

अकिञ्चनता नहीं है फिर भी विदेशी मीडिया की ललक विचारणीय अवश्य ही है।

विदेशी मीडिया सनसनीखेज तथ्यों को ढूंढ़ने में दक्ष है। उसके आँख पर ऐसा चश्मा लगा है कि वह हर चीज़ में सनसनी ढूँढ़ ही लेता है। वेदना, पीड़ा, विवशता में यदि कोई जिन्दगी गुज़ार रहा हो तो विदेशी मीडिया उसके अंतःस्थल में झाँककर कुछ 'गासिप' खोज ही लेता है। तात्पर्य यह है कि हमारी जान गई आपकी अदा ठहरी। इसी को अकबर इलाहाबादी अपने शब्दों में कहते हैं :

तुझे अठखेलियाँ सूझी हैं
हम बेजार बैठे हैं।

देखा जाता है कि विदेशी समाचारपत्र एवं पश्चिमी मीडिया विकासशील राष्ट्रों की छवि को नकारात्मक और उपहासास्पद ढंग से प्रस्तुत करते हैं। सन् 1982 में अप्रैल से नवम्बर तक 20 समाचार न्यूयार्क टाइम्स' में छपे जिनमें 13 समाचार तो हिंसा, अपराध, कत्ल और भ्रष्टाचार से सम्बद्ध थे। सन् 1983 में 41 प्रतिशत, सन् 1985 में 62.5 प्रतिशत, सन् 1985 में 69.56 प्रतिशत समाचार भारत में हिंसा, अव्यवस्था और भ्रष्टाचार को दर्शाते हैं। लगता है अपने यहाँ हत्या, अव्यवस्था के अतिरिक्त कुछ है ही नहीं। एक विदेशी अखबार का यह नमूना है। विदेशी मीडिया कुछ नया, ताजा, रोमांचक बातों को चटखारेदार भाषा में प्रस्तुत कर अपना बाजार बनाता है। उसे मदर टेरेसा, किरण बेदी, सुन्दर लाल बहुगुणा, मेधा पाटेकर, खैरनार, शेषन, सुष्मिता सेन से क्या लेना-देना। क्या विदेशी अखबार कश्मीर, असम, सिक्किम की समस्याओं को भारतीय समाचारपत्रों की भाँति राष्ट्रहित में ही परखेंगे ? प्रतिरक्षा और अनुसंधान सम्बन्धी गोपनीय खबरें भारत के अस्तित्व पर प्रश्न चिन्ह नहीं लगाएँगी ? वस्तुतः विदेशी मीडिया के प्रवेश का तात्पर्य उस मानसिकता को और पुष्ट करना है जो पहले से ही पश्चिम के प्रति आसक्त है। अपने सूचना संसार को समृद्ध करने के लिए विदेशी मीडिया को आमंत्रण देना उस पश्चिमी सूचना-जगत् की अधीनता स्वीकार करना होगा। उदारीकरण और ग्लोबलाइज़ेशन के नाम पर बहुराष्ट्रीय कम्पनियों के 'फ्री मार्केट' की तरह मीडिया के 'फ्री फ्लो' सम्बन्धी तथ्यों पर गहन चिन्तन-मनन की आवश्यकता है।

पत्रकारिता पर अंकुश

मानहानि विधेयक 1988 प्रेस की स्वतंत्रता को समाप्त करने की साजिश थी। इस विधेयक का सहारा लेकर सरकार ने पत्रकारों, सम्पादकों, अखबार मालिकों को कानूनी बेड़ियों में जकड़ना चाहा। बोफोर्स, पनडुब्बी, तेल कमीशन जैसे घोटालों के भंडाफोड़ करनेवाले साहसी पत्रकारों के लिए यह धमकी का संकेत था। मानहानि विधेयक पर शरद जोशी की टिप्पणी उल्लेखनीय है :

"यह सादर आमंत्रण है यारो

वे सब निःशंक हों, निर्भय रहें जिनकी काली कथा उजागर होने का भय अब तक बना रहता था। यदि वे विदेश में होंय तो भारत आ जाएँ। हमारा भारत हर भ्रष्टाचारी का प्यारा भारत हो गया है। अब यहाँ बेखटके काला कारोबार करो। तुम पर अंगुली उठानेवालों की अंगुली खतरे में पड़ेगी। तुम पर कोई आँच नहीं आएगी। निःसंकोच रहो। तुम्हारे चरित्र पर धब्बा नहीं लगेगा। मजाल है अब यहाँ कोई चोर को चोर कह सके। अब हर चोर मोर है। मोर की तरह चोर अब राष्ट्रीय पक्षी है। उसका कोई कुछ नहीं बिगाड़ सकता। बेफिक्र रहो। अपने पंख खोल कर नाचो। राष्ट्र का मयूर तुम्हारा है। समीक्षक को हम गेट आउट कर रहे हैं। कुकर्मों की स्वाधीनता तुम्हें मिल गई है। बदमाशो ! हम चालाक लोग तुम्हारे साथ हैं। हम तुम्हारी नीचता को ऊँचाई देंगे। जब तुम्हारे खिलाफ एक लफ्ज भी लिखा जाएगा। हम उसे जेल में ठूँस कर उसकी कलम तोड़ देंगे। जब वह माँग लेकर सड़क पर आएगा। हमारी पुलिस डंडे लिए तैयार खड़ी है। निश्चिंत रहो राष्ट्र के दुष्टों, नेताओं को उनका हिस्सा देने के बाद कोई आर्थिक अपराध अब अपराध नहीं रहेगा। भ्रष्टो, खाओ कमाओ और हमें खिलाओ। हम तुम्हारे रक्षक हैं। अखबार के तक्षक हैं, निश्चिंत रहो। हमने मानहानि कानून का फंदा बनाया है। जो तुम्हारे विरुद्ध बोलेगा उसे हम लटका देंगे। बस पर एक नोटिस देनेवाला वकील तैयार रखो। शायद कभी जरूरत पड़ जाय। हमने पुख्ता इंतजाम कर लिया है तुम्हारे लिए। अब कोई चिंता नहीं। लानत है इस बहुमत पर यदि हम तुम्हारे लिए इतना भी नहीं कर सके। अब हम तुम्हारे काले कर्मों के शेयर होल्डर तुम कुकर्मी, हम हैं तुम्हारे सहकर्मी। हम इधर से बचाते हैं, तुम उधर से जारी रखो। कानून इतना बढ़िया बना रहे हैं कि गुंडे को गुंडा और बलात्कारी को बलात्कारी कहना मुश्किल हो जाएगा।··· इस देश में सच बोलनेवाले की ऐसी तैसी करके न धर दी जाए तो हमारे राज करने का कोई मतलब नहीं। सबके मुँह बंद करेंगे।··· ला जो माल तू बेचेगा हम उसकी जरूरत पैदा करते हैं। घबरा मत। कानून ऐसे हैं कि देश इस समय पाकेट में है अपने। अखबार की बोलती बंद है। कोई इशारा भी करेगा तो मानहानि में फँसा देंगे। न हिन्दू, न स्टेट्समैन, अफसर अपने हैं। बेफ्रिक रह, काम जारी रख। हम तेरे साथ हैं।''[10]

वस्तुतः मानहानि विधेयक 88 पारित हो जाता तो पीत प्रशासन को बढ़ावा मिलता। पत्रकारों की अभूतपूर्व एकता एवं उनके प्रबल प्रतिरोध के कारण विधेयक राज्यसभा में पारित न हो सका। पत्रकारों ने स्पष्ट कहा कि सरकार को पत्रकारिता पर अंकुश लगाने के स्थान पर अपने आचरण पर अंकुश लगाना चाहिए। मानहानि विधेयक से अन्वेषी पत्रकारिता पर कुठाराघात होता। यों तो पत्रकारिता के दुर्गुणों पर रोक लगाने के लिए वर्तमान कानून ही सक्षम हैं। संविधान में प्रेस पर लगाम लगाने का अधिकार प्राप्त है। संविधान के अनुच्छेद 19 (2), 105 (3), 194 (3),

358, 350 (1) के द्वारा प्रेस को नियंत्रित किया जा सकता है। अनुच्छेद 19 (2) के अन्तर्गत तो भारतीय प्रेस को कठघरे में खड़ा किया जा सकता है। श्री गिरिलाल जैन तथा आर. के. करंजिया को जो सजा सुनायी गयी वह इन्हीं विधानों के अन्तर्गत। नये विधान से पत्रकार के कलम पर आतंक का भूत सवार होता।

लोकतांत्रिक राष्ट्रों में प्रेस की स्वतंत्रता को मौलिक अधिकार माना गया है। कहीं-कहीं तो प्रमाण प्राप्त करने का भी अधिकार प्रेस को दिया गया है। भारत में सबूत पाने के अधिकार के बिना भी भारतीय प्रेस ने बोफोर्स कांड, पनडुब्बी कांड के कारण सरकार को व्यग्र कर दिया। एक तरफ सरकार जब खंडन करती है तो दूसरी ओर प्रेस तथ्यों सहित समाचार छापता है। स्वीडन में अजिताभ बच्चन के द्वारा फ्लैट खरीदने का सरकार द्वारा जब खंडन हो रहा था उसी समय 'इंडियन एक्सप्रेस' ने उसे फोटो प्रमाण के साथ छाप दिया।

आज चाहे बिहार हो या जम्मू-कश्मीर सर्वत्र पत्रों के मुँह में लगाम लगाने का प्रयास चल रहा है। शासन के लोग अपनी कमजोरियों को लाल स्याही से रेखांकित कर रहे हैं। प्रेस बिल का सुरक्षा कवच धारण करने की दिशा में एक अजीब व्यग्रता देखी जा रही है। लगता है अब खबरों के चयन का अधिकार सम्पादक के हाथ से निकालकर सत्ता के छुटभैयों को सौंपने की साजिश चल रही है।

पत्रकार-प्रताड़ना

पत्रकारों की प्रताड़ना सत्ताधारियों की हाबी है। वे पत्रों को दरबे में बन्द रखना चाहते हैं। 20 दिसम्बर 1985 के पूर्व किए गये एक सर्वेक्षण से स्पष्ट है कि पत्रकारों पर हमले की गति बढ़ रही है। विगत वर्षों की तुलना में इस वर्ष दुगुनी घटनाएँ हुईं जिसमें 30 पत्रकार मारे गए, 13 बंधक बनाए गए, 70 घायल हो गए एवं 109 पत्रकारों को जेल में बंद कर दिया गया। 'फ्रीडम हाउस' संगठन ने अपने एक प्रतिवेदन में बतलाया कि 1987 में 12 देशों में 34 पत्रकार मारे गए। अमेरिकी मानवाधिकार संस्थान की वार्षिक रिपोर्ट में कहा गया कि प्रेस पर नियंत्रण के लिए कठोर कदम उठाकर भी पत्रकारों को पीड़ित किया गया।

पत्रकारों को प्रताड़ित करना आज कुछ राजनेताओं की आदत हो गई है जैसा कि पत्रकार श्री खुशवन्त सिंह ने 27 मार्च 1987 को 'आज' में लिखा :

"पत्रकार कुत्तों जैसे होते हैं 'दि टाइम्स' (लन्दन) का फिलिप हावर्ड लिखता है कि जब एक भौंकता है तो सब मिल कर गुर्राने लगते हैं और एक या दो सप्ताह तक लगता है कि दुनिया में जैसे और कोई चीज नहीं है। हावर्ड पत्रकारों को गालियाँ देने में अकेला नहीं है बहुत से ऐसे लोग हैं जिनका अखबारवालों के बारे में उतने ही घटिया विचार हैं जैसे कि उसके। उन सब में ज्यादातर वे हैं जो राजनेता हैं। मैं हाल में ही हुई अनगिनत घटनाएँ बता सकता हूँ जब एक

पत्रकार ने कोई खबर उजागर की तो दूसरे ने उसे फौरन उठा लिया और उसे ऐसा दिखाया कि जैसे उस वक्त दुनिया में उससे ज्यादा किसी और विषय में लगाव नहीं है। बिहार में जेल में कैदियों को अंधा करने का मामला (संडे और टेलिग्राफ के एम. जे. अकबर द्वारा उद्घाटित), अब्दुल रहमान अंतुले के तथाकथित धर्मार्थ ट्रस्ट का मामला (इंडियन एक्सप्रेस के अरुण शौरी द्वारा उद्घाटित), पाकिस्तान में आतंकवादियों का प्रशिक्षण तथा उड़ीसा के मुख्य मंत्री जे. बी. पटनायक के पापकर्म (इलस्ट्रेटेड वीकली आफ इंडिया में प्रीतीश नन्दी द्वारा उजागर), न्यूक्लीय हथियारों का विकास कर लेने का पाकिस्तानी दावा (कुलदीप नैयर द्वारा उजागर) ये सब कुछ ऐसे उदाहरण हैं जिनके कारण पत्रकारों को पीड़ित किया गया।"

खिलाफ लिखिए, पुलिस के डंडे खाइए

'एडिटर्स गिल्ड आफ इंडिया' की रपट के अनुसार सरकार के विरोध में लिखने वाले पत्रकारों को पीटा जाता है, हथकड़ियाँ लगाई जाती हैं, सड़कों पर घुमाया जाता है और सरकारी घरों से निकाल दिया जाता है। 'गिल्ड' ने सन् '88 में ओड़िसा में प्रेस के संदर्भ में जानकारी हेतु सर्वश्री के. आर. मलकानी, कुलदीप नैयर और एस. सहाय को भेजा। इन वरिष्ठ पत्रकारों ने अपने सर्वेक्षण में स्पष्ट किया कि मुख्यमंत्री जानकी वल्लभ पटनायक ने ऐसी स्थिति बना रखी है कि पत्रकार सत्य लिखने के पूर्व उसके नतीजे पर कई बार सोचने को विवश होते हैं। 'गिल्ड' ने 'लालच और दण्ड : ओड़िसा में पत्रकारों की दुर्दशा' के अन्तर्गत लिखा है कि 'समाज' के सम्पादक राधानाथरथ पर हमला, 'न्यूजटाइम्स' के संवाददाता प्रशान्त पटनायक को सरकारी आवास से निकालना 'इंडियन एक्सप्रेस' के संवाददाताओं नागेश्वर राव और रुबेन बनर्जी को मान्यता नहीं देना, 'धारित्रि' के संवाददाता रमेशचन्द्र को हथकड़ी लगा कर सड़क पर घुमाना पत्रकारों को पीड़ित करना है। रपट में आगे लिखा गया है कि सरकार के पक्ष में लिखनेवाले पत्रकारों को शराब की दुकान, होटल खोलने के लिए परमिट, रुपया और जमीन देना आम बात है। एक प्रेस कान्फ्रेंस में उत्पाद मंत्री ने एक पत्रकार से कहा कि आप तो कम से कम चुप रहिए, आपने शराब की लाइसेंस माँगी हमने आपको खुश किया अब क्या चाहते हैं ?

सन् '89 में बिहार के धनबाद नगर में ओजस्वी पत्रकारों को अधमरा बना दिया गया। प्रेस का गला घोंटना और पत्रकारों की प्रताड़ना ये दो कार्य शासकों के मौलिक अधिकार बन गये हैं। आज यदि निष्पक्ष होकर सहानुभूति के साथ देखा जाय तो पत्रकार ही सर्वाधिक पीड़ित, शोषित दृष्टिगत होगा। जो समाज

के शोषकों की धज्जी उड़ाता है, शोषितों पर आँसू बहाता है वही निरीह पत्रकार शोषण का शिकार बना हुआ है। जितनी कुंठा, निराशा, भग्नाशा के वातावरण में कुछ पत्रकार अपने जीवन के दिन काटते हैं उतना और कोई वर्ग नहीं है। तनाव, संघर्ष, मानसिक प्रताड़ना, भविष्य के प्रति अनिश्चितता तथा पारस्परिक ईर्ष्या-द्वेष का ही परिणाम है कि आज के अधिकांश पत्रकार किसी न किसी रूप में रुग्ण हैं। पंजाब में किए गए 85-86 में एक सर्वेक्षण में यह तथ्य उजागर हुआ जो 'हिन्दुस्तान दैनिक' में प्रकाशित है :

'पत्रकारिता और रोग'

पटियाला (हि. स.) पंजाब में एक सर्वेक्षण से पाया गया कि एक वर्ग ऐसा भी है जिसे यदि रोगी वर्ग कहा जाये तो अतिशयोक्ति न होगी। इसके 60 प्रतिशत व्यक्ति किसी न किसी रोग से पीड़ित हैं।

यह वर्ग है पत्रकारों का जो आर्थिक पक्ष के साथ-साथ शारीरिक पक्ष से भी रोग ग्रस्त है। गत दिनों जालंधर के पत्रकारों के परिवारों के 1200 सदस्यों की डाक्टरी जाँच से विदित हुआ कि लगभग 800 व्यक्ति किसी ने किसी रोग से पीड़ित हैं। कुछ ऐसे भी हैं जिन्हें रोगी होने पर भी अपने कार्य में संलग्न रहना पड़ता है। एक महाशय ऐसे पाए गए जो हृदय रोग से पीड़ित थे लेकिन इससे स्वयं वे अनभिज्ञ थे। इस वर्ग में खून की कमी तो प्रायः पाई जाती है।

रोगी पत्रकारों की कलम अब बंदूक से संघर्षरत है। पंजाब की सरकार निश्चिंत है। जालंधर मौन, चिंतित एवं तनावग्रस्त है जिसके पत्र सम्पादकों की हत्या हो रही है '81 में हिन्द समाचार-पत्र समूह के संस्थापक सम्पादक लाल जगतनारायण की हत्या की गई अब समूह के सभी पत्रों को बंद करवाने की धमकी दी जा रही है। '84 में रमेश चन्द्र की हत्या के बाद भी आए दिन बंदूक प्रेमी कलम के सिपाहियों को दागने में शान दिखला रहे हैं।

लोकपाल

लोकपाल स्वीडिश भाषा के 'ओम्बड्समैन' का हिन्दी पर्याय है जिसका अर्थ ऐसी स्वायत्तशासी व्यवस्था से है जो सरकारी एजेंसियों के विरुद्ध नागरिकों की शिकायतों की जाँच-पड़ताल कर सके। सर्वप्रथम 1909 ई. में स्वीडन के अखबारों में लोकपाल की नियुक्ति हुई। अमेरिका के 'कूरियर जनरल' ने 1967 में लोकपाल नियुक्त किया। ब्रिटेन, जापान, स्पेन, तथा इसरायल में लोकपाल नियुक्त हुए। अमेरिका और कनाडा के दूरदर्शन केन्द्रों पर सम्प्रति लगभग 38 लोकपाल कार्यरत हैं।

भारत में टाइम्स आफ इंडिया समूह के अध्यक्ष श्री अशोक जैन द्वारा लोकपाल

की नियुक्ति 7 जनवरी 1989 को की गई। उन्होंने लोकपाल की भूमिका के संदर्भ में कहा :

"यदि अखबार में छपी किसी खबर के बारे में किसी को कोई एतराज हो तो सबसे पहले सम्पादक से शिकायत की जाये। यदि दस दिन के भीतर शिकायत पर कार्यवाही न हो या कार्यवाही से उसे संतोष न हो तो सीधे लोकपाल से शिकायत की जा सकती है, सम्पादक स्वयं भी किसी उलझी हुई शिकायत को लोकपाल के हवाले कर सकता है। लोकपाल शिकायत को असरदार समझने पर प्रबंधकों से राय मशविरा करेंगे।"

श्री जैन ने समाचारपत्र को जन-मानस के प्रति उत्तरदायी बनाने के लिए ही लोकपाल की नियुक्ति की। इससे पत्रकारों में जिम्मेदारी की भावना बढ़ेगी और पाठकों को समाचार-पत्र पर भरोसा होगा। संतुलित, निष्पक्ष, निर्भीक एवं उत्तरदायित्वपूर्ण समाचार-पत्र पाठकों के लिए विश्वसनीय होता है और ऐसा ही पत्र लोकतंत्र की जड़ है। आज आकाशवाणी और दूरदर्शन पूर्णतया सरकारी नियंत्रण में हैं। समाचारों को सरकारपरक बनाने की ओछी बात देखी जा रही है। इलेक्ट्रानिक माध्यम सत्ता के भोंपू बन चुके हैं। ऐसी स्थिति में समाचारपत्रों पर ही जनता का 'योगक्षेम' आधारित है। प्रथम लोकपाल पी. एन. भगवती सम्पादकों की स्वेच्छाचारिता और आधे अधूरे अनर्गल समाचारों के प्रकाशन पर अंकुश लगाएँगे। समाचारपत्र को विश्वसनीय और प्रामाणिक बनाना उनका कार्य होगा।

लोकपाल की नियुक्ति से समाचारपत्रों की प्रतिष्ठा में वृद्धि होगी। पत्रकारों में उत्तरदायित्वपूर्ण भावना का संचार होगा। वे किसी भी समाचार को लिखने के पूर्व उसके गुण-दोष का विवेचन करेंगे तथा निष्पक्ष भाव से सत्य और सुन्दर समाचार ही लिखेंगे।

भारत के प्रत्येक समाचारपत्र सत्य हरिश्चन्द्र के पुतले नहीं हैं। दो-एक ऐसे भी पत्रकार हैं जो खबरों को तोड़ते, मरोड़ते, दबाते और उछालते हैं। दो एक के बहाने सम्पूर्ण पत्र-जगत् का गला घोंटना हर हिन्दुस्तानी के खबर पा के अधिकार को समाप्त करना है। ऐसी कार्रवाई राष्ट्र-हित में नहीं है अपितु वह शासन हेतु आत्मघाती भी होती है। सम्प्रति बहुविध रस-गंध से प्रभावित हिन्दी पत्रकारिता विषय-वस्तु, शिल्प और विधान, पैनी दृष्टिबोध के कारण विस्तृत और बहुआयामी हो चली है। राष्ट्रीय जीवन की आशा-निराशा, सफलता-असफलता, मोह, मोह-भंग को अभिव्यक्ति देकर हिन्दी के पत्र सर्वहित के प्रति समर्पित हैं। सरल-तरल हिन्दी पत्रकारिता जन-सेवा, सुधार, नवोन्मेष तथा कलात्मक अभिरुचि के साथ ज्ञान-विस्तार की दिशा में सतत अग्रसर है, यह शुभ लक्षण है।

इनफार्मेटिक्स और तीसरी दुनिया

सम्प्रति संचार विज्ञान में 'इनफार्मेटिक्स' शब्द का प्रयोग चल रहा है। इस शब्द को 'इनफारमातीक' से लिया गया है जिसका प्रारम्भिक अर्थ कम्प्यूटर विज्ञान और उससे सम्बन्धित तकनीकी या उपग्रह संचार से जुड़े दूर संचार माध्यमों की विविध प्रक्रियाओं तक सीमित था। बाद में इस शब्द का अर्थ-विस्तार हुआ। आज तो समाचार-सूचनाओं के संकलन और प्रसारण के समस्त संसाधन इसके अन्तर्गत समाहित हैं। इनफार्मेटिक्स के अन्तर्गत जन-संचार से सम्बद्ध रेडियो, टी. वी., प्रेस फोटोग्राफी, सेटेलाइट और कम्प्यूटर सभी आ चुके हैं।

संचार के क्षेत्र में अमेरिका और रूस का वर्चस्व है। इलेक्ट्रानिक संयंत्रों के कुल उत्पादन का 82% भाग अमेरिका में होता है। अन्तर्राष्ट्रीय टेली-ट्रांसमीसन नेटवर्क का निर्माता भी अमेरिका ही है। जनसंचार के क्षेत्र में उच्च अध्ययन के लिए गठित संस्था इन्टरनेशनल सेंटर एवं हायर स्टडीज़ इन कम्यूनिकेशंस फार लैटिन अमेरिका है। 1975 ई. में इस संस्था की बैठक में पीटर शेंकल ने कहा कि लातीन अमेरिका समेत तीसरी दुनिया के अधिकांश राष्ट्रों में जनसंचार का उद्देश्य निजी अर्थव्यवस्था और व्यापार प्रणाली को पुष्ट करना, राजनीतिक यथास्थिति को कायम रखना, पारम्परिक रीति-रिवाजों को मजबूत करना और उद्योगपतियों के हाथों में जनसंचार की गारंटी सुनिश्चित करना है।

तीसरी दुनिया के राष्ट्रों में प्रकाशित अखबारों में विज्ञापनों का प्रतिशत 60 से 75 तक और पाठकों के हिस्से 40 से 25 प्रतिशत तक ही स्थान बचता है। विश्व स्तर पर अन्तर्राष्ट्रीय प्रेस तीसरी दुनिया के राष्ट्रों से प्रायः वैसी ही सूचनाएँ एकत्र करते हैं जिनसे जन-जीवन की विकृत अवस्था का पता चलता है। विकसित देशों के जनसंचार माध्यम छोटे देशों में चल रहे जन-आंदोलनों की अनदेखी भी करते हैं। विश्व बाजार में कमजोर राष्ट्रों की निराशा, गरीबी, उत्पीड़न बेचकर पत्र-जगत् काफी लाभ कमा लेते हैं।

सूचना-साम्राज्यवाद

इक्कीसवीं सदी में प्रवेश करनेवाली दुनिया के पाँच अरब लोगों के पास लगभग एक अरब रेडियो सेट, पचास करोड़ टी. वी. सेट हैं जिन पर करीब तीन हजार रेडियो और टेलीविजन केन्द्रों से कार्यक्रम प्रसारित होते हैं। एक सौ पचास बड़ी समाचार एजेंसियाँ और आठ हजार दो सौ दैनिक समाचार-पत्रों की प्रतिदिन छपनेवाली लगभग पैंतालिस करोड़ प्रतियों को देखकर सामान्यतः बुद्धिजीवी संतुष्ट हो सकता है। वास्तविकता यह है कि एशिया, अफ्रीका और लातीनी अमेरिकी

देशों में संचार सुविधा नगण्य है। आठ अफ्रीकी देशों में एक-एक अखबार निकलते हैं। तीस एशियाई और अफ्रीकी देशों ने अभी तक टेलीविजन नहीं देखा है। अट्ठारह अफ्रीकी और सोलह एशियाई देशों में कोई अपनी समाचार एजेंसी नहीं है।

आज संचार के क्षेत्र में एसोसिएटेड प्रेस, युनाइटेड प्रेस इन्टरनेशनल, रायटर और एसोसिएटेड फ्रान्स प्रेस का बोलबाला है। प्रथम दो पर अमेरिकी व्यवसायी और तीसरी पर ब्रिटिश का अधिकार है। न्यूयार्क टाइम्स, वाशिंगटन पोस्ट और लास एंजेल्स टाइम्स के सूचना कार्यालय चालीस राष्ट्रों के लगभग 100 ग्राहकों को प्रतिदिन करीब 3500 शब्दों की अपनी सम्पादकीय टिप्पणियाँ भेजते हैं जिन्हें उनके ग्राहक अखबार अविकल रूप में छाप कर गौरवान्वित होते हैं। उन्तीस भाषाओं में नौ सौ चालीस घंटे का साप्ताहिक प्रसारण करनेवाला विराट प्रसारण प्रतिष्ठान 'वायस आफ अमेरिका' चारों तरफ अपना जाल फैला रहा है। वायस आफ फ्री एशिया, वायस आफ फ्री अफ्रीका, वायस आफ फ्री ईरान, उसका विकेन्द्रित स्वरूप है।

'सूचना-साम्राज्यवाद' और 'सांस्कृतिक उपनिवेशवाद' का मुख्य उद्देश्य पाश्चात्य विचारधारा का पोषण है। प्रसिद्ध पत्रकार डी. आर. मनकेकर ने अपनी पुस्तक 'मीडिया एण्ड द थर्ड वर्ल्ड' में लिखा है कि एशिया में पश्चिम मीडिया का प्रभाव सर्वत्र है। इसलिए तंजानिया के पूर्व राष्ट्रपति ज्यूलियस न्येरेरे ने एक बार कहा कि विकासशील देशों के निवासियों को अमेरिकी राष्ट्रपति के चुनाव में भाग लेने की अनुमति होनी चाहिए। इसलिए नहीं कि ये चुनाव बहुत महत्त्वपूर्ण हैं बल्कि इसलिए कि उन्हें अमेरिकी राष्ट्रपति के बारे में उससे कुछ कम नहीं बताया गया होता है जितना कि अमेरिकी नागरिकों को बताया जाता है। वस्तुतः पश्चिमी मीडिया अपनी बातें विकासशील देशों के मानस में ठोंक-ठोंक कर भरता है। साम्राज्यवादी हितों के अनुरूप समाचारों को तोड़-मरोड़कर प्रस्तुत किया जाता है।

नोबेल शान्ति पुरस्कार और लेनिन शान्ति पुरस्कार से सम्मानित आयरलैंड के पूर्व विदेश मंत्री तथा एमनेस्टी इंटरनेशनल के अध्यक्ष शीन मैक्ब्राइड की अध्यक्षता में गठित अन्तर्राष्ट्रीय आयोग की रपट के अनुसार अन्तर्राष्ट्रीय असंतुलन और तोड़-मरोड़ का सीधा सम्बन्ध विकासशील देशों में संचार माध्यमों के महत्त्व और उनकी प्रणाली से है। आयोग ने कहा है कि उनकी संचार प्रणाली, अखबारों, प्रसारण, दूरसंचार तथा उनके प्रशिक्षण तथा उत्पादन सुविधाओं के लिए विशेष उपाय किये जाने की जरूरत है। पश्चिमी संवाद समितियों का मोह छोड़कर हमें विकासशील देशों तथा एशिया महाद्वीप के राष्ट्रों में समाचार के परस्पर

आदान-प्रदान को बढ़ाना चाहिए। नयी दिल्ली में गुटनिरपेक्ष देशों की सूचना समन्वय परिषद् के सम्मेलन में भी इसी बात पर जोर दिया गया।

कम्प्यूटर-क्रान्ति

सम्प्रति सर्वत्र कम्प्यूटर का वर्चस्व है। उद्योग, शिक्षा, यातायात-नियंत्रण, चिकित्सा-सुविधा, चुनाव सम्बन्धी भविष्य वाणियाँ, मौसम-सम्बन्धी सूचनाएँ और कानून-व्यवस्था को अधिक कारगर बनाने में कम्प्यूटर सर्वाधिक सक्षम है। दूरसंचार व्यवस्था को अधिकाधिक सफल बनाने में इलेक्ट्रानिक्स की प्रगति से सम्बद्ध कम्प्यूटर का विशेष हाथ है। पत्रकारिता-जगत् में अभूतपूर्व क्रान्ति लाने में इसकी अहम भूमिका है। कम्प्यूटर तो मानव मस्तिष्क की कमियों को दूर करता है। मानव श्रेष्ठ है, वह सोचता है, विचार करता है, उसमें अनुभूति की क्षमता है, वह आविष्कार की चेतना से पूर्ण है। मानव अनुभूति, रुचि, ज्ञान संवदेना से प्रभावित होता है परन्तु जटिल और लम्बी गणनाओं को शुद्ध और शीघ्रता के साथ पूरा करने में उतना सक्षम नहीं है जितना कम्प्यूटर। कम्प्यूटर की स्मरण-शक्ति असीमित है, मानव की सीमित है। मानव की विश्लेषण क्षमता असीमित है, लेकिन कम्प्यूटर की सीमित। अनुभूति, सोच, चेतना, निर्णय एवं रचनात्मकता के क्षेत्र में व्यक्ति आगे है परन्तु शुद्धता, गति और कार्य-सम्पादन की क्षमता के क्षेत्र में कम्प्यूटर व्यक्ति से बहुत आगे है। वस्तुतः मानव एवं कम्प्यूटर के सहयोग से अप्रत्याशित बातें साकार हो रही हैं।

कम्प्यूटर के कारण समाचार-प्रेषण में क्रान्ति मची हुई है। एक समय था जब कि कबूतर, डाकिए, टेलिग्राम द्वारा संवाद भेजे जाते थे जो मंथर गति से गन्तव्य तक कभी पहुँचते तो कभी बीच में ही खो जाते थे अब तो कम्प्यूटर के कारण वे तत्काल समाचार कार्यालय में पहुँच जाते हैं। टेलीप्रिंटर और वीडियो मानीटर स्क्रीन से संवाद प्रेषण में क्षिप्रता आई है। समाचारों के ढेर से समाचार छाँटना और उसे सम्बन्धित विभागाध्यक्ष के पास भेजना कम्प्यूटर द्वारा सरलता से हो रहा हे। कम्पोजिंग बहुरंगी चित्रों एवं पृष्ठ सज्जा सम्बन्धी कार्यों में शुद्धता, शीघ्रता और मनोरमपूर्णता लाने में आज कम्प्यूटर की कोई सानी नहीं है। इसने परम्परागत समाचार-पत्र कक्ष का कायाकल्प कर दिया है। कम्प्यूटर के परदे पर इलेक्ट्रानिक विधि से पेस्टिंग हो रही है तथा पूरा पृष्ठ कैमरा के लिए तैयार हो रहा है। अपेक्षाकृत कम खर्च में पत्रों के मनोनुकूल कई संस्करण अविलम्ब प्रकाशित हो रहे हैं। ग्राहकों की कम्प्यूटरीकृत सूचियाँ हैं जिनकी लेबलिंग और मेलरूम के स्वचालनीकरण से पत्रों का यथाशीघ्र प्रसार भी सम्भव हो रहा है। आज कम्प्यूटर जन्मकुंडली बना रहा है, व्यक्ति के सम्बन्ध में भविष्यवाणी कर रहा है। यही

कम्प्यूटर ग्राहकों की रुचि एवं आवश्यकता के अनुसार अब समाचार-पत्रों के परिशिष्ट को तत्सम्बन्धित ग्राहकों के पास ही प्रेषित करेगा। उदाहरणार्थ 'लाटरी-परिशिष्ट' अब लाटरी में विश्वास रखनेवाले एवं लाटरी-जगत् के कर्मी के पास ही पहुँचाया जाएगा तथा 'लघु उद्योग परिशिष्ट' लघु उद्यमियों तक ही सीमित रहेगा।

कागज और कलम के स्थान पर कम्प्यूटर द्वारा संचालित 'वीडियो डिस्प्ले इकाइयाँ' कार्यरत हैं जिनकी सहायता से समाचारों का वर्गीकरण, सम्पादन, एवं वितरण हो रहा है। प्रेस ट्रस्ट के दिल्ली केन्द्र में ऐसी इकाइयाँ चल रही हैं।

'स्कैन' सेवा

प्रेस ट्रस्ट की 'स्कैन' सेवा अत्याधुनिक संचार सेवा है जिसमें एक टी. वी. सदृश परदे पर 15-15 पंक्तियों के समाचार प्रत्येक डेढ़ मिनट पर आते-जाते हैं। 1982 के प्रारम्भ में यह पद्धति अत्यंत उपयोगी सिद्ध हुई है। टी. वी. से मिलते-जुलते संग्राहक उपकरण अब तो होटलों, मंत्रालयों, कार्यालयों में दिन-रात अद्यतन समाचारों को भेज रहे हैं। दूरदर्शन के लिए समाचार रील तैयार करने हेतु प्रेस ट्रस्ट की अहम भूमिका सिद्ध हो रही है।

वीडियो-क्रान्ति

आज वीडियो पत्र-पत्रिकाओं की धूम मची हुई है। सम्पूर्ण बुद्धिजीवी-जगत् में वीडियो क्रान्ति देखी जा रही हैं। इंडियन बुक हाउस ने वीडियो कैसेट पर एक पत्रिका 'मूवी वीडियो' का प्रकाशन सन् 1988 ई. के मार्च महीने में प्रारम्भ किया। 15000 वीडियो कैसेटों की प्रसार संख्यावाली इस पत्रिका में शूटिंग समाचार, गप-शप, अभिनेता-अभिनेत्रियों से साक्षात्कार, फिल्मी गाने समाहित हैं। डेढ़ सौ रुपयोंवाली इस वीडियो कैसेट का नया अंक बाजार में प्रतिमाह आ जाता है जिसमें प्रचुर विज्ञापन भी होता है।

'इन साइट' और 'न्यूज ट्रैक' जैसी अंग्रेजी वीडियो समाचार पत्रिकाओं के बाद अब हिन्दी बाजार में भी वीडियो पत्रिकारिता का जन्म हो चुका है। 'कालचक्र' नाम से यह इस प्रकार का प्रथम प्रयास है। इसके निर्माण से विनीत नारायण ने हिन्दी वीडियो पत्रकारिता के क्षेत्र में हलचल मचा दी है।

गरवारे फिल्म्स की कैसेट पत्रिका 'लहरें' दर्शकों में लोकप्रिय है। बुश कम्पनी की 'फिल्म ट्रैक्स' हिन्दी एवं अंग्रेजी की मिली-जुली वीडियो पत्रिका कैसेट है। प्रति माह इन पत्रिकाओं के लगभग बीस हजार से ऊपर कैसेट बाजार में आते हैं जिनसे दस लाख दर्शक लाभान्वित होते हैं। फिल्म वीडियो पत्रिकाओं की सफलता

से उत्प्रेरित होकर मद्रास की 'गणभूमि विजन' ने रामायण, महाभारत, वेद, पुराण सम्बन्धी विषयों से सम्बद्ध 'गणभूमि वीडियो' पत्रिका निकाली है जिससे आध्यात्मिक-जगत् उपकृत हो रहा है।

अमर चित्रकथा, टिंकल जैसे बाल नियतकालिक पत्रों के सम्पादक अनन्त पै ने अपनी कपीश चित्रकथाओं, रामू-शामू के चुटकुलों और शिशु गीतों को स्वर देकर आडियो कैसेट की दुनिया में कदम रखा है। सी. बी. एस. द्वारा वितरित इस कैसेट शृंखला का नाम है–'टिंकल टाइम विद अंकल पै'। इस प्रकार बच्चों के स्वस्थ मनोरंजन हेतु अनोखे कैसेट तैयार हो रहे हैं।

समाचार-पत्र पठनीय होते हैं, आकाशवाणी श्रव्य, दूरदर्शन तथा वी. सी. आर. श्रव्य, दृश्य एवं पठनीय तीनों हो जाते हैं। इन्हीं तीनों विशेषताओं के कारण आजकल कैसेट्स की प्रमुखता दीख पड़ रही है। अब रद्दी अखबारी कागज पर मुद्रित भारी भरकम समाचार-पत्रों को पलटने की आवश्यकता नहीं है, न्यूज मैगजीन के कैसेट्स आपके नेत्रों को सुखद प्रतीत होते हैं। श्रवणेन्द्रिय को मनोरम लगते हैं तथा आपके ज्ञान का विस्तार करते हैं। समाचार-पत्र तो एक दिन के मेहमान होते हैं उसके बाद रद्दी की टोकरी में फेंक दिए जाते हैं परन्तु कैसेट तो आजीवन आप का साथी बना रह सकता है अपने देश में 'इंडिया टुडे' पत्रिका समूह ने वीडियो फिल्म मैगजीन 'न्यूज ट्रैक' को प्रारम्भ कर पत्रकारिता-जगत् में उल्लेख्य कार्य किया है, हर माह के प्रथम सप्ताह में प्रसारित होने वाले न्यूज मैगजीन के कैसेट जनमत को अत्यधिक प्रभावित करते हैं अतः सरकार एवं सेंसर बोर्ड की उन पर तीखी नजर होती है। जब तक केन्द्रीय सेंसर बोर्ड से अनुमति नहीं मिल जाती, कैसेट्स का प्रदर्शन नहीं हो सकता। न्यूज ट्रैक वीडियो न्यूज मैगजीन के सितम्बर, '89 के कैसेट पर जब रोक लगा तो प्रबंधक आशीष बग्गा ने अपने ग्राहकों को परिपत्र भेजा जिसकी पंक्तियों से कैसेट के महत्त्व पर प्रकाश पड़ता है :

"हमारा सितम्बर अंक हमारी अधिकार सीमा के बाहर के कारणों से आप तक पहुँचने में देर लग रही है। हमारे सभी अंक अब तक केन्द्रीय सेंसर बोर्ड द्वारा पारित होते रहे हैं। एक न्यूज मैगजीन होने के नाते बोर्ड की विचार-सूची में हमें प्राथमिकता मिलती रहती है। कैसेट जमा करते ही हमें तत्काल प्रदर्शन सर्टिफिकेट मिलता रहा है। इसी परम्परा में न्यूज ट्रैक का सितम्बर अंक इस महीने की पाँचवीं तारीख को सेंसर से पारित होने के लिए बोर्ड को सुपुर्द किया गया था। उसी दिन न्यूज ट्रैक को अपने कैसट की जाँच इसके लिए गठित समिति द्वारा होने की खबर मिली। इसके बाद से आज तक न्यूज ट्रैक के लोग सेंसर बोर्ड में प्रदर्शन की अनुमति का सर्टिफिकेट पाने के लिए लगातार जा रहे हैं।

कई टेलैक्स संदेश भी बोर्ड में भेजा गया है। अभी तक सेंसर बोर्ड ने प्रदर्शन सर्टिफिकेट जारी नहीं किया। वे हमें कैसेट के कुछ अंशों पर अपनी आपत्ति का पता भी नहीं चलने दे रहे हैं। वैसे हमें बताया गया है कि कैसेट के कुछ अंशों को पुनः जाँच के लिए सूचना एवं प्रसारण मंत्रालय में भेजा गया है।"

ऐसे सेंसर बोर्ड सामान्यतः एक-दो दिन में प्रदर्शन सर्टिफिकेट दे देता है परन्तु न्यूज ट्रैक के मामले में विलम्ब होने के मूल में राजनीति है। सरकार न्यूज ट्रैक से उसके प्रकाशन समूह की पत्रिका 'इंडिया टुडे' के जनरल सुन्दरजी के बहुचर्चित इन्टरव्यू के कारण क्रुद्ध है। सरकार को इस बात का भी कष्ट है कि इस वीडियो मैगजीन द्वारा वी. पी. सिंह, एन. टी. रामाराव आदि विपक्षियों को महत्त्व दिया जाता है।

न्यूज ट्रैक के सितम्बर '89 के वीडियो कैसेट में 'वाडिया अम्बानी-हत्या का षड्यंत्र या फँसाने की साजिश', शरद पवार, दूषित ग्लूकोज और विवादास्पद क्रिकेट खिलाड़ियों से सम्बद्ध समाचार थे। इसके जुलाई '89 के अंक में कश्मीर के पृथक्तावादी आंदोलन पर सजीव कथा समादृत थी जिससे मुख्यमंत्री फारुख अब्दुल्ला नाराज थे। जुलाई के कैसेट को पारित करने वाले आधा दर्जन अधिकारियों का स्थानान्तरण हो रहा है। सेंसर बोर्ड पर 'न्यूज ट्रैक' ने मुकदमा किया जिसमें उसे सफलता मिली तथा वीडियो पत्रकारिता को सम्बल प्राप्त हुआ।

कालचक्र

'इनसाइट' और 'न्यूज़ ट्रैक' जैसी वीडियो पत्रिकाओं के क्रम में 'कालचक्र' का प्रादुर्भाव हो चुका है जो खास खबरों की मासिक वीडियो कैसेट है। इसकी सहायता से समाचार पढ़े नहीं देखे जा सकते हैं। 'कालचक्र' द्वारा उद्घोषित किया गया है :

"अपने मनपसंद अखबार की खबरों में आपको उनके पीछे जिन जीती जागती तस्वीरों की कमी महसूस होती थी और जो कमी शायद आप टेलीविजन की खबरों में भी पूरी होते न देखकर उसके स्वायत्त होने का इंतजार करते रहे, यह कमी दूर करने की दिशा में 'कालचक्र' हिन्दी में पहली बार खबरों की एक वीडियो कैसेट पेश करने की एक छोटी-सी कोशिश का नाम है।"

'कालचक्र' के संचालक श्री विनीत नारायण, नलिनी सिंह और मृणाल पांडे के साथ दूरदर्शन कार्यक्रम 'सच की परछाइयाँ' से जुड़े हुए थे जिसे कालान्तर में बंद कर दिया गया। प्रसिद्ध पत्रकारों द्वारा तैयार 'कालचक्र' विश्व घटनाओं की स्वास्थ्य, संस्कृति, उद्योग-व्यापार एवं महिला-जगत् से सम्बद्ध है। 'कालचक्र' का दावा है कि "हमारे दर्जनों कैमरे सिर्फ खास लोगों के इर्द-गिर्द नहीं मँडरायेंगे, आप के दरवाजे पर भी दस्तक देंगे।"

प्रतिमाह लगभग 90 मिनट का वीडियो कैसेट जारी करनेवाले 'कालचक्र' की घोषणा है कि आर्थिक, राजनीतिक, सामाजिक जीवन के विभिन्न नूतन और अनछुए पहलुओं पर प्रामाणिक और निष्पक्ष भाव से प्रकाश डालकर स्वस्थ पत्रकारिता की जा सकती है। वीडियो पत्रकारिता के उन्नयन में वस्तुतः 'कालचक्र' उल्लेख्य हो चुका है। कम्प्यूटरों, फोटोटाइप सेटिंग उपकरणों, उपग्रह प्रेषण सुविधा से सम्पन्न हिन्दी पत्रकारिता-जगत् हेतु वीडियो पत्रकारिता चुनौती के रूप में उभर रही है। इसी के द्वारा हिन्दी पत्रों को अपनी विश्वसनीयता हेतु कड़ी प्रतिद्वन्द्विता में खरा उतरना पड़ेगा। क्योंकि 'कालचक्र' ने घोषणा कर दी है कि "अब समाचार पढ़ें नहीं देखें भी।"

अन्तरिक्ष अनुसंधान एवं पत्रकारिता

आजकल अन्तरिक्ष की उपलब्धियों पर ही विश्व के उन्नत राष्ट्र गर्व कर रहे हैं। अन्तरिक्ष यान ही राष्ट्रों की आँख और कान हैं। सन् 1962 में अन्तरिक्ष अनुसंधान समिति के गठन के पश्चात् अन्तरिक्ष के भाल पर भारत की सफलता अंकित हुई। थुम्बा भूमध्यरेखीय राकेट प्रक्षेपण केन्द्र (1962), त्रिवेन्द्रम स्थित अन्तरिक्ष विज्ञान और तकनीकी केन्द्र (1965), अहमदाबाद स्थित प्रायोगिक उपग्रह संचार भू-केन्द्र (1967), 'आर्यभट्ट' (1975), 'भास्कर प्रथम' (1979), प्रथम उपग्रह प्रक्षेपण यान 'एस. एल. बी.-3' (1980), 'एपल' (1981) एवं 'भास्कर द्वितीय' (1981) के कारण भारत विश्व रंगमंच पर प्रदीप्त हुआ। 30अगस्त 1983 को बहु-उद्देशीय उपग्रह, इनसेट-1 बी अमेरिकी अन्तरिक्ष शटल 'चेलैन्जर' द्वारा प्रक्षिप्त हुआ जिसने मौसम सम्बन्धी सूचनाएँ दीं तथा संचार एवं प्रसारण के क्षेत्र में क्रान्ति कर दी। इनसेट-1 बी, अन्तरिक्ष विभाग, दूरसंचार विभाग, मौसम विज्ञान विभाग, आकाशवाणी और दूरदर्शन संगठनों का संयुक्त उपक्रम है और ये विभाग अपनी आवश्यकताओं हेतु उपग्रह का उपेयाग करते हैं। इनमें समन्वय बना रहे इसीलिए एक उच्च-स्तरीय इन्सेट समन्वय समिति बनायी गयी।

17 मार्च 1988 को सोवियत संघ से भारत का दूरसंवेदी उपग्रह 'आई. आर. एस.-1' का प्रक्षेपण हुआ। समुद्र विज्ञान, मौसम विज्ञान, मत्स्य पालन, सूखे और बाढ़ की मॉनीटरिंग, पेट्रोलियम उद्गमों एवं प्राकृतिक संसाधनों सम्बन्धी सामयिक सूचनाएँ प्राप्त करने के लिए इस उपग्रह का उपयोग हुआ। भास्कर उपग्रहों का यह अगला चरण था। 22 जुलाई 1988 को भारत का बहु-उद्देशीय उपग्रह, 'इन्सेट-1 सी' की स्थापना हुई। पृथ्वी पर मौसम की सतत जानकारी, रेडियो के क्षेत्रीय एवं राष्ट्रीय कार्यक्रमों का प्रसारण, पूरे देश में दूरदर्शन-कार्यक्रमों का सीधा प्रसारण एवं दूरसंचार व्यवस्था को विकसित करना ही इसका उद्देश्य है। इन्सेट-1 बी का ही यह सहयोगी उपग्रह है। दूरदर्शन कार्यक्रमों के प्रसारण को सुविधाजनक और

सर्वसुलभ बनाने में इसका योगदान महत्त्वपूर्ण है। इस प्रकार अन्तरिक्ष अनुसंधान की दिशा में अपना भारत ऊँची छलाँगें लगा रहा है। यह सुनिश्चित है कि भविष्य में हमारे देश के पत्रकार अन्तरिक्ष में पहुँचेंगे तथा अन्तिरक्ष के गुह्यतम तथ्यों से सभी सुपरिचित होंगे जैसा कि सोवियत और जापान में प्रयास चल रहा है।

अन्तरिक्ष पत्रकार (स्पेस रिपोर्टर)

टोकियो, 21 सितम्बर। सोवियत और जापान की साझा अन्तरिक्ष उड़ान में जापानी टी. बी. एस. टेलीविजन के दो स्टाफ रिपोर्टर जायेंगे। वे लोग अन्तरिक्ष में जाने वाले दुनिया के पहले रिपोर्टर होंगे। उड़ान सोवियत ग्लाव कास्मोस के अन्तरिक्ष संगठन एवं टी. बी. एस. के तहत हुए एक व्यावसायिक समझौते के तहत 1991 में होनी है। 27 साल के रिओकोकिकुशी और 47 साल के तोइहिरो अकियामा पत्रकारों के सामने चमकते अन्तरिक्ष सूट में आये थे। उनके सूट के बाँहों पर सोवियत और जापानी झंडे लगे हुए थे और सीने पर 'स्पेस रिपोर्टर' लिखा था।

'आज' 22 दिसम्बर' 89

उपग्रहों द्वारा प्रेषित संवाद दिन-रात पृथ्वी की परिक्रमा कर रहे हैं जिसे रेडियो और टी. वी. द्वारा सुना तथा देखा जा सकता है। इनके द्वारा सुदूर अंतरिक्ष की अज्ञात बातें भी ज्ञात हो जाती हैं। इनकी सहायता से विज्ञान नित-नूतन शोध कर रहा है, ज्ञान-विज्ञान के आयाम सुस्पष्ट हो रहे हैं। समाचार-जगत् में चमत्कार हो रहा है। 'इन्सेट-बी' के सहारे मद्रास में आधीरात को तैयार समाचार-पत्र 'दि हिन्दू' गुड़गाँव (हरियाणा) में प्रकाशित हो रहा है। दक्षिण भारत में पत्र की तैयारी हो और हजारों मील दूर उत्तर भारत में उसी समय पत्र का प्रकाशन हो, यह चमत्कार अन्तरिक्ष के अनुसंधान में लगे उपग्रहों की सार्थकता के ही कारण सम्भव हो पाया है। लम्बे लेख, समाचार, अभिलेख तत्काल अभिलेख प्रेक्षक (Instant Document Transmitter) द्वारा पलक मारते ही एक स्थान से दूसरे स्थान पर पहुँच रहे हैं जिसके फलस्वरूप समाचार-पत्र अत्यंत क्षिप्र गति से ताजे से ताजे समाचारों से विश्व के बुद्धिजीवियों को सुपरिचित बना रहे हैं। फोटो ट्रांसमीटर द्वारा एक देश में खेले जा रहे मैच का चित्र कुछ ही घंटों के बाद दूसरे देश के पत्रों में छपते हैं। उपग्रह के चलते ही समाचार-पत्रों के पृष्ठों के साँचों की प्रतिच्छाया एक केन्द्र से दूसरे मुद्रण केन्द्र को प्रेषित हो रहे हैं जिससे समाचारपत्रों का स्वरूप ही बदल चुका है। वस्तुतः उपग्रहों ने पत्रकारिता-जगत् में क्रान्ति उत्पन्न कर दी है।

आज तो उपग्रहों के चलते एक ही पत्र के कई संस्करण विभिन्न नगरों से एक साथ प्रकाशित हो रहे हैं। इलेक्ट्रानिक्स विधियों द्वारा विजुअल डिस्प्ले टर्मिनल पर मुद्रण, सम्पादन, प्रति-वाचन एवं पृष्ठ-सज्जा का कार्य एक ही व्यक्ति द्वारा पूरा हो रहा है। इस पद्धति द्वारा हर समाचार, शीर्षक, लेख, फोटो, विज्ञापन

को एक कमाण्ड नम्बर दिया जाता है। कमाण्ड के अनुसार वीडियो स्क्रीन पर बटन दबाकर प्रत्येक सामग्री को देख लिया जाता है तथा उनको महत्त्व के अनुसार पृष्ठ पर समायोजित किया जाता है। पृष्ठ बन जाने पर इसका निगेटिव या पाजिटिव स्वतः यूनिट से बाहर आ जाता है। इसी पृष्ठ से प्लेट तैयार करके मुद्रण मशीन में भेजा जाता है। तरंगों पर तैरते आज के संसार को द्रुतगति से समाचारपत्रों को सुलभ करने में उपग्रहों की अपनी महत्ता है।

21 वीं सदी की पत्रकारिता

उपग्रह, कम्प्यूटर और इलेक्ट्रानिक्स के कारण संवादों का द्रुत गति से विस्तार हो रहा है जिससे मानव दिनानुदिन अधिक चैतन्य हो रहा है। पहले भुजा की शक्ति थी, पुनः भाप की शक्ति तत्पश्चात् तेल की शक्ति और आज तो आणविक उपग्रह की शक्ति है। आज गति और विस्तार एकाकार हो चुके हैं, संचार साधनों में अप्रत्याशित परिवर्तन दृष्टिगत हो रहे हैं। नित-नूतन बदलते परिवेश में मानव-मन चमत्कृत और स्तब्ध है। वह 21 वीं सदी में जनसंचार के स्वरूप की कल्पना करने में अपने को असमर्थ पा रहा है।

इलेक्ट्रानिक्स आविष्कारों के फलस्वरूप विस्मयकारी संचार उपकरण उपलब्ध हो रहे हैं जिनसे समाचार-संकलन, सम्पादन, मुद्रण, प्रति-संशोधन, प्रकाशन और प्रसारण में विचित्र परिवर्तन दृष्टिगत हो रहे हैं। 'न्यू इंग्लैंड न्यूजपेपर आपरेशन्स एसोसिएशन' की 46 वीं कान्फ्रेंस में रोमैनो ने बतलाया कि शीघ्र ही कम्प्यूटर वर्तमान समाचारपत्र कार्यालय के कम्पोजिंग रूम को निरर्थक सिद्ध करने वाला है। अब तो कम्प्यूटर के परदे पर इलेक्ट्रानिक विधि से कम्पोजिंग होगी, कम खर्च में रंग-बिरंगे पत्र तत्काल प्रकाशित होंगे। अब नूतन तकनीक के अनुसार प्रेस भी आधुनिक बहुरंगी मनोरम मुद्रण की सुविधा से पूर्ण होंगे। पत्रों की छपाई आकर्षक होगी, उपग्रह, विज्ञापन सेवा देंगे तथा विज्ञापन अत्यंत चित्ताकर्षक रंगीन होंगे। समाचारपत्रों के उत्पादन में हो रहे नये परिवर्तन हेतु कम्प्यूटर पर आधारित नये आटोमेशन पद्धतियों का प्रशिक्षण हर पत्रकार हेतु अनिवार्य हो जाएगा।

दैनिक ट्रिब्यून के यशस्वी पत्रकार श्री राधेश्याम शर्मा के अनुसार इलेक्ट्रानिक कैमरों के कारण परम्परागत फोटोग्राफी एक बीती कहानी बनकर रह जाएगी। फोटो टेप या डिस्क पर एकचित्र होंगे, उनमें रसायनों का प्रयोग नहीं होगा। फोटोग्राफर टेलीफोन बूथों से फोटो प्रसारित करेंगे। पत्रकारिता-जगत् में आज अखबारी कागज की आपूर्ति और उसके बढ़ते मूल्यों की विकराल समस्या है। अब एक सस्ते सुलभ गर्म देशों के पौधे 'केनाफ' से अखबारी कागज तैयार होगा।

पहले के समाचार-पत्रों का उद्देश्य पाठकों की चेतना का उन्नयन था, भले ही पत्र का रूप सुरुचिपूर्ण हो या न हो। आज तो पाठकों के नेत्रों को आकर्षक

दीखने के लिए पत्रों को सजना-सँवरना पड़ रहा है। पहले हैंड प्रेस, पुनः टेड्रिल मशीन, फिर सिलिण्डर और रोटरी मशीनें आईं। अब तो फोटो ग्रेव्योर, रोटो ग्रेव्योर, फोटो कम्पोजिंग, आफसेट भी पुराने पड़ चुके हैं तथा उपग्रह कम्प्यूटर के कारण मुद्रण हेतु अधुनातन उपकरण उपलब्ध हैं। इलेक्ट्रानिक क्रान्ति के कारण पत्रों के मुद्रण की शैली बदल चुकी है।

आज कम्प्यूटर-क्रान्ति से समाचारपत्र का स्वरूप ही बदल रहा है। वीडियो के कारण जैसे घर-घर में दिन प्रतिदिन मनोनुकूल फिल्म तैयार हो रहे हैं। घर का हर सदस्य अभिनेता बन रहा है, अपनी ही कहानी का स्वयमेव फिल्मांकन हो रहा है, उसी प्रकार वह दिन दूर नहीं जब कि प्रत्येक व्यक्ति पत्रकार होगा, उसका अपना पत्र होगा, समाचार के लिए कोई दूसरे पर आश्रित न होगा। केन्द्रीय-स्थल से समाचारपत्र घर-घर में 'टेलीव्यू' के कारण उपलब्ध होगा। 'टेलीव्यू' सेट के बटन को दबा कर हम समाचार, क्रीड़ा-समाचार, व्यापार-जगत् का अध्ययन कर लेंगे।

सम्प्रेषण, मुद्रण, प्रसारण के क्षेत्र में क्षण-प्रतिक्षण हो रहे आविष्कारों–उपग्रहों, कम्प्यूटर बैंकों, लेसर किरणों, अन्तर्महाद्वीपीय प्रतिकृति (Fascimile) ने वस्तुतः पत्रकारिता-जगत् में अद्‌भुत क्रान्ति मचा दी है। इस द्रुतगामी संचार-व्यवस्था के साथ पत्रकार को कदम से कदम मिलाकर चलना पड़ेगा ताकि 21 वीं सदी की आपाधापी और हलचल में उसके रचनात्मक विचार समाज को स्वस्थ दिशा दे सकें। सम्प्रति संचार क्रान्ति के बाद 'सांस्कृतिक आक्रमण', 'वैचारिक आक्रमण' और 'इलेक्ट्रानिक आक्रमण' जैसे शब्द प्रचलित हो रहे हैं। अमेरिकी संचार-विशेषज्ञ प्रो. अलबर्ट शिलर ने 20 वर्ष पूर्व ही चेतावनी दी थी कि निकट भविष्य में युद्ध के द्वारा जमीन पर झंडे नहीं गाड़े जाएँगे अपितु सांस्कृतिक आक्रमण द्वारा देशवासियों के दिलो-दिमाग पर प्रभुत्व स्थापित होगा। 'सूचना ही शक्ति है' और इसका नियंत्रक ही शासक है। वस्तुतः कोई सूचना तटस्थ, निष्पक्ष नहीं होती वह अपने साथ सम्प्रेषक के जीवन मूल्य, उसकी चिन्तन धारा, उसकी संस्कृति और राजनीति लेकर आती है। सही-गलत, सत्य-असत्य, सभ्य-असभ्य, गुण-दोष के फैसले सूचना के प्रवाह से ही तय होते हैं। इस सांस्कृतिक और वैचारिक आक्रमण का शिकार तीसरी दुनिया का वह कुलीन तबका है जो अपनी बौद्धिक खुराक का स्रोत विदेश में ही पाता है। हांगकांग स्थित स्टार टी. वी. के माध्यम से बी. बी. सी. के दूरदर्शन कार्यक्रम अब एक केबल या बूस्टर की सहायता से भारत सहित एशिया के प्रमुख केन्द्रों पर देखे जा सकते हैं। सूचना और संस्कृति की इस बमबारी से स्वराष्ट्र की आदर्श संस्कृति और गरिमा कैसे सुरक्षित होगी, इस पर भावी कर्णधारों को गम्भीरता से सोचना होगा।

संदर्भ

1. 'स्वतंत्र भारत', 21 दिसम्बर 1975 ई.
2. 'माया', जुलाई 1977, पृ. 27
3. वही, पृ. 28
4. श्री श्यामलाल शकधर : 'दिनमान', 25 दिसम्बर 1987, पृ. 14
5. डॉ. प्रताप नारायण टंडन : वृहत् हिन्दी पत्रकारिता कोश, पृ. 686
6. 'पाञ्चजन्य' : नववर्षांक संवत् 2037
7. 'गाण्डीव' (वाराणसी) : 22 मार्च 1988 'खबरनामा'
8. डॉ. प्रताष नारायण टंडन : वृहत् हिन्दी पत्रकारिता कोश, पृ. 678
9. कादम्बिनी : सितम्बर 1984
10. नवभारत टाइम्स (पटना) 6 सितम्बर 1988

अष्टम अध्याय

समर्पित सम्पादक

सत्य के उद्‌गाता, स्वतंत्रता के अनुष्ठाता, कर्तव्य-पथ के अनवरत पथिक सम्पादकों की कलम ने भारत को दासता से मुक्त किया। चुनौती, प्रताड़ना और जेल-यातना से जूझते हुए समर्पित पत्रकारों ने हिन्दी पत्रकारिता की सुपुष्ट आधारशिला रखी। पत्रकार तो विचार, भावना विश्लेषण-क्षमतायुक्त वह बुद्धिजीवी है जो लोकमानस में डूबता है, विविध घटनाओं से उन्मथित होता है तथा अपनी विवेचना शक्ति के बल पर जन-मानस को सशक्त वाणी देता है। इसीलिए पत्रकारों को नरेश, शिक्षकों का शिक्षक, लोकनायक, लोक गुरु और मर्करी के नाम से पुकारा जाता है। एक सच्चा पत्रकार साहित्यकार होता है जिसके संदर्भ में हरिकृष्ण जौहर की पंक्तियाँ समीचीन हैं :

कट गई जिन्दगी साहित्य की गुलकारी में।
तीसरापन है इसी बाग की फुलवारी में।
कागज ओढ़ना और बिछौना कागज से ही खाना।
कागज लिखते लिखते साधो, कागज में मिल जाना।।

पत्रकार के दायित्व बोध को विविध उपमाओं द्वारा श्री प्रकाश चंद्र भुवालपुरी ने स्पष्ट किया है :

"वह साहित्यकार की तरह मधुव्रती बनकर जीवन के बिखरे हुए सत्य का मात्र संचयन ही नहीं करता, वरन् उसे देवर्षि नारद-सा भ्रमणशील, संजय-सा दूरदृष्टि सम्पन्न, अर्जुन-सा लक्ष्यनिष्ठ, एकलव्य-सा अध्यवसायी, अभिमन्यु-सा निर्भीक, परशुराम-सा साहसी, सुदामा-सा संतोषी, दधीचि-सा त्यागी, धर्मराज-सा सत्यव्रती, भीष्म-सा अडिग, गणेश-सा प्रतिभा सम्पन्न, कृष्ण-सा ज्ञानी एवं कर्मयोगी, राम-सा मर्यादावादी, कृष्ण-द्वैपायन-सा प्रगतिशील और भगवान् शिव-सा लोक मंगल के लिए विषपायी होना पड़ता है।" ये सभी गुण हिन्दी पत्रकारों में समवेत होकर उन्हें

सम्मानित बना चुके हैं। स्वतंत्रता संग्राम के पुरोधा पत्रकार सच्चे सम्राट और धर्मोपदेशक की भूमिका निभा चुके हैं जिन्होंने प्रलोभन, भय, दबाव और आतंक से अपने को मुक्त रखा। प्रमुख हिन्दी पत्रों के प्राण-तत्त्व, राष्ट्रीयता के उद्‌बोधक और सम्पोषक सम्पादकों की कीर्ति-गाथा मननीय है।

हिन्दी पत्रकारिता के मनु पं. युगुल किशोर सुकुल (1788-1853)

पं. युगुल किशोर सुकुल कानपुर के निवासी थे उन्होंने कलकत्ते में हिन्दी पत्रकारिता की नींव डाली। अपनी सतत निष्ठा और ऊँची आदर्शवादिता के कारण पंडित जी ने हिन्दी भाषियों की जड़ता को दूर भगाने का प्रयास किया :

"... जब तें या कलकत्ता नगरी में उदन्त मार्तण्ड को प्रकाश भयौ तब तौ आज दिवस लौ काहू प्रकार तें ढाढस बाँध विद्या के बीज वैबे को हिन्दुस्तानिअन के जड़ता के खेत को बहुविध जोत्यो पहिले तो ऐसी कठोर भूमि काहे कौ जुतै ताहू पै काया कष्ट कर जैसो तैसो हर चलाय वा क्षेत्र में गाँठ को व्यु बखेर बड़े यत्न तें सींच फल लुन्यों चह्यों ता समय लोभ रूपी टीडी परिवा खेत के फल फूल पाती सिगरी चरि गई अब जो फिरि-फिरि या नशे छेत्र को गोड़िये तो श्रम ही कौ फल फलेगो।"[1]

पं. युगुल किशोर जी ने 30 मई 1826 ई. को साप्ताहिक 'उदन्त मार्तण्ड' का सम्पादन-प्रकाशन किया। 1850 ई. में उनके द्वारा 'साम्यदन्त मार्तण्ड' का प्रकाशन हुआ। पत्रकारिता के क्षेत्र में आने के पूर्व वे कलकत्ते की सदर दीवानी अदालत में प्रोसीडिंग रीडर थे। बाद में उसी अदालत में वे वकालत करने लगे। पंडित जी कई भाषाओं के जानकार थे। अपने पत्रों में उन्होंने देश-विदेश की खबरें छापीं तथा हास्य-व्यंग्य, विज्ञापन, सरकारी सूचना और सम्पादकीय टिप्पणियों से पत्र को सुशोभित रखा। सुकुल जी का हिन्दी-प्रेम और पत्रकारिता से उनकी आत्मीय भावना के बल पर ही हिन्दी पत्रकारिता का महल खड़ा हो रहा है जिनकी घोषणा थी :

युगुल किशोरः कथयति धीरः सविनयमेतत् सुकुलवंशजः।
उदिते दिनकृत सति मार्तण्डे तद्वत् विलसति लोक उदन्ते।।

'हिन्दुस्तानियों के हित हेतु' प्रकाशित 'उदन्तमार्तण्ड' हिन्दी पत्र-जगत् की आधारशिला है।

राजा राममोहन राय (22 मई 1772-27 सितम्बर 1833)

भारत के महान् समाज-सुधारक राजा राममोहन राय ने भारत को आधुनिक बनाने में बौद्धिक और आध्यात्मिक दोनों शक्तियों का प्रयोग किया। उन्होंने पूरब और पश्चिम के सामञ्जस्य से एक मानवतावादी संस्कृति की स्थापना की। अमरीकी

स्वातंत्र्य संग्राम, फ्रांसीसी क्रान्ति, आइरिश क्रान्ति एवं स्पेन की जनता के संघर्ष में रुचि लेकर राममोहन राय ने विश्व-बन्धुत्व की भावना का प्रसार किया। सती-प्रथा को समाप्त कराने के लिए उन्होंने लार्ड विलियम वैंटिक को प्रेरित किया कि एक ऐसा कानून बने ताकि यह अमानवीय कार्य बंद हो जाय। स्त्री-शिक्षा को प्रश्रय देने तथा विधवा-विवाह को वैध घोषित करने पर भी इन्होंने बल दिया। सन् 1828 ई. में ब्रह्म समाज की स्थापना द्वारा राजा राममोहन राय ने सामाजिक कुरीतियों को दूर करने का प्रयास किया।

सुधारवादी आंदोलन के संचालक तथा भारतीय नवजागरण के अग्रदूत राजा राममोहन राय ने बौद्धिक स्वतंत्रता को मानव का मूल अधिकार माना जिसके लिए समाचार-पत्रों का प्रकाशन अपरिहार्य सिद्ध किया। उन्होंने राज्याश्रय प्राप्त मिशनरी पत्रों के प्रतिरोध में 'ब्रह्मैनिकल मैगजीन' प्रकाशित किया। सन् 1821 ई. में बंगला साप्ताहिक 'संवाद कौमुदी' का प्रकाशन उनके द्वारा हुआ जिससे सामाजिक बुराइयों पर आघात किया गया। फारसी में राजा साहब ने 'मिरात-उल-अखबार' निकाला जो अपनी तेजस्विता के कारण दमन का शिकार हुआ। 'जाम-ए-जहाननामा' तथा 'शम्स-उल-अखबार' उनके प्रयास के ही फलस्वरूप निकले। अंग्रेजी, फारसी, बंगला और हिन्दी में एक साथ छपनेवाले पत्र 'बंगदूत' के प्रकाशक भी वही थे। प्रेस नियंत्रण के विरुद्ध उनकी याचिका भारतीय पत्रकारिता की 'एरोपैगिटिका' है।

बाबू श्यामसुन्दरं सेन

'समाचार सुधावर्षण' के सम्पादक बाबू श्यामसुन्दर सेन बंगाली होते हुए भी हिन्दी के उन्नायकों में महत्त्वपूर्ण स्थान रखते हैं। द्विभाषी पत्र 'समाचार सुधावर्षण' में हिन्दी के बाद बंगला का अंश रहता था। यद्यपि ये पुरानी रीति-नीति के पक्षधर थे परन्तु दैनिक हिन्दी पत्रों के प्रवर्तन द्वारा इन्होंने पत्रकारिता जगत् में उल्लेख्य कार्य किया।

पं. छोटूलाल मिश्र

'भारतमित्र' के संस्थापक सम्पादक पं. छोटूलाल मिश्र का जन्म कलकत्ता में हुआ और प्रारम्भिक शिक्षा हेतु इन्हें काशी आना पड़ा। उर्दू, अंग्रेजी, हिन्दी, बंगला के ये विद्वान् थे। 'भारतमित्र' के प्रथम सम्पादकीय लेख में इन्होंने बतलाया :

"... और हमारे हिन्दुस्तानी भाई केवल अज्ञान खटिया पर पैर फैलाए हुए पड़े हैं और ऐसा कोई नहीं जो इनकी उस खटिया पर से उठा के ज्ञान की किरण उनके अन्तःकरण में प्रकाश करे बहोत दिनों से हम आशा करते थे कि कोई विद्वान्

बहुदर्शी आदमी इस अभाव को दूर करने की चेष्टा करेंगे परन्तु यह आशा परिपूर्ण न हुई।"

पं. दुर्गाप्रसाद मिश्र (1860-1910)

तेजस्वी सम्पादक और सशक्त लेखक पं. दुर्गाप्रसाद मिश्र का जन्म 31 अक्तूबर सन् 1860 ई. में सांवां नगर (जम्मू-कश्मीर) में हुआ था। एक वर्ष तक 'भारतमित्र' की व्यवस्था करने के बाद उन्होंने 'सारसुधानिधि' पत्र को जन्म दिया। 1880 में 'उचित वक्ता' और 1907 में 'मारवाड़ी बन्धु' का प्रकाशन इनकी अहर्निश साधना के बल पर हुआ। हिन्दी, संस्कृत, डोगरी, बंगला और अंग्रेजी के विद्वान् मिश्र ने सर्वप्रथम पत्रकारों के संगठन को महत्त्वपूर्ण माना :

"हम भारतीय पत्र सम्पादकों की जैसी हीन और मलीन दशा है वह किसी को अविदित नहीं है। ये लोग सदा अपने देश की भलाई के लिए उद्यत रहते हैं इसी से सदैव गवर्नमेंट के समीप राजभक्तिविहीन और अधम गिने जाते हैं, क्षुद्र हाकिमों से लगाकर उच्चतर विचारपतियों तक का इन पर आक्रोश बना रहता है।··· अब हम लोगों का प्रधान कर्तव्य यह है कि सब समाचारपत्र के सम्पादक एक उत्तम सभा स्थापित करें जिसमें कि सब पत्रों के सम्पादक सभ्य नियुक्त रहें और अपनी-अपनी अवस्थानुसार मासिक चंदा दिया करें जब किसी देशीय पत्र के सम्पादक पर किसी हाकिम महाशय का अनर्थक क्रोध होय तो उसके निवारणार्थ वह संचित द्रव्य व्यय हुआ करे और सम्पादक समाज उसकी सब प्रकार से सहायता में तत्पर रहें।"

हिन्दी पत्रकारिता के महान् पुरस्कर्त्ता के रूप में पं. दुर्गाप्रसाद मिश्र सतत प्रणम्य हैं। उनकी मृत्यु 1910 ई. में हुई।

पं. सदानन्द मिश्र

पं. योगध्यान मिश्र के पुत्र पं. सदानन्द मिश्र 'सारसुधानिधि' के सम्पादक थे। वे पत्रकारों को संस्कारक मानते थे। अपने पत्र में उन्होंने लिखा :

"···जब हम सब संस्कारक कार्य में ब्रती हुए हैं तो हम लोगों को उचित है कि यावज्जीवन इस गुरुतम कार्य्य के साधन में प्रवृत्त रहें।··· हम लोगों के प्रधान आश्रय धीरता, साहस और अध्यवसाय हैं।··· अतएव हम पुनः अनुरोध करते हैं कि कदापि किसी के कहने से शिथिल प्रयत्न न होना। जो आपको विपरीत सुझाते हैं वह उसी भ्रष्ट संस्कार के वशवर्ती हैं। यह निश्चय है कि जो कुछ भारतवर्ष का हित होना है वह समाचारपत्रों ही से होना है।" सचेत पत्रकार मिश्र की लेखनी प्रौढ़ थी।

भारतेन्दु बाबू हरिश्चन्द्र (1850-1885)

हिन्दी के जन्मदाता तथा हिन्दी पत्रकारिता के युग पुरुष भारतेन्दु बाबू हरिश्चन्द्र ने 'पैनी रीडिंग क्लब', 'तदीय समाज', 'यंगमैन एसोसिएशन', 'डिबेटिंग क्लब' की स्थापना द्वारा सांस्कृतिक और राजनैतिक जागरण का मंत्र फूँका। 'कविवचन सुधा', 'हरिश्चन्द्र मैगजीन', 'हरिश्चन्द्र चन्द्रिका', 'बाला बोधिनी' पत्रिका द्वारा इन्होंने भारतीय जन-मानस को उद्‌बुद्ध किया। उत्कृष्ट कवि, सशक्त व्यंग्य-लेखक, सफल नाटककार, जागरूक पत्रकार के रूप में भारतेन्दु जी ने वास्तव में अपने को 'भारतीय नवजागरण का अग्रदूत' सिद्ध कर दिया। अंग्रेजों के प्रति उनकी भावना थी :

भीतर-भीतर सब रस चूसे।
हँसि-हँसि के तन-मन-धन मूसे।
जाहिर बातन में अति तेज।
क्यों सखि साजन, नहिं अंग्रेज।।

8 जून 1874 को उन्होंने सुस्पष्ट रूप में 'कविवचन सुधा' में लिखा :

"भाइयो ! अब तो सन्नद्ध हो जाओ और ताल ठोंक के इनके सामने खड़े हो जाओ। देखो, भारतवर्ष का धन देश से बाहर न जाने पाये, वह उपाय करो।"

भारतीय मनीषा को चैतन्य कर राष्ट्र के प्रति समर्पित साहित्यकारों की मंडली तैयार करने में भारतेन्दु जी का योगदान अविस्मरणीय है। सर्वश्री बालकृष्ण भट्ट, लाला सीताराम, प्रतापनारायण मिश्र, लाला श्रीनिवास दास, राधाचरण गोस्वामी, बद्री नारायण चौधरी 'प्रेमघन' आदि पत्रकार भारतेन्दु हरिश्चन्द्र द्वारा ही अनुप्राणित थे। स्वदेशाभिमान, स्वजाति-प्रेम, समाज-सुधार आदि की भावनाओं के प्रवाह के लिए भारतेन्दु बाबू ने हिन्दी को चुना। इतिहास, विज्ञान एवं समाजोपयोगी सामयिक विषयों की ओर उन्होंने हिन्दी को दौड़ा दिया। हिन्दी पत्रकारिता के आधार स्तम्भ के रूप में वे सतत पूज्य हैं।

राजा रामपाल सिंह (1849-1909)

कालाकांकर (प्रतापगढ़) के राजा रामपाल सिंह हिन्दी पत्रकारिता के अप्रतिम उन्नायक एवं हिन्दी साहित्य के अनन्य सेवक थे। इन्होंने सन् 1883 में इंग्लैण्ड से 'इण्डियन यूनियन' नामक अंग्रेजी भाषा का पत्र निकाला। 'हिन्दोस्थान' नाम से हिन्दी का एक पत्र भी वहीं से उन्होंने प्रकाशित किया। कालान्तर में सन् 1885 में भारत लौटने पर 'हिन्दोस्थान' का साप्ताहिक रूप में विधिवत् प्रकाशन कालाकांकर से ही करके राजा साहब ने अपने हिन्दी प्रेम का परिचय दिया।

'हिन्दोस्थान' प्रदेश का प्रथम दैनिक पत्र था और इसके आदि सम्पादक पं. मदन मोहन मालवीय थे। मालवीय जी ने जुलाई सन् 1887 से सन् 1889 तक

इसका सफलतापूर्वक सम्पादन किया। मालवीय जी के बाद दैनिक 'हिन्दोस्थान' के सम्पादन में जिन पत्रकारों ने योग दिया उनमें सर्वश्री बालमुकुंन्द गुप्त, गोपालराम गहमरी तथा अमृतलाल चक्रवर्ती के नाम उल्लेखनीय हैं। सन् 1907 ई. में राजा रामपाल सिंह ने इलाहाबाद में सम्पादक सम्मेलन बुलाया। प्रमुख पत्रों के सम्पादकों ने सम्मेलन में सक्रिय भाग लिया। राजा साहब ने कांग्रेस के मंच से वर्नाक्युलर प्रेस ऐक्ट को समाप्त करने की माँग की। उन्होंने अपने लेखों द्वारा बार-बार स्पष्ट किया कि अंग्रेज जो लंदन में बैठे भारत पर राज कर रहे हैं, वे यहाँ की आर्थिक दुर्दशा को नहीं समझ सकते। इसलिए भारतीयों को स्वयं आंदोलन करना चाहिए तथा ब्रिटिश संसद में प्रवेश पाना चाहिए। निरन्तर 22 वर्षों तक घाटा सहकर 'हिन्दोस्थान' को चलानेवाले इस मनस्वी राष्ट्रभक्त ने हिन्दी पत्रकारिता के विकास में अविस्मरणीय योगदान किया।

बाबू शारदाचरण मित्र

'एक लिपि विस्तार परिषद' के संस्थापक और 'देवनागर' के संचालक बंगीय महापुरुष बाबू शारदाचरण मित्र का जन्म 17 दिसम्बर 1848 ई. में कलकत्ता में हुआ। बंगला, हिन्दी, संस्कृत, अंग्रेजी के इस उद्भट विद्वान् ने कलकत्ता उच्च न्यायालय के न्यायाधीश पद को सुशोभित किया। अनेक बंगला भाषा की पुस्तकों को नागरी लिपि में प्रकाशित कर इन्होंने देवनागरी को गौरवान्वित किया। हिन्दी के समर्पित उन्नायक न्यायपति शारदाचरण मित्र ने 'बंग साहित्य परिषद' के अध्यक्ष पद से जो घोषणा की, वह सतत स्मरणीय है :

"इंगराजी आमादेर साधारण भाषा हइते पारे ना। इंगराजी शिक्षा आमादेर साहित्यिक उन्नतिर व्याघात कारण।··· वर्तमान हिन्दी अनेक परिमाणेई आमादेर राष्ट्रभाषार अभाव पूरण करिते पारे, हिन्दी सहजेइ शिक्षा करा जाय, सुतरां सहजेइ आर्य्यावतेर राष्ट्रभाषा हइते पारे।

आमादेर परस्परेर लिपिक पार्थक्य आछे, किन्तु आमि भाषार विशेष पार्थक्य देखिते पाइना।

कि उपाय अवलम्बन करिले तुलसीदास, कबीर, हरिश्चन्द्र, चांद, दलपत राय, तुकाराम प्रभृति आर्य्य भारतेर अन्यान्य प्रदेशेर कविर और सुलेखक गणेर ग्रंथ निश्चय आमादेर प्रत्येक शिक्षित गृहस्थेर आदरेर जिनिस हइबै, ताहा साहित्य सम्मेलन स्थिर करा आवश्यक।"

लार्ड कर्जन की विघटनकारी नीतियों की सांस्कृतिक प्रतिक्रिया के स्वरूप 'देवनागर' ने राष्ट्रीय एकता को अक्षुण्ण रखा जिसके सर्वस्व शारदा चरण मित्र भारतीयों हेतु आलोक पुरुष हो चुके हैं।

लाल खड्ग बहादुर मल्ल

मझौली के प्राचीन विश्वसेन वंश में इनका जन्म सन् 1853 ई. में हुआ। भारतेन्दु हरिश्चन्द्र की कृतियों के प्रकाशनार्थ इन्होंने पटना के बाँकीपुर में 'खड्गविलास छापाखाना' की स्थापना करायी। वहीं से 'क्षत्रिय पत्रिका' का प्रकाशन हुआ जिसने हिन्दी को राष्ट्रभाषा पद हेतु सक्षम बनाया। पत्रिका के तीन-चौथाई भाग के प्रणेता लाल साहब ही थे। 'मझौली की खबरें' इनके द्वारा प्रेषित थीं। ग्राहकों के अभाव में जब 'हरिश्चन्द्र कला' (मासिक) के बन्द होने की चर्चा छिड़ी तो लाल साहब ने लिखा कि 'मेरे जीते जी 'हरिश्चन्द्र कला' बन्द नहीं होगी।' लगभग 32 ग्रंथों की रचना द्वारा लाल खड्ग बहादुर मल्ल ने हिन्दी की अभूतपूर्व सेवा की। राधाकृष्णदास ने इन्हें 'भारत-भूषण' की उपाधि से सम्मानित किया। 20 जनवरी सन् 1890 ई. को लाल साहब स्वर्गवासी हो गए।

महाराजकुमार रामदीन सिंह

बलिया के रेपुरा ग्राम के निवासी बाबू रामदीन सिंह 'खड्गविलास छापाखाना' से प्रकाशित 'हरिश्चन्द्र चन्द्रिका' तथा 'क्षत्रिय पत्रिका' के आधार स्तम्भ थे। इन्होंने अपनी सूझबूझ से हिन्दी के प्रथम प्रेस की स्थापना द्वारा हिन्दी भाषा तथा साहित्य की ऐतिहासिक सेवा की। उनके कुशल सम्पादन के कारण 'क्षत्रिय पत्रिका' तत्कालीन पत्रिकाओं की रानी मानी जाती थी।

प्रतापनारायण मिश्र (1856-1894)

इनका जन्म उन्नाव जनपद के बेजेगाँव नामक ग्राम में 27 सितम्बर 1856 ई. को हुआ। हिन्दी, उर्दू, बंगला, संस्कृत, अंग्रेजी, फारसी में दक्ष मिश्र पक्के राष्ट्रवादी थे। उनकी स्पष्ट धारणा थी कि :

जिन धन धरती हरी, सो करि है कौन भलाई।
बन्दर काके मीत, कलन्दर केहिके भाई।
सब धन लिहै जात अंगरेज,
हम केवल लैक्चर में तेज।।

और भी

पढ़ि कमाय कीन्हों कहा, हरे न देस कलेस।
जैसे कन्ता घर रहे, वैसे रहे बिदेस।।

महामना मालवीय जी के साथ उन्होंने 'हिन्दोस्थान' का सम्पादन 1889 ई. में किया। इसके पूर्व 15 मार्च 1883 ई. को उन्होंने 'ब्राह्मण' पत्र निकाला। पत्र

में इन्होंने सामान्य जनता की भाषा में जन सामान्य के लिए जनहित की भावना से लिखा फलस्वरूप 'ब्राह्मण' जनता का कंठहार हो गया। 32 पुस्तकों के रचयिता श्री मिश्र जी भारतेन्दु के अनन्य भक्त थे। श्री 'गणेशाय नमः' के स्थान पर वे 'श्री हरिश्चन्द्राय नमः' लिखा करते थे। भारतेन्दु मंडल के इस उत्कृष्ट कवि और पत्रकार का स्वर्गवास 1894 ई. में हो गया। चुटीला हास्य, सत्य-कथन, साहस और देश प्रेम के कारण मिश्र जी अविस्मरणीय हैं। 15 मई 1883 को 'ब्राह्मण' में प्रकाशित सम्पादकीय लेख द्वारा उनकी पत्रकारिता का अनुमान लगाया जा सकता है :

"... परन्तु हम भिखमंगे नहीं कि केवल ग्राहकों की खुशामद का खयाल रखे। हम भाट नहीं कि बड़े आदमियों और राजपुरुषों की निरी झूठी स्तुति गाया करें। जो हो सो हों, हम ब्राह्मण हैं, इससे हमारा धर्म नष्ट होता है और हम पतित हुए जाते हैं। जो अत्यंत दीन और असमर्थ देश भाइयों पर अत्याचार होते सैकड़ों मनुष्यों से सुने और फिर उसे सर्वसाधारण व सरकार पर विदित न करें।"

उपर्युक्त बातें आज भी आदर्श पत्रकारों हेतु मननीय हैं।

महामना मदनमोहन मालवीय (1861-1946)

समग्र राष्ट्रीय चेतना के आलोक स्तम्भ पं. मदनमोहन मालवीय ने 1885 से 1887 तक 'इंडियन ओपिनियन' का सम्पादन किया। कालाकांकर के राजा रामपाल सिंह के पत्र दैनिक 'हिन्दोस्तान' को जुलाई 1887 से 1889 तक गौरवपूर्ण बनाने में इनका स्तुत्य हाथ था। हिन्दी के प्रथम दैनिक का सम्पादन करते हुए मालवीय जी ने गोपालराम गहमरी, अमृतलाल चक्रवर्ती, बाबू बालमुकुन्द गुप्त, प्रतापनारायण मिश्र प्रभृति पत्रकारों को प्रशिक्षित किया।

सन् 1908 में बसन्त पञ्चमी के दिन से मालवीय जी ने 'अभ्युदय' नामक साप्ताहिक का प्रकाशन प्रारम्भ किया जिसमें पुरुषोत्तमदास टंडन का सहयोग उल्लेख्य था। कृष्णकांत मालवीय और पद्मकांत मालवीय ने 'अभ्युदय' के सम्पादकीय विभाग में कार्य किया जिस पर महामना मालवीय का वर्चस्व था। कुछ दिनों तक 'मर्यादा' मासिक के संचालन के बाद इन्होंने 24 अक्टूबर 1909 को 'लीडर' नामक दैनिक का शुभारम्भ किया। मालवीय जी की देख-रेख में 'दैनिक भारत' निकलता था जिसके भरण-पोषण हेतु इन्हें अपनी पत्नी के गहने बेचने पड़े।

मालवीय जी की सत्प्रेरणा से अकालियों से 'हिन्दुस्तान टाइम्स' खरीदा गया जिसे बाद में एक लिमिटेड कम्पनी को सौंपा गया। नई दिल्ली से प्रकाशित 'हिन्दुस्तान टाइम्स' और 'हिन्दुस्तान' मालवीय जी की दूरदर्शिता के परिणाम हैं। दिल्ली से प्रकाशित 'गोपाल' साप्ताहिक के संरक्षण का भार इन्होंने उठाया। 20

जुलाई 1933 की गुरु-पूर्णिमा को 'सनातन धर्म' नामक साप्ताहिक का प्रकाशन प्रारम्भ हुआ। पत्रकारिता के क्षेत्र में मालवीय जी संवाद-संकलन, मेकअप, प्रूफ रीडिंग आदि सब में सिद्धहस्त थे। 26 सितम्बर 1922 को लाहौर में दिए गए उनके भाषण के निम्नलिखित अंश से उनकी पत्रकारिता का अनुमान सहज ही सम्भव है :

"... अखबारनवीस भी नई रोशनी के पंडित और मौलाना हैं। वे ईश्वर, मुल्क तथा कौम के लिए लोगों को नेकी का रास्ता बतलानेवाले हैं। अखबारों में एक गलत खबर के मजमून से कितना बुरा असर होता है। अखबारनवीस साहबान से मेरी यह प्रार्थना है कि कोई ऐसी बात तहरीर में न लाएँ जिससे लोगों के दिलों में किसी प्रकार का बुरा भाव पैदा हो किसी तरह की अत्युक्ति हो। जो कुछ लिखें सच्चाई से, तहकीकात करके लिखें और ऐसे शिक्षाप्रद शब्दों में लिखें जिनका असर देश की एकता में मददगार हो।"

'हिन्दुस्तान रिव्यू', 'महारथी' (दिल्ली) एवं 'विश्वबंधु' (लाहौर) के प्रकाशन में मालवीय जी का सहयोग था। राष्ट्रीय महत्त्व की संस्थाओं के संस्थापक, स्वाधीनता संग्राम के शीर्षस्थ नायक, एवं हिन्दी के कट्टर समर्थक मालवीय जी सुनिश्चित ही अप्रतिम पत्रकार थे।

मेहता लज्जाराम शर्मा (1863-1931)

गुजराती भाषी मेहता लज्जाराम शर्मा ने 'वेंकटेश्वर समाचार' के सम्पादन द्वारा हिन्दी पत्रकारिता को सुपुष्ट किया। प्रारम्भ में इन्होंने बूंदी के राजकीय प्रेस से 'सर्वहित' नामक पाक्षिक पत्र का लगातार 6 वर्षों तक सम्पादन किया। लगभग 23 ग्रंथों के रचयिता शर्मा जी ने 'कलकत्ता समाचार', 'माधुरी', 'कल्याण', 'सुधा', 'वीणा' सदृश उच्चस्तरीय पत्रों को अपनी रचनाओं द्वारा गौरवान्वित किया। बूंदी (राजस्थान) में जन्म लेकर इन्होंने आजीवन हिन्दी की सेवा की। इनका दृढ़ विश्वास था कि एक न एक दिन पूरे भारत में हिन्दी का डंका बजेगा। प्रान्तीय भाषाएँ हिन्दी की आरती उतारेंगी, बहन उर्दू इसकी बलैया लेगी तथा अंग्रेजी हतप्रभ होकर हिन्दी के गले में फूलों की माला पहनाएगी।

राष्ट्रीयता के प्रहरी : बाबू बालमुकुन्द गुप्त (1865-1907)

हिन्दी पत्रकारिता में सञ्जीवनी शक्ति का संचार गुड़ियानी (हरियाणा) के बाबू बालमुकुन्द गुप्त की तीखी मार करनेवाली अपूर्व-क्षमता के कारण हुई। 'भारतमित्र' जैसे सशक्त पत्र द्वारा उन्होंने भारतवासियों में राष्ट्रीय चेतना पैदा की तथा विदेशी भावना के उमड़ते प्रभाव को श्रीहीन किया। पं. मदनमोहन मालवीय की गुण ग्राहकता के कारण सन् 1889 ई. में इन्होंने 'हिन्दोस्थान' (कालाकांकर) के

सम्पादकीय विभाग में कार्य प्रारम्भ किया। पहली फरवरी 1891 ई. को पत्र-स्वामी ने आज्ञापत्र प्रचारित किया कि··· हमारे चले जाने पर (राजा साहब विलायत जा रहे थे) उनका लेख जाने योग्य न होगा, कारण गवर्नमेंट के विरुद्ध बहुत कड़ा लिखते हैं, अतएव इस स्थान के योग्य नहीं हैं[2] अतः गुप्त जी वहाँ से विरत हो गए।

उर्दू के पत्र 'अखबारे चुनार' से पत्रकारिता की यात्रा करनेवाले गुप्त जी ने लगातार 8 वर्षों तक 'भारतमित्र' जैसे यशस्वी पत्र को गौरवान्वित किया। 'शिव शम्भू के चिट्ठे' में लार्ड कर्जन पर जो निर्भीक प्रहार उन्होंने किया, वह सम्पादक के नैतिक बल और अभिव्यञ्जना की अपूर्व क्षमता का उदाहरण है। हिन्दी अखबारों का इतिहास लिखकर गुप्त जी ने हिन्दी पत्रकारिता के ऐतिहासिक अभाव की पूर्ति की। प्रारम्भ में उन्होंने लाहौर के 'कोहनूर' और कलकत्ते के 'हिन्दी बंगवासी' पत्रों का भी सम्पादन किया। राष्ट्रव्यापी साहित्यिक विवादों के जनक, हिन्दी के व्यंग्य-साहित्य के उन्नायक बाबू बालमुकुन्द गुप्त तेजस्वी पत्रकारिता के अग्रदूत के रूप में वरेण्य हैं।

श्री बालकृष्ण भट्ट (1844-1914)

भारतेन्दु बाबू हरिश्चन्द्र की प्रेरणा से बालकृष्ण भट्ट ने सन् 1877 ई. में 'हिन्दी वर्धिनी सभा' की स्थापना की तथा उसके सदस्यों के सहयोग से 'हिन्दी-प्रदीप' नामक मासिक का प्रकाशन किया। 'हिन्दी प्रेस ऐक्ट' के अन्तर्गत जब 'हिन्दी प्रदीप' से 3 हजार रुपए की जमानत माँगी गयी तो भट्ट जी ने आथिर्क-संकट के कारण पत्र को बन्द कर दिया। 33 वर्षों तक पत्र ने राजनीतिक और साहित्यिक गतिविधियों पर पर्याप्त प्रकाश डाला। भट्ट जी ने कालाकांकर से प्रकाशित 'सम्राट' साप्ताहिक के सम्पादन का कार्य 3-4 महीने तक किया। यह पत्र 30 मार्च 1908 को प्रकाशित हुआ था।

'हिन्दी प्रदीप' का प्रकाशन हिन्दी पत्रकारिता जगत् के लिए सदैव स्मरणीय हैं। सर्वप्रथम इसी पत्र ने हिन्दी पुस्तकों की समीक्षाएँ प्रकाशित कीं। सन् 1908 ई. में जब श्री माधव शुक्ल की 'बम क्या है' शीर्षक कविता पत्र में छपी तो सरकार ने पत्र के अस्तित्व को मिटाने का उपक्रम शुरू कर दिया। पत्र प्रकाशन पर लगे प्रतिबंध के संदर्भ में श्री भट्ट जी ने लिखा :

"अखबारवालों की बड़ी हानि की बात इसमें यह है कि जब इस ऐक्ट के विरुद्ध कोई बात छपेगी तो जिले का मजिस्ट्रेट उस अखबार के पब्लिशर या प्रिंटर को लोकल गवर्नमेंट की आज्ञा लेकर तलब करेगा और धमकी दे दिवाय उससे एक मुचलका लिखवा लेगा कि फिर ऐसी बात इसमें न छापे ! वाह ! क्या न्याय है, जो मजिस्ट्रेट प्रिंटर के लेख को बुरा समझे वही मुंसिफ बने और उनसे मुचलका

भी लिखवा ले। भला ऐसा कभी सुनने में आया है कि जो किसी को दोष लगाए, वही उसका न्याय भी करे।"

उत्कृष्ट हिन्दी निबंध लेखक भट्ट जी से ही प्रेरित होकर महामना मालवीय और पुरुषोत्तमदास टंडन पत्रकारिता की ओर आकृष्ट हुए।

बाल गंगाधर तिलक
(23 जुलाई 1856-1 अगस्त 1920 ई.)

'स्वराज्य मेरा जन्मसिद्ध अधिकार है जिसे मैं लेकर ही रहूँगा', तिलक द्वारा यह नारा केवल शब्दों तक सीमित नहीं था अपितु उन्होंने जीवन-पर्यन्त त्याग और संघर्ष के बल पर उसे साकार बनाने का प्रयास किया। वे भारतीय राष्ट्रवाद के जनक थे। महात्मा गांधी ने जब 'यंग इंडिया' में लिखा कि तिलक प्रेम और युद्ध में सब कुछ उचित समझते हैं तो तिलक ने 28 जनवरी 1920 ई. को गांधी जी को पत्र भेजा :

"... राजनीति दुनियादार लोगों का खेल है, न कि साधु-संतों का। अतः बुद्ध के इस उपदेश–'अक्कोधेन जिने कोधम'–अर्थात् क्रोध को प्यार से जीतो–के स्थान पर मैं श्री कृष्ण के इस उपदेश पर आस्था रखता हूँ कि 'ये यथा मां प्रपद्यन्ते तांस्तथैव भजाम्यहम'–अर्थात् जो मुझे जिस रूप और जिस मात्रा में पूजते हैं, उसी रूप और उसी मात्रा में मैं उन्हें पुरस्कृत करता हूँ। तिलक ने सन् 1881 में 'मराठा' और 'केसरी' पत्र निकाला 'केसरी' का परिचय देते हुए उन्होंने लिखा :

"हम सभी विषयों पर निष्पक्ष भाव से सत्य को दृष्टि में रखते हुए विचार करने को कृतसंकल्प हैं। इसमें सन्देह नहीं कि आजकल ब्रिटिश सरकार के अधीन चापलूसी करने की प्रवृत्ति बढ़ती जा रही है, जो सभी ईमानदार लोग स्वीकार करेंगे, जनहित की दृष्टि से सर्वथा अवांछनीय और घातक है। अतः इस पत्र का नाम जो 'केसरी' है, उसी के अनुरूप इसमें लेखादि प्रकाशित किए जाएँगे।"

सम्पादकीय विभाग के सदस्यों से तिलक यही अपील करते थे :

"आप लोग जो कुछ भी लिखें, यह सोच कर लिखें कि आप विश्वविद्यालय वालों के लिए नहीं, बल्कि गाँववालों के लिए लिख रहे हैं। इसलिए, आप संस्कृत के उद्धरण न दें और न बड़े-बड़े आंकड़े ही दें जिनको देखकर लोग डर जाएँ। इन चीजों को अपने तईं ही आप रखें। और यह पहले ही सुनिश्चित कर लें कि आप जो कुछ लिख रहे हैं, वह सही है। इस प्रकार आप जो कुछ भी कहें, वह दिन के उजाले की तरह स्पष्ट हो, ताकि उसका अर्थ समझने में पाठक को कोई कठिनाई न हो।"[3]

मराठी भाषा में प्रकाशित 'केसरी' का लक्ष्य जनता की भाषा के माध्यम से जनता में देशभक्ति की भावना का प्रसार तथा अपने देशवासियों को आजादी

के संघर्ष हेतु सन्नद्ध करना था। 'मराठा' अंग्रेजी का पत्र था जिसका उद्देश्य था, अंग्रेजों को उन्हीं की जुबान में जनता की भावनाओं से परिचित करवाना ताकि उनकी निरंकुशता और उच्छृंखलता नियंत्रित हो सकें।

गणेशशंकर विद्यार्थी (1890-1931)

गणेशशंकर विद्यार्थी न केवल भारतीय स्वतन्त्रता संग्राम के एक सक्रिय सेनानी थे बल्कि उन्होंने हिन्दी पत्रकारिता में अपना बहुमूल्य योगदान दिया। उन्होंने हिन्दी पत्रकारिता के मानदंड को ऊँचा किया एवं अपने पत्रकार साथियों के जीवन में भी आचरण की श्रेष्ठता की स्थापना की। इसलिए पत्रकारिता के आदर्श पर उन्होंने लिखा था–"हिन्दी के समाचार पत्र भी उन्नति के राजमार्ग पर आगे बढ़ रहे हैं। मैं हृदय से चाहता हूँ कि उन्नति इधर हो या न हो, किन्तु कम से कम वे आचरण के क्षेत्र में पीछे न हटें, और जो सज्जन इन पंक्तियों को पढ़ें, वे आचरण सम्बन्धी आदर्श को सदा ऊँचा समझें। पैसे का मोह और वक्त की तृष्णा भारतवर्ष के किसी भी नये पत्रकार को ऊँचे, आचरण के पवित्र आदर्श से बहकने न दे।" पत्रकारिता के क्षेत्र में गणेशशंकर विद्यार्थी ने गांधी जी के आदर्श का कि "समाचार पत्रों का संचालन सेवा-भाव से होना चाहिए" अक्षरशः पालन किया और अपनी लेखनी का संयम से उन्होंने प्रयोग किया।

1911 में केवल 25 रुपये मासिक पर महावीर प्रसाद द्विवेदी के पास आकर विद्यार्थी जी ने 'सरस्वती' के सम्पादन में सहयोग देना स्वीकार किया। लगभग दो वर्ष तक वे 'सरस्वती' के सम्पादन में सहायता करते रहे किन्तु 'सरस्वती' साहित्यिक पत्रिका थी और विद्यार्थी जी की रुचि राजनीति प्रधान थी, इसलिए वे 'सरस्वती' से 'अभ्युदय' में चले गये।

अपने मित्र शिवनारायण मिश्र की सहायता से उन्होंने, कानपुर में नवम्बर 1913 में 'प्रताप' (साप्ताहिक) को जन्म दिया। 'प्रताप' के आविर्भाव के साथ ही विद्यार्थी जी के सार्वजनिक जीवन का भी श्रीगणेश हुआ। भगत सिंह, प्रतापसिंह बारहठ, 'नवीन', पालीवाल के शिक्षक विद्यार्थी ने 'प्रताप' द्वारा देशभक्ति का पाठ पढ़ाया जो सतत स्मरणीय है।

सम्पादकाचार्य पं. रुद्रदत्त शर्मा (1854-1918)

बिजनौर जनपद के धामपुर में जन्म लेकर रुद्रदत्त शर्मा ने वृन्दावन, मथुरा और काशी में अपनी शिक्षा-दीक्षा पूरी की। 1 मई 1885 ई. में मुरादाबाद से प्रकाशित 'आर्य विनय' (पाक्षिक) के सम्पादक के रूप में आपने पत्रकारिता प्रारम्भ की। इन्होंने आर्य प्रतिनिधि सभा बंगाल और बिहार के मुखपत्र 'आर्यावर्त' का लगभग 10 वर्षों तक सम्पादन किया। उत्तर प्रदेश के पत्र 'आर्यमित्र' (साप्ताहिक) के

अतिरिक्त शर्मा जी ने 'इन्द्रप्रस्थ प्रकाश' (दिल्ली), 'भारतमित्र' (पटना), 'बेंकटेश्वर समाचार' (बम्बई), 'सत्यवादी' (हरिद्वार), 'प्रेम' (वृंदावन), 'मारवाड़ी' (नागपुर) आदि पत्रों का सफल सम्पादन किया। साहित्य-सेवा और पत्र-सम्पादन से प्रारम्भ की गयी जिन्दगी को शर्मा जी ने यों ही बिता दिया :

जब तक जिये लिखे खबरनामे।
चल दिए हाथ में कलम थामे।।

17 नवम्बर 1918 को उनके निधन पर श्री बनारसीदास चतुर्वेदी ने लिखा :

"चालीस पैंतालिस वर्ष तक साहित्य-सेवा तथा हिन्दी पत्रों का सम्पादन करने के बाद औषधि-पथ्य तथा भोजन के लिए तरस-तरस कर प्राण गँवाना, यह अकथनीय दुर्भाग्य था। संस्कृत के उस महान् विद्वान्, आर्य समाज के महोपदेशक तथा शास्त्रार्थकर्ता और हिन्दी के उच्चकोटि के लेखक तथा पत्रकार का, जिसका सम्पूर्ण जीवन ही जनता को शिक्षित करने में बीता था, ऐसे चला जाना एक शोचनीय दुर्घटना है।"[4]

मोहनदास करमचन्द गांधी (1869-1948)

विश्ववंद्य बापू भारतीय पत्रकारिता के प्रेरणा स्रोत थे। भारत की स्वतंत्रता की उपलब्धि में उन्होंने सदैव पत्रों का सहारा लिया। गांधी जी ने अपने दक्षिण अफ्रीका प्रवास के दौरान नेटाल प्रदेश के फोनिक्स स्थान से 'इण्डियन ओपिनियन' नामक साप्ताहिक पत्र प्रकाशित किया ज़िसमें उन्होंने रंगभेद का विरोध किया था। पत्रकारिता गांधी जी के रग-रग में समाई हुई थी। सत्य एवं न्याय की प्रतिष्ठा में अखबारों की महत्त्वपूर्ण भूमिका को लक्ष्य करते हुए उन्होंने कहा था–"मेरा खयाल है कि ऐसी कोई भी लड़ाई जिसका आधार आत्मबल हो अखबार की सहायता के बिना नहीं चलाई जा सकती। अगर मैंने अखबार निकालकर दक्षिण अफ्रीका में बसी हुई भारतीय जमात को उसकी स्थिति न समझाई होती और सारी दुनिया में फैले हुए भारतीयों को दक्षिण अफ्रीका में क्या कुछ हो रहा है, इसे 'इण्डियन ओपिनियन' के सहारे अवगत कराया न होता तो मैं अपने उद्देश्य में सफल नहीं हो सकता था। इस तरह मुझे भरोसा हो गया है कि अहिंसक उपायों से सत्य की विजय के लिए अखबार एक बहुत ही महत्त्वपूर्ण और अनिवार्य साधन है।"

गांधी जी ने 4 जून सन् 1903 को चार भाषाओं में 'इण्डियन ओपिनियन' साप्ताहिक पत्र का प्रकाशन प्रारम्भ किया था जिसके एक ही अंक में हिन्दी, अंग्रेजी, गुजराती और तमिल भाषा में छह कालम प्रकाशित होते थे। पत्र के सम्पादकीय लेख का दायित्व गांधी जी पर ही था। 'इंडियन ओपिनियन', 'यंग इंडिया', 'हरिजन' जैसे पत्रों के आदर्श सम्पादक महात्मा गांधी ने अपनी पत्रकारिता को निम्नलिखित शब्दों में सुस्पष्ट किया :

"मैंने पत्रकारिता को पत्रकारिता के लिए नहीं, बल्कि जिंदगी में अपने मिशन को जिस रूप में समझा है, उसके सहायक के रूप में अपनाया है। मेरा मिशन सत्याग्रह को, जो अहिंसा और सत्य का सीधा-सीधा उपप्रमेय (कर्लरि) है, अद्वितीय हथियार के रूप में अति संयम के साथ इस्तेमाल करने के तरीकों को उदाहरणों के जरिए समझना है।

… इसलिए अपनी आस्था के प्रति निष्ठावान होते हुए मैं आक्रोश या दुर्भावना से नहीं लिख सकता हूँ। मैं महज आवेश पैदा करने के लिए नहीं लिख सकता हूँ। पाठकों को इस बात की जानकारी नहीं हो सकती है कि विषयों और शब्दावली के चयन के लिए मुझे सप्ताह-दर-सप्ताह कितना संयम बरतना पड़ता है। यह मेरे लिए एक प्रशिक्षण है। इससे मुझे अपने अन्दर झाँकने और अपनी कमजोरियों को तलाशने में मदद मिलती है। अक्सर मेरा दम्भ तीखी अभिव्यक्ति या मेरा आक्रोश कठोर विशेषणों को इस्तेमाल करने के लिए प्रेरित करता है। यह एक खौफनाक अग्निपरीक्षा है, लेकिन इन खरपतवारों को निकालना एक खूबसूरत अभ्यास भी है। पाठक 'यंग इंडिया' के पृष्ठों को सजे-सँवरे रूप में देखते हैं और कभी-कभी रोमे रोलां सहित कहना चाहते हैं, 'कितना खूबसूरत यह बूढ़ा आदमी होगा'। बहरहाल, दुनिया को यह जानना चाहिए कि सूक्ष्मता का परिष्कार सावधानी और निष्ठा से किया जाता है… मैंने अपने और पाठकों के आगे कोई असम्भव आदर्श या अग्नि-परीक्षा नहीं पेश की है…"[5]

राष्ट्ररत्न बाबू शिवप्रसाद गुप्त (1883-1941)

यह ठीक ही कहा जाता है कि राष्ट्ररत्न शिवप्रसाद गुप्त न होते तो 'आज' न होता, 'आज' न होता तो पराड़कर जी न होते और पराड़कर जी न होते तो हिन्दी पत्रकारिता पल्लवित-पुष्पित न होती। 'आज' के तीसवें वार्षिकांक के अग्रलेख में सम्पादकाचार्य पराड़कर जी ने लिखा :

"इस समय हमें शांत, गम्भीर, त्यागमूर्ति स्वर्गीय शिवप्रसाद गुप्त की याद आती है जिसने केवल देश-सेवा करने के उद्देश्य से 'आज' को जन्म दिया। शैशव में प्रेमपूर्वक और सावधानता से उसका पालन-पोषण किया और उसके सामने एक आदर्श रखा।"

बाबू शिवप्रसाद गुप्त ने 'आज' द्वारा हिन्दी पत्रकारिता, हिन्दी की लेखनी और हिन्दी की वाणी को राष्ट्रीय अस्मिता से जोड़ा तथा उसे 'मुक्ति का संदेशवाहक' बनाया। हिन्दी में श्रेष्ठ साहित्य की रचना को बल देने के लिए उन्होंने 'ज्ञानमंडल' की स्थापना 1918 ई. में की। भारतीय अस्मिता के प्रतीक 'भारत माता का मंदिर' और 'काशी विद्यापीठ' की संस्थापना द्वारा श्री गुप्त ने अपनी दानवीरता को ऐतिहासिक बनाया। अंग्रेजी दैनिक 'टुडे', 'मर्यादा', 'स्वार्थ' आदि पत्र-पत्रिकाओं

से जन-मानस को उन्नत बनाने में उनकी भूमिका स्तुत्य है। मिस्र, इंग्लैंड, आयरलैंड, अमेरिका, जापान, कोरिया, चीन, सिंगापुर आदि राष्ट्रों की यात्रा करनेवाले गुप्त जी स्वतंत्रता संग्राम के सेनानी तथा क्रान्तिकारियों के रहनुमा थे। राष्ट्रीय शिक्षा की अनूठी परिकल्पनावाले ज्योतिपुंज शिवप्रसाद जी 1941 तक भारत की अहर्निश सेवा करते रहे। हिन्दी पत्रकारिता को परिपुष्ट करने और उसे अंग्रेजी के समकक्ष बैठाने में इनकी तपस्या अविस्मरणीय है।

सम्पादकाचार्य बाबूराव विष्णु पराड़कर (6 नवम्बर 1883-12 जनवरी 1955)

पराड़कर जी जन्मना महाराष्ट्रीय परन्तु कर्मणा सार्वराष्ट्रीय थे। पिता के स्वर्गवासी होने पर सर्वप्रथम इन्होंने बीस रुपए वेतन पर अध्यापन का कार्य आरम्भ किया। वे 1905 ई. में काशी के कांग्रेस अधिवेशन में स्वयं सेवक बने तथा लोकमान्य तिलक के सम्पर्क में आये। मामा सखाराम गणेश देउस्कर के कारण पच्चीस रुपए वेतन पर 'हिन्दी बंगवासी' का सम्पादन किया। कांग्रेस की खिल्ली उड़ानेवाले इस पत्र से अलग होकर पराड़कर जी ने 'हितवार्ता' (साप्ताहिक) की सेवा की। 1907 से 1911 तक इस पत्र के सम्पादन के पश्चात् 'भारतमित्र' में इनका पदार्पण हुआ, जहाँ इन्हें साठ रुपए मासिक वेतन प्राप्त होते थे। 4 वर्षों तक नजरबंद रहने के बाद ये काशी लौट आए और 'आज' से सम्बद्ध हो गए। मासिक पत्रों के उन्नयन में जो कार्य पं. महावीर प्रसाद द्विवेदी ने किया वही कार्य दैनिक पत्रों में पराड़कर जी ने किया।

'संसार' (दैनिक), 'कमला' (मासिक)', भूमिगत साइक्लोस्टाइल्ड पत्र 'रणभेरी' के संम्पादन द्वारा पराड़कर जी ने राष्ट्र-भक्ति के शंख को निनादित किया। इनकी डायरी में उल्लिखित 'परतंत्रता विषनदी मांगल्यविध्वंसिनी' से ज्ञात होता है कि वे स्वतंत्रता के कितने बड़े पुजारी थे। क्रान्तिकारी पुस्तक 'देशेर कथा' का अनुवाद 'देश की बात' तथा श्रीमदभगवत् गीता के अनुवाद द्वारा इन्होंने हिन्दी की सेवा की। 1938 में सम्पन्न अखिल भारतीय हिन्दी साहित्य सम्मेलन शिमला के ये सभापति चुने गए। अग्रलेखों की अनुकरणीय परम्परा तथा मानक वर्तनी के प्रति आग्रहशील पराड़कर जी के कारण हिन्दी पत्रकारिता गौरवान्वित हुई जिसने स्वाधीनता संग्राम सेनानियों को सम्बल दिया जिसकी पुष्टि हेतु उन्हीं के शब्दों में ये तथ्य द्रष्टव्य हैं :

"कलकत्ता जाने का मेरा मुख्य उद्देश्य पत्रकारिता न थी प्रत्युत क्रान्तिकारी दल में सम्मिलित होकर देश-सेवा का कार्य करना था। परिवार का खर्च चलाने तथा पुलिस की नजरों से बचने के लिए मैंने 'हिन्दी बंगवासी' में सहायक सम्पादक का कार्य स्वीकार किया था। 'हितवार्ता' और 'भारतमित्र' के सम्पादन के साथ-साथ

चन्द्रनगर की गुप्त समिति का कार्य भी मैं कर रहा था।"

क्रान्तिकारी पत्रकार भगतसिंह

मूर्धन्य क्रान्तिकारी भगतसिंह एक महान् चिन्तक तथा प्रखर पत्रकार थे। कलम और तलवार दोनों के सक्षम सेनानी उर्दू, अंग्रेजी, हिन्दी, पंजाबी, संस्कृत और आयरिश भाषा के मर्मज्ञ थे। उन्होंने 'अकाली' और 'कीर्ति' नामक दो पत्रों का सम्पादन किया। इन्द्र विद्यावाचस्पति तथा गणेश शंकर विद्यार्थी के सान्निध्य में पत्रकारिता को तेजोदीप्त करने की दिशा में अमर देशभक्त भगतसिंह का योगदान अविस्मरणीय है। 'अर्जुन' तथा 'प्रताप' के संवाददाता के रूप में भी भगतसिंह ने समाचार-जगत् की सेवा की। चाँद, मासिक पत्रिका की जब्तशुदा फांसी अंक भगतसिंह की सम्पादन योग्यता का पुष्ट प्रमाण है। 22 मार्च 1931 को उनके द्वारा अनुज कुलतार सिंह को लिखित पत्र की निम्नलिखित पंक्तियाँ उनकी राष्ट्रभक्ति का उत्कृष्ट नमूना है :

> कोई दम का मेहमान हूँ ए अहले-महफिल
> चरागे सहर हूँ, बुझा चाहता हूँ।
> मेरी हवाओं में रहेगी खयालों की बिजली,
> यह मुश्त-ए-खाक है, फानी रहे-रहे न रहे।
> खुश रहो अहले वतन, हम तो सफर करते हैं।

आचार्य महावीर प्रसाद द्विवेदी (9 मई 1864-21 दिसम्बर 1938)

मनसा, वाचा, कर्मणा भारतीय संस्कृति के जीवंत प्रतीक आचार्य महावीर प्रसाद द्विवेदी ने दिशा-निर्देश से राष्ट्रकवि मैथिलीशरण गुप्त, गंगानाथ झा, गोपाल शरण सिंह, विश्वम्भरनाथ शर्मा 'कौशिक', बाबूराव विष्णु पराड़कर, लक्ष्मण नारायण गर्दे प्रभृति साहित्यकारों और पत्रकारों को दीप्तिमान किया। अपनी दृढ़ता और अपराजेय शक्ति से 'सरस्वती' का 18 वर्षों तक कुशल सम्पादन करके आचार्य श्री ने हिन्दी भाषा को सुगठित, सुव्यवस्थित और सर्वमान्य स्वरूप प्रदान किया।

समय की पाबंदी, रिश्वत न लेना, ईमानदारी से काम करना और ज्ञानवृद्धि के लिए सतत प्रयास-रत सम्बन्धी इन चार नैतिक सिद्धान्तों का वे आजीवन पालन करते रहे। 'सरस्वती' के सम्पादन के समय उन्होंने दो और आदर्श जोड़ लिए– (1) अपने हानि-लाभ की परवाह किए बिना पाठकों के हानि-लाभ का सदा खयाल रखना तथा (2) न्याय पथ से कभी विचलित न होना।

प्रारम्भ में द्विवेदी जी के लेख 'सरस्वती' में छपते थे। इंडियन प्रेस से प्रकाशित एक रीडर की कड़ी आलोचना द्विवेदी जी ने की जिससे प्रेस को आर्थिक हानि

उठानी पड़ी। इस आलोचना से प्रेस के मालिक चिन्तामणि घोष क्रुद्ध नहीं हुए अपितु वे द्विवेदी की विद्वत्ता, निर्भीकता से प्रभावित हुए। उन्हें ऐसे ही सम्पादक की तलाश थी। तत्काल 25 रुपए एलाउंस देकर पत्र मालिक ने द्विवेदी जी जैसा युगान्तरकारी सम्पादक प्राप्त कर लिया। 'सरस्वती' द्वारा संस्कृत साहित्य, जीवन-चरित, इतिहास, विज्ञान, आध्यात्म विज्ञान, सम्पत्ति शास्त्र, भाषा-शिक्षा, प्राचीन अनुसंधान, यात्रा, पुस्तक-परिचय, समाज तत्त्व-दर्शन, अपराध तत्त्व, प्रभृति स्तम्भों के माध्यम से हिन्दी पत्रकारिता को सुपुष्ट किया गया।

मूर्द्धन्य पत्रकार पं. अम्बिकाप्रसाद वाजपेयी (30 दिसम्बर 1880-21 मार्च 1968)

कानपुर और काशी में अध्ययन के पश्चात् वाजपेयीजी ने कलकत्ते के इलाहाबाद बैंक में 1902 से 1905 ई. तक नौकरी की। 'हिन्दी बंगवासी' में लगभग डेढ़ वर्षों तक सेवा का अवसर उन्हें मिला परन्तु 'कांग्रेस' को 'कांगरस' लिखकर उपहास करनेवाले पत्र के प्रति उनके मन में घृणा उत्पन्न हुई। सन् 1907 ई. में वाजपेयी जी ने 'नृसिंह' (मासिक) का प्रकाशन किया जो एक वर्ष तक चला। 1909-10 ई. में नेशनल कालेज में हिन्दी के अध्यापक नियुक्त हुए। 1911 से 1919 तक 'भारतमित्र' की उल्लेखनीय सेवा द्वारा इन्होंने पत्रकारिता को समुन्नत बनाया।

1920 ई. की श्रीकृष्ण जन्माष्टी को 'स्वतंत्र' का प्रकाशन वाजपेयी जी ने किया जिस पर बंगाल सरकार ने पाँच हजार की जमानत मांगी फलतः 1930 ई. में पत्र बन्द हो गया। नमक सत्याग्रह आंदोलन के समर्थन के कुफल से ही 'स्वतंत्र' का गला घोंटा गया। 1923 ई. में इस पत्र ने सर्वप्रथम 'दीपावली-विशेषांक' निकाला परिणामस्वरूप हिन्दी में अवसर विशेष पर विशेषांकों का प्रकाशन होने लगा। 1921 ई. में असहयोग आंदोलन में भाग लेने के कारण इन्हें सी. आर. दास, सुभाष चन्द्र बोस के साथ प्रेसीडेंसी जेल में रहना पड़ा।

स्वतंत्रता-प्राप्ति के पश्चात् सन् '52 में राज्यपाल के. एम. मुंशी ने वाजपेयी को विधान परिषद का सदस्य मनोनीत किया। 'हिन्दी कौमुदी', 'अभिनव हिन्दी-व्याकरण', 'शिक्षा', 'भारतीय शासन पद्धति', 'समाचारपत्रों का इतिहास' और 'हिन्दी-पत्रकारिता' उनकी अनूठी कृतियाँ हैं।

पत्रकार प्रवर लक्ष्मण नारायण गर्दे (1889-1960)

गर्दे जी महाराष्ट्रीय ब्राह्मण थे जिन्होंने अपने पिता नारायणराव गर्दे से गीता के प्रति अनन्य भक्ति सीखी। 10 वीं कक्षा में पढ़ते समय वे स्वदेशी आंदोलन में कूद पड़े। परीक्षा के सम्बंध में ये कहा करते थे कि परीक्षा के हथौड़े के नीचे प्रतिभा गढ़ी नहीं जाती, वरन् चूर-चूर हो जाती है। इनकी दूसरी शादी स्व. पं. सखाराम

गणेश देउस्कर की कन्या से हुई। प्रारम्भ में 'बंगवासी' में कुछ दिनों तक कार्य किया पर अपने अक्खड़पन के चलते उसे छोड़ दिया और वे 'भारतमित्र' में चले आये। उन्होंने कलकत्ते के 'विशुद्धानन्द विद्यालय' में अध्यापन कार्य किया। लगभग डेढ़ वर्षों तक वे काशी के हरिश्चन्द्र स्कूल में शिक्षक थे।

मासिक 'नवनीत' गर्दे जी द्वारा निकला जो लगभग ढाई वर्षों तक चला। सर्वश्री सम्पूर्णानन्द, हनुमान प्रसाद पोद्दार के प्रथम लेख इसी पत्र में छपे। ज्ञानमंडल (काशी) की स्थापना में इन्होंने बाबू शिवप्रसाद गुप्त को भरपूर सहयोग दिया। 1918 में ये 'भारतमित्र' के सम्पादक बनाये गए। 6 वर्षों तक सम्पादन कार्य करने के बाद गर्दे जी उस पत्र से अलग हो गए। कलकत्ता से 'श्रीकृष्ण-संदेश' सचित्र साप्ताहिक इन्होंने निकाला। काशी से प्रकाशित 'सन्मार्ग' हेतु 'चक्रपाणि' के नाम से वे विशेष लेख लिखते रहे। लखनऊ के 'नवजीवन' का भी सम्पादन इनके द्वारा हुआ। 'कल्याण' के 'योगांक', 'संतांक', 'वेदान्तांक', 'साधनांक' के सम्पादन में गर्दे जी की महत्त्वपूर्ण भूमिका थी। 'ज्ञानेश्वर', 'एकनाथ', 'तुकाराम' इनके अनूदित ग्रंथ हैं। 'नकली प्रोफेसर', 'मियाँ की करतूत' उपन्यासों के लेखक गर्दे जी ही थे। प्रयाग के 'अभ्युदय' के सम्पादन का सुयोग भी इन्हें प्राप्त हुआ।

महंत शिवगुलाम भारती

आजमगढ़ की सगड़ी तहसील में रजादेपुर मठ तपस्वी, कर्मनिष्ठ महात्माओं एवं राष्ट्रभक्तों का दिव्य पीठ है। यहीं के महंत शिवगुलाम भारती ने 'विभूति' मासिक पत्र द्वारा हिन्दी का संवर्द्धन किया तथा पूर्वी क्षेत्र में नव चेतना का प्रसार किया। भारती जी एक विद्वान् वक्ता, कुशल संगठनकर्ता तथा सिद्ध-हस्त लेखक के रूप में ख्याति अर्जित कर चुके थे। जागरण के संदेश को घर-घर पहुँचाने हेतु सर्वप्रथम इन्होंने 'विभूति' की हस्तलिखित प्रतियाँ निकालीं। महंत जी ने संस्कृत शिक्षा के प्रचार-प्रसार के लिए मठ में ही आदर्श संस्कृत महाविद्यालय की स्थापना की।

गोपालराम गहमरी

'जासूस' के संपादक, प्रकाशक तथा विशिष्ट लेखक गोपालराम का जन्म सन् 1866 ई. में गहमर (गाजीपुर) में हुआ था। गहमरी जी ने लगभग 200 जासूसी उपन्यास लिखे। बंगला से अनूदित नाटकों में 'विद्याविनोद', 'देश-दशा', 'यौवन योगिनी', 'दादा और मैं', 'बभ्रुवाहन', 'बनबीर' और 'चित्रांगदा'–ये सभी गहमरी जी की देन हैं। जिस प्रकार श्री देवकीनन्दन खत्री ने ऐयारी तिलस्मी उपन्यासों का प्रवर्तन किया उसी प्रकार अंग्रेजी के जासूसी उपन्यासों से प्रेरित होकर गहमरी जी ने हिन्दी में जासूसी कहानियों और उपन्यासों का ढेर लगा दिया तथा हिन्दी साहित्य की सन् 1946 ई. तक सेवा की। हिन्दी को चंचल, चटपटी और प्रगल्भ भाषा के

रूप में प्रतिष्ठापित करने में गहमरी का योगदान अविस्मरणीय है। 'भारत-भूषण', 'साहित्य-सरोज', 'दैनिक बंधु' और 'बिहार बंधु' के सम्पादन में इनका प्रमुख योगदान था।

शिवकुमार शास्त्री

4 अक्तूबर 1884 ई. में गोरखपुर के जगन्नाथपुर मुहल्ले में जन्म लेकर शिवकुमार शास्त्री ने उर्दू, संस्कृत, हिन्दी का अध्ययन किया। 1915 ई. से 'ज्ञानशक्ति' का प्रकाशन, संपादन उनके द्वारा हुआ। वेदान्त, आर्य समाज, योग तथा स्वास्थ्य सम्बन्धी अनेक पुस्तकों के लेखक शास्त्री जी ने लगातार 47 वर्षों तक 'ज्ञानशक्ति' का सफलतापूर्वक संपादन किया। पूर्वी उत्तरप्रदेश के अनेक प्रतिभा-सम्पन्न साहित्यकारों को प्रेरणा देकर हिन्दी की सेवा का पाठ इन्होंने पढ़ाया। 'मुनि समाज' के संस्थापक शिवकुमार मुनीश्वर जी का देहावसान सन् 1968 ई. में हो गया।

पं. गौरीशंकर मिश्र

गोरखपुर के प्रमुख साहित्यकार पं. गौरीशंकर मिश्र ने 1915 ई. में 'प्रभाकर' मासिक पत्रिका का संपादन एवं प्रकाशन किया। 'हिटलर हारेगा या नाजीशाही की पोल', 'ठोस आजादी कैसे', 'बलिदान मंदिर' और 'जीवन क्रान्ति' के सशक्त लेखक श्री मिश्र अप्रतिम स्वतंत्रता संग्राम सेनानी थे। जीवन के अंतिम दिनों तक ये गोरखपुर जिला परिषद् के अध्यक्ष थे।

पं. दशरथप्रसाद द्विवेदी

गोरखपुर के डोहरिया (मझगाँवा) के साधारण परिवार में दशरथ प्रसाद द्विवेदी का जन्म सन् 1891 ई. में हुआ था। इनकी प्रारम्भिक शिक्षा गोरखपुर तथा इलाहाबाद में सम्पन्न हुई। 1906 ई. में रनिवासी देवी से इनका विवाह हुआ। इनके पुत्र श्री रामचन्द्र द्विवेदी 'चन्द्र' एक राजनेता वकील तथा लेखक हैं।

दशरथप्रसाद द्विवेदी थानेदारी के प्रशिक्षण हेतु मुरादाबाद जा रहे थे कि लखनऊ में इन्होंने गणेशशंकर विद्यार्थी का भाषण सुना। विद्यार्थी जी की वक्तृता से प्रभावित होकर ये कानपुर चले गये जहाँ 'प्रताप' के संपादकीय विभाग में कार्य किया। पत्रकारिता का प्रशिक्षण व अनुभव प्राप्त करने के बाद विद्यार्थी जी के आदेशानुसार 'स्वदेश' का प्रकाशन द्विवेदी ने प्रारंभ किया। सर्वश्री नवलकिशोर बैरिस्टर, वृन्दावन चौबे, शिवमंगल गंधी, डॉ. शिवरत्न लाल, रामनाथ 'ूमन', रामाधार त्रिपाठी 'जीवन', महावीरप्रसाद पोद्दार, गयाप्रसाद शुक्ल 'सनेही' का सक्रिय सहयोग 'स्वेदश' को समय-समय पर मिलता रहा।

स्वतंत्रता की लड़ाई में द्विवेदी जी को लगभग 10 वर्षों तक जेल की यातना

भुगतनी पड़ी। सन् 1952 से 1957 तक ये लोकसभा के सदस्य निर्वाचित हुए। 'गोरखपुर जिला विकास संघ,' 'बाढ़ सहायता समिति' तथा 'भ्रष्टाचार उन्मूलन समिति' के पदाधिकारी के रूप में इन्होंने पूर्वांचल की अविस्मरणीय सेवाएँ कीं।

सर्वश्री पाण्डेय बेचन शर्मा 'उग्र', मुकुटबिहारी वर्मा, रामनाथ 'सुमन' तथा 'त्रिशूल' ने भी 'स्वदेश' का द्विवेदी की अनुपस्थिति में संपादन किया। श्री कमलाप्रसाद अवस्थी 'अशोक', श्यामाचरण शास्त्री तथा मुनीश्वरप्रसाद अवस्थी श्री द्विवेदीजी के सहयोगी रह चुके हैं।

शिवमंगल गंधी

स्व. दशरथ प्रसाद द्विवेदी के समकालीन श्री शिवमंगल गंधी 'स्वदेश', 'जीवन', 'युगान्तर' साप्ताहिक पत्रों से सम्बद्ध थे। 'जीवन' हिन्दी साप्ताहिक पत्र अपने समय का अद्वितीय समाचारपत्र था। आर्थिक कठिनाइयों, जेल जुर्माना और जमानत के साथ ही साथ श्री गंधी की निजी एवं पारिवारिक कठिनाइयों के कारण 'जीवन' का प्रसार अधिक नहीं हो पाया। गंधी जी के पुत्र अशोकजी आज भी पैतृक प्रेस द्वारा जन-सेवा का कार्य कर रहे हैं।

बाबा राघवदास

12 दिसम्बर 1896 ई. में महाराष्ट्र में जन्म लेकर इन्होंने पूर्वांचल की सेवा की। शिक्षा-प्रसार, सांस्कृतिक व राष्ट्रीय एकता, बौद्ध तीर्थों का पुनरुद्धार, दीन-दुखियों की सेवा, हरिजन सेवा आदि कार्यों को लेकर परिव्राजक की भाँति भ्रमण करने वाले और देशवासियों में राष्ट्र-भक्ति की भावना जगानेवाले पूज्य बाबा राघवदास ही थे। पूर्वी उत्तर प्रदेश के विविध साप्ताहिक और दैनिक पत्रों के प्रकाशन एवं संपादन में इनका अमूल्य योगदान था। 'अरुण' (देवरिया), 'स्वदेश' (गोरखपुर), 'संदेश' (आजमगढ़), 'विजय' (बस्ती) इत्यादि साप्ताहिक पत्रों के आधार स्तम्भ बाबा राघवदास थे। पत्रों के अधिकाधिक प्रसार कराने, उनके लिए चन्दा संग्रह करने तथा सामयिक टिप्पणियाँ लिखने का कार्य वे जीवन पर्यन्त करते रहे।

गोरखपुर के ऐतिहासिक पत्र 'कल्याण' के पल्लवित-पुष्पित बनाने में बाबाजी का अविस्मरणीय योगदान था। भक्तांक (1929) तथा श्रीमद्भगवद् गीतांक (1930)। जैसे विशेषांकों का संपादन इन्होंने ही किया। इनकी प्रेरणा से पूर्वी उत्तरप्रदेश के हिन्दी पत्रों में उग्र राष्ट्रीयता की भावना प्राप्त होती थी। 15 जनवरी 1958 ई. को बाबा जी ने निर्वाण प्राप्त किया।

श्री हनुमान प्रसाद पोद्दार 'भाईजी' (1892-1971)

17 सितम्बर सन् 1892 ई. को असम प्रांत के शिलांग नगर में इनका जन्म हुआ

था। प्रारम्भ में इन्होंने व्यापार का कार्य कुछ समय तक किया। स्वतंत्रता-संग्राम में क्रांतिकारियों से संबंध स्थापित कर ये राष्ट्र-सेवा में कूद पड़े। महात्मा गांधी के सान्निध्य में रहकर इन्होंने रचनात्मक कार्यकर्ता के रूप में अन्त तक समाज सेवा की। गोरखपुर जैसे पिछड़े नगर से पत्रकारिता का उज्ज्वल स्वरूप निर्धारित करने में 'भाईजी' अविस्मरणीय हैं। श्री भाईजी ने लगभग पच्चीस हजार पृष्ठों का अपना मौलिक साहित्य प्रदान किया है, जिसमें से लगभग नौ हजार पृष्ठों का साहित्य पुस्तक रूप में प्रकाशित हो चुका है, और आदर्श साहित्य 'कल्याण' के अंकों में बिखरा पड़ा है। इस बिखरे साहित्य को भी पुस्तक रूप देने का कार्य चल रहा है। बिना किसी विज्ञापन और प्रचार के विशुद्ध धार्मिक, नैतिक चर्चा से सम्बद्ध 'कल्याण' पाठकों का कंठहार बना है।

'कल्याण' के लिए महात्मा गांधी का आशीर्वाद पाने के लिए हनुमान प्रसाद पोद्दार सेठ जमुनालाल बजाज के साथ जब उनके आश्रम पर गए तो बापू ने कहा :

"कल्याण में दो नियमों का पालन करना। एक तो कोई बाहरी विज्ञापन नहीं देना, दूसरे पुस्तकों की समालोचना मत छापना।" इसी सुझाव को और स्पष्ट करते हुए गांधी जी ने समझाया :

"तुम अपनी जान में पहले पहले यह देखकर विज्ञापन लोगे कि वह किसी ऐसी चीज़ का न हो जो भद्दी हो और जिसमें जनता को धोखा देकर ठगने की बात हो। पर जब तुम्हारे पास विज्ञापन आने लगेंगे और लोग उनके लिए अधिक पैसे देने लगेंगे तब तुम्हारे विरोध करने पर भी··· साथी लोग कहेंगे··· देखिए इतना पैसा आता है क्यों न यह विज्ञापन स्वीकार कर लिया जाए ? बस, पैसे का प्रलोभन आया कि फिर जनता के लाभ हानि की बात एक ओर रह जायेगी। अतएव आरम्भ से ही यह निश्चय बना लो कि बाहरी विज्ञापन स्वीकार करना ही नहीं है। समालोचना के सम्बंध में यह बात है कि जो लोग समालोचना के लिए अपनी पुस्तकें तुम्हारे पास भेजेंगे उनमें से अधिकांश इसीलिए भेजेंगे कि तुम्हारे पत्र में उनके ग्रंथ की प्रशंसा निकले। यथार्थ समालोचना कराने के लिए अपनी पुस्तक भेजनेवाले विरले ही होते हैं। ऐसी स्थिति में पुस्तक चाहे जैसी भी हो या तो उसकी झूठी प्रशंसा करनी होगी या अमुक साहित्यकार, लेखक से झगड़ा मोल लेना पड़ेगा। इसीलिए समालोचना मत छापना।"

भाई जी ने सभी बातों पर विचार कर यही कहा, "आपका आशीर्वाद चाहिए, भगवान् शक्ति देंगे। इन दोनों नियमों का दृढ़ता के साथ पालन होगा।" भाई जी ने 'कल्याण' में आजीवन ऐसा ही किया।

शिवपूजन सहाय (1893-1963)

बिहार के भोजपुर जनपदान्तर्गत उनवांस गाँव में 9 अगस्त 1893 ई. में जन्म लेकर

शिवपूजन सहाय ने हिन्दी भाषा और हिन्दी पत्रकारिता को प्रौढ़ बनाने का अविस्मरणीय कार्य किया। उन्हीं के शब्दों में द्रष्टव्य है :

"पहले-पहल मैंने लगातार दो साल तक आरा से प्रकाशित एवं सम्प्रति समाधिस्थ सचित्र मासिक पत्र 'मारवाड़ी-सुधार' का सम्पादन किया था। उसके बाद मैं कुछ दिन कलकतिया 'मतवाला' के सम्पादकीय विभाग में रहा और कुछ दिन लखनवी 'माधुरी' के, तथा फिर दुबारा कुछ दिन 'मतवाला' के भी। उन दिनों कलकत्ता में रहते हुए, मैंने छः-छः महीनों तक 'आदर्श' और 'उपन्यास तरंग' नामक मासिक पत्रों का सम्पादन किया था। अन्त में एक साल तक अस्तंगत 'समन्वय' के सम्पादकीय विभाग में खटकर मैं काशी चला आया, जहाँ लगभग चार-पाँच वर्षों तक लगातार हिन्दी-पुस्तक-भंडार (लहेरिया सराय) का साहित्यिक कार्य सम्पादन करता रहा हूँ बल्कि पाँचवें साल में सात महीनों तक मुझे 'बालक' सम्पादन का सौभाग्य भी प्राप्त रहा है। इस प्रकार 'सात घाट का पानी' पीने के बाद आज में 'गंगा' के घाट पर पहुँचा हूँ।"[6]

'मतवाला' जैसे विशिष्ट पत्र को बाबू शिवपूजन सहाय ने कैसे संवारा, इसकी चर्चा स्वतः 'मतवाला' के प्रबंधक ने की है–"··· उनमें सर्वप्रथम उल्लेख्य योग्य हैं हिन्दी-भूषण बाबू शिवपूजन सहाय। ये वास्तव में हिन्दी साहित्य के भूषण हैं। उन्होंने इस जाँच को सफल बनाने में जिस अथक परिश्रम और विचक्षणता का परिचय दिया है उसे दृष्टि में रखते हुए हम यह बिना अत्युक्ति के कह सकते हैं कि इनका सहयोग न प्राप्त हुआ होता तो यह जाँच हजार चेष्टा करने पर भी अधूरी ही रहती।[7] गाँधी-युग के मूर्धन्य पत्रकार के रूप में ये उल्लेख्य हैं।

पं. माधवराव सप्रे (1871-1926)

'छत्तीसगढ़ मित्र' के सम्पादन द्वारा सप्रे जी ने मध्य प्रदेश में चेतना की लहर जगायी। 'हिन्दी ग्रंथमाला' द्वारा इन्होंने हिन्दी की सेवा की। जब लोकमान्य तिलक ने पूना में 'केशरी' का प्रकाशन आरम्भ किया तो लोकमान्य तिलक के विचारों के 'केशरी' के हिन्दी संस्करण की माँग होने लगी। तब माधराव सप्रे के सम्पादकत्व में 'हिन्दी केशरी' साप्ताहिक निकला। 1907 में इसका प्रकाशन हुआ था और एक वर्ष में ही इस पत्र की ख्याति बढ़ गयी। अगस्त 1908 में सप्रे जी सरकार विरोधी लेख लिखने के कारण जेल गए।

सन् 1919 में सप्रे जी ने जबलपुर से 'कर्मवीर' का प्रकाशन शुरू करवाया जिसे पं. माखनलाल चतुर्वेदी निकालते थे। असहयोग आन्दोलन के कारण 'कर्मवीर' का प्रकाशन ठप पड़ गया। बाद में पुनः चतुर्वेदी जी ने खंडवा से उसको निकाला। माधवराव सप्रे ने हिन्दी साहित्य और हिन्दी-पत्रकारिता का स्तर ऊँचा उठाने के

लिए अपना सर्वस्व त्याग दिया। हिन्दी के संदर्भ में उनकी यह घोषणा अविस्मरणीय है :

"मैं महाराष्ट्रीय हूँ परन्तु हिन्दी के विषय में मुझे उतना ही अभिमान है जितना किसी भी हिन्दी भाषी को हो सकता है। मैं चाहता हूँ कि इस राष्ट्रभाषा के सामने भारतवर्ष का प्रत्येक व्यक्ति इस बात को भूल जाये कि मैं महाराष्ट्रीय हूँ, बंगाली हूँ, गुजराती हूँ या मद्रासी हूँ। ये मेरे 35 वर्ष के विचार हैं और तभी से मैंने इस बात का निश्चय कर लिया है कि मैं आजीवन हिन्दी भाषा की सेवा करता रहूँगा। मैं राष्ट्रभाषा को अपने जीवन में सर्वोच्च आसन पर विराजमान देखने का अभिलाषी हूँ।"

इन्द्र विद्यावाचस्पति (1889-1960)

'महात्मा मुन्शीराम' जो बाद में 'स्वामी श्रद्धानन्द' के रूप में प्रसिद्ध हुए, उन्हीं के पुत्र इन्द्र विद्यावाचस्पति हिन्दी पत्रकारिता के जाज्वल्यमान नक्षत्र थे। 'सद्धर्म प्रचारक' (1911), 'विजय' (1918), 'सत्यवादी साप्ताहिक' (1923), 'नवराष्ट्र' (1939) तथा 'जनसत्ता' (1952) आदि के कुशल सम्पादन द्वारा इन्होंने उत्तर भारत में जन-जागरण का महत्त्वपूर्ण कार्य किया। उच्चकोटि के गम्भीर विचारक के रूप में इनकी लेखनी ने आर्यधर्म और राष्ट्रधर्म का प्रसार किया। 'मुगल साम्राज्य का क्षय और उसके कारण', 'भारत में ब्रिटिश साम्राज्य का उदय और अस्त', 'भारत के स्वाधीनता-संग्राम का इतिहास', 'आर्य समाज का इतिहास', 'भारतीय संस्कृति व राजनीति', 'राष्ट्रीयता का मूल मंत्र' 'लोकमान्य तिलक', 'स्वर्णदेश का उद्धार' आदि रचनाओं द्वारा प्रो. इन्द्र विद्यावाचस्पति की तेजस्विता और राष्ट्रप्रेम की भावना का ज्ञान हो सकता है। उनके छात्र-जीवन की निम्नस्थ पंक्तियाँ प्रमाणस्वरूप प्रस्तुत हैं :

हे मातृभूमि तेरे चरणों में सिर नवाऊँ
मैं भक्ति-भेंट अपनी तेरी शरण में लाऊँ।
तेरे ही काम आऊँ तेरा ही मन्त्र गाऊँ
मन और देह तुझ पर बलिदान मैं चढ़ाऊँ।।

राष्ट्रीय जीवन के जागरूक प्रत्यक्षदर्शी का पूरा जीवन आज के पत्रकारों हेतु अनुकरणीय है।

उपर्युक्त विशिष्ट हिन्दी सम्पादकों के साथ ही विष्णु दत्त शुक्ल ('विक्रम', 'युगांतर'), गौरीशंकर हीराचन्द्र ओझा ('नागरी प्रचारिणी') शिवनाथ शर्मा ('गोपाल', 'वसुंधरा'), रणधीर साहित्यालंकार ('अभिनय', 'कला संसार'), श्री कांत वर्मा ('कृति', 'दिनमान'), गुलाबचन्द्र काला ('जयभूमि', 'कलेवा', 'खबर'), चिम्मनलाल गोस्वामी ('कल्याण'), रामगोपाल विद्यालंकार ('नवभारत टाइम्स'), यशोदानन्द अखौरी

('देवनागर', 'प्रभाकर', 'देशसेवक'), भवानी प्रसाद मिश्र ('कल्पना, 'गांधी मार्ग'), रमेशचन्द्र ('पंजाब केसरी') आदि अविस्मरणीय हैं। विषय-विस्तार के भय से अत्यंत संक्षेप में उद्भट पत्रकारों का परिचय प्रस्तुत है :

अग्रवाल, अनिल (1953-1989) : 'अमर उजाला' के यशस्वी सम्पादक।

अग्रवाल, मूलचन्द (1893-1956, जालौन) : 'भारतमित्र, 'विश्वमित्र', 'मातृभूमि', 'एडवान्स', 'इलस्ट्रेटेड इंडिया' के सम्पादन द्वारा हिन्दी पत्रकारिता का संवर्द्धन।

अवस्थी, रमाशंकर (1901-1959, एटा) : 'प्रताप' और 'वर्त्तमान' के तेजस्वी सम्पादक।

अशोक जी (1916-1979, काशी) : 'तरंग' (पा.), 'संसार' (सा.) 'ग्राम संसार' (अर्द्ध सा.), 'युगधारा' (मा.) तथा 'स्वतंत्र भारत' (दै.) का सम्पादन। प्रथम हिन्दी दूर-मुद्रक के निर्माण में सहयोग।

अज्ञेय जी (1911-1987) : 'सैनिक', 'विशाल भारत', 'बिजली', 'प्रतीक', 'दिनमान', 'थाट', 'वाक', 'एवरीमेन्स', 'नया प्रतीक' का सम्पादन। आल इंडिया रेडयो में 1950 से '55 तक समाचार विभाग के प्रमुख। हिन्दी साहित्य के समर्थ सेवक।

आगरकर, सिद्धनाथमाधव (1891-1945, मालवा) : 'जयाजी प्रताप', 'बेंकटेश्वर समाचार', 'कर्मवीर', 'मध्यभारत', 'प्रणवीर', 'हिन्दी स्वराज्य' के सम्पादन द्वारा हिन्दी पत्रकारिता का उन्नयन।

'उग्र' जी, पाण्डेय बेचन शर्मा (1900-1967, चुनार) : 'उग्र' (हस्तलिखित पत्र), 'भूत', 'स्वदेश', 'मतवाला', 'विक्रम', 'संग्राम', 'हिन्दी पंच', 'स्वराज्य', 'वीणा' के सम्पादक, हिन्दी में व्यंग्य लेखन के पुरस्कर्त्ता।

ओझा, बेंकटलाल : 'हिन्दी समाचार पत्र-संग्रहालय' द्वारा हिन्दी पत्रकारिता की श्रीवृद्धि।

हरिभाऊ उपाध्याय (1893-1972, ग्वालियर) : 'औदुम्बर', 'मालव मयूर', 'यंग इंडिया', 'त्यागभूमि', 'प्रताप', 'नवजीवन' का प्रकाशन सम्पादन। 'सस्ता साहित्य मंडल' की स्थापना।

'कुसुमाकर', कालिका प्रसाद दीक्षित : 'प्रताप', 'महारथी', 'वीणा', 'जयहिन्द', 'हिन्दुस्तान', 'लोकमत', 'नवभारत', द्वारा

(1908-1989, जबलपुर)	हिन्दी पत्रकारिता की सेवा। पत्रकारिता विभाग जबलपुर के पूर्व अध्यक्ष।
खाडिलकर, रामकृष्ण रघुनाथ (1914-1960)	: 'केसरी', 'आज', 'खबर', 'संसार', 'अधिकार', 'नवजीवन' का सम्पादन। 'आधुनिक पत्रकार कला' के लेखक।
खत्री, बाबू कार्तिक प्रसाद (1851-1904, कलकत्ता)	: 'हिन्दी दीप्ति प्रकाश', 'प्रेम विलासिनी', 'भारत जीवन', 'सरस्वती' द्वारा हिन्दी सेवा।
खत्री, दुर्गा प्रसाद (1890-1973 काशी)	: 'भारत जीवन', 'लहरी', 'रणभेरी' के सम्पादक।
खत्री, बाबू देवकी नन्दन (1861-1913, मुजफ्फरपुर)	: 'साहित्य सुधा निधि', 'सुदर्शन' के यशस्वी सम्पादक।
गंगाशरण सिंह (1905-1988, पटना)	: 'युवक', 'जनता', 'जनवाणी', 'एवरीमैन' के सम्पादक, स्वाधीनता सेनानी एवं हिन्दी के उन्नायक के रूप में प्रसिद्ध।
'गिरीश', गिरिजादत्त शुक्ल (1899-1959, जौनपुर)	: 'श्रीशारदा', 'मनोरमा', 'बाल सखा', 'प्रेम-पत्र', 'वनलता', 'अरुणोदय' का सम्पादन। हिन्दी साहित्य सम्मेलन के उन्नयन में योगदान।
गुप्त, पूर्णचन्द्र (1912-1986, कालपी)	: 'स्वतंत्र', 'जागरण', 'एक्शन', 'कंचनप्रभा' का प्रकाशन-सम्पादन। पी. टी. आई. के अध्यक्ष।
गुप्त, शोभालाल (1904, बिजौलिया)	: 'तरुण राजस्थान', दैनिक 'हिन्दुस्तान' के सम्पादन द्वारा हिन्दी की सेवा।
गुलाब राय (1887-1963, इटावा)	: 'साहित्य संदेश' द्वारा हिन्दी आलोचना की पुष्टि।
गुरु, पं. कामताप्रसाद (1875-1947, परकोटा)	: 'बालसखा', 'सरस्वती' के सम्पादन द्वारा हिन्दी का परिमार्जन।
गुप्त, सत्येन्द्र कुमार (1918-1984, काशी)	: 'आज' द्वारा हिन्दी पत्रकारिता की श्रीवृद्धि, इन्टरनेशनल प्रेस इन्स्टीट्यूट के सदस्य।
गोकुल, राधामोहन (1865-1935, इलाहाबाद)	: 'ब्राह्मण', 'सत्य सनातन धर्म', 'प्राणवीर' द्वारा भारतीयों में जागरण, अद्भुत, क्रान्तिकारी।
गोयनका, रामनाथ (1904-1991)	: 'इंडियन एक्सप्रेस समूह' के सर्वस्व।
चक्रवर्ती, अमृतलाल	: 'हिन्दी बंगवासी', 'हिन्दोस्थान', 'भारत मित्र',

(1863-1936, कलकत्ता) : 'बेंकटेश्वर समाचार', 'निगमागम चन्द्रिका' का सम्पादन। अहिन्दी भाषी होने पर भी हिन्दी पत्रकारिता के समुन्नयन में जीवन-समर्पण। हिन्दी पत्रकारिता में सम्पादकीय टिप्पणियों के लेखन के पुरस्कर्ता।

चतुर्वेदी, बनारसीदास
(1892-1985, फिरोजाबाद) : 'विशाल भारत', 'मधुकर' का सम्पादन। प्रवासी भारतीयों के शुभेच्छु, साहित्यकारों के कीर्तिरक्षक, 'हिन्दी-भवन' के संस्थापक, राज्यसभा के सदस्य।

चतुर्वेदी, माखनलाल
(1889-1968, होशंगाबादा) : 'सुबोध बन्धु', 'प्रभा', 'प्रताप', 'कर्मवीर' के यशस्वी सम्पादक। भारतीय हिन्दी पत्रकार परिषद् के अध्यक्ष, राष्ट्रभाषा संशोधन विधेयक के विरोध में 'पद्‌म भूषण' की उपाधि का परित्याग।

जौहर, हरिकृष्ण
(1880-1945, काशी) : 'भारत जीवन', 'हिन्दी बंगवासी', 'आधार', 'बेंकटेश्वर समाचार' के सम्पादक, प्रसिद्ध नाटककार।

जोशी, इलाचन्द्र
(1902-1982, अल्मोड़ा) : 'विश्वमित्र', 'धर्मयुग', 'साहित्यकार' के सम्पादक।

जोशी, शरद
(1931-1991, उज्जैन) : 'हिन्दी एक्सप्रेस' का सम्पादन, 'प्रतिदिन' स्तम्भ-लेखन द्वारा व्यंग्य विधा का पल्लवन।

झा, दिनेश दत्त
(1893-1961, भागलपुर) : 'आर्यावर्त', 'आज' द्वारा पत्रकारिता में स्वस्थ परम्परा की स्थापना।

द्विवेदी, रघुवर प्रसाद
(1864-1938, जबलपुर) : 'शुभचिंतक', 'शिक्षा प्रकाश', 'कान्यकुब्ज', 'हितकारिणी' का सम्पादन।

दीक्षित, सीताचरण
(1906-1976, होशंगाबाद) : 'प्रताप', 'महाकौशल', 'एडवांस', 'हरिजन-सेवक', 'हिन्दुस्तान' का सम्पादन, 'अमृतबाजार पत्रिका', 'फ्री प्रेस आफ इंडिया', 'नागपुर टाइम्स' के प्रतिनिधि।

दुगवेकर, गोविन्द शास्त्री
(1883-1961, सागर) : 'हिन्दू पंच', 'अरुणादेय', 'भारतेन्दु', 'आर्य महिला', 'भारत धर्म', 'निगमागम चन्द्रिका', 'बालबोध', 'गृहस्थ' का सम्पादन। 'भारतेन्दु नाटक मंडली' नामक प्रथम हिन्दी रंगमंच की स्थापना।

आचार्य नरेन्द्रदेव (1889-1956, सीतापुर)	: 'रणभेरी', 'संघर्ष' तथा 'जनवाणी' का सम्पादन। हिन्दी के प्रबल पक्षधर तथा समाजवादी आन्दोलन के अप्रतिम नेता।
'नवीन', बालकृष्ण शर्मा (1898-1960, उज्जैन)	: 'प्रताप', 'प्रभा' के सम्पादक। तेजस्वी अग्रलेखों के लिए सुविख्यात, राज्यसभा के सदस्य। राष्ट्र-भक्त कवि।
नारद, हुकुमचन्द (1903-1953, सतना)	: 'लोकमत', 'साथी' और 'हिन्दी पंच' के सम्पादक। श्रमजीवी पत्रकारों के सम्बल। उग्र पत्रकारिता के कारण काल-कोठरी की यातनाएँ। सामंती शासन का प्रबल विरोध।
'निराला', सूर्यकांत त्रिपाठी (1896-1961, मेदिनीपुर)	: 'समन्वय' एवं 'मतवाला' के सम्पादक। हिन्दी के युगपुरुष।
नीमा, रामचन्द (1923-1974, नलखेड़ा)	: 'नवज्योति', 'नई दुनिया' के प्रकाशन सम्पादन में विशेष योगदान। 'नई दुनिया' द्वारा इनकी स्मृति में 'नीमा पुरस्कार' का वितरण।
पंडित झाबरमल्ल शर्मा (1888-1983, खेतड़ी)	: 'ज्ञानोदय', 'भारत', 'कलकत्ता समाचार' के सम्पादक, पद्मभूषण के सम्मान से अलंकृत।
'पथिक', विजय सिंह (1882-1954, बुलंदशहर)	: 'प्रताप', 'राजस्थान केसरी', 'नवीन राजस्थान', 'नव संदेश' के सम्पादक, प्रसिद्ध क्रान्तिकारी, मेवाड़ में किसान आंदोलन के संचालक।
पद्मसिंह शर्मा (1877-1932, बिजनौर)	: 'सत्यवादी', 'परोपकारी', 'भारतोदय' के सम्पादक, संस्मरण-लेखन के पुरोधा।
पंडित, कमलापति त्रिपाठी (1905-1990 काशी)	: 'आज', 'संसार', 'ग्राम संसार', 'आंधी', 'युगधारा' का सम्पादन। आदर्श राजनेता और हिन्दी के उन्नायक।
पंडित, श्री नारायण चतुर्वेदी (1893-1990, इटावा)	: 'सरस्वती' के सम्पादक, अनन्य हिंदी सेवी
पालीवाल, कृष्णदत्त (1894-1968, आगरा)	: 'प्रताप', 'प्रभा', 'सैनिक' के सम्पादक। हिन्दी के प्रबल समर्थक, हिन्दी पत्रकारों के प्रेरक।
पाण्डेय, बद्रीदत्त (1882-1965, कनखल)	: 'अल्मोड़ा अखबार', 'शक्ति' के सम्पादक। 'कूर्मांचल केसरी' के रूप में विख्यात सांसद।
पाण्डेय, पं. रूपनारायण	: 'नागरी प्रचारक', 'निगमागम चन्द्रिका', 'इन्दु',

(1884-1958, लखनऊ)	'कान्यकुब्ज', 'माधुरी' के सम्पादक। साहित्यिक पत्रकारिता के उन्नयन में विशिष्ट योगदान।
पाण्डेय, लल्ली प्रसाद (1886, सागर)	: 'हिन्दी केसरी', 'कलकत्ता समाचार', 'सरस्वती', 'बालसखा' के सम्पादक। हिन्दी बाल-साहित्य की समृद्धि में महत्त्वपूर्ण योगदान।
'प्रेमघन' बदरीनारायण चौधरी (1855-1923, मिर्जापुर)	: 'आनन्द कादम्बिनी' और 'नागरी नीरद' का सम्पादन, भारतेन्दु मंडली के सशक्त साहित्यकार, हिन्दी पत्रकारिता में पुस्तक• समालोचना स्तम्भ के पुरस्कर्त्ता, 'अखिल भारतीय हिन्दी साहित्य सम्मेलन' के तृतीय अधिवेशन के सभापति।
प्रेमचन्द, मुन्शी (1880-1936, काशी)	: 'माधुरी', 'हंस', 'जागरण' और 'मर्यादा' के सम्पादक, उपन्यास सम्राट तथा अप्रतिम कथाकार के रूप में सुविख्यात। हिन्दी पत्रकारिता में अभिनव प्रयोगों का प्रचलन।
'प्रेमी', विश्वम्भर सहाय (1899-1974, फरीदनगर)	: 'मातृभूमि', 'तपोभूमि', 'पंचायती राज्य' के सम्पादक, 'नवभारत टाइम्स', 'दैनिक हिन्दुस्तान', 'तेज' के प्रतिनिधि, मेरठ में 'राजर्षि टंडन हिन्दी भवन' का निर्माण।
बख्शी, पदुमलाल पुन्नालाल (1894-1971, खैरागढ़)	: 'सरस्वती', 'महाकौशल' का सम्पादन, हिन्दी के यशस्वी साहित्यकार।
बखौरी, सोमदत्त (1921-1990 मारिशस)	: 'अनुराग' 'हिन्दी प्रचारिणी' द्वारा हिन्दी-सेवा।
'बेढब बनारसी', श्री कृष्णदेव प्रसाद गौड़ (1895-1968, काशी)	: 'भूत', 'खुदा की राह पर', 'तरंग', 'भारत-जीवन' का सम्पादन, 'आज' में हास्य-व्यंग्य सम्बन्धी टिप्पणियों का लेखन, हास्य-व्यंग्य पत्रकारिता के उन्नायक।
बेनीपुरी, रामवृक्ष (1901-1968, मुजफ्फरपुर)	: 'तरुण भारत', 'हिमालय', 'बालक', 'युवक', 'किसान-मित्र', 'कैदी', 'जनवाणी', 'लोकसंग्रह', 'कर्मवीर', 'योगी', 'तूफान', 'चुन्नू-मुन्नू', 'जनता' का सम्पादन। स्वाधीनता संग्राम के प्रमुख सेनानी, हिन्दी के विशिष्ट शैलीकार।

भगेरिया, मातादीन (1912-1974, चिड़ावा)	: 'कांग्रेस बुलेटिन', 'श्री बेंकटेश्वर समाचार', 'लोकवाणी', 'नेशनल काल', 'हिन्दुस्तान' के सहायक 'उत्थान', 'आलोक', 'प्रगति', 'संघर्ष', 'नवयुग', 'हिन्दी टाइम्स', 'नवभारत', 'नवभारत टाइम्स' के सम्पादक, हिन्दी के अनन्य सेवक।
भट्ट, पं. केशवराम (1885-1905, पटना)	: 'बिहार बन्धु' के सर्वस्व, बिहार में हिन्दी प्रचार-प्रसार में अप्रतिम योगदान।
भगवानदीन, लाला (1867-1930, फतेहपुर)	: 'लक्ष्मी-उपदेश-लहरी' के सम्पादन द्वारा उत्कृष्ट गद्य शैली का प्रवर्तन
भार्गव, दुलारे लाल (1895-1975, लखनऊ)	: 'बाल-विनोद', 'भार्गव', 'माधुरी' एवं 'सुधा' का सम्पादन, 'गंगा पुस्तक माला' द्वारा हिन्दी के वरिष्ठ साहित्यकारों को प्रश्रय।
महात्मा, मुंशीराम (स्वामी श्रद्धानंद) (1856-1926, जालंधर)	: 'श्रद्धा', 'सत्यवादी', 'सद्धर्म प्रचारक' के सम्पादन द्वारा आर्य संस्कृति का प्रसार।
'महारथी', रामचन्द्र शर्मा (1897-1978, जालंधर)	: 'महारथी', 'सैनिक', 'माँ', 'चरित्र-निर्माण', 'दिल्ली समाचार' का सम्पादन, स्वतंत्रता संग्राम सेनानियों के सम्बल।
माधव प्रसाद मिश्र (1871-1907, हिसार)	: 'सुदर्शन', 'वैश्योपकारक' के यशस्वी सम्पादक।
मालवीय, कृष्णकान्त (1893-1941, प्रयाग)	: 'अभ्युदय', 'किसान', 'मर्यादा' का सम्पादन, स्वतंत्रता संग्राम सेनानी।
मालवीय, पद्मकान्त (1908-1981, इलाहाबाद)	: 'अभ्युदय' के सम्पादन द्वारा स्वातन्त्र्य संग्राम के प्रेरक, एक सहृदय कवि।
माथुर, राजेन्द्र (1935-1991, बदनावर)	: 'नई दुनिया', 'नवभारत टाइम्स' के प्रतिष्ठापक, तथ्यों की तानाशाही के दौर में विचारों की सत्ता के संस्थापक।
मामा, अचलेश्वर प्रसाद (1907-1974, जोधपुर)	: 'तरुण राजस्थान', 'सैनिक', 'नव राजस्थान' 'प्रजा सेवक' के सम्पादक।
'मिलिन्द', जगन्नाथ प्रसाद (1907, ग्वालियर)	: 'भारती', 'जीवन', 'मध्यप्रदेश संदेश' का सम्पादन। स्वतंत्रता संग्राम में कई बार जेल-यात्रा, श्रमजीवी पत्रकार संघ के अध्यक्ष, समाजवादी नेता।
मिश्र, कृष्णबिहारी	: 'साहित्य समालोचक', 'माधुरी' एवं 'आज'

(1890-1959, सीतापुर)	का सम्पादन। हिन्दी पत्रकारिता में समीक्षा-परम्परा के प्रस्तोता, उत्कट हिन्दी सेवी।
मिश्र, गंगा शंकर (1887-1972, भगवंतनगर)	: 'सन्मार्ग', 'सिद्धान्त' का सम्पादन 'एक किताबी कीड़ा' के नाम से 'आज' में स्तम्भ-लेखन। भारतीय संस्कृति के प्रसारक।
मिश्र, गोविन्द नारायण (1859-1923, कलकत्ता)	: 'सारसुधानिधि' का सम्पादन, 'उचितवक्ता' और 'धर्म दिवाकर' में गुप्त नाम से लेखन। हिन्दी भाषा को वैज्ञानिक ढंग से आधुनिक बनाने में अमूल्य योगदान। प्रयाग में सम्पन्न 'अखिल भारतीय हिन्दी साहित्य सम्मेलन' के अध्यक्ष।
मिश्र, द्वारिकाप्रसाद (1901, उन्नाव)	: 'श्रीशारदा', 'लोकमत' और 'सारथी' का सम्पादन, विशिष्ट कवि, स्वतंत्रता संग्राम के मध्य जेल-यातना, राजनेता, मध्यप्रदेश के पूर्व मुख्यमंत्री।
मिश्र, पं. रामदहिन (1886-1952, भोजपुर)	: 'किशोर', 'पारिजात', 'बालमित्र' का सम्पादन, बाल-पत्रकारिता के उन्नयन में स्तुत्य योगदान।
मित्र, क्षितीन्द्र मोहन (1908-1957, नदिया)	: 'माया', 'मनोहर कहानियाँ', 'मनमोहन', 'मनोरमा' द्वारा हिन्दी पत्रकारिता का प्रसार।
यशपाल (1903-1976, फिरोजपुर)	: 'विप्लव' और 'विप्लवी ट्रैक्ट' द्वारा क्रान्ति का उद्घोष।
राधाकृष्ण दास (1866-1907, काशी)	: 'धर्मप्रचारक', 'सरस्वती', 'साहित्य सुधानिधि' का सम्पादन, 'हिन्दी के सामयिक पत्रों का इतिहास' के लेखक।
राजा शिवप्रसाद 'सितारे हिन्द' (1823-1895, काशी)	: 'बनारस अखबार' के संस्थापक हिन्दी के आदि उन्नायक।
राय, नवीन चन्द्र (1838-1890, मेरठ)	: 'ज्ञान प्रदायिनी', 'रिफार्मर' (उर्दू) 'हिन्दू बांधव', 'बिरादरे हिन्द' द्वारा पंजाब में पत्रकारिता के जनक।
रामलोचन शरण, आचार्य (1890-1971, मुजफ्फरपुर)	: 'बालक' और 'हिमालय' के सम्पादन द्वारा बाल साहित्य की श्रीवृद्धि, बिहार के साहित्यकारों के सम्बल।

राव, बालकृष्ण (1913-1975, इलाहाबाद)	: 'कादम्बिनी' (इलाहाबाद), 'माध्यम' के सम्पादन द्वारा हिन्दी के विकास का प्रयास। आकाशवाणी के महानिदेशक तथा गोरखपुर और आगरा विश्वविद्यालय के कुलपति के रूप में राष्ट्र की सेवा।
लाला, जगतनारायण (1899-1981, गुजरानवाला)	: 'हिन्द समाचार', 'पंजाब केसरी' के सम्पादक, अखंड भारत के पक्षधर, राज्यसभा के सदस्य।
व्यास, पं. अम्बिका दत्त (1859-1900, जयपुर)	: 'वैष्णव पत्रिका' एवं 'पीयूष प्रवाह' का सम्पादन। भारतेन्दु मंडली के प्रमुख साहित्यकार।
व्यास, कृष्णकांत (1910-1973, झाबुआ)	: 'प्रजा मंडल पत्रिका', 'नई दुनिया' तथा 'कांग्रेस संदेश' का सम्पादन। मध्यप्रदेश सम्पादक सम्मेलन के आयोजक, 'कालिदास उत्सव' के सूत्रधार, राज्यसभा के सदस्य।
व्यास, जयनारायण (1899-1963, जोधपुर)	: 'तरुण राजस्थान', 'अखंड भारत' दैनिक के सम्पादक, राजस्थान के प्रथम मुख्यमंत्री।
वर्मा, रामचन्द्र (1890-1969, काशी)	: 'हिन्दी केसरी' (नागपुर), 'बिहारी-बंधु', 'नागरीप्रचारिणी पत्रिका', 'भारत जीवन' के सम्पादक।
वर्मा, भगवती चरण (1903-1981, उन्नाव)	: 'प्रताप', 'विचार', 'नवजीवन' तथा आकाशवाणी द्वारा हिन्दी-सेवा।
विद्याभास्कर (1914-1986, काशी)	: 'अग्रगामी', 'आर्यावर्त्त', 'जयहिन्द', तथा 'आज' के सम्पादन द्वारा हिन्दी की अभूतपूर्व सेवा, स्वतंत्रता संग्राम सेनानी, अखिल भारतीय समाचार-पत्र सम्पादक सम्मेलन की स्थायी समिति के वरिष्ठ सदस्य।
विद्यालंकार, भीमसेन (1900-1962, जम्मू)	: 'वीर अर्जुन', 'सत्यवादी', 'वंदे मातरम्', 'पंजाब केसरी', 'अलंकार', 'आर्य' का सम्पादन।
विद्यालंकार, विनायक राव (कोरटकर, 1962 में मृत्यु)	: 'आर्यभानु' के सम्पादक राजपुरुष।
विद्यालंकार, रामगोपाल (1900-1963, बिजनौर)	: 'प्रणवीर', 'वीर अर्जुन', 'नवभारत टाइम्स' के सम्पादक।

विद्यालंकार, सत्यदेव (1897-1965, नाभा)	: 'दैनिक विजय', 'राजस्थान केसरी', 'प्रणवीर', 'मारवाड़ी', 'स्वतंत्र', 'नवयुग', 'विश्वमित्र', 'हिन्दुस्तान' का सम्पादन, सम्पादक के नाते अनेक बार जेल-यात्रा।
शर्मा, ईश्वरी प्रसाद (1893-1927, आरा)	: 'मनोरंजन', 'लक्ष्मी', 'श्रीविद्या', 'हिन्दू पंच' के तेजस्वी सम्पादक।
शर्मा, श्रीराम (1895-1967, मैनपुरी)	: 'प्रताप', 'प्रभा', और 'विशाल भारत' का सम्पादन। हिन्दी पत्रकारिता में शिकार-साहित्य के प्रवर्त्तक, क्रीड़ा-लेखक, स्वतंत्रता संग्राम सेनानी।
शर्मा, हरिशंकर (1890-1968, अलीगढ़)	: 'भारतोदय', 'आर्यमित्र', 'प्रभाकर', 'साधना', 'कर्मयोग', 'निराला', 'ज्ञान-गंगा', दिग्विजय', 'सैनिक' के यशस्वी सम्पादक, भाषा विधेयक के विरोध में 'पद्मश्री' का परित्याग।
शुक्ल, देवीदत्त (1888-1970, उन्नाव)	: 'बाल सखा', 'सरस्वती' के सम्पादक, 'सम्पादक के पच्चीस वर्ष', 'स्वाधीनता के पुजारी', 'अवध के गदर का इतिहास', 'क्रान्तिकारी' ग्रन्थों के लेखक।
शुक्ल, मातादीन (1891-1954, फतेहपुर)	: 'अभ्युदय', 'छात्र सहोदर', 'माधुरी' के यशस्वी सम्पादक।
श्रीनिवासदास, लाला (1851-1887, दिल्ली)	: 'सदादर्श', 'कविवचन सुधा' का सम्पादन। 'परीक्षा गुरु' उपन्यास द्वारा हिन्दी में प्रथम मौलिक उपन्यासकार होने का गौरव, हिन्दी निर्माताओं में अग्रणी।
श्रीवास्तव, नवजादिक लाल (1888-1939, मिर्जापुर)	: 'वीरभूमि', 'हिन्दू पंच', 'भूतनाथ', 'मत वाला', 'सरोज', 'चाँद', 'जागृति' के सम्पादन-प्रकाशन द्वारा हिन्दी पत्रकारिता का अभिवर्द्धन।
श्रीवास्तव, मुकुंदी लाल (1896-1983, सागर)	: 'आज', 'स्वार्थ', 'संसार', 'युगधारा' के सम्पादन द्वारा पत्रकारिता-जगत् में कीर्तिमान का स्थापन, 'शब्दकोश', 'पारिभाषिक शब्दावली कोश' जैसे उपयोगी ग्रन्थों का सम्पादन।
श्री वेंकटेश नारायण तिवारी	: 'अभ्युदय', 'भारत', 'जनसत्ता' के सम्पादन

(1890-1969, कानपुर)	द्वारा हिन्दी भाषा और साहित्य का गौरव वर्द्धन।
सहाय, रघुवीर (1929-1990, लखनऊ)	: 'नवजीवन', 'प्रतीक', 'कल्पना', 'नवभारत टाइम्स', 'दिनमान' के स्वनामधन्य सम्पादक।
सहगल, रामरिख सिंह (1896-1952, लाहौर)	: 'चाँद', 'भविष्य', 'कर्मवीर' के सम्पादन द्वारा राजनीतिक जागरण का प्रसार। 'मातृमंदिर' की स्थापना से महिलाओं में चेतना का संचार।
'सुधांशु', लक्ष्मीनारायण (1908-1974, पूर्णिया)	: 'साहित्य', 'राष्ट्र संदेश', 'अवंतिका' के सम्पादक। वरिष्ठ राजनेता, बिहार राष्ट्र परिषद् के प्रणेता, 'हिन्दी प्रगति समिति' के अध्यक्ष, 'अंग्रेजी हटाओ आंदोलन' के प्रेरक।
सिंह, राजकिशोर (1915-1979, बलिया)	: 'प्रगति', 'अधिकार', 'संघर्ष', 'छाया', 'भोजपुरी मिलाप', 'सन्मार्ग' द्वारा हिन्दी की सेवा।
'सुमन', रामनाथ (1903-1976, वाराणसी)	: 'आज', 'इंदु', 'त्यागभूमि', 'नवराजस्थान', 'सम्मेलन पत्रिका' के सम्पादन द्वारा हिन्दी की विशिष्ट सेवा।
सुन्दर लाल, पंडित (1886-1981, मुजफ्फरनगर)	: 'कर्मयोगी', 'भविष्य', 'नया हिन्द' के सम्पादक, प्रमुख स्वतंत्रता संग्राम सेनानी, 'हिन्दुस्तानी कल्चर सोसाइटी' के संस्थापक, 'भारतीय शांति परिषद्' के अध्यक्ष।
त्रिपाठी, योगीन्द्रपति (1929-1971, देवरिया)	: 'नवशक्ति', 'संसार', 'अधिकार', 'स्वतंत्र भारत' के सम्पादन द्वारा हिन्दी पत्रकारिता की श्रीवृद्धि।
त्रिपाठी, पं. रामनरेश (1889-1962, जौनपुर)	: 'कवि कौमुदी', 'उद्योग', 'सम्मेलन पत्रिका', 'वानर' के सम्पादक। स्वाधीनता-सेनानी, हिन्दी साहित्य के गौरव।
त्रिपाठी, रामशंकर (1904-1974, उन्नाव)	: 'माधुरी', 'मतवाला', 'स्वतंत्र', 'वर्तमान', 'लोकमान्य', 'लोकमत', 'हिन्दुस्तान' के सम्पादन द्वारा राष्ट्रभाषा की सेवा, प्रमुख राजनेता।

सम्प्रति पत्रकारिता जितनी विस्तृत हुई है उतनी ही वैविध्यपूर्ण भी। प्रजातांत्रिक शासन प्रणाली के अपरिहार्य अंश के रूप में पत्रकार जन-सामान्य के शिक्षक हैं। अपनी तीव्र अन्तर्दृष्टि एवं विशद अध्ययन के बल पर पत्रकारों ने

शासक और शासित की समस्याओं को प्रकाशित किया है तथा पत्रकारिता को लोक-कल्याण का प्रभावकारी माध्यम बनाया है। आज जिन सत्यवादी, संघर्षशील तथा निष्ठावान पत्रकारों के कारण पत्रकारिता गौरवान्वित हो रही है उनमें सर्व श्री कर्पूर चन्द कुलिश (राजस्थान पत्रिका), अरुण पुरी (इंडिया टुडे), अनन्त भालेराव (मराठवाड़ा), एन. राम (हिन्दू), बालेश्वर अग्रवाल (हिन्दुस्तान समाचार), महावीर अधिकारी (नवभारत टाइम्स), अरविन्द कुमार (माधुरी), राजवल्लभ ओझा (नवजीवन), के. सी. कैलाश (राजस्थान पत्रिका), नीलकंठ यशवन्त खाडिलकर (नवकाल), जगदीश प्रसाद चतुर्वेदी (लोकराज), चन्दूलाल चन्द्राकर (हिन्दुस्तान), शिवसिंह 'सरोज' (स्वतंत्र भारत), खान गुफरान जाहिदी (सियासत जदीद), गिरिलाल जैन (टाइम्स आफ इंडिया), यादव राव देशमुख (तरुण भारत, पाञ्चजन्य), कन्हैयालाल नन्दन (संडेमेल), के. पी. नारायणन् (मध्य प्रदेश क्रानिकल, नागपुर टाइम्स), डॉ. धर्मवीर भारती (धर्मयुग), गणेश मंत्री (धर्मयुग), डॉ. आर. मानकेकर (टाइम्स आफ इंडिया), आर. जी. माहेश्वरी (नवभारत), नरेन्द्र मोहन (दैनिक जागरण), विश्वनाथ (सरिता, मुक्ता), आदि का नाम सतत उल्लेख्य है जो वर्तमान व्यावसायिकता के दबाव रहने पर भी सामाजिक, आर्थिक, राजनीतिक और सांस्कृतिक प्रश्नों पर पैनी दृष्टि से सोचने के लिए पाठकों को उद्‌बुद्ध करते हैं।

सर्वश्री रामानन्द दोषी, संतोष भारती, प्रभाष जोशी (जनसत्ता), बनवारी (जनसत्ता), डॉ. वेद प्रताप वैदिक (भाषा), राधेश्याम शर्मा (ट्रिब्यून), रतन लाल जोशी, भानुप्रताप शुक्ल (राष्ट्रधर्म), विनोद तिवारी (दिनमान), रूसी के. करंजिया (ब्लिट्ज), नन्दकिशोर नौटियाल (ब्लिट्ज), डॉ. श्याम सिंह 'शशि' (प्रकाशन विभाग), घनश्याम पंकज (दिनमान टाइम्स), उदयन शर्मा (संडे आबज़र्वर), नरेश मोहन (हिन्दुस्तान टाइम्स), मृणाल पाण्डे (साप्ताहिक हिन्दुस्तान), प्रतिमा चतुर्वेदी (पब्लिक एशिया), अशोक महादेवन, सुशील कुमार (सर्वोत्तम), आलोक मित्र (माया), अमर कान्त (मनोरमा), अवध नारायण मुद्‌गल (सारिका), हेमा मालिनी (सहेली), राजेन्द्र यादव (हंस), जयप्रकाश भारती (नन्दन), डॉ. हरिकृष्ण देवसरे (पराग), प्रीतीश नन्दी, बी. एन. उनियाल (आब्जर्वर समूह), डॉ. विट्ठलदास मोदी (आरोग्य), अक्षय कुमार जैन (सैनिक, सुदर्शन, वीर, नवभारत टाइम्स), गिरिजा शंकर त्रिवेदी (नवनीत), आनन्द दीवान (क्रिकेट सम्राट), डॉ. जी. पी. फांडके (विज्ञान प्रगति), नागि रेड्डी (चन्दा मामा) एवं राजेन्द्र अवस्थी (कादम्बिनी) जैसे मनीषियों की अडिग निष्ठा ही पत्रकारिता की ऊँचाई बन गयी है। हिन्दी पत्रकारिता इनकी सेवा-भावना से ही चमत्कृत है।

पत्रकारों की योग्यता तथा क्षमता के सम्यक् विकास हेतु पत्रकारिता की शिक्षा और व्यावहारिक प्रशिक्षण की दिशा में सर्वश्री डॉ. रामजीलाल जांगिड, प्रो. सुधांशु वसु (कलकत्ता), प्रो. अंजनी कुमार बनर्जी, डॉ. बल्देवराज गुप्त, प्रो. एच.

ए. आज्मी (वाराणसी), डॉ. राममोहन पाठक (काशी), श्रीमती उमा त्रिपाठी (जबलपुर), चंचल सरकार (पी. टी. आई), बी. एस. ठाकुर (चण्डीगढ़) , एल. एन. गोखले (पूना), पी. एन. मल्हन (हैदराबाद), एल. आर. नागपाल (पटियाला), डॉ. एस. एस. सिंह (पन्तनगर), डॉ. रमेश जैन, संजीव भानावत (जयपुर), डॉ. जी. एस. पोहकर (बम्बई), डॉ. चन्दूलाल दूबे (धारवाड़), आञ्जनेय शर्मा (मद्रास), जितेन्द्र सिंह (पटना), हीरा प्रसाद चतुर्वेदी (पटना) आदि लगे हुए हैं जो युग की माँग के अनुरूप दक्ष, विशेषज्ञ और आदर्श पत्रकारों की पंक्ति खड़ी कर रहे हैं।

सत्ता और विपक्ष के सांसद और विधायक जब अपने झगड़ों में उलझे रहते हैं तो उस समय तेज-तर्रार पत्रकार राष्ट्रीय महत्त्व के प्रश्नों को गहराई से परखते हैं। आदरणीय श्री अरुण शौरी, एन. राम और चित्रा सुब्रह्मण्यम ने घोटालों का भंडाफोड़ कर प्रेस की अहम भूमिका को स्पष्ट किया। सर्वश्री अश्विनी सरीन, कुलदीप नैयर, प्रीतीश नन्दी, जोगा राव सदृश पत्रकारों ने शासन की त्रुटियों की ओर ध्यान आकृष्ट किया। अन्वेषी पत्रकारों ने सत्यवादी बनकर पत्रकारिता का मानदण्ड स्थापित किया जिसका अनुगमन आज तेजी से हो रहा है।

प्रभावकारी चुटीले स्तम्भ लेखन द्वारा श्री खुशवन्त सिंह, इन्दर मल्होत्रा, रामपाल सिंह, राज चेंगप्पा, हिमांशु जोशी, जसदेव सिंह, राजेन्द्र काला, सुदर्शन मजीठिया, राजेन्द्र पुरी सदृश पत्रकार रोचकता की नयी दिशाएँ उद्घाटित करते हैं। इनके द्वारा हिन्दी पत्रकारिता को लोकप्रियता, रचनाधर्मिता एवं विश्वसनीयता प्रदान की जा रही है।

सर्वश्री ठाकुर श्रीनाथ सिंह, जयदेव गुप्त, बलभद्र प्रसाद मिश्र, पारसनाथ सिंह, कमला प्रसाद अवस्थी, रामनाथ गुप्त, मुकुट बिहारी वर्मा, श्यामा प्रसाद प्रदीप, माधव प्रसाद मिश्र, मोहनलाल गुप्त, ठाकुर प्रसाद सिंह, शीला झुनझुनवाला, मनोहर श्याम जोशी प्रभृति समर्पित साधकों के कारण हिन्दी पत्रकारिता अपने देश में शीर्षस्थ है।

आजकल राष्ट्रीय स्तर पर कार्यरत निम्नलिखित प्रमुख संगठन हैं जिनके सम्मानित सदस्यों द्वारा पत्रकारिता का उन्नयन हो रहा है :

1. आल इंडिया न्यूज पेपर एडीटर्स कान्फ्रेंस (नई दिल्ली)
2. आल इंडिया स्माल एण्ड मीडियम न्यूज पेपर्स फेडरेशन (कानपुर)
3. आल इंडिया स्माल एण्ड मीडियम न्यूज पेपर्स एसोसिएशन (दिल्ली)
4. आल इंडिया स्माल न्यूजपेपर्स फेडरेशन (मुरादाबाद)
5. इण्डियन एण्ड ईस्टर्न न्यूज पेपर सोसाइटी (नई दिल्ली)
6. इंडियन फेडरेशन आफ वर्किंग जर्नलिस्ट (नई दिल्ली)
7. इंडियन लैंग्वेज न्यूजपेपर्स एसोसिएशन (बम्बई)
8. इंडियन रूरल प्रेस एसोसिएशन

9. नेशनल यूनियन आफ जर्नलिस्ट (नई दिल्ली)
10. प्रेस गिल्ड आफ इंडिया (बम्बई)
11. रिसर्च इन्स्टीच्यूट फार न्यूजपेपर्स डेवलपमेंट (मद्रास)
12. सब एडिटर्स गिल्ड (नई दिल्ली)
13. प्रेस इंस्टीच्यूट आफ इंडिया (नई दिल्ली)
14. ट्रेन्ड एण्ड टेक्नीकल पब्लिकेशन एसोसिएशन (बम्बई)

उपर्युक्त संगठनों के अतिरिक्त केन्द्रीय, प्रान्तीय, जनपदीय एवं क्षेत्रीय स्तर पर कार्यरत अनेक संगठन, संघ एवं संस्थान हैं जिनके पदाधिकारी पत्र, पत्रकार एवं पाठकों की हित-कामना करते हैं। आज तो पत्रकारों की बाढ़ आ चुकी है। हर बुद्धिजीवी अपने को पत्रकार सिद्ध कर रहा है। पत्रकारों का नाम ही लिखा जाय तो एक विशालकाय ग्रंथ अपेक्षित है। पत्रकारों के ऐसे विराट समूह से क्षमा-याचना के साथ कुछ विशिष्ट व्यक्तित्वों का नामोल्लेख किया जा रहा है।

पूज्य बापू, विनोबा भावे, जयप्रकाश, राम मनोहर लोहिया, पुरुषोत्तमदास टंडन के आह्वान पर सीताराम अष्ठाना, महादेव प्रसाद, कमलाकर त्रिपाठी, केशवचन्द्र मिश्र, विश्वनाथ वैरागी, डॉ. हरिप्रसाद शाही, रामेश्वर सिंह, राजा राम शर्मा 'अचल', गिरिजेश बहादुर सिंह राठौर, श्यामपति पाण्डेय, गणेश प्रसाद मिश्र 'श्री इन्दु', चन्द्रकिशोर पति त्रिपाठी, नवनाथ शर्मा, डॉ. मुक्तेश्वर तिवारी 'चतुरी चाचा', श्री हर्षधर द्विवेदी सदृश सैकड़ों समर्पित पत्रकारों ने पूर्वी उत्तर प्रदेश में हिन्दी पत्रकारिता को पुष्ट किया है।

राष्ट्र के जागरूक प्रत्यक्षदर्शी के रूप में सर्वश्री शार्दूल विक्रम गुप्त, लक्ष्मी शंकर व्यास, चन्द्रकुमार, डॉ. भगवान दास अरोड़ा, कमला प्रसाद अवस्थी 'अशोक', सुरेन्द्र प्रताप सिंह, हरिनारायण निगम, रमेशचन्द्र अग्रवाल, नन्द किशोर त्रिखा, अभय छजलानी, ईश्वर देव मिश्र, प्रकाशचन्द्र अग्रवाल, डॉ. माणिक गोविन्द चतुर्वेदी, आदि के संगठन, अभिप्रेरण तथा निष्पक्ष चिंतन के फलस्वरूप हिन्दी पत्र-जगत् मानदण्ड स्थापित कर रहा है।

समय, समाज, संस्कृति और साहित्य के पारखी अजित निरंजन शर्मा ('वैभव', 'हिन्दू संसार', 'वेंकटेश्वर समाचार', 'स्वतंत्र भारत', 'नवराष्ट्र'), अमृतलाल नागर ('चकल्लस', 'सनीचर', 'छायानट'), दादा धर्माधिकारी ('सर्वोदय'), आचार्य नन्द दुलारे वाजपेयी ('दृष्टिकोण', 'इन्दु', 'भारत', 'समता', 'आलोचना') पद्मनारायण आचार्य ('अप्सरा', 'गीताधर्म', 'नागरी प्रचारिणी'), पुरुषोत्तमदास टंडन ('अभ्युदय', 'जौहर'), भवानी दयाल सन्यासी ('आर्यावर्त', 'प्रवासी', 'धर्मवीर'), काका कालेलकर ('राष्ट्रमत', 'यंग इंडिया', 'नवजीवन', 'मंगल प्रभात'), सोहनलाल द्विवेदी ('अधिकार', 'बालसखा') सदृश समर्पित सम्पादकों के कारण हिन्दी पत्रकारिता परिपुष्ट हुई।

स्वनामधन्य पं. आनन्द विद्यालंकार ('नवराष्ट्र', 'विश्वमित्र' 'अर्जुन',

'नवभारत टाइम्स'), कन्हैयालाल मिश्र प्रभाकर ('ज्ञानोदय' 'नया जीवन', 'विकास', 'विश्वास'), काशीनाथ त्रिवेदी ('त्यागभूमि', 'नवजीवन', 'हरिजन सेवक', 'भूमिक्रान्ति'), क्षेमचन्द्र सुमन ('आर्य', 'आर्य संदेश', 'आर्यमित्र', 'मनस्वी', 'शिक्षासुधा', 'भारत जीवन', 'हिन्द केसरी', 'वेंकटेश्वर समाचार'), गोपाल प्रसाद व्यास ('मंजरी', 'साहित्य संदेश', 'हिन्दुस्तान'), जितेन्द्र गुप्त ('योजना', 'भारतीय समाचार', 'दिनमान'), प्रेमनाथ चतुर्वेदी ('लोकराज', 'विश्वमित्र', 'नवभारत टाइम्स'), बांके बिहारी भटनागर ('माधुरी', 'दैनिक हिन्दुस्तान', 'साप्ताहिक हिन्दुस्तान'), मन्मथनाथ गुप्त ('बाल भारत', 'योजना', 'आजकल'), मुकुट बिहारी वर्मा ('कर्मवीर', 'राजस्थान केसरी', 'माधुरी', 'आज', 'हिन्दुस्तान'), श्री रंजन सूरिदेव ('परिषद पत्रिका', 'ब्रह्मज्योति', 'चक्रबंधु', 'अंगिका'), डॉ. रघुवंश ('आलोचना', 'क ख ग', 'दक्षिण भारती'), लल्लन प्रसाद व्यास ('ज्ञानभारती', 'प्राची दर्शन', 'स्वतंत्र भारत', 'आलोक भारती', 'विश्व हिन्दी दर्शन'), डॉ. वचन देव कुमार ('विश्लेषण', 'ज्योत्स्ना', 'समीक्षा'), डॉ. विद्यानिवास मिश्र ('अभिरुचि', 'नया प्रतीक', 'श्री कृष्ण संदेश' 'नान्दी' 'नव भारत टाइम्स'), शिवकुमार गोयल ('प्रभात', 'नवभारत टाइम्स', 'युगवार्ता'), डॉ. शंकर दयाल सिंह, प्रो. सिद्धेश्वर प्रसाद, सुधाकर पांडेय, विष्णु प्रभाकर, मुकुल शर्मा, नलिनी सिंह, राजेश कालिया, अलका पांडे आदि वरिष्ठ पत्रकार अपने स्पष्ट चिंतन, गम्भीर मूल्यांकन एवं हिन्दी भाषा के परिमार्जन द्वारा पत्रकारिता को रचनाधर्मिता तथा विश्वसनीयता प्रदान कर रहे हैं।

आदर्श पत्रकार तो पादरी, पीर, परमहंस सदृश होता है जो व्यक्तिगत सुख-दुःख से परे रहता है। आजकल तो अवसरवादिता से पत्रकार ग्रस्त हो अपनी गरिमा लुप्त कर रहा है। कुछ पत्रकारों ने श्रीमती इन्दिरा गांधी को 'माँ दुर्गा', संजय गांधी को 'विश्व का उज्ज्वल नक्षत्र', तथा जयप्रकाश को 'अंधकार में एक प्रकाश : जय प्रकाश' लिखा। कुछ पत्रकारों ने 'लोकतंत्र संहारिणी', 'आपात्काल की नाजायज औलाद' तथा 'सिरफिरा जयप्रकाश' लिखकर पाठकों के समक्ष अपनी नीर-क्षीर विवेचना शक्ति पर प्रश्न चिह्न लगवा दिया है। एक वरिष्ठ सम्पादक ने जब गांधी जी के कांग्रेस समर्थक पत्र के सम्पादक पद से त्याग पत्र दिया और मुस्लिम लीगी पत्र की नौकरी स्वीकार की तो उसके वैचारिक मूल्य से सम्बंधित प्रश्न उठाये गए। शंका-समाधान में उस सम्पादक ने अपने पार्कर पेन को दिखाते हुए कहा—"भाई साहब, मेरे पास यह कलम है। इसकी खूबी यह है कि महात्मा गांधी का नाम लिखना जानती है और मुहम्मद अली जिन्ना का भी, जो इससे जैसा लिखवा ले वैसा लिखती है। आखिर मैं क्या करूँ ? कलम जो है, अपने मालिक की बंदी है।" ऐसे अवसरवादी पत्रकारों से समाज क्या आशा रखे ?

'वाचाल', 'विदूषक', 'चाटुकार', 'चंगू-मंगू', 'दरबारी', 'शोषक', 'लबार' आदि न जाने कितने नामों से अब कुछ पत्रकारों को सम्बोधित किया जा रहा है। सचमुच

भ्रष्टाचार के विरुद्ध बिगुल बजानेवाले पत्रकारों का एक ऐसा वर्ग है जो जबर्दस्त भ्रष्ट की अनदेखी करते हैं या अपनी तर्कशक्ति के बल पर उसके अवगुणों को गुण बताकर उसकी ठकुर सुहाती गाते हैं। असहाय अधिकारियों के छिद्रान्वेषण में वे अपनी लेखनी का कमाल दिखलाते हैं। युग को चबाने का काम कुछ पत्रकारों द्वारा हो रहा है जिनका लक्ष्य पत्रकारिता द्वारा अर्थ-प्राप्ति है। युग-मानस के निर्माण और लोक-प्रशिक्षण से दूर जाकर कुछ पत्रकार दिग्दर्शन की जगह दिग्भ्रान्ति फैला रहे हैं। यदि आत्मनियंत्रण नहीं हुआ तो वह दिन दूर नहीं कि :

अब तो दरवाजे से अपने नाम की तख्ती उतार।
लफ़्ज नंगे हो गए, शोहरत भी गाली हो गयी।।

कुछ पत्रकार भले ही विचलित हो गए हों परन्तु अभी भी हमारे समक्ष चिन्तन, साधना में खपे हुए तेजोदीप्त पत्रकारों की लम्बी परम्परा है जिससे हम सदैव प्रकाशोन्मुख ही रहेंगे। आशा है, हमारे हिन्दी के पत्रकार सदाचरण और गुरुत्व का निर्वाह करेंगे। वे सद्भाव और सांस्कृतिक एकता का मंत्र फूँकेंगे। जन-शिक्षण, जन-जागरण तथा जन-मनोरंजन की त्रिवेणी पर हमारे पत्रकार अपनी आदर्श-निष्ठा एवं कर्त्तव्यपरायणता के सम्बल पर देव तुल्य सुपूजित होंगे।

संदर्भ

1. 'उदन्तमार्तण्ड' : 4 दिसम्बर 1827 ई.
2. गुप्त स्मारक ग्रंथ, पृ. 33
3. एन. जी. जोग : 'बाल गंगाधर तिलक', पृ. 161
4. श्री क्षेमचन्द्र 'सुमन' : हिन्दी के यशस्वी पत्रकार, पृ. 39
5. 'यंग इंडिया', 2 जुलाई 1925 ई.
6. शिवपूजन रचनावली, खंड 4, पृ. 381-82
7. 'मतवाला' : वर्ष 2, अंक 1 की 'आत्मकथा'

●●